A RIQUEZA
DAS NAÇÕES

A RIQUEZA DAS NAÇÕES

Volume 1

Adam Smith

Tradução
ALEXANDRE AMARAL RODRIGUES
EUNICE OSTRENSKY

wmf **martinsfontes**

Título do original inglês: THE WEALTH OF NATIONS.
Copyright © 2003, Livraria Martins Fontes Editora Ltda.,
São Paulo, para a presente edição.

1ª edição 2003
3ª edição 2016
5ª tiragem 2023

Tradução
ALEXANDRE AMARAL RODRIGUES
EUNICE OSTRENSKY

Revisão da tradução
Eunice Ostrensky
Acompanhamento editorial
Luzia Aparecida dos Santos
Revisões
Renato da Rocha Carlos
Maysa Monção
Sandra Garcia Cortés
Produção gráfica
Geraldo Alves
Paginação
Studio 3 Desenvolvimento Editorial
Capa
Katia Harumi Terasaka Aniya
Imagem
Gillis van Tilborgh (1625-78), The Tichborne Dole
[Ato beneficente dos Tichborne], 1671, Tichborne House, Hampshire,
Reino Unido. The Bridgeman Images/Keystone Brasil.

Dados Internacionais de Catalogação na Publicação (CIP)
(Câmara Brasileira do Livro, SP, Brasil)

Smith, Adam, 1723-1790.
  A riqueza das nações, volume 1 / Adam Smith ; tradução Alexandre Amaral Rodrigues, Eunice Ostrensky. – 3ª ed. – São Paulo : Editora WMF Martins Fontes, 2016.

Título original: The wealth of nations.
ISBN 978-85-469-0044-2

1. Economia 2. Smith, Adam, 1723-1790 I. Título.

16-01958   CDD-330

Índices para catálogo sistemático:
1. Economia   330

Todos os direitos desta edição reservados à
Editora WMF Martins Fontes Ltda.
*Rua Prof. Laerte Ramos de Carvalho, 133 01325-030 São Paulo SP Brasil
Tel. (11) 3293-8150 e-mail: info@wmfmartinsfontes.com.br
http://www.wmfmartinsfontes.com.br*

Sumário

Volume 1

Prefácio IX
Nota biográfica XXIII
Investigação sobre a natureza e as causas da riqueza das nações 1

LIVRO I

Causas do aprimoramento das forças produtivas do trabalho, e ordem segundo a qual seu produto é naturalmente distribuído entre os diferentes estratos do povo

1. Da divisão do trabalho 7
2. Do princípio que dá origem à divisão do trabalho.. 18
3. A divisão do trabalho é limitada pela extensão do mercado 23
4. Da origem e do uso do dinheiro 29
5. Do preço real e nominal das mercadorias, ou de seu preço em trabalho e em dinheiro 38
6. Das partes componentes do preço das mercadorias 59
7. Do preço natural e de mercado das mercadorias .. 68
8. Dos salários do trabalho 80

9. Dos lucros do capital.. 111
10. Dos salários e do lucro nos diferentes empregos do trabalho e do capital.. 125
11. Da renda da terra.. 185

LIVRO II

Natureza, acumulação e emprego do capital

Introdução.. 339

1. Da divisão do capital... 343
2. Da moeda considerada como um setor específico do capital geral da sociedade, ou do custo de manutenção do capital nacional.................................. 353
3. Da acumulação de capital, ou do trabalho produtivo e improdutivo... 413
4. Do dinheiro emprestado a juros................................ 439
5. Dos diferentes empregos do capital.......................... 450

LIVRO III

Diferentes progressos da riqueza em diferentes nações

1. Do progresso natural da riqueza............................... 473
2. Do desestímulo à agricultura no antigo estado da Europa após a queda do Império Romano............ 480
3. Da ascensão e progresso dos burgos e das cidades após a queda do Império Romano................... 496
4. Como o comércio das cidades contribuiu para o desenvolvimento do campo.................................... 511

LIVRO IV

Sistemas de economia política

Introdução.. 531

1. Do princípio sobre o qual se funda o sistema comercial ou mercantil 533
2. Das restrições à importação de mercadorias que podem ser produzidas no país 563
3. Das restrições extraordinárias à importação de quase todos os tipos de mercadorias provenientes de países com os quais se supõe que a balança comercial seja desfavorável 590

Volume 2

4. Dos *drawbacks* 629
5. Dos subsídios 636
6. Dos tratados de comércio 686
7. Das colônias 701
8. Conclusão do sistema mercantil 815
9. Dos sistemas agrícolas ou dos sistemas de economia política que vêem na produção da terra a única ou principal fonte de receita e riqueza nacional 843

LIVRO V

Da receita do soberano ou da república

1. Dos gastos do soberano ou da república 877
2. Das fontes da receita geral da sociedade ou da receita pública 1035
3. Das dívidas públicas 1162

Apêndice 1221
Índice remissivo 1225

Prefácio

Nas últimas páginas da *Teoria dos sentimentos morais*, Adam Smith anuncia a intenção de trazer a público um segundo discurso, desta vez sobre o ramo da filosofia moral que cuida dos "princípios gerais da lei e do governo (...), não apenas no que diz respeito à justiça, mas à ordem e à fazenda pública, ao exército e a tudo o mais que seja objeto da lei"[1]. Tarefa grandiosa essa, que se impõe em face da notável ausência de uma teoria capaz de fornecer as bases da justiça. Até então, diz Smith, um bosquejo dessa teoria figurara unicamente nas tediosas obras dos casuístas, e as conclusões a que estes chegaram eram pífias, quando não nocivas: ou "em vão tentaram orientar, por meio de regras precisas, apenas o que o sentimento e a emoção podem julgar"[2], ou mais ainda, tenderam a nos ensinar "a usar de chicanas com nossa própria consciência"[3]. Melhor sorte não tiveram os filósofos moralistas a quem as questões levantadas pelos casuístas haviam interessado, pois somente conseguiram apontar as situações em que é conveniente respeitar as regras do dever. Apenas Grócio, o primeiro a projetar um sistema "dos princípios que deveriam perpassar e funda-

---

1. *Teoria dos sentimentos morais*, Parte VII, Seção IV, pp. 427-8 (trad. Lya Luft, São Paulo, Martins Fontes, 1999; doravante citada apenas como TSM).
2. TSM, Parte VII, Seção IV, p. 424.
3. TSM, Parte VII, Seção IV, p. 425.

mentar as leis de todas as nações"⁴, logrou algum êxito, mas apesar disso seu livro *De Iure Belli* está repleto de defeitos⁵.

Da preocupação de Smith com as leis dos países nascerá a *Investigação sobre a natureza e as causas da riqueza das nações*, obra que se pretende a mais completa dentre todas as dedicadas a essa ciência nascente: a jurisprudência natural – termo tomado em sentido bastante diverso do mais corrente entre nós. Por surpreendente que seja, é das questões de justiça que trata o livro projetado por Smith ao longo das décadas de 1750 e 1760, enquanto ocupa o cargo de professor de jurisprudência na Universidade de Glasgow. É bem verdade que à primeira vista *A riqueza das nações* se assemelha, não a um discurso de filosofia moral, mas de economia política, "ramo da ciência dos estadistas ou legisladores" cuja finalidade é o enriquecimento do povo e do soberano⁶. Tão forte é esse traço da obra que mesmo depois da morte de Smith suas posições a respeito de economia continuavam a causar a indignação dos eruditos e políticos de Edimburgo. "A doutrina do Livre Comércio era retratada como tendência revolucionária", comenta o biógrafo e discípulo Dugald Stewart, lamentando os preconceitos de seus contemporâneos⁷.

Mas haverá de fato uma preponderância do debate econômico sobre as questões morais nessa obra? Será mesmo possível dissociar um de outro? Examinados um pouco mais de perto alguns dos motivos que levaram os primeiros leitores de *A riqueza das nações* a repudiar-lhes as doutrinas econômicas, fica claro que a resposta a essas duas perguntas só pode ser negativa.

Dois pontos fazem a doutrina do Livre Comércio ou do "sistema de liberdade natural" parecer, com efeito, sus-

---

4 TSM, Parte VII, Seção IV, p. 427.
5. TSM, Parte VII, Seção IV, p. 427.
6. *A riqueza das nações*, Livro IV, "Introdução", p. 182 (doravante citada apenas como RN).
7. TSM, "Biografia crítica", p. 58.

peita aos olhos de seus contemporâneos. O primeiro diz respeito à crítica de Smith aos teóricos de seu tempo. Boa parte do Livro IV destina-se a rechaçar os sistemas de economia política que, localizando a fonte da riqueza nacional ora no campo, ora nas cidades, enfatizam a necessidade de diminuir as importações e aumentar as exportações. Smith lembra, no entanto, que essas medidas tão-só favorecem os interesses dos grandes comerciantes, cujo capital sabidamente não tem pátria. Aliás, todo tipo de intervenção do governo no mercado de trabalho e de alimentos, além dos subsídios, *drawbacks*, restrições e toda sorte de incentivo fiscais ao comércio, o mais das vezes gera efeitos nefastos, como a formação de monopólios. Estreitando o canal de circulação de trabalho e mercadorias, o governo promove uma significativa alteração nos termos da livre concorrência, para grande prejuízo do interesse público. Torna-se o Estado então o guardião de uma única classe, em detrimento de todas as outras.

O segundo e mais delicado ponto se refere à intervenção do Estado no funcionamento da sociedade mesmo em situações extremas, quando se trata supostamente de salvar da morte milhares de pessoas, diminuindo o preço do trigo. Ao longo da década de 1760, período em que tomou forma *A riqueza das nações*, o debate sobre o comércio de grãos ocupou o cenário europeu e pôs em xeque a recepção das teses do Livre Comércio, defendidas naquele momento pelos fisiocratas franceses. Estes, como Smith, alegavam que o trigo era uma mercadoria "natural" como qualquer outra, e por isso deveria alcançar seu preço espontaneamente. De outro lado, James Steuart e o abade Galiani, entre outros, consideravam que o alimento era uma mercadoria "política", cujo preço deveria ser, portanto, regulado pelo governo, ao menos em situações graves[8]. Essa inter-

---

8 Istvan Hont e Michael Ignatieff, "Needs and justice in the 'Wealth of Nations'", p. 14 (IN: *Wealth and Virtue*, Cambridge University Press, 1983; pp. 1-44).

venção evitaria, por exemplo, a morte das milhares de pessoas cujos cadáveres ficaram abandonados nas ruas das cidades da Toscana durante a grande fome de 1764-65.

Como se vê, a posição dos defensores do Livre Comércio só poderia ser extremamente impopular. Smith argumentava, porém, que no longo prazo o trigo fluiria naturalmente para as áreas de escassez em busca de preços mais elevados, trazendo assim equilíbrio para a relação entre oferta e demanda. A alteração desse processo natural, hábito de governos típicos de sociedades menos avançadas que entretanto sobrevive em sociedades comerciais, comumente sujeita o bem público duradouro a uma certa utilidade imediata. "Quanto à fome" – explica o autor –, "jamais resultou de outra causa que não a violência do Governo ao tentar, por meios inadequados, remediar as inconveniências de uma carestia."[9]

A conhecida imagem da "mão invisível", presente tanto na *Teoria dos sentimentos morais* como em *A riqueza das nações*, ajuda a atinar com a aparente frieza desse raciocínio. Num e noutro livro, cuida-se do mecanismo posto em movimento por uma classe – a dos ricos no primeiro caso e a dos comerciantes, no segundo – que, atendendo à satisfação de seu amor-próprio, promove involuntariamente os interesses opostos de outra classe – os pobres – e sobretudo os da sociedade inteira[10]. Em geral, o comerciante "não tem a intenção de promover o interesse público, nem sabe o quanto o está promovendo" – diz Smith. Porém, "ao buscar seu interesse particular" – prossegue o autor –, "não raro promove o interesse da sociedade de modo mais eficaz do que faria se realmente se prestasse a promovê-lo"[11].

Mas, sem prejuízo das supostas vantagens que no longo prazo advêm da adoção do Livre Comércio ou do sistema

---

9 RN, Livro IV, "Digressão sobre o comércio de trigo...", p. 225.
10 TSM, Parte IV, Cap. I, p. 226; RN, Livro IV, Cap. II, p. 194.
11 RN, Livro IV, Cap. II, p. 194.

de perfeita liberdade, a fome e a morte de milhares de pessoas são um problema imediato dos governos. Para o abade Galiani, é esta precisamente a miopia dos sistemas baseados nos processos naturais de longo prazo: tendem a negligenciar que os homens comem um pão real, não um pão potencial[12]. Ora, haverá algo mais importante do que o direito de sobrevivência? A Smith só resta então concordar que, no limite, em casos da mais extrema necessidade, e em nenhuma outra ocasião, é preciso sacrificar "as leis normais da justiça a uma consideração de utilidade pública"[13]. Mas acrescenta que "em países tão grandes como a França ou a Inglaterra, essa necessidade dificilmente se verificará."[14]

Chegamos enfim ao cerne do debate sobre o comércio de grãos em particular, e ao do sistema de perfeita liberdade em geral. De um lado, os partidários da intervenção do Estado no mercado de trabalho e de grãos advogam a necessidade de defender o direito de sobrevivência dos mais pobres em situações extremadas; de outro, há os teóricos para quem essa intervenção, mesmo nas piores circunstâncias, representa um sacrifício das leis. No fundo, o que está em jogo não é apenas a liberdade de comércio, mas a suspensão das leis que garantem o direito à propriedade – neste caso, o direito do agricultor a seu trigo. Criada a instabilidade das posses[15], fatalmente a riqueza nacional se ressentirá; até mesmo o direito de propriedade estará em perigo. Em vez de milhares de pobres a morrer à míngua, talvez uma nação inteira a perecer sob a ameaça da desordem social. Contra esse perigo, "a única medida preventiva eficaz" é "a ilimitada e irrestrita liberdade do comércio de trigo": "Não há atividade econômica que mais mereça

---

12. Hont e Ignatieff, "Needs and justice in the 'Wealth of Nations'", p. 18.
13. RN, Livro IV, "Digressão sobre o comércio de trigo ...", p. 232.
14. RN, Livro IV, "Digressão sobre o comércio de trigo ...", p. 232.
15. A expressão é de David Hume. Ver John Dunn, "From applied theology to social analysis", p. 130 (IN: *Wealth and Virtue*, Cambridge University Press, 1983; pp. 119-35).

a plena proteção da lei, que dela mais necessite, pois nenhuma outra está tão exposta ao ódio da população."[16]

É possível agora compreender as ressalvas de Smith à obra *De Iure Belli*, que julgava repleta de imperfeições. Com efeito, para Grócio nas situações de escassez o direito de propriedade deveria ser temporariamente abolido em nome da comunidade[17]. Para Smith, a função central do governo é proteger a propriedade e com isso evitar que a sociedade civil mergulhe na mais profunda desordem; não havendo propriedade, o governo é praticamente desnecessário[18]. Talvez também se possa compreender ainda por que *A riqueza das nações* é, antes de tudo, uma obra de jurisprudência, isto é, voltada ao tratamento de problemas filosóficos e morais, entre eles o da justiça e o da propriedade, os quais submete, é certo, à esfera da economia política. Resta por fim investigar, embora brevemente, as razões pelas quais Smith faz pouco caso dos paradigmas teóricos que lhe estavam disponíveis, preferindo antes fiar-se na nova teoria da jurisprudência natural para abordar as questões relativas à propriedade.

* * *

A chamada Revolução Gloriosa de 1688 foi o ponto final de uma era de intensa turbulência política na Inglaterra e Escócia. Terminadas as revoluções, o relativo equilíbrio de poderes entre a monarquia e o Parlamento permitiu a fundação do Banco da Inglaterra em 1696, e a conseqüente introdução de um sistema de crédito público pensado para garantir estabilidade ao governo, facilitar a expansão do comércio e o crescimento do poder militar e

---

16 RN, Livro IV, "Digressão sobre o comércio de trigo ...", p. 226.

17 Richard Tuck, *Natural Rights Theories*, cap. 3 (Cambridge University Press, 1979).

18 RN, Livro V, Parte II, p. 309.

naval na Europa, América e Índia. Parecem decididas as dificuldades colocadas pela abordagem convencional de que a política é a arte da formação do Estado e de sua preservação em condições de instabilidade. A transição para uma sociedade tipicamente comercial se completa. Os teóricos podem então se voltar para a questão do crescimento econômico sustentado, a causa da riqueza das nações e mesmo para a idéia reguladora, no final do século XVIII, de uma sociedade de consumo[19]. Nesse contexto, havia um fato novo para análise: as próprias sociedades comerciais e o princípio que as originava, isto é, a divisão do trabalho.

Os paradigmas teóricos e conceituais que Smith tem diante de si obviamente não explicam como ocorre o crescimento auto-sustentado das sociedades comerciais, muito menos os dilemas criados pela complexidade dessa mesma sociedade. Um desses paradigmas é o do humanismo cívico, que bem cedo no século XVIII foi empregado na crítica à corrupção pública promovida pelo comércio, à perda da virtude da cidadania, em suma, às relações de mercado. Com efeito, para os humanistas cívicos, a expansão comercial havia tornado os costumes mais frouxos. Cercados de mercadorias supérfluas, os cidadãos deixavam-se arrastar pela luxúria; o governo representativo os dispensava de participar diretamente das decisões políticas e assim iam-se tornando cada vez mais ociosos e desinteressados da vida ativa; com a profissionalização do exército, seria ridículo portar armas para defender o país quando outras nações ou tiranos o tentassem escravizar. Mas talvez o golpe de misericórdia nos valores sociais humanistas tenha sido desferido por uma nova definição de propriedade, que agora, nas sociedades comerciais, não designava apenas a

---

19 James Tully, *An Approach to Political Philosophy: Locke in Contexts*, p. 91 (Cambridge University Press, 1993). Boa parte das considerações sobre Locke presente neste Prefácio foi extraída desse livro.

propriedade natural – as terras –, ou as propriedades mobiliárias, mas sobretudo a propriedade simbólica – o papel-moeda, o crédito[20].

Além desse paradigma conceitual, Smith e seus contemporâneos poderiam recorrer às mais consistentes teorias políticas elaboradas ainda no século XVII, o século das revoluções na Inglaterra, por filósofos como Thomas Hobbes e John Locke. O primeiro havia desenvolvido um sistema moral em que o certo e o errado dependeriam da "mera vontade arbitrária do magistrado civil"[21]. Era um absolutista convicto e isso bastava para se opor à quase totalidade do que escrevera. Quanto a Locke, suas obras privilegiavam a linguagem do sujeito que governa a si mesmo, quer como trabalhador, quer como cidadão, por possuir direito ou propriedade sobre sua pessoa e suas capacidades. Defendia o filósofo que entre o trabalhador e quem o emprega deveria vigorar o mesmo tipo de relação existente entre o cidadão e o governante: um e outro não alienam todos os seus direitos (ou sua força de trabalho, no caso do trabalhador) àqueles com quem contratam; pelo contrário, ambos se mantêm como agentes livres, ativos, capazes de exercer atividades e direitos. Locke se recusara assim a tratar os sujeitos políticos, mesmo em sua força de trabalho, como simples fontes passivas de capacidades produtivas, prontas para a manipulação e o uso. Por causa disso, não concebera um reino econômico independente da política, em que o trabalho se distribui de acordo com a lei da oferta e da procura[22].

Com alguma dose de razão, Sir Josiah Tucker, famoso economista político, caracterizara Locke como "um pensa-

---

20. Veja-se J.G.A. Pocock, *The Machiavellian Moment*, cap. XIV (Princeton University Press, 1975).
21. TSM, Seção III, Cap. II, p. 395.
22. Veja-se James Tully, *An Approach to Political Philosophy: Locke in contexts*, especialmente capítulos 2 e 7.

dor essencialmente arcaico e pré-comercial"²³. De fato, sem a possibilidade de completa alienação da força de trabalho, sem a separação entre o trabalhador e os meios de produção, não há sociedade comercial. Mas, enquanto nessa sociedade o trabalhador que é proprietário de sua capacidade produtiva parece uma contradição em termos, o cidadão clássico, senhor de sua terra, família e armas, possuidor de escravos, é apenas a imagem apagada de uma sociedade agrária. A cidadania republicana agora não passava de "um episódio crucial, um momento na transição da agricultura para a mercadoria"²⁴.

Parece claro que a reflexão sobre a economia somente poderá ocorrer no século XVIII, nas discussões centradas sobre os conceitos de sociedade comercial e divisão do trabalho. Essa sociedade – e é isso o que não compreendem os humanistas – é fruto da divisão de trabalho proporcionada pela separação entre a cidade e o campo. Mais ainda, afirma Karl Marx, "toda a história econômica da sociedade resume-se no movimento dessa antítese"²⁵.

A afirmação de Marx é correta em mais de um sentido, pelo menos no que se refere a Smith em particular e aos iluministas escoceses em geral. Em primeiro lugar, como explica Smith, "o grande comércio de toda sociedade civilizada é o que se realiza entre os habitantes da cidade e os do campo". O campo fornece matérias-primas às manufaturas da cidade e esta, em troca, devolve "aos habitantes do campo uma parte da produção manufaturada"²⁶. Em segundo lugar, as incontestáveis diferenças entre o modo de vida exclusivamente agrícola, como durante o período

---

23. J. G. A. Pocock, "Cambridge paradigms and Scotch philosophers", p. 244 (IN: *Wealth and Virtue*, Cambridge University Press, 1983; pp. 235-52).
24. Id., ibid., p. 243.
25. Karl Marx, *O capital*, Seção IV, Cap. XII, 4, p. 278 (Coleção "Os Economistas", vol. I, tradução de Regis Barbosa e Flávio R. Kothe, São Paulo, Abril Cultural, 1983).
26. RN, Livro III, Cap. I, p. 163.

feudal, e o modo de vida nas cidades, entre "as tribos rudes", como as da América, e as sociedades comerciais podem ser explicadas em termos históricos[27], ou de uma "história conjectural"[28], desenvolvida em quatro diferentes estágios da sociedade: estágio da caça, pastoril, da agricultura e comercial[29].

Mais ainda, a divisão da história em quatro estágios baseia-se no dinamismo das forças econômicas. Cada estágio possuiu uma estrutura particular sociopolítica refletindo o modo de produção prevalecente[30]. Como o leitor verá nos Livros III e V adiante, no estágio da caça cada homem provê a própria subsistência; não há propriedade privada e conseqüentemente não há necessidade de um sistema de justiça ou de autoridades civis. No segundo estágio, começam a surgir algumas formas de propriedade, como o gado. Enquanto os homens pastoreiam e guerreiam, as mulheres cuidam das crianças e dos velhos. Introduz-se certo grau de autoridade e subordinação. No estágio da agricultura, a propriedade fundiária se torna grande fonte

---

27. "Quando, em tal período da sociedade como este em que vivemos, comparamos nossos haveres intelectuais, nossas opiniões, costumes e instituições com os que prevalecem entre tribos rudes, não pode deixar de nos ocorrer, como pergunta interessante, por que passos graduais se fez a transição dos primeiros esforços da natureza não-cultivada até um estágio tão maravilhosamente artificial e complexo" (Dugald Stewart, TSM, "Biografia crítica", p. XL).

28. A expressão é do mesmo Dugald Stewart, e designa a explicação de um processo histórico de acordo com o que "os princípios conhecidos da natureza humana" *podem* produzir, caso não seja possível explicar o processo pelo qual um evento *foi* realmente produzido (TSM, "Biografia crítica", p. XLI).

29. Esse esquema histórico de alguma maneira se encontra na obra de Pufendorf, que o utiliza para negar as teses do contrato original – a origem da propriedade não seria decorrência de um pacto atemporal celebrado entre os homens, mas o produto convenções tácitas ocorridas no desenrolar do tempo – e explicar as desigualdades sociais. Ver Istvan Hont e Michael Ignatieff, "Needs and Justice in the 'Wealth of Nations'", pp. 33-4.

30 A. S. Skinner, "Adam Smith: an Economic interpretation of History", p. 155 (IN: *Essays on Adam Smith*, Oxford Clarendon Press, 1975; pp. 155-78).

PREFÁCIO   XIX

de poder e distinção. Há os servos, empregados no cultivo; há os soldados nobres, os barões que administram feudos. A legislação passa a ser mais abrangente, as divisões em classe se acentuam: aprofunda-se o direito de primogenitura, multiplicam-se os conflitos pela posse da terra. Mas, com o aperfeiçoamento das trocas, surgem as primeiras cidades. A transição da sociedade agrícola para a comercial se dá precisamente em razão de uma divisão mais complexa do trabalho. O desenvolvimento das manufaturas nas cidades, por sua vez, leva a uma incrível especialização do trabalho.

No Livro V, também a história da propriedade se desenvolve, no molde exato da jurisprudência natural, como uma explicação da progressiva delegação de deveres cívicos e marciais aos funcionários do Estado[31]. A progressão de um estágio a outro da sociedade oferece, assim, uma explicação não apenas do aperfeiçoamento da divisão do trabalho, mas também da crescente complexidade da organização social e da personalidade humana. Na história se comprova a diversificação da personalidade do homem, que se molda através da interação com os objetos que depara. A teoria dos quatro estágios, diz o historiador Pocock, "colocou no centro da percepção uma tipologia histórica dos objetos coletados, apropriados, trocados e produzidos na busca pela subsistência e perpetuação"[32].

Mas o desenvolvimento da divisão do trabalho, característica central das sociedades mais cultas e avançadas, produz efeitos contraditórios. Na manufatura de pregos que Smith descreve logo no princípio do Livro I, cada homem fabrica uma peça – cada homem é uma peça de uma grande máquina: "Um homem desenrola o arame, outro o es-

---

31. Istvan Hont e Michael Ignatieff, "Needs and Justice in the 'Wealth of Nations'", p. 7.
32. J. G. A. Pocock, "Cambridge Paradigms and Scotch Philosophers", p. 242.

tica, um terceiro o corta, um quarto o aponta e um quinto afia a outra extremidade para receber a cabeça; a fabricação da cabeça exige duas ou três operações distintas; o encaixe da cabeça é uma ocupação específica, assim como o é alvejar os alfinetes; mesmo a embalagem dos alfinetes é uma tarefa distinta" (p. 3). Porém, depois de louvar a divisão do trabalho no Livro I, Smith reconhece no Livro V que a necessidade de efetuar duas ou três operações muito simples impossibilitou o operário de exercitar o corpo e a mente, e isso o tornou "tão estúpido e ignorante como é possível a uma criatura humana tornar-se"[33]. Imbecilizado, já não consegue conversar, ter sentimentos, formar juízos, conceber valores. Alheou-se de tal modo da vida política que sequer imagina quais são os grandes interesses do país onde vive. A riqueza das nações não o ajudou em nada.

Marx lembra que este é o grande paradoxo da divisão manufatureira do trabalho: permitiu o desenvolvimento da força produtiva social do trabalho, mas à custa da mutilação do trabalhador individual[34]. Para Foucault, essa fragmentação sofrida pelo trabalhador, semelhante à sofrida pelo soldado, é seguida de uma recomposição: "nasce uma arte do corpo humano, que visa não unicamente o aumento de suas habilidades, tampouco aprofundar sua sujeição, mas a formação de uma relação que no mesmo mecanismo o torna tanto mais obediente quanto é mais útil e inversamente".[35]

Smith empreenderá esforços para impedir a completa coisificação do homem. Propõe, no Livro V, um programa de educação pública que restitua ao operário as virtudes cívicas e os direitos humanos suprimidos em nome do aperfeiçoamento ou modernização da divisão do trabalho. Na mesma linha propõe uma completa reforma das universi-

---

33. RN, Livro V, Cap. I, p. 340.
34. *O capital*, Vol. I, Cap. XII, 5, p. 286.
35. Michel Foucault, *Vigiar e punir*, p. 127 (trad. Raquel Ramalhete, Petrópolis, Vozes, 1996).

dades, adaptando-a aos novos tempos, mas permitindo-lhe criar no aluno o gosto pela cultura. Nos dois casos, uma certa intervenção do governo parece imprescindível, se bem que isso não vá alterar em nada a legítima e histórica distribuição da propriedade no interior do Estado. Tampouco será expurgada a linguagem dos mercados, que veio a substituir, no sistema da jurisprudência, a linguagem dos direitos. A era da economia que sucede a das revoluções nasce, portanto, marcada pelo dilema entre promover riqueza ou aperfeiçoar o espírito.

É da formação histórica desse *homo faber et mercator*, com suas contradições e méritos, que cuida *A riqueza das nações*. Sem dúvida, um livro de economia política, de história, filosofia e, como queria Smith, de moral.

EUNICE OSTRENSKY

Nota biográfica

Adam Smith nasceu em 1723, na pequena cidade de Kirkcaldy, próxima de Edimburgo, Escócia. Órfão de pai desde o nascimento, Smith ficará sob os cuidados extremosos da mãe, que se manterão até o falecimento desta, aos 61 anos. De sua infância sobressai apenas o seqüestro, curioso para a época, de que foi vítima aos 3 anos de idade, levado por ciganos e resgatado por um tio.

Após estudos de matemática e filosofia natural na Universidade de Glasgow, onde ingressou aos 14 anos, Smith é admitido em 1740 pelo Balliol College, da Universidade de Oxford. Ao longo dos seis anos seguintes, ele se dedicará – sem sequer uma interrupção para visita a sua cidade natal – à filosofia moral e à leitura dos clássicos, adquirindo também amplo conhecimento da literatura francesa e italiana. Seus fecundos anos em Oxford não lhe impedirão a observação de mazelas da vida universitária, que mais tarde se refletirão em sua obra na forma de crítica corrosiva dessa instituição, como o leitor verá mais adiante, sobretudo no Livro V.

Dois anos depois de deixar Oxford, Smith muda-se para Edimburgo, onde profere uma série de conferências públicas sobre retórica e belas-artes. Torna-se em 1751 professor da Universidade de Glasgow, a princípio de lógica e, logo em seguida, de filosofia moral. Durante os 12 anos em que mantém essa posição, Smith é responsável por cursos bem-sucedidos, em que há espaço tanto para tópicos tradicionais (teologia natural, ética, jurisprudência) como para o estudo das regulações políticas destinadas a aumentar a riqueza, o poder e a prosperidade do Estado. Datam também desse período o início da profunda amizade com David Hume, que se manterá pela sua vida afora, e o estabelecimento de vínculos sociais com os principais comerciantes e financistas da região, que ouvirão Smith combater persuasivamente o mercantilismo e defender o livre comércio. Também nessa época, em 1759, vem a lume *Theory of Moral Sentiments* [Teoria dos sentimentos morais], condensando parte dos cursos proferidos por Smith na Universidade de Glasgow e anunciando, em seu derradeiro parágrafo, a apresentação para breve de "um sistema dos princípios que deveriam perpassar e fundamentar as leis de todas as nações" (p. 427, Ed. Martins Fontes, 1999), assim como da explicação dos "princípios gerais da lei e do governo, e das diferentes revoluções que experimentaram nos diferentes tempos e períodos da sociedade, não apenas no que diz respeito à justiça, mas à ordem e à fazenda pública, ao exército e tudo o mais que seja objeto da lei" (idem, p. 428).

Em 1763 Smith troca o cargo universitário por uma pensão vitalícia concedida por Charles Townshend, cujo encargo consiste em acompanhar os enteados deste durante excursão à França. A longa viagem incluirá estadas em Tolouse e Paris, e mesmo em Genebra. Smith tem então a oportunidade de conhecer e freqüentar a elite cultural de seu tempo, travando relações com Voltaire, Turgot, D'Alembert, Rochefoucauld e outros. Também se aproximará dos fisiocratas.

De volta à Escócia e à casa materna em 1766, Smith lá permanecerá por sete anos, período que marca a gestação de *An Inquiry Into the Nature and Causes of the Wealth of Nations* [Investigação sobre a natureza e as causas da riqueza das nações], possivelmente iniciada em Toulouse. A obra é entregue ao editor em 1773, que a publica três anos mais tarde. Até 1778, vive Smith a maior parte do tempo em Londres, e ali também freqüenta os círculos refinados do lugar e da época. Possivelmente valendo-se de extensas conversas com Benjamin Franklin, enfrenta a crítica relação entre a Grã-Bretanha e suas colônias norte-americanas ao propor um novo ajuste, de corte federativo, destinado a atenuar os conflitos do momento. Estes se agravam consideravelmente durante os anos que Smith levou para dar a obra como acabada, e várias passagens sobre a guerra de independência norte-americana, sobretudo nos Livros IV e V, sugerem ao leitor que atente não apenas para esse pano de fundo histórico, como ainda para a agudeza das observações do autor a esse respeito.

Smith retorna à Escócia em 1778, nomeado para alto cargo público na administração aduaneira. Vive em Edimburgo, com sua mãe e um primo, desfrutando de amplo prestígio social. Com o falecimento de sua mãe, em 1784, a saúde de Smith deteriora-se gradualmente, até sua morte, em 17 de julho de 1790.

* * *

Após seu lançamento, em 1776, seguiram-se outras quatro edições (a primeira se esgotara em seis meses) de *The Wealth of Nations*, em 1778, 1784, 1786 e 1789. À terceira edição são feitos acréscimos relevantes: um apêndice, relativo ao capítulo sobre a pesca de arenque, dois novos capítulos, tratando da conclusão do sistema mercantil e dos *drawbacks* e subsídios, e parte do índice, possivelmente preparado por um colaborador profundamente versado em economia, incluído nesse domínio o sistema bancário escocês, como se depreende do verbete "Ayr Bank", ausente do corpo do texto – a maior parte do índice constitui acréscimo de Edwin Cannan, professor da London School of Economics, para a edição de 1904, preparada pela Editora Methuen and Co. A quinta e última edição é a base do texto ora traduzido ao português.

Se a redação da obra foi provavelmente iniciada em Tolouse, já na década de 1760, um primeiro esboço do que seria *The Wealth of Nations* encontra-se em conferências proferidas a mais tardar em 1759, na Universidade de Glasgow, tendo como objeto a "Jurisprudência", que para Smith envolvia a polícia, a receita pública e as armas, assim como a justiça e as leis das nações. A Jurisprudência vinha definida como a ciência que investiga os princípios gerais fundadores das leis de todas as nações, ou então como a teoria acerca dos princípios gerais da lei e do governo.

Quanto ao título, pareceria curioso que Smith não se tenha valido da expressão "Economia Política", equivalente, segundo o próprio autor, ao finalmente escolhido para dar nome à obra. Mas importa notar que, em 1776, a referida expressão ainda era de certo modo nova e constava do título da prestigiosa e recente (1767) obra de Sir James Steuart, *An Inquiry into the Principles of Political Economy: being an Essay on the Science of Domestic Polidcy in Free Nations*. Ao êxito desta última obra, deve-se somar a relevante circunstância de que fora publicada pelos mesmos editores que trariam a lume *A riqueza das nações*. Parece portanto natural que Smith recuasse ante o emprego de um termo que, hoje, não poderia constituir privilégio de autor algum.

Investigação sobre a natureza e as causas da riqueza das nações

Introdução e plano da obra

O trabalho anual de toda nação é o fundo que originalmente lhe fornece todos os bens necessários à vida e ao conforto anualmente consumidos, e que consistem sempre na produção imediata do trabalho, ou em bens que essa produção permite comprar de outras nações. Assim, conforme essa produção, isto é, o que ela permite comprar, mantenha maior ou menor proporção com número de pessoas que deverão consumi-la, a nação estará mais ou menos abastecida de todas as coisas necessárias à vida e ao conforto das quais venha a precisar.

Ora, em toda nação duas diferentes circunstâncias determinam essa proporção: em primeiro lugar, a habilidade, a destreza e o critério com os quais em geral se executa o trabalho da nação; e, em segundo lugar, a proporção entre o número dos que estão empregados em trabalho útil e o número dos que não estão. Seja qual for o solo, o clima e a extensão territorial de determinada nação, a abundância ou a escassez de sua provisão anual dependerá, nessa situação determinada, dessas duas circunstâncias.

Além disso, a abundância ou escassez dessa provisão parece depender mais da primeira do que da última circunstância. Nas nações selvagens de caçadores e pescadores, todo indivíduo capaz de trabalhar está, em maior ou menor medida, empregado em trabalho útil, e se empenha em prover, da melhor maneira possível, as coisas necessárias a sua vida e a seu conforto, ou às dos membros de sua família ou tribo que sejam muito velhos ou muito jovens, ou muito doentes para ir à caça ou pesca. No entanto, tais nações são tão miseravelmente pobres que, por absoluta carência, vêem-se freqüentemente compelidas, ou pelo menos se julgam compelidas, ora à necessidade de matar diretamente, ora à necessidade de abandonar as crianças, os velhos e os afligidos por doenças terminais, para que pereçam de fome ou sejam devorados por animais selvagens. Ao contrário, nas nações civilizadas e prósperas, embora um grande número de pessoas absolutamente não trabalhe – aliás, muitas delas consomem o produto do trabalho de dez, freqüentemente de cem vezes, mais trabalho do que consome a maior parte dos que trabalham –, a produção do trabalho total da sociedade é tão grande que com freqüência todos se encontram largamente providos, e um trabalhador, mesmo o da categoria mais pobre e mais baixa, se for frugal e industrioso, poderá desfrutar uma parcela maior dos bens necessários à vida e ao conforto do que qualquer selvagem.

As causas desse avanço nas forças produtivas do trabalho e a ordem de acordo com a qual seu produto é anualmente distribuído entre as diversas classes e condições de homens da sociedade constituem o objeto do Livro I desta *Investigação*.

Seja qual for o estado efetivo da habilidade, destreza e discernimento com que o trabalho é executado em qualquer nação, a abundância ou escassez de seu suprimento anual deve depender, enquanto se mantiver constante esse estado de coisas, da proporção entre o número dos que estão anualmente empregados em trabalho útil e o dos que não o estão. Como se verá adiante, o número de trabalhadores úteis e produtivos está sempre em relação com o volume de capital empregado para colocá-los para trabalhar e com a maneira específica como é empregado. O Livro II, portanto, tratará da natureza do capital, da maneira como gradualmente se acumula, e das diferentes quantidades de trabalho que ele coloca em movimento, de acordo com as diferentes maneiras pelas quais é empregado.

Nações razoavelmente desenvolvidas quanto à habilidade, destreza e discernimento na execução do trabalho seguiram planos muito diferentes na orientação ou direção geral que lhe deram, e esses planos não se mostraram igualmente favoráveis à grandeza de sua produção. A política de algumas nações concedeu extraordinário incentivo à atividade* do campo; a de outras, à atividade das cidades. Quase nenhuma nação tratou de maneira eqüitativa e imparcial todas as espécies de atividades. Desde a queda do Império Romano, a política européia tem sido mais favorável às artes, às manufaturas e ao comércio, que são atividades típicas das cidades, do que à agricultura – atividade do campo. As circunstâncias que parecem ter levado à introdução e implantação dessa política são explicadas no Livro III.

Embora esses diferentes planos talvez tenham sido, no início, introduzidos pelo interesse particular e pelos preconceitos de determinados tipos de homens, sem que de algum modo se considerassem ou previssem as conseqüências que teriam para o bem-estar geral da sociedade, ainda assim eles deram origem a teorias de economia política

---

* *Industry*, no original. Embora em português o termo "indústria" também designe, como aqui, "o conjunto das operações que concorrem para a produção de riquezas" (*Dicionário Caldas Aulete*), ou, como aparecerá mais adiante, "profissão mecânica ou mercantil, arte, ofício que alguém exerce para viver" (idem), optou-se, ao longo do texto, por usar diferentes traduções: atividade, atividade econômica, nível de atividade, trabalho (por contraste a "capital"), habilidade, esforço etc. É que correntemente a palavra "indústria" está muito associada à atividade secundária da economia, por oposição às atividades primária (agricultura) e terciária (comércio), atividades estas que Smith também qualifica como indústrias. (N. T.)

muito diversas, algumas das quais enaltecem a importância das atividades realizadas nas cidades, enquanto outras exaltam as atividades realizadas no campo. Essas teorias têm exercido considerável influência, não somente sobre as opiniões de homens cultos, mas também sobre a conduta pública de príncipes e Estados soberanos. Procurei explicar, no Livro IV, tão plena e distintamente quanto pude, essas diferentes teorias, e os principais efeitos por elas produzidos em diferentes épocas e nações.

A finalidade desses quatro primeiros livros é explicar em que consistem os rendimentos do grande conjunto da população, ou qual tem sido a natureza dos fundos que, em diferentes épocas e nações, têm provido seu consumo anual. O quinto e último livro trata das receitas do soberano ou da república*. Nesse livro procurei mostrar, primeiro, quais são as despesas necessárias do soberano ou da república; quais dessas despesas devem ser custeadas pela contribuição geral de toda a sociedade e quais delas apenas pela contribuição de parte específica desta, ou por somente alguns de seus membros em particular; segundo, quais são os diferentes métodos por cujo intermédio toda a sociedade pode ser levada a contribuir para custear as despesas que lhe incumbem, e quais são as principais vantagens e os principais inconvenientes de cada um desses métodos: terceiro e último, quais são as principais causas e razões que induziram quase todos os governos modernos a comprometer parte de sua receita, ou a contrair dívidas, e quais foram os efeitos dessas dívidas sobre a riqueza real, a produção anual da terra e do trabalho da sociedade.

---

* Em inglês, *commonwealth*. Alguns preferem traduzir o termo por Estado, embora com isso se percam, talvez, os sentidos de "bem público", contidos na palavra latina *respublica,* e de "riqueza comum", conforme tradução literal do termo. Smith parece ter em mente esses dois sentidos, o que justifica a opção por "república". Além disso, em algumas passagens o autor utilizou o termo *State* para designar a instância jurídica abstrata conhecida modernamente por Estado. (N. T.)

LIVRO I

Causas do aprimoramento das forças produtivas do trabalho, e ordem segundo a qual seu produto é naturalmente distribuído entre os diferentes estratos do povo

CAPÍTULO 1

Da divisão do trabalho

O maior aperfeiçoamento das forças produtivas do trabalho e grande parte da habilidade, destreza e discernimento com que ele é em todos os lugares dirigido ou aplicado parecem ter sido os efeitos da divisão do trabalho.

É possível compreender mais facilmente os efeitos da divisão do trabalho sobre a atividade geral da sociedade considerando a maneira pela qual ela opera em algumas manufaturas específicas. Em geral, admite-se que ela seja levada mais longe em algumas manufaturas muito triviais, não porque realmente o seja mais nestas do que em outras de maior importância, mas porque nessas manufaturas triviais, que se destinam a suprir as pequenas carências de um número reduzido de pessoas, o número total de trabalhadores é necessariamente pequeno: não raro, é possível reunir na mesma oficina todos os que se ocupam dos diferentes ramos do trabalho, de modo que todos se coloquem ao mesmo tempo à vista do observador. Pelo contrário, nas grandes manufaturas destinadas a suprir as grandes carências de um elevado número de pessoas, cada ramo distinto do trabalho emprega um número tão grande de trabalhadores, que é impossível reuni-los todos na mesma oficina. Raramente conseguimos ver, de uma só vez, mais do que os trabalhadores que se ocupam de uma única tarefa. Portanto, embora nessas manufaturas o trabalho possa realmente ser dividido num número muito maior de tarefas do que nas de natureza mais trivial, a divisão aqui não é tão evidente e por isso mesmo tem sido menos observada.

Tomemos, pois, como exemplo uma manufatura muito trivial, mas na qual a divisão do trabalho tem sido freqüentemente notada, a forja de alfinetes; um trabalhador não treinado para essa atividade (que a divisão do trabalho tornou uma ocupação distinta) e que não estivesse familiarizado com as máquinas nela utilizadas (para cuja invenção a divisão do trabalho provavelmente contribuiu) dificilmente poderia, ainda que com a máxima diligência, produzir um alfinete por dia, e com certeza não seria capaz de produzir vinte. Mas, da maneira como essa atividade é atualmente realizada, não só o conjunto do trabalho constitui uma ocupação específica, como a maior parte das tarefas em que o trabalho está subdividido consiste, igualmente, em ocupações especializadas. Um homem desenrola o arame, outro o estica, um terceiro o corta, um quarto o aponta e um quinto afia a outra extremidade para receber a cabeça; a fabricação da cabeça exige duas ou três operações distintas; o encaixe da cabeça é uma ocupação específica, assim como o é alvejar os alfinetes; mesmo a embalagem dos alfinetes é uma tarefa distinta; e a importante atividade de forjar alfinetes é, dessa maneira, dividida em cerca de dezoito operações distintas, as quais, em algumas manufaturas, são todas executadas por diferentes operários, embora em outras o mesmo homem às vezes execute duas ou três delas. Conheci uma pequena manufatura desse tipo, que empregava apenas dez homens e onde, por conseguinte, vários deles executavam duas ou três operações distintas. Mas, embora fossem muito pobres e por isso estivessem muito mal providos das máquinas necessárias, tinham condições de fabricar, quando se esforçavam, cerca de doze libras de alfinetes por dia. Numa libra há mais de quatro mil alfinetes de tamanho médio. Assim, aquelas dez pessoas conseguiam fabricar mais de 48 mil alfinetes num dia. Desse modo, como cada pessoa produzia uma décima parte de 48 mil alfinetes, cada uma fabricava cerca de 4.800 alfinetes num dia. Mas, se cada uma trabalhasse separada e independentemente das outras, e sem que nenhuma delas tivesse sido treinada para essa atividade específica, por certo nenhuma delas conseguiria produzir vinte alfinetes por dia, talvez nem mesmo um único alfinete num dia; ou seja, certamente não conseguiria produzir nem a 240.ª parte, e talvez nem a 4.800.ª parte do que hoje é capaz de produzir, graças à divisão e combinação adequadas de suas diferentes tarefas.

Em todos os ofícios e manufaturas, os efeitos da divisão do trabalho são semelhantes aos que se verificam nessa manufatura tão trivial, embora em muitas delas o trabalho não possa ser tão subdividido, nem reduzido a uma simplicidade tão grande de operações. Entretanto, a divisão do trabalho gera em todos os ofícios, na medida em que é possível introduzi-la, um aumento proporcional das forças produtivas do trabalho. A distinção entre as diversas atividades e empregos parece ter-se realizado em conseqüência dessa vantagem. Aliás, verifica-se que essa distinção é geralmente levada mais longe nos países que desfrutam um nível mais elevado de atividade e aperfeiçoamento: o que constitui o trabalho de um homem num estágio primitivo da sociedade corresponde comumente ao de vários homens numa sociedade mais desenvolvida. Em todas as sociedades desenvolvidas, o agricultor é geralmente apenas agricultor*; o operário, tão-somente um operário. Além disso, o trabalho necessário para produzir um artigo completo quase sempre se divide entre um grande número de

---

* No original, *farmer*. Ao longo do livro, Smith empregará esse termo para designar tanto o indivíduo que cultiva o campo como, o mais das vezes, o que arrenda uma propriedade rural. No primeiro sentido, o termo se traduz como "agricultor", contrapondo-se a "operário", como acima; no segundo, traduz-se por "arrendatário" ou "rendeiro", contrapondo-se então a "proprietário". Não há, porém, diferença substancial entre os dois sentidos. (N. T.)

operários. Quantas atividades distintas existem em cada um dos ramos das manufaturas de linho e de lã, desde os produtores das matérias-primas até os branqueadores e fiandeiros do linho, ou dos tintureiros e costureiros do tecido! É verdade que a natureza da agricultura não admite tantas subdivisões do trabalho como as manufaturas, nem uma separação tão completa entre as diferentes tarefas. É impossível separar, com a mesma facilidade com que geralmente se separa a atividade do carpinteiro da atividade do ferreiro, a atividade do criador de gado da atividade do cultivador de trigo. O fiandeiro é quase sempre uma pessoa distinta do tecelão; mas o lavrador, o gradador, o semeador e o que faz a colheita dos cereais são, freqüentemente, a mesma pessoa. Como a ocasião para esses diversos tipos de trabalho só retorna com as diferentes estações do ano, é impossível empregar constantemente um único homem em cada uma delas. Talvez seja por causa dessa impossibilidade de estabelecer uma separação tão completa e absoluta entre as diferentes tarefas de que se compõe a agricultura que o aprimoramento das forças produtivas do trabalho nessa atividade nem sempre acompanhe o aprimoramento que experimentam as manufaturas. É verdade que as nações mais ricas em geral superam todas as suas vizinhas na agricultura e nas manufaturas; mas comumente se distinguem mais por sua superioridade nestas do que naquela. Suas terras são em geral mais bem cultivadas e, como se investem mais trabalho e dinheiro nelas, produzem mais em relação à extensão e à fertilidade natural do solo. Mas essa superioridade da produção raramente é muito mais do que proporcional à superioridade de trabalho e gastos. Na agricultura, o trabalho de um país rico nem sempre é muito mais produtivo do que o de um país pobre, ou pelo menos a diferença nunca é tão grande como é comumente nas manufaturas. Por conseguinte, o trigo dos países ricos nem sempre chegará ao mercado mais barato do que o dos países pobres, se a qualidade for a mesma. O trigo da Polônia, para o mesmo padrão de qualidade, é tão barato como o da França, não obstante a maior riqueza e aprimoramento da França. O trigo da França, nas províncias produtoras, tem a mesma qualidade e, na maior parte dos anos, aproximadamente o mesmo preço que o trigo da Inglaterra, embora, levando em conta a riqueza e o desenvolvimento, a França talvez seja inferior à Inglaterra. As terras destinadas ao cultivo de trigo na Inglaterra são todavia mais bem cultivadas do que as da França e, segundo se afirma, as da França são mais bem cultivadas do que as da Polônia. Mas, embora o país pobre possa, apesar da inferioridade do cultivo, rivalizar em certa medida com os ricos no preço e na qualidade do trigo, ele não poderá ter a pretensão de concorrer com suas manufaturas, pelo menos se as manufaturas forem adequadas ao solo, ao clima e à situação do país rico. As sedas da França são melhores e mais baratas do que as inglesas porque a produção de seda, pelo menos enquanto se conservarem os elevados impostos que atualmente incidem sobre a importação de seda bruta, não é tão apropriada ao clima da Inglaterra como ao da França. Por outro lado, as ferragens e os tecidos de lã crua da Inglaterra são incomparavelmente superiores aos da França, e também muito mais baratos, se a qualidade for idêntica. Afirma-se que na Polônia praticamente não existe nenhum tipo de manufatura, com exceção das manufaturas domésticas, mais rudimentares, sem as quais nenhum país consegue razoavelmente subsistir.

O grande aumento da quantidade de trabalho que, em conseqüência da divisão do trabalho, o mesmo número de pessoas é capaz de executar deve-se a três diferentes circunstâncias: em primeiro lugar, ao aumento da destreza de cada trabalhador; em segundo lugar, à economia do tempo que normalmente se perdia ao passar de uma tarefa a outra; e, finalmente, à invenção de um grande número de máquinas que facilitam e abreviam o trabalho, permitindo que um homem faça o trabalho de muitos.

Em primeiro lugar, o aprimoramento da destreza do trabalhador faz necessariamente aumentar a quantidade de trabalho que ele pode executar; e a divisão do trabalho, ao reduzir a atividade de cada homem a uma simples tarefa, e ao tornar essa tarefa o único trabalho de sua vida, necessariamente aumenta muito a destreza do trabalhador. Se um ferreiro qualquer, acostumado a manusear o martelo, mas que nunca tenha feito pregos, for obrigado, numa dada ocasião, a tentar fazê-los, mal conseguirá, estou certo disso, fazer mais do que duas ou três centenas de pregos por dia, aliás de péssima qualidade. Um ferreiro acostumado a fazer pregos, mas cuja única ou principal ocupação não tenha sido a de forjar pregos, raramente conseguirá, mesmo que use sua máxima diligência, fabricar mais de 800 ou mil pregos num dia. Tive a oportunidade de ver vários rapazes com menos de vinte anos de idade, que nunca exerceram nenhuma outra atividade a não ser a forja de pregos, e que, quando se esforçavam, conseguiam fabricar, cada um deles, mais de 2.300 pregos num dia. A forja de um prego, entretanto, não é de maneira nenhuma uma das tarefas mais simples. A mesma pessoa sopra o fole, atiça ou corrige a chama, conforme o necessário, funde o ferro e forja as diferentes partes do prego; para forjar a cabeça, ele também é obrigado a mudar de ferramentas. As diferentes tarefas em que se subdivide a fabricação de um alfinete ou de um botão de metal são muito mais simples, e a destreza das pessoas cuja única atividade, durante toda a vida, tenha sido executar essas tarefas é, usualmente, muito maior. A rapidez com a qual são executadas algumas das operações dessas manufaturas excede o que alguém que nunca as tivesse presenciado acreditaria possível ser conseguido por mãos humanas.

Em segundo lugar, a vantagem obtida pela economia do tempo normalmente perdido ao passar de uma tarefa a outra é muito maior do que, à primeira vista, se poderia imaginar. É impossível passar muito rapidamente de um tipo de trabalho a outro, na medida em que cada um é realizado num local diferente e com ferramentas muito distintas. Um tecelão do campo, que também cultiva uma pequena propriedade, deve perder bastante tempo ao passar do tear para o campo de cultivo, ou do campo para o tear. Quando as duas atividades podem ser executadas no mesmo local, a perda de tempo é, sem dúvida, muito menor. Mesmo nesse caso, entretanto, ela é bastante considerável. Geralmente, todo homem divaga um pouco ao passar de um tipo a outro de trabalho. Ao iniciar o novo trabalho, raramente está muito ativo e vigoroso; sua cabeça, como se diz, está em outro lugar, e ele passa algum tempo mais propriamente vadiando do que se entretendo com algo mais útil. O hábito de divagar e de se aplicar ao trabalho de maneira indolente e descuidada, que é naturalmente, ou antes necessariamente, adquirido por todo trabalhador do campo obrigado a mudar de atividade e de ferramentas a cada meia hora e que todos os dias de sua vida tem de realizar vinte diferentes trabalhos, torna-o quase sempre desleixado e preguiçoso, incapaz de se aplicar com vigor, por mais urgente que seja a situação. Assim, independentemente de sua deficiência em relação à destreza, essa causa por si só será suficiente para reduzir consideravelmente a quantidade de trabalho que ele consegue realizar.

Em terceiro e último lugar, todos devem estar cientes de quanto o trabalho é facilitado e abreviado graças à utilização de máquinas apropriadas. É desnecessário dar exemplos. Limito-me, pois, a observar que a invenção de todas essas máquinas que tanto facilitam e abreviam o trabalho parece dever-se originalmente à divisão do trabalho. Os homens têm muito mais probabilidade de descobrir métodos mais fáceis e rápidos de alcançar certo objetivo quando toda a atenção de seu espírito está voltada para esse único objetivo, do que quando o espírito se dispersa entre uma grande variedade de coisas. Ora, em conseqüência da divisão do trabalho, toda a atenção de cada homem naturalmente vem a se concentrar num objetivo muito simples. É natural que se espere, portanto, que um ou outro dos que se dedicam a cada tarefa específica logo descubra métodos mais fáceis e rápidos de realizar o trabalho específico que lhe cabe, sempre que a natureza deste permita tal melhoria. Em sua maioria, as máquinas utilizadas nas manufaturas em que o trabalho está mais subdividido foram originalmente invenções de trabalhadores comuns que, ocupando-se cada um deles numa tarefa muito simples, esforçaram-se em descobrir métodos mais fáceis e rápidos de as realizar. Qualquer pessoa bastante acostumada a visitar manufaturas desses tipos deve ter visto muitas vezes máquinas excelentes, que foram fruto das invenções de tais operários, com a finalidade de tornar mais simples e rápida a parte do trabalho que lhes cabe. Nas primeiras máquinas a vapor, era necessário que um rapaz se dedicasse constantemente a abrir e fechar alternadamente a comunicação entre a caldeira e o cilindro, conforme o pistão subia ou descia. Um desses rapazes, que gostava de brincar com seus companheiros, observou que, amarrando uma corda à válvula que abria essa comunicação e prendendo-a a outra parte da máquina, a válvula se abria e fechava sem o seu auxílio, deixando-o livre para divertir-se com seus companheiros. Assim, um dos grandes aperfeiçoamentos introduzidos nessa máquina, desde a sua invenção, foi fruto da descoberta de um rapaz que queria esquivar-se ao trabalho.

No entanto, nem todos os aperfeiçoamentos introduzidos nas máquinas foram fruto da invenção dos que tinham a ocasião de utilizá-las. Muitos deles foram fruto do engenho dos fabricantes das máquinas, desde que esse trabalho se tornou uma atividade específica; e alguns foram criados pelos chamados filósofos ou homens de especulação, cujo ofício é nada fazer, mas tudo observar; e que, por isso mesmo, são muitas vezes capazes de combinar as faculdades dos objetos mais distantes e diferentes. Na medida em que a sociedade avança, a filosofia ou especulação se torna, como qualquer outra atividade, a única ou principal atividade ou ocupação de uma determinada classe de cidadãos. Além disso, como qualquer outra atividade, também esta se subdivide num grande número de ramos distintos, cada um dos quais proporciona ocupação a um grupo ou classe particular de filósofos; e essa subdivisão do trabalho na filosofia, bem como em qualquer outra atividade, permite aumentar a destreza e economizar tempo. Cada indivíduo torna-se mais versado no ramo particular a que se dedica, cresce o volume de trabalho realizado, e a extensão da ciência amplia-se consideravelmente graças a isso.

É a grande multiplicação das produções de todas as diferentes artes*, conseqüência da divisão do trabalho, que dá origem, numa sociedade bem administrada, à opulência generalizada que se estende às mais baixas camadas do povo. Cada trabalhador dispõe de uma grande quantidade de trabalho próprio, além da que ele mesmo necessita utilizar; e, como todos os outros trabalhadores se encontram na mesma situação, ele têm condições de trocar uma grande quantidade dos próprios produtos por uma grande quantidade, ou, o que vem a ser o mesmo, pelo preço de uma grande quantidade dos deles. Fornece-lhes em abundância aquilo de que precisam, e eles fornecem-lhe com igual profusão tudo o que necessitam, de modo que a fartura de bens se difunde pelas diferentes classes da sociedade.

Observe-se a moradia do mais comum artífice ou jornaleiro num país civilizado e próspero, e se perceberá que o número de pessoas cuja atividade, ainda que só numa pequena parte, foi necessário empregar para lhe proporcionar essa moradia supera todas as possibilidades de cálculo. Por exemplo, o casaco de lã que cobre o jornaleiro, por mais grosseiro e rudimentar que possa parecer, é o produto do trabalho conjunto de um grande número de traba-

---

* *Arts*, no original. Deve-se entender o termo como um sinônimo para "técnicas". (N. T.)

lhadores. O pastor, o separador da lã, o cardador, o tintureiro, o fiandeiro, o tecelão, o pisoeiro, o curtidor e muitos outros têm de unir suas diferentes artes para que seja possível obter até mesmo esse produto simples. Quantos comerciantes e carregadores, além disso, devem ter-se empregado para transportar as matérias-primas de alguns desses trabalhadores para outros, que freqüentemente vivem em regiões muito distantes do país! Sobretudo, quanto comércio e quanta navegação, quantos construtores navais, marinheiros, fabricantes de velas e cordas foi necessário empregar para reunir as diferentes drogas utilizadas pelo tintureiro, que muitas vezes provêm dos mais remotos cantos do mundo! E que variedade de trabalho é ainda necessária para produzir as ferramentas do mais ínfimo desses trabalhadores! Para não falar de máquinas tão complicadas como o navio do marinheiro, a prensa do pisoeiro, ou mesmo o tear do tecelão, consideremos apenas a variedade de trabalho necessária para constituir esta máquina tão simples, a tesoura com que o pastoreador tosquia os carneiros. O mineiro, o fabricante da fornalha para fundir o minério, o lenhador, o carvoeiro que produziu o carvão a ser utilizado na fundição, o oleiro que fabrica os tijolos, o pedreiro, os trabalhadores que operam a fornalha, o forjador, o ferreiro, todos eles precisam reunir suas diferentes artes para produzir a tesoura. Se examinássemos da mesma maneira as diferentes peças que compõem seu vestuário e a mobília de sua casa, a camisa de linho cru que trazem sobre a pele, os sapatos que lhes protegem os pés, a cama em que se deitam, e as várias partes que a compõem, o fogão de cozinha em que preparam seus alimentos, o carvão que utilizam para esse fim, arrancado às entranhas da terra, e talvez levado até eles depois de uma longa viagem por terra e mar, todos os demais utensílios de sua cozinha, tudo o que utilizam em sua mesa, as facas e os garfos, os pratos de barro ou estanho, nos quais servem e dividem seus alimentos, os diferentes operários empregados na preparação do pão e da cerveja, as janelas de vidro que deixam passar o calor e a luz e os mantêm ao abrigo do vento e da chuva, com todo o engenho e a arte exigidos para preparar essa bela e feliz invenção sem a qual dificilmente se poderiam proporcionar habitações confortáveis nestas regiões setentrionais, e ainda todas as ferramentas utilizadas pelos diferentes operários empregados na produção de todos esses bens úteis; se examinarmos todas essas coisas e considerarmos a variedade de trabalhos empregados em cada um desses bens, perceberemos que, sem o auxílio e a cooperação de muitos milhares, não seria possível atender às necessidades da mais ínfima pessoa de um país civilizado, mesmo de acordo com o que nós erroneamente imaginamos ser a maneira simples e fácil como elas são usualmente satisfeitas. É verdade que, se comparadas ao mais extravagante luxo dos grandes, suas necessidades parecem, sem dúvida, extremamente simplórias e modestas; e no entanto talvez seja verdade que a diferença entre as necessidades de um príncipe europeu e as de um camponês frugal e industrioso nem sempre é muito maior do que a diferença que existe entre o conforto deste último e o de muitos reis africanos, senhores absolutos da vida e da liberdade de dez mil selvagens nus.

CAPÍTULO 2

Do princípio que dá origem à divisão do trabalho

A divisão do trabalho, da qual resultam tantas vantagens, não procede originalmente da sabedoria humana, que prevê e projeta essa riqueza geral a que dá origem. É antes a conseqüência necessária, embora muito lenta e gradual, de uma certa propensão na natureza humana que não almeja uma utilidade tão abrangente: a propensão a cambiar, permutar e trocar uma coisa pela outra.

Esta *Investigação* não se propõe questionar, porém, se essa propensão é um dos princípios originais da natureza humana, sobre o qual nada restaria a dizer, ou se, como parece mais provável, é a conseqüência necessária das faculdades da razão e do discurso. De qualquer modo, essa propensão é comum a todos os homens e não se encontra em nenhuma outra raça de animais, que parecem desconhecer esta e todas as outras espécies de contrato. Dois galgos, perseguindo a mesma lebre, parecem às vezes agir segundo algum tipo de acordo. Cada um deles a conduz na direção do companheiro, ou se esforça para interceptá-la quando o outro a conduz em sua direção. Isso não é, entretanto, conseqüência de um contrato, mas do concurso acidental de suas paixões sobre o mesmo objeto naquele momento específico. Ninguém jamais viu um cão realizar com outro cão uma troca leal e deliberada de um osso por outro. Ninguém jamais viu um animal, por seus gestos e gritos naturais, dar a entender a um outro: isto é meu, aquilo é teu; eu estou disposto a te dar isto em troca daquilo. Quando um animal deseja obter algo de um homem ou de outro animal, o único meio de persuasão de que dispõe consiste em conquistar os favores daqueles de cujo serviço necessita. Um filhote afaga a mãe, e um pequeno cão de estimação tenta de mil maneiras atrair a atenção de seu dono que está jantando, quando quer receber comida. O homem às vezes usa dos mesmos artifícios com seus semelhantes e, quando não possui nenhum outro meio de induzi-los a agir de acordo com seus desejos, procura atrair sua boa vontade sendo servil e bajulador. Todavia, não tem tempo suficiente para fazer isso a todo momento. Numa sociedade civilizada, ele necessita constantemente da ajuda e cooperação de uma multidão de gente, e sua vida inteira mal é suficiente para conquistar a amizade de umas poucas pessoas. Em quase todas as outras espécies animais, cada indivíduo, ao atingir a maturidade, torna-se inteiramente independente e, em sua situação normal, não precisa da ajuda de qualquer outra criatura viva. Mas o homem quase sempre precisa da ajuda de seus semelhantes, e seria vão esperar obtê-la somente da benevolência. Terá maiores chances de conseguir o que quer se puder interessar o amor-próprio deles a seu favor e convencê-los de que terão vantagem em fazer o que deles pretende. Todos os que oferecem a outro qualquer espécie de trato propõem-se fazer isso. Dê-me aquilo que eu desejo, e terás isto que desejas, é o significado de todas as propostas desse gênero e é dessa maneira que nós obtemos uns dos outros a grande maioria dos favores e serviços de que necessitamos. Não é da benevolência do açougueiro, do cervejeiro e do padeiro que esperamos o nosso jantar, mas da consideração que eles têm pelos próprios interesses. Apelamos não à humanidade, mas ao amor-próprio, e nunca falamos de nossas necessidades, mas das vantagens que eles podem obter. Ninguém, senão um mendigo, aceita depender essencialmente da benevolência de seus concidadãos. Até mesmo um mendigo não depende inteiramente dela. A caridade das pessoas bondosas é que de fato lhe fornece todos os fundos para sua subsistência. Mas, embora esse princípio lhe assegure, em última instância, todos os bens necessários a sua subsistência, não o faz, e nem poderia, à medida que precisa desses bens. A maior parte de suas necessidades ocasionais é satisfeita da mesma maneira que as das outras pessoas, por acordo, por troca e por compra. Com o dinheiro que um lhe dá ele compra comida. Ele troca as roupas velhas que um outro lhe dá por outras roupas velhas que lhe servem melhor, por moradia, por comida, ou por dinheiro, com o qual ele poderá comprar comida, roupas ou moradia, conforme necessite.

Na medida em que é por acordo, por troca e por compra que obtemos uns dos outros a maior parte dos serviços mútuos dos quais necessitamos, é essa mesma propensão para a troca que originalmente leva à divisão do trabalho. Numa tribo de caçadores ou pastores, um determinado indivíduo produz, por exemplo, arcos e flechas com maior prontidão e destreza do que qualquer outro. Freqüentemente os troca com seus companheiros por gado ou caça e acaba descobrindo que, dessa maneira, pode obter mais gado e mais caça do que se fosse ao campo para apanhá-los. Assim, atendendo ao próprio interesse, a fabricação de arcos e flechas passa a constituir sua principal ocupação, e ele se torna uma espécie de armeiro. Outro sobressai na fabricação de estruturas e coberturas para as pequenas cabanas ou tendas utilizadas pela tribo. Ele está acostumado a ser útil dessa maneira a seus vizinhos, que da mesma forma o recompensam com gado e caça, até que ele descobre ser do seu interesse dedicar-se exclusivamente a essa atividade e tornar-se uma espécie de carpinteiro. Do mesmo modo, um terceiro torna-se ferreiro ou caldeireiro, um quarto um tanoeiro ou curtidor de peles, o principal elemento do vestuário dos selvagens. E, assim, a certeza de poder trocar todo o excedente de produção do próprio trabalho, que supera seu consumo pessoal, pelo excedente de produção do trabalho de outros homens, conforme ele possa necessitar, estimula todo homem a dedicar-se a uma atividade específica, e a cultivar e aperfeiçoar todo o talento ou gênio que possa ter por essa espécie particular de ocupação.

Na verdade, a diferença de talentos naturais entre os homens é muito menor do que pensamos, e a grande diferença de talentos que parece distinguir homens de diferentes profissões, quando atingem a maturidade, em muitos casos não é tanto causa como o efeito da divisão do trabalho. A diferença entre os caracteres mais diferentes, entre um filósofo e um simples carregador, por exemplo, parece se dever menos à natureza do que ao hábito, aos costumes e à educação. Quando vieram ao mundo, e durante os primeiros seis ou oito anos de sua existência, talvez fossem muito parecidos, e nem os pais nem os amigos podiam perceber alguma diferença notável. Por volta dessa idade, ou pouco depois, vieram a ocupar-se de atividades muito diferentes. A diferença de talentos, que então começa a se fazer notar, aos poucos se amplia, até que por fim a vaidade do filósofo o impede de reconhecer alguma semelhança. Ora, se não existisse propensão à troca, à permuta ou ao câmbio, todo homem precisaria prover-se de todas as coisas necessárias à vida e ao conforto de que necessitasse. Todos precisariam cumprir os mesmos deveres e realizar o mesmo trabalho, de modo que não existiria uma tal diferença de ocupações que por si só fosse suficiente para criar uma diferença de talentos tão grande.

Assim como é essa propensão que cria a diferença de talentos, tão notável entre homens de diferentes profissões, também é a mesma propensão que torna essa diferença útil. Muitos grupos de animais, reconhecidos como pertencentes todos à mesma espécie, apresentam por natureza uma distinção muito mais notável de capacidades do que a que parece vigorar entre os homens, antes que se tenham estabelecido o costume e a educação. Por natureza, a diferença de gênio e disposição entre um filósofo e um simples carregador não é nem a metade da diferença que existe entre um mastim e um galgo, ou entre um galgo e um pequeno cão de estimação, ou entre este último e um cão pastor. Porém, essas diferentes raças de animais, embora todos pertençam à mesma espécie, são de pouca utilidade uns para os outros. A força do mastim não se beneficia em nada da velocidade do galgo, da sagacidade do pequeno cão de estimação, ou da docilidade do cão pastor. Por falta da capacidade ou da propensão para troca, não é possível reunir os efeitos desses diferentes gênios ou talentos num patrimônio comum, e por isso nenhum cão contribui minimamente para satisfazer as necessidades e melhorar o conforto da espécie. Cada animal é obrigado a se manter e defender por si só, isolada e independentemente, e não tira nenhuma vantagem da variedade de talentos com a qual a natureza distinguiu seus companheiros. Entre os homens, pelo contrário, os talentos mais distintos são úteis uns aos outros; os diferentes produtos de suas respectivas capacidades, graças à propensão geral a cambiar, permutar ou trocar, reúnem-se, por assim dizer, num patrimônio comum, que permite a cada homem adquirir todas as partes produzidas pelos talentos de outros, de acordo com suas necessidades.

CAPÍTULO 3

A divisão do trabalho é limitada pela extensão do mercado

Como é o poder de troca que origina a divisão do trabalho, a extensão dessa divisão deve ser sempre limitada pela extensão desse poder, ou, em outras palavras, pela extensão do mercado. Quando o mercado é muito reduzido, ninguém encontra estímulo para dedicar-se exclusivamente a uma atividade, uma vez que não haverá a possibilidade de trocar todo o excedente de produção do trabalho que supera o próprio consumo pelo excedente de produção do trabalho de outros homens de que tenha necessidade.

Há alguns gêneros de atividade, mesmo as mais inferiores, que não podem ser exercidas senão numa grande cidade. Um carregador, por exemplo, não encontrará emprego e subsistência em nenhum outro lugar. Uma aldeia é pequena demais para ele; nem mesmo uma pequena cidade de comércio chega a ser grande o suficiente para proporcionar-lhe uma atividade constante. Nas casas isoladas e aldeias muito pequenas dispersas por uma região tão deserta como as Terras Altas da Escócia, todo agricultor precisa também ser açougueiro, padeiro e cervejeiro de sua própria família. Em tais localidades, nem sequer devemos esperar encontrar um ferreiro, um carpinteiro ou um pedreiro a uma distância inferior a vinte milhas de um outro que exerça o mesmo ofício. As famílias dispersas, que vivem a oito ou dez milhas de distância do mais próximo deles, precisam aprender a desempenhar um grande número de pequenas tarefas, para as quais, em regiões mais populosas, pediriam o auxílio desses artífices. Praticamente em todos os lugares, os trabalhadores do campo são obrigados a executar todos os tipos de tarefas relativas à sua atividade, ainda que a única afinidade entre elas consista em empregarem a mesma matéria-prima. Um carpinteiro do campo trabalha com tudo o que seja feito de madeira, e um ferreiro do campo trabalha com tudo o que diga respeito ao ferro. O primeiro não é apenas carpinteiro, mas também marceneiro, entalhador, e até mesmo fabricante de rodas, construtor de arados, carros e carroças. As atividades de um ferreiro são ainda mais variadas. Seria impossível que mesmo a forja de pregos pudesse existir como ofício nas remotas regiões interiores das Terras Altas da Escócia. Um operário com esse ofício, à média de mil pregos por dia, e trezentos dias de trabalho ao ano, produzirá trezentos mil pregos por um ano. Mas nessa localidade seria impossível vender mil pregos, isto é, a produção de um dia de trabalho por ano.

Como o transporte por via aquática abre um mercado mais amplo a todo gênero de trabalho do que o proporcionado pelo transporte terrestre, é ao longo da costa marítima e das margens dos rios navegáveis que as atividades de todos os tipos começam a subdividir-se e aperfeiçoar-se, e somente depois de um longo tempo esses aprimoramentos se estendem para as regiões interiores do país. Uma carroça grande, dirigida por dois homens e puxada por oito cavalos, leva e traz de Londres a Edimburgo quatro toneladas de mercadorias em aproximadamente seis semanas. Mais ou menos no mesmo período, um navio tripulado por seis ou oito homens, e navegando entre os portos de Londres e Leith, transporta duzentas toneladas de mercadorias. Assim, graças ao transporte aquático, seis ou oito homens podem levar e trazer no mesmo período, no trajeto que separa Londres de Edimburgo, a mesma quantidade de mercadorias que cinqüenta carroças dirigidas por cem homens e puxadas por quatrocentos cavalos. Às duas toneladas de mercadorias trazidas pelas carruagens mais baratas de Londres e Edimburgo é preciso então acrescentar o custo de manutenção de cem homens durante três semanas, e não só a manutenção, como também o desgaste, que é quase igual à manutenção, de quatrocentos cavalos, mais o de quinze carroças grandes. Em contrapartida, ao preço da mesma quantidade de mercadorias transportadas por via aquática será preciso acrescentar apenas a manutenção de seis ou oito homens e o desgaste de um barco com capacidade de carga de duzentas toneladas, além do valor correspondente ao risco superior, ou seja, a diferença entre o seguro do transporte por terra e por água. Assim, se não existisse nenhuma outra via de comunicação entre essas duas localidades além da terrestre, como apenas seria possível transportar entre uma e outra as mercadorias cujo preço fosse suficientemente elevado em comparação com o peso, somente poderia se realizar uma pequena parte do comércio que atualmente existe entre elas, e conseqüentemente só poderiam dar uma parte do estímulo que hoje proporcionam uma à outra. Haveria pouco ou nenhum comércio de qualquer espécie entre as distantes regiões do mundo. Que mercadorias poderiam suportar o custo de transporte por terra entre Londres e Calcutá? E, mesmo se existissem mercadorias tão preciosas que pudessem suportar esse custo, com que segurança poderiam ser transportadas pelos territórios de tantas nações bárbaras? Porém, essas duas cidades realizam atualmente um comércio bastante considerável e, proporcionando-se mutuamente um mercado, fornecem um razoável incentivo às respectivas atividades.

Ora, se essas são as vantagens do transporte aquático, é natural que os primeiros aperfeiçoamentos das artes e dos ofícios aconteçam onde essa vantagem abre o mercado do mundo inteiro aos produtos de todas as espécies de trabalho, e que só muito depois se estendam às regiões interiores do país. É possível que durante muito tempo o único mercado dessas regiões para a maior parte de suas mercadorias sejam as regiões vizinhas, que as separam da costa marítima e dos grandes rios navegáveis. Por isso, durante muito tempo a extensão de seus mercados se manterá proporcional às riquezas e à densidade populacional destas regiões e, conseqüentemente, seus progressos sempre serão posteriores aos destas. Em nossas colônias da América do Norte, as plantações sempre seguem a costa marítima ou as margens dos rios navegáveis; dificilmente algumas delas se distanciaram consideravelmente dessas vias de transporte.

Os estudos mais dignos de crédito indicam que as primeiras nações a serem civilizadas foram as situadas em torno da costa do mar Mediterrâneo. Esse mar – o maior mar interior que se conhece no mundo –, por não possuir marés nem, conseqüentemente, nenhuma onda a não ser a causada por ventos, era, em virtude da mansidão de suas águas, da multiplicidade de suas ilhas, da proximidade de suas praias, extremamente favorável à incipiente navegação do mundo, numa época em que os homens, por ainda desconhecerem a bússola, temiam perder de vista a costa e, devido à imperfeição das técnicas de construção naval, abandonar-se às violentas ondas do oceano. No mundo antigo, ultrapassar as colunas de Hércules, isto é, navegar para além do estreito de Gibraltar, foi considerado por muito tempo uma façanha naval assombrosa e bastante arriscada. Passou-se muito tempo até que os Fenícios e os Cartagineses, os mais hábeis navegadores e construtores de navios da Antiguidade, tentassem essa façanha, e por muito tempo foram os únicos que ousaram tanto.

Dentre todos os países da costa do mar Mediterrâneo, o Egito parece ter sido o primeiro em que a agricultura e as manufaturas foram cultivadas e desenvolvidas num grau considerável. O Alto Egito nunca se afasta do Nilo mais do que algumas milhas, e no Baixo Egito esse grande rio divide-se em vários canais que, com um pequeno auxílio da técnica, parecem ter proporcionado vias de comunicação aquática, não apenas entre todas as grandes cidades, mas entre todas as aldeias de tamanho considerável, e mesmo entre várias propriedades rurais do país; mais ou menos da mesma maneira como ocorre hoje na Holanda, com os rios Reno e Mosa. É provável que a extensão e a facilidade dessa navegação tenham sido as principais causas do precoce desenvolvimento do Egito.

Os progressos na agricultura e nas manufaturas parecem igualmente ter ocorrido muito cedo nas províncias de Bengala, nas Índias Orientais e em algumas províncias do leste da China, embora não disponhamos de fontes históricas fidedignas que comprovem quão antigos são esses progressos. Em Bengala, o Ganges e vários outros grandes rios formam um grande número de canais navegáveis, tal como ocorre com o Nilo, no Egito. Também nas províncias orientais da China vários grandes rios formam, por suas diversas ramificações, uma multiplicidade de canais que se comunicam entre si e proporcionam uma navegação interna muito mais extensa do que a do rios Ganges ou do Nilo, ou talvez os dois juntos. É notável que nem os antigos egípcios, nem os indianos, nem os chineses, incentivam o comércio exterior, tendo antes, ao que parece, obtido da navegação interna sua grande riqueza.

Por outro lado, todas as regiões do interior da África, e toda aquela região da Ásia situada bastante ao norte dos mares Euxino e Cáspio, a antiga Cítia, a moderna Tartária e Sibéria, parecem ter permanecido, em todas as épocas do mundo, no mesmo estado bárbaro e incivilizado no qual as encontramos hoje. O mar da Tartária é um oceano congelado que não admite navegação alguma, e, embora alguns dos maiores rios do mundo percorram essa região, a distância que os separa é grande demais para permitir o comércio e a comunicação na maior parte do país. Na África não há nenhum desses grandes mares internos tais como os mares Báltico e Adriático na Europa, os mares Mediterrâneo e Euxino, na Europa e na Ásia, e os golfos da Arábia, Pérsia, Índia, Bengala e Sião, na Ásia, que permitam levar o comércio marítimo ao interior desse grande continente; e os grandes rios da África estão distantes demais uns dos outros para permitirem uma navegação interior considerável. Além disso, jamais pode ser relevante o comércio que uma nação realiza através de um rio que não se ramifica num grande número de braços ou canais, e que percorre outros territórios antes de alcançar o mar, porque as nações que detêm os outros territórios podem a qualquer momento obstruir a comunicação entre o país e o mar. A navegação do Danúbio é de pouca utilidade para os vários Estados da Baviera, Áustria e Hungria, em comparação com o que seria se algum desses países dominasse todo o seu curso até a desembocadura no mar Negro.

CAPÍTULO 4

Da origem e do uso do dinheiro

Uma vez plenamente estabelecida a divisão do trabalho, é apenas uma pequena parte das necessidades de um homem que pode ser satisfeita com o produto do próprio trabalho. A grande maioria dessas necessidades é satisfeita por meio da troca da parte do produto do trabalho que excede seu próprio consumo pela mesma parte do produto do trabalho de outros homens de que venha a precisar. Assim, todo homem vive da troca ou em alguma medida torna-se comerciante, e a própria sociedade se vai convertendo numa verdadeira sociedade mercantil.

Mas, quando começou a existir a divisão do trabalho, esse poder de troca deve ter freqüentemente encontrado inúmeros obstáculos e empecilhos. Suponhamos que um homem possua uma quantidade de certa mercadoria superior à que ele mesmo necessita, enquanto um outro possui menos. O primeiro, conseqüentemente, estaria disposto a desfazer-se de uma parte desse supérfluo, e o segundo a adquiri-la. No entanto, se por acaso este último não possuir nada do que o primeiro necessite, nenhuma troca se realizará entre eles. O açougueiro tem mais carne em sua loja do que ele próprio consegue consumir, e tanto o cervejeiro como o padeiro estariam dispostos a adquirir parte da carne. Mas nada têm para oferecer em troca, exceto os diferentes produtos de suas respectivas atividades, e o açougueiro já tem o pão e a cerveja de que precisa por ora. Nesse caso, não poderá haver nenhuma troca entre eles. O açougueiro não poderá ser comerciante para o padeiro e o cervejeiro, nem estes poderão ser seus clientes, de modo que nenhum deles prestará um grande serviço ao outro. Para evitar os inconvenientes dessas situações, todo homem prudente, em todas as épocas da sociedade desde que pela primeira vez se estabeleceu a divisão do trabalho, deve ter naturalmente se empenhado em administrar seus negócios de modo que sempre tivesse consigo, além do produto específico de seu trabalho, uma certa quantidade desta ou daquela mercadoria que, a seu ver, provavelmente poucas pessoas rejeitariam em troca do produto da respectiva atividade.

É provável que se tenha pensado, para esse propósito, em muitas diferentes mercadorias, que foram sucessivamente utilizadas. Segundo se afirma, nos períodos primitivos da sociedade, o gado foi o instrumento comum de comércio; e, apesar de ser dos mais inconvenientes, ainda assim vemos que, nos tempos antigos, as coisas eram freqüentemente avaliadas de acordo com o número de cabeças de gado que haviam sido trocadas por elas. A armadura de Diomedes, diz Homero, custou apenas nove bois; mas a de Glauco custou uma centena de bois. Na Abissínia, segundo contam, o sal é o instrumento comum de comércio e trocas; em algumas regiões da costa da Índia, é uma espécie de conchas; na Terra Nova, bacalhau seco; na Virgínia, tabaco; em algumas das nossas colônias das Índias Ocidentais, o açúcar; em alguns outros países, as peles ou o couro curtido; e há ainda hoje uma aldeia na Escócia onde não é incomum, segundo me contaram, um trabalhador carregar pregos, em vez de dinheiro, à padaria ou à taberna.

No entanto, em todos os países, razões inelutáveis parecem ter determinado os homens a adotar os metais para esse uso, em detrimento de qualquer outra mercadoria. Os metais não só podem ser guardados com uma perda mínima, havendo poucas coisas menos perecíveis do que eles, mas ser, sem nenhuma perda, divididos em quantas partes se desejar, podendo ainda estas partes ser, por fusão, novamente reunidas, qualidade que nenhuma outra mercadoria de igual durabilidade possui, e que, mais do que qualquer outra qualidade, torna-os instrumentos adequados para o comércio e a circulação. O homem que desejava comprar sal, por exemplo, e não possuía senão gado para dar em troca, devia ver-se obrigado a comprar, de uma só vez, sal pelo valor de um boi ou de um carneiro inteiros. Raramente ele poderia comprar menos do que isso, pois é improvável que pudesse dividir, sem perda, o que daria em troca; e, se tivesse a intenção de comprar mais, devia ver-se obrigado, pelas mesmas razões, a comprar o dobro ou o triplo da quantidade, pelo valor de dois ou três bois, ou de dois ou três carneiros. Se, pelo contrário, em vez de carneiros ou bois, tivesse metais para dar em troca, poderia facilmente regular a quantidade de metal pela quantidade exata da mercadoria de que necessitava no momento.

Diferentes nações adotaram para esse propósito diferentes metais. O ferro era o instrumento comum de comércio entre os antigos espartanos; o cobre, entre os antigos romanos; e o ouro e a prata entre as nações ricas e mercantis.

Esses metais parecem ter sido utilizados para esse propósito sob a forma de barras toscas, sem nenhuma marca ou cunhagem. Assim, Plínio nos conta[1], baseando-se na autoridade de Timeu, antigo historiador, que até o tempo de Sérvio Túlio os romanos não possuíam moeda cunhada, fazendo uso de cobre em barra sem marca para adquirir tudo o que necessitassem. Essas barras toscas, portanto, desempenharam nessa época a função de moeda.

O uso de metais em estado bruto ocasionava dois inconvenientes bastante consideráveis: primeiro, o incômodo da pesagem; e, segundo, o da avaliação da pureza. No caso

---

1. Plínio, *Historia naturalis*, xxxiii, 3.

dos metais preciosos, em que uma pequena diferença de quantidade faz uma grande diferença no valor, mesmo a atividade de pesagem, com a devida exatidão, requer no mínimo pesos muito acurados e escalas. A pesagem do ouro, particularmente, consiste numa operação algo delicada. De fato, no caso dos metais mais grosseiros, com relação aos quais um pequeno erro teria pouca importância, sem dúvida não seria necessária grande exatidão. No entanto, seria excessivamente incômodo se, toda vez que um pobre homem tivesse necessidade de comprar ou vender um vintém de mercadorias, fosse obrigado a pesar 1 vintém. A avaliação da pureza é ainda mais difícil, ainda mais fastidiosa, e, a menos que parte do metal seja fundida no cadinho com os solventes apropriados, qualquer conclusão a que se chegue será extremamente incerta. Antes da instituição da moeda cunhada, entretanto, a não ser que passassem por essas operações difíceis e tediosas, as pessoas estavam sempre expostas às mais grosseiras fraudes e imposturas, e, em lugar de uma libra de prata ou cobre puros, poderiam receber, em troca de seus bens, uma composição adulterada dos materiais mais grosseiros e baratos que, todavia, traziam no exterior a aparência daqueles metais. Para prevenir tais abusos, facilitar as trocas e dessa maneira incentivar todos os gêneros de atividade e comércio, verificou-se ser necessário, em todos os países que fizeram quaisquer avanços consideráveis rumo ao progresso, imprimir uma marca oficial sobre certas quantidades de tais metais particulares, que eram ordinariamente utilizados nesses países para comprar mercadorias. Daí a origem da moeda cunhada e das instituições públicas denominadas de Casas da Moeda, instituições exatamente da mesma natureza que os *aulnagers* e *stampmasters** para os tecidos de lã e linho. Todos desti-

---

* Optamos por seguir a tradução portuguesa (Ed. Fundação Calouste Gulbenkian, 2.ª ed.; tradução de Teodora Cardoso e Luís Cristóvão de Aguiar), que preferiu não traduzir estes termos. Os *aulnagers* eram oficiais

nam-se igualmente a certificar, por meio de um selo oficial, a quantidade e a uniformidade de qualidade dessas diferentes mercadorias quando postas no mercado.

Ao que parece, em muitos casos os primeiros selos oficiais desse gênero a serem gravados nos metais de uso corrente destinaram-se a certificar o que é a um só tempo mais difícil e mais importante certificar, a saber, a qualidade ou finura do metal; deviam assemelhar-se ao cunho esterlino que se grava atualmente em chapas e barras de prata, ou ao cunho espanhol, que às vezes é gravado em lingotes de ouro e, sendo aplicado somente a um dos lados da peça e não cobrindo toda a sua superfície, certifica o grau de fineza, porém não o peso do metal. Abraão pesa para Efrom os 400 siclos de prata que ele havia concordado em pagar pelo campo de Machpelah*. Afirma-se, todavia, que eram a moeda corrente do comerciante e, mesmo assim, foram recebidas por peso, e não por quantidade, da mesma maneira que os lingotes de ouro e barras de prata o são no presente. Conta-se que as rendas dos antigos reis saxões da Inglaterra eram pagas não em dinheiro, mas em espécie, isto é, em víveres e provisões de todos os gêneros. Guilherme, o Conquistador, introduziu o costume de pagar em dinheiro**. Esse dinheiro, entretanto, por muito tempo foi recebido pelo Tesouro a peso, e não por quantidade.

---

que tinham a função de fiscalizar os padrões de medida e qualidade dos tecidos de lã. Os *stampmasters* cumpriam a mesma função com relação aos tecidos de linho. Cada um deles certificava a qualidade dos tecidos com a afixação de um selo oficial (fonte: *Encyclopedia Britannica*, vol. I, p. 661; 56.ª ed., 1967). (N. T.)

* Gênesis 23,16. (N. T.)

** Ao subjugar os anglo-saxãos, antigos habitantes da Grã-Bretanha, Guilherme I (ou o Conquistador) inaugurou em 1066 a linhagem de todos os reis ingleses. Estes reis, portanto, remontam sua legitimidade ao Conquistador, o primeiro monarca. Quanto ao fato a que Smith alude, de que Guilherme I introduziu o costume de pagar em dinheiro, não em espécies, foi provavelmente descrito por Lowndes, em *Report Containing an Essay for the Amendment of the Silver Coin*, 1695. (N. T.)

A inconveniência e a dificuldade da pesagem exata desses metais ensejaram a instituição das moedas, cujo cunho, cobrindo inteiramente os dois lados da peça, e algumas vezes as extremidades também, tinha por finalidade certificar não apenas a proporção, mas também o peso dos metais. Tais moedas, pois, eram recebidas por quantidade, tal como no presente, sem o transtorno da pesagem.

Ao que parece, originalmente as denominações dessas moedas exprimiam os pesos ou as quantidades de metal nelas contidas. No tempo de Sérvio Túlio, o primeiro a cunhar moedas em Roma, o Ás romano ou Pondo continha uma libra romana de cobre de boa qualidade. Era dividido da mesma maneira que a nossa libra de *Troyes*, em 12 onças, cada uma das quais contendo, de fato, uma onça real de cobre de boa qualidade. A libra esterlina inglesa, no tempo de Eduardo I, continha 1 libra, peso *Tower*, de prata, de determinada finura. A libra *Tower* parece ter sido um pouco superior à libra romana, e algo inferior à libra *Troyes*. Esta última somente foi introduzida na Casa da Moeda da Inglaterra por meio de lei instituída por Henrique VIII no 18º ano de seu reinado. A libra francesa continha, no tempo de Carlos Magno, uma libra, peso *Troyes*, de prata de determinada finura. A feira de Troyes, em Champanhe, era freqüentada por todas as nações da Europa à época, e os pesos e medidas de um mercado tão célebre eram geralmente conhecidos e aceitos. A moeda de libra escocesa continha, desde o tempo de Alexandre, o Grande, até o de Robert Bruce, 1 libra de prata de peso e finura iguais ao da libra esterlina inglesa. Do mesmo modo, as moedas inglesas, escocesas e francesas continham originalmente um penny-peso de prata, uma vigésima parte de 1 onça, e a ducentésima quadragésima parte de 1 libra. O shilling também parece ter sido originalmente a denominação de uma medida de peso. Quando o trigo estiver a 12 shillings a quarta, diz uma antiga lei introduzida no reinado de Henrique III, então o pão fino de um *farthing** pesará 11 shillings e 4 pence-peso. A proporção, contudo, entre 1 shilling e 1 penny-peso, por um lado, e a libra, por outro, parece não ter sido tão constante e uniforme como entre o penny-peso e a libra. Durante a primeira dinastia de reis de França, o *sou* francês ou shilling, parece ter, em diferentes ocasiões, contido apenas 5, 12, 20 e 40 pence. Entre os antigos saxões, 1 shilling parece ter, em certo momento, contido apenas 5 pence, e não é improvável que tenha sido tão variável entre eles como entre os seus vizinhos, os antigos francos. Desde o tempo de Carlos Magno entre os franceses, e de Guilherme, o Conquistador, entre os ingleses, a proporção entre a libra, o shilling e o penny parece ter sido uniformemente a mesma que no presente, embora o valor de cada uma variasse muito. Porque creio que, em todos os países do mundo, a avareza e a injustiça dos príncipes e Estados soberanos, abusando da confiança de seus súditos, têm diminuído aos poucos a quantidade real de metal, que originalmente era contida em suas moedas. O Ás romano, nos últimos anos da República, estava reduzido à vigésima quarta parte de seu valor original e, em vez de pesar uma libra, chegou a pesar apenas meia onça. A libra e o penny ingleses atualmente contêm apenas cerca de 1/3 do seu valor original; a libra e o penny escoceses, apenas cerca de um trinta e seis avos; e a libra e o penny franceses, cerca de sessenta e seis avos de seus valores originais. Por meio dessas operações, os tesouros dos príncipes e soberanos que as realizaram conseguiram, em aparência, pagar suas dívidas e cumprir suas obrigações com uma quantidade de prata menor do que de outra maneira lhes seria necessária. Mas isso, na verdade, apenas em aparência, pois seus credores eram realmente defraudados de uma parte do que lhes era devido. O mesmo privilégio foi concedido a todos os demais devedores do Estado, permitindo-lhes pagar, com a

---

* Primeira moeda inglesa, cujo valor era de um quarto de penny. (N. T.)

mesma soma nominal da nova moeda desvalorizada, tudo o que lhes havia sido emprestado na moeda antiga. Tais operações se têm mostrado, portanto, favoráveis ao devedor, e ruinosas ao credor, e às vezes têm produzido nas fortunas dos particulares uma revolução mais profunda e mais geral do que as que poderiam resultar de uma enorme calamidade pública.

Foi dessa maneira que o dinheiro tornou-se, em todas as nações civilizadas, o instrumento universal do comércio, por meio do qual se compram, vendem ou trocam bens de todas as espécies.

Passarei agora a examinar quais regras os homens naturalmente observam ao trocar esses bens por dinheiro ou por outros bens. Essas regras determinam o que se pode chamar de valor relativo, ou de troca, dos bens.

É preciso observar que a palavra "VALOR" possui dois diferentes significados; algumas vezes expressa a utilidade de algum objeto em particular, e outras, o poder de comprar outros bens, que a posse desse objeto transmite. O primeiro pode ser designado por "valor de uso"; o segundo, por "valor de troca". As coisas que possuem o maior valor de uso freqüentemente possuem pouco ou nenhum valor de troca, e, ao contrário, as que têm o maior valor de troca freqüentemente têm pouco ou nenhum valor de uso. Nada é mais útil do que a água e, no entanto, ela não permite comprar quase nada; poucas coisas se podem obter em troca dela. Um diamante, pelo contrário, não possui quase nenhum valor de uso, mas normalmente é possível obter em troca dele uma enorme quantidade de outras mercadorias.

A fim de investigar os princípios que regulam o valor de troca das mercadorias, tratarei de mostrar:

Em primeiro lugar, qual a verdadeira medida desse valor de troca; ou em que consiste o preço real de todas as mercadorias.

Em segundo lugar, quais as diferentes partes de que esse preço real se compõe ou é formado.

E, finalmente, quais as diferentes circunstâncias que, por vezes, elevam algumas ou todas essas diferentes partes do preço acima do seu valor natural ou ordinário e, por vezes, as reduz abaixo desse valor; ou que causas às vezes impedem o preço de mercado, isto é, o verdadeiro preço das mercadorias, de coincidir exatamente com o que se pode chamar de seu preço natural.

Procurarei explicar, da maneira mais completa e clara possível, esses três pontos nos três capítulos seguintes. Para isso pedirei sinceramente a paciência e a atenção do leitor: sua paciência, para examinar uma minúcia que talvez possa, em alguns momentos, parecer desnecessariamente fastidiosa; e sua atenção, para entender o que talvez pareça ainda em certa medida obscuro, mesmo após a mais completa explicação que eu possa oferecer. Sempre aceito correr o risco de me tornar enfadonho para certificar-me de que sou claro; e, contudo, depois de esforçar-me o mais possível para ser claro, pode subsistir ainda certa obscuridade por se tratar de um assunto que é, por sua própria natureza, extremamente abstrato.

CAPÍTULO 5

Do preço real e nominal das mercadorias, ou de seu preço em trabalho e em dinheiro

Todo homem é rico ou pobre de acordo com o grau em que lhe é dado desfrutar das coisas necessárias à vida e ao conforto, e das diversões da vida humana. Mas, depois de estabelecer-se completamente a divisão do trabalho, o trabalho de cada homem apenas poderá provê-lo de uma parte extremamente diminuta dessas coisas. A grande maioria delas deverá ser obtida do trabalho de outros homens e, assim, ele será rico ou pobre de acordo com a quantidade de trabalho que puder comandar ou conseguir comprar. Portanto, o valor de qualquer mercadoria, para a pessoa que a possui e não pretende utilizá-la ou consumi-la, mas trocá-la por outras mercadorias, é igual à quantidade de trabalho que tal mercadoria lhe permite comprar ou comandar. O trabalho é, pois, a medida real do valor de troca de todas as mercadorias.

O preço real de todas as coisas, o que elas de fato custam ao homem que deseja adquiri-las, é a labuta e o esforço que deve empreender para as obter. O que qualquer coisa vale realmente para o homem que a adquiriu, e que deseja dispor dela ou trocá-la por alguma outra coisa, é a labuta e o esforço que tal coisa lhe pode poupar, atribuindo-os a outra pessoa. O que compramos, com dinheiro ou em troca de outros bens, é adquirido pelo trabalho, exatamente como o que obtemos com o esforço de nosso próprio corpo. Esse dinheiro e esses bens de fato nos poupam esse esforço. Contêm o valor de uma certa quantidade de trabalho que trocamos pelo que, no momento, se supõe conter o valor de idêntica quantidade. O trabalho foi o primeiro preço, a moeda original com que se pagaram todas as coisas. Não foi com ouro ou prata, mas com trabalho, que toda a riqueza do mundo foi originalmente adquirida; e seu valor, para os que o possuem e desejam trocá-lo por novos produtos, é precisamente igual à quantidade de trabalho que lhes permite comprar ou ter à disposição.

Riqueza, conforme afirma o Sr. Hobbes, é poder*. Mas a pessoa que adquire ou herda uma grande fortuna não adquire ou herda necessariamente poder político, seja civil ou militar. Talvez a riqueza possa proporcionar-lhe os meios de adquirir esses dois poderes, mas a mera posse dessa fortuna não lhe confere necessariamente um ou outro. O poder que essa posse lhe confere imediata e diretamente é o poder de compra – um certo domínio sobre todo o trabalho, ou sobre todo o produto do trabalho que então se encontra no mercado. Sua fortuna é maior ou menor precisamente em proporção à extensão desse poder, ou à quantidade do trabalho de outros homens, ou, o que é o mesmo, ao produto do trabalho de outros homens que ela lhe permite comprar ou adquirir. O valor de troca de todas as coisas deve ser sempre precisamente igual à dimensão desse poder que elas conferem a quem as possui.

Mas, embora o trabalho seja medida real do valor de troca de todas as mercadorias, não é por trabalho que normalmente se estima o valor delas. Não raro é difícil determinar a proporção entre duas diferentes quantidades de trabalho. O tempo despendido em dois gêneros distintos de trabalho não basta, por si só, para determinar essa proporção. É preciso também levar em conta os diferentes graus

---

* Veja-se *Elements of Law*, I, VII, 5; *Leviatã*, X (Trad. bras. Martins Fontes, São Paulo, em preparação). (N. T.)

de fadiga e engenho. Pode haver mais labuta numa hora de trabalho árduo do que em duas horas de atividade leve; ou mais numa hora de aplicação a uma atividade cujo aprendizado custou dez anos de labuta do que num mês de ocupação numa tarefa trivial e óbvia. Todavia, não é fácil encontrar uma medida exata tanto da fadiga como do talento. De fato, é preciso normalmente ter em conta uma e outro ao trocar os diferentes gêneros de trabalho uns pelos outros. Essa conta, todavia, não é regulada por uma medida exata, mas pelo regateio e pela negociação do mercado, de acordo com aquela espécie de igualdade tosca que, apesar de inexata, é suficiente para levar a cabo as atividades da vida cotidiana.

Além disso, é mais freqüente que cada mercadoria seja trocada por outras mercadorias do que por trabalho e que, por conseguinte, seja àquelas comparadas. Assim, é mais natural estimar seu valor de troca pela quantidade de alguma outra mercadoria do que pela quantidade de trabalho que ela pode comprar. A maior parte das pessoas, ademais, compreende melhor o significado de uma quantidade de uma certa mercadoria do que de uma quantidade de trabalho. Uma consiste num objeto simples e palpável; a outra, numa noção abstrata que, embora possa tornar-se suficientemente inteligível, de maneira geral não é tão natural e evidente.

Mas quando cessa a troca direta e o dinheiro torna-se o instrumento comum do comércio, cada mercadoria em particular é mais freqüentemente trocada por dinheiro do que por qualquer outra mercadoria. O açougueiro raramente leva ao padeiro ou ao cervejeiro sua carne de boi ou carneiro para trocá-la por pão ou cerveja; antes a leva ao mercado, onde a troca por dinheiro, trocando em seguida esse dinheiro por pão e cerveja. A quantia em dinheiro que a venda lhe proporciona também regula a quantidade de pão e cerveja que em seguida poderá comprar. É mais natural e simples para ele, portanto, estimar seu valor pela quantidade de dinheiro, que é a mercadoria pela qual ele imediatamente a troca, do que pela quantidade de pão e cerveja, que são as mercadorias pelas quais ele poderá trocá-la apenas pela mediação de outras mercadorias; ele prefere dizer que a carne do açougueiro vale 3 ou 4 pence por libra, a dizer que vale 3 ou 4 libras de pão, ou 3 ou 4 quartas de cerveja. Daí resulta que com freqüência estimemos o valor de troca de qualquer mercadoria mais pela quantia em dinheiro do que pela quantidade de trabalho ou de qualquer outra mercadoria por que se pode trocar tal mercadoria.

Ouro e prata, contudo, como qualquer outra mercadoria, variam de valor, sendo algumas vezes mais baratos, outras mais valiosos, algumas vezes mais fáceis de adquirir, outras mais difíceis. A quantidade de trabalho que uma certa quantidade desses metais permite comprar ou controlar, ou a quantidade de outras mercadorias por que é possível trocá-los, depende sempre da fertilidade ou esterilidade das minas exploradas no momento em que tais trocas se realizam. No século XVI, a descoberta das abundantes minas da América reduziu o valor do ouro e da prata na Europa a cerca de $1/3$ de seu valor anterior. Como o custo em trabalho para trazer esses metais das minas ao mercado diminuiu, uma vez trazidos de lá permitiam comprar ou controlar menos trabalho; e essa revolução no seu valor, embora talvez a maior, não é a única de que a história nos deixou registros. Ora, do mesmo modo como uma medida de quantidade cujo valor se altera constantemente, como ocorre com o pé, a braça ou o punhado, nunca pode constituir uma medida exata da quantidade de outras coisas, também a mercadoria que varia continuamente em seu próprio valor nunca pode ser uma medida exata do valor de outras mercadorias. É possível afirmar que iguais quantidades de trabalho, em todos os tempos e lugares, possuem o mesmo valor para o trabalhador. Em seu estado normal de saúde, de força e de disposição, em seu grau comum de habilidade e destreza, o trabalhador sempre deve sacrificar a mesma porção de sua tranqüilidade, sua liberdade e felicidade. O preço a pagar deve sempre ser o mesmo, seja qual for a quantidade de bens que recebe em troca. Esse preço, na verdade, pode comprar tanto uma quantidade maior de bens como uma quantidade menor; mas é o valor destes que varia, não o do trabalho que os compra. Em todos os tempos e lugares, é caro o que é difícil de obter, ou cuja aquisição custa muito trabalho; e barato o que se obtém facilmente, ou com muito pouco trabalho. Por conseguinte, o trabalho, cujo valor jamais varia, é o único padrão genuíno e real que pode servir, em todos os tempos e lugares, para avaliar e comparar o valor de todas as mercadorias. É seu preço real; o dinheiro não é senão seu preço nominal.

Mas, ainda que quantidades iguais de trabalho sempre sejam de valor igual para o trabalhador, para a pessoa que o emprega, todavia, elas parecem às vezes de maior, e às vezes de menor valor. Algumas vezes as adquire com uma quantidade maior, e outras com uma quantidade menor de bens, e para ela o preço do trabalho parece variar como o de todas as demais coisas. Parece-lhe caro num caso e barato no outro. Na realidade, porém, os bens é que são baratos num caso e caros no outro.

Logo, nessa acepção comum, pode-se dizer que o trabalho, tal como as mercadorias, possui um preço real e um preço nominal. Pode-se dizer que seu preço real consiste na quantidade de coisas necessárias à vida e ao conforto dada em troca por ele; e seu preço nominal, na quantidade de dinheiro. O trabalhador é rico ou pobre, bem ou mal remunerado, em proporção ao preço real, e não ao preço nominal, de seu trabalho.

A distinção entre preço real e preço nominal das mercadorias e do trabalho não é um problema de mera especulação, mas pode, às vezes, ter importante uso na prática. O mesmo preço real exprime sempre o mesmo valor; mas, por conta das variações no valor do ouro e da prata, o mesmo preço nominal exprime, às vezes, valores muito diferentes. Assim, quando uma propriedade fundiária é vendida com reserva de uma renda perpétua, caso se pretenda que essa renda sempre conserve o mesmo valor, é importante para a família em favor de quem esta seja reservada que não a estipulem por uma soma específica de dinheiro. Caso contrário, seu valor estaria sujeito a duas espécies de variações: primeiramente, às advindas das diferentes quantidades de ouro e prata contidas, em épocas distintas, em moedas de mesma denominação; e, em segundo lugar, às que advêm de diferenças no valor de quantidades iguais de outro e prata em diferentes épocas.

Os príncipes e Estados soberanos com freqüência imaginam ter um interesse temporário em diminuir a quantidade de metal puro contido em suas moedas, mas raramente imaginaram ter algum interesse em aumentá-la. Assim, creio que em todas as nações a quantidade de metal contida nas moedas de todas as nações pouco a pouco tem continuamente diminuído, e quase nunca aumentado. Tais variações tendem, portanto, quase sempre a diminuir o valor da renda em dinheiro.

A descoberta das minas na América diminuiu o valor do ouro e da prata na Europa. Supõe-se usualmente, embora, suspeito eu, sem nenhuma prova concreta, que essa redução continue a se processar gradualmente, e assim continuará, provavelmente por muito tempo. De acordo com essa suposição, portanto, variações dessa espécie são mais propensas a diminuir do que a aumentar o valor de uma renda em dinheiro, mesmo quando seu pagamento fosse estipulado não numa certa quantidade de moeda cunhada, de tal ou qual denominação (em tantas libras esterlinas, por exemplo), mas num certo número de onças de pura prata, ou de prata de um certo padrão.

As rendas reservadas em trigo têm conservado seu valor muito mais do que as fixadas em dinheiro, mesmo quando a denominação da moeda não foi alterada. Por força de lei instituída no 18º ano de reinado de Isabel, ⅓ das rendas de todas as faculdades deveria ser fixado em trigo, a ser pago em espécie, ou de acordo com os preços correntes no mercado público mais próximo. O dinheiro advindo dessa renda em trigo, ainda que originalmente não fosse senão ⅓ do total, atinge no presente, de acordo com o Dr. Blackstone, quase o dobro do que provém dos outros dois terços. As antigas rendas em dinheiro das faculdades, segundo essa contabilidade, devem ter-se reduzido à quarta parte de seu antigo valor, ou seja, valem pouco mais que ¼ do trigo que valiam a princípio. Mas, desde o reinado de Felipe e Maria, a denominação da moeda inglesa sofreu pouca ou nenhuma alteração, e o mesmo número de libras, shillings e pence tem contido praticamente a mesma quantidade de prata pura. Essa degradação da renda em dinheiro das faculdades de maneira geral decorreu, portanto, da degradação do valor da prata.

Quando a degradação no valor da prata coincide com a diminuição da quantidade contida na moeda da mesma denominação, freqüentemente a perda é ainda maior. Na Escócia, onde a denominação da moeda sofreu alterações muito maiores do que na Inglaterra, e na França, onde foram ainda maiores do que na Escócia, algumas rendas antigas, originalmente de valor considerável, foram dessa maneira reduzidas a quase nada.

Em épocas bastante afastadas umas das outras, iguais quantidades de trabalho serão adquiridas por quantidades de trigo (a subsistência do trabalhador) mais aproximadas do que as quantidades de ouro e prata ou, talvez, do que qualquer outra mercadoria. Logo, iguais quantidades de trigo, em épocas bastante distantes umas das outras, terão aproximadamente o mesmo valor real, ou permitirão ao seu possuidor comprar ou adquirir quantidades mais aproximadamente iguais de trabalho de outras pessoas. Dizia eu que o farão mais aproximadamente do que iguais quantidades de quase qualquer outra mercadoria, porque nem mesmo iguais quantidades de trigo conseguirão comprar exatamente as mesmas quantidades de trabalho. A subsistência do trabalhador, ou o preço real do trabalho, como procurarei mostrar à frente, difere consideravelmente em distintas circunstâncias: numa sociedade que avança para a opulência é mais liberal do que numa sociedade estagnada; e mais liberal, ainda, nesta última do que numa sociedade que retrocede. Uma mercadoria qualquer, entretanto, comprará em alguma época particular uma quantidade maior ou menor de trabalho, em proporção à quantidade de subsistência que puder adquirir nessa época. Por conseguinte, uma renda fixada em trigo estará sujeita apenas às variações na quantidade de trabalho que tal quantidade de cereais permitir comprar. Mas uma renda fixada em qualquer outra mercadoria estará sujeita não apenas às variações na quantidade de trabalho que uma certa quantidade de cereais puder adquirir, mas também às variações na quantidade de trigo que é possível adquirir mediante certa quantidade dessa mercadoria.

Deve-se observar que, embora o valor real de uma renda em trigo varie muito menos de século para século do que uma renda em dinheiro, varia muito mais, no entanto, de ano para ano. O preço em dinheiro do trabalho, como tentarei mostrar à frente, não flutua de ano para ano com o preço em dinheiro do trigo, mas em toda parte parece regular-se, não pelo preço temporário ou ocasional, mas antes pelo preço médio ou normal dos bens de primeira necessidade. Por sua vez, o preço médio ou normal do trigo regula-se, como também procurarei demonstrar adiante, pelo valor da prata, pela fecundidade ou esterilidade das minas que suprem o mercado desse metal, ou pela quantidade de trabalho que é necessário empregar e, por conseguinte, de trigo que é necessário consumir, a fim de fazer chegar da mina ao mercado uma determinada quantidade de prata. Mas o valor da prata, embora por vezes varie muito de um século a outro, raras vezes varia muito de um ano para o outro, permanecendo com freqüência o mesmo, ou quase o mesmo, por meio século ou um século inteiro. Assim, o preço normal ou médio do trigo pode manter-se também constante ou quase o mesmo durante períodos igualmente longos, e com ele o preço em dinheiro do trabalho, contanto que pelo menos a sociedade continue, em outros aspectos, na mesma ou quase na mesma condição. Nesse ínterim, o preço temporário e ocasional do trigo poderá freqüentemente dobrar de um ano para outro, ou flutuar, por exemplo, de 25 para 50 shillings a quarta. Mas, quando o trigo está cotado a este último preço, não apenas o valor nominal, mas também o valor real de uma renda em trigo será o dobro do que era quando cotado ao primeiro preço, ou permitirá adquirir uma quantidade dobrada, seja de trabalho, seja da maioria de outras mercadorias, uma vez que o mesmo preço pecuniário do trabalho, e com ele o de quase todas as outras coisas, manteve-se constante durante todas essas flutuações.

Parece então evidente que o trabalho é a única medida universal, bem como a única exata, do valor, ou seja, é o único padrão que nos permite comparar os valores de diferentes mercadorias em todos os tempos e em todos os lugares. Sabemos que não podemos estimar o valor real de diferentes mercadorias de um século para outro segundo as quantidades de prata que se davam por elas. Não podemos estimá-lo de um ano para outro segundo as quantidades de trigo. Mas pelas quantidades de trabalho podemos estimar esse valor com a maior precisão, tanto de um século a outro como de um ano para outro. De um século a outro, o trigo é uma medida melhor do que a prata porque, de um século a outro, será possível adquirir uma certa quantidade de trabalho mediante quantidades de trigo mais aproximadas que as de prata. De ano para ano, pelo contrário, a prata constitui melhor medida do que o trigo, pois as quantidades desses metais serão muito mais aproximadas para adquirir a mesma quantidade de trabalho.

Mas, embora a distinção entre o preço real e o preço nominal possa ser útil no estabelecimento de rendas perpétuas, ou mesmo nos arrendamentos por períodos muito longos, não é de serventia alguma para as compras e vendas, que são as transações mais comuns e habituais da vida humana.

No mesmo tempo e lugar, o preço real e o preço nominal de todas as mercadorias são exatamente proporcionais um ao outro. Quanto mais ou menos dinheiro se consiga por certa mercadoria no mercado de Londres, por exemplo, mais ou menos trabalho será possível comprar ou ter à disposição nesse mesmo tempo e lugar. No mesmo tempo e lugar, por conseguinte, o dinheiro é a medida exata do valor real de troca de todas as mercadorias. Isso só ocorre, entretanto, no mesmo tempo e lugar.

Embora entre lugares distantes não haja uma proporção regular entre o preço real e o preço em dinheiro das mercadorias, ainda assim o comerciante que transporta os bens de um lugar para o outro somente pode levar em conta o preço em dinheiro, ou a diferença entre a quantidade de prata mediante a qual ele os compra e aquela por que provavelmente os venderá. Meia onça de prata em Cantão, na China, permite adquirir quer uma quantidade maior de trabalho, quer de bens necessários à vida e ao conforto, do que uma onça em Londres. Assim, uma mercadoria que se vende por meia onça de prata em Cantão pode realmente ser ali mais cara, ter uma importância mais real para o homem que aí a possui, do que uma mercadoria que se vende por uma onça em Londres tem para o homem que a possui em Londres. Se um comerciante de Londres, contudo, pode comprar em Cantão, por meia onça de prata, uma mercadoria que posteriormente poderá vender em Londres por uma onça, ganha nessa negociação 100%, como se uma onça de prata possuísse exatamente o mesmo valor em Londres e em Cantão. Pouco lhe importa que com meia onça de prata em Cantão teria à sua disposição mais trabalho e uma quantidade maior de bens necessários à vida e ao conforto do que uma onça lhe permite obter em Londres. Em Londres, com uma onça de prata terá à disposição sempre o dobro de tudo o que com meia onça poderia obter, e é isso precisamente o que deseja.

Portanto, como é o preço nominal ou em dinheiro dos bens que afinal determina o acerto ou a imprudência de todas as compras e vendas, regulando, assim, quase a totalidade dos negócios da vida cotidiana concernentes aos preços, não é de admirar que se prestasse muito mais atenção a esse preço do que ao preço real.

Numa obra como esta, todavia, pode ser às vezes útil comparar os diferentes valores reais de uma mercadoria particular, em diferentes tempos e lugares, ou os diversos graus de poder sobre o trabalho de terceiros que tal mercadoria tenha, em diferentes ocasiões, conferido aos que a possuíam. Nesse caso, devemos comparar não tanto as distintas quantidades de prata pelas quais ela normalmente é vendida, mas antes as diferentes quantidades de trabalho que essas diferentes quantidades de prata teriam permitido adquirir. Mas é quase impossível determinar, com alguma exatidão, os preços correntes do trabalho em períodos e lugares distintos. Os do trigo, embora em poucos lugares tenham sido regularmente registrados, são em geral mais conhecidos e têm sido com mais freqüência tratados por historiadores e outros escritores. Em geral, é necessário então contentar-nos com esses preços, não por manterem sempre exata proporção com os preços correntes do trabalho, mas porque são os mais próximos que se pode obter normalmente dessa proporção. Mais adiante, terei a ocasião de traçar diversas comparações dessa espécie.

Com o progresso das atividades, as nações mercantis julgaram conveniente cunhar vários diferentes metais como moeda; o ouro para pagamentos de maior monta, a prata para aquisições de valor moderado, e o cobre, ou algum outro metal grosseiro, para as de importância ainda menor. Essas nações sempre consideraram, no entanto, que um desses metais representava a medida do valor de modo mais específico do que qualquer um dos outros dois; e parece que em geral deram preferência ao metal que primeiro lhes serviu de instrumento de comércio. Tendo uma vez iniciado a utilizar tal moeda como padrão – o que deve ter ocorrido quando não possuíam outra moeda –, de maneira geral continuaram a fazê-lo, mesmo quando a necessidade já não era a mesma.

Afirma-se que os romanos possuíam apenas a moeda de cobre até cinco anos antes da primeira guerra Púnica[2], época em que começaram a cunhar as primeiras moedas de prata. Assim, o cobre parece se ter mantido sempre como a medida de valor nessa república. Ao que parece, em Roma expressavam-se todas as contas e calculava-se o valor de todas as propriedades em ases ou sestércios. O ás foi sempre a denominação de uma moeda de cobre. A palavra *sestércio* significa dois ases e meio. Por isso, embora originalmente o sestércio fosse uma moeda de prata, seu valor era calculado em cobre. Em Roma, quem possuía uma grande quantidade de dinheiro tinha, segundo se dizia, uma grande quantidade de cobre de outras pessoas.

Parece que as nações do norte fundadas sobre as ruínas do Império Romano usavam nos seus primórdios moedas de prata, e que muitos séculos se passaram antes de conhecerem as moedas de ouro ou cobre. Na Inglaterra havia moedas de prata desde o tempo dos saxões, mas pouco ouro foi cunhado antes do reinado de Eduardo III, e nenhum cobre antes de Jaime I da Grã-Bretanha. Assim, tanto na Inglaterra como, pelas mesmas razões, creio eu, em todas as demais nações modernas da Europa, todas as contas são expressas, e os valores de todos os bens e propriedades calculados, geralmente em prata; e, quando queremos

---

2. Plínio, Livro XXXIII, Capítulo 3.

exprimir o montante da fortuna de uma pessoa, raramente mencionamos o número de guinéus, mas o número de libras esterlinas que supomos deva valer.

Creio que em todos os países uma ordem legal de pagamento somente poderia ser feita, originalmente, na moeda do metal adotado particularmente como padrão ou medida de valor. Na Inglaterra, não se considerou o ouro como moeda legal, mesmo muito tempo após a sua cunhagem. Nenhuma lei ou proclamação pública fixavam a proporção entre os valores das moedas de ouro e de prata, deixando-se a cargo do mercado determiná-la. Se um devedor oferecia pagamento em ouro, o credor podia tanto rejeitá-lo inteiramente como aceitá-lo por um valor do ouro acordado entre ele e o devedor. O cobre não é atualmente uma moeda legal, exceto como troco das moedas de prata de menor valor. Nesse estado de coisas, a distinção entre o metal reputado como padrão e o que não o era consistia em algo mais do que uma distinção nominal.

Ao longo do tempo, e conforme as pessoas se familiarizavam com o uso dos diversos metais como moeda, e conseqüentemente se habituavam à relação entre os respectivos valores, considerou-se conveniente, creio eu, na maioria dos países, certificar essa relação e declarar por lei que um guinéu de determinado peso e certa finura, por exemplo, deveria trocar-se por 21 shillings, ou seria uma moeda legal para o resgate de um débito dessa monta. Sob tais condições, e enquanto perdurar qualquer relação estabelecida dessa maneira, a distinção entre o metal que serve de padrão e o que não serve torna-se pouco mais do que uma distinção nominal.

Por causa de qualquer alteração na relação assim estabelecida, entretanto, a distinção novamente se torna, ou no mínimo parece tornar-se, algo mais do que nominal. Se o valor determinado de um guinéu, por exemplo, fosse reduzido para 20 shillings, ou aumentado para 22 shillings, como são reguladas todas as contas, e expressas quase todas as obrigações por débito, em moedas de prata, a maior parte dos pagamentos, em ambos os casos, ainda poderia ser feita com a mesma quantidade de moedas de prata, mas exigiria quantidades muito diversas de moedas de ouro: uma quantidade superior, no primeiro caso, e inferior no outro. O valor da prata pareceria mais invariável do que o ouro. A prata daria a impressão de medir o valor do ouro, e o ouro não pareceria medir o da prata. Aparentemente, o valor do ouro dependeria da quantidade de prata por que seria trocado, ao passo que o valor da prata pareceria independente da quantidade de ouro por ela trocado. Contudo, essa diferença dever-se-ia inteiramente ao costume de manter contas, e expressar o montante de todas as somas, vultosas ou pequenas, em moedas de prata e não de ouro. Uma das promissórias do Sr. Drummond, de 25 ou 50 guinéus, após uma alteração desse tipo, ainda poderia ser paga, tal como antes, com 25 ou 50 guinéus. Após a alteração, a promissória ainda seria paga com a mesma quantidade de ouro que antes, mas exigiria em prata quantidades muito diferentes. No pagamento de tal nota promissória, seria o ouro que pareceria mais invariável em seu valor, e não a prata; seria o ouro que pareceria medir o valor da prata, enquanto a prata não pareceria medir o valor do ouro. Se o costume de regular dessa maneira as contas e expressar notas promissórias e outras obrigações em dinheiro em algum momento se tornasse geral, o ouro, e não a prata, seria propriamente considerado como o metal-padrão ou medida de valor.

Na realidade, durante a vigência de qualquer relação estabelecida entre os respectivos valores dos diferentes metais sob a forma de moeda, o valor dos metais mais preciosos regula o valor da totalidade das moedas. Doze pence de cobre contêm meia libra, *avoirdupois*, de cobre de qualidade inferior, que, depois de cunhado, mal vale 7 pence de prata. Mas como, pelas regulamentações, esses 12 pence devem-se trocar por 1 shilling, são considerados no mercado como valendo 1 shilling, e em qualquer momento é possível trocá-los por 1 shilling. Mesmo antes da última reforma da moeda de ouro na Grã-Bretanha, o ouro, ou pelo menos a parte dele que circulava em Londres e arredores, estava em geral menos degradado em seu peso-padrão do que a maior parte da prata. Contudo, 21 shillings gastos e com as faces apagadas eram considerados como equivalentes a 1 guinéu, que talvez também estivesse gasto e apagado, mas quase nunca tanto assim. As últimas regulamentações aproximaram a moeda de ouro de seu peso-padrão tanto quanto talvez seja possível aproximar a moeda corrente de qualquer nação; e a ordem para que os serviços públicos somente recebam ouro a peso provavelmente conservará essa situação pelo menos enquanto tal medida vigorar. A moeda de prata continua gasta e degradada, como antes da reforma da moeda de ouro. No mercado, todavia, 21 shillings dessa moeda degradada de prata continuam a ser considerados como valendo 1 guinéu dessa excelente moeda de ouro.

A reforma da moeda de ouro evidentemente elevou o valor da moeda de prata que pode por ela ser trocada.

No sistema monetário inglês, numa libra-peso de ouro cunham-se 44½ guinéus, os quais, 21 shillings o guinéu, são iguais a 46 libras, 14 shillings e 6 pence. Uma onça de tal moeda de ouro, portanto, vale £3 17s 10½d em prata. Na Inglaterra, nenhum direito ou senhoriagem são pagos pela cunhagem, e quem levar à Casa da Moeda uma libra-peso ou uma onça-peso de ouro-tipo em barra receberá em troca uma libra-peso ou uma onça-peso de ouro em moedas, sem nenhuma dedução. Diz-se, portanto, que 3 libras, 17 shillings, 10½ pence por onça é o preço do ouro na Casa da Moeda na Inglaterra, ou seja, a quantidade de moedas de ouro que a Casa da Moeda devolve em troca do ouro-tipo em barra.

Antes da reforma da moeda de ouro, por muitos anos o preço-padrão de ouro em barra no mercado esteve acima de £3 18s, às vezes £3 19s, e, muito freqüentemente,

£4 a onça, soma esta que, provavelmente, na gasta e degradada moeda de ouro, raras vezes conteria mais do que uma onça de ouro-tipo. Desde a reforma da moeda de ouro, raramente o preço de mercado do ouro-tipo em barra excede £3 17s 7d a onça. Antes dessa reforma, o preço de mercado do ouro-tipo em barra sempre esteve mais ou menos acima do preço da Casa da Moeda; após a reforma, o preço de mercado mantém-se constantemente abaixo do preço pago pela Casa da Moeda. Ora, o preço de mercado é o mesmo, quer seja pago em moedas de ouro, quer de prata. Assim, a última reforma da moeda de ouro elevou não apenas o valor da moeda de ouro, mas também o da moeda de prata em relação ao ouro em barra e, provavelmente, também em relação a todas as demais mercadorias, apesar de a elevação do valor do ouro e da prata relativamente a elas não ser tão distinta e perceptível, uma vez que o preço da maioria dessas mercadorias sofre influência de várias outras causas.

Na Casa da Moeda inglesa, numa libra-peso em prata são cunhados 62 shillings, que contêm, igualmente, uma libra-peso de prata-tipo. Diz-se, portanto, que 5 shillings e 2 pence é o preço da onça de prata na Casa da Moeda da Inglaterra, ou seja, a quantidade de moedas de prata que a Casa da Moeda dá por prata-tipo em barra. Antes da reforma da moeda de ouro, o preço de mercado da prata-tipo em barra era, em diferentes ocasiões, 5 shillings e 4 pence, 5 shillings e 5 pence, 5 shillings e 6 pence, 5 shillings e 7 pence, e muito freqüentemente 5 shillings e 8 pence a onça. O preço mais comum, entretanto, parece ter sido de 5 shillings e 7 pence. Depois da reforma da moeda de ouro, o preço de mercado prata-tipo em barra tem caído ocasionalmente a 5 shillings e 3 pence, 5 shillings e 4 pence, ou 5 shillings e 5 pence a onça, preço este que quase nunca excede. Embora o preço de mercado da prata em barra tenha caído consideravelmente desde a reforma da moeda de ouro, não caiu tanto quanto o preço pago pela Casa da Moeda.

Na proporção estabelecida pelo sistema monetário inglês entre os diferentes metais, se o cobre é cotado muito acima de seu valor real, a prata, por seu lado, é cotada um tanto abaixo dele. No mercado europeu, nos sistemas monetários francês e holandês, 1 onça de ouro fino troca-se por 14 onças de prata fina. No sistema monetário inglês, é trocada por cerca de 15 onças desta, isto é, por mais prata do que vale de acordo com a estimativa corrente na Europa. Mas, assim como o preço do cobre em barras não se equipara, nem mesmo na Inglaterra, à alta cotação do cobre no sistema monetário inglês, também o preço da prata em barra não está reduzido à baixa cotação deste metal nesse mesmo sistema. A prata em barra ainda conserva a devida proporção com o ouro, pela mesma razão por que o cobre em barra conserva a devida proporção com a prata.

Quando da reforma da moeda de prata no reinado de Guilherme III, o preço da prata em barra manteve-se ainda um pouco acima do preço praticado pela Casa da Moeda. O Sr. Locke atribuiu esse preço elevado à permissão para exportar a prata em barra, e à proibição de exportar a moeda de prata*. Essa permissão para exportar, dizia ele, tornou a demanda pela prata em barra maior do que a demanda pela moeda de prata. Mas o número de pessoas que necessitam de moedas de prata para os usos cotidianos de compra e venda domésticas certamente é muito maior do que o número das que necessitam de prata em barra para fins de exportação ou quaisquer outros usos. Subsiste nos dias de hoje idêntica permissão para exportar ouro em barra, e idêntica proibição de exportar moedas de ouro; todavia, o preço do ouro em barra caiu abaixo do preço que se paga na Casa da Moeda. Mas no sistema monetário inglês a prata estava então, tal como agora, cotada abaixo de

---

* Locke, *Further Considerations Concerning Raising the Value of Money*. (N. T.)

sua verdadeira proporção com o ouro, e a moeda de ouro (que nessa época também se supunha não prescindir de reforma) regulava então, tal como agora, o valor real de todas as moedas. Como a reforma da moeda de prata não reduziu então o preço da prata em barra ao preço recebido pela Casa da Moeda, não é muito provável que uma reforma semelhante o consiga agora.

Fosse a moeda de prata tão aproximada de seu peso-padrão como a de ouro, provavelmente 1 guinéu se trocaria, de acordo com a atual proporção, por uma quantidade de moedas de prata superior à que permitiria adquirir na forma de barra. Contendo a moeda de prata o total de seu peso-padrão, haveria, neste caso, lucro fazendo-a fundir a fim de, primeiramente, vender a barra por moedas de ouro e, em seguida, trocar estas moedas de ouro por moedas de prata para, novamente, fundi-las. Parece que o único meio de evitar esse inconveniente será alterar a proporção atualmente estabelecida.

O inconveniente talvez fosse menor se a prata tivesse, no sistema monetário, uma cotação superior à sua devida proporção com o ouro, tanto quanto atualmente lhe é inferior, contanto que, simultaneamente, se promulgasse que a prata não poderia servir de moeda legal para um pagamento superior a 1 guinéu, tal como o cobre não serve de moeda legal para um pagamento superior a 1 shilling. Nesse caso nenhum credor seria ludibriado em conseqüência da alta cotação da prata em moeda, do mesmo modo como atualmente nenhum credor pode ser ludibriado em conseqüência da alta cotação do cobre. Apenas os banqueiros sofreriam com tal regulamentação. Quando há uma corrida aos bancos, os banqueiros às vezes procuram ganhar tempo pagando em moedas de 6 pence, e uma regulamentação desse tipo impossibilitaria que se valessem de meio tão desonroso para evadir-se do pagamento imediato. Por conseguinte, seriam obrigados a manter durante todo o tempo em seus cofres quantias de dinheiro superiores às que mantêm atualmente; e, não obstante isso representar um considerável inconveniente para eles, seria também uma considerável segurança para os seus credores.

Três libras, dezessete shillings, dez pence e meio (o preço do ouro na Casa da Moeda) certamente não contêm, mesmo em nossa excelente moeda de ouro atual, mais do que 1 onça de ouro-tipo, o que poderia levar a pensar, portanto, que por seu intermédio não se poderia adquirir uma quantidade superior de ouro em barra. Mas o ouro em moedas é mais cômodo do que o ouro em barra e, embora na Inglaterra a cunhagem seja gratuita, ainda assim o ouro transportado em barras para a Casa da Moeda normalmente só pode ser devolvido a seu proprietário, sob a forma de moedas, depois de várias semanas. Com a atual sobrecarga da Casa da Moeda, a devolução só ocorreria depois de decorridos vários meses. Essa demora equivale a um pequeno imposto e torna o ouro em moedas um pouco mais valioso do que o ouro em barra, em quantidades iguais. Se no sistema monetário inglês a moeda de prata fosse cotada conforme a sua justa proporção com o ouro, o preço da prata em barra provavelmente cairia abaixo do preço pago pela Casa da Moeda, mesmo sem nenhuma reforma da atual moeda de prata, pois mesmo o valor da atual moeda de prata, desgastada e apagada, regula-se pelo valor da excelente moeda de ouro pela qual se pode trocá-la.

Uma pequena senhoriagem ou imposto sobre a cunhagem, tanto do ouro como da prata, provavelmente aumentaria ainda mais a superioridade dos metais sob a forma de moeda em relação a uma igual quantidade de ambos os metais em barra. A cunhagem, nesse caso, elevaria o valor do metal sob a forma de moeda proporcionalmente à amplitude desse pequeno imposto, pela mesma razão por que o talho eleva o valor da baixela de prata proporcionalmente ao preço deste trabalho. A superioridade da moeda em relação à barra de metal evitaria a fundição da moeda e desencorajaria sua exportação. Se por qualquer necessidade pública fosse preciso exportar a moeda, a maior parte dela logo retornaria espontaneamente. No estrangeiro seria possível vendê-la pelo seu peso em barra; no país valeria mais do que esse peso. Haveria lucro, portanto, em trazê-la novamente para o mercado interno. Na França, há sobre a cunhagem da moeda uma senhoriagem de cerca de 8%, e diz-se também que a moeda francesa, quando exportada, retorna espontaneamente ao país.

As flutuações ocasionais no preço de mercado do ouro e prata em lingotes devem-se às mesmas causas que fazem flutuar o preço de todas as demais mercadorias. As freqüentes perdas desses metais em razão de acidentes marítimos e terrestres, seu contínuo desperdício em douração e prateação, em rendas e bordados, no desgaste das moedas e no das placas, tudo isso exige, em todos os países que não possuem minas próprias, uma contínua importação a fim de reparar essas perdas e desperdícios. Devemos presumir que os importadores, como todos os demais comerciantes, procuram adequar o mais possível suas importações ocasionais ao que julgam ser, provavelmente, sua demanda imediata. Mesmo com toda a sua diligência, no entanto, às vezes superestimam ou subestimam essa demanda. Quando importam uma quantidade de barras superior à demanda, em vez de correrem o risco e terem o transtorno de exportá-las novamente, algumas vezes dispõem-se a vender uma parte das barras a um preço um pouco inferior ao preço médio ou normal. Quando, por outro lado, importam uma quantidade de barras inferior à demanda, obtêm um preço um pouco superior a este. Mas quando, sob todas essas flutuações ocasionais, os preços de mercado do ouro e da prata em lingote permanecem, durante vários anos, constante e invariavelmente mais ou menos acima ou abaixo do preço pelo qual são pagos na Casa da Moeda, podemos estar certos de que uma superioridade ou inferioridade de preço tão duradoura e constante só pode ser o efeito de alguma alteração no estado da moeda, o qual, nesse período, torna o valor de uma certa quantidade de moedas superior ou inferior ao da quantidade que ela deveria conter. A constância e a estabilidade do efeito pressupõem uma constância e estabilidade proporcionais na causa.

O dinheiro de qualquer país constitui, em qualquer tempo e lugar, uma medida de valor mais ou menos exata, segundo a moeda corrente seja mais ou menos conforme ao seu padrão, ou contenha com maior ou menor precisão as quantidades de ouro e prata finos que deveria conter. Se na Inglaterra, por exemplo, $44\frac{1}{2}$ guinéus contivessem exatamente 1 libra-peso de ouro-tipo, ou 11 onças de ouro fino e 1 onça de liga, a moeda de ouro da Inglaterra seria, em qualquer tempo e lugar, uma medida tão exata do real valor dos bens quanto o permite a natureza das coisas. Mas se, em razão do desgaste, $44\frac{1}{2}$ guinéus geralmente contêm em geral menos do que uma libra-peso de ouro-tipo, sendo contudo o desgaste maior em algumas peças do que em outras, a medida do valor torna-se sujeita ao mesmo tipo de incerteza a que se expõem todos os demais pesos e medidas. Como raramente ocorre que estes sejam conformes ao seu padrão, o comerciante ajusta o melhor que pode o preço dos seus artigos, não ao que deveriam ser esses pesos e medidas, mas ao que sua experiência indica que na realidade sejam em média. Em conseqüência de idêntico desajuste na moeda, o preço dos bens acaba por ser regulado não pela quantidade de ouro ou prata puros que a moeda deveria conter, mas pelo que a experiência indica que, em média, na realidade possui.

Deve-se observar que entendo sempre por preço pecuniário ou em dinheiro dos bens a quantidade de ouro ou prata puros pela qual eles são vendidos, sem atentar para a denominação da moeda. Por exemplo, considero 6 shillings e 8 pence, à época de Eduardo I, como equivalentes, quanto ao preço pecuniário, a 1 libra esterlina nos tempos atuais, pois continham, tanto quanto está em meu poder avaliar, a mesma quantidade de prata pura.

CAPÍTULO 6

Das partes componentes do preço das mercadorias

No primitivo estado da sociedade que precede a acumulação de capital e a apropriação da terra, a única circunstância capaz de fornecer alguma regra para as trocas é, ao que parece, a quantidade de trabalho necessária para adquirir os diferentes objetos de troca. Se nas nações de caçadores, por exemplo, matar um castor normalmente custa o dobro do trabalho de matar um veado, um castor deveria ser naturalmente trocado por dois veados, ou valer dois veados. É natural que o que normalmente constitui o produto de dois dias ou duas horas de trabalho valha o dobro do que usualmente é produto de um dia ou uma hora de trabalho.

Se uma espécie de trabalho for mais árdua do que outra, naturalmente há que se levar em conta essa dificuldade superior; e o produto de uma hora desse tipo de trabalho pode, freqüentemente, trocar-se pelo de duas horas de trabalho de outro tipo.

Ou, se uma espécie de trabalho exigir um grau pouco comum de engenho e destreza, a estima que os homens têm por tais talentos atribuirá naturalmente ao seu produto um valor superior ao que seria devido pelo tempo de trabalho nele empregado. É raro que tais talentos possam ser adquiridos, a não ser em conseqüência de uma longa aplicação, e o valor superior que se atribui a seus produtos muitas vezes não é mais do que uma justa compensação pelo tempo e trabalho despendidos para adquiri-los. No estágio avançado de sociedade, comumente se levam em conta nos salários do trabalho a maior dificuldade e habilidade, e é provável que o mesmo ocorresse no período mais primitivo da sociedade.

Num tal estado de coisas, o produto do trabalho pertence inteiramente ao trabalhador, e a quantidade de trabalho normalmente empregada para adquirir ou produzir qualquer mercadoria é a única circunstância que pode regular a quantidade de trabalho que tal mercadoria comumente poderia comprar, adquirir ou obter em troca.

Tão logo começar a acumular-se o capital nas mãos de particulares, alguns deles naturalmente o empregarão para pôr em obra pessoas laboriosas, a quem fornecerão matérias-primas e subsistência, a fim de obterem lucro com a venda de seu trabalho, ou com o valor que sua força de trabalho acrescenta às matérias-primas. Ao trocar-se o produto acabado, seja por dinheiro, força de trabalho ou outras mercadorias, em quantidade superior à que é suficiente para pagar o preço das matérias-primas e dos salários dos trabalhadores, é necessário ainda dar algo mais para os lucros do contratador do trabalho, que arrisca seu capital no empreendimento. Nesse caso, o valor que os trabalhadores adicionam às matérias-primas divide-se, portanto, em duas partes, uma das quais paga os seus salários, e a outra, os lucros de seu empregador sobre a soma de matérias-primas e salários por ele adiantados. Ele não teria nenhum interesse em assim empregá-los, se não esperasse obter, com a venda do seu trabalho, um pouco mais do que o necessário para reconstituir seu capital; tampouco teria ele interesse em aplicar um grande capital em detrimento de um capital pequeno, se os lucros que obtém não mantivessem nenhuma proporção com o montante do capital aplicado.

Talvez se possa pensar que lucros do capital nada mais sejam que um nome diferente que se dá aos salários de uma

LIVRO I 61

espécie particular de trabalho, a saber, o de inspeção e direção. São, entretanto, algo absolutamente distinto; regulam-se por princípios totalmente diversos, não mantendo nenhuma proporção com a quantidade, o grau de dificuldade e de engenho desse suposto trabalho de inspeção e direção. Regulam-se inteiramente pelo valor do capital empregado, sendo maiores ou menores conforme o montante desse capital. Suponhamos, por exemplo, que numa determinada localidade, onde os lucros normais do capital empregado sejam de 10% ao ano, haja duas diferentes manufaturas, cada uma das quais empregando vinte trabalhadores, à taxa de 15 libras por ano cada, o que implica gastos de 300 libras por ano em cada manufatura. Suponhamos ainda que as matérias-primas de baixa qualidade anualmente processadas por uma delas custem somente 700 libras, ao passo que a outra utilize matérias-primas mais refinadas, que custam 7 mil libras. Nesse caso, o capital anualmente empregado na primeira será da monta de apenas 1 mil libras, enquanto o aplicado na segunda chegará a 7,3 mil libras. Ora, à taxa anual de 10%, o primeiro empreendedor contará com um lucro anual de cerca de 100 libras somente, enquanto o segundo poderá obter um lucro de cerca de 730 libras. Mas, apesar dessa enorme diferença no montante de seus diferentes lucros, talvez o trabalho de inspeção e direção de cada um dos empreendedores seja exatamente o mesmo ou quase equivalente. Em várias fábricas de grande porte, quase todo o trabalho desse gênero é confiado a algum supervisor geral. Seus salários expressam propriamente o valor desse trabalho de inspeção e direção. Embora, ao se fixar seu salário, tenha-se comumente em conta não apenas seu trabalho e suas habilidades, mas também a confiança que nele se deposita, ainda assim esses salários não guardam proporção regular com o capital cuja administração ele supervisiona. E o detentor desse capital, ainda que esteja assim quase totalmente desobrigado de qualquer trabalho, continua a ter por certo que seus lucros estarão em proporção regular com o capital empregado. Desse modo, os lucros do capital constituem uma parte do preço das mercadorias completamente distinta dos salários do trabalho, sendo regulados por princípios bem diversos.

Neste estado de coisas, o produto total do trabalho nem sempre pertence ao trabalhador. Na maioria dos casos, este deve dividi-lo com o detentor do capital, que o emprega. Tampouco a quantidade de trabalho normalmente empregada para adquirir ou produzir qualquer mercadoria é a única circunstância a regular a quantidade de trabalho que essa mercadoria poderia normalmente comprar, adquirir, ou pela qual poderia trocar-se. É evidente que será devida uma quantidade adicional pelos lucros do capital, que adiantou os salários e forneceu as matérias-primas àquele trabalho.

Logo que toda a terra de um país se converte em propriedade privada, os proprietários, como todos os outros homens, desejam colher onde nunca semearam, e exigem uma renda, mesmo pelo produto natural da terra. A madeira das florestas, a pastagem dos campos, e todos os frutos naturais da terra que, quando era comunal, custavam ao trabalhador apenas a labuta de os colher, passam, mesmo para ele, a ter um preço adicional. Precisa então pagar a licença para os colher, e terá de ceder ao proprietário uma parcela do que seu trabalho colheu ou produziu. Tal parcela ou, o que vem a ser o mesmo, o preço dessa parcela constitui a renda da terra, que consiste num terceiro componente do preço da maior parte das mercadorias.

Deve-se observar que o valor real de todas as diversas partes componentes do preço se mede pela quantidade de trabalho que cada uma delas pode comprar ou adquirir. O trabalho mede o valor, não apenas dessa parte do preço que se resolve em trabalho, mas também da que se resolve em rendas, bem como da que se resolve em lucros.

Em todas as sociedades, o preço de cada mercadoria se resolve definitivamente numa dessas partes, ou em todas as três partes; e, em toda sociedade desenvolvida, todas as três entram, em maior ou menor grau, como partes componentes do preço da grande maioria das mercadorias.

No preço do trigo, por exemplo, uma parte paga a renda do proprietário da terra, outra paga os salários ou a manutenção dos trabalhadores, assim como a dos animais de trabalho empregados na sua produção, e a terceira constitui o lucro do arrendatário. Essas três partes parecem constituir imediatamente, ou em definitivo, o preço total do trigo. Talvez se possa pensar que seja necessário acrescentar uma quarta parte para repor o capital do arrendatário, ou para compensar o desgaste dos animais de trabalho e de outros instrumentos agrícolas. Mas é preciso considerar que o preço de qualquer instrumento agrícola, tal como o de um cavalo de trabalho, é ele mesmo constituído por essas três partes: a renda da terra onde é criado, o trabalho de criá-lo e adestrá-lo, e os lucros do arrendatário que adiantou tanto a renda dessa terra como os salários desse trabalho. Assim, embora o preço do trigo possa cobrir o preço e a manutenção do cavalo, a totalidade do preço desse trigo ainda se resolve imediatamente, ou em última análise, nas mesmas três partes: renda da terra, trabalho e lucro.

No preço da farinha, é necessário acrescentar ao preço do cereal os lucros do moleiro e os salários de seus serviçais; no preço do pão, os lucros do padeiro e os salários de seus funcionários; e no preço de um e outro o trabalho de transportar o trigo da casa do fazendeiro à do moleiro, e desta para a do padeiro, juntamente com os lucros dos que adiantam os salários desse trabalho.

O preço da fibra de linho divide-se nas mesmas três partes que o do trigo. Ao preço do tecido, é necessário acrescentar os salários do desbastador, do fiandeiro, do tecelão, do branqueador etc., juntamente com os lucros de seus respectivos empregadores.

À medida que uma certa mercadoria vem a ser mais manufaturada, essa parte do preço que se divide em salários e em lucro torna-se maior em proporção à parte que se divide em renda da terra. Conforme progride a manufatura, não apenas aumenta o volume de lucros, mas todo lucro subseqüente é maior do que o precedente, pois o capital do qual deriva sempre deve ser maior. O capital que dá emprego aos tecelões, por exemplo, é necessariamente maior do que o que dá emprego aos fiandeiros, porque não apenas repõe este capital com os seus lucros, mas paga, ademais, os salários dos tecelões – e os lucros sempre devem manter alguma proporção com o capital.

Nas sociedades mais desenvolvidas, entretanto, há sempre algumas mercadorias cujo preço se divide em apenas duas partes, quais sejam, os salários do trabalho e os lucros do capital; e um número ainda menor de mercadorias cujo preço consiste somente em salários do trabalho. No preço dos peixes marinhos, por exemplo, uma parte paga o trabalho do pescador, e a outra, os lucros do capital empregado na pesca. Raramente a renda da terra faz parte desse preço, ainda que isso possa acontecer algumas vezes, como devo mostrar adiante. No entanto, a situação é outra, pelo menos em grande parte da Europa, no que se refere à pesca fluvial. A pesca do salmão paga uma renda, e essa renda, a despeito de não poder ser propriamente chamada de renda da terra, constitui uma das partes do preço do salmão, assim como os salários e o lucro. Em certas regiões da Escócia, há gente pobre que se ocupa de apanhar, ao longo das praias, essas pequenas pedras variegadas conhecidas vulgarmente pelo nome de seixos escoceses. O preço que lhe paga o lapidador corresponde inteiramente aos salários do seu trabalho; não entram nele nem a renda da terra nem os lucros.

Mas o preço total de qualquer mercadoria deve sempre se reduzir, em última análise, a uma ou outra, ou a todas essas três partes, pois tudo o que restar após o pagamento da renda da terra e do preço de todo o trabalho empregado em criá-la, manufaturá-la e levá-la ao mercado deverá necessariamente constituir o lucro de alguém.

Assim como o preço ou valor de troca de toda mercadoria, tomada separadamente, reduz-se a uma ou outra, ou a todas essas três partes, também o preço de todas as mercadorias que compõem todo o produto anual do trabalho de cada país, tomadas em conjunto, reduz-se necessariamente a essas mesmas três partes e deve ser distribuído entre todos os diferentes habitantes do país, seja como salários do seu trabalho, como lucros de seu capital, ou como renda de suas terras. A totalidade do que é anualmente arrecadado ou produzido pelo trabalho de toda sociedade ou, o que vem a ser a mesma coisa, seu preço total é originalmente distribuído dessa maneira entre os diferentes membros da sociedade. Salários, lucros e renda da terra são as fontes originais de todo rendimento, bem como de todo valor de troca. Qualquer outro rendimento deriva, em última análise, de uma ou outra dessas três fontes.

Todos os que derivarem seu rendimento de fundos próprios deverão extraí-lo de seu trabalho, do capital ou da terra. O rendimento que procede do trabalho denomina-se salário. O rendimento extraído de um capital que o próprio dono administra ou emprega chama-se lucro. O que procede do capital que o detentor mesmo não emprega mas empresta a outro é chamado de juro ou usura do dinheiro. Trata-se de uma compensação que o comodatário paga a quem empresta, pelo lucro que o uso do dinheiro lhe proporciona. Parte desse lucro naturalmente pertence a quem toma o empréstimo, que assume os riscos e tem o trabalho de o empregar; e parte ao emprestador, que lhe facilita os meios de obter esse lucro. O juro do dinheiro é sempre um rendimento derivativo que, se não for pago pelo lucro obtido com o uso do dinheiro, deverá ser pago por alguma outra fonte de renda, a menos que o comodatário do empréstimo seja um perdulário, que contrai uma segunda dívida com vistas a pagar os juros da primeira. O rendimento que procede inteiramente da terra denomina-se renda da terra e pertence ao proprietário. Já o rendimento do arrendatário provém em parte do seu trabalho e em parte de seu capital. Para ele, a terra consiste apenas no instrumento que lhe possibilita obter o salário de seu trabalho, bem como os lucros de seu capital. Todos os impostos, e todas as receitas que dele provêm, todos os salários, toda a sorte de pensões e anuidades, são em última instância derivados de uma ou de outra dessas três fontes originais de rendimento e são pagos imediata ou mediatamente com os salários do trabalho, ou com os lucros do capital ou com a renda da terra.

Quando esses três diferentes gêneros de rendimento pertencem a diferentes pessoas, distinguem-se prontamente; mas, quando pertencem a uma mesma pessoa, são algumas vezes confundidos uns com os outros, ao menos na linguagem comum.

Um fidalgo que explora uma parte de suas próprias terras deveria ganhar, depois de deduzidas as despesas de cultivo, a renda da terra, na qualidade de proprietário, e o lucro, na qualidade de arrendatário. No entanto, está acostumado a designar por lucro todo o seu ganho, confundindo assim a renda da terra com o lucro, ao menos em linguagem comum. A maior parte dos nossos colonos da América do Norte e das Índias Ocidentais encontra-se nessa situação. Em sua maioria, cultivam as próprias terras, e por isso raras vezes ouvimos falar da renda de uma plantação, mas freqüentemente de seus lucros.

É raro que pequenos arrendatários empreguem um capataz para dirigir as tarefas gerais da lavoura. Normalmente esses arrendatários também realizam boa parte do trabalho por si mesmos, arando, semeando etc. O que resta da colheita após o pagamento da renda da terra, portanto, não apenas deve repor o capital empregado no cultivo, juntamente com os lucros correntes, mas também lhes pagar os salários que lhes são devidos, como trabalhadores e supervisores. Entretanto, chamam de lucro tudo o que resta após o pagamento da renda e a manutenção do capital, ainda que os salários constituam, evidentemente, parte dele. O arrendatário, tendo poupado esses salários, deve necessariamente recebê-los. Assim, nesse caso também os salários confundem-se com o lucro.

Um artesão independente que possua um pequeno capital, suficiente para comprar as matérias-primas e para garantir sua subsistência até que possa levar o produto de seu trabalho ao mercado, deveria ganhar ao mesmo tempo os salários que cabem a um operário e o lucro que obtém o mestre pela venda do trabalho do operário. Contudo, é comum designar lucro a totalidade do que ganha esse artesão, e também nesse caso confundem-se os salários com o lucro.

Um hortelão que cultiva sua horta com as próprias mãos concentra em sua pessoa os três distintos caracteres do proprietário, do arrendatário e do trabalhador. O produto de sua horta, por conseguinte, deve pagar-lhe a renda do primeiro, o lucro do segundo e os salários do terceiro. Porém, é comum considerar o todo como a remuneração do seu trabalho. Aqui, a renda e o lucro se confundem com o salário.

Como num país civilizado não há senão poucas mercadorias cujo valor de troca advenha do trabalho somente, pois a renda e o lucro participam em larga medida da maior parte delas, o produto anual do trabalho desse país sempre será suficiente para comprar ou adquirir uma quantidade de trabalho muito superior à que foi empregada para criar, preparar e transportar esse produto ao mercado. Se a sociedade empregasse anualmente todo o trabalho que é capaz de comprar num ano, como a quantidade de trabalho aumentaria consideravelmente a cada ano, a produção de cada um dos anos sucessivos teria um valor incomparavelmente superior ao do ano precedente. Porém não há nenhum país cujo produto anual seja inteiramente empregado na manutenção dos homens que trabalham. Por toda parte os ociosos consomem uma grande parcela dessa produção; e, segundo as diferentes proporções em que anualmente ela se divide entre essas duas diferentes ordens de pessoas, seu valor médio ou normal deverá crescer, diminuir ou continuar o mesmo de um ano para o outro.

CAPÍTULO 7

Do preço natural e de mercado das mercadorias

Em toda sociedade ou comunidade, há uma taxa média ou normal de salários e de lucro para cada diferente emprego do trabalho e do capital. Essa taxa se regula naturalmente, como devo mostrar adiante, em parte pelas circunstâncias gerais da sociedade, ou seja, sua riqueza ou pobreza, sua condição progressiva, estacionária ou em declínio, e em parte pela natureza específica de cada emprego.

Do mesmo modo, há em toda sociedade ou comunidade uma taxa média ou normal de renda, que é também regulada, como devo mostrar adiante, em parte pelas circunstâncias gerais da sociedade ou comunidade onde a terra se situa, e em parte pela fertilidade, seja natural ou incrementada, dessa terra.

Essas taxas médias ou normais podem ser chamadas, no período e lugar em que comumente predominam, de taxas naturais de salários, lucro e renda.

Quando o preço de uma mercadoria qualquer não é superior nem inferior ao necessário para pagar, segundo as taxas naturais, a renda da terra, os salários do trabalho e os lucros do capital que se empregam para produzi-la, prepará-la e levá-la ao mercado, então essa mercadoria é vendida pelo que se pode considerar seu preço natural.

A mercadoria é vendida, então, precisamente pelo que vale, ou pelo que realmente custa à pessoa que a levou ao mercado; pois, embora na linguagem comum o que se chama de custo primário de uma mercadoria não compreenda o lucro da pessoa que a revenderá, se a comercializa a um preço que não lhe permita obter a taxa normal de lucro vigente em sua comunidade, evidentemente esse comércio lhe será desvantajoso, uma vez que poderia obter esse lucro empregando seu capital de qualquer outra maneira. Ademais, seu lucro é também seu rendimento, os fundos de onde retira sua subsistência. Assim como adianta a seus empregados os salários, ou sua subsistência durante o período em que está preparando e levando a mercadoria ao mercado, também adianta para si sua própria subsistência, que geralmente é proporcional ao lucro que razoavelmente pode esperar obter com a venda de suas mercadorias. Assim, a menos que estas lhe proporcionem tal lucro, não o recompensam do que, com toda a propriedade, pode-se dizer que, na realidade, lhe custaram.

Logo, embora o preço que lhe permite esse lucro não seja sempre o mais baixo pelo qual o comerciante pode às vezes vender as suas mercadorias, ainda assim é o mais baixo pelo qual provavelmente as venderá durante um período considerável, ao menos onde vigorar uma perfeita liberdade, ou onde ele puder mudar de comércio quando queira.

O verdadeiro preço pelo qual qualquer mercadoria efetivamente se vende é chamado de seu preço de mercado. Pode ser superior, inferior ou exatamente igual ao seu preço natural.

O preço de mercado de qualquer mercadoria particular é determinado pela proporção entre a quantidade dessa mercadoria que de fato é levada ao mercado e a demanda dos que estão dispostos a arcar com o preço natural da mercadoria, ou o valor total da renda da terra, dos salários e dos lucros que devem ser pagos para que seja oferecida no mercado. Tais pessoas podem ser chamadas de consumidores efetivos e sua demanda, de demanda efetiva, já que isso pode ser suficiente para efetivar a introdução da mercadoria no mercado. Difere da demanda absoluta. Em certo sentido, pode-se dizer que um homem muito pobre demanda um coche com três parelhas, pois é possível que desejasse possuí-lo. Mas a sua demanda não é uma demanda efetiva, na medida em que o bem jamais poderia ser posto no mercado para satisfazê-la.

Quando a quantidade de uma mercadoria qualquer posta no mercado é insuficiente para satisfazer a demanda efetiva, todos os que estão dispostos a arcar com o valor total da renda da terra, dos salários e do lucro, os quais devem ser pagos para que a mercadoria seja oferecida no mercado, não podem prover-se da quantidade desejada. Em vez de dispensá-la inteiramente, alguns se disporão a pagar mais. Imediatamente uma concorrência se estabelecerá entre eles, e o preço de mercado se elevará mais ou menos acima do preço natural, conforme o grau de carência da mercadoria, a riqueza e o luxo descomedido dos competidores animarem mais ou menos a avidez da concorrência. A mesma carência ocasionará, em geral, uma concorrência mais ou menos intensa entre competidores iguais em riqueza e luxo, conforme atribuam à aquisição da mercadoria maior ou menor importância. Daí o preço exorbitante dos gêneros de primeira necessidade durante o sítio a uma cidade ou nos períodos de fome.

Quando a quantidade posta no mercado excede a demanda efetiva, torna-se impossível vendê-la aos que se dispõem a arcar com o valor total da renda da terra, dos salários e dos lucros, os quais devem ser pagos para que a mercadoria seja trazida ao mercado. É necessário que uma parte seja vendida aos que se dispõem a pagar menos, e o baixo preço pago por estes reduz necessariamente o preço da quantidade total. Assim, o preço de mercado ficará mais ou menos abaixo do preço natural, conforme o volume do excedente intensifique mais ou menos a concorrência entre os comerciantes, ou conforme lhes seja mais ou menos importante desfazer-se imediatamente da mercadoria.

O mesmo excedente na importação de gêneros perecíveis ocasionará uma concorrência muito maior do que a de bens duráveis; maior, por exemplo, no caso da importação de laranjas do que no caso da importação de ferro velho.

Quando a quantidade posta no mercado é a estritamente necessária para suprir a demanda efetiva, e não mais, o preço de mercado corresponderá exatamente, ou tanto quanto se possa estimar, ao preço natural. A esse preço, é possível dispor de toda a quantidade da mercadoria em mãos, o que não aconteceria a um preço mais elevado. A concorrência entre os diferentes comerciantes obriga-os a aceitar esse preço, porém não os obriga a aceitar menos.

A quantidade de toda a mercadoria posta no mercado ajusta-se naturalmente à demanda efetiva. É do interesse de todos os que empregam sua terra, seu trabalho ou seu capital para levar ao mercado qualquer mercadoria que a quantidade oferecida nunca exceda a demanda efetiva; e é do interesse de todas as outras pessoas que essa quantidade nunca seja inferior a tal demanda.

Se essa quantidade exceder durante algum tempo a demanda efetiva, é necessário que certas partes componentes de seu preço sejam pagas abaixo de suas taxas naturais. Se isso ocorrer com a renda da terra, o interesse dos proprietários imediatamente os inclinará a retirar parte de suas terras desse emprego; se ocorrer com os salários ou os lucros, o interesse dos trabalhadores, no primeiro caso, e o dos empregadores, no segundo, os levarão a retirar uma parte de seu trabalho ou capital desse emprego. A quantidade posta no mercado deixará em breve de exceder a quantidade necessária para suprir a demanda efetiva. Todas as diferentes partes do preço dessa mercadoria se elevarão a suas taxas naturais, e o preço total, ao seu preço natural.

Se, ao invés, a quantidade posta no mercado for durante algum tempo inferior à demanda efetiva, algumas das partes componentes de seu preço deverão elevar-se acima de suas taxas naturais. Se isso ocorrer com a renda da terra, o interesse de todos os demais proprietários naturalmente os inclinará a preparar mais terras para a produção dessa mercadoria; se ocorrer com os salários ou os lucros, o interesse de todos os demais trabalhadores e empreendedores logo os levará a empregar mais trabalho e capital para prepará-la e transportá-la ao mercado. A quantidade oferecida em breve será suficiente para suprir a demanda efetiva. Todas as diferentes partes de seu preço em pouco tempo serão reduzidas às suas taxas naturais, e a totalidade do preço, ao seu preço natural.

Portanto, o preço natural é, por assim dizer, o preço central, em torno do qual os preços de todas as mercadorias gravitam continuamente. Acidentes diversos podem mantê-los, por vezes, bastante acima dele, e às vezes forçá-los para um patamar inferior, ou até um tanto abaixo. Mas, sejam quais forem os obstáculos que os impeçam de se fixar nesse centro de repouso e permanência, tendem constantemente para ele.

Assim, o volume total de atividade anualmente empregado para levar qualquer mercadoria ao mercado ajusta-se naturalmente à demanda efetiva. Essa atividade naturalmente visa trazer ao mercado sempre a exata quantidade necessária para suprir a demanda, e não mais.

Mas, em certos empregos, o mesmo volume de atividade produzirá, em diferentes anos, quantidades bastante distintas de mercadorias, enquanto em outros empregos sempre produzirá a quantidade exata ou aproximada. O mesmo número de trabalhadores na agricultura produzirá, em diferentes anos, quantidades muito diversas de trigo, vinho, azeite, lúpulo etc. Mas o mesmo número de fiandeiros e tecelões produzirá todo ano exatamente ou aproximadamente a mesma quantidade de tecidos de linho e de lã. Apenas a produção média da primeira espécie de atividade pode se ajustar, sob qualquer circunstância, à demanda efetiva. E, como a sua produção real é freqüentemente muito superior ou inferior à sua produção média, a quantidade de mercadorias desse gênero levada ao mercado algumas vezes excederá em muito a demanda efetiva, e outras vezes será em boa medida inferior a ela. Por conseguinte, mesmo supondo que essa demanda permaneça sempre a mesma, os preços de mercado estarão sujeitos a grandes flutuações, ficando em certas ocasiões num nível bastante inferior ao do seu preço natural e, em outras, num nível bastante superior. Na segunda espécie de atividade, no entanto, como o produto de iguais quantidades de trabalho é sempre o mesmo, ou quase o mesmo, pode se ajustar mais precisamente à demanda efetiva. Por isso, enquanto essa demanda permanecer a mesma, o preço de mercado das mercadorias tenderá igualmente a ser constante e a coincidir, exatamente ou tanto quanto se possa estimar, com o seu preço natural. Não há ninguém que não saiba, por experiência, que os preços dos tecidos de linho e de lã não estão sujeitos a variações nem tão freqüentes, nem tão fortes como as do preço do trigo. O preço do primeiro gênero de mercadoria oscila apenas conforme as variações na demanda; o desse produto natural varia não somente conforme as variações da demanda, mas também segue as mais fortes e freqüentes variações na quantidade desses gêneros levada ao mercado para suprir a demanda.

As flutuações ocasionais e temporárias no preço de mercado de qualquer mercadoria recaem principalmente sobre seus componentes que se resolvem em salários e lucros. A parte que se resolve em renda da terra é a menos afetada por tais flutuações. Uma renda fixa em dinheiro não é minimamente afetada, quer em sua taxa, quer em seu valor. Uma renda que consista ou numa certa proporção ou numa quantidade fixa de produtos naturais é, sem dúvida alguma, afetada em seu valor anual por todas as flutuações ocasionais e temporárias no preço de mercado desse produto natural, mas é raro que estas a afetem em sua taxa anual. Quando se trata de estabelecer as cláusulas do contrato de arrendamento, o proprietário e o arrendatário empenham-se o mais possível em ajustar essa taxa não ao preço temporário e ocasional, mas antes ao preço médio ou normal da produção.

Essas mesmas flutuações afetam tanto o valor quanto a taxa dos salários e do lucro, conforme o mercado esteja superabastecido ou subabastecido de mercadorias ou trabalho, de trabalho realizado ou de trabalho por realizar. Um luto público eleva o preço da fazenda preta (da qual o mercado está quase sempre subabastecido em tais ocasiões), aumentando o lucro dos comerciantes que a possuem em qualquer quantidade considerável. Não produz efeito algum, contudo, sobre os salários dos tecelões. É que o mercado está subabastecido de mercadorias, não de trabalho; há carência de trabalho realizado, não por fazer. Isso aumenta, no entanto, os salários dos alfaiates jornaleiros. Quanto a esse trabalho, o mercado encontra-se subabastecido. Há demanda efetiva por mais trabalho, demanda por mais trabalho a fazer do que o que se pode fornecer. Isso reduz os preços dos tecidos e da seda de cor, reduzindo, assim, os lucros dos comerciantes que possuam em mãos uma quantidade considerável deles. Isso reduz também os salários dos trabalhadores empregados na preparação de tais mercadorias, cuja demanda é interrompida por seis meses, talvez por um ano. Nesse caso, o mercado está superabastecido, tanto de mercadorias como de trabalho.

Mas, embora o preço de mercado de toda mercadoria particular esteja assim continuamente gravitando, se me é permitido expressar-me desse modo, em torno do preço natural, seja por acidentes particulares, seja por causas naturais, ou por medidas específicas de polícia*, entretanto,

---

* *Police*, no original. Para que o leitor compreenda o verdadeiro sentido do termo, tomemos a seguinte anotação de aula proferida por Smith, quando professor na Universidade de Glasgow: "A polícia (*police*) constitui a segunda divisão geral da jurisprudência. O nome é francês e originalmente deriva do grego *politéia*, que significava, a bem da verdade, a política do governo civil. Mas agora apenas significa o funcionamento das partes inferiores do governo: limpeza, segurança, carestia ou fartura. Em suma, a riqueza do Estado". (N. T.)

no que diz respeito a várias mercadorias, seu preço de mercado pode manter-se bastante acima de seu preço natural.

Quando, graças a um aumento na demanda efetiva, o preço de mercado de algumas mercadorias específicas se eleva bastante acima do preço natural, os que empregam seus capitais para suprir o mercado dessa mercadoria geralmente têm o cuidado de ocultar essa mudança. Se isso fosse conhecido por todos, seus avultados lucros tentariam tantos novos rivais a empregar seus capitais da mesma maneira, que, estando plenamente atendida a demanda efetiva, o preço de mercado logo se reduziria ao preço natural, ou talvez permanecesse até mesmo abaixo deste por algum tempo. Se o mercado se localizar a uma longa distância da residência dos que o abastecem, talvez seja possível, por vezes, guardar o segredo por vários anos, e durante esse período conseguirão desfrutar de seus lucros extraordinários, sem despertar novos rivais. Deve-se admitir, entretanto, que raramente é possível guardar segredos desse tipo, e os lucros extraordinários não duram mais tempo que o segredo.

Os segredos da manufatura podem ser guardados por mais tempo do que os segredos do comércio. Um tintureiro que tenha descoberto um meio para produzir uma cor específica com matérias-primas que custam apenas a metade do preço das normalmente utilizadas pode, se agir com grande prudência, gozar as vantagens de sua descoberta por toda a sua vida, e até legá-las à sua posteridade. Seus ganhos extraordinários advêm do alto preço pago por seu trabalho particular; consistem propriamente nos altos salários de seu trabalho. Mas como esses ganhos se repetem em todas as parcelas de seu capital, conservando, por essa razão, o seu montante total uma proporção fixa com esse capital, são comumente considerados lucros extraordinários do capital.

Tais valorizações do preço de mercado são, como é evidente, resultado de acidentes específicos, cuja ação pode, no entanto, perdurar por vários anos.

Há algumas produções naturais que exigem um solo e uma localização de tal singularidade, que toda a terra própria a produzi-las num grande país pode não ser suficiente para suprir a demanda efetiva. Assim, toda a quantidade levada ao mercado pode ser vendida aos que se dispõem dar por ela mais do que o necessário para pagar a renda da terra que as produziu, juntamente com os salários do trabalho e os lucros do capital empregados em sua preparação e distribuição ao mercado, de acordo com as respectivas taxas naturais. As mercadorias desse gênero podem continuar, por séculos a fio, a ser vendidas a esse alto preço; e, nesse caso, a parte que se resolve em renda da terra em geral paga acima de sua taxa natural. A renda da terra que fornece essas produções tão raras e apreciadas, como, por exemplo, a renda de alguns vinhedos na França, notáveis pelo solo e pela localização, não mantém nenhuma proporção regular com a renda de outras terras das vizinhanças, igualmente férteis e bem cultivadas. Ao contrário, os salários do trabalho e os lucros dos capitais empregados para abastecer o mercado de tais produtos raramente se afastam de sua proporção natural com os de outros empregos do trabalho e do capital na mesma região.

Tais valorizações no preço de mercado são, como é evidente, resultado de causas naturais, as quais podem impedir, para sempre, que a demanda efetiva seja plenamente satisfeita, vigorando, portanto, para sempre.

Um monopólio concedido tanto a um indivíduo como a uma sociedade comercial produz o mesmo efeito de um segredo no comércio ou nas manufaturas. Os monopolistas, por manterem o mercado sempre subabastecido e nunca suprirem plenamente a demanda efetiva, vendem suas mercadorias a um preço muito acima de seu preço natural, elevando seus emolumentos muito acima de sua taxa natural, quer consistam em salários, quer em lucros.

O preço de monopólio é, em qualquer ocasião, o mais alto que se pode obter. O preço natural, ou o preço de livre concorrência, pelo contrário, é o mais baixo que se pode praticar, não, de fato, em qualquer ocasião, mas em qualquer período considerável tomado conjuntamente. O primeiro é em todas as ocasiões o mais alto preço que se pode arrancar aos compradores, ou o mais alto que, supõe-se, consentirão em pagar. O outro é o mais baixo que os vendedores podem geralmente aceitar e ao mesmo tempo continuar seus negócios.

Os privilégios exclusivos das corporações, os estatutos de aprendizagem, e todas as leis que, em empregos específicos, restringem a concorrência a um número de indivíduos inferior ao que, em outras circunstâncias, nela entrariam, têm a mesma tendência dos monopólios, ainda que em menor grau. São uma espécie de monopólio em sentido amplo e podem muitas vezes, durante anos a fio, e em classes inteiras de empregos, manter o preço de mercado de certas mercadorias acima do preço natural e conservar um pouco acima da taxa natural tanto os salários do trabalho como os lucros do capital que neles se empregam.

Tais valorizações no preço de mercado podem durar tanto quanto as medidas específicas de polícia que lhes deram origem.

Ainda que o preço de mercado de uma mercadoria qualquer possa permanecer por muito tempo acima do preço natural, raramente perdurará abaixo dele. Não importa a parte desse preço paga abaixo da taxa natural, pois as pessoas cujos interesses fossem afetados imediatamente sentiriam o prejuízo e rapidamente extrairiam tanta terra, tanto trabalho e tanto capital desse gênero de emprego, que a quantidade de mercadoria levada ao mercado em breve se reduziria apenas à suficiente para suprir a demanda efetiva. Dessa maneira seu preço de mercado logo se elevaria ao preço natural, ou pelo menos esse seria o efeito onde houvesse perfeita liberdade.

Na verdade, os mesmos estatutos de aprendizagem e outras leis de corporação que, enquanto uma manufatura prospera, possibilitam ao trabalhador elevar seus salários bastante acima da respectiva taxa natural, às vezes o obrigam, em períodos de crise, a mantê-los bastante abaixo dessa taxa. Se, no primeiro caso, excluem muitas pessoas de seu emprego, no segundo, pelas mesmas razões, excluem-nas de muitos empregos. O efeito dessas regulamentações, entretanto, não é tão duradouro ao reduzir os salários do trabalhador como o é ao mantê-los acima de sua taxa natural. Neste último caso, sua ação pode perdurar por muitos séculos, enquanto no outro não poderá durar mais do que as vidas de alguns dos trabalhadores que foram treinados em determinada atividade ao longo dos anos de prosperidade. Quando estes não mais existirem, o número dos que forem treinados para essa atividade naturalmente se adequará à demanda efetiva. Somente uma polícia tão violenta como a do Indostão ou do antigo Egito (onde todo homem era obrigado, por princípio religioso, a seguir a ocupação de seu pai, considerando-se a mudança para uma outra atividade como o mais horrendo sacrilégio) poderia manter por várias gerações os salários do trabalho ou os lucros do capital, em qualquer emprego particular, abaixo de sua taxa natural.

Isso é tudo que me parece necessário observar, por ora, a respeito dos desvios do preço de mercado em relação ao preço natural, sejam eles ocasionais ou permanentes.

O próprio preço natural, por sua vez, varia conforme a taxa natural de cada uma de suas partes componentes: salários, lucro e renda da terra; e, em toda sociedade, essa taxa varia de acordo com as suas circunstâncias, com a sua riqueza ou pobreza, com o estado progressivo, estacionário ou em declínio em que se encontra. Nos quatro capítulos que seguem procurarei explicar, tão completa e distintamente quanto possa, as causas dessas diferentes variações.

Em primeiro lugar, procurarei explicar quais fatores naturalmente determinam a taxa de salários, e de que maneira esses fatores podem influenciar a riqueza ou pobreza da sociedade, seu estado progressivo, estacionário ou em declínio.

Em segundo lugar, procurarei mostrar quais fatores naturalmente determinam a taxa de lucro, e também de que maneira idênticas variações no estágio de sociedade influenciam esses fatores.

Embora os salários e lucros pecuniários sejam muito diferentes nos diversos empregos do trabalho e do capital, ainda assim parece que em geral se estabelece uma certa proporção entre os salários pecuniários em todos os distintos empregos do trabalho e os lucros pecuniários em todos os distintos empregos do capital. Essa proporção depende, como se verá adiante, em parte da natureza desses diversos empregos, e em parte das diferentes leis e políticas da sociedade na qual ocorrem esses empregos. Mas, apesar de depender das leis e das políticas sob diversos aspectos, essa proporção parece pouco afetada pela riqueza ou pobreza dessa sociedade, ou por seu estado progressivo, estacionário ou em declínio. Ao invés, parece que, em todos esses diferentes estágios da sociedade, essa proporção permanece a mesma ou quase a mesma. Tratarei de explicar, em terceiro lugar, todas as diferentes circunstâncias que regulam tal proporção.

Em quarto e último lugar, procurarei mostrar quais circunstâncias regulam a renda da terra, e quais respondem pela elevação ou redução do preço real de todas as diversas substâncias que ela produz.

CAPÍTULO 8

Dos salários do trabalho

O produto do trabalho constitui a recompensa natural ou o salário do trabalho.

No estado original de coisas que precede tanto a apropriação da terra como a acumulação de capital, todo o produto do trabalho pertence ao trabalhador. Não há nem proprietário nem patrão com quem deva dividi-lo.

Houvesse tal estado inicial persistido, os salários do trabalho teriam aumentado junto com todos os progressos das forças produtivas que a divisão do trabalho origina. Todas as coisas se teriam tornado, gradualmente, mais baratas. Teriam sido produzidas por uma quantidade menor de trabalho e teriam sido igualmente compradas com o produto de uma quantidade menor de trabalho, pois nesse estado de coisas as mercadorias produzidas por iguais quantidades de trabalho seriam naturalmente trocadas umas pelas outras.

Mas, embora todas as coisas se houvessem, na realidade, tornado mais baratas, muitas delas poderiam aparentemente se tornar mais caras do que antes, ou poderiam ser trocadas por uma quantidade maior de outras mercadorias. Suponhamos, por exemplo, que na maior parte das atividades as forças produtivas do trabalho aumentassem dez vezes, ou seja, que o trabalho de um dia produzisse dez vezes a quantidade de trabalho que originalmente produzia; mas que, numa determinada atividade, aumentassem apenas duas vezes, ou seja, que o trabalho de um dia pudesse produzir apenas duas vezes a quantidade de trabalho que originalmente produzia. Ao trocar o produto de um dia de trabalho, na maior parte das atividades, pelo de um dia de trabalho nessa atividade particular, dez vezes a quantidade original de trabalho aplicado naquelas permitiria comprar apenas o dobro da quantidade originalmente aplicada neste. Assim, uma quantidade específica, uma libra-peso, por exemplo, desta última espécie de trabalho pareceria ser cinco vezes mais cara do que antes. Na realidade, porém, seria duas vezes mais barata. Embora, para comprá-la, fossem necessárias cinco vezes a quantidade de outras mercadorias, bastaria apenas metade da quantidade de trabalho, seja para comprá-la ou para produzi-la. Portanto, sua aquisição seria duas vezes mais fácil do que antes.

Mas esse estado original de coisas, em que o trabalhador desfrutava de todo o produto do seu próprio trabalho, não poderia perdurar para além da introdução da apropriação da terra e da acumulação de capital. Já havia muito tempo que não mais existia, por conseguinte, quando as forças produtivas do trabalho alcançaram os mais consideráveis progressos, e seria despropositado investigar em profundidade quais poderiam ser os efeitos de semelhante estado de coisas sobre a remuneração ou sobre os salários do trabalho.

Tão logo a terra se torna propriedade privada, os proprietários exigem uma parcela de quase todos os produtos que o trabalhador pode nela cultivar ou dela colher. Sua renda é a primeira dedução que sofre o produto do trabalho empregado na terra.

Raramente ocorre que tenha como se manter até a colheita o homem que cultiva o solo. Em geral é o patrão, o arrendatário que o emprega, quem, do seu capital, lhe adianta o sustento, e não teria interesse em empregá-lo se não lhe coubesse uma parcela do seu trabalho, ou se o seu capital não lhe fosse restituído com lucro. Esse lucro forma uma segunda dedução do produto do trabalho empregado na terra.

O produto de quase todos os outros trabalhos está sujeito a semelhante dedução do lucro. Em todas as artes, em todos os ofícios, a maior parte dos trabalhadores tem necessidade de um patrão que lhes adiante as matérias-primas para o seu trabalho, assim como os seus salários e o seu sustento, até que esse trabalho esteja consumado. O patrão participa do produto do trabalho deles, ou do valor que o trabalho adiciona às matérias-primas sobre as quais se aplica, e é nessa participação que consiste o seu lucro.

De fato, ocorre às vezes de um trabalhador independente possuir um capital suficiente tanto para comprar as matérias-primas para o seu trabalho como para manter-se até que este seu trabalho esteja completo. Ele é ao mesmo tempo patrão e empregado, e desfruta de todo o produto de seu trabalho pessoal, ou de todo o valor que este trabalho adiciona às matérias-primas sobre as quais se aplica. Isso inclui o que constitui habitualmente dois diferentes rendimentos, pertencentes a duas distintas pessoas, os lucros do capital e os salários do trabalho.

Tais casos, entretanto, não são muito freqüentes, e em toda parte da Europa, para cada trabalhador independente, há vinte trabalhadores servindo a um patrão, entendendo-se por salários do trabalho, em toda parte, o que comumente são quando o trabalhador e o detentor do capital que o emprega são duas pessoas distintas.

É pelo contrato celebrado habitualmente por essas duas pessoas, cujos interesses de maneira nenhuma são os mesmos, que se determinam, em todos os lugares, os salários correntes do trabalho. Os operários desejam ganhar o mais possível, e os patrões, pagar o menos que possam; os primeiros estão dispostos a se unir para elevar os salários do trabalho, e os últimos para rebaixá-los.

Entretanto, não é difícil prever qual das duas partes deve, em todas as circunstâncias ordinárias, levar vantagem na disputa, e forçar a outra a aceitar os seus termos. Os patrões, estando em menor número, podem coligar-se com muito mais facilidade, e além disso a lei autoriza, ou no mínimo não proíbe, suas coligações, enquanto proíbe as dos trabalhadores. Não há leis do Parlamento contrárias a coligações para reduzir o preço do trabalho, mas há muitas contrárias a coligações para elevá-lo. Em todas essas disputas, os patrões conseguem resistir por muito mais tempo. Um proprietário de terras, um rendeiro, um dono de manufatura ou um comerciante, mesmo sem empregar um único trabalhador sequer, geralmente poderiam viver um ano ou dois do capital que já adquiriram. No entanto, muitos trabalhadores não poderiam subsistir sem emprego por uma semana, poucos o poderiam por um mês, e dificilmente algum o poderia por um ano inteiro. No longo prazo, é possível que o trabalhador seja tão necessário ao seu patrão como o patrão é necessário para o trabalhador; mas a necessidade do primeiro não é tão imediata.

Raramente ouvimos falar de ligas entre patrões, embora todos os dias ouçamos falar de ligas entre trabalhadores. Mas é preciso não conhecer nem o mundo, nem o assunto de que se trata, para imaginar que os patrões raras vezes se coliguem. Os patrões mantêm sempre, e por toda parte, uma espécie de acordo tácito, mas constante e uniforme, para não elevar os salários do trabalho acima de sua taxa corrente. Em todos os lugares, a violação desse acordo constitui a mais impopular das ações, ficando o patrão sujeito às censuras de seus próximos e iguais. Na verdade, é raro ouvirmos falar de tal coligação porque ela corresponde ao estado habitual, e pode-se dizer ao estado natural das coisas, do qual ninguém jamais tem notícia. Às vezes, os patrões formam entre si coalizões para reduzir os salários até mesmo abaixo de sua taxa natural. Essas coalizões são sempre realizadas sob o maior silêncio e discrição até o momento de sua execução; e quando os trabalhadores cedem, como algumas vezes o fazem, sem resistência, embora duramente atingidos por esse golpe, ninguém jamais ouve falar deles. Freqüentemente, entretanto, os trabalhadores resistem com uma liga defensiva a essas coalizões particulares; às vezes também se reúnem de comum acordo, sem que haja nenhuma provocação dessa espécie, para elevar o preço do seu trabalho. Suas alegações usuais se referem, algumas vezes, ao alto preço das provisões, outras vezes, aos elevados lucros que os seus patrões auferem à custa de seu trabalho. Mas, quer essas ligas tenham caráter ofensivo ou defensivo, sempre são acompanhadas de grande estardalhaço. Para conduzir a questão para uma rápida decisão, os trabalhadores recorrem sempre ao mais alto clamor e, em certos casos, às mais chocantes violências e ofensas. Encontram-se desesperados e agem com a tolice e a extravagância de homens desesperados, reduzidos à alternativa de morrer de fome ou de conseguir de seus patrões, pelo terror, o imediato cumprimento de suas exigências. Nessas ocasiões, os patrões não são, de sua parte, menos clamorosos: nunca cessam de apelar em altos brados a assistência do magistrado civil, e a execução rigorosa das leis promulgadas com tanta severidade contra as coligações de criados, operários e jornaleiros. Em conseqüência, é muito raro que os trabalhadores extraiam algum benefício de suas tumultuosas coligações, as quais, tanto pela intervenção do magistrado civil como pela superior resistência dos patrões e pela necessidade a que deve se submeter a maior parte dos trabalhadores para garantir sua subsistência imediata, geralmente não resultam em nada, exceto na punição e na ruína dos líderes do movimento.

Mas, ainda que os patrões quase sempre levem vantagem nessas disputas com os operários, existe uma certa taxa abaixo da qual parece impossível reduzir, por um período considerável, os salários correntes, mesmo da mais baixa espécie de trabalho.

É necessário que um homem sempre viva do seu trabalho, e que o seu salário seja no mínimo suficiente para mantê-lo; é necessário mesmo algo mais na maioria das circunstâncias, ou do contrário seria impossível ao trabalhador sustentar uma família, e então a descendência desses trabalhadores não poderia persistir por mais de uma geração. É essa a razão pela qual o Sr. Cantillon* parece supor que em todos os lugares a mais baixa espécie de trabalhadores deve ganhar ao menos o dobro do necessário para a sua subsistência, a fim de que cada um desses trabalhadores tenha condições de criar duas crianças; supõe ainda que o trabalho da esposa seja suficiente apenas para a própria subsistência, por conta da necessária atenção que está obrigada a dar às crianças. Mas calcula-se que a metade das crianças nascidas morre antes de chegar à idade adulta. Portanto, de acordo com esse cálculo, é necessário que os trabalhadores mais pobres procurem criar pelo menos quatro crianças, para que duas somente tenham a chance de viver até essa idade. Ora, supõe-se que a subsistência necessária de quatro crianças seja quase igual à de um homem feito. Calcula-se que o trabalho de um escravo em boas condições físicas, acrescenta o mesmo autor, valha o dobro de sua subsistência, e julga que o do mais ínfimo trabalhador não possa valer menos do que o de um escravo saudável. Ainda que seja assim, parece pelo menos certo que, para criar uma família, mesmo nas mais ínfimas espécies de simples trabalhadores, o trabalho do marido e o da esposa juntos devem permitir-lhes ganhar um pouco mais do que o estritamente necessário para a sua subsistência; mas em que proporção? Naquela que acima mencionei, ou em qualquer outra? Eis algo que não tomarei a meu encargo determinar.

Há todavia certas circunstâncias que são algumas vezes vantajosas aos trabalhadores, permitindo-lhes elevar

---

* *Essai sur la nature du commerce em général*, 1775. (N. T.)

os salários consideravelmente acima dessa taxa, a qual, evidentemente, é a mais baixa compatível com um mínimo de humanidade.

Quando, em algum país, a demanda pelos que vivem de salários, sejam eles operários, jornaleiros ou serviçais de toda a sorte, está continuamente crescendo; quando a cada ano são oferecidos empregos a um número maior de trabalhadores do que no ano anterior, então estes não têm necessidade de se coligar para elevar os salários. Pois a escassez de mão-de-obra ocasiona uma competição entre os patrões que, lançando-se uns contra os outros para conseguir trabalhadores, rompem voluntariamente a liga natural entre eles contra a elevação dos salários.

Evidentemente, a demanda pelos que vivem de salários aumenta unicamente em proporção ao crescimento dos fundos destinados ao pagamento dos salários. Esses fundos dividem-se em dois tipos: o primeiro consiste no rendimento excedente ao necessário para a subsistência; e o segundo, no capital excedente ao necessário para o emprego dos patrões.

Quando o proprietário de terras, o beneficiário de rendas ou o homem de dinheiro obtém um rendimento superior ao que julga suficiente para manter a sua própria família, emprega todo o excedente, ou parte dele, na manutenção de um ou mais servidores. Aumente-se esse excedente, e naturalmente ele aumentará o número desses servidores.

Quando um trabalhador independente, tal como um tecelão ou sapateiro, se acha de posse de um capital superior ao que lhe é necessário para adquirir as matérias-primas para o seu respectivo trabalho e para manter-se até que possa vender o produto desse trabalho, emprega naturalmente um ou mais jornaleiros com o excedente, de modo que obtenha lucro do trabalho deles. Aumente-se esse excedente, e naturalmente ele aumentará o número desses trabalhadores.

Assim, a demanda pelos que vivem de salários aumenta necessariamente conforme o aumento dos rendimentos e do capital de todo país, e não pode crescer sem que tal ocorra. O aumento dos rendimentos e do capital corresponde ao crescimento da riqueza da nação. Por isso, a demanda pelos que vivem de salários aumenta naturalmente com o crescimento da riqueza nacional, não podendo aumentar sem que tal ocorra.

Não é a extensão da riqueza nacional num dado momento, mas antes seu contínuo crescimento que dá origem a uma elevação nos salários do trabalho. Conseqüentemente, não é nos países mais ricos, mas nos mais prósperos, ou nos que estão enriquecendo mais rapidamente, que os salários do trabalho são mais elevados. Decerto, a Inglaterra é atualmente um país muito mais rico do que qualquer região da América do Norte. No entanto, os salários do trabalho são muito mais elevados na América do Norte do que em qualquer região da Inglaterra. Na província de Nova York[3], um simples trabalhador ganha por dia 3 shillings e 6 pence da moeda local, equivalentes a 2 shillings esterlinos; um carpinteiro naval recebe 10 shillings e 6 pence da mesma moeda, juntamente com meio litro de rum cujo valor é de 6 pence esterlinos, o que ao todo equivale a 6 shillings e 6 pence esterlinos; um carpinteiro civil e um pedreiro recebem 8 shillings da moeda local, equivalentes a 4 shillings e 6 pence esterlinos; um alfaiate jornaleiro recebe 5 shillings em moeda corrente, o que equivale a cerca de 2 shillings e 10 pence esterlinos. Esses preços são todos superiores aos correntes em Londres, e assegura-se que os salários são tão elevados nas outras colônias como em Nova York. Em toda a América do Norte, o preço das provisões é muito mais baixo do que na Inglaterra. Nunca lá conheceram

---

3. Isso foi escrito em 1773, antes de iniciarem os recentes distúrbios isto é, a guerra de independência das colônias norte-americanas. (N. T)

a escassez. Mesmo nos piores anos, sempre têm conseguido o suficiente para si próprios, ainda que as exportações se ressintam. Assim, se o preço em dinheiro do trabalho for superior ao que se verifica em qualquer região da metrópole, o preço real, ou seja, a quantidade real de coisas necessárias à vida e ao conforto que esse preço coloca à disposição do trabalhador, deve ser ainda mais elevado, numa proporção ainda maior.

Mas, embora a América do Norte não seja ainda tão rica como a Inglaterra, é muito mais próspera e avança com muito maior rapidez em direção à aquisição de riquezas. O sinal mais decisivo da prosperidade de um país é o aumento do número de seus habitantes. Calcula-se que a população da Grã-Bretanha e da maior parte dos outros países da Europa não duplicará em menos de quinhentos anos. Já nas colônias britânicas da América do Norte, verificou-se que a população dobrará em vinte ou vinte e cinco anos. Esse crescimento da população deve-se menos à contínua imigração de novos habitantes, que à rápida multiplicação da espécie. Segundo se diz, os que alcançam uma idade avançada vêem de cinqüenta a cem descendentes seus, e algumas vezes muitos mais. Lá o trabalho é tão bem remunerado, que uma família numerosa, com muitas crianças, ao invés de ser um fardo é uma fonte de opulência e prosperidade para os seus pais. Calcula-se que o trabalho de cada criança, antes de ter condições de deixar sua casa, valha 100 libras de ganho líquido para os pais. Uma jovem viúva, com quatro ou cinco crianças pequenas, que teria muitas dificuldades de encontrar um segundo marido nas classes média e inferior da Europa, lá é freqüentemente cortejada como uma espécie de fortuna. O valor das crianças é o maior de todos os estímulos ao casamento. Não é de admirar, portanto, que as pessoas na América do Norte geralmente se casem muito jovens. Não obstante o grande crescimento populacional ocasionado por tais casamentos precoces, queixa-se constantemente de que há escassez de mão-de-obra na América do Norte. Ao que parece, a demanda por trabalhadores e por fundos destinados à sua subsistência cresce, nesse país, ainda mais rapidamente do que a possibilidade de encontrar trabalhadores para empregar.

Mesmo quando a riqueza de um país é muito grande, se este permanecer muito tempo em estado estacionário, não devemos esperar encontrar salários muito elevados. Os rendimentos e o capital de seus habitantes, que são os fundos destinados ao pagamento dos salários, podem bem ser de imensa magnitude; mas se permaneceram os mesmos, ou quase os mesmos, por muitos séculos, então o número de trabalhadores empregados a cada ano pode facilmente suprir, ou até mais do que suprir, o número necessário no ano seguinte. Dificilmente poderia haver escassez de mão-de-obra, e os patrões não seriam obrigados a lançar-se uns contra os outros para empregá-la. Ao contrário, nesse caso, a mão-de-obra naturalmente se multiplicaria mais do que o emprego. Haveria uma constante escassez de empregos, e os trabalhadores seriam obrigados a lançar-se uns contra os outros para consegui-los. Se num tal país os salários do trabalho fossem alguma vez superiores aos necessários para manter o trabalhador e para lhe permitir o sustento de uma família, a competição entre os trabalhadores e o interesse dos patrões logo os reduziriam à taxa mais baixa compatível com um mínimo de humanidade. A China é, há muito tempo, um dos países mais ricos, isto é, um dos mais férteis, mais bem cultivados, mais industriosos e mais populosos do mundo. Parece, entretanto, que permanece estacionária já faz muito. Marco Polo, que a visitou há mais de quinhentos anos, descreve a sua agricultura, atividade e população quase nos mesmos termos em que as descrevem os viajantes que a visitam hoje em dia. Talvez esse país provavelmente já houvesse alcançado, mesmo muito antes disso, a plenitude das riquezas que a natureza de suas leis e instituições lhe permite alcançar. Os relatos de todos os viajantes, que não coincidem em muitos outros aspectos, concordam quanto aos baixos salários do trabalho e quanto à dificuldade que um trabalhador encontra na China para sustentar uma família. Se, revolvendo o solo um dia inteiro, consegue ganhar o suficiente para comprar uma pequena quantidade de arroz à noite, já fica satisfeito. A condição dos artesãos é ainda pior, se isso for possível. Em vez de aguardar indolentemente em suas oficinas que seus clientes façam pedidos, como ocorre na Europa, correm continuamente as ruas, carregados com as ferramentas dos respectivos ofícios, oferecendo os seus serviços, como se mendigassem trabalho. A pobreza das ordens mais baixas do povo na China ultrapassa em muito a das mais miseráveis nações da Europa. Nas vizinhanças de Cantão, muitas centenas de famílias, dizem até mesmo que muitos milhares, não possuem habitação em terra firme e vivem comumente em pequenos barcos de pesca sobre os rios e canais. A subsistência que aí encontram é tão parca, que procuram com avidez os restos mais asquerosos atirados por navios europeus. Qualquer carne putrefata, a carcaça de um cão ou gato morto, por exemplo, ainda que em decomposição e nauseabunda, é tão bem-vinda por eles como o seria a mais sadia comida pelas pessoas de outros países. O casamento não é encorajado na China pelo ganho que se tem com as crianças, mas pela liberdade de destruí-las. Em todas as grandes cidades, várias delas são abandonadas nas ruas todas as noites, ou afogadas na água como filhotes de cães. Comenta-se que há pessoas abertamente encarregadas desta horrenda tarefa, a qual constitui um meio para ganhar a vida.

A China, todavia, ainda que talvez permaneça sempre estagnada, não parece retroceder. Em parte nenhuma as cidades foram abandonadas pelos seus habitantes; em parte nenhuma se encontram abandonadas as terras outrora cultivadas. Deve, portanto, continuar a realizar-se anualmente o mesmo trabalho, ou quase o mesmo, e os fundos destinados a mantê-lo não devem, por conseguinte, ter diminuído sensivelmente. Logo, a mais baixa classe de trabalhadores, a despeito de sua parca subsistência, deve arranjar-se de uma ou outra maneira para perpetuar sua descendência, de modo que se mantenha no número habitual.

Mas a situação seria bastante distinta num país onde os fundos destinados à manutenção do trabalho viessem a decrescer significativamente. Todo ano a demanda por serviçais e operários seria, em todas as diferentes classes de empregos, inferior ao que houvera sido no ano precedente. Um grande número dos que se criassem nas classes superiores, não tendo condições de encontrar emprego nas próprias atividades, dar-se-ia por satisfeito em procurá-lo nas categorias mais inferiores. Estando as categorias mais baixas superabastecidas não apenas com seus próprios trabalhadores, mas também com os excedentes de todas as demais classes, a competição por empregos seria tão grande, que reduziria os salários do trabalho à mais mísera e escassa subsistência do trabalhador. Muitos dentre eles, mesmo sob tão duras condições, não conseguiriam encontrar emprego: ou minguariam à fome, ou seriam induzidos a ganhar a subsistência mendigando, ou talvez perpetrando os mais hediondos crimes. A miséria, a fome e a mortalidade imediatamente desolariam essa classe, e dela se estenderiam a todas as classes superiores, até que o número de habitantes do país se encontrasse reduzido ao que pudesse ser facilmente sustentado com os rendimentos e capitais que restassem e tivessem conseguido escapar à tirania e à calamidade que a todo o resto destruíram. Talvez seja quase essa a situação atual de Bengala e de algumas outras possessões inglesas nas Índias Orientais. Num país fértil que houvesse sido antes muito despovoado, onde a subsistência, conseqüentemente, não devia ser muito difícil, e onde, apesar de tudo, morrem de fome no decorrer de um ano três ou quatro centenas de milhares de pessoas, não há dúvida de que os fundos destinados à subsistência do trabalhador pobre se acham em rápido declínio. A diferença entre o caráter da constituição britânica, que protege e governa a América do Norte, e o da companhia mercantil que oprime e domina as Índias Orientais talvez não possa ilustrar-se melhor do que pelas distintas condições em que se encontram esses países.

Assim, a remuneração liberal do trabalho, do mesmo modo como é o efeito necessário, também é o sintoma natural de uma crescente riqueza nacional. A parca manutenção do trabalhador pobre, por outro lado, é o sintoma natural de que as coisas permanecem estagnadas, e a sua devastação pela fome e pela miséria mostra que se encontram em rápido retrocesso.

Na Grã-Bretanha, os salários do trabalho parecem ser, nos tempos atuais, evidentemente superiores ao que é estritamente necessário para permitir ao trabalhador sustentar uma família. Para nos certificarmos desse fato, não será necessário enveredarmos por cálculos tediosos e incertos sobre o que possa ser a soma mínima exigida para tal fim. Há muitos sinais claros de que os salários do trabalho não se encontram, em lugar nenhum desse país, reduzidos a essa taxa, que é a mais baixa compatível com um pouco de humanidade.

Primeiramente, em quase todas as regiões da Grã-Bretanha há uma distinção entre salários de verão e de inverno; mesmo nas espécies mais ínfimas de trabalho, os salários de verão são sempre os mais elevados. Mas, por conta dos gastos extraordinários com combustível, a subsistência de uma família é mais dispendiosa no inverno. Desse modo, sendo os salários mais altos quando esta despesa é menor, parece evidente que não são regulados pelo que exige o estritamente necessário, mas, antes, pela quantidade e pelo valor estimado do trabalho. Pode-se dizer, com efeito, que um trabalhador deveria poupar parte de seus salários de verão para custear despesas de inverno, e que os salários de um ano inteiro não excedem o que é necessário para manter a família ao longo de todo o ano. Porém, não trataríamos dessa maneira um escravo, ou alguém que dependesse em absoluto de nós no que se refere a sua subsistência imediata. A sua subsistência diária seria proporcional às suas necessidades diárias.

Em segundo lugar, os salários do trabalho na Grã-Bretanha não acompanham as flutuações no preço das provisões. Esses preços variam em todo lugar de um ano para outro, e freqüentemente de um mês para outro. Mas em muitos lugares o preço pecuniário do trabalho permanece invariavelmente o mesmo, às vezes durante meio século. Se, nesses lugares, um trabalhador pobre consegue manter sua família nos anos de carestia, deve viver com tranqüilidade nos anos em que essas provisões têm um preço moderado, e em abundância, nas épocas de baixa extraordinária dos preços. O alto preço das provisões durante os últimos dez anos não se tem feito acompanhar, em muitas regiões do reino, por nenhum aumento significativo no preço pecuniário do trabalho. Isso de fato ocorreu, em alguns lugares, mas deveu-se provavelmente mais ao crescimento da demanda por trabalho do que à elevação dos preços das provisões.

Em terceiro lugar, se o preço das provisões varia mais do que os salários do trabalho de um ano para outro, por outro lado os salários do trabalho variam mais do que o preço das provisões de um lugar para outro. Os preços do pão e da carne são, em geral, iguais ou quase iguais na maior parte do Reino Unido. Esses gêneros e quase todos os outros que se vendem no mercado a varejo, que é a forma como os trabalhadores pobres compram tudo, são tão baratos ou ainda mais baratos nas grandes cidades do que nas regiões remotas do país, por razões que terei ocasião de explicar adiante. Mas os salários do trabalho numa cidade grande e em suas vizinhanças são freqüentemente um quarto ou um quinto, 20 ou 25%, mais altos do que a algumas milhas de distância. Pode-se considerar que 18 pence por dia seja o preço do trabalho mais simples em Londres e suas vizinhanças; a poucas milhas de distância cai para 14 ou 15 pence; pode-se calcular o seu preço em 10 pence, em Edimburgo e vizinhanças; a poucas milhas cai para 8 pence, que é o preço normal do mais simples trabalho na maior parte das Terras Baixas da Escócia, onde varia infinitamente menos do que na Inglaterra. Uma tal diferença nos preços, que nem sempre parece suficiente para fazer que um homem se transporte de uma paróquia para outra, necessariamente provocaria um imenso transporte das mais volumosas mercadorias, não apenas de uma paróquia para outra, mas de uma extremidade a outra do reino, e praticamente de uma extremidade a outra do mundo, de maneira que as aproximaria rapidamente. Apesar de tudo o que se disse a respeito da leviandade e inconstância da natureza humana, a experiência evidencia que um homem é, dentre todos os tipos de carga, a mais difícil de transportar. Se, portanto, nessas partes do reino onde o preço do trabalho é o mais baixo, os trabalhadores pobres podem sustentar suas famílias, devem viver em abundância onde este é mais alto.

Em quarto lugar, não apenas as variações no preço do trabalho não correspondem, quer no lugar, quer no tempo, às no preço das provisões, como também lhes são freqüentemente opostas.

Os cereais, alimento da gente do povo, são mais caros na Escócia do que na Inglaterra, de onde a Escócia recebe todo ano suprimentos em grandes quantidades. Mas o trigo inglês deve ser vendido a um preço mais elevado na Escócia, o país para o qual é levado, do que na Inglaterra, o país de onde vem; e, proporcionalmente à sua qualidade, não pode ser vendido a um preço mais elevado na Escócia do que o trigo escocês que chega ao mesmo mercado em concorrência com aqueles. A qualidade dos cereais depende principalmente da quantidade de farinha que é capaz de produzir no moinho, e com respeito a isso o cereal inglês é tão superior ao escocês que, apesar de freqüentemente mais caro em aparência ou em proporção ao seu volume, na realidade é geralmente mais barato, seja em proporção à qualidade, seja mesmo por sua medida em peso. Ao contrário, o preço do trabalho é mais elevado na Inglaterra do que na Escócia. Se, então, os trabalhadores pobres podem sustentar suas famílias nessa parte do Reino Unido, na outra devem viver em abundância. É certo que o mingau de aveia constitui a maior e melhor parte da alimentação da gente comum da Escócia, alimentação esta que em geral é bastante inferior à das pessoas da mesma categoria social na Inglaterra. Entretanto, essa diferença nos seus modos de subsistência não é a causa, mas antes o efeito da diferença existente em seus salários, ainda que, por um estranho equívoco, eu a tenha, com freqüência, ouvido citar como causa. Não é porque um homem possui um coche, enquanto o seu vizinho anda a pé, que o primeiro é rico e o outro pobre; mas o primeiro possui um coche porque é rico, e o outro anda a pé porque é pobre.

No transcurso do século passado, cotejando um ano com o outro, o cereal custava mais caro em cada uma das regiões do Reino Unido do que no século atual. Trata-se de uma questão de fato sobre a qual não se pode agora levantar nenhuma dúvida razoável, e a prova disso é, se possível, ainda mais decisiva com relação à Escócia do que com relação à Inglaterra. Na Escócia, funda-se sobre a evidência dos *fiars** públicos, que são avaliações anuais, feitas sob juramento, de acordo com a real situação dos mercados de todos os diferentes gêneros de grãos, em todos os diversos condados da Escócia. Se uma prova assim direta precisasse de algum testemunho colateral para confirmá-la, eu observaria que o mesmo caso se verificou na França, e provavelmente na maioria das demais regiões da Europa. No que diz respeito à França, as provas são as mais evi-

---

* O preço dos cereais fixado por lei nos condados da Escócia, para o ano corrente. A esse respeito, veja-se, mais adiante, Capítulo XI, Parte III. (N. T.)

dentes possíveis. Mas se é certo que, em cada uma das regiões do Reino Unido, os cereais eram um tanto mais caros no século passado do que no presente, é igualmente certo que o trabalho era muito mais barato. Se o trabalho dos indivíduos pobres foi então suficiente para sustentar as famílias, agora deve colocá-las numa situação muito mais confortável. No século passado, os salários diários do trabalhador comum eram, na maior parte da Escócia, de 6 pence no verão e de 5 pence no inverno. Continua-se ainda hoje a pagar 3 shillings por semana, o que equivale quase ao mesmo preço, em algumas regiões das Terras Altas e nas Ilhas Ocidentais. Na maior parte das Terras Baixas, os salários mais normais do trabalhador comum são agora de 8 pence por dia; 10 pence, algumas vezes 1 shilling, nas localidades próximas de Edimburgo, nos condados que fazem fronteira com a Inglaterra, provavelmente por causa dessa proximidade, e num pequeno número de outros lugares, onde recentemente houve um considerável crescimento da demanda por trabalho, como nas redondezas de Glasgow, Carron, Ayrshire etc. Na Inglaterra, a agricultura, as manufaturas e o comércio começaram a se desenvolver muito antes do que na Escócia. A demanda por trabalho e, conseqüentemente, o seu preço necessariamente devem ter aumentado com esse desenvolvimento. É por isso que no século passado, bem como no atual, os salários do trabalho eram mais elevados na Inglaterra do que na Escócia. Elevaram-se consideravelmente desde então, embora seja mais difícil determinar quanto, em razão da maior variedade de salários que lá são pagos nas diversas localidades. Em 1614, o soldo de um soldado de infantaria era o mesmo que atualmente, ou seja, 8 pence por dia. Quando esse soldo foi inicialmente fixado, devia ser regulado pelo salário usual dos trabalhadores comuns, a classe em que normalmente se recrutam tais soldados. Hales, lorde Presidente do Supremo Tribunal de Justiça que escreveu à época de Carlos II, calcula a despesa necessária da família de um trabalhador, consistindo em seis pessoas, o pai e a mãe, dois filhos em condições de trabalhar, e dois que não trabalham, em 10 shillings por semana, ou 26 libras por ano. Se não conseguirem ganhar essa quantia com o produto de seu trabalho, é necessário que a completem, supõe ele, seja por meio da mendicância, seja por meio do roubo. Parece ter investigado esse assunto muito cuidadosamente[4]. Em 1688 o Sr. Gregory King, cuja habilidade em aritmética política o Dr. Davenant tanto enaltece, calculou o rendimento normal dos trabalhadores manuais e dos criados não-domésticos em 15 libras por ano para cada família, que ele supôs consistir, em média, de três pessoas e meia. O seu cálculo, portanto, ainda que aparentemente distinto, aproxima-se muito, no fundo, do que fez o juiz Hales. Ambos estimam que a despesa semanal de tais famílias seja de cerca de 20 pence por cabeça. Desde essa época, a renda em dinheiro e a despesa dessas famílias cresceram consideravelmente na maior parte do reino; em alguns lugares mais, e em outros menos, embora talvez quase em parte alguma tenham crescido tanto quanto alguns cálculos exagerados dos atuais salários do trabalho recentemente mostraram ao público. Deve-se observar que em nenhum lugar é possível determinar o preço do trabalho com extrema precisão, uma vez que com freqüência se pagam, no mesmo lugar e pelo mesmo tipo de trabalho, preços muito diferentes, não só de acordo com as diferentes habilidades dos trabalhadores, mas também de acordo com a liberalidade ou a severidade dos patrões. Em todos os lugares onde os salários não são fixados por lei, o máximo que podemos pretender determinar é sua taxa mais habitual; e a experiência parece mostrar que a lei não pode jamais regulá-los convenientemente, não obstante muitas vezes tenha a pretensão de o fazer.

---

4. Veja-se seu projeto para a manutenção dos pobres em Burn, *History of the Poor-laws* [História da legislação sobre a pobreza].

A recompensa real do trabalho, a quantidade real de coisas necessárias à vida e ao conforto que ele pode conferir ao trabalhador, aumentou, no transcorrer do atual século, numa proporção ainda maior do que seu preço em dinheiro. Não apenas os cereais abaixaram um pouco de preço, mas ainda muitas outras coisas de que os trabalhadores pobres extraem uma agradável e salutar variedade de alimentação tornaram-se consideravelmente mais baratas. As batatas, por exemplo, não custam, na maior parte do reino, a metade do preço que custavam há trinta ou quarenta anos. O mesmo se pode dizer a respeito do nabo, da cenoura e do repolho, gêneros que no passado eram cultivados unicamente pela enxada, e agora cultivam-se comumente pelo arado. Todos os tipos de gêneros de hortaliças, igualmente, tornaram-se mais baratos. No século passado, as maçãs e mesmo as cebolas consumidas na Grã-Bretanha provinham, em sua maioria, de Flandres. O grande desenvolvimento nas manufaturas dos tecidos mais toscos, tanto de linho como de lã, fornece aos trabalhadores vestuário mais barato e de melhor qualidade; e as fábricas de metais comuns também se tornaram, com seu desenvolvimento, capazes de lhes fornecer instrumentos mais baratos e de melhor qualidade, bem como muitas peças de mobília mais agradáveis e cômodas. A bem da verdade, o sabão, o sal, as velas, os couros curtidos e as bebidas fermentadas tornaram-se em boa medida mais caros, principalmente por causa dos impostos que sobre eles incidiram. Entretanto, a quantidade desses bens que os trabalhadores pobres têm porventura necessidade de consumir é tão ínfima, que o crescimento dos seus preços não chega a compensar a redução havida nos preços de uma infinidade de outras coisas. A queixa habitual de que o luxo se estende até as mais baixas ordens do povo, e de que os trabalhadores pobres não se contentarão agora com a mesma comida, vestimenta e habitação que os satisfaziam antes, ajuda a nos convencer de que aumentou não somente o preço em dinheiro do trabalho, mas também a sua remuneração real.

Essas melhorias nas condições das camadas mais baixas do povo devem ser consideradas como uma vantagem ou como um inconveniente para a sociedade? À primeira vista, a resposta parece extremamente simples. Criados, trabalhadores e artesãos de todas as sortes compõem a grande maioria de toda sociedade política. Ora, o que melhora as condições de vida da maior parte nunca pode ser considerado um inconveniente para o todo. Decerto, nenhuma sociedade pode ser próspera e feliz, se a maior parte dos seus membros está reduzida à pobreza e à miséria. Além disso, a mera eqüidade exige que os que alimentam, vestem e proporcionam habitação a todo o conjunto de pessoas desfrutem de uma parte do produto de seu próprio trabalho suficiente para lhes permitir andar razoavelmente bem alimentados, vestidos e abrigados.

Embora, sem dúvida alguma, a pobreza desencoraje o casamento, nem sempre o previne; parece mesmo ser favorável à procriação. Uma mulher das Terras Altas, quase morta de fome, dá freqüentemente à luz mais de vinte crianças, enquanto uma fina e mimada dama é quase sempre incapaz de dar à luz um único filho, e em geral fica exaurida com dois ou três. A esterilidade, tão freqüente entre as mulheres de sociedade, é muito rara entre as de posição inferior. O luxo, ainda que talvez inflame a paixão do prazer, parece sempre enfraquecer e com freqüência destruir completamente no belo sexo os poderes da procriação.

Mas, se a pobreza não impede de gerar as crianças, é um imenso obstáculo para criá-las. A tenra planta é produzida mas, num solo tão frio e num clima tão severo, depressa murcha ou morre. Tenho ouvido dizer muitas vezes que não é incomum, nas Terras Altas da Escócia, uma mãe que deu à luz vinte filhos não ter conservado sequer dois vivos. Muitos oficiais de grande experiência me asseguraram que, muito longe de conseguir recrutar seu regimento entre os filhos dos soldados que lá nasceram, jamais conseguiram juntar dentre eles o número necessário de tocadores de tambores e pífaros. Nunca se viu, entretanto, um número maior de crianças saudáveis do que às voltas de uma caserna militar. Bem poucas delas, ao que parece, chegam à idade dos treze ou catorze anos. Em alguns lugares, a metade das crianças nascidas morre antes de completar quatro anos de idade; em muitos lugares, antes de completar sete anos; e em quase todos os lugares antes de completar nove ou dez anos de idade. Em toda parte se reencontra, porém, essa grande mortalidade, sobretudo entre os filhos da gente comum, que não tem condições de os tratar com os mesmos cuidados que dedicam aos seus filhos os da classe superior. Embora seus casamentos se mostrem em geral mais fecundos que os das pessoas elegantes, somente uma pequena porcentagem de seus filhos chega à maturidade. Nos hospitais para enjeitados, e entre as crianças criadas nos orfanatos paroquiais, a mortalidade é ainda maior do que entre os filhos da gente comum.

Todas as espécies de animais se multiplicam naturalmente em proporção aos seus meios de subsistência, e nenhuma espécie jamais pode multiplicar-se para além destes. Mas, nas sociedades civilizadas, não é senão entre as camadas inferiores do povo que a escassez dos meios de subsistência pode impor limites à propagação da espécie humana; e isso não ocorre de nenhuma outra maneira, a não ser eliminando uma grande parte dos filhos que produzem os casamentos fecundos dessas camadas do povo.

Esses limites tenderão naturalmente a se alargar e expandir com uma remuneração mais liberal do trabalho, que permitirá aos pais cuidar melhor dos filhos e conseqüentemente criar um maior número deles. É digno de nota, ainda, que ela produz necessariamente esse efeito, quase na proporção que determina a demanda por trabalho. Se essa demanda crescer continuamente, a remuneração do trabalho deve necessariamente incentivar o casamento e a multiplicação dos trabalhadores, de modo que lhes permita corresponder a essa demanda sempre crescente com uma população também sempre crescente. Se a remuneração do trabalho fosse, em algum momento, inferior à necessária para produzir esse efeito, a carência de mão-de-obra rapidamente a elevaria; e, se em algum outro momento fosse superior, a multiplicação excessiva de mão-de-obra logo a rebaixaria à sua taxa necessária. No primeiro desses casos, o mercado estaria tão subabastecido de trabalho, e tão superabastecido no outro, que em breve forçaria o preço do trabalho a coincidir com a taxa adequada à situação da sociedade. É assim que a demanda por homens regula necessariamente a produção de homens, da mesma maneira como ocorre com a demanda de qualquer outra mercadoria: acelera a produção quando está muito lenta e a refreia quando avança muito rapidamente. É essa demanda que regula e determina o estado da expansão da população em todos os países do mundo, na América do Norte, na Europa e na China; é o que a faz marchar rapidamente no primeiro desses países, torna-a lenta e gradual na outra e mantém inteiramente estacionária a última.

É a expensas do senhor, segundo se diz, que os escravos se desgastam, enquanto um criado se desgasta a expensas próprias. Na realidade, porém, o desgaste deste último fica tanto a expensas do patrão como o do primeiro fica a expensas do senhor. Os salários pagos aos jornaleiros e criados de toda sorte devem ser tais que lhes permitam, uns e outros, perpetuar a descendência dos jornaleiros e criados, na medida em que possa requerer o estado crescente, decrescente ou estacionário da sociedade. Todavia, embora o desgaste de um criado livre fique igualmente a expensas do patrão, geralmente lhe custa muito menos do que o de um escravo. Os fundos destinados a substituir ou reparar, por assim dizer, o desgaste do escravo são normalmente administrados por um senhor negligente ou por um capataz descuidado. O fundo destinado ao mesmo emprego, com respeito ao homem livre, é administrado por este mesmo. Na administração dos primeiros se introduzem naturalmente as desordens que reinam em geral na economia do rico, ao passo que a estrita frugalidade e a parcimoniosa atenção do pobre se estabelecem com igual naturalidade na administração do segundo. Sendo a administração tão diversa, a consecução do mesmo propósito exigirá graus de despesas muito diferentes. Em conseqüência, ressalta da experiência de todos os tempos e países, conforme creio, que o trabalho do homem livre torna-se afinal muito mais barato do que o trabalho desempenhado por escravos. Isso se verifica até mesmo em Boston, Nova York e Filadélfia, onde são tão elevados os salários do trabalho comum.

A recompensa liberal do trabalho, que é o efeito do crescimento da riqueza, torna-se, então, também a causa do crescimento populacional. Queixar-se da liberalidade dessa recompensa é o mesmo que lamentar, a um só tempo, o efeito e a causa necessários da máxima prosperidade pública.

Talvez valha a pena destacar que é no estado progressivo da sociedade, quando esta avança para a maior aquisição de riquezas, e não quando alcança a medida completa de riquezas de que é suscetível, que verdadeiramente a condição dos trabalhadores pobres, do grande conjunto do povo, parece mais feliz e agradável; é árdua no estado estacionário, e miserável no estado de declínio. O estado progressivo é, para todas as diferentes ordens da sociedade, na realidade o mais vigoroso e feliz; o estado estacionário é insípido; e o de declínio, melancólico.

Assim como a remuneração liberal do trabalho estimula a propagação, faz aumentar a atividade da gente comum. São os salários do trabalho o incentivo à atividade, e esta, como qualquer outra qualidade humana, aumenta em proporção ao estímulo que recebe. Uma subsistência farta aumenta a força física do trabalhador, e a doce esperança de melhorar sua situação e de, talvez, terminar os dias com tranqüilidade e abastança anima-o a tirar de suas forças o máximo possível. Assim, sempre veremos trabalhadores mais ativos, mais diligentes e expeditos onde os salários forem elevados, do que no lugar onde forem baixos; na Inglaterra, por exemplo, mais do que na Escócia; nas vizinhanças das grandes cidades mais do que em remotos lugarejos. É certo que alguns trabalhadores, quando conseguem ganhar em quatro dias o bastante para se manter por uma semana, permanecerão ociosos nos três dias restantes. Todavia, isso não é, de maneira nenhuma, o que ocorre com a maioria. Ao contrário, quando são pagos liberalmente por peça, os trabalhadores ficam muito propensos a trabalhar em excesso e a arruinar a sua saúde e constituição em poucos anos. Considera-se que em Londres e em algumas outras localidades um carpinteiro não conserva por mais de oito anos seu máximo vigor. Algo semelhante ocorre em muitas outras atividades em que os operários são pagos por peça, como geralmente acontece nas manufaturas, mesmo no trabalho rural, e em todos os lugares onde os salários forem mais elevados do que o habitual. Quase todas as classes de artesãos estão sujeitas a alguma doença peculiar originada pela excessiva aplicação à respectiva espécie de trabalho. Ramuzzini, célebre médico italiano, escreveu um tratado especialmente dedicado a tais doenças. Não consideramos nossos soldados como a gente mais industriosa do nosso povo. Contudo, quando se empregaram soldados em alguma espécie particular de trabalho que os pagou liberalmente por peça, os oficiais se viram freqüentemente obrigados a estipular com o empreiteiro que não lhes seria permitido receber mais do que uma certa soma diária, fixada segundo a taxa mediante a qual eram pagos. Antes de se estipular essa condição, a emulação recíproca e o desejo de ganhar mais levaram-nos freqüentemente a trabalhar em excesso, prejudicando sua saúde pelo esforço exagerado. Essa ociosidade de três dias por semana, de que se queixa tanto e com tal clamor, amiúde possui como causa real uma aplicação excessiva durante os outros quatro dias da semana. Um intenso trabalho de espírito ou de corpo, continuado por vários dias, é seguido, na maioria dos homens, por um extremo desejo de relaxamento que, se não é refreado pela força ou por uma imperiosa necessidade, é quase irresistível. É a voz da natureza que exige a satisfação de algum prazer, às vezes de simples repouso, mas às vezes também de dissipação e diversão. Caso não seja obedecida, seguem-se as conseqüências freqüentemente graves e, por vezes, funestas que quase sempre causam, cedo ou tarde, a doença peculiar de cada atividade. Se os patrões escutassem sempre os ditames da razão e da humanidade, teriam mais freqüentemente ocasião de moderar que de incentivar a aplicação de muitos dos seus trabalhadores. Creio verificar-se, em todo gênero de atividades, que o homem que trabalha com a moderação necessária para conseguir manter uma atividade contínua não apenas conserva sua saúde por mais tempo, como também, no decurso de um ano, executa a maior quantidade de trabalho.

Alega-se que nos anos de abundância os trabalhadores são em geral mais ociosos, e nos de carestia, mais industriosos do que habitualmente. Conclui-se, portanto, que uma farta subsistência reduz sua atividade e que uma subsistência escassa os estimula ao trabalho. Que um pouco mais de fartura do que é habitual pode tornar alguns trabalhadores mais ociosos é um fato de que não se pode razoavelmente duvidar; mas que essa fartura produza o mesmo efeito sobre a maior parte deles, ou que os homens em geral trabalhem melhor quando estão mal alimentados do que quando bem alimentados, quando estão abatidos do que quando se encontram em bom estado de espírito, quando estão com freqüência doentes do que quando gozam de boa saúde, não muito parece provável. É de observar que os anos de carestia são em geral anos de doenças e de mortalidade entre a gente comum, e que não podem deixar de diminuir o produto de seu trabalho.

Nos anos de abundância, os criados freqüentemente abandonam seus patrões e confiam em sua própria atividade para ganhar sua subsistência. Mas o baixo preço das provisões, aumentando os fundos destinados à manutenção dos criados, encoraja os patrões, especialmente agricultores, a empregá-los em maior número. Nessas ocasiões, os agricultores esperam obter maiores lucros com o trigo sustentando um número maior de serviçais laboriosos do que o vendendo aos baixos preços do mercado. A demanda por criados domésticos aumenta, enquanto diminui o número dos que se oferecem para suprir tal demanda. O preço do trabalho deve, portanto, freqüentemente se elevar em anos de baixos preços.

Nos anos de escassez, a dificuldade e a incerteza da subsistência tornam toda essa gente ansiosa para retornar ao serviço. Mas o alto preço das provisões, ao diminuir os fundos reservados para a manutenção de servidores, predispõe os patrões mais a reduzir do que a aumentar o número dos que empregam. Além disso, nos anos de carestia os pobres trabalhadores independentes muitas vezes consomem o modesto capital que costumavam utilizar para se suprir das matérias-primas de seu trabalho e são obrigados a tornar-se jornaleiros para ganhar sua subsistência. O número dos que procuram emprego é maior do que o número de homens que o podem encontrar com facilidade; muitos dentre eles se dispõem a aceitá-lo sob condições piores do que as habituais; e os salários, tanto dos serviçais como dos jornaleiros, sempre baixam durante os anos de carestia.

Assim, todas as espécies de patrões fazem freqüentemente negócios mais vantajosos com seus criados e operários nos anos de carestia do que nos anos de abundância, e acham-nos mais dóceis e dependentes nos primeiros do que nos últimos. Devem portanto naturalmente louvar os primeiros como mais favoráveis à atividade. Além disso, os proprietários de terras e agricultores, duas das maiores categorias de patrões, têm uma outra razão para preferir os anos de carestia. As rendas de um e os lucros de outro dependem muito dos preços das provisões. Nada pode ser mais absurdo, no entanto, do que imaginar que os homens em geral trabalhem menos quando trabalham por sua própria conta, do que quando trabalham para outra pessoa. Um pobre operário independente será geralmente até mais industrioso do que um jornaleiro que ganha por peça. Um usufrui todo o produto de sua própria atividade, o outro o divide com um patrão. O primeiro, na sua condição isolada e independente, está menos exposto às tentações das más companhias, as quais nas grandes manufaturas põem a perder os bons costumes dos demais. A superioridade do operário independente sobre os servidores contratados por mês ou por ano, cujos salários e subsistência permanecem sempre os mesmos, façam eles muito ou pouco, é provavelmente ainda maior. Ora, os anos de abundância tendem a aumentar a proporção dos trabalhadores independentes em relação aos jornaleiros e criados de toda a espécie, e os anos de carestia tendem a diminuí-la.

Um autor francês, de muito saber e sagacidade, o Sr. Messance, recebedor das talhas* no eleitorado de St. Etienne, procura mostrar que os pobres trabalham mais em anos de preços baixos do que nos de carestia, e por isso compara a quantidade e o valor das mercadorias fabricadas nessas distintas ocasiões em três diferentes manufaturas: uma de lãs toscas, situada em Elboeuf, outra de linho, e uma terceira de seda, ambas localizadas no perímetro da cidade de Ruão. Essas contas, copiadas dos registros públicos, mostram que a quantidade e o valor das mercadorias fabricadas nessas três manufaturas foram geralmente maiores nos anos de preços baixos do que nos anos de carestia, e que sempre foram maiores nos anos de maior baixa de preços, e menores nos de maior carestia. Todas as três parecem ser manufaturas estacionárias, ou seja, embora seu produto varie um pouco de ano para ano, em média não progridem nem decrescem.

---

* No original, *tailles*: imposto direto por intermédio do qual os reis franceses do *ancien régime* arrecadavam a maior parte da sua receita. (N. T.)

A manufatura de linho na Escócia, e a de lã crua no lado ocidental do condado de York, são manufaturas em crescimento, cujo produto, de maneira geral, apesar de algumas variações, cresce tanto em quantidade como em valor. No entanto, ao examinar as contas que foram publicadas de seu produto anual, não pude observar que suas variações tivessem alguma relação manifesta com os baixos preços ou com a carestia dos tempos. Em 1740, ano de grande escassez, essas duas manufaturas parecem, com efeito, ter declinado consideravelmente. Mas em 1756, outro ano de grande escassez, a manufatura escocesa fez avanços mais rápidos do que de hábito. A manufatura do condado de York, na verdade, declinou, e a sua produção nunca mais atingiu os níveis verificados de 1755 a 1766, depois do repúdio à Lei do Selo*, na América. Neste ano e no seguinte, essa manufatura excedeu largamente todas as suas produções anteriores e tem continuado a progredir desde então.

Quanto às grandes manufaturas, cujas mercadorias devem ser comerciadas em lugares longínquos, sua produção deve necessariamente depender menos da carestia ou fartura dos tempos nos países onde se estabelecem, e mais das circunstâncias que afetam a demanda nos países onde é consumida; da paz ou da guerra, da prosperidade ou de-

---

* A Lei do Selo foi o primeiro imposto direto instituído pela Grã-Bretanha em suas colônias americanas. A fim de cobrir os custos de manutenção de tropas nas colônias, o Parlamento passou a cobrar um imposto sobre documentos legais e comerciais, bem como sobre outros materiais impressos – tais como jornais e panfletos –, sendo que todos eles deviam trazer um selo especial. Benjamin Franklin e outros agentes americanos em Londres ofereceram alternativas a essa medida, reconhecendo, entretanto, que a América precisava gerar alguma receita para a metrópole. A lei passou a vigorar em Novembro de 1765. Os americanos, que não elegiam os membros do Parlamento, se opuseram à lei não apenas por sua suposta incapacidade de pagar o imposto, mas porque também violava o recém-enunciado princípio, segundo o qual "Sem representação não há tributação". Em resposta a essa medida, que os havia exasperado, os colonos celebraram um acordo que mais tarde abriria caminho para a Revolução Americana. (N. T.)

clínio das manufaturas rivais, e do bom ou mau humor de seus principais compradores. Além disso, uma grande parte do trabalho extraordinário que provavelmente se realiza durante os anos de baixa de preços nunca aparece nos registros públicos das manufaturas. Os assalariados que deixam os seus patrões se estabelecem como trabalhadores independentes. As mulheres retornam para a casa de seus pais e comumente costuram roupas para si próprias e para suas famílias. Mesmo os operários independentes nem sempre trabalham para a venda ao público, mas são empregados por alguns dos seus vizinhos em manufaturas destinadas ao uso familiar. Assim, o produto do seu trabalho freqüentemente não figura nesses registros públicos cujos relatórios são, de vez em quando, publicados com tanto festejo, e com base nos quais nossos comerciantes e manufatores pretendem freqüentemente, e em vão, proclamar a prosperidade ou a decadência dos maiores impérios.

Embora as variações no preço do trabalho não somente nem sempre correspondam às variações dos preços das provisões, mas se manifestem em sentido oposto, não é necessário imaginar, por conta disso, que o preço das provisões não tenha nenhuma influência sobre o preço do trabalho. O preço em dinheiro do trabalho é necessariamente regulado por duas circunstâncias: a demanda por trabalho e o preço das coisas necessárias à vida e ao conforto. A demanda por trabalho, segundo seja crescente, estacionária ou decrescente, ou bem segundo exija uma população crescente, estacionária ou decrescente, determina a quantidade das coisas necessárias à vida e ao conforto que devem ser postas à disposição do trabalhador; e o preço em dinheiro do trabalho é determinado pelo que é necessário para comprar essa quantidade. Assim, embora o preço em dinheiro do trabalho seja, às vezes, elevado quando o preço das provisões é baixo, seria ainda mais, mantendo-se a demanda constante, se o preço das provisões fosse elevado.

É porque a demanda por trabalho aumenta em anos de súbita e extraordinária fartura, e porque decresce nos anos de súbita e extraordinária escassez, que o preço pecuniário do trabalho se eleva algumas vezes no primeiro e se reduz no segundo.

Num ano de súbita e extraordinária fartura, há nas mãos de muitos empregadores da indústria fundos suficientes para manter e empregar um número de trabalhadores maior do que havia sido empregado no ano anterior; e nem sempre é possível encontrar esse número extraordinário. Portanto, desejando contratar mais trabalhadores, esses patrões se lançam uns contra os outros para consegui-los, o que permite aos trabalhadores elevar algumas vezes o preço do seu trabalho, tanto o real como o pecuniário.

O contrário disso ocorre num ano de súbita e extraordinária escassez. Os fundos destinados a empregar trabalhadores são então menores do que haviam sido no ano anterior. Um número considerável de pessoas vêem-se privadas de suas ocupações e se lançam umas contra as outras a fim de recuperá-las ou encontrá-las, o que às vezes reduz tanto o preço real como o pecuniário do trabalho. Em 1740, ano de extraordinária escassez, um grande número de operários estava disposto a trabalhar em troca da mera subsistência. Nos anos de fartura que se seguiram, era mais difícil conseguir trabalhadores e serviçais domésticos.

A escassez de um ano de carestia, ao reduzir a demanda por trabalho, tende a reduzir-lhe o preço, assim como os altos preços das provisões tendem a elevá-lo. Ao contrário, a fartura de um ano de baixa de preços, ao elevar essa demanda, tende a elevar o preço do trabalho, assim como o baixo preço das provisões tende a reduzi-lo. Durante as variações ordinárias dos preços das provisões, essas duas causas opostas parecem contrabalançar uma à outra, e isso provavelmente explique a razão pela qual os salários do trabalho são em toda parte tão mais estáveis e permanentes do que o preço das provisões.

A elevação dos salários do trabalho necessariamente eleva o preço de muitas mercadorias, elevando essa parte do preço que se resolve em salários, e tende na mesma medida a diminuir o consumo dessas mercadorias tanto no mercado interno como no exterior. A mesma causa, entretanto, que eleva os salários do trabalho, qual seja, o crescimento do capital, tende a aumentar as suas forças produtivas e a fazer uma quantidade menor de força de trabalho produzir uma quantidade maior de trabalho. O detentor do capital que emprega um grande número de trabalhadores necessariamente se empenha, por seu próprio interesse, em fazer entre eles uma divisão e uma distribuição do emprego de tal modo adequadas que lhes permita produzir a maior quantidade de trabalho possível. Pela mesma razão, ele se esforça para supri-los das melhores máquinas que ele ou eles possam imaginar. O que ocorre entre os trabalhadores de uma oficina particular também ocorre, pela mesma razão, entre os de uma grande sociedade. Quanto maior o seu número, tanto mais se dividem naturalmente em diferentes classes e subdivisões de emprego. Mais cabeças se ocupam da invenção das máquinas mais apropriadas para executar o trabalho de cada um, e com isso há maior probabilidade de que venham a ser inventadas. Há então uma infinidade de mercadorias que, em conseqüência de todos esses desenvolvimentos do trabalho, passa a ser produzida com tanto menos trabalho do que antes, que o aumento do preço deste é mais do que compensado pela diminuição da sua quantidade.

CAPÍTULO 9

Dos lucros do capital

As altas e baixas nos lucros do capital dependem das mesmas causas que fazem subir e baixar os salários do trabalho, ou seja, o estado de crescimento ou declínio da riqueza da sociedade; mas essas causas afetam uns e outros de maneira muito distinta.

O aumento do capital, que eleva os salários, tende a reduzir os lucros. Quando os capitais de muitos comerciantes ricos são investidos no mesmo gênero de comércio, a concorrência mútua tende naturalmente a reduzir os lucros, e, quando há um igual crescimento do capital em todas as diferentes atividades realizadas na sociedade, a mesma concorrência deve produzir idêntico efeito em todas elas.

Não é fácil determinar, como já se observou, quais são os salários médios do trabalho, mesmo numa localidade específica e num momento específico. Raramente conseguimos, mesmo nesse caso, determinar algo diferente da taxa mais usual de salários. Mas até mesmo essa aproximação dificilmente se consegue obter com respeito aos lucros dos capitais. O lucro é tão flutuante que nem a própria pessoa que dirige um comércio particular nos pode indicar a taxa média de seu lucro anual. Este é afetado não apenas por todas as variações no preço das mercadorias que são objeto de seu comércio, mas também pela boa ou má fortuna dos concorrentes e dos compradores, e por mil outros acidentes aos quais as mercadorias estão sujeitas, seja em seu transporte por mar ou por terra, seja mesmo quando são estocadas num armazém. O lucro varia, assim, não apenas de um ano para outro, mas de um dia para outro, e quase de hora em hora. Seria ainda mais difícil determinar o lucro médio de todos os diferentes comércios estabelecidos num grande reino e, quanto a pretender julgar, com um certo grau de precisão, o que pode ter sido anteriormente, ou em épocas remotas, é algo que consideramos como absolutamente impossível.

Mas embora seja impossível determinar, com alguma precisão, quais são ou foram os lucros médios dos capitais, quer no presente, quer no passado, pode-se fazer uma idéia aproximativa com base na taxa de juro. Pode-se estabelecer como máxima que, em todas as partes onde se faça um grande negócio por meio do dinheiro, muito se pagará pelo seu uso; e, onde faça pouco uso do dinheiro, pouco se pagará normalmente por ele. Assim, como a taxa usual de juro do mercado varia em qualquer país, podemos estar certos de que os lucros normais dos capitais variam ao mesmo tempo; que baixam quando a taxa baixa, e que se elevam quando ela se eleva. A evolução do juro pode nos levar então a formar alguma idéia da evolução dos lucros.

Por força de lei instituída no 37º ano de reinado de Henrique VIII, todo juro acima de 10% foi declarado ilegal. Parece que antes dessa lei vigoravam às vezes juros mais elevados. Durante o reinado de Eduardo VI, o zelo religioso proibiu todo e qualquer juro. Afirma-se, todavia, que essa proibição, assim como todas as outras desse gênero, não surtiu nenhum efeito, e é provável que tenha aumentado ao invés de diminuir o mal da usura. Por força de lei instituída no 13º ano de reinado de Isabel, Capítulo 8º, fez reviver a lei introduzida no reinado de Henrique VIII, e a taxa legal de juro permaneceu fixa em 10% até o 21º ano de reinado de Jaime I, quando foi reduzida a 8%. Logo após a

Restauração, foi reduzida a 6%, e, mediante lei introduzida no 12º ano de reinado da Rainha Ana, a 5%. Todas estas diferentes medidas legais parecem ter sido estabelecidas com grande propriedade. Ao que parece, seguiram em vez de preceder a taxa de juro do mercado, ou a taxa à qual os indivíduos de bom crédito tomam empréstimos. Parece que, após o reinado da rainha Ana, a taxa de 5% ficava acima e não abaixo da taxa de mercado. Antes da última guerra, o governo tomava emprestado a 3%; e na capital, bem como em várias outras regiões do reino, as pessoas de bom crédito obtinham empréstimos a 3,5%, 4 e 4,5%.

Após o reinado de Henrique VIII, a riqueza e a renda do país têm crescido continuamente e, no curso do seu progresso, seu movimento parece se ter gradualmente acelerado mais do que retardado. Parecem não apenas ter sempre avançado, mas ainda ter sempre avançado cada vez mais rapidamente. Durante o mesmo período, os salários do trabalho continuamente aumentaram, e os lucros dos capitais na maior parte dos diferentes ramos do comércio e das manufaturas, continuamente diminuído.

Em geral, é necessário um capital muito maior para levar a cabo qualquer atividade numa grande cidade do que numa aldeia rural. Numa cidade importante, os grandes capitais empregados nos vários ramos de atividade e o número de competidores ricos reduzem, em regra, a taxa de juro a um nível inferior ao que atinge na aldeia. Mas os salários do trabalho são em geral mais altos numa grande cidade do que numa aldeia rural. Numa cidade próspera, os que possuem grandes capitais para empregar com freqüência não conseguem arranjar o número de empregados de que precisam; e, para conseguir o mais que possam, lançam-se uns contra os outros, o que eleva os salários do trabalho e reduz os lucros do capital. Nas regiões remotas do país, uma vez que é comum não haver capital suficiente para empregar todas as pessoas, os trabalhadores se lançam uns contra os outros a fim de conseguir emprego, o que reduz os salários do trabalho e eleva os lucros do capital.

Na Escócia, embora a taxa legal de juro seja a mesma que na Inglaterra, a taxa de mercado é mais elevada. Lá as pessoas de melhor crédito raramente podem obter empréstimos a uma taxa inferior a 5%; até mesmo os banqueiros privados em Edimburgo pagam 4% sobre as suas notas promissórias, pagáveis no todo ou em parte à vontade do portador. Os banqueiros privados de Londres não pagam juros pelo dinheiro que recebem em depósito. Há poucas atividades que não exijam menos capital na Escócia do que na Inglaterra. A taxa corrente de lucro, por conseguinte, deve ser um tanto mais elevada. Já se observou que os salários do trabalho são mais baixos na Escócia do que na Inglaterra. Além disso, não só esse país é muito mais pobre, como ainda os passos com que vai avançando para uma condição melhor – pois não resta dúvida de que avança – parecem muito mais lentos e bem mais tardios.

Na França, a taxa legal de juro, ao longo deste século, nem sempre é regulada pela taxa de mercado[5]. Em 1720 o juro foi reduzido de 1 penny em 20 para 1 penny em 50, ou de 5 para 2%. Em 1724, foi elevado para 1 penny em 30, ou a $3\frac{1}{3}$%. Em 1725, voltou a subir para 1 penny em 20, ou 5%. Em 1766, durante a administração do Sr. Laverdy, foi novamente reduzida para 1 penny em 25, ou para 4%. O abade Terray elevou-a em seguida para a antiga taxa de 5%. O suposto propósito de muitas dessas violentas reduções da taxa de juro foi preparar o caminho para a redução do juro da dívida pública, propósito este que muitas vezes foi alcançado. A França talvez seja neste momento um país menos rico que a Inglaterra; e, ainda que a taxa legal de juro seja freqüentemente mais baixa na França do que na Inglaterra, a taxa de mercado tem sido geralmente mais elevada, pois lá, como em outros países, há vários meios, muito fá-

---

5. Vide Denifart, Artigo *Taux des intérêts* (A taxa de juros), tomo III, p. 18.

ceis e seguros, de furtar-se à lei. Comerciantes britânicos que negociam em ambos os países me asseguraram que os lucros do comércio são mais elevados na França do que na Inglaterra; e essa é, sem dúvida, a razão pela qual muitos súditos britânicos preferem aplicar os seus capitais num país onde o comércio caiu em desgraça, a empregá-los num país onde é altamente respeitado. Os salários do trabalho são mais baixos na França do que na Inglaterra. Quando se vai da Escócia para a Inglaterra, a diferença que se nota na maneira de vestir e no semblante da gente comum de cada um dos países é suficiente para indicar a diferença da sua condição. O contraste é ainda maior quando se regressa da França. A França, embora sem dúvida mais rica do que a Escócia, não parece avançar tão rapidamente. No país, a opinião geral e até mesmo popular é a de que há retrocesso; opinião mal fundada, segundo creio, mesmo com relação à França, mas que, quanto à Escócia, não poderá ser aceita por ninguém que veja o país agora e o tenha visto há vinte ou trinta anos.

Por outro lado, a província da Holanda é mais rica do que a Inglaterra proporcionalmente à extensão de seu território e à sua população. Lá o governo obtém empréstimos a 2%, e os particulares de bom crédito, a 3%. De acordo com o que se afirma, os salários do trabalho são mais elevados na Holanda do que na Inglaterra, e é bem sabido que, de todos os povos da Europa, os holandeses são os que negociam com as margens de lucros mais baixas. O comércio da Holanda, como pretendem alguns, está decadente, e isso talvez seja verdadeiro em relação a alguns ramos particulares. Mas esses sintomas parecem indicar suficientemente que a decadência não é generalizada. Quando o lucro diminui, os comerciantes têm grande tendência a se lamentar de que o comércio está decadente, embora a queda do lucro seja o efeito natural de sua prosperidade ou de se empregar nessa atividade um volume de capital superior ao que antes se empregava. Durante a última guerra*, os holandeses conquistaram toda a atividade de transporte da França, da qual ainda conservam a maior parte. A grande participação que têm nos fundos tanto da França como da Inglaterra (segundo se avalia, cerca de 40 milhões de libras esterlinas nestes últimos, valor que, todavia, me parece bastante exagerado); as elevadas somas que emprestam a particulares nos países onde a taxa de juro é maior que a deles, são circunstâncias que sem dúvida demonstram a profusão de seus capitais, ou seu crescimento para além do que se podia empregar com um lucro razoável nos negócios de seu próprio país, porém não demonstram que os seus negócios tenham decaído. Com o capital de uma grande nação pode ocorrer o mesmo que com o capital de um indivíduo: ainda que adquirido numa atividade específica, pode crescer além do que é capaz de aplicar nesta, mesmo quando essa atividade continua a crescer.

Nas nossas colônias da América do Norte e das Índias Ocidentais, não apenas os salários do trabalho, mas também a taxa de juros, e conseqüentemente os lucros do capital, são mais elevados do que na Inglaterra. Nessas diferentes colônias, a taxa legal de juros, bem como a de mercado, está entre 6 e 8%. Entretanto, os altos salários do trabalho e os elevados lucros do capital são coisas que talvez dificilmente andem juntas, exceto nas circunstâncias particulares das novas colônias. À diferença do que ocorre em todos os outros países, numa colônia recente os capitais são forçosamente, por algum tempo, pouco abundantes em proporção à extensão do seu território, e a população, pouco numerosa em proporção à extensão do capital. Há mais terras do que capitais para cultivá-las, de modo que os capitais que possuem são inteiramente aplicados no cultivo das

---

* Smith se refere à Guerra dos Sete Anos, ocorrida entre 1756 e 1763. (N. T.)

terras mais férteis e mais bem localizadas, ou seja, em áreas próximas à costa marítima, e que se localizam ao longo das margens dos rios navegáveis. Essas terras freqüentemente são compradas a um preço até mesmo inferior ao valor de sua produção natural. O capital empregado na compra e melhoria de tais terras deve proporcionar um lucro bastante elevado e por conseqüência pagar uma taxa de juros bastante alta. A rápida acumulação do capital num emprego tão lucrativo permite ao colono aumentar o número de mão-de-obra muito mais depressa do que uma região de colonização recente lhe possibilita encontrar. Por isso, os que puder encontrar serão remunerados de maneira bastante liberal. À medida que a colônia cresce, diminuem gradualmente os lucros do capital. Quando as terras mais férteis e mais bem localizadas forem todas ocupadas, será menor o lucro que se poderá obter da cultura das terras inferiores, tanto pelo solo como pela localização, e, por conseguinte, o juro do capital empregado será necessariamente reduzido. É essa a razão por que a taxa de juros, seja legal ou de mercado, reduziu-se consideravelmente na maioria de nossas colônias durante o transcurso deste século. À medida que aumentam as riquezas, o progresso e a população, caem as taxas de juros. Os salários do trabalho não caem com os lucros do capital. A demanda por trabalho aumenta com o crescimento do capital, sejam quais forem os lucros, e após a redução desses lucros o capital pode não somente continuar a crescer, mas a crescer muito mais rapidamente do que antes. Com as nações industriosas que avançam na aquisição de riquezas ocorre o mesmo que com indivíduos industriosos. Um vultoso capital, mesmo com pequenos lucros, cresce em geral mais rapidamente do que um pequeno capital com grandes lucros. Dinheiro gera dinheiro, diz o provérbio. Quando se ganha um pouco, sempre se torna fácil ganhar. O difícil é ganhar esse pouco. Já expus em parte a ligação que há entre o aumento do capital e o da atividade ou da demanda pelo trabalho útil; mas a explicarei mais detalhadamente na seqüência, quando tratar da acumulação do capital.

A aquisição de um novo território ou de novos ramos de atividade pode às vezes elevar os lucros do capital, e com eles a taxa de juros, mesmo num país em que a aquisição de riquezas avança rapidamente. Não sendo o capital do país suficiente à quantidade de negócios que essas novas aquisições oferecem às diferentes pessoas entre as quais se divide, será aplicado somente nos ramos que proporcionam maior lucro. Uma parte do que antes se empregava em outras atividades é necessariamente retirada delas para ser destinada a novas atividades, mais lucrativas; portanto, a concorrência se tornará menos ativa do que antes. O mercado estará menos abundantemente suprido de diferentes espécies de mercadorias. Os preços se elevarão necessariamente, mais ou menos, proporcionando um lucro superior aos que as comerciam e tornando-lhes possível pagar uma taxa de juros mais elevada pelos empréstimos tomados. Por algum tempo após a última guerra, não apenas os particulares com maior crédito, mas também algumas das maiores companhias de Londres, que antes não pagavam habitualmente taxas superiores a 4 ou 4,5%, comumente obtinham empréstimos a 5%. Isso se explica suficientemente pelo grande aumento de território e de comércio em conseqüência de nossas aquisições na América do Norte e nas Índias Ocidentais, sem que seja necessário supor uma redução no volume de capital da sociedade. Como o volume de capital antigo atraísse inúmeros novos negócios, necessariamente ocorreu uma redução na quantidade empregada antes nas outras atividades, em que a diminuição da concorrência fez necessariamente aumentar os lucros. Terei adiante ocasião de expor as razões que me levam a acreditar que o volume de capital na Grã-Bretanha não sofreu diminuição, nem mesmo por causa das enormes despesas da última guerra.

Porém, uma redução no volume de capital da sociedade, ou nos fundos destinados à manutenção da atividade, assim como promove a redução dos salários do trabalho, promove igualmente uma elevação nos lucros do capital e por conseguinte na taxa de juros. A redução dos salários do trabalho permite aos detentores de capital que ainda permanecem na sociedade levar seus produtos ao mercado com despesas menores do que anteriormente; e, como há menos capital empregado para suprir o mercado do que antes, podem vendê-los a preços mais altos. Os bens lhes custam menos e são vendidos mais caros. Tendo, pois, seus lucros crescido dos dois lados, não terão nenhuma dificuldade para pagar uma taxa de juros mais alta. As grandes fortunas, tão súbita e facilmente adquiridas em Bengala e nos outros povoamentos britânicos das Índias Orientais, evidenciam bastante bem que os salários do trabalho são muito baixos e os lucros do capital muito elevados nesses países arruinados. A taxa de juros acompanha a mesma proporção. Em Bengala, é freqüente emprestar dinheiro aos agricultores a 40, 50 e 60%, ficando a colheita seguinte dada como garantia para o pagamento. Assim como os lucros capazes de pagar um juro semelhante devem reduzir quase a nada a renda do proprietário, do mesmo modo uma usura tão enorme deve por sua vez absorver a maior parte desses lucros. Nos tempos que precederam a queda da República romana, parece que uma usura semelhante dominava nas províncias, sob a ruinosa administração de seus procônsules. As cartas de Cícero nos relatam que o virtuoso Bruto emprestou dinheiro em Chipre a 48%.

Num país que houvesse alcançado o grau último de riqueza que a natureza de seu solo, clima e de sua situação com respeito a outros países lhe permitisse alcançar, país este que não poderia, portanto, avançar ainda mais, mas que não retrocederia, é provável que os salários do trabalho e os lucros do capital fossem provavelmente muito baixos. Num país amplamente povoado em proporção ao número de homens que pudesse manter seu território e empregar seu capital, a competição por emprego seria necessariamente tão grande que os salários do trabalho seriam reduzidos ao que é meramente suficiente para manter o mesmo número de trabalhadores; como o país já estaria quase plenamente povoado, esse número jamais poderia aumentar. Num país ricamente provido de capital em proporção à totalidade dos negócios que se poderiam realizar, haveria, em cada ramo particular da atividade econômica, um volume de capital empregado tão grande quanto permitissem a natureza e a extensão do comércio. A concorrência seria pois, em toda parte, tão grande quanto possível, e em conseqüência o lucro normal seria tão baixo quanto possível.

Mas talvez nenhum país tenha ainda alcançado esse grau de opulência. A China parece conservar-se estacionária desde há muito, e provavelmente há muito tempo já atingiu o máximo de riquezas compatível com a natureza de suas leis e instituições. Mas esse máximo pode ser muito inferior àquilo de que a natureza do seu solo, de seu clima e de sua situação seria suscetível com outras leis e instituições. Um país que negligencia ou despreza o comércio exterior, e que só admite embarcações de nações estrangeiras em um ou dois de seus portos, não pode fazer a mesma quantidade de negócios que poderia realizar com diferentes leis e instituições. Do mesmo modo, num país onde, embora os ricos ou os detentores de grandes capitais desfrutem de uma grande segurança, quase nenhuma é assegurada aos pobres ou aos detentores de pequenos capitais, ao contrário, estes últimos estão expostos a todo momento, a pretexto de justiça, à pilhagem e ao saque dos mandarins inferiores, é possível que a quantidade de capital empregada nos diferentes ramos de negócios jamais seja igual à que pudesse comportar a natureza e a extensão desses negócios. Em cada um dos diferentes ramos de negócios, a opressão dos pobres deve estabelecer o monopólio dos ricos que, assenhorando-se de todo o comércio, têm a possibilidade de obter lucros muito elevados. Com efeito, diz-se que é de 12% o juro usual do dinheiro na China, e por isso os lucros normais do capital devem ser suficientes para compensar um juro tão alto.

Uma falha na legislação pode às vezes elevar a taxa de juros muito acima do que comportaria a condição do país, relativamente a sua riqueza ou pobreza. Quando a legislação não protege o cumprimento dos contratos, coloca todos os que tomam empréstimos em pé de igualdade com os falidos e pessoas de crédito duvidoso nos países mais bem administrados. A incerteza quanto à recuperação do seu dinheiro leva o credor a exigir os mesmos juros usurários que normalmente se exigem aos falidos. Entre as nações bárbaras que invadiram as províncias ocidentais do Império Romano, o cumprimento dos contratos foi por muito tempo deixado a cargo da boa-fé das partes contratantes. Era raro os tribunais de justiça de seus reis intervirem nessas questões. Talvez seja possível atribuir em parte a essa causa a alta taxa de juros que teve lugar nos tempos antigos.

A lei não é capaz de evitar o juro, mesmo quando o proíbe inteiramente. Muitas pessoas precisam tomar empréstimos, e ninguém aceitará concedê-los sem uma compensação pelo uso do seu dinheiro que seja proporcional não apenas ao serviço que esse dinheiro pode prestar, mas também à dificuldade e aos riscos aos quais se expõe ao transgredir a lei. O Sr. Montesquieu atribui a alta taxa de juros em todas as nações maometanas não apenas à pobreza, mas em parte a esse risco da contravenção e em parte à dificuldade de recuperar o dinheiro*.

A mais baixa taxa normal de lucro deve sempre exceder um pouco o que é necessário para compensar as perdas ocasionais às quais está sujeito todo emprego do capital. Somente esse excedente constitui o lucro líquido ou

---

* Veja-se *O espírito das leis*, XXII, 19 (trad. bras. Martins Fontes, São Paulo, 2.ª ed., 1996). (N. T.)

certo. O que se chama de lucro bruto freqüentemente compreende não apenas esse excedente, mas também o que se retém para compensar tais perdas extraordinárias. O juro que o devedor pode pagar é proporcional tão-somente ao lucro líquido.

É preciso então que também a mais baixa taxa normal de juros exceda um pouco o necessário para compensar as perdas ocasionais que resultam da atividade de emprestar, mesmo quando exercida com razoável prudência. Sem esse excedente, a caridade e a amizade seriam os únicos motivos possíveis para a concessão de empréstimos.

Num país que houvesse adquirido o conjunto pleno de riquezas, onde em cada ramo específico de negócios houvesse a maior quantidade de capital que ele pudesse absorver, a taxa normal de lucro líquido seria muito baixa; em conseqüência, a taxa de juros corrente no mercado que esse juro permitiria pagar seria tão baixa que somente aos mais ricos seria possível viver do juro de seu dinheiro. Todos os possuidores de pequenas e médias fortunas seriam obrigados a administrar por si mesmos o emprego de seus capitais. Seria necessário que quase todo indivíduo se tornasse homem de negócios, ou se dedicasse a algum gênero de comércio. A província de Holanda parece estar se aproximando desse estado. Lá é de mau tom não ser um homem de negócios. A necessidade torna habitual que praticamente todos os homens o sejam, e em toda parte é o costume que governa a moda. Assim como é ridículo não andar vestido como os outros, também o é, em certa medida, não ter a mesma ocupação de toda a gente. Do mesmo modo como um homem de profissão civil parece deslocado num acampamento ou numa guarnição militar, correndo até mesmo algum risco de ser desprezado pelos outros, assim também ocorre com um homem ocioso em meio a homens de negócio.

A mais elevada taxa normal de lucro pode ser tal que, do preço da maior parte das mercadorias, absorva a totalidade do que deveria destinar-se à renda da terra, deixando apenas o que é suficiente para pagar o trabalho de prepará-las e levá-las ao mercado, conforme a mais baixa taxa à qual o trabalho pode ser pago em qualquer parte, isto é, a mera subsistência do trabalhador. De uma maneira ou outra, o trabalhador sempre precisou se alimentar durante o tempo enquanto trabalhava; mas o proprietário de terras nem sempre foi pago. Os lucros do comércio que os funcionários da Companhia das Índias Orientais praticam em Bengala talvez não estejam tão distantes dessa taxa.

A proporção que a taxa usual de juros de mercado deveria guardar com a taxa normal de lucro líquido varia necessariamente à medida que o lucro aumenta ou diminui. Na Grã-Bretanha, considera-se que o dobro da taxa de juros é o que os comerciantes chamam de um lucro bom, moderado ou razoável; termos que, a meu ver, nada significam além de um lucro corrente ou usual. Num país onde a taxa normal de lucro líquido é de 8 ou 10%, talvez seja razoável que a metade desse lucro destine-se ao juro, sempre que se trate de uma atividade realizada com dinheiro tomado de empréstimo. O risco do capital corre por conta do devedor que, por assim dizer, garante-o ao credor; e na maior parte das atividades 4 ou 5% podem representar, a um só tempo, um lucro suficiente pelo risco dessa garantia e uma recompensa suficiente pelo transtorno de empregar o capital. Mas, nos países onde a taxa normal de lucro fosse muito mais baixa ou muito mais alta, a proporção entre juro e lucro líquido não seria a mesma; se fosse muito mais baixa, talvez não se pudesse ceder metade dela ao juro; e, se é mais alta, talvez seja necessário ceder ao juro a metade dela.

Em países que rapidamente enriquecem, a baixa taxa de juros pode compensar os altos salários do trabalho no preço de muitas mercadorias e permitir a esses países que as vendam por um preço tão baixo como os seus vizinhos menos prósperos, entre os quais os salários do trabalho sejam mais baixos.

Na realidade, os lucros altos tendem, muito mais do que os salários altos, a elevar o preço do trabalho. Se na manufatura do linho, por exemplo, os salários dos diferentes operários, tais como os cardadores, os fiandeiros, os tecelões etc., fossem todos aumentados em 2 pence por dia, seria necessário aumentar o preço de uma peça de linho numa quantia equivalente a 2 pence por pessoa que houvesse sido empregada na sua produção, multiplicada pelo número de dias de duração do trabalho. A parte do preço das mercadorias que se resolvesse em salários teria, para todos os diferentes estágios da manufatura, aumentado somente em proporção aritmética a esse aumento de salários. Mas, se os lucros de todos os diferentes empregadores desses operários se elevassem em 5%, a parte do preço da mercadoria que se resolvesse em lucro teria, para todos os diversos estágios da manufatura, aumentado em proporção geométrica a esse aumento do lucro. O empregador dos cardadores do linho exigiria, ao vender a sua fibra de linho, um adicional de 5% sobre o valor total das matérias-primas e dos salários por ele adiantados aos operários. O empregador dos fiandeiros exigiria um adicional de 5%, tanto sobre o valor adiantado da fibra de linho como sobre os salários dos fiandeiros. E o empregador dos tecelões igualmente exigiria 5%, tanto sobre o valor adiantado do fio de linho como sobre os salários dos tecelões. A elevação dos salários opera sobre o preço de uma mercadoria um efeito idêntico ao dos juros simples na acumulação do saldo devedor. O aumento dos lucros opera como o juro composto. Nossos comerciantes e donos de manufaturas queixam-se muito dos maus efeitos provocados por altos salários sobre a elevação dos preços, que reduzem a venda de suas mercadorias tanto no mercado interno como no exterior. Mas nada dizem sobre os efeitos desfavoráveis dos lucros elevados. Silenciam quanto aos efeitos perniciosos dos seus próprios ganhos. Queixam-se apenas dos alheios.

CAPÍTULO 10

Dos salários e do lucro nos diferentes empregos do trabalho e do capital

Em seu conjunto, as vantagens e desvantagens dos diferentes empregos do trabalho e do capital devem ser, numa mesma localidade, perfeitamente iguais ou tender constantemente para a igualdade. Se numa mesma localidade houvesse qualquer emprego que fosse claramente ou mais ou menos vantajoso do que os outros, tanta gente o procuraria, no primeiro caso, ou o abandonaria, no segundo, que suas vantagens logo regressariam ao mesmo patamar dos demais empregos. Ao menos seria isso o que aconteceria numa sociedade em que se permitisse que as coisas seguissem seu curso natural, em que houvesse perfeita liberdade, e em que cada homem fosse perfeitamente livre para escolher a ocupação que julgasse apropriada, assim como para mudá-la sempre que considerasse adequado. O interesse individual levaria cada um a procurar os empregos vantajosos e a esquivar-se dos desvantajosos.

Na verdade, os salários e lucros em dinheiro são, por toda a Europa, extremamente diferentes, segundo os distintos empregos do trabalho e do capital. Mas essa diferença deve-se em parte a certas circunstâncias relacionadas aos próprios empregos, as quais, na realidade ou ao menos na imaginação dos homens, compensam, em alguns empregos, um pequeno ganho em dinheiro e, em contrapartida, um ganho elevado; devem-se também em parte às políticas européias, que em lugar nenhum permitem às coisas caminhar com perfeita liberdade.

A consideração minuciosa daquelas circunstâncias e destas políticas faz este capítulo dividir-se em duas partes.

Parte I

Desigualdades que resultam da natureza dos próprios empregos

Tanto quanto me foi possível observar, as circunstâncias principais que compensam o pequeno ganho pecuniário de alguns empregos e contrabalançam sua superioridade em outros são as cinco seguintes: primeiro, o caráter agradável ou desagradável dos próprios empregos; segundo, a facilidade e o baixo custo, ou a dificuldade e o alto custo exigidos para os aprender; terceiro, a ocupação constante que proporcionam, ou as interrupções a que estão sujeitos; quarto, a menor ou maior confiança que se deve depositar nos que os exercem; e, quinto, a probabilidade de êxito nesses empregos.

Primeiramente, os salários do trabalho variam conforme o emprego seja leve ou árduo, limpo ou sujo, digno ou desonroso. Assim, na maioria dos lugares, tomando o período de um ano inteiro, um alfaiate jornaleiro ganha menos do que um tecelão jornaleiro. Seu trabalho é muito mais leve. Um tecelão jornaleiro, por sua vez, ganha menos do que um ferreiro. O trabalho do primeiro nem sempre é leve, mas é muito mais limpo. Um ferreiro, no entanto, embora seja um artífice, raramente ganha em doze horas de trabalho tanto quanto um carvoeiro, que é apenas um trabalhador, ganha em oito. Seu trabalho não é tão sujo, é menos perigoso, não se faz no subsolo, longe da luz do dia. A dignidade, por sua vez, determina grande parte da remuneração das profissões honrosas. No que diz respeito ao ganho pecuniário, tudo bem considerado, essas profissões em geral são muito mal pagas, como devo mostrar logo abaixo. A desonra relacionada a uma ocupação produz um efeito contrário. A atividade de um açougueiro possui algo de brutal e repulsivo; mas, na maioria dos lugares, é mais lucrativa do que quase todas as outras atividades comuns. O mais detestável de todos os empregos, o de carrasco, é, em proporção à quantidade de trabalho executado, mais bem remunerado do que qualquer outra atividade comum.

A caça e a pesca, os empregos mais importantes da humanidade no estado primitivo da sociedade, tornaram-se, no estado de civilização, as mais agradáveis diversões, e se busca por prazer o que outrora se fazia por necessidade. Assim, numa sociedade civilizada, são apenas os extremamente pobres que fazem por ofício o que outra sorte de pessoas procura por passatempo. Tal é a condição dos pescadores desde a época de Teócrito[6]. Em toda a Grã-Bretanha um caçador furtivo é um homem extremamente pobre. Nos países onde o rigor da lei não permite a ação de caçadores furtivos, o caçador licenciado não se encontra em muito melhor condição. O gosto natural por tais empregos faz que um número de pessoas superior às que eles poderiam com conforto sustentar os siga, e o produto do seu trabalho, em proporção à quantidade, sempre chega ao mercado a um preço demasiado baixo para proporcionar aos trabalhadores algo além da mais parca subsistência.

O caráter desagradável ou indigno do emprego afeta os lucros do capital do mesmo modo como influenciam os salários do trabalho. Aquele que mantém uma estalagem ou taverna, que nunca é dono de sua própria casa e está exposto às brutalidades do primeiro beberrão, jamais exerce uma atividade muito agradável ou prestigiosa. Mas poucas são as atividades corriqueiras nas quais seja possível, com um pequeno capital, obter lucros tão elevados.

---

6. Ver *Idyllium*, XXI.

Em segundo lugar, os salários do trabalho variam conforme a facilidade e o baixo custo, ou a dificuldade e o alto custo de aprender o ofício.

Quando se constrói uma máquina cara, espera-se que a quantidade extraordinária de trabalho por ela executado antes de ser posta fora de serviço reponha o capital empenhado para construí-la com, pelo menos, os respectivos lucros normais. Um homem especializado à custa de muito tempo e trabalho, em qualquer tipo de ocupação que exija destreza e habilidade extraordinárias, pode ser comparado a uma dessas dispendiosas máquinas. Espera-se que o trabalho para o qual se prepara o recompense, para além dos salários do simples trabalho, de todo o custo de sua preparação com, pelo menos, os lucros normais de um capital de igual valor. É necessário que se garanta essa recompensa dentro de um prazo razoável, levando em conta a duração muito incerta da vida, tal como se considera a mais certa duração de uma máquina.

É sobre esse princípio que se funda a diferença entre os salários do trabalho especializado e os do trabalho comum.

A política européia considera como trabalho especializado o de todos os mecânicos, artífices e operários, e como trabalho comum o de todos os trabalhadores rurais. Parece supor que o trabalho dos primeiros tenha uma natureza mais refinada e delicada do que o dos últimos. Talvez seja assim em alguns casos; mas na maioria das vezes é bem o contrário, como devo mostrar logo a seguir. Portanto, as leis e os costumes da Europa, a fim de tornar o trabalhador capaz de exercer a primeira dessas duas espécies de trabalho, impõem-lhe a necessidade de um aprendizado, embora com diferentes graus de rigor nos diferentes lugares; a outra deixam livre e aberta a todos. Durante o período de aprendizagem, todo o trabalho do aprendiz pertence ao mestre. Em muitos casos, é necessário que nesse período seja sustentado pelos pais ou parentes, e quase sempre têm eles de vesti-lo. Usualmente também se paga ao mestre para ensinar-lhe o ofício. Os aprendizes que não podem pagar em dinheiro pagam em tempo, isto é, permanecem contratados por um número de anos maior do que o usual; compensação sempre desvantajosa para o aprendiz, embora nem sempre vantajosa ao mestre por causa da ociosidade habitual dos aprendizes. No trabalho rural, pelo contrário, o trabalhador se prepara para as tarefas mais difíceis enquanto executa as partes mais fáceis de sua ocupação, e o seu trabalho basta para sua subsistência em todos os diversos estágios de sua profissão. É razoável, portanto, que na Europa os salários dos artesãos, artífices e operários sejam um pouco superiores aos dos trabalhadores comuns. De fato, é isso o que ocorre, e, graças à superioridade de seus ganhos superiores, os artesãos são considerados em quase todos os lugares como uma categoria superior. Essa superioridade, entretanto, é em geral muito pequena; na maioria dos lugares, os salários diários ou semanais dos jornaleiros das manufaturas mais comuns, tais como as do tecido de linho ou de lã, são, em média, pouco superiores aos salários diários dos trabalhadores não-especializados. Na verdade, o artesão está mais constante e uniformemente empregado, e os seus ganhos podem ser um pouco superiores, se calculados anualmente. Todavia, parece evidente que não são superiores ao suficiente para compensar o maior dispêndio em sua educação.

A educação é ainda mais morosa e dispendiosa nas artes de maior engenho e nas profissões liberais. A remuneração pecuniária de pintores e escultores, de advogados e médicos, deve portanto ser muito mais liberal; e, com efeito, é isso que se verifica.

Quanto aos lucros do capital, parecem ser muito pouco afetados pela facilidade ou dificuldade de aprendizagem da atividade na qual são empregados. Os diferentes empregos do capital nas grandes cidades parecem, na realidade, oferecer quase a mesma facilidade ou dificuldade de aprendizagem. Um ramo qualquer de comércio, seja nacional, seja estrangeiro, não poderá constituir uma atividade muito mais intricada do que qualquer outra.

Em terceiro lugar, os salários do trabalho variam nas diferentes profissões conforme a constância ou incerteza do emprego.

Em certas profissões, o emprego é muito mais constante do que em outras. Na maioria das manufaturas, um jornaleiro pode estar praticamente certo de ter emprego quase todos os dias do ano em que puder trabalhar. Um pedreiro e o alvanel, ao contrário, não podem trabalhar nem em períodos de frio rigoroso, nem com tempo chuvoso, e o seu emprego no tempo restante depende das chamadas ocasionais de seus clientes. Por conseguinte, estão sujeitos a ficar muitas vezes sem nenhum trabalho. É necessário então que aquilo que ganham quando estão empregados não apenas os mantenha enquanto estiverem ociosos, mas também os compense de certo modo pelos momentos de ansiedade e desânimo que lhes causa o pensamento de uma situação tão precária. Assim, nos lugares onde os ganhos da maior parte dos operários estão mais ou menos ao nível dos salários diários dos simples trabalhadores, os dos pedreiros e alvanéis atingem, em geral, de uma vez e meia a duas vezes esses ganhos. Onde os trabalhadores comuns ganham de 4 a 5 shillings por semana, pedreiros e alvanéis freqüentemente ganham 7 ou 8; e onde os primeiros ganham 9 ou 10 shillings, como em Londres, os últimos comumente ganham 15 ou 18. Nenhum gênero de trabalho especializado, entretanto, parece mais fácil de aprender do que o dos pedreiros e alvanéis. Dizem que os condutores de liteiras em Londres empregam-se às vezes como alvanéis durante o verão. Os elevados salários desses trabalhadores são então menos uma recompensa por suas habilidades que uma compensação pela incerteza de seu emprego.

O ofício de carpinteiro parece exigir mais complexidade e destreza do que o de um pedreiro. Porém, na maioria dos lugares – pois isso não acontece em toda a parte –, o salário diário do carpinteiro é bem mais baixo. Ainda que seu emprego dependa muito das demandas ocasionais de seus clientes, não depende inteiramente, e não está sujeito a ser interrompido pelas condições climáticas.

Quando sucede, em certas localidades, de o trabalhador não estar constantemente empregado nas mesmas atividades que em geral lhe proporcionam emprego constante, seus salários sempre se elevam bastante acima da proporção que normalmente guardam com o do trabalho não-especializado. Em Londres, quase todos os artífices jornaleiros estão sujeitos a ser chamados e dispensados por seus patrões de um dia para o outro, ou de uma semana para a outra, em circunstâncias idênticas às dos trabalhadores diaristas em outras localidades. Por isso, a mais baixa ordem de artífices, a dos alfaiates jornaleiros, lá ganha meia coroa por dia, embora se possa considerar que o salário do trabalhador comum seja de 18 pence. Nas pequenas cidades e aldeias rurais, ao contrário, os salários dos alfaiates jornaleiros freqüentemente mal chegam a equivaler aos pagos pelo trabalho comum, mas é que em Londres eles amiúde ficam por muitas semanas sem trabalho, particularmente durante o verão.

Quando a incerteza do emprego se reúne à tribulação, ao caráter desagradável e sujo do trabalho, às vezes os salários do trabalho mais comum elevam-se acima dos obtidos pelos mais hábeis artífices. Estima-se que um mineiro trabalhando por tarefa normalmente ganhe, em Newcastle, cerca do dobro e, em muitas partes da Escócia, cerca do triplo dos salários do trabalho comum. Esses altos salários provêm inteiramente da tribulação, do caráter desagradável e sujo do trabalho. Na maior parte dos casos, esse trabalhador pode estar empregado durante todo o tempo que desejar. Os carregadores de carvão em Londres exercem uma atividade que é quase tão árdua, desagradável e suja como a dos mineiros de carvão em Newcastle; mas a maior parte deles não pode ter certeza de sempre trabalhar, por causa da irregularidade na chegada dos navios de carvão. Se os mineiros, portanto, ganham normalmente o dobro ou o triplo dos salários do trabalho comum, não deveria parecer insensato que os carregadores de carvão ganhassem às vezes quatro ou cinco vezes o valor desses mesmos salários. Há alguns anos, uma pesquisa sobre condição desses trabalhadores concluiu que, à taxa a que eram então pagos, poderiam ganhar de 6 a 10 shillings por dia. Ora, 6 shillings são quase o quádruplo dos salários do trabalho comum em Londres, e em toda atividade específica sempre se podem considerar os mais baixos ganhos correntes como os da grande maioria. Por mais exorbitantes que possam parecer esses ganhos, se fossem mais do que suficientes para compensar todas as circunstâncias desagradáveis que acompanham essa ocupação, em breve haveria um número tão grande de concorrentes nessa atividade, a qual não possui nenhum privilégio exclusivo, que os ganhos se reduziriam rapidamente a um patamar inferior.

A constância ou incerteza do emprego não pode afetar os lucros normais do capital em qualquer atividade particular. Depende do comerciante, não do comércio, se o capital é ou não constantemente empregado.

Em quarto lugar, os salários do trabalho variam conforme seja depositada nos trabalhadores maior ou menor confiança.

Os salários dos ourives e joalheiros, por conta dos materiais preciosos que lhes são confiados, são por toda parte superiores aos de muitos outros trabalhadores cujo ofício exija destreza não apenas igual, mas até mesmo maior.

Confiamos nossa saúde ao médico; nossa fortuna e, por vezes, nossa vida e reputação, ao advogado e procurador. Tal confiança não poderia ser depositada com segurança em pessoas de parca ou baixa condição. É necessário portanto que sua remuneração seja tal que lhes proporcione a posição social correspondente ao que tão importante confiança requer. Quando a essa circunstância se soma ainda a do tempo e a das grandes despesas consagradas a sua educação, o preço do seu trabalho necessariamente deve se elevar muito mais.

Quando uma pessoa emprega apenas o seu próprio capital numa atividade, não há lugar para confiança, e o crédito que ela pode alcançar de outras depende não da natureza de sua atividade, mas da opinião delas sobre a sua fortuna, probidade e prudência. As diferentes taxas de lucro nos diferentes ramos de atividade, portanto, não podem resultar dos diferentes graus de confiança depositados nos que as exercem.

Em quinto lugar, os salários do trabalho nos diferentes empregos variam segundo a probabilidade ou improbabilidade de neles se obter sucesso.

Nos diferentes gêneros de ocupação, é mais ou menos provável, em graus diversos, que um indivíduo adquira a capacidade necessária para a atividade a que se destina. Na maioria das ocupações de artífice, o sucesso é quase certo; mas é muito incerto nas profissões liberais. Caso se ponha um filho para ser aprendiz de sapateiro, é quase certo que ele aprenderá a confeccionar um par de sapatos; mas se for mandado estudar leis haverá probabilidade de vinte para um, pelo menos, de que ele consiga a proficiência necessária para poder viver dessa ocupação. Numa loteria perfeitamente eqüitativa, os que retiram bilhetes premiados deveriam receber tudo o que perdem os que retiram bilhetes em branco. Numa profissão em que vinte pessoas fracassam para cada uma que alcança êxito, este um deveria ganhar tudo o que os outros vinte malsucedidos poderiam ganhar. O consultor jurídico, que talvez só comece a tirar partido de sua profissão com cerca de quarenta anos de idade, deveria receber retribuição não apenas pela educação longa e custosa, mas ainda pela de vinte outros estudantes, aos quais tal profissão provavelmente nada trará. Por mais exorbitantes que pareçam algumas vezes os honorários de um advogado, sua retribuição real jamais se iguala a esse resultado.

Calculemos a soma provável do ganho anual de todos os trabalhadores empregados numa atividade comum, num lugar específico, como os sapateiros e tecelões, e a soma provável de sua despesa anual, e veremos que em geral a primeira dessas duas somas excede a última; mas façamos o mesmo cálculo em relação aos advogados e estudantes de direito em todas as escolas de jurisconsultos* e concluiremos que a soma de seus ganhos anuais está em proporção muito pequena com sua despesa anual, mesmo que se superestimando a primeira, e subestimando a última, o que se pode fazer com facilidade. A loteria do direito está portanto muito longe de ser uma loteria perfeitamente eqüitativa, e essa atividade, assim como a maioria das outras profissões liberais e dignas, está, do ponto de vista dos ganhos pecuniários, obviamente sub-remunerada.

Essas profissões todavia não são menos seguidas do que outras e, a despeito desses motivos para desestimular todos os espíritos generosos e liberais, estes anseiam dedicar-se a elas. Duas causas distintas contribuem para as recomendar: a primeira é o desejo de obter a reputação que acompanha a excelência em qualquer uma delas; e a segunda é essa confiança natural que cada um possui, em maior ou menor grau, não apenas em seus talentos, mas também na sua boa fortuna.

Alcançar a excelência em qualquer profissão na qual muitos poucos nem sequer alcançam a mediocridade é a marca mais decisiva do que se chama gênio ou talento superior. A admiração pública que acompanha tão distintas habilidades constitui sempre uma parte de sua recompensa, maior ou menor, segundo a admiração pública seja mais ou menos elevada; esta forma uma parte considerável da recompensa na profissão de médico, uma parte talvez ainda maior na de advogado e constitui quase a única recompensa dos que cultivam a poesia e a filosofia.

---

* *Inns of courts*, no original. (N. T.)

Há alguns talentos belos e agradáveis cuja posse suscita um certo tipo de admiração, mas cujo exercício, caso se faça em vista de ganhos, é considerado, seja com razão ou por preconceito, como uma espécie de prostituição pública. É necessário, pois, que a recompensa pecuniária dos que assim os exercem seja suficiente para pagar não apenas o tempo, trabalho e custo de adquirir esses talentos, mas também o descrédito que recai sobre os que fazem desse emprego um meio de subsistência. Os salários exorbitantes que recebem os atores, cantores e dançarinos de ópera etc. fundam-se nestes dois princípios: a raridade e beleza dos talentos; o descrédito atado ao emprego lucrativo que deles se faz. À primeira vista, parece absurdo que desprezemos as suas pessoas e ao mesmo tempo recompensemos seus talentos com uma extrema prodigalidade. No entanto, é porque fazemos um que estamos obrigados a fazer o outro. Se algum dia a opinião pública ou o preconceito viessem a se transformar com respeito a tais ocupações, sua recompensa pecuniária diminuiria rapidamente. Mais pessoas se dedicariam a elas, e a concorrência logo reduziria o preço do trabalho. Tais talentos, embora longe de comuns, de maneira nenhuma são tão raros como se imagina. Há muitos que os possuem com grande perfeição, mas consideram como indigno tirar partido deles; e muitos mais ainda seriam capazes de os adquirir, caso pudessem por meio deles ganhar alguma coisa honrosa.

A presunçosa estima que a grande maioria dos homens tem de suas próprias habilidades é um antigo mal que os filósofos e moralistas de todas as épocas já ressaltaram. A absurda presunção quanto à boa sorte tem sido menos notada. Entretanto, este é um mal ainda mais universal, se isso é possível. Não há um único homem sobre a Terra que, achando-se em boa saúde e bem disposto, não compartilhe de algum modo desse sentimento. Cada um superestima mais ou menos a chance de ganho; quanto à chance de perda, a maioria dos homens a subestima, e praticamente ninguém que se encontre bem disposto de corpo e de espírito lhe atribui mais do que ela vale.

O sucesso universal das loterias nos mostra bastante bem que se superestima a chance de ganho. O mundo nunca viu, nem jamais verá, uma loteria que seja perfeitamente eqüitativa, ou na qual a soma do ganho compensasse plenamente a da perda, pois neste caso o apostador não poderia ganhar coisa alguma com ela. Nas loterias oficiais, os bilhetes não valem realmente o que por eles pagam os compradores originais e, entretanto, ainda assim são comumente vendidos no mercado com 20, 30, e às vezes 40% de ágio. A vã esperança de ganhar algum dos grandes prêmios é a única causa dessa demanda. As mais sóbrias das pessoas raramente vêem como uma tolice o fato de pagar uma pequena soma pela possibilidade de ganhar 10 ou 20 mil libras, embora saibam que mesmo essa pequena quantia talvez seja 20 ou 30% superior ao valor da chance. Numa loteria em que nenhum prêmio excedesse 20 libras, não obstante sob outros aspectos se aproximasse muito mais de uma loteria perfeitamente eqüitativa do que as loterias oficiais comuns, os bilhetes não seriam assim concorridos. A fim de aumentar as chances de ganhar alguns dos grandes prêmios, algumas pessoas compram muitos bilhetes, e outras se associam comprando pequenas partes de um número ainda maior de bilhetes. Não há, porém, uma proposição mais certa na matemática além daquela segundo a qual, quanto maior o número de bilhetes de aposta, maior a probabilidade de perda. Caso apostemos todos os bilhetes da loteria, certamente perderemos; e, quanto maior o número de bilhetes apostados, mais perto se chega dessa certeza.

Os lucros extremamente moderados dos seguradores nos fazem ver que as chances de perder são freqüentemente subestimadas, e quase nunca superestimadas. Para que os seguros, seja contra incêndios, seja contra riscos marítimos, possam de algum modo constituir um negócio, é necessário que o prêmio corrente seja suficiente para compensar as perdas correntes, pagar as despesas administrativas e proporcionar um lucro igual ao que se poderia obter com o mesmo capital, quando empregado em qualquer outro ramo de atividade. A pessoa que não paga mais do que isso evidentemente não paga mais do que o valor real do risco, ou o preço mais baixo ao qual ela pode razoavelmente esperar segurá-lo. Mas, embora muitas pessoas tenham ganho um pouco de dinheiro com seguros, bem poucos fizeram grandes fortunas, e dessa única consideração parece resultar com bastante clareza que o equilíbrio normal de perdas e ganhos não é mais vantajoso nesse gênero de negócio do que em outras atividades correntes nas quais tantas pessoas fizeram fortunas. E, no entanto, embora o prêmio do seguro seja em geral moderado, muita gente despreza demais o risco para julgar que valha a pena pagá-lo. Se considerarmos todo o reino, em média há dezenove casas em vinte, ou noventa e nove em cem, que não estão seguradas contra incêndio. O risco marítimo é mais alarmante para a maioria das pessoas, e a proporção de navios segurados é muito maior. Muitos naufragam, entretanto, todos os anos, e mesmo em tempo de guerra, sem nenhum seguro. Talvez algumas vezes isso possa ocorrer sem que haja imprudência. Quando uma grande companhia, ou mesmo um grande comerciante, possui vinte ou trinta navios em mar, estes podem, por assim dizer, segurar-se uns aos outros. O prêmio poupado relativamente a todos eles pode mais do que compensar tais perdas que eles provavelmente sofrerão no curso normal dos acontecimentos. Mas, na maioria dos casos, é menos por efeito de um cálculo assim minucioso que se negligencia o seguro de embarcações, assim como de casas, que por efeito da simples imprudência e do presunçoso desprezo pelo risco.

Em nenhuma fase da vida se mostram mais fortes o desprezo pelo risco e a presunçosa esperança de sucesso do que na idade em que os jovens escolhem uma profissão. É então que se pode observar quão pouco o medo do infortúnio é capaz de contrabalançar a esperança da boa sorte. Se o ardor com que os de melhor condição ingressam nas profissões liberais é prova disso, essa prova é ainda mais evidente quando se considera a prontidão da gente comum em se alistar como soldados ou em ir ao mar.

O que um soldado raso está sujeito a perder é suficientemente óbvio. Sem levar em consideração o perigo, entretanto, jovens voluntários nunca se alistam tão prontamente como no início de uma nova guerra; e, embora não tenham quase nenhuma chance de promoção, sua imaginação de jovem figura mil ocasiões, que jamais chegam, de adquirir honra e distinção. Essas esperanças românticas estabelecem o preço pelo qual vendem seu sangue. Seu soldo é menor do que o salário dos trabalhadores comuns e, quando no serviço ativo, suas fadigas são muito maiores que a dos últimos.

A loteria do mar não é, em seu conjunto, tão desvantajosa como a do exército. O filho de um trabalhador ou artífice prestigiado freqüentemente embarca com o consentimento de seu pai; mas é sempre sem o consentimento dele que se alista como um soldado. Na primeira dessas atividades, outras pessoas vêem alguma possibilidade de que ganhe alguma coisa; mas ninguém, a não ser ele mesmo, vislumbra qualquer possibilidade de conseguir alguma coisa com a última. Um grande almirante suscita menos admiração pública do que um grande general, e os maiores sucessos no serviço marítimo prometem menos fortuna e reputação do que igual sucesso em terra. A mesma diferença permeia todos os escalões inferiores dos dois serviços. Pelas regras de precedência, um capitão na hierarquia da marinha se equipara a um coronel do exército, mas na estima popular não ocupam o mesmo lugar. Como nessa loteria os primeiros prêmios estão em menor número, é necessário que os pequenos sejam mais numerosos. Marinheiros de baixo escalão, portanto, têm mais chances de obter promoção e fortuna do que soldados rasos, e é principalmente a esperança de tais prêmios que recomenda a atividade. Embora sua habilidade e destreza sejam muito superiores às de quase todos os artífices, e embora sua vida inteira seja uma seqüência contínua de tribulações e perigos, ainda assim, enquanto permanecem na condição de simples marinheiros, por toda essa destreza e habilidade, por todas essas tribulações e perigos, não recebem quase nenhuma outra recompensa senão o prazer de exercitar as primeiras e sobrepujar os últimos. Os salários do marinheiro não são superiores aos dos trabalhadores comuns do porto que regula a taxa de salários dos marinheiros. Como eles passam continuamente de um porto a outro, as pagas mensais de todos os que partem dos diferentes portos da Grã-Bretanha estão mais niveladas entre si do que os salários de qualquer outro trabalhador nesses vários lugares; e a taxa do porto de onde parte e aonde chega o maior número de marinheiros, que é o porto de Londres, regula a taxa de todos os portos restantes. Em Londres, os salários da maior parte das diferentes categorias de trabalhadores são cerca do dobro dos salários das mesmas categorias em Edimburgo. Mas os marinheiros que partem do porto de Londres raramente ganham acima de 3 ou 4 shillings por mês a mais do que os que partem do porto de Leith, e a diferença freqüentemente não chega a ser tão grande. Em tempos de paz e na marinha mercante, o preço de Londres varia de 1 guinéu a 27 shillings por mês. Um trabalhador comum de Londres, à taxa de 9 ou 10 shillings por semana, pode ganhar num mês de 40 a 45 shillings. É verdade que, além de sua paga, o marinheiro recebe provisões. Todavia, o valor destas talvez nem sempre exceda a diferença entre a sua paga e o salário do trabalhador comum; e, ainda que isso às vezes aconteça, o excedente não constitui um ganho líquido do marinheiro, pois ele não pode dividi-lo com sua esposa e os seus, a quem precisa manter com o seu salário.

Essa vida cheia de aventuras e perigos, na qual se está sempre sob risco de morte, longe de desestimular os jovens, com freqüência parece conferir à profissão um atrativo ainda maior. Nos extratos inferiores da sociedade, uma mãe terna muitas vezes teme mandar o filho à escola numa cidade portuária, preocupada de que a vista dos navios e as conversas e aventuras dos marinheiros possam induzi-lo a ir para o mar. A perspectiva distanciada dos riscos de que podemos esperar nos livrar graças à coragem e habilidade não nos é desagradável, e não faz elevar os salários do trabalho em emprego algum. O mesmo não ocorre com aqueles nos quais a coragem e a firmeza de nada podem servir. Em atividades conhecidas por serem muito insalubres, os salários do trabalho são sempre consideravelmente altos. A insalubridade constitui um dos aspectos desagradáveis do emprego, e é nessa categoria que se deve classificar seus efeitos sobre os salários do trabalho.

Em todos os diferentes empregos do capital, a taxa de lucro corrente varia mais ou menos conforme a certeza ou a incerteza dos rendimentos. Estes em geral são menos incertos no comércio interno do que no exterior, e menos em alguns ramos do comércio exterior do que em outros; menos no comércio com a América do Norte, por exemplo, do que com a Jamaica. A taxa normal de lucro sempre se eleva mais ou menos em proporção ao risco. Não parece elevar-se, entretanto, de maneira perfeitamente proporcional ao risco, ou de maneira que o compense plenamente. As falências são mais freqüentes nos comércios mais arriscados. Com efeito, o mais arriscado de todos os gêneros de comércio, o de contrabando, embora seja igualmente o mais lucrativo quando bem-sucedido, conduz infalivelmente à falência. As pretensiosas esperanças de êxito parecem agir aqui como em todos os outros casos e atrair tantos aventureiros para essas atividades arriscadas, que a concorrência entre eles reduz o lucro abaixo do que é necessário para compensar o risco. Para compensá-lo plenamente, os rendimentos correntes deveriam, além de oferecer os lucros normais do capital, não apenas substituir todas as perdas ocasionais, mas também proporcionar aos empreendedores um excedente de lucro, da mesma natureza que o lucro dos seguradores. Mas, se os rendimentos correntes fossem suficientes para tudo isso, a falência não seria mais freqüente nesses do que em outros comércios.

Portanto, das cinco circunstâncias que fazem variar os salários do trabalho, apenas duas afetam os lucros do capital: o caráter agradável ou desagradável da atividade, e o risco ou segurança que lhe são inerentes. Com relação ao caráter agradável ou desagradável, há pouca ou nenhuma diferença entre a grande maioria dos diversos empregos do capital; mas existem muitas entre os empregos do trabalho, e o lucro normal do capital, embora se eleve com o risco, nem sempre parece aumentar em proporção a este. De tudo isso resulta necessariamente que, numa mesma sociedade ou vizinhança, as taxas médias ou normais de lucro nos diferentes empregos do capital deveriam permanecer mais niveladas que os salários em dinheiro dos diferentes gêneros de trabalho. E isso efetivamente ocorre. A diferença entre os ganhos de um trabalhador comum e os de um advogado ou de um médico bem estabelecido é evidentemente muito maior do que a existente entre os lucros normais de dois ramos quaisquer de atividade. Além disso, a aparente diferença entre os lucros das várias atividades é muitas vezes ilusória, e se deve ao fato de nem sempre distinguirmos o que devia ser considerado salário do que devia ser considerado lucro.

O lucro do boticário tornou-se uma expressão proverbial, denotando algo extraordinariamente exagerado. Porém, esse grande lucro aparente não é muitas vezes mais do que um razoável salário do trabalho. A prática de um boticário tem uma natureza mais exigente e delicada do que a de qualquer outro artífice, e a confiança que nele se deposita é também de muito maior importância. Ele é, em todos os casos, o médico dos pobres; e também o dos ricos, quando o sofrimento e o risco não são muito consideráveis. Assim, sua remuneração deve ser compatível com a delicadeza e confiança atribuídas à sua tarefa, e advém geralmente do preço pelo qual comercializa as suas drogas. A totalidade das drogas que o mais bem estabelecido boticário poderá vender ao longo de um ano na cidade que lhe oferece o mercado mais próspero talvez não lhe custe mais do que 30 ou 40 libras. Mesmo quando as vende com um lucro de 300, 400 ou 1.000%, freqüentemente isso não será mais do que o razoável salário do seu trabalho cobrado pela única maneira mediante a qual ele pode cobrá-lo, ou seja, incluindo-o no preço das drogas. A maior parte do lucro aparente é constituída por salário real, disfarçado sob a forma de lucro.

Numa pequena cidade portuária, uma modesta mercearia fará um capital de apenas de 100 libras render 40 ou 50%, ao passo que, no mesmo lugar, um importante comerciante atacadista mal conseguirá fazer um capital de 10 mil libras render 8 ou 10%. A atividade do merceeiro pode ser necessária ao conforto dos habitantes, e a estreiteza do mercado pode não comportar o emprego de maiores capitais nesse negócio. No entanto, um homem deve viver não somente de sua atividade, mas também viver de maneira condizente com as qualificações que essa atividade requer. Além de possuir um pequeno capital, é necessário ainda que saiba ler, escrever e fazer contas; é preciso ainda que seja um razoável conhecedor de talvez cinqüenta ou sessenta diferentes gêneros de mercadorias, de seus preços, qualidades, e dos mercados onde se pode adquiri-las a menor custo. Deve, numa palavra, possuir todo o conhecimento necessário para um grande comerciante, e nada o impede de se tornar um deles, senão a falta de um capital suficiente. Não se pode dizer, portanto, que 30 ou 40 libras por ano sejam uma remuneração muito elevada para o trabalho de uma pessoa tão qualificada. Deduza-se esse valor dos lucros aparentemente elevados do seu capital, e talvez pouco mais restará além dos lucros normais do capital. A maior parte do lucro aparente é, também nesse caso, constituída por salário real.

A diferença entre o lucro aparente do comércio a varejo e o do comércio atacadista é muito menor na capital do que nas pequenas cidades e aldeias de província. Quando é possível empregar 10 mil libras no comércio de mercearia, os salários do trabalho do merceeiro constituem uma parcela insignificante dos lucros reais de um capital tão vultoso. Desse modo, os lucros aparentes do varejista rico, numa grande cidade, aproximam-se muito mais dos do comerciante atacadista. É por essa razão que as mercadorias vendidas no varejo são em geral tão baratas, e freqüentemente muito mais baratas na capital do que nas pequenas cidades e aldeias de província. Os artigos de mercearia, por exemplo, são geralmente muito mais baratos; o pão e a carne vendida nos açougues têm o mesmo preço. Não é mais caro o transporte de artigos de mercearia para a grande cidade do que para a aldeia de província, mas é bem mais caro o transporte de trigo e gado, pois a maior parte deles deve ser trazida de distâncias muito maiores. Sendo, por conseguinte, o custo primário dos artigos de mercearia o mesmo nos dois lugares, estes serão mais baratos onde o lucro que sobre eles incide for menor. O custo primário do pão e da carne é maior na cidade grande do que na aldeia de província e, embora o lucro seja ali menor, as mercadorias nem sempre são, por isso, mais baratas naquela, mas freqüentemente têm o mesmo preço. Quanto a artigos como o pão e a carne, a mesma causa que reduz o lucro aparente aumenta o custo primário. É a extensão do mercado que, por permitir o emprego de grandes capitais, diminui o lucro aparente; mas também é essa extensão que, por exigir o transporte de bens de distâncias maiores, eleva o custo primário. Essa redução de um e o aumento do outro parecem, na maioria dos casos, contrabalançar-se mutuamente, o que provavelmente é a razão pela qual os preços do pão e da carne de açougue são geralmente quase iguais na maior parte do reino, embora em distintas regiões haja normalmente grandes diferenças entre os preços do trigo e do gado.

Embora os lucros do capital, tanto no mercado atacadista como no varejista, sejam em geral menores na capital do que nas pequenas cidades e aldeias de província, ainda assim freqüentemente se adquirem grandes fortunas a partir de negócios modestos, o que quase nunca acontece nas últimas. Nas pequenas cidades e aldeias, a reduzida dimensão do mercado não permite que o comércio se expanda à medida que o capital aumenta. Em tais lugares, portanto, embora a taxa dos lucros de uma pessoa em particular possa ser muito elevada, a soma ou montante destes nunca pode ser muito grande, e, por conseqüência, nem a de sua acumulação anual. Nas grandes cidades, ao contrário, o comércio pode ser expandido conforme o capital aumenta, e o crédito de um homem frugal e próspero aumenta muito mais rapidamente do que o seu capital. O seu comércio se expande em proporção ao montante de ambos, e a soma ou montante de seus lucros é proporcional à extensão de seu comércio, assim como sua acumulação anual ao montante de seus lucros. Todavia, é raro que grandes fortunas se façam por meio de um ramo regular, estabelecido e bem conhecido de negócios, mas antes se fazem em conseqüência de uma longa vida de trabalho, frugalidade e diligência. Súbitas fortunas, de fato, algumas vezes são feitas em tais lugares por meio do chamado comércio de especulação. O comerciante especulativo não se aplica a nenhum ramo de negócios regular, estabelecido e bem conhecido. Ele é comerciante de trigo este ano, de vinhos no próximo, e de açúcar, tabaco ou chá no seguinte. Ele entra em qualquer comércio quando antevê que é provável que este seja mais lucrativo que de praxe, e o cessa quando prevê que é provável que seus lucros retornem ao nível dos demais. Os seus lucros e perdas, por conseguinte, não podem manter uma proporção regular com os de qualquer negócio firme e bem conhecido. Um ousado empreiteiro pode às vezes adquirir uma considerável fortuna por duas ou três especulações de sucesso; mas está igualmente sujeito a perdê-la por conta de duas ou três malsucedidas. Essa atividade não pode ser realizada em nenhum lugar a não ser em grandes cidades. É apenas em lugares onde há o mais extenso comércio e intercâmbio que se encontram as informações por ela exigidas.

As cinco circunstâncias acima mencionadas, embora ocasionem consideráveis desigualdades nos salários do trabalho e nos lucros do capital, não ocasionam nenhuma desigualdade no conjunto das vantagens e desvantagens, quer sejam reais ou imaginárias, dos diferentes empregos de ambos. A natureza dessas circunstâncias é tal que concorre para um pequeno ganho pecuniário em alguns, contrabalançando um ganho elevado em outros.

Contudo, para que essa eqüidade possa ter lugar com todas as suas vantagens e desvantagens, três condições fazem-se necessárias, mesmo onde vigora a mais perfeita liberdade. Primeiramente, os empregos devem ser bem conhecidos e firmemente estabelecidos nas vizinhanças em que se encontram; em segundo lugar, devem estar em sua condição normal, ou no que se possa chamar de seu estado natural; e, em terceiro lugar, devem ser o único ou o principal emprego dos que deles se ocupam.

Primeiramente, essa eqüidade somente pode ter lugar nos empregos que são bem conhecidos, e que já estejam há muito estabelecidos nas vizinhanças.

Quando todas as demais circunstâncias permanecem constantes, os salários geralmente são mais elevados nas novas atividades do que nas antigas. Quando um empreiteiro intenta estabelecer uma nova manufatura, primeiramente ele deve atrair trabalhadores de outros empregos, oferecendo-lhes salários mais altos do que os que conseguem em suas próprias atividades, ou do que a natureza de seu trabalho de outro modo exigiria, e deve transcorrer um tempo considerável até que possa se aventurar a reduzi-los ao nível corrente. As manufaturas cuja demanda se deve inteiramente à moda ou imaginação estão em contínua mudança, e raramente duram o suficiente para serem consideradas manufaturas bem estabelecidas. Aquelas cuja demanda, ao contrário, se deve principalmente ao uso ou à necessidade estão menos sujeitas a mudanças, e é possível que se continue a procurar pela mesma forma ou feitio durante séculos a fio. Os salários do trabalho, portanto, provavelmente serão maiores nas manufaturas do primeiro tipo do que nas do último. Birmingham concentra principalmente manufaturas do primeiro tipo; Sheffield as do último; e diz-se que os salários do trabalho nesses dois diferentes lugares são concordes a essa diferença na natureza de suas manufaturas.

O estabelecimento de qualquer nova manufatura, em qualquer novo ramo de comércio, ou qualquer prática nova na agricultura, é sempre uma especulação, por meio da qual o empreiteiro promete para si a obtenção de lucros extraordinários. Por vezes esses lucros são bastante elevados; outras vezes, entretanto, e talvez com maior freqüência, ocorre bem o contrário; mas em geral eles não mantêm nenhuma relação regular com os das atividades antigas na vizinhança. Se o projeto é bem-sucedido, a princípio tais lucros são comumente bastante elevados. Quando o comércio ou prática torna-se inteiramente assentado e bem conhecido, a competição os reduz para o nível das demais atividades.

Em segundo lugar, essa eqüidade no conjunto das vantagens e desvantagens dos diferentes empregos do trabalho e do capital apenas pode ter lugar no estado comum, ou no que pode ser chamado de estado natural desses empregos.

A demanda por quase todas as diferentes espécies de trabalho algumas vezes é maior e outras menor do que o usual. No primeiro caso as vantagens do emprego se elevam acima, e no último caem abaixo do nível hahitual. A demanda por trabalho rural é maior durante os períodos de plantio e colheita do que na maior parte do ano; e os salários se elevam com a demanda. Em tempos de guerra, quando quarenta ou cinqüenta mil marinheiros são forçados a sair da marinha mercante para o serviço do rei, a demanda por marinheiros para os navios mercantes se eleva com a sua escassez, e os seus salários normalmente aumentam em tais ocasiões de 1 guinéu e 27 shillings, para 40 shillings e 3 libras por mês. Numa manufatura decadente, ao contrário, muitos trabalhadores, em vez de cessarem as suas antigas ocupações, contentam-se com salários menores do que de outro modo seriam compatíveis com a natureza de seus empregos.

Os lucros do capital variam com o preço das mercadorias nas quais este é empregado. Conforme o preço de qualquer mercadoria se eleve acima da taxa normal ou média, os lucros de no mínimo alguma parte do capital empregado para levá-la ao mercado aumentam para além do nível que lhe é próprio, e conforme o primeiro cai os últimos se reduzem para aquém deste. Todas as mercadorias estão mais ou menos sujeitas a variações de preço, mas muitas estão muito mais do que outras. Com respeito a todas as mercadorias que são produzidas pela atividade humana, o volume de atividade anualmente empregado é necessariamente regulado pela demanda anual, de uma tal maneira que o produto médio anual pode ser, tanto quanto possível, quase igual ao consumo anual médio. Já se observou que, em alguns empregos, o mesmo volume de atividade produzirá a mesma ou quase a mesma quantidade de mercadorias. Nas manufaturas do linho e da lã, por exemplo, o mesmo número de mãos produzirá quase a mesma quantidade de tecidos de linho e lã. As variações no preço de mercado de tais mercadorias, por conseguinte, somente podem dever-se a alguma variação acidental na demanda.

Um luto público eleva o preço do tecido preto. Mas, como a demanda pela maioria dos gêneros de tecido claro de linho e de lã é bastante uniforme, assim também o preço o é. Mas há outros empregos nos quais o mesmo volume de atividade nem sempre produzirá a mesma quantidade de mercadorias. O mesmo volume de atividade, por exemplo, produzirá, em diferentes anos, quantidades muito diversas de trigo, vinho, lúpulo, açúcar, tabaco etc. O preço de tais mercadorias, portanto, não varia apenas conforme as variações de demanda, mas com as variações muito maiores e mais freqüentes de quantidade, sendo por conseqüência extremamente flutuante. Mas o lucro de alguns dos distribuidores deve necessariamente flutuar com o preço das mercadorias. As operações do comerciante especulativo aplicam-se principalmente a tais mercadorias. Ele se empenha para comprá-las quando prevê que é provável que seu preço se eleve, e para vendê-las quando é provável que caia.

Em terceiro lugar, só existe igualdade no conjunto das vantagens e desvantagens dos diferentes empregos do trabalho e do capital se, para os que trabalham e os que empregam capital, esse emprego específico constitui sua única e principal atividade.

Quando uma pessoa extrai sua subsistência de um emprego que não ocupa a maior parte de seu tempo, nos intervalos de seu tempo livre sempre aceitará trabalhar por salários inferiores aos que, noutras circunstâncias, seriam compatíveis com a natureza da atividade.

Ainda subiste em muitas partes da Escócia um grupo de pessoas chamado de *Cotters* ou *Cottagers*, embora fossem mais comuns há alguns anos do que agora. São uma espécie de criados dos proprietários e arrendatários. A remuneração habitual que recebem de seus patrões é constituída de uma casa, uma pequena horta, a quantidade de pastagem necessária para alimentar uma vaca e, talvez, um ou dois acres de terra arável de má qualidade. Quando seus patrões têm necessidade do seu trabalho, concedem-lhes, ademais, dois celamins* de farinha de aveia por semana, no valor de cerca de 16 pence esterlinos. Durante grande parte do ano, seu trabalho quase se torna desnecessário, e o cultivo de suas pequenas posses não é suficiente para ocupar o tempo que têm disponível. Conta-se que, quando os trabalhadores desse gênero eram mais numerosos do que hoje, eles se dispunham fortemente a dedicar o tempo livre para qualquer pessoa, por uma remuneração bem modesta, e aceitavam trabalhar por salários inferiores aos de outros trabalhadores. Ao que parece, no passado eram comuns na Europa. Em países mal cultivados e menos populosos, a maior parte dos proprietários e arrendatários não podia obter de outra forma a grande quantidade de mão-de-obra que o trabalho rural exige em certas estações. A remuneração diária ou semanal que tais trabalhadores recebiam ocasionalmente de seus patrões não correspondia, evidentemente, ao preço total de seu trabalho. A pequena posse que lhes era concedida constituía uma parte considerável deste. Muitos escritores que recolheram os preços do trabalho e das provisões em outros tempos e revelaram grande prazer em apresentá-los como extremamente baixos tomaram, ao que parece, essa remuneração diária ou semanal como a remuneração total.

O produto de tal trabalho muitas vezes chega ao mercado mais barato do que, noutras circunstâncias, seria condizente com sua natureza. Em muitas regiões da Escócia, as meias são tricotadas a um preço muito inferior ao preço pelo qual, em qualquer lugar, é possível tecê-las num tear. Constituem o produto do trabalho de criados e camponeses que extraem a parte principal de sua subsistência de algum outro emprego. Leith importa anualmente mais de mil pares de meias de Shetland, ao preço de 5 a 7 pence o par.

---

* Medida para secos, equivalente a dois galões (8,092 litros). (N. T.)

Asseguraram-me que o preço normal do trabalho não especializado em Lerwick, a pequena capital das Ilhas Shetland, é de 10 pence por dia. Nas mesmas ilhas tricotam-se meias de lã pelo valor de 1 guinéu por par ou mais.

A fiação da fibra de linho é realizada na Escócia quase da mesma maneira que a confecção de meias pelos serviçais, que são especialmente contratados para outros propósitos. Vivem com uma escassa subsistência todos os que tentam ganhar a vida com essas atividades. Na maior parte da Escócia, somente uma boa fiandeira consegue ganhar 20 pence por semana.

Em países ricos, o mercado geralmente é tão amplo que qualquer atividade é suficiente para empregar todo o trabalho e o capital dos que dela se ocupam. Exemplos de pessoas que vivem de um emprego e ao mesmo tempo extraem um pequeno rendimento de outro ocorrem principalmente em países pobres. Todavia, o exemplo a seguir, de um caso similar, refere-se à capital de um país muito rico. Não há nenhuma cidade na Europa, creio eu, onde o aluguel de moradias seja mais caro do que em Londres, e ainda assim não conheço nenhuma capital onde um apartamento mobiliado possa ser alugado por tão pouco. A habitação não somente é mais barata em Londres do que em Paris; ela é muito mais barata do que em Edimburgo, para um mesmo padrão; e, ainda que possa parecer extraordinário, o alto preço do aluguel de moradias é a causa do baixo custo das moradias. O alto preço do aluguel de casas em Londres deve-se não apenas às causas que encarecem em todas as grandes capitais, ou seja, o elevado custo da mão-de-obra, de todos os materiais de construção, que geralmente precisam ser transportados por uma longa distância, e sobretudo o alto preço do aluguel do terreno, resultante de cada proprietário agir como um monopolista, exigindo muitas vezes um preço mais elevado por um único acre de terra de má qualidade na cidade do que poderia cobrar por cem acres da melhor terra no campo; mas deve-se, também, em parte aos hábitos e costumes peculiares do povo, que obrigam cada chefe de família a alugar uma casa inteira, do porão ao sótão. Entende-se por uma casa para moradia na Inglaterra tudo o que estiver debaixo do mesmo teto. Na França e na Escócia, bem como em muitas outras regiões da Europa, a casa restringe-se a um único andar. Um comerciante em Londres vê-se obrigado a alugar uma casa inteira na região da cidade onde moram seus clientes. Sua loja situa-se ao nível do solo, e ele e sua família dormem no sótão; depois procura pagar uma parte do aluguel com a sublocação dos pavimentos intermediários. Espera manter sua família por meio de seu comércio, e não pela sublocação. Por outro lado, em Paris e Edimburgo as pessoas que alugam cômodos normalmente não possuem nenhum outro meio de subsistência; e o preço do alojamento deve pagar não apenas o aluguel da casa, mas toda a despesa da família.

Parte II

Desigualdades causadas pela política da Europa

Eis as desigualdades encontradas na soma total de vantagens e desvantagens dos diferentes empregos do trabalho e do capital, que a falta de qualquer um dos três requisitos supramencionados deve provocar, mesmo nos países onde vigore a mais perfeita liberdade. Mas a política da Europa, por não deixar tudo em perfeita liberdade, cria outras desigualdades muito mais importantes.

Esse efeito é produzido principalmente de três maneiras: primeiro, restringindo a concorrência em certos empregos a um número menor de indivíduos que, de outro modo, estariam dispostos a entrar nela; segundo, elevando, em outros empregos, o número dos concorrentes acima do que naturalmente comportariam; e, terceiro, obstruindo a livre circulação de trabalho e capital, tanto de um emprego a outro como de um lugar a outro.

Primeiramente, a política que vigora na Europa causa uma desigualdade bastante considerável na soma total de vantagens e desvantagens dos diferentes empregos do trabalho e do capital, restringindo a concorrência, em alguns empregos, a um número menor de indivíduos que, em outras circunstâncias, estariam dispostos a participar dela.

Para esse propósito, os principais meios utilizados são os privilégios exclusivos das corporações.

O privilégio exclusivo de uma atividade corporativa necessariamente restringe a concorrência, na cidade onde a corporação se encontra estabelecida, aos que são autorizados a exercê-la livremente. Normalmente, a condição necessária para obter tal liberdade consiste em ter feito a aprendizagem na cidade, sob a orientação de um mestre com as qualificações adequadas. Os estatutos da corporação às vezes regulam o número de aprendizes que se permite a um mestre, e quase sempre também o número de anos que deve durar a aprendizagem. A intenção de cada uma das medidas acima é restringir a concorrência a um número muito menor de indivíduos do que, em outras circunstâncias, estariam dispostos a exercer tal atividade. A limitação do número de aprendizes restringe diretamente a concorrência; a longa duração da aprendizagem a restringe de maneira mais indireta, porém não menos efetiva, aumentando o custo da educação.

Em Sheffield, um estatuto da corporação proíbe a todo mestre-cuteleiro ter mais de um aprendiz por vez. Em Norfolk e Norwich, nenhum mestre-tecelão pode ter mais do que dois aprendizes, sob pena de multa de 5 libras por mês para o rei. Em qualquer localidade da Inglaterra ou nas colônias inglesas, um mestre-chapeleiro não pode ter mais do que dois aprendizes, sob pena de multa de 5 libras por mês, metade para o rei e metade para quem o denunciar perante qualquer tribunal. Ainda que ambas as medidas tenham sido confirmadas pela legislação do reino, são evidentemente ditadas pelo mesmo espírito corporativo que sancionou o estatuto de Sheffield. Mal se havia passado um ano desde que se formara em Londres a corporação dos produtores de tecidos de seda, quando se instituiu um estatuto impedindo todo mestre de ter mais de dois aprendizes por vez. Foi necessário o Parlamento promulgar uma lei para cassar esse estatuto.

Na maior parte das corporações de ofício, a duração da aprendizagem parece ter sido fixada antigamente, na Europa toda, em sete anos. Outrora todas as corporações desse gênero eram chamadas de universidades, termo latino que efetivamente designa uma corporação qualquer. Nas antigas cartas patentes de velhas cidades, freqüentemente encontramos as seguintes expressões: a universidade dos ferreiros, a universidade dos alfaiates etc. Quando do primeiro estabelecimento dessas corporações particulares, que são hoje as únicas designadas por universidades, a duração dos anos de estudo necessário para obter o grau de "mestre de artes" parece claramente haver sido copiado do período de aprendizagem exigido nos ofícios comuns. Assim como era necessário, num ofício comum, ter trabalhado sete anos sob a orientação de um mestre devidamente qualificado para adquirir o direito de se tornar mestre e receber aprendizes, também era necessário ter estudado sete anos sob a orientação de um mestre devidamente qualificado para tornar-se, nas profissões liberais, mestre, professor ou doutor (termos que no passado eram sinônimos) e ter, por sua vez, estudantes ou aprendizes (palavras igualmente sinônimas em sua origem) sob sua orientação.

A lei instituída no 5º ano de reinado de Isabel, chamada comumente de Lei da Aprendizagem, determinou que ninguém poderia vir a exercer qualquer atividade, arte ou profissão então praticados na Inglaterra, a não ser que houvesse previamente cumprido um período de aprendizagem de, no mínimo, sete anos; e o que até essa época havia sido o estatuto de muitas corporações particulares tornou-se lei geral e pública da Inglaterra, para todas as atividades exercidas nas municipalidades com foral*. Pois, ainda que os termos da lei fossem extremamente gerais, e parecessem compreender, sem distinção, a totalidade do reino, uma vez interpretada, a lei limitou sua vigência somente às municipalidades com foral, e admitiu-se que, nas aldeias, uma mesma pessoa poderia exercer vários ofícios distintos, sem ter cumprido uma aprendizagem de sete anos em cada um deles, considerando-se que isso fosse de interesse dos habitantes, já que a população não é, muitas vezes, suficiente para fornecer a cada um dos ofícios a mão-de-obra necessária.

Além disso, por força de rigorosa interpretação dos termos da lei, limitou-se a vigência dessa lei somente às atividades que estavam estabelecidas na Inglaterra antes do 5º ano de reinado de Isabel, não se tendo estendido às atividades introduzidas posteriormente. Essa limitação ocasionou várias distinções que, consideradas como regras de polícia, são o que de mais tolo se pode imaginar. Determinou-se, por exemplo, que um fabricante de carruagens não pode fazer ele mesmo as rodas da carruagem, nem empregar operários para esse fim, estando obrigado a comprá-las de um mestre-fabricante de rodas, uma vez que esta última atividade já era exercida na Inglaterra antes do 5º ano de reinado de Isabel. Mas um fabricante de rodas, embora não tenha jamais sido aprendiz de qualquer fabricante de carruagens, pode muito bem fazer as carruagens, seja por si mesmo, seja por operários que empregue, uma vez que a Lei não abrange o ofício de fabricante de carruagens, por não ser exercido na Inglaterra na época da instuição da lei. Pela mesma razão, há um grande número de atividades nas manufaturas de Manchester, Birmingham e Wolverhampton,

---

* *Corporate towns*, no original. Assim como em outros países, eram, na Inglaterra, cidades ou vilas que tinham recebido da monarquia uma carta ou foral que lhes reconhecia autonomia, modo de escolha de seus magistrados etc. (N. T.)

que, não tendo sido exercidas na Inglaterra anteriormente ao 5º ano de reinado de Isabel, não estão incluídas na Lei.

Na França, a duração das aprendizagens varia nas diferentes cidades e nos diferentes ofícios. Em Paris, o prazo fixado para um grande número de ofícios é de cinco anos, mas, na maioria, antes que o operário torne-se qualificado para exercer o ofício como mestre, é necessário que trabalhe ainda cinco anos como jornaleiro. Durante este último período, ele é chamado companheiro do mestre, e esse período denomina-se companhia.

Na Escócia, não existe lei geral que regule universalmente a duração das aprendizagens. O prazo é diferente em diferentes corporações. Quando este prazo é longo, pode-se em geral remir uma parte dele pelo pagamento de uma pequena taxa. Além disso, na maioria das cidades compra-se a liberdade de exercer a maestria numa corporação qualquer mediante o pagamento de uma taxa bastante pequena. Os tecelões de linho e cânhamo, que são as principais manufaturas do país, bem como todos os demais artífices dependentes delas, fabricantes de rodas, bobinas etc., podem exercer os respectivos ofícios em qualquer cidade onde exista corporação, sem que lhes seja exigido o pagamento de impostos. Nas municipalidades com forais, todas as pessoas são livres para vender carne de açougue em todos os dias da semana em que essa venda seja autorizada. A duração comum da aprendizagem na Escócia é de três anos, mesmo no caso de alguns ofícios bastante difíceis, e não conheço nenhum país da Europa em geral em que as leis de corporações sejam menos opressivas.

A mais sagrada e a mais inviolável de todas as propriedades é a do próprio trabalho, porque ela é o fundamento originário de todas as outras propriedades. O patrimônio de um homem pobre reside na força e na destreza de suas mãos, e impedi-lo de empregar essa força e destreza da maneira que julga apropriada, desde que não cause prejuízo a seu próximo, constitui violação manifesta da mais sagrada propriedade*. Trata-se de uma flagrante usurpação da lícita liberdade, tanto do trabalhador como dos que estariam dispostos a dar-lhe trabalho; é impedir, a um só tempo, o primeiro de trabalhar no que julga conveniente, e os últimos, de empregar quem melhor lhes pareça. Decerto se pode confiar na prudência do empregador para julgar se o trabalhador que escolhe é adequado para o emprego, porque isso lhe interessa diretamente. Essa afetada preocupação do legislador em impedir que se empreguem pessoas incapazes é evidentemente tão absurda como opressiva.

Não é a instituição de longos períodos de aprendizagem que pode garantir que não sejam freqüentemente postos à venda produtos de qualidade inferior. Quando isso ocorre, é em geral o efeito de fraude, e não de incapacidade; e a mais longa das aprendizagens não pode oferecer garantias contra a fraude. Para prevenir tal abuso, é necessário recorrer a regulamentações bastante diversas. A marca esterlina no metal, e os selos sobre os tecidos de linho e de lã proporcionam ao comprador uma garantia muito maior do que todos os estatutos possíveis de aprendizagem. Geralmente ele procura por essas marcas, mas jamais imagina que valha a pena investigar se o operário cumpriu os sete anos de aprendizagem.

A instituição dos longos períodos de aprendizagem não tende, de modo nenhum, a tornar os jovens industriosos. Um jornaleiro que ganha por peça será provavelmente industrioso, porque retira vantagem do exercício de seu esforço. É possível que um aprendiz seja indolente, como

---

* Veja-se, a esse respeito, John Locke, *Dois tratados sobre o governo*: "Embora a Terra e todas as outras criaturas inferiores sejam comuns a todos os homens, cada homem tem uma *propriedade* em sua própria *pessoa*. A esta ninguém tem direito algum além dele mesmo. O *trabalho* de seu corpo e a *obra* de suas mãos, pode-se dizer, são propriamente dele. Qualquer coisa que ele então retire do estado com que a natureza a proveu e deixou, mistura-a ele com o seu trabalho e junta-lhe algo que é seu, transformando em sua *propriedade*" (II, V; pp. 407-9; [trad. bras. Martins Fontes, São Paulo, 1998]). (N. R. T.)

quase sempre ocorre, porque não tem nenhum interesse imediato no trabalho. Nos empregos inferiores, a recompensa é o único atrativo do trabalho. Os que mais depressa se encontrarem em condições de desfrutar os frutos desse trabalho provavelmente mais depressa tomarão gosto por ele, e mais cedo adquirirão o hábito do empenho. Naturalmente um jovem sente aversão pelo trabalho quando trabalha por muito tempo sem receber nenhum benefício. Os garotos que são colocados como aprendizes por instituições públicas de caridade são quase sempre obrigados a cumprir um prazo mais longo que o habitual, e em geral se tornam muito indolentes e inúteis.

A instituição da aprendizagem era completamente desconhecida dos antigos, enquanto os deveres recíprocos de mestres e aprendizes constituem um artigo importante nos códigos modernos. O direito romano não diz uma palavra a esse respeito. Não conheço nenhuma palavra grega ou latina (e me atreveria a afirmar que não há nenhuma) que expresse a idéia que agora associamos à palavra aprendiz, isto é, um servidor obrigado a trabalhar num determinado ofício, em benefício de um mestre, durante um certo número de anos, sob a condição de que o mestre lhe ensine o ofício.

Os longos períodos de aprendizagem são inteiramente desnecessários. Uma atividade bastante superior aos ofícios comuns, a de fazer relógios de bolso e de pêndulo, não contém um mistério tal que exija um longo período de instrução. Na verdade, a primeira invenção dessas belas máquinas, e mesmo a de certos instrumentos empregados para o seu feitio, devem, sem dúvida, ter sido fruto de muito tempo e de profundas reflexões, e com razão podem ser consideradas um dos mais felizes esforços do engenho humano. Mas, depois de uns e outros já terem sido inventados e perfeitamente conhecidos, explicar a um jovem, da maneira mais completa possível, como utilizar esses instrumentos e construir essas máquinas não deve tomar mais do que algumas semanas de lição, talvez alguns poucos dias já bastem. No que se refere aos ofícios mecânicos comuns, uns poucos dias de lições poderiam certamente ser suficientes. Com efeito, a destreza das mãos, mesmo nos ofícios comuns, não se pode adquirir sem a ajuda de muita prática e experiência. Mas um homem jovem trabalharia com muito mais zelo e atenção, se desde o início exercesse a função como jornaleiro, recebendo um pagamento proporcional aos poucos trabalhos que executasse, e pagando, por seu turno, pelo material que pudesse danificar, por inexperiência ou inépcia. Assim, sua instrução seria em geral mais eficaz, e sempre menos morosa e dispendiosa. O mestre, é verdade, perderia com isso. Ele perderia todos os salários do aprendiz, que atualmente poupa por um período de sete anos seguidos. No fim das contas, talvez o próprio aprendiz pudesse perder. Pois num ofício que se aprendesse tão facilmente haveria mais concorrentes, e seus salários, quando ele viesse a se tornar efetivamente um operário, seriam muito inferiores aos atuais. O mesmo aumento da concorrência reduziria tanto os lucros dos mestres como os salários dos operários. As artes, os ofícios e misteres, todos perderiam. Mas com isso o público ganharia, pois o trabalho de todos os artífices chegaria assim mais barato ao mercado.

É para prevenir essa redução de preço, e conseqüentemente de salários e do lucro, restringindo a livre concorrência que certamente não deixaria de criar, que todas as corporações e a maior parte de sua legislação foram estabelecidas. No passado, em quase toda a Europa, não era necessária nenhuma outra autoridade para criar uma corporação, senão a da municipalidade foral em que se estabelecia. É verdade que na Inglaterra era necessária também uma carta régia. Mas parece que a Coroa conservou essa prerrogativa mais como meio para extorquir dinheiro dos súditos do que como meio para defender a liberdade geral contra esses monopólios opressivos. Ao que parece, em geral era suficiente o pagamento de um tributo ao rei para assegurar a rápida concessão da carta; e quando qualquer classe particular de artífices ou oficiais julgasse por bem agir como corporação, sem que tivesse obtido a carta de permissão, tais guildas clandestinas, como então eram chamadas, nem sempre perdiam suas franquias por conta disso, mas eram obrigadas a pagar ao rei um tributo anual, pela permissão para exercer os privilégios que haviam usurpado[1]. A fiscalização imediata de todas as corporações e dos estatutos que julgavam apropriado instituir para seu próprio governo cabia às municipalidades forais onde se estabeleciam, e todas as medidas disciplinares que sobre elas recaíam não procediam, em geral, do rei, mas da grande corporação municipal, das quais essas corporações subordinadas eram apenas partes ou membros.

O governo das municipalidades forais concentrava-se inteiramente nas mãos dos comerciantes e artífices, e era interesse manifesto de cada uma dessas classes particulares impedir que o mercado ficasse superabastecido, como costumavam dizer, dos produtos de seu próprio esforço, o que na verdade equivalia a mantê-lo permanentemente subabastecido. Cada classe ansiava estabelecer regulamentações adequadas a tal propósito, e cada uma delas, desde que não fosse impedida de o fazer, estava sempre disposta a consentir que todas as demais classes fizessem o mesmo. É verdade que, em conseqüência de tais regulamentações, cada classe era obrigada a comprar, no próprio município, as mercadorias de que tivesse necessidade, por um preço superior ao que, em outras condições, poderia obter. Mas, em compensação, podia na mesma proporção vender mais caras as próprias mercadorias, o que vinha a dar no mesmo, como se costuma dizer; e, nos negócios que as diferentes classes realizavam umas com as outras, no município, ne-

---

1. Ver, de Madox, *Firma Burgi*, pp. 26 etc.

nhuma delas perdia por conta dessas regulamentações. Mas, nos negócios que realizavam com o campo, todas elas obtinham um grande ganho, e é neste tipo de negócios que consiste todo o comércio que sustenta e enriquece as cidades.

Cada cidade retira do campo toda a sua subsistência e todas as matérias-primas de sua atividade. Paga-as principalmente de duas maneiras: primeiro, devolvendo ao campo uma parte dessas matérias-primas trabalhadas e manufaturadas, e, nesse caso, acrescentam-se ao respectivo preço os salários dos trabalhadores e os lucros de seus mestres ou empregadores imediatos; em segundo lugar, enviando ao campo o produto bruto ou manufaturado, que a cidade importa de outros países ou de regiões distantes do mesmo país; e, também nesse caso, ao preço original dessas mercadorias se acrescentam os salários dos transportadores ou marinheiros e os lucros dos comerciantes que os empregam. O ganho resultante do primeiro desses dois ramos de comércio constitui todo o benefício que a cidade retira de mercadorias; o ganho resultante do segundo constitui todo o benefício de seu comércio interior e externo. A totalidade do ganho nesses dois ramos de atividade consiste no salário dos trabalhadores e nos lucros de seus respectivos empregadores. Portanto, todas as regulamentações que tendam a elevar os salários e lucros para além do que naturalmente deveriam ser tendem a possibilitar que a cidade compre com menor quantidade de trabalho o produto de uma quantidade maior de trabalho do campo. Elas conferem aos comerciantes e artífices da cidade uma vantagem sobre os proprietários, rendeiros e trabalhadores rurais e rompem a eqüidade natural que, do contrário, se estabeleceria no comércio realizado entre a cidade e o campo. A totalidade do produto anual do trabalho da sociedade se divide anualmente entre essas duas classes distintas de indivíduos. O efeito dessas regulamentações é destinar aos habitantes da cidade uma parcela maior desse produto, e aos do campo, uma parcela menor do que receberiam noutras circunstâncias.

O preço que as cidades realmente pagam pelos gêneros e matérias-primas anualmente importados é a quantidade de manufaturas e outras mercadorias anualmente exportadas. Quanto mais caro estas forem vendidas, tanto mais baratos serão compradas as primeiras. A atividade das cidades torna-se mais vantajosa, e a do campo, menos.

Para nos convencermos de que a atividade que se realiza na cidade é, em toda a Europa, mais vantajosa do que a realizada no campo, não é necessário recorrer a cálculos minuciosos, bastando uma observação muito simples e óbvia. Em todos os países da Europa encontramos pelo menos cem pessoas que adquiriram grandes fortunas com modestos empreendimentos iniciais, no comércio e nas manufaturas – atividades próprias às cidades –, para cada uma que as tenha conseguido nos trabalhos próprios ao campo, ou seja, na produção de gêneros da terra por meio da melhoria e do cultivo da terra. É necessário, portanto, que uma atividade seja mais bem recompensada que a outra, que os salários do trabalho e os lucros do capital sejam evidentemente maiores num caso do que no outro. Ora, o capital e o trabalho buscam naturalmente os empregos mais vantajosos. Naturalmente, então, refugiam-se tanto quanto possível na cidade, abandonando o campo.

Os habitantes da cidade, estando reunidos num mesmo lugar, podem facilmente estabelecer acordos mútuos. Por isso, as mais insignificantes atividades que sejam realizadas em cidades foram quase em toda parte erigidas em corporações e, mesmo onde isso não ocorreu, o espírito corporativo, a desconfiança em relação aos estrangeiros, a aversão a aceitar aprendizes, ou a comunicar os segredos do seu negócio, geralmente prevaleceram, e diferentes profissões souberam muito bem impedir, por associações e acordos voluntários, a mesma livre concorrência que não podem proibir por meio de estatutos. As atividades que empregam apenas mão-de-obra bastante reduzida são aquelas em que mais facilmente se formaram essas espécies de combinações. Talvez baste somente meia dúzia de debastadores de lã para fornecer trabalho a mil fiandeiros e tecelões. Combinando-se para não aceitar aprendizes, eles não apenas podem tomar para si todo o emprego, mas também sujeitar a uma espécie de escravidão toda a manufatura e elevar o preço de seu trabalho muito acima do que lhe é devido por sua natureza.

Os habitantes do campo, que vivem dispersos em lugares distantes, não podem facilmente se associar. Não somente jamais se reuniram em corporações de ofício, como ainda o espírito corporativo nunca prevaleceu entre eles. Jamais se considerou que alguma espécie de aprendizagem fosse necessária como qualificação para o cultivo da terra, a grande atividade do campo. Não obstante, depois das chamadas belas artes e das profissões liberais, talvez não haja um só ofício que exija tamanha variedade de conhecimentos e experiências. Os inúmeros livros que vêm sendo escritos a esse respeito, em todos os idiomas, provam suficientemente que as mais sábias e cultas nações jamais consideraram esse assunto de fácil compreensão. E será vã a tentativa de encontrarmos, em todos esses livros, o conhecimento das várias e complicadas operações que compõem esse ofício, as quais, no entanto, geralmente são dominadas até mesmo pelo mais simples lavrador, por maior que seja o desdém que alguns dos mais insignificantes autores possam às vezes afetar ao falar desse trabalhador. Pelo contrário, quase não existe um ofício mecânico comum cujas operações não possam ser tão completa e distintamente explicadas num panfleto de poucas páginas, assim como é possível fazê-lo por meio de palavras ilustradas por figuras. Com efeito, na *História das artes e dos ofícios*, atualmente em publicação pela Academia de Ciências da França, muitos deles são explicados dessa maneira. Além disso, é necessário mais de discernimento e prudência para conduzir as operações que devem variar a cada mudança climática, bem como por causa de muitas outras contingências, do que para os trabalhos que permanecem sempre os mesmos, ou quase os mesmos.

Não apenas as técnicas do agricultor – a direção geral das operações do cultivo da terra –, mas até mesmo muitos dos ramos inferiores do trabalho no campo, exigem mais de habilidade e experiência do que a maior parte dos ofícios mecânicos. O homem que trabalha com latão e ferro trabalha com instrumentos e matérias-primas cuja natureza é sempre a mesma, ou quase a mesma. Mas o homem que ara o solo com uma parelha de cavalos ou junta de bois trabalha com instrumentos cuja saúde, força e temperamento são muito diferentes, segundo as circunstâncias. A natureza das matérias-primas sobre as quais ele trabalha não é menos sujeita a variações do que a natureza dos instrumentos de que se serve, e uns e outros exigem ser manejados com muito discernimento e prudência; assim, é raro que essas qualidades faltem a um simples lavrador, embora geralmente o tomem como padrão de estupidez e ignorância. Na verdade, ele está menos acostumado do que o artesão ao convívio social das cidades: sua voz e linguagem são mais rudes e mais difíceis de entender por quem não está habituado a elas. No entanto, sua inteligência, habituada a se exercitar sobre uma variedade maior de objetos, geralmente é muito superior à do outro, cuja atenção em geral se encontra desde a manhã até à noite ocupada na execução de uma ou duas operações muito simples. Todos os homens que, em razão dos negócios ou por curiosidade, são levados a travar relações com os estratos inferiores da gente do campo conhecem bastante bem a superioridade dessa gente sobre a da cidade. Por isso, se diz que na China e no Indostão os trabalhadores rurais são mais bem tratados, tanto no que se refere à atenção como aos salários, do que a maioria dos artífices e operários das manufaturas. E provavelmente isso ocorreria em toda parte, se os estatutos das corporações e o espírito corporativista não constituíssem obstáculos.

Porém não se deve atribuir unicamente às corporações e a seus respectivos estatutos a superioridade que a atividade das cidades possui por toda parte na Europa; há ainda outras regulamentações que a mantêm: os elevados encargos que incidem sobre os produtos das manufaturas estrangeiras e sobre todas as mercadorias importadas por comerciantes estrangeiros. Os estatutos das corporações possibilitam aos habitantes das cidades aumentar preços, sem temerem a escassez das vendas por causa da livre concorrência de seus concidadãos; as outras regulamentações igualmente os asseguram contra a mesma concorrência dos estrangeiros. O incremento nos preços ocasionado por essas duas espécies de regulamentação é em toda parte pago afinal pelos proprietários de terras, rendeiros e trabalhadores do campo, que raramente se opuseram à instituição de tais monopólios. Normalmente eles não possuem nem desejo nem meios de entrarem em acordo a respeito de medidas análogas; e o clamor e os raciocínios especiosos dos mercadores e manufatores os persuadem facilmente de que o interesse privado de uma parte da sociedade, e uma parte subordinada, consiste no interesse geral do todo.

Parece que no passado, na Grã-Bretanha, a superioridade da atividade das cidades sobre a do campo foi maior do que no presente. Hoje, os salários do trabalho rural se aproximam mais dos salários da manufatura, e, como se sabe, os lucros do capital empregado no comércio e nas manufaturas estão mais próximos dos lucros da agricultura do que estavam no século passado, ou no começo do presente. Tal mudança pode ser considerada como a conseqüência necessária, embora bastante tardia, do extraordinário incentivo dado à atividade das cidades. Nestas, o capital acumulado se tornou, com o tempo, tão grande que já não é possível empregá-lo com os antigos lucros, na espécie de atividade que é peculiar às cidades: essa atividade tem seus limites como qualquer outra, e o crescimento dos capitais, aumentando a concorrência, deve necessariamente reduzir os lucros. A redução dos lucros nas cidades força os capitais a refluir para o campo, onde, criando uma nova demanda pelo trabalho rural, necessariamente fazem subir os salários. Então esses capitais se espalham, por assim dizer, sobre o solo, e o emprego que deles se faz na agricultura retorna em parte ao campo, a expensas do qual originariamente se havia acumulado nas cidades. Procurarei mostrar, na seqüência, que foi pelo transbordamento dos capitais originariamente acumulados nas cidades que se deveram, em toda a Europa, os mais relevantes progressos no campo; ao mesmo tempo, procurarei demonstrar que, embora esse curso das coisas tenha levado alguns países a alcançar um grau considerável de opulência, esse processo é necessariamente, por si mesmo, moroso, incerto, sujeito a distúrbios e interrupções por inúmeros acidentes, e que é, sob todos os aspectos, contrário à ordem da natureza e da razão. Nos Livros III e IV desta *Investigação*, tratarei de explicar, do modo mais claro e completo quanto me seja dado fazer, quais são os interesses, os preconceitos, as leis e os costumes que ocasionaram esse fato.

É raro pessoas que exercem a mesma atividade se encontrarem reunidas, seja para festejar ou se distrair, sem que a conversa termine em alguma conspiração contra o público, ou em algum conluio para elevar preços. É impossível, na verdade, impedir tais encontros por uma lei que pudesse ser executada e ao mesmo tempo fosse compatível com a liberdade e a justiça. Mas, embora a lei não possa impedir pessoas que exercem a mesma atividade de se reunirem de vez em quando, ao menos não deveria fazer nada para facilitá-las, e menos ainda para torná-las necessárias.

Uma regulamentação que obriga a todos os que exercem a mesma atividade numa determinada cidade a inscrever seus nomes e locais de domicílio num registro público facilita tais assembléias. Estabelece uma ligação entre os indivíduos que de outro modo talvez jamais viessem a se conhecer, e dá a todos os homens que exercem aquela atividade uma indicação para encontrar todas as demais pessoas de sua profissão.

Uma regulamentação que autoriza as pessoas da mesma profissão a instituir um tributo entre si mesmas para prover assistência aos pobres, doentes, viúvas e órfãos, dando-lhes assim uma causa comum para administrar, torna tais assembléias necessárias.

Uma corporação torna não somente essas assembléias necessárias, mas ainda faz que os atos da maioria constituam uma obrigação para todos. No caso de uma atividade livre, não se pode estabelecer um acordo eficaz senão pelo consentimento unânime de cada um dos indivíduos que exercem essa atividade, e tal acordo só pode durar enquanto cada um deles continuar a ter a mesma opinião. Mas a maioria dos membros de uma corporação pode instituir uma medida, com as disposições penais próprias, as quais limitarão a concorrência de maneira mais eficaz e mais duradoura do que poderia fazer qualquer outro acordo voluntário.

Não tem nenhum fundamento o argumento de que as corporações são necessárias para melhor administração da atividade a que se referem. A real e eficaz disciplina que se exerce sobre o trabalhador não é a de sua corporação, mas a dos consumidores. É o medo de perder o emprego que lhes refreia as fraudes e corrige as negligências. Uma corporação exclusiva necessariamente enfraquece a força de tal disciplina. Obriga então a empregar um grupo particular de trabalhadores, quer se comportem bem ou mal. É por essa razão que, em muitas grandes municipalidades forais, não se encontram trabalhadores passáveis, mesmo nas atividades mais indispensáveis. Caso se queira que executem o trabalho passavelmente, será necessário mandar fazê-lo nos subúrbios – onde os trabalhadores, não possuindo nenhum privilégio exclusivo, não podem contar senão com as boas qualidades que venham a ter – para em seguida introduzi-lo, tanto quanto possível, às escondidas na cidade.

É assim que a política da Europa, restringindo a concorrência em alguns empregos a um número de pessoas inferior ao das que, do contrário, estariam dispostas a deles se ocupar, gera uma enorme desigualdade na soma total das vantagens e desvantagens dos diferentes empregos do trabalho e do capital.

Em segundo lugar, a política da Europa, aumentando a concorrência em alguns empregos acima do que naturalmente ocorreria, provoca outro tipo de desigualdade, de caráter oposto ao da primeira, na soma total das vantagens e desvantagens dos diferentes empregos do trabalho e do capital.

Considera-se como algo de grande importância que um número adequado de jovens seja educado em certas profissões, propósito para o qual foi criada, às vezes pelo Estado, às vezes pela caridade de entidades privadas, uma quantidade de pensões, bolsas de estudo etc., que atiram nessas carreiras muito mais gente do que as que pretenderiam segui-las em condições normais. A meu ver, em todos os países cristãos, a educação da maior parte dos eclesiásticos é paga dessa forma. Há muito poucos entre eles que se educaram inteiramente a expensas próprias. Os que seguem tal carreira nem sempre, então, conseguem uma recompensa proporcional a uma educação que leva tanto tempo, estudo e despesa, pois a igreja se vê abarrotada de gente que, para obter emprego, está disposta a aceitar uma remuneração muito inferior a que poderia de outro modo aspirar, com uma educação análoga; e assim a concorrência dos pobres arrebata a remuneração dos ricos. Sem dúvida, seria indecoroso comparar um cura ou um capelão a um oficial-jornaleiro de qualquer outra atividade. No entanto, seria possível considerar, mesmo sem atentar contra a conveniência, que os honorários de um cura ou de um capelão são da mesma natureza que os salários desse jornaleiro. Os três são pagos pelo seu trabalho em virtude do contrato que porventura tenham celebrado com os respectivos superiores. Até a metade do século XIV, os honorários usuais de um cura ou pároco estipendiário na Inglaterra eram de 5 marcos – contendo aproximadamente a mesma quantidade de prata que 10 libras de nossa moeda corrente –, segundo nos permitem ver os decretos de vários concílios nacionais. Na mesma época, declarou-se que o pagamento de um mestre-pedreiro era de 4 pence por dia, contendo a mesma quantidade de prata que 1 shilling de nossa moeda corrente, e a de um pedreiro jornaleiro, de 3 pence por dia, equivalentes a 9 pence de nossa moeda corrente[2]. Assim, os salários desses trabalhadores, supondo-os constantemente empregados, eram muito superiores aos honorários do cura; e, supondo que o mestre-pedreiro ficasse sem trabalho durante um terço do ano, ainda assim seus salários se igualariam a esses honorários. A lei instituída no 12º ano de reinado de Ana, Capítulo 12, declara: "Onde os curas estiverem mal servidos por falta de fundos suficientes para sua manutenção e estímulo, que o bispo seja, por tal razão, autorizado a conceder, mediante escrito por ele firmado e selado, um estipêndio ou um subsídio fixo e suficiente, que nem exceda 50 libras, nem seja inferior a 20 libras por ano." Considera-se hoje que 40 libras por ano sejam uma retribuição razoável para um cura e, a despeito dessa Lei do Parlamento, há muitas curadorias recebendo menos de 20 libras por ano. Ora, há em Londres oficiais-sapateiros que ganham 40 libras por ano, e nessa capital quase não há trabalhadores industriosos, de qualquer espécie que seja, que ganhem mais de 20 libras por ano. Este último montante não excede sequer o que freqüentemente ganham os simples trabalhadores em muitas paróquias rurais. Sempre que a legislação tentou regular os salários dos trabalhadores, foi antes para os rebaixar do que

---

2. Veja-se *A lei dos trabalhadores*, promulgada por Eduardo III no 25º ano de seu reinado.

para elevá-los. Mas em muitas ocasiões a legislação concorreu para elevar os honorários dos curas, obrigando os reitores das paróquias, para manter a dignidade da Igreja, a conceder-lhes algo além do mísero sustento que de bom grado eles aceitariam. Num caso e no outro, a lei parece ter sido igualmente ineficaz, e jamais teve o poder quer de aumentar os salários dos curas, quer de rebaixar os dos trabalhadores até o grau que ela se havia proposto, pois nunca pôde evitar que os primeiros, por seu estado de indigência e pela multidão de concorrentes, consentissem em aceitar menos do que a retribuição fixada pela lei, nem que os últimos, pela concorrência contrária dos que esperavam obter lucro ou prazer em empregá-los, recebessem mais.

Os grandes benefícios e outras dignidades eclesiásticas sustentam a honra da Igreja, não obstante a condição precária de seus membros inferiores. O respeito devido à profissão, mesmo para estes últimos, compensa de algum modo a insignificância de sua remuneração pecuniária. Na Inglaterra e em todos os países católico-romanos, a loteria da Igreja é na realidade muito mais vantajosa do que seria necessário. Bastam os exemplos das Igrejas da Escócia, de Genebra, e muitas outras igrejas protestantes, para nos convencer de que, numa profissão tão prestigiosa, na qual a educação é de tão fácil acesso, a perspectiva de benefícios muito mais módicos lançará nas ordens sacras um número suficiente de homens cultos, decentes e respeitáveis.

Se proporcionalmente fosse educada uma quantidade tão grande de pessoas, à custa do público, nas profissões que não gozam de benefícios análogos aos eclesiásticos, tais como o direito e a medicina, a concorrência logo seria tão grande, que a recompensa pecuniária se reduziria consideravelmente. Ninguém então se daria o trabalho de educar, a expensas próprias, o filho numa dessas duas profissões. Estas seriam abandonadas unicamente aos que se tivessem educado pela caridade pública, e essas profissões hoje tão respeitáveis seriam completamente degradadas pela miserável retribuição com que médicos e advogados, tão numerosos e necessitados, estariam obrigados a se contentar.

Essa desafortunada categoria de indivíduos comumente chamados homens de letras pouco a pouco se encontra na mesma situação em que provavelmente se veriam os advogados e médicos, caso a hipótese acima se realizasse. A maior parte deles, em todas as regiões da Europa, educou-se para a vida eclesiástica, mas, por diversas razões, esses homens foram impedidos de entrar para as ordens sacras. Portanto, em geral receberam educação a expensas do público, e o número deles por toda parte é tão grande que normalmente se reduz o preço de seu trabalho a uma remuneração bastante minguada.

Antes da invenção da técnica da imprensa, os homens de letras não conseguiam outro emprego para tirar partido de seus talentos senão o de ensinar em instituições públicas ou privadas, ou ainda o de transmitir a terceiros os conhecimentos úteis e raros que eles próprios houvessem adquirido; e esse emprego é certamente ainda mais honroso, mais útil, e em geral mais lucrativo do que o de escrever para um editor, emprego que surgiu a partir da invenção da imprensa. O tempo e o estudo, o gênio, o saber e a aplicação necessários para formar um professor eminente nas ciências equivalem, no mínimo, aos exigidos aos mais renomados praticantes da jurisprudência e da medicina. No entanto, a remuneração normal do eminente professor não mantém nenhuma proporção com a do advogado ou do médico, pois a profissão do primeiro está tomada de pessoas indigentes instruídas à custa do público, ao passo que nas duas outras há pouquíssimos que não se tenham educado a expensas próprias. Porém, por menor que seja, a remuneração habitual dos professores públicos e particulares seria indubitavelmente menor do que é, se não se encontrasse afastada da concorrência do mercado uma porção ainda mais indigente de homens de letras, que escrevem pelo pão de cada dia. Antes da invenção da imprensa, estudante e mendigo foram, ao que parece, termos quase sinônimos, e parece também que antes dessa época os diversos reitores das universidades freqüentemente concediam aos docentes licença para mendigar.

Noutros tempos, quando não existia nenhuma dessas instituições de caridade destinadas a educar a gente pobre nas profissões cultas, as remunerações de eminentes professores eram, ao que parece, muito mais elevadas. Isócrates, em seu *Discurso contra os sofistas*, acusa de incoerência os professores de seu tempo. "Fazem a seus alunos", diz ele, "as mais magníficas promessas e tomam a seu cargo ensiná-los a ser sábios, felizes e justos e, em troca de tão importante serviço, estipulam a miserável remuneração de 4 ou 5 *minae*. Os que ensinam a sabedoria", prossegue ele, "deviam certamente ser eles próprios sábios, porque, se algum homem fosse vender tal bem a essa pechincha, decerto seria abertamente declarado louco." É evidente que Isócrates não pretende, aqui, exagerar a remuneração, e podemos estar certos de que esta não era menor do que o autor nos descreve. Quatro *minae* eram equivalentes a 13 libras, 6 shillings e 8 pence; 5 *minae*, a 16 libras, 13 shillings e 4 pence. Assim, era necessário que, naquele tempo, não se pagasse aos eminentes professores de Atenas menos do que a mais elevada das duas somas. O próprio Isócrates cobrava de cada um dos alunos 10 *minae*, isto é, 33 libras, 6 shillings e 8 pence. Quando ensinava em Atenas, dizia-se que ele possuía uma centena de alunos. Compreendo ser este o número de alunos que ele ensinava a cada vez, ou que assistiam ao que poderíamos chamar de um curso; esse número não parecerá extraordinário se considerarmos o tamanho da cidade e a fama do professor, que além disso ensinava o que era, àquela época, a mais em voga das ciências, a retórica. É necessário, portanto, que cada um dos cursos lhe proporcionasse um ganho de 1 mil *minae*, ou 3.333 libras, 6 shillings e 8 pence. Com efeito, noutro texto Plutarco nos diz que mil *minae* eram seu *didactron* ou o preço habitual de seu ensino. Muitos outros professores eminentes daqueles tempos parecem ter amealhado grandes fortunas. Górgias doou ao templo de Delfos a própria estátua em ouro maciço. Presumo, todavia, que não devamos supor que fosse em tamanho natural. Seu modo de vida, bem como o de Hípias e Protágoras, dois outros eminentes professores daqueles tempos, é descrito por Platão como de um esplendor que chegava à ostentação. Segundo se diz, o próprio Platão vivia de maneira bastante suntuosa. Aristóteles, depois de ter sido preceptor de Alexandre e ser – como todos sabem – prodigamente recompensado, tanto pelo próprio Alexandre como por seu pai Felipe, julgou que valia mais a pena regressar a Atenas e ensinar em sua escola. Professores de ciências provavelmente eram menos comuns naqueles tempos do que viriam a ser uma ou duas gerações mais tarde, quando a concorrência sem dúvida reduziu o preço de seu trabalho e a admiração que se tinha por suas pessoas. Os mais eminentes entre eles, todavia, parecem ter sempre desfrutado de um grau de consideração muito superior ao que poderia esperar hoje um homem dessa profissão. Os atenienses enviaram Carneades, o acadêmico, e Diógenes, o estóico, a uma solene embaixada em Roma; e, embora a anterior grandeza da cidade já então declinasse, ainda era uma república independente e considerável. Carneades era, além disso, babilônio de nascimento, e, como jamais povo algum se mostrou mais avesso a admitir estrangeiros em cargos públicos do que os atenienses, a consideração por ele terá sido imensa.

Em suma, essa desigualdade talvez seja antes mais vantajosa do que prejudicial ao público. Tende a degradar um pouco a profissão dos que se dedicam ao ensino público, mas sem dúvida esse pequeno inconveniente em grande medida é contrabalançado pela vantagem que resulta do baixo preço da educação nas letras. Essa vantagem seria ainda maior ao público, se a constituição dessas escolas e faculdades onde se proporciona o ensino fosse mais razoável do que é hoje na maior parte da Europa.

Em terceiro lugar, a política dos países europeus, obstruindo a livre circulação de trabalho e capital, tanto de um emprego a outro como de um lugar a outro, origina em alguns casos uma desigualdade bastante prejudicial na soma total das vantagens e desvantagens dos seus diferentes empregos.

O estatuto da aprendizagem obstrui a livre circulação do trabalho de um emprego a outro, ainda que numa mesma localidade. E os privilégios exclusivos das corporações impedem-no de circular de um lugar a outro, ainda que se trate do mesmo emprego.

Ocorre freqüentemente que, enquanto os trabalhadores ganham altos salários numa manufatura, os de outra são obrigados a se contentar com uma parca subsistência. A primeira se encontra em estado de progresso e por isso demanda incessantemente nova mão-de-obra; a outra se encontra em estado de declínio, e a superabundância de mão-de-obra aumenta continuamente. Essas duas manufaturas podem às vezes se localizar na mesma cidade, às vezes na mesma vizinhança, sem poderem fornecer uma à outra a mínima assistência. O obstáculo, no primeiro caso, é a Lei da Aprendizagem, e, no segundo, tanto esta lei como uma corporação exclusiva. Em várias manufaturas distintas, contudo, as operações são tão similares que os trabalhadores poderiam facilmente mudar de uma ocupação para outra, se essas leis absurdas não os impedissem. Por exemplo, os ofícios de tecer linho liso e seda lisa são praticamente idênticos. O de tecer lã lisa é um pouco diferente, mas a diferença é tão insignificante, que tanto o tecelão de linho como o de seda poderiam em poucos dias tornar-se bons trabalhadores nessa área. Por conseguinte, se uma dessas três manufaturas capitais viesse a decair, os trabalhadores poderiam recorrer a uma das duas outras que se encontrasse em condição mais próspera, e, desse modo, os salários nem poderiam se elevar muito na manufatura em desenvolvimento, nem se reduzir demais na atividade decadente. Na verdade, a manufatura do linho na Inglaterra, por causa de uma lei específica, encontra-se aberta a todos, mas, como esse gênero não seja muito cultivado na maior parte do país, não pode servir de recurso geral aos trabalhadores de outras manufaturas decadentes; em todos os lugares em que a Lei da Aprendizagem está em vigor, esses trabalhadores não possuem outra escolha senão recorrer à assistência da paróquia, ou ocupar-se como simples trabalhadores, empregos para os quais, em razão de seus hábitos, são muito menos qualificados do que para qualquer tipo de manufatura que guarde alguma semelhança com suas antigas ocupações. Assim, em geral preferem recorrer à caridade da paróquia.

Tudo o que obstrua a livre circulação do trabalho de um emprego a outro obstrui igualmente a circulação do capital, pois a quantidade de capital que se pode empregar num ramo qualquer de negócios depende em grande medida da quantidade de trabalho que nele se pode empregar. Os estatutos das corporações, no entanto, oferecem menos obstáculos à livre circulação do capital de um lugar para o outro do que à do trabalho. Em todos os lugares, é sempre muito mais fácil a um rico comerciante obter o privilégio de se estabelecer numa municipalidade foral, do que a um pobre artesão obter licença para nela trabalhar.

Os obstáculos que os estatutos das corporações impõem à livre circulação de trabalho são, creio eu, comuns a todos os países da Europa. Mas os que lhe impõe a Legislação sobre a Pobreza são, tanto quanto sei, exclusivos da Inglaterra. Consistem na dificuldade que o homem pobre encontra para se instalar, ou mesmo para obter a permissão para exercer seu ofício numa outra paróquia que não aquela a que pertence. Os estatutos das corporações obstruem unicamente a livre circulação do trabalho dos artesãos e trabalhadores de manufaturas. A dificuldade de obter domicílio impede até mesmo a circulação do trabalho comum. A esse respeito, não será inoportuno fornecer alguns esclarecimentos sobre a origem, o progresso e o estado atual de tal desordem, talvez a maior da polícia da Inglaterra.

Quando da demolição dos mosteiros, privaram-se os pobres da caridade das casas religiosas, e após algumas outras tentativas malsucedidas de auxiliá-los ordenou-se, mediante lei editada no 43º ano de reinado de Isabel, Capítulo 2, que cada paróquia deveria prover a subsistência de seus pobres, e que anualmente seriam nomeados inspetores dos pobres, aos quais competiria, juntamente com os curadores da igreja, colher, por meio de taxas paroquiais, as somas apropriadas para tal fim.

Essa lei impunha a todas as paróquias a obrigação inelutável de prover a subsistência de seus pobres. Tornou-se, portanto, uma questão de razoável importância saber quais eram os indivíduos que cada paróquia deveria considerar como seus pobres. Após algumas discussões, essa questão veio enfim a ser solucionada pelas leis introduzidas no 13º e 14º ano de reinado de Carlos II, quando se determinou que uma residência não contestada de quarenta dias daria direito de domicílio numa determinada paróquia, mas que, durante esse prazo, dois juízes de paz poderiam, por requisição dos curadores ou dos inspetores dos pobres, enviar todo novo habitante de volta para a última paróquia onde fixara residência legal, salvo se esse habitante viesse a alugar uma casa no valor de 10 libras por ano, ou pudesse fornecer para o desencargo da paróquia onde então residisse uma caução fixada por esses juízes.

Segundo se sabe, essa lei deu margem a que se cometessem algumas fraudes: os oficiais da paróquias por vezes subornavam seus pobres e os induziam a se estabelecer clandestinamente em outras paróquias, onde se manteriam escondidos durante os quarenta dias necessários para adquirir a licença de domicílio, a desencargo da paróquia a que realmente pertenciam. Em conseqüência, ordenou-se, por força de lei introduzida no 1º ano de reinado de Jaime II, que os quarenta dias de residência não-contestada – exigidos para ter a licença de domicílio – não começariam a correr senão na data em que o novo residente fornecesse a um dos curadores ou inspetores da paróquia onde viesse a habitar uma declaração por escrito, indicando o local de sua morada e o número de indivíduos de que a família era composta.

Mas os oficiais da paróquia, ao que parece, nem sempre se mostravam mais escrupulosos em relação às próprias paróquias do que em relação a outras, tornando-se, às vezes, coniventes com a entrada irregular de novos residentes, pois recebiam a declaração sem, no entanto, dar seguimento às conseqüentes medidas necessárias. Por isso, como se supunha que todas as pessoas na paróquia tivessem interesse em evitar, tanto quanto possível, a admissão desses intrusos que causavam o ônus das paróquias, a lei introduzida no 3º ano de reinado de Guilherme III acrescentou às disposições precedentes que o prazo de quarenta dias de residência só passasse a correr a partir da data em que a declaração fosse tornada pública, por escrito, num domingo, imediatamente após o serviço religioso.

"Por fim", diz o doutor Burn, "essa espécie de domicílio, por uma residência de quarenta dias consecutivos após a publicação da declaração por escrito, era muito raramente obtida, e a finalidade da lei é menos conceder as licenças de domicílio do que cassar as licenças das pessoas que ingressem na paróquia clandestinamente, pois o fato de apresentar a declaração equivale a atribuir à paróquia o poder de expulsar o novo habitante. Mas, se a posição deste for tal que subsistam dúvidas quanto a se está ou não sujeito à expulsão, a entrega da declaração forçará a paróquia a tomar uma destas medidas: conceder-lhe o domicílio sem contestação, deixando-lhe permanecer por quarenta dias ininterruptos, ou expulsá-lo, fazendo cumprir a lei."

Essa lei, portanto, tornou praticamente impossível aos pobres conseguir um novo domicílio segundo o antigo modo, por meio dos quarenta dias de residência. Mas, para que não parecesse impedir completamente a gente de uma paróquia de se estabelecer tranqüilamente numa outra, a lei oferecia ainda quatro outras maneiras de adquirir o direito de domicílio, sem que fosse necessário entregar ou tornar pública alguma declaração. A primeira delas consistia em ser tributado pela paróquia e realmente pagar esses tributos; a segunda, ser eleito para um dos cargos anuais da paróquia e exercê-lo durante um ano; a terceira, servir como aprendiz na paróquia; a quarta, ser contratado como criado pelo período de um ano de duração e permanecer no mesmo serviço durante todo esse tempo.

Apenas por escritura pública de toda a paróquia era possível obter direito de domicílio pelas duas primeiras vias; porém, quando um novo residente nada possuía para sobreviver além de seu trabalho, a paróquia estava ciente das conseqüências que resultariam de aceitá-lo, seja impondo-lhe os tributos paroquiais, seja elegendo-o para um cargo na paróquia.

Nenhum homem casado podia efetivamente obter o domicílio por meio das duas últimas vias. Um aprendiz é quase sempre solteiro, e está expressamente determinado que nenhum criado casado poderá obter o direito de residência por meio de um contrato de trabalho válido por um ano. O principal efeito da introdução desse modo de obter domicílio por serviço foi destruir, em grande medida, a antiga forma de contratar domésticos por um ano, método esse que antes era tão corriqueiro na Inglaterra que, mesmo nos dias de hoje, quando não se acordar um prazo específico, a lei supõe que todos os criados sejam contratados por um período de um ano. Mas os senhores nem sempre têm a intenção de conceder domicílio aos criados contratando-os dessa maneira; e os criados, por sua vez, nem sempre desejam ser assim contratados, pois, como a aquisição de um novo domicílio implica a perda de todos os anteriores, arriscam-se com isso a perder o domicílio original no seu lugar de nascimento, onde residem os pais e a família.

Assim, está claro que nenhum trabalhador independente, seja operário ou artesão, terá possibilidade de obter o direito de residência, quer pelo processo de aprendizagem, quer por serviço. Portanto, sempre que um desses homens vinha exercer sua atividade numa nova paróquia, sujeitava-se à expulsão, por mais saudável e industrioso que fosse, graças aos meros caprichos de um curador ou inspetor, a não ser que alugasse uma casa no valor de 10 libras por ano – coisa impossível para alguém que somente possui seu trabalho para viver –, ou que pudesse fornecer alguma caução, arbitrada pelos dois juízes de paz, de que não viveria à custa da paróquia. O montante dessa caução é, na verdade, deixado inteiramente à prudência dos juízes, mas podem exigir menos do que 30 libras, pois se determinou por lei que a aquisição de uma propriedade avaliada em menos de 30 libras não assegurará a ninguém o direito de domicílio, por não ser considerada quantia suficiente de que a pessoa não viverá à custa da paróquia. Ora, é praticamente impossível a um homem que vive de seu trabalho oferecer essa caução, e com freqüência se exige uma quantia ainda maior.

A fim de restabelecer em alguma medida a livre circulação de trabalho, que essas diferentes leis haviam quase inteiramente abolido, recorreu-se à invenção de certificados. Mediante leis introduzidas no 8º e 9º anos de reinado de Guilherme III, quando uma pessoa houvesse obtido da paróquia onde fixara seu último domicílio legal um certificado subscrito pelos curadores e inspetores dos pobres, e autorizado por dois juízes de paz, todas as demais paróquias seriam obrigadas a recebê-la; e ela não poderia ser expulsa pelo mero pretexto de vir a ficar a cargo da paróquia, mas apenas se efetivamente esse fato se realizasse, caso em que a paróquia que concedeu o certificado seria obrigada a reembolsar as despesas tanto da manutenção como da expulsão e mudança do pobre. E, a fim de dar à paróquia onde o portador de um certificado viesse a residir a mais perfeita segurança, a mesma lei determinou que esse portador de certificado não poderia obter o domicílio por qualquer outra via, salvo se alugasse uma casa de 10 libras por ano, ou servisse pessoalmente, durante todo um ano, num dos cargos anuais da paróquia; em conseqüência, essa pessoa não poderia obter o domicílio nem por meio de declaração, nem por meio de serviço, nem por aprendizagem, nem pelo pagamento de tributos à paróquia. Mediante a Lei I, Capítulo 18, editada no 12º ano de reinado de Ana, ordenou-se ainda que os domésticos e os aprendizes do portador de um tal certificado não poderiam obter o direito de domicílio na paróquia onde este último residisse por favor desse mesmo certificado.

Uma observação bastante judiciosa do Dr. Burn pode nos informar em que medida a invenção desses certificados restabeleceu a livre circulação do trabalho, quase inteiramente eliminada pelas leis precedentes: "É evidente", afirma ele, "que há muitas boas razões para exigir os certificados de pessoas que venham a se estabelecer numa localidade, a saber: que pessoas que têm sua residência autorizada por conta desses certificados não podem obter domicílio, nem por aprendizagem, nem por trabalho, nem por declaração, nem por pagamento de tributos à paróquia; que tais pessoas não podem conceder direito de domicílio nem a aprendizes nem a criados; que, no caso de virem a ser sustentadas pela paróquia, sabe-se seguramente para onde devolvê-las, assim como se sabe que a paróquia será reembolsada pelas despesas de remoção e subsistência durante esse tempo; enfim, que, se adoecerem e não puderem ser removidas, a paróquia que emitiu o certificado deve mantê-las; nada disso pode ser feito sem a formalidade de um certificado. Por outro lado, essas razões concorrem para que as paróquias não emitam habitualmente certificados, pois é bastante provável que os portadores deles retornem, e em condições ainda piores." A moral a se extrair dessa observação é, ao que parece, que a paróquia onde um homem pobre venha a residir devia sempre exigir-lhe o certificado, e que dificilmente a paróquia que ele se proponha abandonar há de emiti-lo. "Há algo de revoltante nessa instituição", prossegue ainda esse judicioso autor, em sua *História da legislação sobre a pobreza*, "pois atribui a um oficial da paróquia o poder de manter um homem, por toda a sua vida, numa espécie de prisão, por mais inconveniente que seja para ele permanecer no local onde teve a infelicidade de obter o que se chama de domicílio, ou por maior que seja a vantagem que possa alcançar vivendo em algum outro lugar."

Ainda que um certificado não ateste bom comportamento, e se limite a confirmar que a pessoa pertence à paróquia à qual na realidade pertence, é completamente arbitrário que os oficiais da paróquia o concedam ou recusem. Certa vez, conta-nos o Dr. Burn, exigiu-se uma ordem de *mandamus* para obrigar os curadores e os inspetores a assinarem um certificado, mas o Tribunal Superior de Justiça rejeitou a moção, considerando-a uma pretensão muito estranha.

É provavelmente aos obstáculos que um trabalhador pobre encontra, na legislação sobre os domicílios, para levar sua atividade de uma paróquia a outra, sem portar um certificado, que se deve atribuir essa grande desigualdade entre os preços do trabalho, conforme se verifica freqüentemente na Inglaterra, em locais não muito distantes uns dos outros. É verdade que um homem solteiro, que seja saudável e trabalhador, algumas vezes poderá ser aceito como residente, sem portar o certificado; porém, se um homem com esposa e filhos se arriscasse a fazê-lo, certamente seria expulso na maioria das paróquias, e em geral aconteceria o mesmo se posteriormente se casasse. Assim, a escassez de mão-de-obra numa paróquia nunca pode ser compensada pela superabundância de uma outra, como sempre se passou na Escócia e, creio eu, em todos os países onde não há entraves para a fixação de domicílio. Em tais países, embora os salários às vezes possam elevar-se um pouco nas vizinhanças de uma grande cidade, ou onde mais houver uma demanda extraordinária por trabalho, reduzem-se gradualmente conforme aumente a distância de tais lugares, até retornarem ao nível dos salários no campo; ainda assim, nunca deparamos com as diferenças súbitas e inexplicáveis entre os salários pagos em duas localidades vizinhas, tal como às vezes encontramos na Inglaterra, onde é freqüentemente mais difícil a um homem pobre atravessar as barreiras artificiais de uma paróquia do que um braço de mar ou uma cadeia de altas montanhas, barreiras naturais que, em certos casos, separam de maneira bastante clara as diferentes taxas de salários nos outros países.

Constitui flagrante violação da justiça e da liberdade natural expulsar um homem, que não cometeu nenhum delito, da paróquia onde decidiu morar. No entanto, o povo inglês, que é tão cioso de sua liberdade – embora, como os povos da maioria dos outros países, nunca perceba claramente em que ela consiste –, permanece sujeito a essa irremediável opressão já há mais de um século. Ainda que também os homens sábios às vezes denunciem a legislação sobre domicílios como um agravo público, tal legislação jamais foi objeto de protesto popular, tal como, por exemplo, ocorreu em relação aos alvarás gerais, prática indubitavelmente abusiva, mas que não ocasionava nenhuma opressão geral. Quase não existe na Inglaterra um único homem pobre, de seus quarenta anos de idade, que em algum momento da vida não se tenha sentido cruelmente oprimido por essa absurda legislação dos domicílios.

Concluirei este longo capítulo observando que, embora em tempos passados fosse habitual fixar a taxa de salários, primeiramente por leis gerais que se estendiam a todo o reino e posteriormente por ordenações particulares dos juízes de paz para cada condado, ambas essas práticas agora caíram inteiramente em desuso. "Depois de uma experiência de mais de quatrocentos anos", diz o doutor Burn, "já é tempo de deixar de lado todas as tentativas de submeter a regulamentações estritas o que, por sua própria natureza, não parece suscetível de nenhuma limitação minuciosa; pois, se todas as pessoas devessem receber salários iguais, no mesmo gênero de trabalho, não haveria emulação, e nenhum espaço seria deixado para o esforço e o engenho."

Determinadas leis do Parlamento, no entanto, algumas vezes ainda tentam regular os salários em ramos específicos de atividade e em localidades específicas. Assim é que a lei promulgada no 8º ano de reinado de Jorge III proíbe, sob punições severas, a todos os oficiais-alfaiates em Londres, e num raio de cinco milhas, pagarem a seus empregados, e a estes de receberem, mais de 2 shillings e 7 pence e meio por dia, exceto em caso de luto geral. Todas as vezes em que o legislador procura regular as diferenças entre patrões e empregados, são sempre os patrões que se consultam. Por isso, quando a regulamentação é favorável aos trabalhadores, é sempre justa e eqüitativa, o que nem sempre ocorre quando é favorável aos patrões. Daí ser justa e eqüitativa a lei que obriga os mestres de vários ofícios a pagarem os respectivos trabalhadores em dinheiro, e não em gêneros. A lei não impõe aos patrões nenhuma medida severa; apenas os obriga a pagar em dinheiro o mesmo valor que eles pretendiam pagar, mas que nem sempre realmente pagavam em espécie. Essa lei é favorável aos trabalhadores, mas a promulgada no 8º ano de reinado de Jorge III favorece os patrões. Quando estes se associam para reduzir os salários dos trabalhadores, normalmente se coligam ou entram em acordo secreto para não pagar mais do que um certo salário, sob alguma penalidade. Se os trabalhadores formassem entre eles uma liga contrária da mesma espécie, ou seja, para não aceitarem certos salários, sob determinada penalidade, a lei os puniria severamente. Ora, se fosse imparcial, a lei trataria os patrões da mesma forma. Mas a lei introduzida no 8º ano de reinado de Jorge III confere força de lei a essa regulamentação que os patrões às vezes tentam estabelecer por meio de coligações secretas. Os trabalhadores têm toda a razão de reclamar, quando dizem que essa lei coloca o trabalhador mais hábil e mais industrioso em pé de igualdade com um trabalhador comum.

Em tempos passados também era habitual a tentativa de regular os lucros de comerciantes e outros negociantes, fixando os preços tanto de víveres como de outras mercadorias. Tanto quanto sei, a lei que fixa o preço do pão é o único remanescente dessa antiga prática. Onde houver uma corporação exclusiva, talvez seja apropriado regular o preço das coisas de primeira necessidade, mas onde não houver nenhuma a concorrência regulará esse preço muito melhor do que qualquer lei. O método estabelecido mediante lei editada no 31º ano de reinado de Jorge II, para regular o preço do pão, não pôde ser posto em prática na Escócia, por causa de uma omissão da lei: a sua execução dependia de um funcionário, chamado de inspetor de comarca, função que não existe naquele país. Tal deficiência não foi corrigida até o 3º ano de reinado de Jorge III. A ausência de lei não ocasionou nenhum inconveniente relevante, e seu estabelecimento, nos poucos lugares onde ela já vigora, não produziu nenhuma vantagem notável. Na maior parte das cidades da Escócia, entretanto, há uma corporação de padeiros que reclama privilégios exclusivos, embora estes não sejam estritamente respeitados.

Já observei que a proporção entre as diferentes taxas, tanto de salários como de lucros, nos diferentes empregos do trabalho e do capital, não parece ser muito afetada pelo estado de riqueza e de pobreza da sociedade, por seu estágio crescente, estacionário ou decrescente. Tais revoluções no bem-estar público certamente exercem uma influência geral sobre a universalidade dos salários e do lucro; mas, definitivamente, essa influência age igualmente sobre todos os diferentes empregos. A proporção entre eles, portanto, deve permanecer sempre a mesma, e nenhuma dessas revoluções pode modificá-las drasticamente, ao menos durante um período de tempo considerável.

CAPÍTULO 11

Da renda da terra

A renda, considerada como o preço pago pelo uso da terra, é naturalmente o preço mais elevado que o arrendatário pode pagar, levando em conta as circunstâncias em que se encontra a terra. Ao ajustar as cláusulas do contrato de arrendamento, o proprietário faz tudo o que pode para não deixar ao arrendatário uma parcela da produção superior à suficiente para manter o capital que fornece as sementes, paga o trabalho, compra e mantém o gado e outros instrumentos agrícolas, juntamente com os lucros normais que rendem as herdades das redondezas. Essa é evidentemente a menor parcela com a qual o arrendatário pode se contentar sem sofrer prejuízo, e raramente o proprietário pretende deixar-lhe algo mais. Tudo o que resta da produção, ou, o que vem a ser o mesmo, do preço que estiver acima dessa parcela, por menor que seja, o proprietário naturalmente procura reservar para si, como renda de sua terra, a qual será, obviamente, a renda mais elevada que o arrendatário poderá pagar, dadas as características da terra. Às vezes, na verdade, por generosidade, e mais freqüentemente por ignorância, o proprietário consente em receber algo inferior a essa parcela; e às vezes, igualmente, embora mais raramente, por ignorância, o arrendatário aceita pagar mais, ou a se contentar com algo um tanto abaixo dos lucros correntes do capital empregado na lavoura das redondezas. Essa parcela, contudo, pode ainda ser considerada como a renda natural da terra, ou a renda pela qual a terra é naturalmente alugada na maioria dos casos.

Pode-se pensar que a renda da terra não seja freqüentemente mais do que um lucro ou juro razoável, correspondente ao capital empregado pelo proprietário na melhoria da terra. Sem dúvida, há circunstâncias em que a renda poderia ser considerada em parte como tal; mas dificilmente isso acontecerá mais do que em parte. O proprietário exige uma renda mesmo para a terra que não sofreu benfeitorias, e o suposto lucro ou juro sobre as despesas de melhoramento não é em geral senão uma adição a essa renda primitiva. Tais benfeitorias, além disso, nem sempre são pagas pelo capital do proprietário, sendo, em vez disso, pagas pelo do arrendatário. Quando o arrendamento é renegociado, entretanto, o proprietário normalmente exige o mesmo aumento da renda, como se ele houvesse feito as benfeitorias.

Algumas vezes ele exige uma renda daquilo que é absolutamente incapaz de receber benfeitorias pelas mãos dos homens. A salicórnia é uma espécie de alga marinha que, quando queimada, expele um tipo de sal alcalino, útil para a fabricação de vidro, sabão e para muitos outros propósitos. Cresce em diversas regiões da Grã-Bretanha, particularmente na Escócia, mas apenas em rochas que ficam submersas na maré cheia e que, portanto, são cobertas pelo mar duas vezes ao dia, e cujo produto, por conseguinte, não foi jamais aumentado pelo esforço humano. Contudo, um proprietário cujas terras sejam limitadas pelo litoral, e na qual cresçam salicórnias, exige uma renda por seu uso, assim como pelo uso dos trigais.

Nas proximidades das ilhas Shetland, o mar é extraordinariamente abundante em peixes, que compõem grande parte da subsistência de seus habitantes. Entretanto, para conseguir tirar vantagens dos produtos do mar, é necessário possuir uma habitação junto ao litoral. A renda do proprietário é proporcional não ao que o arrendatário pode conseguir pelo uso da terra, mas antes ao que ele pode extrair da terra e das águas. Ela se paga em parte em pescados, e essa região nos oferece um desses exemplos extremamente raros em que a renda constitui uma das partes do preço dessa mercadoria.

A renda da terra, considerada como o preço pago pelo seu uso, é então naturalmente um preço de monopólio. Não é de maneira alguma proporcional às benfeitorias que o proprietário pode ter feito na terra, ou ao valor que ele pode exigir; é, sim, proporcional ao que o arrendatário consente em pagar.

Somente é possível levar ao mercado aquelas partes do produto da terra cujo preço normal seja suficiente para repor o capital empregado para levá-las até lá, juntamente com os lucros normais desse capital. Se o preço corrente for superior a esse montante, a parcela excedente irá naturalmente para a renda da terra. Mas, se não for superior, a mercadoria poderá muito bem ser levada ao mercado, porém não será suficiente para fornecer uma renda ao proprietário. Se o preço será ou não superior a esse montante, trata-se de algo que depende da demanda.

Há algumas parcelas do produto da terra cuja demanda deve ser sempre tal que mantenha um preço mais elevado do que o suficiente para levá-las ao mercado; há outras cuja demanda pode ser alternativamente tal que mantenha ou não um preço mais elevado do que o suficiente. As primeiras devem sempre proporcionar uma renda ao proprietário; as últimas algumas vezes a proporcionam, e outras vezes não, conforme as diferentes circunstâncias.

É portanto necessário observar que a renda entra na composição do preço das mercadorias de maneira diferente dos salários e dos lucros. Salários e lucros elevados são causas de um preço elevado; baixos salários e lucros são causas de preço reduzido; uma renda elevada ou baixa renda é o seu efeito; o preço de uma mercadoria particular é elevado ou baixo porque é preciso, para levá-la ao mercado, pagar salários e lucros elevados ou baixos. Mas, inversamente, é porque seu preço é elevado ou reduzido, é porque é bastante superior ou bastante inferior, ou equivalente ao necessário para pagar os salários e os lucros, que essa mercadoria proporciona uma renda elevada ou uma baixa renda, ou nenhuma renda.

Considerarei em particular: primeiro, as partes do produto da terra que sempre proporcionam alguma renda; segundo, as que algumas vezes a proporcionam e outras vezes não; e, terceiro, as variações que, em diferentes períodos de progresso, ocorrem naturalmente no valor relativo dessas duas diferentes espécies de produtos, seja quando comparados um ao outro, seja quando comparados às mercadorias manufaturadas. Essas três considerações dividirão este capítulo em três partes.

Parte I

Dos produtos da terra que sempre proporcionam renda

Uma vez que os homens, como todos os outros animais, se multiplicam naturalmente em proporção aos meios de subsistência, o alimento sempre encontra demanda, em menor ou maior grau. Em todos os tempos, o alimento pode comprar ou comandar uma quantidade maior ou menor de trabalho, e sempre se encontram indivíduos dispostos a fazer qualquer coisa para o obter. Na verdade, a quantidade de trabalho que o alimento pode comprar nem sempre equivale à que permitiria manter, se fosse distribuído da maneira mais econômica, por conta dos altos salários que são pagos algumas vezes pelo trabalho. Mas o alimento sempre permite comprar uma quantidade de trabalho tal que ele possa manter, conforme taxa a que esse tipo de trabalho é normalmente mantido nas redondezas.

Ora, em quase todas as localidades, a terra produz uma quantidade de alimentos superior à suficiente para manter todo o trabalho que é necessário para levá-la para o mercado, sendo superior até mesmo ao necessário para o manter da maneira mais liberal possível. O excedente do alimento é também sempre superior ao que é suficiente para repor, com lucro, o capital que empregou esse trabalho. Assim, sempre resta algo para pagar a renda do proprietário.

Os mais desertos pântanos da Noruega e da Escócia produzem uma espécie de pastagem para o gado, que, com seu leite e a multiplicação das crias, sempre é suficiente, não apenas para manter todo o trabalho necessário para cuidar desse gado mas para pagar ao arrendatário ou dono do rebanho os lucros normais de seu capital, mas também para proporcionar uma pequena renda para o proprietário. A renda aumenta conforme a qualidade da pastagem. Pois a mesma extensão de terra não apenas mantém uma maior quantidade de cabeças, mas, como são criadas num espaço menor, é necessário menos trabalho para criá-las e recolher o seu produto. O proprietário ganha das duas formas: pelo aumento do produto e pela diminuição do trabalho necessário para manter esse produto.

A renda varia não apenas conforme a fertilidade da terra, seja qual for a produção desta, mas também conforme sua localização, seja qual for sua fertilidade. A terra situada nas cercanias de uma cidade confere uma renda maior do que uma terra igualmente fértil situada numa região remota do país. Embora o cultivo destas possa não exigir mais trabalho do que o daquelas, sempre custará mais para levar ao mercado o produto da terra longínqua. É necessário então que este último produto mantenha uma quantidade maior de trabalho e que, por conseguinte, o excedente, do qual são extraídos os lucros do arrendatário e a renda do proprietário, seja reduzido. Mas, como já se mostrou, nas regiões remotas do país a taxa de lucros geralmente é mais elevada do que nas cercanias de uma cidade grande. Portanto, desse excedente já reduzido, somente uma parte bastante pequena deverá pertencer ao proprietário da terra.

Boas estradas, canais e rios navegáveis, reduzindo a despesa de transporte, aproximam do nível comum as regiões remotas do país e as vizinhanças da cidade. São, por conta disso, o mais importante de todos os progressos; incentivam o cultivo das terras mais afastadas, que necessariamente formam, num país, a parte mais extensa de sua superfície. Trazem vantagens às cidades, pois quebram o monopólio dos campos nas suas vizinhanças; trazem vantagens até mesmo a esta última região do país. Embora permitam introduzir no antigo mercado alguns gêneros rivais de produto, abrem também a esse produto muitos novos mercados. O monopólio, além disso, é um dos grandes inimigos da boa administração, que nunca pode se estabelecer universalmente num país, senão em conseqüência da competição livre e universal que força a todos a ela recorrer, para a defesa de seus próprios interesses. Já faz mais de cinqüenta anos que alguns dos condados vizinhos de Londres apresentaram uma petição ao Parlamento contra o projeto de estender as estradas com pedágios aos condados mais afastados da capital. Tais condados distantes, diziam eles, por causa do baixo preço da mão-de-obra, estariam em condições de vender pastagens e trigo a preços mais baratos do que eles no mercado de Londres, e dessa forma reduziriam sua renda e arruinariam seu cultivo. No entanto, desde essa época os reclamantes viram elevarem-se suas rendas e melhorar seu cultivo.

Um trigal de fertilidade moderada produz uma quantidade muito maior de alimentos para o homem do que a melhor das pastagens de extensão equivalente. Embora o cultivo exija muito mais trabalho, o excedente que resta após a reposição das sementes e a manutenção de todo o trabalho é ainda bastante considerável. Assim, supondo-se que uma libra de carne jamais pudesse valer mais do que uma libra de pão, esse maior excedente seria por toda parte de valor superior e constituiria um fundo maior tanto para o lucro do arrendatário como para a renda do proprietário. É o que parece ter ocorrido universalmente nos primórdios da agricultura.

Mas os valores relativos dessas duas diferentes espécies de alimento, pão e carne bovina, têm sido muito diferentes nos distintos períodos da agricultura. Nos seus primórdios, os ermos sem benfeitorias, que então ocupavam a maior parte do país, estavam todos abandonados ao gado. Havia mais carne bovina do que pão, e o pão, portanto, era o produto pelo qual havia maior concorrência e, em razão disso, alcançava o maior preço. Em Buenos Aires, segundo nos informa Ulloa, há quarenta ou cinqüenta anos o preço normal de uma cabeça de gado era de 4 reais, equivalentes a 21 pence esterlino e meio. Ele nada diz sobre o preço do pão, provavelmente porque não encontrou nada de relevante sobre isso. Uma cabeça de gado lá, diz ele, custa pouco mais do que o trabalho de a laçar. Mas o trigo não pode ser cultivado em parte alguma sem uma grande quantidade de trabalho; e num país situado às margens do rio da Prata, que era naquela época a rota direta da Europa para as minas de prata de Potosí, o preço em dinheiro do trabalho não poderia ser muito barato. O caso é outro quando o cultivo se estende pela maior parte do país. Então há mais carne bovina do que pão. A concorrência toma uma outra direção, e o preço da carne bovina torna-se superior ao do pão.

Além disso, à medida que o cultivo se estende, as terras incultas se tornam insuficientes para suprir a demanda por carne bovina. Uma grande porção das terras cultivadas é necessariamente empregada na criação e engorda do gado, cujo preço, portanto, deverá ser suficiente para pagar não apenas o trabalho necessário nessa atividade, mas também a renda do proprietário e o lucro que o arrendatário poderia obter de tal terra caso ela fosse empregada em agricultura. Quando levado ao mesmo mercado, o gado criado no mais inculto dos pântanos é vendido, em proporção ao peso ou qualidade, pelo mesmo preço que o gado mantido na terra mais preparada. Os proprietários desses pântanos lucram com isso e aumentam a renda de suas terras em proporção ao preço de seu gado. Não há mais de um século que, em muitos lugares das Terras Altas da Escócia, a carne bovina era vendida ao mesmo preço ou mais barata do que o pão de aveia. Pela união dos dois reinos, o mercado da Inglaterra se abriu para o gado dessa região*. O preço normal é atualmente três vezes superior ao do início do século, e as rendas de muitas propriedades na região triplicaram ou quadruplicaram no mesmo período. Em quase todas as regiões da Grã-Bretanha, uma libra de carne da melhor qualidade em geral vale, atualmente, mais do que duas libras do melhor pão branco, e nos anos de abundância algumas vezes chega a valer três ou quatro libras.

É dessa maneira que, com o progresso das benfeitorias, a renda e o lucro das pastagens incultas se regulam em alguma medida pela renda e pelo lucro das que são cultivadas, e estes, por sua vez, pela renda e pelo lucro do trigo. O trigo permite uma colheita anual. A carne bovina é uma cultura cuja produção exige quatro a cinco anos. Ora, como um acre de terra produzirá uma quantidade muito menor da primeira espécie de alimento do que a segunda, é necessário que a inferioridade na quantidade seja compensada pela superioridade no preço. Se fosse mais do que compensada, mais terras para o cultivo de trigo seriam convertidas em pastagens; e, se não fosse compensada, parte do que era pastagem seria reconvertida em trigal.

Deve-se todavia compreender que é somente numa grande parte das terras cultivadas de um país que pode ter

---

* Escócia e Inglaterra se uniram numa só unidade administrativa em 1707. Como resultado da incorporação, o Parlamento escocês foi encerrado, e o Parlamento de Westminster recebeu, por sua vez, 45 comuns e 16 pares como representantes da Escócia. A união beneficiou a Escócia pela possibilidade de realizar livre comércio com a Inglaterra e suas colônias, pela salvaguarda de sua Igreja Estatal presbiteriana e preservação do sistema jurídico. (N. R. T.)

lugar essa igualdade entre a renda e o lucro das pastagens e os do trigo; entre a terra cujo produto imediato é o alimento para o gado e aquela cujo produto imediato é o alimento para o homem. Há situações locais particulares em que ocorre exatamente o contrário, e em que a renda e o lucro das pastagens são muito superiores ao que se pode obter com o trigo.

Assim, nas vizinhanças de uma grande cidade a demanda por leite e forragem para os cavalos freqüentemente contribui, juntamente com o alto preço da carne bovina, para elevar o valor da pastagem acima do que se pode chamar de sua proporção natural para com o trigo. É evidente que essa vantagem local não pode se transmitir às terras situadas a qualquer distância.

Circunstâncias específicas às vezes tornaram certos países tão populosos, que todo o território, à semelhança das terras situadas nas vizinhanças de uma cidade grande, não foi suficiente para produzir a um só tempo a pastagem e o trigo necessários para a subsistência de seus habitantes. As terras foram, por isso, basicamente empregadas na produção de pastagens, como o gênero mais volumoso e mais difícil de transportar de grandes distâncias; e o trigo, alimento da maioria da população, foi predominantemente importado de países estrangeiros. Tal é atualmente a situação da Holanda, e tal parece ter sido a situação de uma parte considerável da antiga Itália, durante a prosperidade dos romanos. Segundo Cícero, Catão, o velho, dizia que alimentar o gado era a primeira e mais lucrativa finalidade da administração de propriedade; a segunda era alimentá-lo medianamente bem, e a terceira, alimentá-lo mal. Classificava o arado apenas em quarto lugar, no que se refere ao lucro e à vantagem. Na verdade, nessa antiga parte da Itália, vizinha de Roma, a agricultura deve ter sido extremamente desestimulada pelas freqüentes distribuições de trigo que se faziam ao povo gratuitamente ou a um preço muito baixo. Esse trigo era trazido das províncias conquistadas, dentre as quais muitas, em vez de pagar tributos, eram obrigadas a fornecer à República $^1/_{10}$ de sua produção a um preço fixo, de cerca de seis pence por celamim. O baixo preço a que o trigo era distribuído ao povo deve necessariamente ter reduzido o preço pelo qual o trigo do Lácio ou do antigo território de Roma poderia ser trazido ao mercado de Roma, e deve ter desestimulado seu cultivo nesse país.

Além disso, em campos abertos, cuja principal produção é o trigo, uma pastagem bem cercada freqüentemente renderá mais do que qualquer trigal das vizinhanças. Isso é conveniente para a manutenção do gado empregado no cultivo do trigo e, nesse caso, a alta renda que proporciona não será propriamente paga pelo valor da própria produção, mas antes pela produção dos trigais cultivados com a ajuda desse produto. Se as terras vizinhas jamais vierem a ser completamente cercadas, é provável que essa renda caia. A alta renda que atualmente na Escócia proporciona a terra cercada parece dever-se à escassez de cercamentos, e provavelmente não irá durar mais do que essa escassez. A vantagem do cercamento é maior para a pastagem do que para o trigo. Esse expediente poupa o trabalho de guardar o gado, que se alimenta melhor, ademais, quando não está sujeito a ser incomodado pelos pastores ou seus cães.

Mas, quando não há nenhuma vantagem local desse tipo, a renda e o lucro do trigo, ou mesmo outro vegetal de que se alimente habitualmente do povo, devem naturalmente regular, na terra adequada para produzi-lo, a renda e o lucro das pastagens.

É de esperar que o uso de pastagens artificiais, de nabos, cenouras, couve, e todos os demais expedientes utilizados para fazer que uma igual quantidade de terra alimente um maior número de cabeças de gado do que a pastagem natural, tenha contribuído para diminuir um pouco a superioridade que o preço da carne bovina naturalmente possui sobre o do pão num campo com benfeitorias. Assim parece ter efetivamente ocorrido; e há algumas razões para crer que, pelo menos no mercado de Londres, o preço da carne bovina é atualmente menos elevado proporcionalmente ao preço do pão, do que era no início do século passado.

No apêndice à *Vida do príncipe Henrique*, o doutor Birch nos dá uma relação dos preços que normalmente esse príncipe pagava pela carne bovina. Segundo o que se diz ali, quatro quartos de uma cabeça de gado pesando 600 libras habitualmente lhe custavam 8 libras e 10 shillings, aproximadamente; isto é, 31 shillings e 8 pence por cem libras-peso. O príncipe Henrique morreu em 6 de novembro de 1612, no décimo nono ano de sua vida.

Em março de 1764, houve um inquérito parlamentar para averiguar as causas dos altos preços dos víveres àquela época. Dentre outras provas relativas ao objeto desse inquérito, um comerciante da Virgínia, apresentado como testemunha, declarou que em março de 1763 ele abastecia seus navios ao custo de 24 ou 25 shillings por 100 libras-peso de carne, o que ele considerava como o preço normal, enquanto naquele ano de alta de preços ele havia pago 27 shillings pelos mesmos peso e qualidade da carne. Contudo, esse elevado preço de 1764 era 4 shillings e 8 pence inferior ao preço normalmente pago pelo príncipe Henrique, e é necessário observar que somente a carne de melhor qualidade é apropriada a ser salgada para essas viagens de longa distância.

O preço pago pelo príncipe Henrique eleva-se a $3^{3/4}$ de pence por libra-peso de toda a carcaça, considerando-se conjuntamente os cortes de pior e melhor qualidade, e a esse preço os cortes de melhor qualidade não poderiam ser vendidos no varejo por menos de $4^{1/2}$ ou 5 pence a libra-peso.

No inquérito parlamentar de 1764, as testemunhas afirmaram que o preço dos melhores cortes da carne de melhor qualidade era de 4 a $4^{1/4}$ pence a libra para o consumidor; e o dos cortes inferiores em geral variava de 7 *farthings** a 2½ ou 2¾ pence; afirmaram, ainda, que em geral esse preço era meio penny mais caro do que aquele pelo qual a carne de mesma qualidade era habitualmente vendida no mês de março. Ora, mesmo esse alto preço ainda é razoavelmente mais barato do que parece ter sido o preço normal no varejo à época do príncipe Henrique.

Durante os primeiros doze anos do século passado, o preço médio do melhor trigo no mercado de Windsor era de 1 libra, 18 shillings e 3⅙ pence por uma quarta de 9 *bushels*** de Winchester.

Mas nos doze anos que precederam 1764, compreendendo-se também este ano, o preço médio da mesma medida do melhor trigo no mesmo mercado era de 2 libras, 1 shilling e 9½ pence.

Portanto, parece que, nos primeiros doze anos do século passado, o trigo era bem mais barato, e a carne bovina razoavelmente mais cara, do que nos doze anos anteriores a 1764, incluindo este ano.

Em todos os grandes países, a maior parte das terras cultivadas era empregada na produção de alimento para o homem ou alimento para o gado. A renda e o lucro destas terras regulam a renda e o lucro de todas as demais terras cultivadas. Se algum produto específico proporcionasse menos do que aqueles, a terra logo seria redirecionada para a produção de trigo ou de pastagens; e, se algum proporcionasse algo a mais, alguma porção das terras empregadas para a produção de trigo e pastagens logo seria direcionada para essa produção.

Na verdade, os gêneros de produção que exigem ou maior despesa inicial em benfeitorias, ou maior despesa anual de cultivo para preparar a terra, parecem normalmente proporcionar, no primeiro caso, uma renda maior ou, no

---

* Um *farthing* consiste na quarta parte de um penny. (N. T.)

** Medida inglesa de capacidade para cereais equivalente a 36,367 litros. (N. T.)

último caso, um lucro maior do que as de trigo e pastagens. Tal superioridade, entretanto, raramente resultará em algo mais do que um juro ou uma compensação razoável para a mencionada superioridade da despesa.

Uma plantação de lúpulo, um pomar ou uma horta parecem geralmente proporcionar, tanto ao proprietário como ao arrendatário, rendas e lucros maiores do que um trigal ou um pasto. Mas o tratamento do solo para tais culturas também exige maiores despesas. Daí que seja devida uma renda maior ao proprietário. Exigem igualmente uma administração mais diligente e qualificada. Daí que seja devido um lucro maior ao arrendatário. Além disso, a colheita é mais precária, ao menos nos casos das plantações de lúpulo e dos pomares. É necessário então que o preço dessa colheita, além de compensar todas as perdas ocasionais, proporcione algo semelhante a um prêmio de seguro. A situação dos jardineiros, em geral humilde e sempre moderada, mostra-nos bastante bem que normalmente um engenho assim difícil não é muito remunerado. Há tantos homens ricos que se dedicam por lazer a essa encantadora arte, que pouca vantagem podem obter dela os que praticam por dinheiro, pois que as pessoas que deveriam naturalmente ser seus melhores consumidores já suprem a si mesmas de todos os seus mais preciosos produtos.

Não parece que, em tempo algum, a vantagem que um proprietário retira dessas espécies de benfeitorias exceda o suficiente para compensar a despesa que originalmente custaram. Na agricultura antiga, depois das vinhas, uma horta bem irrigada era, ao que parece, a parte da fazenda da qual se esperava o produto mais valioso. Mas Demócrito, que escreveu sobre a atividade agrícola desenvolvida há cerca de dois mil anos, e que era considerado pelos antigos como um dos pais dessa arte, pensava que não agia com sabedoria o homem que cercava uma horta. O lucro, dizia ele, não compensaria a despesa de um muro de pedras; e os tijolos (ele se referia, suponho eu, a tijolos secos ao sol) se degradavam com a chuva e com as tempestades de inverno, exigindo contínuos reparos. Columela*, que relata essa opinião de Demócrito, não o contradiz, mas propõe um método bastante econômico para erguer cercados com sarças e silvas, que, afirma ele, a experiência o ensinara formarem um cercado tão duradouro como intransponível, o qual porém não era, segundo parece, conhecido no tempo de Demócrito. Paládio adota a opinião de Columela, que já antes havia sido fortemente recomendada por Varrão. De acordo com o julgamento desses antigos agricultores, o produto de uma horta era, ao que parece, um pouco mais do que o suficiente para pagar a cultura e as despesas extraordinárias de irrigação, pois, em países tão próximos ao sol, julgava-se apropriado então, como ainda se julga agora, ter à disposição uma corrente de água que se pudesse conduzir a todos os canteiros da horta. Hoje em dia, em quase toda a Europa, não se supõe que uma horta mereça um cercado melhor do que o recomendado por Columela. Na Grã-Bretanha e em alguns outros países nórdicos, as frutas de melhor qualidade não podem ser cultivadas à sua perfeição senão com o auxílio de um muro. Em conseqüência, nesses países, é necessário que seu preço seja suficiente para pagar as despesas de construção e manutenção dessa benfeitoria, sem o que sua obtenção seria impossível. Freqüentemente esse muro do pomar cerca também a horta, que desfruta assim do benefício de uma cerca, a qual seu próprio produto raramente poderia pagar.

Ao que parece, era máxima indubitável na antiga agricultura, tal como é ainda hoje nos países de vinícolas, que a vinha é o produto mais valioso de um arrendamento, quando cultivada de maneira apropriada e levada à perfeição. Mas a vantagem de plantar uma nova vinha era objeto de controvérsia entre os antigos agricultores italianos,

---

* O texto de Columela citado por Smith é *De re rustica*, XI, 3. (N. R. T.)

conforme nos ensina Columela. Como verdadeiro amante das culturas singulares, decide em favor da plantação de novas vinhas e procura mostrar, comparando os lucros e as despesas, que essa era uma das benfeitorias mais vantajosas. No entanto, essas espécies de comparações entre o lucro e a despesa de novos empreendimentos estão normalmente sujeitas a inúmeros erros, e na agricultura mais do que em qualquer outro negócio. Se essas plantações proporcionassem tantos benefícios como imaginava, não haveria controvérsias a esse respeito. A mesma questão até hoje é debatida nos países vinicultores. Os que escrevem sobre agricultura nesses países, amantes e promotores do cultivo intensivo, parecem, é verdade, geralmente dispostos a decidir com Columela em favor das novas vinhas. O que parece confirmar ainda mais sua opinião é a ansiedade manifestada, na França, pelos proprietários de vinhas antigas e sua preocupação em impedir a plantação de novas. Esse fato parece indicar, entre as pessoas que possuem maior experiência, um reconhecimento tácito de que essa espécie de cultivo é atualmente, nesse país, mais lucrativa do que qualquer outra. Ao mesmo tempo parece indicar, contudo, uma outra opinião, qual seja, de que esse lucro superior não pode durar mais do que as leis que atualmente restringem o livre cultivo da vinha. Em 1731, esses proprietários obtiveram uma ordem do conselho proibindo tanto que se plantassem novas vinhas como que se renovassem as antigas cultivadas por dois anos, a não ser com permissão específica do rei, a ser concedida apenas em conseqüência de uma informação do intendente da província, certificando que ele havia examinado a terra, e que esta era incapaz de acolher qualquer outra cultura. O suposto motivo dessa ordem era a escassez de trigo e pastagens, e a superabundância de vinho. Mas, fosse essa superabundância real, ela impediria, sem nenhuma ordem do conselho, eficazmente a plantação de novas vinhas, reduzindo o lucro dessa espécie de cultivo abaixo de sua proporção natural com o lucro do trigo e das pastagens. Com respeito à suposta escassez de trigo, causada pela multiplicação das vinhas, em nenhum lugar da França o trigo é mais cuidadosamente cultivado do que nas províncias vinícolas, tais como a Borgonha, Guiana e no Alto Languedoc, onde a terra é apropriada para produzir trigo. A quantidade de mão-de-obra que uma espécie de cultura emprega necessariamente incentiva a outra, porque a primeira proporciona um mercado pronto para o produto da segunda. O expediente menos promissor de incentivar o cultivo de trigo consiste, sem dúvida, em diminuir o número dos que são capazes de pagar por ele; é semelhante a uma política que desejasse promover a agricultura desestimulando as manufaturas.

Portanto, a renda e o lucro dessas produções que exigem maior despesa inicial em benfeitorias para tornar a terra apropriada, ou maior despesa para seu cultivo anual, embora sejam freqüentemente muito superiores aos do trigo e das pastagens, desde que não façam mais do que compensar tais despesas extraordinárias, ainda assim são regulados pelas rendas e pelos lucros dessas duas espécies comuns de colheitas.

Na verdade, às vezes ocorre que a quantidade de terra que se pode adequar para um produto específico é excessivamente reduzida para suprir a demanda efetiva. Nesse caso, todo o produto pode ser vendido aos que estão dispostos a ceder algo a mais do que o suficiente para pagar a totalidade da renda, os salários e o lucro necessários para produzi-lo e levá-lo ao mercado, de acordo com as taxas naturais, ou de acordo com as taxas às quais eles são pagos na maior parte das demais terras cultivadas. Nesse caso, e apenas nesse caso, a parcela excedente do preço, que resta após abatida toda a despesa com as benfeitorias e o cultivo, pode facilmente não manter nenhuma proporção regular com o excedente correspondente no preço do trigo ou das pastagens; ela pode mesmo superá-lo num grau quase ilimitado, e a maior parte desse excedente naturalmente vai para a renda do proprietário.

Por exemplo, a proporção habitual e natural entre a renda e o lucro do vinho, por um lado, e a renda e o lucro do trigo e das pastagens, por outro, somente se verifica em relação às vinhas que produzem apenas o vinho comum, isto é, o vinho que pode ser produzido em quase todos os lugares, seja qual for a característica do solo – leve, pedregoso ou arenoso –, e cujas únicas qualidades a recomendá-lo são o vigor e a salubridade. É apenas com tais vinhas que a terra comum do país pode competir, mas é evidente que isso não pode ocorrer em relação a vinhos de qualidade peculiar.

De todas as árvores frutíferas, a vinha é mais afetada pelas diferenças de solo. Certos terrenos, conforme se supõe, dão ao vinho um sabor que nenhuma técnica de cultivo ou de cuidado permite igualar em qualquer outro terreno. Esse sabor, real ou imaginário, às vezes é peculiar ao produto de um pequeno número de vinhas; às vezes ele se estende pela maior parte de uma pequena região, e às vezes ainda por parte considerável de uma vasta província. A quantidade de tais vinhos que se leva ao mercado é inferior à demanda efetiva, ou à demanda dos que estariam dispostos a pagar a totalidade da renda, do lucro e dos salários necessários para prepará-los e levá-los até lá, de acordo com as taxas normais, ou as taxas às quais eles são pagos em vinhas comuns. Toda essa quantidade pode então ser vendida aos que estão dispostos a pagar mais, o que necessariamente eleva o preço desses vinhos acima dos vinhos comuns. A diferença é maior ou menor conforme a voga ou a raridade do vinho tornem a concorrência entre os compradores mais ou menos intensa. Seja qual for essa diferença, a maior parte vai para a renda do proprietário, pois, embora tais vinhas sejam em geral cultivadas com mais cuidado do que a maioria das demais, o elevado preço do vinho parece ser menos o efeito que a causa desse cultivo mais cuidadoso. No caso de um produto tão valioso, a perda ocasionada pela negligência é tamanha, que força até mesmo os mais negligentes a lhe dedicarem atenção. Uma pequena parte desse elevado preço, portanto, é suficiente para pagar os salários do trabalho extraordinário aplicado no cultivo, e os lucros do capital extraordinário que põe esse trabalho em movimento.

As colônias açucareiras que as nações européias possuem nas Índias Ocidentais podem ser comparadas às preciosas vinhas. A totalidade de seu produto é inferior à demanda efetiva da Europa e pode encontrar compradores entre os que estão dispostos a pagar mais do que a totalidade da renda, dos lucros e dos salários necessários para prepará-lo e levá-lo ao mercado, de acordo com a taxa à qual eles são normalmente pagos por qualquer outro produto. Segundo o Sr. Poivre[3], observador muito cuidadoso da agricultura da Cochinchina, o açúcar branco da melhor qualidade normalmente é vendido por 3 piastras o quintal, ou seja, cerca de 13 shillings e 6 pence de nossa moeda. O que lá se denomina quintal pesa de 150 a 200 libras de Paris, ou seja, em média 175 libras de Paris, o que, reduzindo o preço do quintal inglês a cerca de 8 shillings esterlinos, não atinge nem a quarta parte do que normalmente se paga pelos açúcares marrom e mascavo importados de nossas colônias, ou a sexta parte do que se paga pelo açúcar branco de melhor qualidade. Na Cochinchina, a maior parte das terras cultivadas é empregada para produzir trigo e arroz, que constituem o alimento da maior parte do povo. Os respectivos preços do trigo, arroz e açúcar provavelmente lá se encontram em sua proporção natural, ou na que naturalmente se estabelece entre os diferentes produtos da maioria das terras cultivadas, e que é capaz de recompensar o proprietário e o arrendatário, tão bem quanto se possa estimar, de forma compatível com as despesas comuns em benfeitorias iniciais e no cultivo anual.

---

3. *Voyages d'un philosophe ou observations sur les moeurs et les artes des peuples de l'Áfrique, de l'Ásie et de l'Amérique.*

Mas, em nossas colônias açucareiras, o preço do açúcar não mantém proporção com o do produto de uma plantação de arroz ou trigo na Europa ou na América. Normalmente se diz que o plantador de açúcar espera que o rum e o melaço paguem toda a despesa de seu cultivo, e que todo açúcar se converta em lucro líquido. Se isso for verdade – o que não tenho a intenção de afirmar –, tudo se passa como se um plantador de trigo esperasse abater a despesa de cultivo com o feno e a palha, e que todo o grão se convertesse em lucro líquido. Freqüentemente vemos companhias de comerciantes em Londres e em outros municípios com foral comprarem terras incultas em nossas colônias açucareiras, nas quais esperam fazer benfeitorias e cultivar com lucro por meio de feitores e agentes, não obstante a grande distância e os retornos incertos da deficiente gestão da justiça nessas colônias. Ora, ninguém se empenhará em melhorar e cultivar da mesma maneira as mais férteis terras da Escócia, da Irlanda ou das províncias produtoras de trigo da América do Norte, embora a administração mais exata da justiça nesses países permita que se possam esperar retornos mais regulares.

Na Virgínia e em Maryland, o cultivo do tabaco é preferido ao do trigo, por ser mais lucrativo. O tabaco poderia ser cultivado com vantagens na maior parte da Europa; mas quase em toda parte esse artigo tornou-se objeto preferencial de tributação, e se supôs que seria mais difícil recolher impostos de cada um dos diferentes estabelecimentos agrícolas no país onde essa planta fosse cultivada, do que tributar sua importação na alfândega. É por essa razão que, na maior parte da Europa, a mais absurda das proibições impede o cultivo do tabaco, o que necessariamente confere uma espécie de monopólio aos países onde esse cultivo é permitido; e, como Virgínia e Maryland produzem a maior quantidade de tabaco, dividem uma grande parte, embora com alguns concorrentes, das vantagens desse monopólio. O cultivo do tabaco, entretanto, parece não ser tão vantajoso como o do açúcar. Jamais ouvi falar de alguma plantação de tabaco que houvesse sido preparada e cultivada pelo capital de comerciantes residentes na Grã-Bretanha, e nunca vemos chegar de nossas colônias produtoras de tabaco colonos tão ricos como freqüentemente vemos chegar das nossas ilhas produtoras de açúcar. Embora a preferência dada nessas colônias ao cultivo do tabaco em detrimento do trigo leve a imaginar que ainda não se supriu completamente a demanda efetiva da Europa por tabaco, é provável que esta demanda esteja mais próxima de se suprir do que a do açúcar; e embora o atual preço do tabaco seja provavelmente mais do que suficiente para pagar a totalidade da renda, dos salários e do lucro necessários para prepará-lo e levá-lo ao mercado, de acordo com a taxa à qual normalmente são pagos nos trigais, ele não deve superar essa taxa na mesma proporção que o preço atual do açúcar. Por isso os nossos plantadores de tabaco têm revelado o mesmo medo da superabundância do produto que os proprietários das antigas vinhas na França têm em relação ao vinho. Por meio de lei da assembléia, eles restringiram o cultivo a seis mil pés (que se supõe rendam 1.000 libras-peso de tabaco), para cada negro entre dezesseis e sessenta anos de idade. Calcularam que cada negro dessa idade, além dessa quantidade de tabaco que pode fornecer, pode ainda cultivar quatro acres de trigo indiano. Para evitar também que o mercado fique superabastecido, algumas vezes, em anos de fartura, queimaram uma certa quantidade de tabaco, por negro, segundo nos diz o Dr. Douglas[4] (que, suspeito, tenha sido mal informado), do mesmo modo como se diz que os holandeses fazem com as especiarias. Se é necessário empregar métodos tão violentos para manter o atual preço do tabaco, a vantagem dessa cultura sobre a de trigo, se é que ainda há alguma, provavelmente não durará muito.

---

4. Douglas, *Summary*, vol. II, pp. 372-3.

É dessa maneira que a renda da terra cultivada para produzir o alimento dos homens regula a renda da maior parte das outras terras cultivadas. Nenhum produto específico pode proporcionar, por muito tempo, uma renda inferior, pois nesse caso a terra imediatamente se converteria para outro uso. E, se algum produto proporciona normalmente mais do que isso, é porque a quantidade de terra que lhe pode ser adequada é muito pequena para suprir a demanda efetiva.

Na Europa, o trigo constitui o principal produto da terra que serve imediatamente como alimento para os homens. Exceto em situações particulares, portanto, a renda dos trigais regula na Europa a de todas as demais terras cultivadas. A Grã-Bretanha não precisa então invejar nem as vinhas da França, nem as oliveiras da Itália. Salvo em situações eventuais, o valor destes cultivos é regulado pelo do trigo, com relação aos quais a fertilidade da Grã-Bretanha não é inferior à desses dois países.

Em qualquer país, se o alimento vegetal comum e favorito do povo fosse extraído de uma planta que a mais comum das terras, com o mesmo ou quase o mesmo grau de cultivo, produzisse em quantidade muito superior aos mais férteis trigais, a renda do proprietário, ou a quantidade excedente de alimento que restaria para ele, após pagar o trabalho e repor o capital do arrendatário, juntamente com os lucros normais, seria necessariamente muito maior. Sem considerar a taxa normal de subsistência do trabalho nesse país, o maior excedente sempre poderia manter uma quantidade maior de trabalho e conseqüentemente permitiria ao proprietário comprar ou adquirir uma quantidade maior dele. O valor real de sua renda, seu real poder e autoridade, seu domínio dos artigos necessários à vida e ao conforto que o trabalho de outros lhe fornece, seriam necessariamente muito maiores.

Um campo de arroz produz uma quantidade muito maior de alimentos do que o mais fértil trigal. O produto comum de um acre equivale, segundo se diz, a duas colheitas ao ano, de 30 a 60 *bushels* cada uma. Assim, embora seu cultivo exija mais trabalho, resta um excedente muito maior depois de mantido todo o trabalho. Nos países produtores de arroz, por conseguinte, onde esse vegetal é o alimento comum e favorito do povo, e onde compõe a principal subsistência do trabalhador que o cultiva, ao proprietário deveria caber, desse excedente maior, uma parcela superior à que lhe cabe nos países produtores de trigo. Na Carolina, onde os colonos, tal como em outras colônias britânicas, geralmente são a um só tempo arrendatários e proprietários, e onde, por conseqüência, a renda se confunde com o lucro, o cultivo do arroz é considerado mais lucrativo do que o trigo, embora os campos de arroz produzam apenas uma colheita por ano, e embora, por causa do predomínio de costumes europeus, o povo não faça do arroz seu alimento vegetal comum e favorito.

Uma boa lavoura de arroz é um verdadeiro pântano em todas as estações do ano, e numa das estações torna-se um pântano inteiramente coberto de água. Esse campo é impróprio para o trigo, as pastagens, a vinha, ou, de fato, para qualquer outro produto vegetal que seja de grande utilidade para os homens; e todas as terras propícias a essas diversas culturas são inteiramente inadequadas para o plantio de arroz. Assim, mesmo nos países produtores de arroz, a renda das terras que o produzem não pode regular a renda das demais terras cultivadas, que nunca podem ser convertidas para o cultivo desse produto.

O alimento produzido por um campo de batatas não é inferior em quantidade ao produzido por um campo de arroz, e é muito superior ao que é produzido por um campo de trigo. Doze mil unidades de peso de batatas para um acre de terra não são uma produção maior do que duas mil unidades de peso de trigo. Na verdade, o alimento real ou a substância nutritiva que se pode extrair de cada um desses dois vegetais não é completamente proporcional ao seu peso, por conta da elevada concentração de água das batatas. Concedendo, entretanto, que metade do peso dessa raiz se constitua de água – o que é um exagero – , um acre de batatas ainda produzirá seis mil unidades de peso de alimento sólido produzidas por um acre de batatas, ou seja, três vezes a quantidade produzida por um acre de trigo. Custa menos cultivar um acre de batatas do que um acre de trigo; o pousio, que geralmente precede a semeadura desse cereal, mais do que compensa a monda e outros cuidados extraordinários sempre dispensados às batatas. Se essa raiz em algum momento se tornasse, em qualquer parte da Europa, tal como o arroz em alguns países produtores, o alimento vegetal comum e favorito das pessoas, ocupando a mesma proporção das terras em cultivo que atualmente ocupam o trigo e outros gêneros de grãos que servem de alimento para o homem, a mesma quantidade de terra cultivada manteria um número muito maior de pessoas, e, alimentando-se os trabalhadores de maneira geral com batatas, um maior excedente restaria depois da reposição de todo o capital e a subsistência de todo o trabalho empregado no cultivo. Pertenceria também ao proprietário uma porção maior desse excedente. A população cresceria, e as rendas se elevariam muito acima dos valores atuais.

As terras propícias ao cultivo de batatas são igualmente propícias ao cultivo de quase todos os demais vegetais úteis. Se ocupassem a mesma proporção de terras cultivadas que atualmente ocupa o trigo, elas regulariam, da mesma maneira, a renda da maior parte das demais terras cultivadas.

Disseram-me que, em algumas regiões de Lancashire, o pão de farinha de aveia é considerado um alimento mais nutritivo para os trabalhadores do que o pão de trigo, e com freqüência ouvi que na Escócia se tem a mesma opinião. No entanto, tenho algumas dúvidas de que isso seja verdade. Em geral, o homem comum da Escócia, que se alimenta de farinha de aveia, não é nem tão forte, nem possui tão bom aspecto como esse mesmo homem da Inglaterra, que se alimenta com pão de farinha de trigo. Tampouco trabalha tão bem, ou tem tão boa aparência; e, como não se observa a mesma diferença entre pessoas de posição elevada em cada um desses países, a experiência pareceria mostrar que o alimento da gente comum na Escócia não é tão conveniente para a constituição humana como o das pessoas da mesma classe na Inglaterra. Mas parece que não se passa a mesma coisa com as batatas. Os carregadores de liteiras, freteiros e carregadores de carvão em Londres, assim como as desafortunadas mulheres que vivem da prostituição, talvez os mais fortes homens e as mais belas mulheres nos domínios britânicos, vêm, em sua maioria, dos mais baixos estratos sociais da Irlanda, que geralmente se alimentam com aquela raiz. Não há nenhum alimento que forneça prova mais decisiva de sua qualidade nutritiva, ou de ser particularmente adequado à saúde da constituição humana.

É difícil conservar as batatas o ano inteiro, e impossível estocá-las, como o trigo, por dois ou três anos consecutivos. O medo de não poder vendê-las antes que apodreçam desencoraja o cultivo, e talvez seja o principal obstáculo a que elas venham a ser algum dia, em qualquer grande país, o principal alimento vegetal de todas as diferentes classes do povo, como o pão.

Parte II

Dos produtos da terra que algumas vezes proporcionam renda, e outras vezes não

Os produtos que servem à alimentação do homem parecem ser os únicos produtos da terra que sempre e necessariamente proporcionam alguma renda ao proprietário. Os outros gêneros de produtos algumas vezes podem proporcioná-la, e outras vezes não, de acordo com as diferentes circunstâncias.

As duas maiores necessidades do homem, depois da alimentação, são a vestimenta e a habitação.

A terra, em seu rude estado primitivo, pode fornecer as matérias-primas para o vestuário e a habitação a um número de pessoas muito maior do que poderia alimentar. Depois de cultivada, a terra às vezes pode alimentar um número maior de pessoas do que as que pode suprir dessas matérias-primas, ao menos da maneira como as desejam e estão dispostas a pagá-las. Assim, no primeiro estado, há sempre superabundância dessas matérias-primas, as quais, por essa razão, com freqüência são de pouco ou nenhum valor. No outro, há uma freqüente escassez, o que necessariamente aumenta seu valor. No primeiro estado, uma grande parte dessas matérias-primas é jogada fora como inútil, e o preço das que são utilizadas é considerado como equivalente apenas ao trabalho e às despesas necessárias para as tornar úteis. Não podem, por conseqüência, proporcionar nenhuma renda ao proprietário das terras. No outro, elas são totalmente utilizadas, e freqüentemente há demanda por mais do que se pode obter. Sempre se encontra alguém disposto a dar, por toda parcela dessas matérias-primas, mais do que é suficiente para pagar a despesa de transportá-las ao mercado. Seu preço, por conseguinte, sempre pode proporcionar alguma renda para o proprietário das terras.

As primeiras matérias-primas empregadas para o vestuário foram as peles dos animais de maior porte. Assim, entre as nações de caçadores e pastores, cujo alimento se compõe principalmente da carne desses animais, todo homem, ao prover-se de alimentos, também se provê de mais vestes do que pode usar. Se não houvesse comércio exterior, a maioria delas seria jogada fora, como coisas sem valor. É isso o que provavelmente sucedeu entre os povos caçadores da América do Norte antes da descoberta de seu país pelos europeus, com os quais agora trocam a quantidade excedente de suas peles por cobertores, armas de fogo e aguardente, o que confere certo valor a esse excedente. No atual estado comercial do mundo conhecido, mesmo as mais bárbaras nações, creio eu, entre as quais a propriedade da terra se encontra estabelecida, têm algum comércio exterior dessa espécie e encontram, para todas as matérias-primas de vestuário que suas terras produzem, e que não podem ou ser preparadas, ou consumidas entre elas mesmas, uma demanda tão forte da parte de seus vizinhos mais ricos, que seu preço é elevado acima do que custa enviá-las ao mercado. Esse preço fornece então alguma renda para o proprietário da terra. Quando os habitantes das Terras Altas da Escócia consumiam, nas suas próprias colinas, a maior parte do gado, a exportação das peles desses animais se transformou no artigo mais considerável do comércio desse país, e o que recebiam em troca por elas proporcionava algum acréscimo à renda das propriedades dessa região. A lã da Inglaterra, que nos tempos antigos não podia ser consumida nem manufaturada no país, encontrou um mercado em Flandres, então bastante superior à Inglaterra em riqueza e atividade, e seu preço contribuiu para aumentar um pouco a renda do país que a produzia. Em países que não foram mais bem cultivados do que era a Inglaterra à época, ou não mais cultivados do que as Terras Altas da Escócia atualmente, e que não tinham comércio exterior, as matérias-primas do vestuário existiriam em tal quantidade, que uma grande parte delas seria jogada fora como inútil, e o que restasse não proporcionaria nenhuma renda ao proprietário da terra.

As matérias-primas destinadas à habitação nem sempre podem ser transportadas por tão longas distâncias como as matérias-primas do vestuário, e não se tornam tão prontamente objeto de comércio exterior. Quando são superabundantes no país que as produz, freqüentemente ocorre que, mesmo no atual estado comercial do mundo, elas não tenham nenhum valor para o proprietário da terra. Uma boa pedreira nas vizinhanças de Londres proporciona uma renda considerável, porém não proporciona nada em muitas regiões da Escócia e de Gales. A madeira para construção é de grande valor num país populoso e bem cultivado, e a terra que a produz proporciona uma renda considerável. Mas, em muitas regiões da América do Norte, o proprietário da terra ficaria muito grato a quem desejasse se desfazer da maior parte de suas árvores de grande porte. Em algumas partes das Terras Altas da Escócia, por falta de estradas e vias fluviais, a casca é a única parte da madeira que pode ser enviada para o mercado. O lenho é abandonado para apodrecer no solo. Quando há uma tal superabundância das matérias-primas da habitação, a parte da madeira que se utiliza vale apenas o trabalho e a despesa de adequá-la a esse uso. A madeira não proporciona nenhuma renda ao proprietário, que geralmente cede o direito de uso dela a quem se dá o trabalho de pedi-la. Todavia, às vezes é possível retirar dessas matérias-primas alguma renda, se há demanda por parte de nações mais ricas. A pavimentação das ruas de Londres forneceu aos proprietários de rochas estéreis da costa da Escócia meios de extrair alguma renda do que jamais houvera antes proporcionado alguma. As madeiras da Noruega e do litoral do mar Báltico encontraram em muitas regiões da Grã-Bretanha um mercado que nunca poderiam encontrar no próprio país, e por esse meio proporcionaram alguma renda a seus proprietários.

Os países são populosos não em proporção ao número de pessoas que sua produção pode vestir e abrigar, mas em proporção às que pode alimentar. Quando não falta o alimento, é fácil encontrar as roupas e as habitações necessárias. Mas é possível ter estes últimos em abundância e experimentar freqüentemente grande dificuldade em encontrar alimento. Em algumas localidades, mesmo na Inglaterra, o trabalho de um único homem, num só dia, pode construir o que se denomina de casa. As vestimentas das espécies mais simples, as peles de animais, exigem um pouco mais de trabalho para que sejam preparadas e colocadas em condições de uso. Ainda assim, não exigem muita elaboração. Entre os povos selvagens e bárbaros, a centésima parte, ou pouco mais, do trabalho de todo o ano será suficiente para provê-los desse gênero de vestimenta e abrigá-los para satisfazer a maior parte das pessoas; as outras noventa e nove partes freqüentemente não são mais do que suficientes para provê-los de alimentos.

Mas quando, por meio das benfeitorias e do cultivo da terra, o trabalho de uma única família pode fornecer alimentos para duas, então o trabalho de metade da sociedade basta para alimentar o todo. Assim, a outra metade, ou pelo menos a maior parte dessa outra metade, pode empregar-se para fazer outras coisas, ou para satisfazer outras necessidades e fantasias dos homens. Os principais objetos da maioria dessas necessidades e fantasias são o vestuário, a habitação, os móveis da casa, e o que se chama de equipagem. O homem rico não consome mais alimentos do que o mais pobre de seus vizinhos. Eles podem ser bastante diferentes quanto à qualidade e exigir muito mais de trabalho e arte para selecioná-los e prepará-los; mas, no que diz respeito à quantidade, quase não há diferença. Comparemos, por outro lado, os vastos palácios e o amplo guarda-roupa de um com a choupana e os poucos andrajos do outro, e perceberemos que, quanto à vestimenta, às habitações e à mobília, a diferença é quase tão grande em quantidade como é em qualidade. Em todo homem, o apetite por alimentos é limitado pela estreita capacidade do estômago; ao desejo por conforto e ornamentos arquitetônicos, vestes, equipagem e mobília, entretanto, não é possível estabelecer limites determinados. Portanto, os que têm à disposição mais alimentos do que eles mesmos podem consumir estão sempre dispostos a trocar o excedente, ou, o que é a mesma coisa, o preço deste excedente por deleites desse outro gênero. O que excede a satisfação do desejo limitado destina-se ao deleite desses desejos que não podem ser satisfeitos e parecem absolutamente infinitos. Os pobres, para conseguir alimentos, esforçam-se para satisfazer as fantasias dos ricos, e para estarem mais certos ainda de os conseguir rivalizam uns com os outros pelo baixo preço e pela perfeição do trabalho. O número de trabalhadores aumenta à medida que aumenta a quantidade de alimentos, ou à medida que o cultivo e a benfeitoria das terras crescem; e, como a natureza de suas ocupações admite a mais completa subdivisão do trabalho, a quantidade de matérias-primas que eles podem preparar aumenta numa proporção infinitamente superior a seu número. Daí nasce a demanda por todo gênero de matéria-prima que o invento humano pode empregar de maneira útil ou ornamental, na construção, no vestuário, na equipagem ou no mobiliário; daí a procura por fósseis e minerais contidos nas entranhas da terra, e pelos metais e pedras preciosos.

Assim, não somente é do alimento que a renda retira sua primeira origem, mas toda parte suplementar do produto da terra que vier posteriormente proporcionar uma renda derivará essa adição de valor ao desenvolvimento das forças produtivas do trabalho na produção de alimentos, por meio do cultivo e da melhoria da terra.

Contudo, as outras partes do produto da terra, que posteriormente passam a proporcionar uma renda, nem sempre conseguem proporcioná-la. Mesmo nos países desenvolvidos e cultivados, a demanda nem sempre é tão intensa que proporcione um preço superior ao suficiente para pagar o trabalho, e repor, juntamente com os lucros normais, o capital que precisa ser empregado para levá-los ao mercado. Se essa demanda é ou não suficiente, depende das diferentes circunstâncias.

Por exemplo, a renda que proporciona uma mina de carvão depende em parte de sua fecundidade e em parte de sua localização.

Pode-se dizer que em geral uma mina é fecunda ou estéril segundo a quantidade de minerais que uma certa quantidade de trabalho pode extrair seja superior ou inferior à que uma mesma quantidade de trabalho extrairia da maior parte das outras minas da mesma espécie.

Algumas minas de carvão cuja localização é vantajosa não podem ser exploradas por causa de sua esterilidade. O produto extraído não paga as despesas. Não podem, portanto, proporcionar nem lucro, nem renda.

Há algumas minas cujo produto mal chega a ser suficiente para pagar o trabalho e repor, juntamente com os lucros normais, o capital empregado na exploração. Elas proporcionam algum lucro ao empreiteiro da exploração, mas nenhuma renda ao proprietário. Assim, não podem ser exploradas de maneira vantajosa por ninguém além do proprietário, que, tornando-se ele mesmo o empreiteiro, ganha os lucros normais do capital que emprega. Há na Escócia muitas minas de carvão que são exploradas dessa maneira e não podem ser de outra. O proprietário não permitirá que ninguém a explore sem pagar alguma renda, e ninguém pode consentir com tal pagamento.

No mesmo país, há outras minas de carvão que são suficientemente fecundas, mas que não podem ser exploradas por conta de sua localização. Com a quantidade normal de trabalho, ou até menos do que isso, seria possível extrair da mina a quantidade de minerais suficiente para abater a despesa de exploração; mas numa região isolada, pouco habitada e que não possui boas estradas, nem navegação, não seria possível vender essa quantidade de mineral.

O carvão mineral é um combustível menos agradável do que a madeira; aliás, dizem também que é menos saudável. O custo do carvão mineral, portanto, deve em geral ser menor, no lugar onde é consumido, do que o da madeira.

O preço da madeira varia conforme o estágio da agricultura, aproximadamente da mesma maneira, e precisamente pela mesma razão, que o preço do gado. Quando a agricultura ainda se encontra nos seus primórdios, a maior parte do território de um país está coberta de árvores que não passam então de um mero estorvo sem valor para o proprietário da terra, e este de bom grado as entregaria a qualquer um para a derrubada. À medida que avança a agricultura, as florestas são destruídas pela extensão do cultivo e, de outro lado, decrescem em conseqüência do elevado número de cabeças de gado. Embora estes animais não se multipliquem na mesma proporção que o trigo – aquisição que se deve inteiramente à atividade humana –, ainda assim a propagação da espécie é favorecida pelos cuidados e pela proteção dos homens. Pois, estocando nos períodos de abundância o necessário para mantê-los nos períodos de escassez, fornecem-lhes durante o ano inteiro uma quantidade de alimento maior do que a natureza inculta poderia prover-lhes; além disso, ao destruir e extirpar o que poderia prejudicá-los, asseguram-lhes o livre desfrute de tudo o que a natureza oferece. Os numerosos rebanhos bovinos que se deixam livres para vagar pelas florestas, embora não destruam as árvores antigas, impedem as novas de vingarem, de maneira que, no transcorrer de um ou dois séculos, toda a floresta se encontra devastada. Então a escassez de madeira eleva o preço desse artigo, que passa a proporcionar uma boa renda, e às vezes o proprietário das terras descobre que dificilmente pode empregar suas melhores terras de maneira mais vantajosa do que destinando-as à madeira para construção, cuja venda proporciona um lucro que muitas vezes compensa a lentidão dos retornos. Ao que parece, esse é aproximadamente, nos dias de hoje, o estado de coisas em muitas regiões da Grã-Bretanha, onde se verifica que os lucros da plantação de florestas são equivalentes tanto aos do cultivo de trigo como aos das pastagens. No entanto, em lugar algum o benefício que o proprietário de terras retira de uma floresta pode exceder, ao menos por um período considerável, a renda que as outras duas atividades proporcionam; e numa região interior, altamente cultivada, com freqüência ocorre que esse benefício não é inferior a essa renda. De fato, numa região bastante desenvolvida, situada na costa marítima, se é possível obter facilmente carvão mineral para a utilização como combustível, às vezes pode ser menos dispendioso importar a madeira de países estrangeiros menos cultivados do que desenvolver essa atividade no próprio país. Na nova cidade de Edimburgo, construída há poucos anos, talvez não haja uma única tábua de madeira escocesa.

Seja qual for o preço da madeira, se o preço do carvão mineral é tal que a despesa com a queima é quase igual à da madeira, podemos estar seguros de que nesse lugar, e nessas circunstâncias, o preço do carvão mineral atinge o valor máximo. É isso o que aparentemente ocorre em alguns lugares do interior da Inglaterra, especialmente em Oxfordshire, onde é habitual, mesmo nas lareiras da gente comum, misturar o carvão mineral e a madeira, e onde, por conseguinte, não pode existir grande diferença entre as despesas com esses dois gêneros de combustível.

O preço do carvão mineral, nos países produtores, encontra-se por toda parte muito abaixo desse preço máximo. Não fosse assim, essa mercadoria não poderia comportar a despesa do transporte de longa distância, seja por terra ou por água. Nesse caso, apenas seria possível vender uma pequena quantidade, e os donos de carvoaria, assim como os proprietários das minas, consideram mais vantajoso vender uma grande quantidade por um preço um pouco acima do preço mínimo, do que vender uma pequena quantidade pelo preço máximo. Além disso, a mina de carvão mais fecunda regula o preço do carvão de todas as outras minas em sua vizinhança. Tanto o proprietário como o empreiteiro do trabalho consideram que possam obter, o primeiro, uma renda maior, e o outro, um lucro maior, vendendo mais barato que todos os seus vizinhos. Estes logo se vêem obrigados a vender pelo mesmo preço, embora não lhes seja tão vantajoso, e embora o preço sempre se reduza, chegando às vezes a nada proporcionar como renda ou como lucro. Algumas minas são inteiramente abandonadas; outras não podem proporcionar nenhuma renda, somente podendo ser exploradas pelos proprietários.

O preço mínimo pelo qual se pode vender o carvão mineral durante um certo tempo é, como todas as outras mercadorias, o preço meramente suficiente para repor, juntamente com os lucros normais, o capital empregado para levá-lo ao mercado. No caso de uma mina de carvão de que o proprietário não retira renda alguma, e que ele precisa explorar por si mesmo ou abandonar completamente, o preço do carvão deve em geral se aproximar bastante desse preço.

A renda do carvão mineral, se é que proporciona alguma, geralmente participa menos dos preços do que a renda da maior parte dos demais produtos brutos da terra. Segundo se supõe, a renda de uma exploração agrícola atinge, em média, ⅓ do produto bruto, e trata-se, em geral, de uma renda certa, independente das variações ocasionais na colheita. No caso das minas de carvão, ⅕ do produto bruto já é considerado uma renda bastante expressiva; a renda corrente é de ¹/₁₀, renda esta que raramente é fixa, pois depende das variações ocasionais no produto. Estas variações são tão grandes que, num país onde se estima que o valor da produção de trinta anos seja apenas um preço moderado pela transmissão das propriedades fundiárias, o valor da produção de dez anos é considerado um bom preço para uma mina de carvão.

O valor que uma mina de carvão possui para seu proprietário com freqüência depende tanto de sua localização como de sua fecundidade. O valor de uma mina de metais depende mais de sua fecundidade, e menos de sua localização. Os metais de qualidade inferior – e, com mais razão ainda, os preciosos, quando separados do minério – são tão valiosos que em geral cobrem o custo do transporte a uma distância bastante grande por terra, e a qualquer distância por mar. Seu mercado não se restringe aos países vizinhos à mina, estendendo-se, ao contrário, a todo o mundo. O cobre do Japão é um dos artigos de comércio da Europa; o ferro da Espanha é um dos artigos do comércio do Chile e Peru; a prata do Peru não segue somente para a Europa, mas também desta para a China.

Ao contrário, o preço do carvão mineral em Westmoreland ou Shropshire pouca influência pode ter sobre o preço em Newcastle, e o preço em Lionnois não exercerá sobre o dos primeiros nenhuma espécie de influência. Os produtos de minas de carvão tão distantes nunca podem competir uns com os outros. Mas os produtos das mais distantes minas de metais com freqüência podem, e de fato geralmente é o que ocorre. Portanto, nas minas mais fecundas do mundo o preço dos metais de qualidade inferior, e mais ainda o dos preciosos, deve necessariamente afetar mais ou menos o preço dos metais em todas as outras minas. O preço do cobre no Japão necessariamente exerce alguma influência sobre o preço deste metal nas minas da Europa. O preço da prata no Peru, ou a quantidade, seja de trabalho, seja de quaisquer outras mercadorias que possa comprar, deve exercer alguma influência sobre seu preço, não apenas nas minas de prata da Europa, mas também nas da China. Depois da descoberta das minas de prata no Peru, as minas da Europa foram em sua maioria abandonadas. O valor da prata ficou tão reduzido, que o produto destas não mais era suficiente para pagar as despesas com a extração, ou repor, juntamente com lucro, as despesas com alimentação, vestimentas, moradia e outras coisas necessárias que eram consumidas durante essa operação. O mesmo ocorreu em relação às minas de Cuba e de São Domingos, e mesmo em relação às antigas minas do Peru, depois da descoberta das minas de Potosí.

Assim, regulando-se o preço de cada metal em todas as minas, em certa medida, pelo preço desse metal na mina mais fecunda do mundo atualmente em exploração, na maior parte das minas esse preço não permitirá mais do que o pagamento das despesas de exploração, e raramente proporcionará uma renda muito elevada ao proprietário. Por isso, na maior parte das minas a renda parece não participar senão de uma pequena parcela do preço dos metais de qualidade inferior, e de uma parcela ainda menor no caso dos metais preciosos. O trabalho e o lucro absorvem a maior parte desse preço.

A renda média das minas de estanho da Cornualha, as mais fecundas que se conhecem no mundo, eleva-se a ⅙ do produto bruto, segundo nos informa o reverendo Sr. Borlace, vice-diretor das minas. Algumas, afirma ele, proporcionam mais, e outras menos. A renda de várias minas de chumbo bastante fecundas, situadas na Escócia, é também de ⅙ do produto bruto.

Frezier e Ulloa nos asseguram que, nas minas de prata do Peru, o proprietário com freqüência não impõe nenhuma outra condição ao arrendatário da mina, além de exigir que a trituração do minério seja feita na sua usina, pagando-lhe a maquia normal ou o preço da extração. Com efeito, até 1736 o tributo devido ao rei da Espanha perfazia ⅕ da prata-padrão, o que até então se poderia considerar como a renda real da maior parte das minas de prata do Peru, as mais ricas de que se tem conhecimento no mundo. Se lá não houvesse nenhum imposto sobre o produto, essa quinta parte naturalmente pertenceria ao proprietário, e com isso seria possível explorar muitas minas que até então não podiam ser exploradas, pois não tinham como pagar esse tributo. Supõe-se que o imposto sobre o estanho, devido ao duque de Cornualha, supere 5%, ou 1/20 de seu valor, e, seja qual for essa proporção com o produto bruto, o montante desse imposto pertenceria naturalmente ao proprietário da mina, se o estanho estivesse livre de impostos. Ora, se somarmos um vinte avos à sexta parte, veremos que a totalidade da renda média das minas de estanho na Cornualha estava para a totalidade da renda média das minas de prata do Peru assim como 13 está para 12. Mas as minas de prata do Peru não podem hoje pagar sequer essa reduzida renda, e em 1736 o tributo sobre a prata reduziu-se de ⅕ para ⅒ de seu valor. Além disso, mesmo esse tributo sobre a prata torna mais tentador o contrabando do que o imposto de ¹⁄₂₀ sobre o estanho, e é muito mais fácil realizar contrabando com mercadorias valiosas do que com um gênero de volume considerável. Por isso se diz que quase nada se paga do tributo devido ao rei da Espanha, enquanto o tributo devido ao Duque de Cornualha é pago a contento. Por conseguinte, é provável que a renda constitua uma parcela maior do preço do estanho nas minas mais fecundas do mundo do que a da prata nas minas de igual condição. Ao que parece, depois de reposto o capital empregado na exploração dessas diferentes minas, juntamente com os lucros normais, os metais de qualidade inferior deixam ao proprietário um remanescente maior que os metais preciosos.

Os lucros dos arrendatários das minas de prata também não são muito elevados no Peru. Os respeitáveis e bem informados autores já citados nos dão conta de que, quando alguém assume a exploração de uma nova mina no Peru, passa a ser universalmente considerado como homem fadado à falência e à ruína, e por tal razão todos se afastam, evitando manter relações com ele. A prospecção de minas, ao que parece, é lá considerada do mesmo modo que aqui, como uma loteria na qual os prêmios não compensam as perdas, embora a grandeza de algumas delas seja uma tentação a que muitos aventureiros arrisquem sua fortuna em projetos tão temerários.

Todavia, como o soberano retira uma parcela considerável de sua receita do produto das minas de prata, a legislação no Peru incentiva por todos os meios possíveis a descoberta e exploração de novas minas. Quem descobre uma nova mina tem direito de entrar na posse de um terreno de 246 pés de comprimento, na suposta direção do veio, por metade dessa medida de largura. Ele torna-se, então, proprietário dessa porção da mina, podendo explorá-la sem pagar nada ao proprietário da terra. Os interesses do Duque de Cornualha provocaram uma regulamentação aproximadamente do mesmo tipo nesse antigo ducado. Qualquer pessoa que descubra uma mina de estanho nos terrenos ociosos e não demarcados pode fixar seus limites até uma certa extensão, o que se chama de "demarcar uma mina". Aquele que assim a demarca torna-se o seu real proprietário e pode explorá-la por si mesmo, ou arrendá-la para outrem, sem necessidade do consentimento do proprietário do terreno, a quem, entretanto, deve pagar uma pequena taxa sobre a exploração. Em cada uma dessas regulamentações, sacrificam-se os sagrados direitos da propriedade privada em nome do suposto interesse das receitas públicas.

Incentivos idênticos à descoberta e exploração de novas minas de ouro são oferecidos no Peru, e o tributo devido ao rei eleva-se então apenas $1/20$ do metal padrão. Tal tributo já foi de $1/5$, e depois de $1/10$, assim como ocorreu com a prata; mas considerou-se que a exploração não poderia pagar nem mesmo a mais baixa dessas taxas. Contudo, se é raro, afirmam os mesmos autores (Frezier e Ulloa), encontrar alguém que tenha amealhado fortuna com a exploração de minas de prata, é ainda muito mais raro encontrar alguém que a tenha amealhado com a exploração de uma mina de ouro. A renda total que se paga pela maioria das minas de ouro no Chile e no Peru parece ser de $1/20$. Com efeito, o ouro está muito mais sujeito ao contrabando do que a prata, não apenas por conta da superioridade do valor do metal em relação ao volume, mas por conta da maneira peculiar como a natureza o produz. Raramente se encontra prata virgem, pois, como a maioria dos outros metais, ela geralmente se mineraliza com algum outro corpo, do qual é impossível separá-la em quantidades suficientes para pagar a despesa de extração, salvo por meio de uma operação muito lenta e laboriosa que só pode ser bem executada em instalações erigidas para tal propósito e, portanto, expostas à inspeção dos fiscais do rei. O ouro, ao contrário, é quase sempre encontrado em estado virgem. Às vezes é encontrado em pepitas de certo volume, e mesmo quando misturado a pequenas e quase imperceptíveis partículas de areia, terra e outros corpos estranhos, pode ser destes separado por meio de uma operação bastante simples e rápida, que qualquer um, em posse de uma pequena quantidade de mercúrio, pode executar na própria casa. Portanto, se já é precário o pagamento ao rei do tributo sobre a prata, provavelmente o pagamento do tributo sobre o ouro será ainda mais sofrível, de modo que a renda comporá uma parcela do preço do ouro muito inferior à relativa ao preço da prata.

O preço mínimo pelo qual é possível vender, durante um certo período de tempo, os metais preciosos, isto é, a menor quantidade de outras mercadorias pelas quais podem ser trocados, regula-se pelos mesmos princípios que determinam o preço normal mínimo de todas as outras mercadorias. O que o determina é o capital normalmente necessário para levar os metais da mina ao mercado, ou seja, o alimento, as roupas e a habitação que normalmente devem ser consumidos para isso. É preciso que esse preço seja pelo menos suficiente para repor esse capital, juntamente com os lucros normais.

Seu preço máximo, entretanto, não parece ser necessariamente determinado por alguma outra circunstância, senão pela escassez ou fecundidade efetiva desses mesmos metais. Não é determinado pelo preço de qualquer outra mercadoria, como o preço do carvão mineral é determinado pelo da madeira, acima do qual não pode jamais se elevar, por mais raro que seja o carvão. Por outro lado, que se aumente a escassez do ouro a um certo grau, e sua menor partícula pode tornar-se mais preciosa do que um diamante, e trocar-se por uma quantidade maior de outras mercadorias.

A demanda desses metais provém em parte de sua utilidade e em parte de sua beleza. Excetuando o ferro, o ouro e a prata talvez sejam mais úteis do que qualquer outro metal. Por estarem menos sujeitos à ferrugem e às impurezas, é mais fácil mantê-los limpos, e por isso os utensílios da mesa e da cozinha são sempre mais agradáveis quando fabricados com esses metais. A chaleira de prata é mais limpa do que a de chumbo, cobre ou estanho, e a mesma qualidade torna uma chaleira de ouro um artefato melhor do que uma de prata. O principal mérito desses metais, todavia, provém de sua beleza, o que os faz particularmente adequados para ornamentos de vestuário e mobiliário. Não há nenhuma pintura ou coloração que seja tão esplêndida como o dourado. O mérito de sua beleza se avulta fortemente pela escassez. Para a maior parte das pessoas abastadas, o principal desfrute da riqueza consiste em ostentá-la, e aos olhos dessas pessoas o desfrute nunca é tão completo como quando parecem possuir esses sinais decisivos da opulência que ninguém mais pode possuir além delas mesmas. A seus olhos, o mérito de um objeto com algum grau de utilidade ou de beleza é infinitamente realçado por sua escassez, ou pelo imenso trabalho que é necessário empregar para obtê-lo numa quantidade considerável, trabalho este que somente elas têm condições de pagar. Os ricos estão dispostos a comprar tais objetos a um preço muito superior ao de coisas muito mais belas e úteis, que no entanto são mais comuns. São as qualidades da utilidade, beleza e escassez o fundamento original do alto preço desses metais, ou seja, da grande quantidade de outras mercadorias que, em toda parte, permitem obter em troca. Tal valor precedeu seu uso como moeda e independe desse uso; foi antes a qualidade que os tornou apropriados para tal uso. Este uso, no entanto, ao gerar uma nova demanda e diminuir a quantidade que poderia ser empregada de qualquer outra maneira, pode ter posteriormente contribuído para manter ou mesmo aumentar seu valor.

A demanda por pedras preciosas deriva inteiramente de sua beleza. Servem unicamente como ornamentos, e o mérito de sua beleza é grandemente ressaltado pela escassez, ou pela dificuldade e pelo dispêndio necessários para extraí-las da mina. Em conseqüência, é de salários e de lucro que muito freqüentemente se compõe quase a totalidade de seu alto preço. A renda o integra, mas em bem pequena parcela; muitas vezes não participa em nada desse preço, e apenas as minas mais fecundas conseguem proporcionar alguma renda considerável. Quando Tavernier, o joalheiro, foi visitar as minas de diamantes de Golconda e Visiapur, informaram-no de que o soberano do país, em cujo benefício as minas eram exploradas, havia dado ordem de fechar todas elas, salvo as que produzissem as maiores e mais finas pedras. As demais, ao que parece, não valiam ao proprietário o trabalho de exploração.

Como o preço dos metais e das pedras preciosas é regulado no mundo inteiro pelos preços que possuem nas minas mais fecundas, a renda que uns e outras podem proporcionar ao proprietário de uma mina é proporcional, não à fecundidade absoluta da mina, mas ao que se pode chamar de sua fecundidade relativa, ou seja, sua superioridade sobre outras minas do mesmo gênero. Caso se descobrissem novas minas que fossem tão superiores às de Potosí quanto estas são superiores às minas da Europa, o valor da prata poderia, por isso, degradar-se tanto a ponto de tornar as minas, mesmo as de Potosí, sem valor para a exploração. Antes da descoberta das Índias Ocidentais espanholas, as minas mais fecundas da Europa podem ter proporcionado uma renda tão elevada quanto no presente proporcionam as minas do Peru aos proprietários. Embora a quantidade de prata produzida fosse muito menor, talvez se pudesse trocá-la por uma igual quantidade de outras mercadorias, e a parcela pertencente ao proprietário lhe permitiria comprar ou ter à disposição uma igual quantidade, quer de trabalho, quer de mercadorias. O valor do produto total e da renda, o rendimento real proporcionado ao público e ao proprietário, podia ser o mesmo.

As mais abundantes minas de metais ou pedras preciosas pouco poderiam adicionar à riqueza do mundo.

Um produto cujo valor deriva principalmente de sua escassez necessariamente se desvaloriza quando se torna abundante. Um serviço de baixela de prata e todos os outros ornamentos frívolos do vestuário e do mobiliário poderiam então ser comprados mediante uma quantidade menor de mercadorias, ou mediante uma quantidade menor de trabalho, e nisso consistiria a única vantagem que o mundo retiraria de tal abundância.

Tudo se passa de modo bastante diverso em relação aos bens encontrados na superfície do solo. O valor de seu produto e de sua renda é proporcional à fecundidade absoluta, e não à relativa. A terra que produz uma certa quantidade de alimentos, roupas e habitações sempre pode alimentar, vestir e abrigar um certo número de pessoas e, seja qual for a porção que cabe ao proprietário, sempre colocará à disposição dele uma quantidade proporcional do trabalho dessas pessoas e das mercadorias que seu trabalho lhe permite adquirir. O valor das terras mais estéreis não diminui pela proximidade das mais férteis. Ao contrário, em geral se eleva. O grande número de pessoas mantidas pelas terras férteis proporciona mercado a inúmeras parcelas da produção das terras estéreis, mercado que jamais encontrariam entre as pessoas a quem sua própria produção permitiria manter.

Tudo o que tenda a aumentar a fertilidade da terra para a produção de alimentos eleva não somente o valor das terras nas quais se introduziram as benfeitorias, mas contribui ainda para elevar o de muitas outras terras, criando uma demanda para seu produto. Essa abundância de alimentos, dos quais, em conseqüência da melhoria da terra, muitas pessoas dispõem além do que podem consumir, é a grande causa da demanda por metais e pedras preciosas, assim como por muitos outros objetos capazes de proporcionar conforto, ornamentos do vestuário, habitação, móveis e utensílios domésticos. O alimento do homem constitui não apenas a parte principal das riquezas do mundo, mas é sua abundância que confere a muitas outras espécies de riqueza a principal parcela de seu valor. Quando os espanhóis descobriram Cuba e São Domingo, os pobres habitantes dessas ilhas tinham o costume de vestir pequenas peças de ouro como ornamentos de cabelo e de outras partes do vestuário. Eles pareciam lhes dar o mesmo valor que nós damos a pequenas pedras um pouco mais belas do que o comum, considerando-as dignas de se apanhar mas que não recusaríamos a quem as pedisse. Deram-nas aos novos hóspedes ao primeiro pedido, sem parecerem pensar que lhes haviam oferecido um presente de grande valor. Estavam bastante surpresos de ver a avidez dos espanhóis por esse metal, e não tinham noção de que houvesse um país do mundo onde tanta gente tivesse à mão uma tal abundância de alimentos, sempre tão escassos entre eles, que consentiria em ceder, para conseguir uma ínfima quantidade desses penduricalhos brilhantes, suficiente para manter uma família inteira durante muitos anos. Se tivessem podido conceber essa idéia, a paixão dos espanhóis não os teria surpreendido.

Parte III

Das variações na proporção entre os respectivos valores dos gêneros de produtos que sempre proporcionam renda, e dos que algumas vezes a proporcionam, e outras, não

A fartura cada vez maior de alimentos, em conseqüência das benfeitorias e da sucessão dos cultivos, deve necessariamente aumentar a demanda por toda parte do produto da terra que não seja alimento, e que possa servir para o conforto ou para ornamento. Seria de esperar, portanto, que durante o curso do progresso não pudesse haver senão uma espécie de variação nos valores comparativos desses dois gêneros de produto. Esse gênero de produto que às vezes proporciona renda, e às vezes não, deveria constantemente valorizar-se, em relação ao gênero de produto que proporciona sempre renda. À medida que as artes e a indústria avançam, as matérias-primas do vestuário e da habitação, os fósseis e minerais úteis da terra, os metais e pedras preciosos, deveriam vir a ser mais e mais demandados; deveriam sucessivamente ser trocados por uma quantidade de alimentos cada vez maior, ou, em outros termos, deveriam se tornar cada vez mais caros. De fato, foi isso o que aconteceu com relação a quase todas essas coisas, em quase todas as ocasiões, e o mesmo poderia ocorrer com todas as outras, em todas as circunstâncias, se, em certas épocas, circunstâncias específicas não houvessem elevado a oferta de algumas delas numa proporção ainda maior do que a demanda.

O valor de uma pedreira de cantaria, por exemplo, necessariamente aumentará à medida que aumentarem a atividade econômica e a população das regiões vizinhas, especialmente se for a única na redondeza. Mas o valor de uma mina de prata, ainda que seja a única num raio de mil milhas, não aumentará necessariamente em conseqüência do progresso da região na qual se situa. O mercado para o produto de uma pedreira de cantaria raramente se estende para além de um raio de poucas milhas, e a demanda geralmente é proporcional ao progresso e à população desse pequeno distrito. Mas o mercado para o produto de uma mina de prata pode se estender por todo o mundo conhecido. Portanto, salvo se a riqueza e a população aumentarem em geral no mundo inteiro, mesmo os progressos sobrevindos numa grande extensão da região em torno da mina não farão aumentar a demanda pela prata, e, mesmo se o mundo em geral enriquecer, ainda assim no curso de seu progresso seriam descobertas novas minas muito mais fecundas do que quaisquer outras até então conhecidas. Nesse caso, embora a demanda pela prata sempre venha a aumentar, a oferta poderia crescer numa proporção muito maior do que a procura, de modo que o preço real desse metal decairia gradualmente, isto é, uma libra-peso, por exemplo, somente permitiria comprar ou adquirir uma quantidade de trabalho cada vez menor, ou ser trocada por uma quantidade sucessivamente menor de trigo, principal componente da subsistência do trabalhador.

O grande mercado da prata é a parte do mundo civilizado e comercial.

Se a demanda desse mercado viesse a crescer em razão do progresso geral do desenvolvimento, enquanto a oferta não aumentasse na mesma proporção, então a prata se valorizaria gradualmente em relação ao trigo. Uma dada quantidade de prata seria trocada por uma quantidade de trigo cada vez maior, ou, em outras palavras, o preço médio do trigo em dinheiro se tornaria gradativamente mais barato.

Se, pelo contrário, a oferta viesse a crescer em decorrência de algum evento, numa proporção muito maior que a demanda, durante anos a fio, esse metal gradualmente se desvalorizaria, ou, em outras palavras, o preço médio do trigo, em dinheiro, viria a se tornar, a despeito de todos os progressos, cada vez maior.

Mas, por outro lado, se a oferta desse metal viesse a aumentar aproximadamente na mesma proporção que a demanda, ele continuaria então a comprar ou a obter em troca a mesma ou quase a mesma quantidade de trigo, e o preço médio do trigo, em dinheiro, permaneceria sempre quase o mesmo, a despeito de todos os progressos.

Essas três diferentes situações esgotam, ao que parece, todas as possíveis combinações de eventos que podem ocorrer no curso do progresso de benfeitoria geral; e, a julgar pelo que se passou tanto na França como na Grã-Bretanha durante os quatro séculos anteriores a este, cada uma dessas três diferentes combinações parece ter ocorrido no mercado europeu, quase segundo a mesma ordem em que eu as expus aqui.

DIGRESSÃO SOBRE AS VARIAÇÕES NO VALOR DA PRATA DURANTE O CURSO DOS ÚLTIMOS QUATRO SÉCULOS

Primeiro período

Em 1350, e por algum tempo depois, o preço médio de uma quarta de trigo na Inglaterra não parece ter sido avaliado em menos de 4 onças de prata, peso *Tower*, o que equivale a cerca de 20 shillings de nossa atual moeda. Esse preço parece ter decaído sucessivamente, até chegar a 2 onças de prata, equivalente a cerca de 10 shillings de nossa atual moeda, preço ao qual a encontramos estimada no início do século XVI, e ao qual parece sempre ter sido estimado até cerca do ano de 1570.

Em 1350, no 25º ano de reinado de Eduardo III, introduziu-se a chamada Lei dos Trabalhadores. No preâmbulo há muitas queixas a respeito da insolência dos criados, que pretendiam obrigar os senhores a elevar-lhes os salários. Em conseqüência, a lei ordena que todos os criados e trabalhadores doravante se contentem com os mesmos salários e librés (entendia-se então por essa palavra não somente as roupas, mas também os víveres) que estavam acostumados a receber no 20º ano desse reinado, e nos quatro anos precedentes; que, por conta disso, seu libré em trigo não poderia em lugar algum ser estimado acima de 10 pence por *bushel*, e que sempre caberia ao senhor escolher entre pagar em trigo ou em dinheiro. Considerava-se então, no 25º ano de reinado de Eduardo III, 10 pence por *bushel* como um preço bastante moderado para o trigo, uma vez que era necessária uma lei específica para forçar os criados a recebê-lo em troca do libré habitual de víveres; e considerava-se que esse fosse um preço razoável dez anos antes, ou seja, no 16º ano do mesmo reinado, período ao qual se refere a lei. Mas, no 16º ano de reinado de Eduardo III, 10 pence continham cerca de meia onça de prata, peso *Tower*, e equivaliam aproximadamente a meia coroa de nossa moeda atual. Assim, 4 onças de prata, peso

Tower, equivalentes a 6 shillings e 8 pence da moeda de então, e a cerca de 20 shillings da atual, eram consideradas como um preço moderado para a quarta de 8 *bushels*.

Essa lei é certamente um testemunho mais preciso do que se avaliava então como o preço moderado dos grãos, do que os preços registrados em certos anos por historiadores e outros escritores, por conta da extraordinária carestia ou baixa de preços, e que portanto não servem de base para nenhum julgamento sobre o que possa ter sido o preço médio. Há, além disso, outras razões para acreditar que, no princípio do século XIV e um pouco antes, o preço corrente do trigo não era inferior a 4 onças de prata a quarta, sendo o dos demais grãos proporcional a esse valor.

Em 1309, Ralph de Born, prior de Santo Agostinho na Cantuária, deu uma festa em comemoração à sua posse, da qual William Thorn conservou não apenas a conta, mas também o preço de muitos dos gêneros. Nessa festa consumiram-se: 1) 53 quartas de trigo, o que custou 19 libras, ou 7 shillings e 2 pence a quarta, equivalentes a cerca de 21 shillings e 6 pence de nossa atual moeda; 2) 58 quartas de malte, cujo preço foi de 17 libras e 10 shillings, ou 6 shillings a quarta, equivalentes a cerca de 18 shillings de nossa atual moeda; 3) 20 quartas de cevada, ao preço de 4 libras, ou 4 shillings a quarta, equivalentes a cerca de 12 shillings de nossa atual moeda. Os preços do malte e da cevada parecem estar aqui acima de sua proporção normal com o preço do trigo.

Esses preços não foram registrados em razão de sua extraordinária carestia ou baixa, sendo antes mencionados acidentalmente como os preços efetivamente pagos por grandes quantidades de grãos consumidas numa festa que ficou famosa por sua magnificência.

Em 1262, no 51º ano de reinado de Henrique III, reviveu-se uma antiga lei, chamada Lei do Pão e da Cerveja*,

---

* *Assize of Bread and Ale*, no original. Trata-se de uma lei regulamentando os pesos e medidas, e os pesos e preços desses bens de consumo, ou ainda os padrões estabelecidos por tal lei. (N. R. T.)

que, segundo afirma o rei no preâmbulo, fora instituída no tempo de seus ancestrais, os reis da Inglaterra. Portanto, essa lei data provavelmente pelo menos do reinado de seu avô, Henrique II, e pode remontar à Conquista*. Ela regula o preço do pão conforme os preços em vigor do trigo, de 1 shilling a 20 shillings a quarta, na moeda de então. Ora, em geral é de presumir que leis dessa espécie busquem regular com igual cuidado todos os desvios do preço médio, tanto os que são inferiores como os superiores a ele. Segundo tal suposição, no momento em que essa lei foi instituída, e depois dessa época até o 51º de reinado de Henrique III, o preço médio da quarta de trigo seria avaliado em 10 shillings, contendo 6 onças de prata, peso *Tower*, ou cerca de 30 shillings de nossa moeda atual. Não é, pois, afastarmo-nos muito da verdade supor que o preço médio não era inferior a ⅓ do preço máximo previsto nessa lei do pão, ou seja, a 6 shillings e 8 pence da moeda de então, contendo 4 onças de prata, peso *Tower*.

Assim, diferentes fatos nos autorizam de algum modo a concluir que, em meados do século XIV, e por bastante tempo antes disso, o preço médio ou normal da quarta de trigo não era inferior a 4 onças de prata, peso *Tower*.

Desde meados do século XIV até o início do século XVI, o que se considerava o preço razoável ou moderado do trigo, isto é, seu preço normal ou médio, parece ter baixado gradativamente a cerca de metade desse preço, até cair, por fim, a 2 onças de prata, peso *Tower*, ou cerca de 10 shillings de nossa moeda atual. Permaneceu nesse preço até cerca de 1570.

No livro de contabilidade doméstica de Henrique, quinto conde de Northumberland, referente ao ano de 1512, há duas diferentes estimativas do preço do trigo. Numa delas é computado em 6 shillings e 8 pence a quarta, e, na ou-

---

* Bem entendido: remontar à Conquista Normanda de 1066, já mencionada no Capítulo I. (N. R. T.)

tra, em 5 shillings e 8 pence apenas; em 1512, 6 shillings e 8 pence continham somente 2 onças de prata, peso *Tower*, e equivaliam a cerca de 10 shillings de nossa moeda atual.

Várias leis mostram que, desde o 25º ano de reinado de Eduardo III até o início do reinado de Isabel, durante um período de mais de duzentos anos, o chamado preço moderado e razoável do trigo, ou seja, o preço médio e normal, sempre continuou a ser avaliado em 6 shillings e 8 pence. Todavia, a quantidade de prata contida nessa soma nominal reduziu-se continuamente no decorrer desse período, em conseqüência de algumas alterações que se fizeram na moeda. Mas o aumento do valor da prata, ao que parece, havia de tal forma compensado a redução da quantidade contida na mesma soma nominal, que o legislador não pensou que valesse a pena se ocupar dessas alterações.

Assim, em 1436, determinou-se por lei que se poderia exportar o trigo sem necessidade de autorização, quando o preço tivesse baixado a 6 shillings e 8 pence, e em 1463 determinou-se por lei que não se poderia importar nenhuma quantidade de trigo quando o preço não excedesse 6 shillings e 8 pence a quarta. O legislador imaginou que, quando o preço estivesse tão baixo, não haveria nenhum inconveniente em exportar a mercadoria, mas que, quando se elevasse acima disso, seria prudente autorizar a importação. Portanto, nessa época se considerou que o assim chamado preço moderado e razoável do trigo era de 6 shillings e 8 pence, contendo cerca da mesma quantidade de prata que 13 shillings e 4 pence de nossa moeda atual (uma terça parte inferior à mesma quantia nominal contida à época de Eduardo III).

Em 1554, por força de leis introduzidas no 1º e 2º anos de reinado de Felipe e Maria, e, em 1558, por força de lei introduzida no 1º ano de reinado de Isabel, a exportação de trigo ficou igualmente proibida, sempre que o preço da quarta excedesse 6 shillings e 8 pence, que então não continham mais de 2 pence de prata do que a mesma soma nominal contém no presente. Mas logo se reconheceu que restringir a exportação do trigo até que o preço atingisse um valor tão baixo seria, na realidade, o mesmo que proibi-la inteiramente. Por conseguinte, em 1562, mediante lei do 5º ano de reinado de Isabel, autorizou-se a exportação do trigo de certos portos, sempre que o preço da quarta não excedesse 10 shillings, contendo quase a mesma quantidade de prata que a mesma soma nominal no presente. Esse preço foi portanto considerado à época como sendo o que se chama de preço moderado ou razoável do trigo. Concorda aproximadamente com o valor que lhe é atribuído no registro de Northumberland, de 1512.

Tanto o Sr. Dupré de Saint-Maur como o refinado autor do *Ensaio sobre a política dos grãos** observaram que, na França, também o preço médio do grão atingia, no fim do século XV e princípio do XVI, um valor muito inferior ao verificado nos dois séculos precedentes. Seu preço provavelmente baixou da mesma maneira durante o mesmo período, na maior parte da Europa.

Essa elevação no valor da prata, proporcionalmente à do trigo, poderia ser atribuída inteiramente ao crescimento da demanda por esse metal, em conseqüência do crescente desenvolvimento e extensão do cultivo, caso a oferta tenha permanecido inalterada nesse meio tempo; ou, mantendo-se constante a demanda, ainda pode ser inteiramente devida à diminuição sucessiva da oferta, já que a maior parte das minas então conhecidas no mundo estava demasiadamente exaurida, o que por conseguinte fazia subir o custo de sua exploração; ou, finalmente, pode ser atribuída em parte à primeira e, em parte, à segunda dessas circunstâncias. No fim do século XV e início do XVI, a maior parte da Europa já caminha para uma forma de governo

---

* *Essai sur la policie génerale des grains sur leur prix et sur les effets de l'agriculture*, 1755, de C. J. Herbert. (N. R. T.)

mais estável do que até então desfrutara por muitos séculos. O aumento da segurança naturalmente fazia avançar a atividade econômica e todas as formas de progresso, e a demanda por metais preciosos, bem como por todos os demais objetos de luxo e ornamento, naturalmente crescia com o aumento das riquezas. Uma produção anual maior exigia uma quantidade maior de moedas para fazê-la circular, e um maior número de pessoas ricas exigia uma quantidade maior de baixelas e outros ornamentos de prata. É também natural supor que, em sua maioria, as minas que então forneciam prata ao mercado europeu estivessem em boa medida esgotadas, sendo por isso mais dispendioso explorá-las. Muitas delas vinham sendo exploradas desde o tempo dos romanos.

No entanto, a maioria dos que escreveram sobre os preços das mercadorias em tempos passados pensa que desde a Conquista, e talvez mesmo desde a invasão de Júlio César, até a descoberta das minas da América, o valor da prata vinha se reduzindo continuamente. Ao que parece, foram levados a adotar tal opinião em parte pelas observações que tiveram a oportunidade de fazer sobre os preços, tanto do trigo como de algumas outras partes do produto bruto da terra, e em parte por essa opinião popular segundo a qual a quantidade de prata naturalmente cresce em cada país à medida que a riqueza cresce, e por isso seu valor se reduz à medida que aumenta a quantidade.

Quanto a suas observações sobre os preços do trigo, três diferentes circunstâncias parecem freqüentemente tê-los induzido em erro.

Primeiro, nos tempos antigos quase todas as rendas eram pagas em espécie, isto é, numa certa quantidade de trigo, gado, aves etc. Algumas vezes, entretanto, o proprietário da terra estipulava que se reservaria a liberdade de exigir do arrendatário um pagamento anual em espécie ou, em vez disso, uma certa quantia em dinheiro. O preço pelo qual o pagamento em espécie se trocava por uma certa soma em dinheiro denomina-se, na Escócia, preço de conversão. Como é sempre ao proprietário que cabe escolher entre a substância e o preço, é necessário, para a segurança do arrendatário, que o preço de conversão estivesse antes abaixo do que acima do preço médio de mercado. Por isso, em muitos lugares não excede muito a metade desse preço. Na maior parte da Escócia, esse costume ainda vigora com relação à avicultura, e em alguns lugares também com relação ao gado. Tal costume provavelmente também poderia continuar a existir com relação ao trigo, se a instituição dos *fiars* públicos não lhe houvesse posto fim. Estes são uma avaliação anual, de acordo com o julgamento de um tribunal, sobre preço médio de todos os diferentes tipos de grãos e todas as diferentes qualidades de cada um, conforme o preço efetivo de mercado vigente em todos os diferentes condados. Essa instituição deu ao arrendatário suficiente segurança, e, ao proprietário, muito mais comodidade para converter a renda de trigo, como se diz, não ao que poderia ser o preço dos *fiars* de cada ano, mas a um preço já fixo. Porém, os autores que recolheram os preços do trigo em tempos passados freqüentemente tomaram, por equívoco, o que se denomina na Escócia "preço de conversão" pelo preço efetivo de mercado. Fleetwood reconhece, numa ocasião, ter cometido esse erro. No entanto, como escrevera seu livro com um propósito específico, apenas admite o erro depois de já ter citado quinze vezes o preço de conversão, que ele declara ser de 8 shillings a quarta de trigo. Em 1423, primeiro ano por ele citado, essa soma continha a mesma quantidade de prata que 16 shillings de nossa moeda atual; mas em 1562, ano em que se reporta ao preço de conversão pela última vez, essa soma de 8 shillings não continha mais prata do que contém hoje a mesma soma nominal.

Em segundo lugar, esses autores foram induzidos em erro pela negligência com que algumas das antigas leis relativas ao tabelamento de gêneros foram às vezes transcritas por copistas indolentes, e às vezes também talvez compostas pelo legislador.

As antigas leis de tabelamento dos gêneros parecem sempre ter começado por determinar qual poderia ser o preço do pão e da cerveja quando os preços do trigo e da cevada estivessem à taxa mínima, e prosseguiam determinando, gradualmente, qual deveria ser esse preço quando o daqueles dois gêneros estivesse acima da taxa mínima. Mas tudo indica que freqüentemente os copistas dessas leis consideraram suficiente transcrever apenas os artigos relativos aos três ou quatro primeiros preços mínimos, poupando-se assim uma parte do trabalho, e julgando, suponho eu, que isso bastasse para mostrar que proporção se deveria observar em relação aos preços mais elevados.

Desse modo, segundo o Regulamento do Pão e da Cerveja, do 51º ano de reinado de Henrique III, o preço do pão foi fixado, segundo os diferentes preços do trigo, de 1 shilling a 20 a quarta, na moeda então corrente. Mas nos manuscritos dos quais se imprimiram todas as diferentes edições das leis, anteriores à do Sr. Ruffhead, os copistas jamais haviam transcrito os artigos dessa regulamentação para além do preço de 12 shillings. Daí que vários autores, induzidos em erro pela transcrição inexata, concluíssem com bastante naturalidade que o preço médio ou normal do trigo, naquele tempo, era a média dos enunciados na lei, ou seja, 6 shillings a quarta, que equivalem a cerca de 18 shillings de nossa moeda atual.

Na Lei do Carrocim e do Pelouro, editada quase na mesma época, o preço da cerveja é fixado proporcionalmente a cada 6 pence de elevação do preço da cevada, variando de 2 a 4 shillings a quarta. Todavia, esses 4 shillings não eram considerados como o preço mais alto que a cevada podia alcançar naquela época; e o que pode nos levar a crer que esses preços serviam apenas como exemplo da proporção a observar em todos os outros preços, fossem mais altos ou mais baixos, são as últimas palavras da lei: *Et sic dein-*

ceps crescetur vel diminuetur per sex denarios. A redação é bastante descuidada, mas o significado é claro o suficiente: "É então necessário elevar ou diminuir o preço da cerveja a cada aumento ou redução de 6 pence no preço da cevada." Ao que parece, o legislador foi tão negligente na composição dessa lei como os copistas haviam sido na transcrição da outra.

Num velho manuscrito do *Regiam Majestatem*, antigo livro de direito escocês, há uma lei de tabelamento de preços na qual o preço do pão é regulado segundo todos os diferentes preços do trigo, desde 10 pence até 3 shillings o *boll* escocês, que equivalia a cerca de metade de uma quarta inglesa. À época em que esse tabelamento parece ter sido criado, 3 shillings escoceses equivaliam a cerca de 9 shillings esterlinos de nossa moeda atual. O Sr. Ruddiman parece concluir que 3 shillings eram o preço máximo que o trigo alcançou naqueles tempos, e que o preço normal era de 10 pence, 1 shilling, ou no máximo 2 shillings. No entanto, ao consultar o manuscrito[5], fica evidente que todos esses preços apenas foram indicados como exemplos da proporção que se deveria observar entre os respectivos preços do trigo e do pão. As últimas palavras da lei são: *Reliqua judicabis secundum praescripta habendo respectum ad pretium bladi*. Ou seja: "Os demais casos deverão ser julgados segundo o que ficou escrito acima, guardando relação com o preço do trigo."

Em terceiro lugar, esses autores parecem ainda ter sido induzidos em erro pelo baixíssimo preço pelo qual o trigo era algumas vezes vendido em tempos muito antigos, e também parecem haver imaginado que, como seu preço mínimo era então muito inferior ao dos tempos posteriores, seu preço normal deve igualmente ter sido muito inferior. Eles poderiam se ter dado conta, entretanto, que naqueles

---

5. Veja-se o seu prefácio ao *Diplomata Scotiae*, de Anderson.

tempos o preço máximo excedia todos os preços máximos verificados posteriormente em proporção idêntica àquela em que os preços mínimos lhe eram inferiores. Assim, em 1270, Fleetwood nos dá dois preços da quarta de trigo: o primeiro é de 4 libras e 16 shillings da moeda de então, equivalendo a 14 libras e 8 shillings da atual moeda; o outro é de 6 libras e 8 shillings, equivalendo a 19 libras e 4 shillings de nossa moeda corrente. Não se encontra nada que se aproxime desses preços exorbitantes no fim do século XV, ou no início do século XVI. O preço do trigo, embora sempre sujeito a variações, varia infinitamente mais nas sociedades entregues às perturbações e às desordens, onde a interrupção de todo o comércio e de toda a comunicação impede que a abundância de uma província venha a aliviar a escassez de outra. No estado de desordem em que se encontrava a Inglaterra sob os Plantagenetas, que governaram desde a metade do século XII até o fim do século XV, um distrito poderia ver-se rodeado de fartura, enquanto outro, a pouca distância, tendo sua colheita destruída por alguma intempérie, ou devastada pela incursão de algum barão vizinho, sofria todos os horrores da fome; e, ainda, se fossem separados pelas terras de algum senhor inimigo, um não poderia prestar a mínima assistência ao outro. Sob a vigorosa administração dos Tudor, que governaram a Inglaterra durante a última metade do século XV e ao longo de todo o século XVI, nenhum barão era suficientemente poderoso para ousar perturbar a segurança pública*.

O leitor encontrará no fim deste capítulo todos os preços do trigo coletados por Fleetwood de 1202 a 1597, inclusive convertidos à moeda atual e divididos de acordo com a ordem cronológica em sete séries de doze anos cada. Ao

---

* Smith se refere à Guerra das Rosas, entre a casa dos Lancasters e dos York, que terminou em 1485, quando o futuro monarca Henrique VII assassinou o usurpador Ricardo III em batalha, fundando a dinastia dos Tudor. (N. R. T.)

fim de cada série, encontrará também o preço médio dos doze anos que a constituem. Nesse longo período de tempo, Fleetwood conseguiu coletar somente os preços relativos a oitenta anos, de maneira que, para completar a última série de doze anos, me faltariam ainda quatro anos; então acrescentei, com base nas contas do Eton College, os preços de 1598, 1599, 1600 e 1601. Foi o único acréscimo que fiz. O leitor verá que, desde o começo do século XIII até depois da metade do século XVI, o preço médio de cada série de doze anos vai gradualmente ficando mais baixo, e que no fim do século XVI volta a subir. É verdade que os preços coletados por Fleetwood parecem ser os que se tornaram mais conhecidos, em razão de seu valor extraordinariamente elevado ou baixo, e não pretendo que seja possível extrair deles conclusões precisas. Entretanto, se comprovam alguma coisa, confirmam absolutamente a proposição que procurei estabelecer. Mesmo Fleetwood todavia parece ter acreditado, juntamente com a maioria dos outros autores, que durante todo esse período o valor da prata, em virtude de sua crescente abundância, reduzia-se continuamente. Os preços do trigo, que ele próprio coletou, certamente não concordam com essa opinião. Concordam antes perfeitamente com a opinião do Sr. Dupré de Saint-Maur e com a que venho tratando de demonstrar. O bispo Fleetwood e o Sr. Dupré de Saint-Maur são os dois autores que parecem ter coletado, com a maior diligência e fidelidade, os preços das coisas nos tempos antigos. É um tanto curioso que, malgrado a grande diferença entre suas opiniões, os dados recolhidos por eles coincidam com tanta exatidão, ao menos no que respeita aos preços do trigo.

Todavia, os mais judiciosos autores inferiram o elevado valor da prata nesses tempos antigos não tanto do baixo preço do trigo, mas de algumas outras partes do produto bruto da terra. Dizem que, sendo o trigo já uma espécie de produto manufaturado, naqueles tempos primitivos era proporcionalmente muito mais caro do que a maior parte das demais mercadorias – presumo que se refiram à maioria das outras mercadorias que não eram produzidas pela mão-de-obra, tais como gado, aves, caças em geral etc. De fato, não resta dúvida de que naqueles tempos de pobreza e barbárie estas espécies de coisas eram proporcionalmente muito mais baratas do que o trigo; mas o baixo preço não era o efeito do alto valor da prata, mas do baixo valor desses gêneros. Isso acontecia não porque naqueles tempos a prata tivesse condições de comprar ou representar uma maior quantidade de trabalho, mas porque esses outros gêneros só podiam comprar ou representar uma quantidade muito inferior à que lhes corresponde nos tempos de maior riqueza e progresso. A prata deve certamente ser mais barata na América Espanhola do que na Europa; mais no país onde é produzida do que no país para onde é levada, à custa de um longo transporte por terra e mar, de um frete e um seguro. Não faz muitos anos que em Buenos Aires, segundo nos diz Ulloa, 21 pence esterlinos e meio eram o preço de uma cabeça de gado escolhida de um rebanho de trezentas ou quatrocentas cabeças. O Sr. Byron nos relata que, na capital do Chile, o preço de um bom cavalo é de 16 shillings esterlinos. Num país naturalmente fértil, mas do qual a maior parte é inteiramente inculta, gado, aves, caças em geral, podendo ser adquiridos por meio de uma quantidade bastante pequena de trabalho, permitem igualmente adquirir ou comprar uma quantidade muito pequena. O baixo preço em dinheiro pelo qual são vendidos não constitui prova de que o valor real da prata seja lá muito elevado, mas de que o valor real dessas mercadorias é muito baixo.

É preciso lembrar que é o trabalho, e não alguma outra mercadoria ou conjunto de bens particulares, a medida real de valor, tanto da prata como de todas as demais mercadorias.

Mas em países quase desertos, ou quase desabitados, gado, aves, caças em geral etc., sendo produções espontâneas da natureza, com freqüência se multiplicam em quantidades muito maiores do que exige o consumo dos habitantes. Num tal estado de coisas, a oferta comumente excede a demanda. Em diferentes estágios de sociedade, ou diferentes estágios de desenvolvimento, portanto, tais mercadorias representarão ou serão equivalentes a quantidades muito diferentes de trabalho.

Seja qual for o estágio de sociedade, seja qual for o grau de desenvolvimento, o trigo sempre é produto da atividade humana. Ora, o produto médio de qualquer gênero de atividade sempre se subordina, com maior ou menor precisão, ao consumo médio; e a oferta média, à demanda média. Além disso, nos diferentes estágios de desenvolvimento de uma região, o cultivo das mesmas quantidades de trigo, em idêntico solo e clima, sempre exigirá, em média, quantidades de trabalho aproximadamente iguais, ou, o que vem a dar no mesmo, o preço das quantidades quase iguais, pois o contínuo aumento das forças produtivas do trabalho, em conseqüência das benfeitorias introduzidas no cultivo, é mais ou menos contrabalançado pelo contínuo acréscimo do preço do gado, principal instrumento da agricultura. Podemos então estar certos de que em todo estágio possível de sociedade, seja qual for o grau de civilização, iguais quantidades de trigo serão uma representação ou um equivalente mais justo de quantidades iguais de trabalho, do que iguais quantidades de qualquer outra parte do produto bruto da terra. Em conseqüência, o trigo, como já se observou, em todos os diferentes estágios de riqueza e desenvolvimento, é uma medida de valor mais acurada do que quaisquer outras mercadorias ou grupos de mercadorias. Assim, em todos esses diferentes estágios, podemos julgar melhor o valor real da prata comparando-o ao do trigo do que comparando-o ao de qualquer outra mercadoria ou grupo de mercadorias.

Além disso, o trigo ou outro vegetal consumido como alimento comum e preferido do povo constitui, em qualquer país civilizado, a principal parte da subsistência do trabalhador. Em conseqüência da extensão da agricultura, as terras de um país qualquer produzem uma quantidade muito maior de alimentos vegetais do que animais, e em todos os lugares o trabalhador vive principalmente do alimento saudável que seja mais barato e mais abundante. Exceto nos países mais prósperos, ou nos quais o trabalho é mais bem remunerado, a carne de boi não constitui senão uma parcela insignificante da subsistência do trabalhador; as aves perfazem uma parcela ainda menor, e a caça não participa em nada. Na França, e mesmo na Escócia, onde o trabalho é um pouco mais bem remunerado do que na França, o trabalhador pobre raramente consome carne bovina, salvo nos dias de festas e outras ocasiões extraordinárias. O preço em dinheiro do trabalho, por conseguinte, depende muito mais do preço em dinheiro médio do trigo, que constitui a subsistência do trabalhador, do que do preço da carne de corte, ou de qualquer outra parte do produto bruto da terra. Assim, o valor real do ouro e da prata, a real quantidade de trabalho que permitem comprar ou adquirir, depende muito mais da quantidade de trigo que pode comprar ou adquirir do que da quantidade de carne bovina, ou de qualquer outra parte do produto bruto da terra.

Porém, essas observações ligeiras sobre o preço do trigo ou de outras mercadorias provavelmente não teriam induzido em erro tantos autores esclarecidos, não fossem eles ao mesmo tempo influenciados pela noção popular segundo a qual, à medida que a quantidade de prata em qualquer país naturalmente aumenta com o crescimento da riqueza, seu valor diminui conforme aumenta sua quantidade. Tal noção parece, contudo, inteiramente descabida.

Duas causas distintas podem aumentar num país a quantidade de metais preciosos. A primeira é a crescente fecundidade da minas que fornecem esses metais ao país; a segunda, o crescimento na riqueza da população, em virtude do aumento do produto anual de seu trabalho. A primeira dessas causas sem dúvida está necessariamente relacionada à redução do valor dos metais preciosos, mas a segunda não.

Quando minas mais fecundas vêm a ser descobertas, maior quantidade dos metais preciosos é colocada no mercado, e, se a quantidade de outros bens necessários à vida e ao conforto pela qual esses metais devem ser trocados permanecer a mesma, iguais quantidades desses metais devem ser trocadas por quantidades menores de mercadorias. Portanto, o crescimento da quantidade de metais preciosos num país, na medida em que provém da crescente fecundidade das minas, necessariamente se relaciona a alguma diminuição no valor desses metais.

Ao contrário, quando a riqueza de um país se expande, quando o produto anual de seu trabalho torna-se cada vez maior, passa a ser necessária uma quantidade maior de moeda para fazer circular uma quantidade maior de mercadorias; além disso, o povo desse país naturalmente comprará baixelas de prata e outras peças de ourivesaria em quantidades cada vez maiores, à medida que consiga fazer essa despesa e tenha à disposição mais mercadorias para pagá-la. A quantidade de sua moeda aumentará por necessidade; a quantidade de seus metais, por vaidade e ostentação, ou pela mesma razão que fará a quantidade de esculturas, quadros, e todos os outros objetos de luxo e curiosidade tornar-se provavelmente mais difundida entre esse povo. Mas, como não é provável que a remuneração de escultores e pintores seja pior em tempos de riqueza e prosperidade do que em tempos de pobreza e depressão, também não é provável que se pague menos pela prata e pelo ouro.

Quando a descoberta acidental de minas mais fecundas não provocar a redução dos preços do ouro e da prata, esses preços naturalmente subirão à medida que a nação enriquecer e por isso serão a todo o tempo naturalmente mais elevados em países ricos do que nos pobres, não importando o estado das minas. Como todas as outras mercadorias, o ouro e a prata naturalmente procuram o mercado em que se oferece por eles o melhor preço, e o melhor preço será sempre oferecido pelo país que esteja em melhores condições de pagá-lo. O trabalho – lembremos sempre – é o preço final que se paga por todas as coisas, e nos países onde o trabalho for igualmente bem remunerado o preço em dinheiro do trabalho será proporcional ao preço da subsistência do trabalhador. Ora, num país rico é mais natural trocar o ouro e a prata por uma quantidade maior de subsistência do que num pobre; num país onde a subsistência é abundante, mais do que num país que não é senão sofrivelmente abastecido. Se os dois países encontram-se a grande distância um do outro, a diferença poderá ser muito grande, pois, embora os metais fluam naturalmente de um mercado menos vantajoso para outro em que as vantagens sejam maiores, ainda assim pode ser difícil transportá-los em quantidades suficientes para que os preços pouco a pouco se equilibrem nos dois mercados. Se são países próximos, a diferença será menor, e às vezes poderá ser quase imperceptível, pois, nesse caso, o transporte será fácil. A China é um país muito mais rico do que qualquer região da Europa, e a diferença entre o preço da subsistência na China e na Europa é imensa. O arroz é muito mais barato na China do que o trigo em qualquer lugar da Europa. A Inglaterra é um país muito mais rico do que a Escócia; mas a diferença entre o preço em dinheiro do trigo nesses dois países é muito menor, e mal é possível percebê-la. Em relação à quantidade ou medida, o trigo escocês parece em geral muito mais barato do que o trigo inglês; mas, em relação à qualidade, certamente aquele é um pouco mais caro do que este. A Escócia recebe quase todo ano da Inglaterra grandes provisões de trigo, e qualquer mercadoria normalmente deve ser um pouco mais cara no país para onde é levada do que no país de onde vem. O trigo inglês, portanto, necessariamente é mais caro na Escócia do que na Inglaterra, e ainda assim, em proporção à sua qualidade, ou à quantidade e à excelência de sua farinha, geralmente não pode ser vendido a um preço mais alto do que o trigo escocês que chega ao mercado para com ele competir.

A diferença entre o preço em dinheiro do trabalho na China e na Europa é ainda maior do que a diferença entre o preço em dinheiro da subsistência, porque a recompensa real do trabalho é mais elevada na Europa do que na China, encontrando-se a maior parte da Europa em desenvolvimento, ao passo que a China parece permanecer sempre no mesmo ponto. O preço em dinheiro do trabalho é menor na Escócia do que na Inglaterra porque a recompensa real do trabalho é muito menor; a Escócia, embora avance para maior riqueza, avança muito mais vagarosamente do que a Inglaterra. Uma boa prova de que a demanda de trabalho é bastante diferente nesses dois países é a quantidade de pessoas que emigram da Escócia, e as poucas que emigram da Inglaterra. É preciso lembrar que a proporção entre a recompensa real do trabalho em diferentes países se regula naturalmente, não por sua riqueza ou pobreza efetiva, mas por sua condição progressiva, estacionária ou retrógrada.

Como o ouro e a prata têm naturalmente maior valor nas nações mais ricas, têm igualmente menor valor nas nações mais pobres. Nas nações selvagens, a mais pobre de todas, esses metais não valem quase nada.

O trigo é sempre mais caro numa grande cidade do que nas regiões remotas do país. Entretanto, isso não ocorre porque a prata seja mais barata, mas porque o trigo é realmente mais caro. Não custa menos trabalho trazer a prata para as cidades grandes do que para regiões remotas do país, mas custa bem mais trazer o trigo.

O trigo é caro em algumas regiões muito ricas e comerciais, tais como a Holanda e o território Gênova, pela mesma razão que é caro em grandes cidades. Essas regiões não produzem o suficiente para manter seus habitantes; sua riqueza reside no esforço e na habilidade de seus artífices e manufatores, em toda uma série de máquinas e instrumentos próprios para facilitar e abreviar o trabalho; na construção naval, e em todos os outros meios de transporte e comércio. Mas são pobres em trigo, que, sendo trazido de países distantes, deve, por um acréscimo no preço, pagar pelo transporte desses países. Não custa menos trabalho para levar a prata a Amsterdam do que a Dantzig, mas custa muito trabalho trazer o trigo. O custo real da prata deve ser aproximadamente o mesmo nesses dois lugares, mas o do trigo deve ser bastante diferente. Reduza-se a riqueza real da Holanda ou do território de Gênova, enquanto o número de seus habitantes permanecer o mesmo, diminua-se o poder que esses países têm de obter provisões em países distantes, e se verá que o preço do trigo, longe de cair com essa diminuição na quantidade de prata – que, como causa ou efeito, necessariamente acompanha esse estado de declínio –, se elevará aos níveis das épocas de fome. Quando nos faltam artigos de primeira necessidade, precisamos renunciar a todas as coisas supérfluas, cujo valor, assim como se eleva em tempos de riqueza e prosperidade, também se reduz em tempos de pobreza e depressão. É diferente o que ocorre com artigos de primeira necessidade. Seu preço real, a quantidade de trabalho que permitem comprar ou adquirir, eleva-se em tempos de pobreza e depressão e cai em tempos de riqueza e prosperidade, que são sempre momentos de grande abundância, porque do contrário não seriam tempos de riqueza e prosperidade. O trigo é artigo de primeira necessidade, a prata é apenas um artigo supérfluo.

Assim, por maior que tenha sido o aumento na quantidade de metais preciosos durante o período transcorrido entre a metade do século XIV e a do século XVI em conseqüência do aumento da riqueza e do desenvolvimento, esse aumento não poderia tender a diminuir o valor dos metais, seja na Grã-Bretanha ou em qualquer outra parte da Europa. Portanto, se os que coletaram o preço dos gêneros nos tempos antigos não tinham nenhuma razão para inferir, das observações que fizeram a respeito dos preços do trigo ou de outras mercadorias, a diminuição, naquele período, do valor da prata, menos razão ainda tinham para inferir tal resultado de um suposto aumento da riqueza e do desenvolvimento.

Segundo período

Mas, por variadas que possam ser as opiniões dos estudiosos a respeito do aumento do valor da prata durante o primeiro período, eles são unânimes no que diz respeito ao aumento desse valor durante o segundo.

Desde cerca de 1570 até meados de 1640, durante um período de aproximadamente setenta anos, a proporção entre o valor da prata e o do trigo variou em sentido inteiramente oposto. A prata perdeu valor real, ou era trocada por uma quantidade de trabalho menor do que antes, e o preço nominal do trigo subiu, e em vez de ser vendido normalmente por cerca de 2 onças de prata a quarta, ou aproximadamente 10 shillings de nossa moeda atual, foi vendido por 6 ou 8 onças a quarta, ou cerca de 30 ou 40 shillings de nossa moeda corrente.

Essa diminuição no valor da prata, proporcionalmente ao do trigo, não parece ter outra causa senão a descoberta das abundantes minas da América. Isso todos sempre explicam da mesma maneira, e jamais houve nenhuma controvérsia a esse respeito, nem sobre o fato, nem sobre sua causa. Durante esse período, na maior parte da Europa a atividade econômica e o desenvolvimento avançavam, e em conseqüência a demanda por prata terá aumentado. Mas o aumento da oferta, ao que parece, havia de tal modo excedido o da demanda, que o valor do metal caiu consideravelmente. É preciso observar que descoberta das minas da América não parece ter influenciado de maneira significativa os preços dos gêneros na Inglaterra até antes de 1570, embora já houvesse vinte anos que as minas, as de Potosí inclusive, haviam sido descobertas.

De 1595 a 1620, incluídos ambos os anos, o preço médio da quarta de nove *bushels* do melhor trigo no mercado de Windsor parece, segundo as contas do Eton College, ter sido de £2 1s 6³/₄d. Negligenciando a fração, e deduzindo dessa soma ¹/₉, ou 4s 7¹/₃d, o preço da quarta de oito *bushels* custaria £1 16s 10¹/₃d. E negligenciando também a fração, e deduzindo dessa soma ¹/₉, ou 4s 1¹/₉d, pela diferença entre o preço do melhor trigo e o do trigo de qualidade média, o preço deste último custaria cerca de £1 12s 9d, ou cerca de 6 onças e ¹/₃ de onça de prata.

De 1621 a 1636, incluídas as duas datas, o preço médio da mesma medida do melhor trigo no mesmo mercado parece ter sido, segundo as mesmas contas, de £2 10s. Fazendo dessa soma as mesmas deduções que fizemos no caso anterior, verifica-se que o preço médio da quarta de oito *bushels* do trigo de qualidade média custaria £1 19s 6d, ou cerca de 7 onças e ²/₃ de uma onça de prata.

Terceiro período

É entre 1630 e 1640, ou por volta de 1636, que a descoberta das minas da América parece exercer todos os seus efeitos sobre a redução do valor da prata, e depois disso o valor desse metal, em proporção ao valor do trigo, parece nunca mais cair como nesse período. Parece se ter elevado um pouco no decorrer do atual século, e provavelmente começou a aumentar algum tempo antes do fim do século passado.

De 1637 a 1700, ambos os anos incluídos, nos sessenta e quatro últimos anos do século passado, o preço médio da quarta de 9 *bushels* do melhor trigo no mercado de Windsor, segundo as mesmas contas, parece ter sido de £2 11s ¹/₃d, o que é apenas 1s e ¹/₃d mais caro do que havia sido nos dezesseis anos anteriores. Mas ao longo desses sessenta e quatro anos ocorreram dois eventos que devem ter produzido uma escassez muito maior de trigo do que teria provocado somente a influência das estações, e que são mais do que suficientes para explicar esse pequeno enriquecimento, sem que haja necessidade de supor uma redução ulterior no valor da prata.

O primeiro desses eventos foi a guerra civil*, que, desencorajando o cultivo e interrompendo o comércio, deve ter elevado o preço do trigo muito acima do que o curso normal das estações teria, por si só, ocasionado. A guerra civil deve ter produzido esse efeito mais ou menos em todos os diferentes mercados do reino, mais particularmente no situados nas redondezas de Londres, que necessitam receber suprimentos das localidades mais distantes. Assim, em 1648, segundo as mesmas contas, o preço do melhor trigo no mercado de Windsor parece ter sido de £4 5s. A quarta de 9 *bushels*, e em 1649, de £4. Esses dois anos juntos fornecem um excedente de £3 5s sobre £2 10s, preço médio dos dezesseis anos anteriores a 1637; esse excedente, repartido entre os sessenta e quatro últimos anos do século passado, quase será suficiente para explicar a ligeira subida de preços que parece ter ocorrido ao longo desses anos. Porém, esses dois preços, embora sejam os mais altos, de maneira nenhuma são os únicos preços altos que as guerras civis parecem ter ocasionado.

O segundo desses eventos foi o subsídio concedido à exportação de trigo em 1688. Muitos imaginaram que, ao incentivar a agricultura, esse subsídio possa ter ocasionado, numa longa série de anos, grande abundância e, por conseqüência, maior baixa no preço do trigo no mercado interno do que, de outro modo, teria ocorrido. Examinarei na se-

---

* A Revolução Inglesa (1640-1660) costuma se dividir em duas guerras civis: a primeira guerra civil, de 1640 a 1648, culmina com a prisão de Carlos I; e a segunda, de 1648 a 1650, caracteriza-se pela derrota dos *levellers*, execução do rei e expurgo do Parlamento. Seja como for, o termo "guerra civil" empregado pelo autor indica, como parece claro, a Revolução como um todo. (N. R. T.)

qüência até que ponto o subsídio pode, num certo período, produzir semelhante efeito; por ora, observarei apenas que, entre 1688 e 1700, não houve tempo para que se produzisse nenhum efeito desse gênero. Durante esse curto período, o único efeito que poderia ter produzido seria aumentar o preço do trigo no mercado interno, por incentivar a exportação do excedente de produção de cada ano, e com isso impedir que a abundância de um ano compensasse a escassez de outro. O subsídio deve ter acentuado um pouco o efeito da escassez que prevaleceu na Inglaterra de 1693 a 1699, incluindo estes anos, embora essa escassez deva ser sem dúvida atribuída principalmente à severidade das estações, que, por conseqüência, se estendeu por uma parte considerável da Europa. Em 1699, com efeito, a exportação de trigo foi proibida por nove meses.

Houve ainda um terceiro evento no decorrer do mesmo período, e que, embora sem ocasionar nenhuma escassez de trigo, nem talvez aumento na quantidade real de prata usualmente paga pelo preço do trigo, deve necessariamente ter ocasionado algum aumento na soma nominal desse preço. Tal evento foi a grande desvalorização causada na moeda de prata pela cunhagem e pelo desgaste. Esse mal teve início no reinado de Carlos II e continuou a aumentar ininterruptamente até 1695, quando, segundo nos informa o Sr. Lowndes, a moeda de prata corrente se encontrava, em média, cerca de 25% abaixo do valor-padrão. Porém, a soma nominal que constitui o preço de mercado de qualquer mercadoria se regula, necessariamente, não tanto pela quantidade de prata que a moeda deveria conter segundo o padrão, mas pela quantidade de prata que, conforme se vê pela experiência, essa moeda efetivamente contém. Essa soma nominal, portanto, é necessariamente mais elevada quando a moeda se encontra muito depreciada pela cunhagem e pelo desgaste, do que quando se aproxima de seu valor padrão.

No decorrer do atual século, em momento nenhum a moeda de prata esteve mais acima de seu peso-padrão do que agora. Mas, apesar de muito degradada, seu valor acompanha o valor da moeda de ouro, pela qual é trocada. Pois, embora antes da última cunhagem também a moeda de ouro estivesse bastante degradada, seu desgaste era muito menor que o da moeda de prata. Em 1695, ao contrário, o valor da moeda de prata não acompanhou o da moeda de ouro; 1 guinéu, então, trocava-se correntemente por 30 shillings dessa moeda de prata desgastada e cunhada. Antes da última cunhagem do ouro, o preço do lingote de prata raramente era superior a 5 shillings e 7 pence a onça, isto é, apenas 5 pence acima do preço da moeda cunhada. Mas em 1695, o preço comum da prata em lingotes era de 6 shillings e 5 pence por onça[6], o que representa 15 pence acima do preço da casa da moeda. Assim, mesmo antes da última cunhagem da moeda de ouro, as moedas de ouro e prata, quando comparadas ao lingote de prata, não eram avaliadas em mais do que 8% abaixo de seu valor-padrão. Ao contrário, em 1695 elas eram avaliadas em 25% abaixo deste valor. Mas no início do presente século, isto é, imediatamente depois da grande cunhagem no tempo do rei Guilherme, a maior parte da moeda de prata corrente deve ter estado ainda mais próxima de seu peso-padrão do que no presente. No transcurso do presente século, não ocorreu nenhuma grande calamidade pública, tal como uma guerra civil, que poderia desencorajar o cultivo, ou interromper o comércio interior do país. E embora o subsídio, que vigorou na maior parte deste século, tenha sempre aumentado o preço do trigo um pouco acima do que de outro modo seria, de acordo com o estágio efetivo da agricultura, ainda assim, como no transcurso do presente século o subsídio teve tempo suficiente para produzir todos os bons efeitos que lhe são comumente atribuídos, isto é, incentivar o cultivo e assim aumentar a quantidade de trigo no mercado interno, pode-se supor que, segundo os princípios de um sis-

---

6. Lourdes, *Essay on the Silver Coin*, p. 68.

tema que devo examinar e explicar adiante, esse subsídio tenha contribuído em alguma medida para reduzir o preço dessa mercadoria, bem como, por outro lado, para elevá-lo. Muitos supõem que tenha feito ainda mais. De fato, durante os primeiros sessenta e quatro anos do atual século, o preço médio da quarta de 9 *bushels* do melhor trigo no mercado de Windsor parece ter sido, de acordo com as contas do Eton College, de £2 0s 6½d, o que perfaz cerca de 10 shillings e 6 pence, ou mais do que 25% mais barato do que foi nos sessenta e quatro últimos anos do século passado; e cerca de 9s 6d mais barato do que foi durante os dezesseis anos precedentes a 1636, quando a descoberta das abundantes minas da América haviam, conforme é possível supor, produzido todo o seu pleno efeito; e cerca de 1 shilling mais barato do que havia sido nos vinte e seis anos precedentes a 1620, antes que se possa razoavelmente supor que a descoberta houvesse plenamente produzido seu efeito. De acordo com esse cálculo, o preço médio do trigo de qualidade mediana deve ter custado, durante os sessenta e quatro primeiros anos do presente século, cerca de 32 shillings a quarta de 8 *bushels*.

O valor da prata, portanto, parece se ter elevado um pouco em relação ao do trigo no decorrer deste século, e provavelmente esse fato teve início até mesmo um pouco antes do fim do século passado.

Em 1687, o preço da quarta de 9 *bushels* do melhor trigo no mercado de Windsor era de £1 5s 2d, o mais baixo preço desde 1595.

Em 1688, o Sr. Gregory King, homem célebre por seu conhecimento em matérias desse gênero, estimou o preço médio do trigo, em anos de moderada abundância, em 3s 6d o *bushel* para o produtor, ou 28 shillings a quarta. Imagino que esse preço do produtor seja o mesmo que às vezes se chama de preço de contrato, ou o preço ao qual um agricultor se compromete, por um certo número de anos, a entregar a um negociante uma certa quantidade de trigo.

Como um contrato desse gênero poupa ao agricultor a despesa e o transtorno de correr os mercados, o preço de contrato em geral é inferior ao que se supõe ser o preço médio de mercado. O Sr. King julgou que o preço normal de contrato, naqueles anos de moderada abundância, era à época de 28 shillings a quarta. Antes da escassez ocasionada pela última seqüência extraordinária de anos maus, tal era, asseguram-me, o preço normal de contrato em todos os anos normais.

Em 1688 o Parlamento votou o subsídio à exportação de trigo. A aristocracia rural, que então constituía uma proporção do legislativo ainda maior do que a atual, percebeu que o preço em dinheiro do trigo começava a cair. O subsídio foi um expediente para artificialmente aumentar esse preço ao elevado valor pelo qual tal mercadoria era com freqüência vendida nos reinados de Carlos I e Carlos II. Ficou assentado que isso ocorreria, então, até que o trigo estivesse cotado ao preço de 48 shillings a quarta, isto é, 20 shillings ou cinco sétimos mais caro do que o preço que o Sr. King estimou, nesse mesmo ano, como o preço pago ao produtor em tempos de moderada abundância. Se os seus cálculos merecem pelo menos uma parte da reputação que obtiveram universalmente, 48 shillings a quarta era um preço que, sem o uso de nenhum expediente tal como o subsídio, não se poderia esperar obter à época, exceto em tempos de extraordinária escassez. Mas o governo do rei Guilherme, não se encontrando então solidamente estabelecido, não estava em condições de recusar nada à aristocracia rural, junto à qual solicitava naquele exato momento a instituição, pela primeira vez, do imposto territorial.

Portanto, o valor da prata, em proporção ao do trigo, provavelmente aumentou um pouco antes do fim do século passado, e parece haver continuado a aumentar no decorrer da maior parte do atual, embora o subsídio tenha necessariamente provocado o efeito de tornar esse aumento menos sensível do que de outro modo seria, no atual estágio da agricultura.

Em anos de fartura, o subsídio, ocasionando uma exportação extraordinária, necessariamente eleva o preço do trigo acima do que, não fosse isso, seria naqueles anos. Incentivar o cultivo, conservando alto o preço do trigo mesmo nos anos de maior pujança, era o propósito confesso de seu instituto.

Em anos de grande escassez, é verdade, o subsídio foi suspenso; entretanto, não deixou de surtir seus efeitos, mesmo sobre os preços de muitos desses anos. Por meio da exportação extraordinária que ocasiona em anos de abundância, deve com freqüência também impedir que a abundância de um ano compense a escassez de outro.

Tanto nos anos de fartura como nos de escassez, por conseguinte, o subsídio eleva o preço do trigo acima do que naturalmente ocorreria, no estágio efetivo de cultivo. Portanto, se durante os sessenta e quatro primeiros anos do atual século o preço médio tem sido menor do que durante os sessenta e quatro últimos anos do século passado, aquele preço seria ainda muito menor, no mesmo estágio de cultivo, não fosse por essa operação de subsídio.

Mas é possível que se diga, ainda, que sem o subsídio o estágio de cultivo não teria sido o mesmo. O possível efeito desse instituto sobre a agricultura do país é algo que devo procurar explicar adiante, quando vier a tratar particularmente dos subsídios. Por ora observarei apenas que esse aumento no valor da prata, em proporção ao do trigo, não foi específico da Inglaterra. Três escritores que coletaram com muito cuidado e exatidão o preço do trigo na França, Sr. Duprè de Saint-Maur, Sr. Messance, e o autor dos *Ensaios sobre a política de grãos**, observaram essa alta no seu país, durante o mesmo período, e também quase na mesma proporção. Ora, na França, a exportação de grãos foi proibida por lei até 1764, e me parece bastante difícil supor que quase a mesma redução no preço que ocorreu num

---

* Trata-se de Herbert, já citado. (N. R. T.)

país, não obstante a proibição, no outro pudesse dever-se ao extraordinário incentivo dado à exportação.

Seria mais apropriado, talvez, considerar essa variação no preço médio em dinheiro do trigo como o efeito antes de algum aumento gradual no valor real da prata no mercado europeu do que de alguma queda no valor real médio do trigo. Já se observou que o trigo, em períodos de tempo bastante separados, é uma medida de valor mais exata do que a prata, ou talvez do que qualquer outra mercadoria. Quando, depois da descoberta das fecundas minas da América, o trigo teve seu preço em dinheiro aumentado em três ou quatro vezes, essa mudança foi universalmente atribuída a uma queda no valor real da prata, e não a um aumento qualquer no valor real do trigo. Se durante os sessenta e quatro primeiros anos do atual século, portanto, o preço médio em dinheiro do trigo caiu um pouco abaixo do que havia sido durante a maior parte do último século, deveríamos de igual maneira atribuir essa mudança não à queda no valor real do trigo, mas a algum aumento no valor real da prata no mercado europeu.

Na verdade, o alto preço do trigo durante os dez ou doze anos passados fez nascer a suspeita de que o valor real da prata ainda continuava a cair no mercado europeu. Entretanto, essa alta do preço do trigo parece se ter devido a uma sucessão extraordinária de maus anos, e não deveria, pois, ser considerada como algo permanente, mas como um evento passageiro e acidental. Durante os últimos dez ou doze anos, as colheitas têm sido bastante ruins numa grande parte da Europa, e as desordens na Polônia aumentaram em muito a escassez em todos os países que tinham o costume de se abastecer desse mercado durante os anos de alta de preços. Ainda que uma seqüência tão longa de maus anos não seja um evento comum, não é porém inaudita, e quem investigar a fundo a história dos preços do trigo nos tempos antigos não terá dificuldade em coletar novamente vários outros exemplos de mesma natureza. Além disso, dez anos de escassez extraordinária não têm nada de mais espantoso do que dez anos de abundância extraordinária. O baixo preço do trigo de 1741 a 1750, inclusive nestes anos, pode muito bem ser contraposto aos altos preços durante os últimos oito ou dez anos. De 1741 a 1750, o preço médio da quarta de 9 *bushels* do melhor trigo no mercado de Windsor, segundo se constata pelas contas do Eton College, era de apenas £1 13s 9½d, isto é, aproximadamente 6s 3d abaixo do preço médio dos sessenta e quatro primeiros anos do presente século. De acordo com essa conta, o preço médio da quarta de 8 *bushels* do trigo de qualidade mediana custava, durante esses dez anos, somente £1 6s 8d.

Entre 1741 e 1750, todavia, o subsídio deve ter impedido que o preço do trigo caísse tanto no mercado interno quanto naturalmente cairia. Durante esses dez anos, a quantidade de todos os tipos de grãos exportados, segundo registros da alfândega, foi de nada menos do que 8.029.156 quartas de *bushel*. O subsídio pago por essa exportação custou £1.514.962 17s 4½d. Assim, em 1749, o Sr. Pelham, então primeiro-ministro, fez observar à Câmara dos Comuns que se havia pago, nos três anos precedentes, somas exorbitantes em subsídios à exportação de trigo. Ele tinha boas razões para fazer tais observações, e nos anos seguintes teria razões ainda melhores. Nesse único ano, o subsídio pago foi de nada menos do que £324.176 10s 6d[7]. É desnecessário observar quanto essa exportação forçada deve ter elevado o preço do trigo acima do que de outro modo teria ocorrido no mercado interno.

Ao fim das tabelas de preços, anexadas a este capítulo, o leitor encontrará o cálculo particular desses dez anos, separado dos restantes. Encontrará também o cálculo particular dos dez anos precedentes, cuja taxa média é também

---

7. Ver o *Tratados sobre o comércio de trigo*, 3.ª parte.

inferior, embora não tanto como a média geral dos sessenta e quatro primeiros anos deste século. O ano de 1740, todavia, foi de extraordinária escassez. Esses vinte anos que precederam 1750 podem muito bem ser colocados em oposição aos vinte anos anteriores a 1770. Assim como os primeiros mantiveram-se bastante abaixo da média geral do século, não obstante a interposição de um ou dois anos de carestia, assim também os últimos mantiveram-se bastante acima daquela média, não obstante a interposição de um ou dois anos de baixa de preços, como o de 1759, por exemplo. Se os primeiros não se mantiveram tão abaixo da média geral quanto os últimos se mantiveram acima, isso provavelmente se deve ao subsídio. A mudança foi súbita demais para que se possa atribuí-la a alguma variação no valor da prata, que é sempre lenta e gradual. Um efeito súbito somente pode ser explicado por uma causa que opere repentinamente, tal como a variação acidental das estações.

É verdade que no decorrer deste século o preço em dinheiro do trabalho aumentou na Grã-Bretanha. Essa alta, porém, parece ser o efeito não tanto de qualquer diminuição do valor da prata no mercado europeu, como de um aumento da demanda por trabalho na Grã-Bretanha, em razão da grande e quase universal prosperidade do país. Observou-se que na França, onde a prosperidade não é assim tão grande, desde a metade do século passado o preço do trabalho tem caído gradualmente com o preço médio em dinheiro do trigo. Segundo se diz, tanto no século passado como no atual, os salários diários do trabalho comum têm sido quase uniformemente cerca da vigésima parte do preço médio do *septier* de trigo, medida que contém pouco mais do que 4 *bushels* de Winchester. Já se fez ver que na Grã-Bretanha a recompensa real do trabalho, isto é, as quantidades reais de mercadoria necessárias à vida e ao conforto que são dadas ao trabalhador, aumentou consideravelmente ao longo deste século. A elevação de seu preço em dinheiro parece ter sido o efeito não de qualquer diminuição do valor da prata no mercado geral da Europa, mas de um aumento no preço real do trabalho no mercado da Grã-Bretanha em particular, graças a circunstâncias especialmente felizes em que se encontra este país.

Por algum tempo depois da primeira descoberta da América, a prata continuaria a ser vendida pelo seu preço anterior, ou não muito abaixo deste. Os lucros da exploração de minas foram por algum tempo muito elevados, e muito superiores à taxa natural. Mas os que importavam esse metal para a Europa logo perceberiam que não poderiam dispor de toda a importação anual a esse alto preço. A prata seria gradualmente trocada por uma quantidade menor de mercadorias; seu preço cairia gradualmente a níveis cada vez mais baixos, até alcançar o nível natural, ou o que fosse apenas suficiente para pagar, de acordo com suas taxas naturais, os salários do trabalho, os lucros do capital e a renda da terra, necessários para levá-la da mina para o mercado. Já se observou que, na maioria das minas de prata do Peru, o tributo devido ao rei da Espanha, elevando-se a $1/10$ do produto bruto, consome a totalidade da renda da terra. Tal tributo era originalmente a metade desse produto; logo depois caiu para $1/3$, depois para $1/5$, e finalmente para $1/10$, taxa na qual permanece. Na maior parte das minas de prata do Peru, essa taxa representa, ao que parece, tudo o que resta depois de repor o capital do empreiteiro, juntamente com os lucros normais; e parece ser coisa universalmente reconhecida que esses lucros, que no passado eram muito altos, agora são tão baixos quanto é possível para que permaneça viável a exploração.

Em 1504[8], quarenta e um anos antes de 1545, data da descoberta das minas de Potosí, o tributo do rei da Espanha foi reduzido a $1/5$ da prata registrada. No curso de noventa anos, ou antes de 1636, essas minas, as mais fecundas em

---

8. *Solorzano*, vol. II [Solorzano-Pereira, *De indiarium jure*, Madri, 1777. (N. R. T.)].

toda a América, tiveram tempo suficiente para produzir seu pleno efeito, ou para reduzir ao máximo possível o valor da prata no mercado europeu, enquanto este continuou a pagar o tributo ao rei da Espanha. Um período de noventa anos é tempo suficiente para reduzir qualquer mercadoria, da qual não haja monopólio, ao seu preço natural, ou ao preço mínimo pelo qual, enquanto paga um tributo específico, pode continuar a vender-se por qualquer período considerável.

O preço da prata no mercado europeu talvez pudesse ter caído ainda mais, e então seria indispensável reduzir o tributo sobre essa mercadoria não apenas a $1/10$, como em 1736, como também a $1/20$ de seu valor, como aconteceu com o ouro, ou abandonar a exploração da maior parte das minas americanas hoje em atividade. O motivo pelo qual isso não aconteceu foi provavelmente o crescimento gradual da demanda por prata, ou a gradual ampliação do mercado para o produto das minas de prata da América, o que não apenas manteve o valor da prata no mercado europeu, mas talvez o tenha elevado um pouco acima do que era por volta da metade do último século.

Desde a descoberta da América, o mercado para o produto de suas minas de prata se tem ampliado cada vez mais.

Primeiramente, o mercado da Europa tornou-se gradualmente mais e mais extenso. Desde a descoberta da América, a maior parte da Europa tem realizado progressos consideráveis. A Inglaterra, a Holanda, a França, a Alemanha, mesmo a Suécia, a Dinamarca e a Rússia, todos esses países desenvolveram de maneira notável a agricultura e as manufaturas. A Itália parece não ter regredido; sua decadência precedeu a conquista do Peru, e desde então parece se ter recuperado um pouco. De fato, supõe-se que Espanha e Portugal tenham regredido. Portugal, todavia, não é senão uma parte bastante pequena da Europa, e a decadência da Espanha não é, talvez, tão grande como se imagina comumente. No início do século XVI, a Espanha era um país muito pobre, mesmo em comparação com a França, que tanto se desenvolveu desde então. É bastante conhecida a observação do Imperador Carlos V – que freqüentemente viajava entre os dois países –, segundo a qual na França tudo exuberava, e na Espanha tudo faltava. A crescente produção da agricultura e das manufaturas na Europa deve necessariamente ter demandado um gradual aumento na quantidade de moedas de prata para colocar em circulação essa produção, e o número sempre crescente de indivíduos ricos fez surgir, também necessariamente, um crescimento similar na demanda de prata empregada na fabricação de baixelas e outros objetos de luxo.

Em segundo lugar, a América é ela mesma um novo mercado para o produto de suas próprias minas de prata; e, como os seus avanços na agricultura, no nível de atividade e na população são muito mais rápidos do que os dos países mais prósperos da Europa, a demanda deve crescer com muito mais rapidez. As colônias inglesas são um mercado completamente novo, que, em parte para a cunhagem e em parte para o fabrico de baixelas, exige um fornecimento continuamente crescente de prata para abastecer um grande continente que jamais teve demanda antes. Em sua maioria, as colônias da Espanha e de Portugal também são um mercado completamente novo. Nova Granada, Yucatan, Paraguai e Brasil eram habitados, antes da descoberta pelos europeus, por povos selvagens que não detinham técnicas nem praticavam a agricultura. Ambos foram agora introduzidos num grau considerável em todos eles. Mesmo o México e o Peru, embora não se possa considerá-los mercados completamente novos, são certamente muito mais extensos nesse aspecto do que jamais antes. Malgrado todas as fábulas maravilhosas que se têm publicado sobre a magnificência desses países em tempos antigos, quem ler, com sobriedade de julgamento, a história de sua primeira descoberta e conquista conseguirá discernir bastante claramente que, nas artes, na agricultura e no comércio, seus habitantes eram muito mais ignorantes do que são hoje em dia os tártaros da Ucrânia. Mesmo os peruanos, a nação mais civilizada das duas, embora fizessem uso do ouro e da prata como ornamentos, não possuíam nenhuma espécie de moeda cunhada. Todo o seu comércio se fazia por escambo, e por conseguinte não havia quase nenhuma divisão do trabalho entre eles. Os que cultivavam o solo eram obrigados a construir suas próprias casas, fazer seu próprio mobiliário doméstico, suas próprias roupas, calçados e instrumentos de agricultura. Os poucos artífices que havia entre eles, segundo se diz, eram todos mantidos pelo soberano, pelos nobres e sacerdotes, dos quais provavelmente eram servidores ou escravos. Todas as técnicas ancestrais do México e do Peru nunca forneceram à Europa um único gênero de manufatura. Os exércitos espanhóis, que quase nunca excediam quinhentos homens, e com freqüência não contavam nem com a metade desse número, encontraram em quase toda parte dificuldade para conseguir subsistência. Segundo relatos, a fome que esses exércitos teriam provocado em quase todos os lugares a que foram, num país que ao mesmo tempo era descrito como muito populoso e bem cultivado, demonstra suficientemente que a história de sua densidade populacional e de sua rica agricultura é em grande medida fantasiosa. As colônias espanholas encontram-se sob um governo em muitos aspectos menos favorável à agricultura, ao desenvolvimento e à população do que o das colônias inglesas. Entretanto, parecem fazer avanços em todas essas coisas, com muito mais rapidez do que qualquer país na Europa. Em solo fértil e clima favorável, a grande abundância de terras e seu baixo preço, circunstâncias comuns a todas as novas colônias, são, ao que parece, uma vantagem tão grande que compensa muitos defeitos do governo civil. Frezier, que visitou o Peru em 1713, descreve Lima como contendo entre 25 e 28 mil habitantes. Ulloa, que residiu no país entre 1740 e 1746, descreve-a como contendo mais de 50 mil habitantes. Os relatos desses dois viajantes sobre a densidade populacional de muitas outras cidades principais do Chile e do Peru variam aproximadamente na mesma proporção, e, como não parece haver razão para duvidar de que fossem bem informados, é possível concluir que o crescimento desses países é pouco inferior ao das colônias inglesas. A América abre então aos produtos de suas próprias minas de prata um novo mercado, em que a demanda cresce muito mais rapidamente do que a dos mais prósperos países da Europa.

Em terceiro lugar, as Índias Orientais são um outro mercado para o produto das minas de prata da América, e um mercado que, desde a época da descoberta dessas minas, tem atraído continuamente uma quantidade de prata considerável. Desde essa época, o comércio direto entre a América e as Índias Orientais, realizado por meio dos navios de Acapulco, tem aumentado constantemente, e o comércio indireto que se faz por intermédio da Europa vem aumentando numa proporção ainda maior. Durante o século XVI, os portugueses eram a única nação que realizava algum comércio regular com as Índias Orientais. Nos últimos anos desse século, os holandeses principiaram a se intrometer numa parte desse monopólio, e em poucos anos expulsaram os portugueses de suas principais feitorias na Índia. Durante a maior parte do último século, essas duas nações dividiram entre si a parcela mais considerável do comércio das Índias Orientais, o comércio dos holandeses crescendo continuamente, numa proporção ainda maior do que o dos portugueses declinava. Os ingleses e franceses realizaram no último século pouco comércio com a Índia, mas este vem aumentando muito no curso do atual. Foi também no início deste século que os suecos e dinamarqueses começaram a comercializar com a Índia. Até os moscovitas agora comerciam regularmente com a China, por meio de espécies de caravanas que vão a Pequim por terra, através da Sibéria e da Tartária. Se excetuarmos o comércio dos franceses, que a última guerra quase aniquilou, o de todas essas nações com a Índia Oriental tem aumentado quase continuamente. O crescente consumo das mercadorias da Índia Oriental na Europa é tão grande, que parece fornecer um crescente emprego para todas elas. O uso do chá, por exemplo, era muito pouco difundido na Europa antes da metade do último século. Hoje, o valor do chá anualmente importado pela Companhia das Índias Orientais inglesa, para consumo da Inglaterra, eleva-se a mais de 1,5 milhão de libra por ano, e mesmo isso não é suficiente, já que uma quantidade bastante considerável entra habitualmente de contrabando no país pelos portos da Holanda, de Gotemburgo, na Suécia, e também entrou pelo litoral francês, enquanto durou a prosperidade da Companhia Francesa das Índias Orientais. O consumo de porcelana da China, dos condimentos das Molucas, dos produtos de Bengala, e de inumeráveis artigos, cresceu quase na mesma proporção. Com efeito, a tonelagem de toda a marinha mercante européia empregada no comércio com as Índias Orientais, em qualquer período no último século, talvez não superasse muito a da Companhia das Índias Orientais antes da recente redução de sua frota.

Mas o valor dos metais preciosos era muito mais elevado nas Índias Orientais, particularmente na China e no Indostão, quando os europeus começaram ter comércio com esses países, do que na Europa, e ainda continua a ser assim. Em países produtores de arroz, que geralmente colhem duas, às vezes três safras por ano, cada qual mais abundante do que qualquer colheita normal de trigo, encontra-se necessariamente uma maior abundância de alimentos do que em qualquer país produtor de trigo de igual extensão. Em conseqüência, esses países são muito mais populosos. Além disso, as pessoas ricas que lá habitam, tendo à disposição uma superabundância de alimentos, muito além do que elas próprias podem consumir, possuem os meios para comprar uma quantidade muito maior de trabalho alheio. Assim, de acordo com todos os relatos, o séquito de um grande senhor* na China ou no Indostão é muito mais nu-

---

* No original, *grandee*. (N. T.)

meroso e muito mais magnífico do que o dos mais ricos particulares na Europa. Essa mesma superabundância de alimentos de que podem dispor permite-lhes dar maior quantidade desses bens em troca de todos os produtos raros ou singulares que a natureza não fornece senão em pequena quantidade, tais como os metais e pedras preciosas, objetos que os ricos tanto disputam. Portanto, mesmo se supondo que as minas que abasteciam o mercado indiano fossem tão abundantes como as que abasteciam o mercado europeu, essas mercadorias preciosas naturalmente se trocariam por uma quantidade maior de alimentos na Índia do que na Europa. Mas as minas que abasteciam o mercado indiano com metais preciosos parecem ter sido em boa medida menos fecundas, enquanto as que o abasteciam de pedras preciosas parecem ter sido em boa medida mais fecundas, do que as minas que abasteciam o mercado europeu. Desse modo, é de esperar que, na Índia, os metais preciosos naturalmente sejam trocados por uma quantidade de pedras preciosas um pouco superior àquela por que são trocados na Europa, e por uma quantidade de alimentos ainda mais considerável. O preço em dinheiro dos diamantes, o maior de todos os supérfluos, seria um pouco inferior, e o dos alimentos, a primeira de todas as necessidades, muito mais baixo num país do que no outro. Mas, como já se observou, o preço real do trabalho, a quantidade real mercadorias necessárias à vida e ao conforto que se dá ao trabalhador, é muito menor tanto na China como no Indostão, dois grandes mercados da Índia, do que na maior parte da Europa. Os salários que recebe o trabalhador lá comprarão uma quantidade menor de alimentos; e, como o preço em dinheiro dos alimentos é muito mais baixo na Índia do que na Europa, o preço em dinheiro do trabalho é menor sob um duplo aspecto: sob o aspecto da pequena quantidade de alimentos que comprará, e do baixo preço desses alimentos. Ora, entre países de igual condição quanto às técnicas e ao trabalho, o preço em dinheiro da maior

LIVRO I

parte das manufaturas será proporcional ao preço em dinheiro do trabalho; e, no que respeita às técnicas e ao trabalho da manufatura, a China e o Indostão, embora inferiores, não parecem ser tão inferiores a nenhuma região da Europa. Por conseguinte, o preço em dinheiro da maior parte das manufaturas será naturalmente muito menor nesses grandes impérios do que em qualquer parte da Europa. Na maior parte da Europa, igualmente, a despesa com transporte terrestre aumenta muito os preços real e nominal da maioria das manufaturas. Custa mais trabalho, e por conseqüência mais dinheiro, transportar ao mercado, primeiro as matérias-primas, e em seguida a manufatura acabada. Na China e no Indostão, a extensão e a variedade dos meios de navegação interior poupam a maior parte desse trabalho e por conseguinte desse dinheiro, e com isso reduzem ainda mais os preços real e nominal da maior parte de suas manufaturas. Considerando-se todos esses aspectos, os metais preciosos são mercadorias que sempre foram, e continuam a ser, extremamente vantajosas de transportar da Europa para a Índia. Poucas são as mercadorias que alcançam um preço melhor lá, ou que, em proporção à quantidade de trabalho e mercadorias que custam na Europa, possam comprar ou adquirir uma maior quantidade de trabalho e de mercadorias na Índia. É mais vantajoso, também, transportar até lá a prata do que o ouro, porque na China e na maior parte dos demais mercados da Índia a proporção entre a prata de melhor qualidade e o ouro de mesmo tipo não ultrapassa a razão de dez ou doze para um, ao passo que na Europa tal proporção é de 14 ou 15 para 1. Na China e na maior parte dos demais mercados da Índia, 10 ou, no máximo, 12 onças de prata comprarão 1 onça de ouro; na Europa são necessárias de 14 a 15 onças. Com isso, a prata tem sido em geral um dos artigos mais valiosos dos carregamentos da maior parte dos navios europeus que navegam para a Índia. É o principal artigo transportado pelos navios de Acapulco para Manila. A prata do Novo Continente parece ser, dessa maneira, o grande objeto de comércio que se faz entre as duas extremidades do velho continente; forma o principal elo da cadeia que liga uma à outra essas duas regiões tão longínquas do mundo.

A fim de suprir as necessidades de um mercado tão amplo, é necessário que a quantidade de prata anualmente extraída das minas seja suficiente não apenas para sustentar esse aumento sempre crescente da demanda por moedas, prataria e jóias, que se exige em todos os países onde a riqueza progride, mas ainda para reparar o desperdício e o consumo contínuos da prata, que ocorre em todos os países onde tal metal é utilizado.

O consumo contínuo de metais preciosos sob a forma de moeda, em razão do desgaste natural, e sob a forma de ourivesaria, em razão do desgaste e do polimento, é bastante significativo, e nas mercadorias cujo uso seja bastante diversificado esse artigo por si só exigiria um suprimento anual muito grande. Mas um consumo ainda mais significativo, porque se faz de maneira demasiado rápida, embora no conjunto talvez não seja maior do que outro que se faz gradualmente, é o que ocorre em certas manufaturas. Somente nas manufaturas de Birmingham, a quantidade de ouro e prata anualmente empregada em dourados e prateados, que assim ficam impossibilitados para sempre de reaparecerem posteriormente sob a forma desses metais, eleva-se, segundo se diz, a mais de 50 mil libras esterlinas. Com base nisso, podemos ter alguma noção de como deve ser elevado seu consumo anual, em todas as diferentes regiões do mundo, tanto nas manufaturas do mesmo gênero que as de Birmingham, como nos cordões, rendas, objetos de ouro e prata, folheados de livros, móveis etc. Além disso, perde-se também anualmente uma quantidade considerável desses metais no transporte de um lugar para outro, por mar e por terra. Enfim, perde-se também uma quantidade ainda maior pelo costume quase universal, muito comum na maior parte dos países asiáticos, de esconder tesouros nas entranhas da terra, segredo este que com freqüência morre com aquele que os escondeu.

De acordo com as melhores fontes, a quantidade de ouro e prata importada de Cádiz e de Lisboa (contando não apenas o que se registra, mas também o que se pode supor entrar por contrabando) chega a cerca de 6 milhões de libras esterlinas por ano.

De acordo com o Sr. Meggens[9], a importação anual de metais preciosos para a Espanha, tomando a média de seis anos, de 1748 a 1753, incluídas estas duas datas, e para Portugal, tomando a média de sete anos, de 1747 a 1753, incluídas as duas datas, chegou a 1.101.107 libras-peso em prata, e em ouro, 29.940 libras-peso. A prata, importada a 62 shillings a libra de Troy, chega a £3.413.431 10s esterlinas. O ouro, a 44 guinéus e meio a libra de Troy, alcança £2.333.446 14s esterlinas. Os dois em conjunto somam £5.746.878 4s esterlinas. O mesmo autor assegura que a conta da importação sob registro está exata. Indica-nos em detalhe todos os locais específicos de onde o ouro e a prata foram trazidos e a quantidade de cada um dos metais que, de acordo com os registros, cada um desses locais forneceu. Faz uma estimativa, além disso, da quantidade supostamente contrabandeada de cada metal. A grande experiência desse judicioso comerciante confere considerável peso à sua opinião.

De acordo com o eloqüente autor de *História filosófica e política do estabelecimento dos europeus nas duas Índias**, que às vezes tem boas informações, a importação anual de ouro e prata registrada pela Espanha, tomando

---

9. Posfácio ao *Universal Merchant*, pp. 15-6. Esse posfácio não foi publicado até 1756, três anos após a publicação do livro, que jamais foi reeditado. Do Posfácio existem, por isso, poucos exemplares: nele se encontram corrigidos vários erros no livro.

* Raynal, *Histoire philosophique et politique des établissements et du commerce des européens dans les deux Indes*, 1773. (N. R. T.)

em média onze anos, de 1754 a 1764, inclusive, elevou-se a 13.984.185¾ piastras de 10 reais. Porém, levando em conta o que pode ter sido contrabandeado, supõe que toda a importação anual atinja 17 milhões de piastras, as quais, a 4s 6d por piastra, equivalem a £3.825.000 esterlinas. Além disso, o autor detalha os locais específicos de onde se traziam o ouro e a prata, e as quantidades de cada metal que cada lugar forneceu, de acordo com o registro. Também nos informa que, a julgar pelo montante do tributo pago ao rei de Portugal, que parece ser de ⅕ do metal-padrão, poderíamos estimar que a quantidade de ouro anualmente importada do Brasil para Lisboa foi de 18 milhões de cruzados, ou 45 milhões de libras francesas, equivalentes a cerca de 2 milhões de libras esterlinas. Porém, diz ele, levando em conta o que pode ter sido contrabandeado, podemos seguramente adicionar a essa soma mais 1/8, ou 250 mil libras esterlinas, de sorte que o total será de £2.250.000 esterlinas. Assim, segundo essa conta, o total da importação anual de metais preciosos, tanto pela Espanha como por Portugal, atinge cerca £6.075.000 esterlinas.

Muitos outros relatos, ainda que manuscritos, mas apoiados em peças de comprovada autenticidade, concordam, segundo me asseguraram, em avaliar a totalidade dessa importação anual de metais preciosos em cerca de 6 milhões de libras esterlinas, às vezes um pouco mais, às vezes um pouco menos.

Na verdade, a importação anual de metais preciosos para Cádiz e Lisboa não corresponde à totalidade do produto anual das minas da América. Há uma parte que é todos os anos enviada a Manila por meio dos navios de Acapulco; uma outra parte é empregada no comércio de contrabando que as colônias espanholas realizam com as colônias de outras nações européias; e ainda resta indubitavelmente uma terceira parte no país. Além disso, as minas de ouro e prata da América não são de modo algum as únicas existentes no mundo; são, todavia, de longe as mais fecundas. Com efeito, não há nenhuma dúvida de que o produto de todas as demais minas conhecidas é insignificante em comparação com o daquelas, e é igualmente certo que a maioria absoluta de seu produto é anualmente importada para Cádiz e Lisboa. Mas somente o consumo de Birmingham, à taxa de 50 mil libras por ano, equivale a $1/120$ da importação anual, avaliada em 6 milhões. Assim, talvez a totalidade do consumo anual de ouro e prata em todos os diferentes países do mundo seja aproximadamente igual à produção anual de tais metais. O restante talvez não seja mais do que o suficiente para suprir a crescente demanda por parte de todos os países prósperos. Pode até ser tão inferior a essa demanda, que aumente o preço desses metais no mercado europeu.

A quantidade de latão e ferro transportados anualmente da mina para o mercado é incomparavelmente superior à de ouro e prata. Todavia, não imaginamos que, por conta disso, esses metais grosseiros igualmente se multipliquem além da demanda, ou que venham a se tornar cada vez mais baratos. Por que, então, deveríamos imaginar que isso acontecerá em relação aos metais preciosos? É certo que os metais grosseiros, embora mais duros, submetem-se a usos mais desgastantes, e, como são de menor valor, menor cuidado se emprega para conservá-los. Os metais preciosos, todavia, não são necessariamente mais indestrutíveis do que eles, e estão igualmente sujeitos a perderem-se, gastarem-se e consumirem-se das mais diversas maneiras.

O preço de todos os metais em geral, embora sujeito a variações lentas e graduais, varia menos de um ano a outro do que quase toda outra parte do produto bruto da terra, e o preço dos metais preciosos é até menos sujeito a variações súbitas do que o dos metais grosseiros. A durabilidade dos metais é o que confere a seu preço uma estabilidade extraordinária. O trigo levado ao mercado no ano passado será totalmente ou quase totalmente consumido muito antes do final deste ano. Mas alguma parcela do ferro trazido da mina há duzentos ou trezentos anos pode ainda estar em uso, e talvez ainda seja utilizada alguma porção do ouro que foi extraído da mina há dois ou três mil anos. As diferentes quantidades de trigo que, a cada ano, devem suprir o consumo mundial serão sempre aproximadamente proporcionais ao respectivo produto desses diferentes anos. Mas a proporção entre as diferentes quantidades de ferro que podem estar em uso em dois diferentes anos sofrerá excessivamente pouco uma variação acidental no produto das minas de ferro durante esses dois diferentes anos, e a proporção entre as diferentes quantidades de ouro dependerá ainda menos de qualquer variação semelhante no produto das minas de ouro. Logo, embora o produto da maior parte das minas de metal varie talvez ainda mais de ano para ano do que o da maior parte dos campos de trigo, essas variações não surtem sobre o preço da primeira dessas duas espécies de mercadorias o mesmo efeito que surtem sobre o das outras.

VARIAÇÕES NA PROPORÇÃO ENTRE OS RESPECTIVOS VALORES DO OURO E DA PRATA

Antes da descoberta das minas da América, o valor do ouro de boa qualidade, em relação ao da prata de igual padrão, era regulado, nas diferentes Casas da Moeda da Europa, pela proporção de 1 para 10 e de 1 para 12, ou seja, 1 onça de ouro de boa qualidade valia de 10 a 12 onças de prata de boa qualidade. Por volta da metade do século passado, essa proporção passou a ser de 1 para 14 e de 1 para 15, isto é, 1 onça de ouro de boa qualidade passou a valer algo entre 14 e 15 onças de prata de boa qualidade. Elevou-se o valor nominal do ouro, ou a quantidade de prata que por este se dava. Os dois metais tiveram reduzido o seu valor real, ou a quantidade de trabalho que poderiam comprar; mas o da prata caiu mais do que o do ouro. Embora as minas de ouro e de prata da América superassem em fecundidade todas as minas até então conhecidas, a fecundidade das minas de prata, ao que parece, foi ainda proporcionalmente superior à das minas de ouro.

As grandes quantidades de prata anualmente transportadas da Europa para a Índia reduziram gradualmente o valor desse metal, com relação ao ouro, em algumas das possessões inglesas. Na casa da moeda de Calcutá, estima-se que 1 onça de ouro de boa qualidade valha 15 onças de prata pura, assim como ocorre na Europa. Talvez na Casa da Moeda o metal seja cotado a um valor muito elevado em relação ao que alcança no mercado de Bengala. Na China, a proporção do ouro para com a prata continua a ser de 1 para 10, ou 1 para 12. Afirma-se que no Japão seja de 1 para 8.

A proporção entre as quantidades de ouro e prata anualmente importadas para a Europa é, de acordo com os cálculos do Sr. Meggens, de 1 para 22 aproximadamente; isto é, para cada onça de ouro importam-se pouco mais de 22 onças de prata. Ele presume que a grande quantidade de prata anualmente enviada para as Índias Orientais reduza as quantidades desses metais que ainda restam na Europa à proporção de 1 para 14 ou 15, exatamente a razão entre os seus valores. O autor parece pensar que a proporção entre seus valores deve necessariamente estar na razão recíproca de suas quantidades, e que conseqüentemente seria de 1 para 22, não fosse pela maior exportação de prata.

Entretanto, não é verdade que a proporção normal entre os respectivos valores das duas mercadorias deve necessariamente ser igual à que existe entre as quantidades desses bens normalmente disponíveis no mercado. Admite-se que o preço de uma cabeça de gado seja de 10 guinéus, o que corresponde a cerca de três vezes o preço de um carneiro, ou a 3 shillings e 6 pence. Seria entretanto absurdo inferir daí que normalmente há três carneiros para cada cabeça de gado no mercado; igualmente absurdo seria concluir que, assim como usualmente uma onça de ouro compra de 14 a 15 onças de prata, assim também, para cada onça de ouro, normalmente há apenas 14 ou 15 onças de prata no mercado.

É provável que a quantidade de prata normalmente disponível no mercado seja muito maior, em proporção à de ouro, que o valor de uma certa quantidade de ouro em relação ao de igual quantidade de prata. A quantidade total de uma mercadoria barata levada ao mercado geralmente não somente é maior, mas também mais valiosa do que a quantidade total de uma mercadoria cara. A quantidade total de pão que se encontra no mercado não é apenas maior, mas também de maior valor do que toda a quantidade de carne bovina; toda a quantidade de carne bovina vale mais que a quantidade total de aves; e a quantidade total de aves, mais do que quantidade total de caça. O número de compradores de uma mercadoria barata é tão superior ao de compradores de uma mercadoria cara, que normalmente não só se encontra uma quantidade maior da primeira do que da segunda, mas também o valor total daquela quantidade é mais elevado. Portanto, a quantidade total da mercadoria barata deve normalmente exceder a quantidade total da mercadoria cara, numa proporção ainda maior do que o valor de uma certa quantidade da cara excede o valor de uma igual quantidade da mercadoria barata. Quando comparamos os metais preciosos uns com os outros, a prata é uma mercadoria barata, e o ouro, uma mercadoria cara. Por isso, naturalmente deveríamos esperar que sempre houvesse no mercado não apenas uma quantidade maior, mas também um valor maior em prata do que em ouro. Se alguém que possui um pouco dos dois metais comparar a prata ao ouro, provavelmente perceberá que não apenas a quantidade, mas também o valor da primeira excede em larga medida o do último. Muitas pessoas, além disso, que possuem alguns objetos de prata, nada têm de ouro; e, mesmo os que possuem, esses objetos geralmente se restringem a molduras de relógio, caixas de rapé e outras bugigangas, cuja soma total raramente é de grande valor. Com efeito, na totalidade das moedas inglesas, o valor do ouro supera em muito o da prata; não ocorre o mesmo, entretanto, com as moedas de todos os demais países. Na moeda de alguns deles, o valor dos dois metais é aproximadamente igual. No caso da moeda escocesa, antes da União com a Inglaterra, o ouro tinha uma preponderância bastante reduzida, embora mantivesse alguma[10], segundo mostram os registros da Casa da Moeda. Mas, no que respeita à moeda de vários outros países, a prata prepondera. Na França, normalmente se pagam as somas mais vultosas com esse metal, e lá é difícil conseguir mais ouro do que o necessário para carregar no bolso. No entanto, a superioridade do valor dos objetos de prata com relação aos de ouro, superioridade que se verifica em todos os países, mais do que compensa a eventual preponderância da moeda de ouro sobre a de prata, que se verifica apenas em alguns países.

Num certo sentido, embora a prata sempre tenha sido, e provavelmente sempre seja, muito mais barata do que o ouro, ainda assim, em outro sentido, é possível dizer que o ouro é um pouco mais barato do que a prata, na atual condição do mercado espanhol. Pode-se dizer que uma mercadoria é cara ou barata não apenas de acordo com o valor de seu preço habitual, mas também conforme esse preço seja maior ou menor do que mínimo pelo qual é possível levá-la ao mercado durante um período de tempo considerável. O preço mínimo é aquele que meramente repõe, com lucro moderado, o capital que se deve empregar para levar o bem até o mercado. Trata-se do preço que nada proporciona ao proprietário da terra, aquele do qual a renda não participa, e que se resolve inteiramente em salários e lucro. Ora, na atual condição do mercado espanhol, o ouro

---

10. Ver o prefácio de Ruddiman ao *Diplomata etc., Scotiae*, de Anderson.

encontra-se certamente mais próximo de tal preço do que a prata. O tributo do rei da Espanha sobre o ouro consiste apenas em $1/20$ do metal padrão, ou 5%, ao passo que o tributo sobre a prata se eleva $1/10$ do metal, ou a 10%. Além disso, como já se observou, toda a renda da maior parte das minas de ouro e prata da América espanhola consiste nesses impostos, e paga-se menos o tributo sobre o ouro do que o tributo sobre a prata. Os lucros dos empreiteiros das minas de ouro em geral são ainda mais módicos do que os dos empreiteiros das minas de prata, porque é mais raro que aqueles façam fortuna. Assim, como o ouro da Espanha proporciona menos renda e menos lucro, é necessário que seu preço no mercado espanhol seja um pouco mais próximo do preço mínimo pelo qual é possível levá-lo até esse mercado, do que o preço da prata espanhola. Quando todas essas despesas são deduzidas, a quantidade total do primeiro desses metais não poderia ser vendida no mercado espanhol de maneira tão vantajosa como a quantidade total do outro. É certo que o tributo do rei de Portugal sobre o ouro brasileiro é equivalente ao antigo tributo do rei da Espanha sobre a prata do México e do Peru, ou seja, $1/5$ do metal-padrão. Pode, portanto, subsistir alguma dúvida quanto a se ao mercado geral da Europa o volume total de ouro americano chega a um preço mais próximo do mínimo pelo qual se pode levá-lo até lá do que o volume de prata de mesma origem.

O preço dos diamantes e outras pedras preciosas talvez esteja ainda mais próximo do seu mínimo do que o preço do ouro.

Embora não seja muito provável que se abra mão de alguma parcela do tributo sobre a prata enquanto existir a possiblidade de cobrança – tributo não só incidente sobre um dos objetos mais adequados de tributação, um artigo de luxo puramente supérfluo, mas também capaz de proporcionar uma receita tão importante –, a mesma impossibilidade de cobrá-lo, que em 1736 tornou necessário reduzi-lo de ⅕ para ¹/₁₀ do metal padrão, pode com o tempo obrigar a reduzi-lo ainda mais, do mesmo modo como ocorreu com o tributo sobre o ouro, cujo percentual teve forçosamente de reduzir-se para ¹/₁₀. Todos os que têm investigado a situação das minas na América Espanhola reconhecem que sua exploração, tal como a de todas as demais minas, torna-se gradualmente mais custosa, por conta da maior profundidade a que é preciso realizar o trabalho de exploração, e da despesa maior para drenar a água e fornecer ar fresco a essa grande profundidade.

Essas causas, que correspondem a uma crescente escassez de prata (pois é possível afirmar que uma mercadoria torna-se tanto mais escassa quanto mais difícil e caro for obter uma dada quantidade), devem com o tempo produzir um ou outro dos três seguintes eventos: primeiro, o crescimento da despesa deve ser completamente compensado por um aumento proporcional no preço do metal, ou, em segundo lugar, deve ser completamente compensado por uma diminuição proporcional no tributo sobre a prata, ou ainda, em terceiro lugar, deve ser em parte compensado por um e em parte por outro desses dois expedientes. O terceiro desses eventos é o mais provável. Como o preço do ouro se eleva em proporção ao da prata, não obstante a grande diminuição do tributo sobre o ouro, assim também o preço da prata deve elevar-se em proporção ao trabalho e às mercadorias, não obstante uma igual redução do tributo sobre a prata.

No entanto, se essas sucessivas reduções tributárias não podem impedir totalmente a alta do valor da prata no mercado europeu, ao menos devem certamente retardá-la em maior ou menor grau. Essas reduções permitem explorar muitas minas que de outro modo seriam inviáveis, pois seu produto seria insuficiente para pagar o antigo tributo. Assim, a quantidade de prata anualmente levada ao mercado deve necessariamente ser um pouco maior, e por conseguinte o valor de uma quantidade dada de prata deve ser pouco menor, do que seria em outras circunstâncias.

Embora o valor da prata no mercado europeu talvez não seja hoje inferior ao valor que vigorava antes da redução de 1736, provavelmente é no mínimo 10% mais baixo do que seria se a Corte da Espanha continuasse a cobrar o antigo tributo.

No entanto, os fatos e argumentos apresentados acima me levam a crer ou, propriamente, a suspeitar e conjeturar – pois a melhor opinião que possa formar sobre esse assunto talvez não mereça sequer o nome de crença – que, a despeito dessa redução, o valor da prata ao longo deste século começou a crescer sensivelmente no mercado europeu. Na verdade, a elevação no preço, supondo-se que haja ocorrido alguma, tem sido até o momento tão pequena que, mesmo depois de tudo o que ficou dito, talvez ainda pareça incerto a muitos não apenas se esse acontecimento realmente se deu, mas também se o contrário não terá ocorrido, isto é, se o valor da prata não manterá ainda a tendência de queda no mercado europeu.

Deve-se todavia observar que, seja qual for a importação anual de ouro e prata, necessariamente haverá um certo período durante o qual o consumo anual desses metais será equivalente à sua importação anual. O consumo deve crescer à medida que a quantidade aumenta ou, antes, deve aumentar numa proporção muito maior. Conforme a quantidade cresce, o valor diminui. Os metais passam a ser mais utilizados e menos cuidados, de modo que seu consumo aumenta numa proporção maior do que seu volume. Assim, depois de um certo período, o consumo anual desses metais deve se tornar equivalente à sua importação anual, desde que essa importação não seja continuamente crescente; o que não se supõe ser o caso atualmente.

Quando o consumo anual se tornasse equivalente à importação anual, se esta viesse a diminuir gradualmente, então o consumo anual poderia por algum tempo exceder a importação anual. O volume desses metais poderia se reduzir gradual e imperceptivelmente, e seu valor aumentaria de forma igualmente gradual e imperceptível, até que, tornando-se a importação anual novamente estacionária, o consumo anual gradual e imperceptivelmente se acomodaria ao nível em que se pudesse manter com a importação anual.

RAZÕES PARA SUSPEITAR QUE O VALOR DA PRATA CONTINUA A DECRESCER

O crescimento da riqueza da Europa, somado à noção vulgar segundo a qual, como a quantidade de metais preciosos naturalmente aumenta à medida que cresce a riqueza, seu valor diminui com o aumento de sua quantidade, talvez possa levar muita gente a acreditar que o valor dos metais preciosos continua a cair no mercado europeu; e o que pode reiterar ainda mais essa opinião é o preço sempre crescente de várias partes do produto bruto da terra.

Já procurei mostrar que o crescimento na quantidade de metais preciosos num país qualquer, quando deriva do crescimento da riqueza, não tende de modo nenhum a diminuir seu valor. O ouro e a prata naturalmente fluem para um país rico, pela mesma razão que toda a sorte de objetos raros e de luxo para ele afluem. E isso não ocorre porque sejam mais baratos lá do que em países mais pobres, mas porque são mais caros, ou porque se dá a eles um melhor preço. É a superioridade de preço que os atrai, e, tão logo a superioridade cesse, eles imediatamente cessam de acorrer para lá.

Já tratei de mostrar que, à exceção do trigo e de outros vegetais totalmente oriundos da atividade humana, todas as demais sortes de produto natural, gado, aves, caças de todos os tipos, os fósseis e minerais úteis da terra etc., tornam-se naturalmente mais caros conforme a sociedade avança em riqueza e desenvolvimento. Assim, embora tais mercadorias venham a se trocar por uma quantidade maior de prata, não se segue daí que a prata se tenha tornado realmente mais barata, ou que compre menos trabalho do que antes, mas sim que tais mercadorias se tornaram realmente mais caras, ou comprarão mais trabalho do que antes. Não é apenas seu preço nominal, mas também seu preço real que se eleva no transcurso do desenvolvimento. A elevação de seu preço nominal é efeito não de alguma desvalorização da prata, mas do aumento em seu preço real.

DIFERENTES EFEITOS DO PROGRESSO DA RIQUEZA SOBRE TRÊS DIFERENTES GÊNEROS DE PRODUTOS NATURAIS

Os diferentes gêneros de produtos naturais podem ser divididos em três classes. A primeira compreende os produtos que o empenho humano praticamente não tem o poder de multiplicar; a segunda, os que pode multiplicar em proporção à demanda; a terceira, aqueles com relação aos quais a eficácia do empenho é ilimitada ou incerta. No avanço da riqueza e do desenvolvimento, o preço real dessa primeira classe pode se elevar ao grau mais alto que se possa imaginar, não parecendo ter limite ou fronteira determinada. O da segunda classe pode aumentar muito, mas há um certo limite além do qual não pode avançar por um período considerável. O da terceira classe, embora tenha a tendência natural de se elevar conforme o avanço da riqueza, se permanecer o mesmo o grau de desenvolvimento do país, esse preço pode às vezes vir a cair, às vezes continuar o mesmo, e outras vezes se elevar mais ou menos, conforme diferentes acidentes façam que os esforços da atividade humana para multiplicar esse gênero de produto natural sejam mais ou menos bem-sucedidos.

Primeira classe

A primeira classe de produtos naturais, cujo preço se eleva com o avanço do desenvolvimento, é aquela que dificilmente o empenho humano tem o poder de multiplicar.

Consiste nas coisas que a natureza produz apenas em certas quantidades, e que, sendo altamente perecíveis, é impossível acumular com o produto de várias outras estações. Tais são, por exemplo, a maior parte dos pássaros e peixes raros e singulares, diversos gêneros de caça, quase todas as aves selvagens, particularmente as migratórias, bem como muitas outras coisas. À medida que crescem a riqueza e o luxo que as acompanha, a demanda por coisas desse gênero deve provavelmente se elevar ao mesmo tempo, e nenhum esforço da atividade humana pode ser capaz de aumentar a provisão dessas coisas muito além do que era antes do crescimento da demanda. Assim, como a quantidade de tais bens permanece a mesma, ou quase a mesma, enquanto a concorrência dos compradores cresce continuamente, seu preço pode elevar-se a um grau exorbitante, e não parece ser limitado por nenhuma fronteira certa. Se as galinholas viessem a estar tão em voga que se vendessem por 20 guinéus a peça, nenhum esforço da atividade humana poderia aumentar o número dos espécimes levados ao mercado para muito além do atual. É assim que se pode facilmente explicar o alto preço pago pelos romanos, à época de sua máxima grandeza, por pássaros e peixes raros. Esses preços não eram o efeito do reduzido volume de prata naqueles tempos, mas do alto valor dos objetos raros e exóticos que a atividade humana não poderia multiplicar a seu bel-prazer. Na época que precedeu a queda da República e no período que se seguiu a esse acontecimento, o valor real da prata era, em Roma, mais alto do que atualmente é na maior parte da Europa. O preço pelo qual a República pagava o *modius*, ou celamim de trigo da dízima da Sicília, era de 3 sestércios, equivalentes a 6 pence esterlinos. Esse preço, todavia, estava provavelmente abaixo do preço médio de mercado, porque a obrigação de entregar o trigo a esse preço era considerada como um tributo que se impunha sobre os lavradores da Sicília. Assim, quando os romanos tinham necessidade de pedir mais cereal do que o permitido pela dízima do trigo, deviam pagar pelo excedente, por estarem obrigados por capitulação, à taxa de 4 sestércios, ou 8 pence esterlinos o celamim, e provavelmente considerava-se tal preço moderado e razoável, isto é, o preço de contrato normal ou médio naqueles tempos, o qual equivale a cerca de 21 shillings a quarta. Ora, o preço normal de contrato do trigo inglês, que é de qualidade inferior ao trigo siciliano, e em geral se vende por um preço menor no mercado Europeu, era de 28 shillings a quarta, antes dos últimos anos de escassez. O valor da prata nos tempos antigos, portanto, deve ter mantido, em relação a seu valor atual, a razão inversa de 3 para 4, isto é, 3 onças de prata teriam comprado então a mesma quantidade de trabalho e mercadorias que 4 onças compram no presente. Assim, quando lemos em Plínio que Seius[11] comprou um rouxinol branco para oferecer como presente à imperatriz Agripina pelo preço de 6 mil sestércios, equivalentes a cerca de 50 libras de nossa atual moeda, e que Asinius Celer[12] comprou um salmonete pelo preço de 8 mil sestércios, equivalendo a cerca de 66 libras, 13 shillings e 4 pence de nossa atual moeda, a exorbitância desses preços, por mais surpreendente, nos parece contudo cerca de ⅓ menor do que realmente era. O preço real desses dois gêneros, a quantidade de trabalho e subsistência que se trocava para tê-los, era superior em cerca de ⅓ ao valor a que seu preço nominal corresponde atualmente. Seius cedeu pelo rouxinol o direito de dispor de uma quantidade de trabalho e subsistência equivalente ao que £66 13s 4d comprariam no presente, e Asinius Celer cedeu pelo salmonete o direito de dispor de uma quantidade equivalente ao que £88 17s 9⅓d comprariam hoje. O que gerou esses preços exorbitantes foi menos o grande

---

11. Livro X, Capítulo XXIX.
12. Livro IX, Capítulo XVII.

volume de prata do que o grande volume de trabalho e subsistência de que os romanos dispunham para além do necessário para o próprio uso. Mas a quantidade de prata ao dispor dos romanos era em boa medida inferior à que lhes proporcionaria hoje o domínio sobre a mesma quantidade de trabalho e subsistência.

Segunda classe

O segundo gênero de produtos naturais, cujo preço se eleva com o avanço do desenvolvimento, é aquele que a atividade humana pode multiplicar em proporção à demanda. Consiste nas plantas e animais úteis produzidos, em países incultos, com tal profusa abundância pela natureza que são de pouco ou nenhum valor, e conforme o cultivo avance são forçados a dar lugar a produtos mais lucrativos. Durante um longo período no curso do progresso da civilização, a quantidade de produtos dessa espécie diminui continuamente, ao mesmo tempo em que a demanda por eles cresce continuamente. Assim, seu valor real, isto é, a quantidade real de trabalho que permitirão comprar ou adquirir, aumenta gradualmente até por fim alcançar um ponto em que os produtos se tornam tão lucrativos como qualquer outra coisa que a atividade humana semeie sobre o solo mais fértil e bem cultivado. Quando o preço houver atingido esse ponto, não poderá ir além. Se pudesse, mais terra e mais atividade logo seriam empregadas para aumentar a sua quantidade.

Por exemplo, quando o preço do gado se eleva de tal modo que torna lucrativo cultivar a terra para extrair alimento para o rebanho e para o homem, então esse preço não pode se elevar mais. Se isso acontecesse, mais terras empregadas no cultivo de trigo seriam convertidas em pastagem. A extensão do cultivo, ao diminuir a quantidade de pastagens naturais, diminui a quantidade de carne que o país naturalmente produz sem trabalho ou cultivo, e, ao aumentar o número dos que possuem trigo, ou, o que vem a ser o mesmo, o preço do trigo, para dar em troca de carne, aumenta também a demanda. Daí que o preço da carne, e por conseguinte o do gado, eleve-se gradualmente até atingir um nível tão alto a ponto de tornar lucrativo empregar as terras mais férteis e mais bem cultivadas indiferentemente na produção de alimento para o gado ou no cultivo de trigo. Mas, no progresso do desenvolvimento, é sempre tardiamente que a ampliação do cultivo permite aumentar o preço do gado a esse ponto, e, se de algum modo o país avança, seu preço deve ser continuamente crescente até atingir esse ponto. Talvez haja algumas regiões da Europa onde o preço do gado ainda não tenha alcançado esse nível. Não o havia atingido em parte alguma da Escócia antes da União. Se o gado escocês se mantivesse sempre confinado ao mercado do país, talvez fosse quase impossível que, num país onde a quantidade de terra destinada à alimentação do gado é proporcionalmente muito superior à destinada a outros usos, seu preço pudesse algum dia aumentar tanto que tornasse lucrativo cultivar a terra com a finalidade de alimentá-lo. Observa-se que na Inglaterra, nas vizinhanças de Londres, o preço do gado já parece ter atingido tal ponto por volta do início do século passado, mas é provável que o tenha atingido muito mais tarde na maior parte dos condados remotos, em alguns dos quais talvez dificilmente o tenha atingido até o momento. Todavia, de todos os diferentes artigos que compõem esse segundo gênero de produtos naturais, talvez o gado seja aquele cujo preço primeiro alcança esse patamar, no curso do progresso da riqueza.

Com efeito, até que o preço do gado tenha atingido esse ponto, quase não parece possível que a maior parte das terras, mesmo as suscetíveis do mais alto cultivo, seja inteiramente cultivada. Em todas as propriedades excessivamente distantes de qualquer cidade para delas trazer o adubo, isto é, na grande maioria das propriedades agrícolas de um país extenso, a quantidade de terra bem cultivada deve ser necessariamente proporcional à quantidade de adubo que o próprio estabelecimento produz, e esta quantidade de adubo é ela mesma proporcional ao número de cabeças de gado criado na propriedade. Aduba-se a terra deixando o gado pastar nela, ou o alimentando no estábulo e posteriormente levando o esterco para lá. Ora, salvo se o preço do gado for suficiente para pagar a renda e o lucro da terra cultivada, o agricultor não poderá deixar o gado pastar numa terra como essa, e menos ainda poderá alimentá-lo no estábulo. É apenas com o produto da terra melhorada e cultivada que o gado pode ser alimentado no estábulo, pois exigiria muito trabalho e seria por demais dispendioso coletar o disperso e escasso produto de terras vastas e incultas. Portanto, se o preço do gado não for suficiente para pagar o produto da terra melhorada e cultivada, quando se deixa esse gado pastando, o preço será ainda mais insuficiente para pagar esse produto quando é preciso coletá-lo à custa de trabalho adicional e levá-lo para o estábulo. Por conseguinte, nessas circunstâncias, não se pode alimentar no estábulo, com lucro, mais gado além do necessário para o cultivo. No entanto, este gado nunca é capaz de proporcionar adubo suficiente para manter constantemente em boa condição todas as terras que permite cultivar. Como o adubo que o gado produz é insuficiente para toda a propriedade, naturalmente será reservado para as terras cuja adubação seja mais vantajosa ou conveniente, isto é, as mais férteis, ou talvez as que se localizem nas dependências da propriedade. Estas, portanto, serão mantidas constantemente em boas condições e sempre estarão prontas para o cultivo. As restantes, em sua maior parte, serão deixadas incultas e não produzirão quase nada senão alguma pastagem miserável, apenas suficiente para manter vivas umas poucas e dispersas cabeças de gado, quase famintas; pois, embora a propriedade tenha pouquíssimo gado em comparação com o que seria necessário para seu completo cultivo, em comparação com sua produção efetiva freqüentemente possui muito mais do que o suficiente. Todavia, depois de ser utilizada como pastagem dessa maneira lamentável por seis ou sete anos consecutivos, uma porção dessa terra inculta ainda poderá ser arada, e então talvez proporcione uma ou duas parcas colheitas de aveia de má qualidade, ou de algum outro grão de baixa qualidade; depois disso, completamente esgotada, deverá ser deixada em repouso para servir novamente como pastagem, como antes, enquanto uma outra porção será, por seu turno, igualmente arada, para também se esgotar e ser uma vez mais deixada em repouso. Tal era, com efeito, o sistema geral de administração de toda a planície da Escócia antes da União. As terras mantidas constantemente bem adubadas e em boas condições raramente excediam ⅓ ou ¼ da totalidade da propriedade agrícola, e às vezes não chegavam a formar ⅕ ou ⅙ dela. As restantes nunca foram adubadas, mas, a despeito disso, havia uma parte delas que, por sua vez, era regularmente cultivada e exaurida. É evidente que, sob esse sistema de administração, mesmo a porção de terras escocesas suscetíveis de bom cultivo não podia produzir senão muito pouco em comparação ao que era capaz de produzir. Mas, por mais desvantajoso que esse sistema possa parecer, ainda assim, antes da União o baixo preço do gado parece tê-lo tornado quase inevitável. Se, malgrado a grande elevação do preço do gado, esse sistema continua a prevalecer numa parte considerável do país, isso sem dúvida se deve, em muitos locais, à ignorância do povo e a seu apego aos velhos costumes, ainda que na maioria dos lugares isso seja efeito dos inevitáveis obstáculos que o curso natural das coisas opõe ao rápido e imediato estabelecimento de um sistema melhor. Esses obstáculos são, em primeiro lugar, a pobreza dos arrendatários, que ainda não tiveram tempo de adquirir um rebanho suficiente para cultivar completamente suas terras, pois a mesma elevação do preço que lhes tornaria vantajoso manter um rebanho maior torna-lhes mais difícil adquiri-lo; e, em segundo lugar, supondo-se que conseguiram adquiri-lo, a falta de tempo, que não lhes permitiu colocar suas terras em condições de manter propriamente esse rebanho maior. O aumento da quantidade do gado e a benfeitoria da terra são dois fatores que devem andar de par, e por isso um não pode andar mais rápido do que o outro. Não se melhora a terra sem que haja algum aumento no número de cabeças de gado, mas também não pode haver um crescimento considerável do número de cabeças de gado senão em conseqüência de uma substancial benfeitoria da terra, pois do contrário a terra não poderia mantê-lo. Esses obstáculos naturais ao estabelecimento de um melhor sistema somente podem ser removidos por um longo período de frugalidade e trabalho, e é necessário que transcorra mais de meio século, talvez mais de um século, antes que o antigo sistema, que se vai gradualmente depreciando, possa ser completamente abolido em todas as diferentes partes do país. De resto, de todas as vantagens comerciais que a Escócia derivou de sua União com a Inglaterra, o aumento do preço do gado talvez seja a maior. Não apenas aumentou o valor de todas as propriedades das Terras Altas, mas talvez tenha sido a causa principal do desenvolvimento das Terras Baixas.

Em todas as novas colônias, a grande quantidade de terras incultas, que por muitos anos não podem ser empregadas em nada mais senão na alimentação do gado, logo as torna extremamente abundantes e, como para todas as coisas, uma grande baixa de preços é a conseqüência necessária da grande abundância. Embora todas as cabeças de gado das colônias européias na América fossem originalmente transportadas da Europa, logo se multiplicaram tanto, e se tornaram de tão pouco valor, que mesmo os cavalos eram deixados soltos nas florestas, sem que algum proprietário julgasse valer a pena reclamá-los. Nessas colônias, foi necessário que muito tempo tenha transcorrido depois de seu primeiro estabelecimento, para que se tornasse lucrativo alimentar o gado com o produto da terra cultivada. Assim, as mesmas causas, ou seja, a falta de adubo, e a desproporção entre o capital empregado no cultivo e a terra que esse capital visa cultivar, devem provavelmente introduzir lá um sistema de cultivo semelhante ao que continua a existir em tantas regiões da Escócia. O Sr. Kalm, viajante sueco, quando apresenta um relato do cultivo em algumas colônias inglesas da América do Norte, tal como as encontra em 1749, observa que teve dificuldades para reconhecer lá o caráter da nação inglesa, tão hábil em todos os diferentes ramos de agricultura. Quase não produzem adubo para os trigais, diz ele; quando um pedaço de chão se exauriu pelas sucessivas colheitas, limpam e cultivam outro pedaço de terra virgem, e, uma vez esgotada também esta, procedem ao cultivo de um terceiro pedaço de chão. Permitem que o gado vague pelas florestas e por outros solos incultos, onde esses animais quase morrem de fome, pois já faz muito todo o mato que cresce anualmente foi destruído, sendo cortado muito cedo na primavera, antes que tivesse tempo de florescer ou produzir sementes[13]. As forragens anuais eram, ao que parece, as melhores forragens naturais naquela região da América do Norte e, no início da colonização européia, cobriam densamente as terras, alcançando três ou quatro pés de altura. Um pedaço de terra que, no momento em que escreveu esse viajante, não podia alimentar nem mesmo uma vaca conseguia facilmente nos primeiros tempos, segundo lhe asseguraram, alimentar quatro vacas, cada uma das quais pro-

---

13. *Viagens* de Kalm, vol. I, pp. 343-4.*

[*Viagens à América do Norte, contendo sua história natural e um relato circunstanciado de sua vegetação e de sua agricultura em geral, juntamente com um quadro do país, do ponto de vista civil, eclesiástico e comercial, os costumes de seus habitantes e importantes observações sobre assuntos variados*, de Peter Kalm, traduzido para o inglês em 1770. (N. R. T.)]

duzia quatro vezes a quantidade de leite que aquela outra era capaz de dar. Em sua opinião, foi essa pobreza da pastagem que causara a degradação do gado, cuja raça degenerou sensivelmente de uma geração para a outra. Aquele gado provavelmente era semelhante a essa espécie mirrada tão comum em toda a Escócia há trinta ou quarenta anos, e que agora está bastante melhorada na maior parte das Terras Baixas, menos pela introdução de novas raças – embora se tenha empregado esse expediente em alguns lugares –, que por um melhor método de a alimentar.

Assim, embora no progresso do desenvolvimento o gado só atinja tardiamente esse preço que torna lucrativo cultivar a terra destinada à alimentação, ainda assim, de todos os diferentes artigos que compõem o segundo gênero de produtos naturais, talvez seja o que primeiro alcança tal preço, pois, até atingi-lo, parece impossível que o desenvolvimento possa se aproximar até mesmo do grau de perfeição ao qual chegou em muitas partes da Europa.

Nessa classe de produtos naturais, se o gado é um dos primeiros gêneros que alcançam esse preço, a carne de veado talvez seja um dos últimos. Por mais exorbitante que possa parecer o preço da carne de veado na Grã-Bretanha, não está nem perto de ser suficiente para compensar a despesa de um parque para a criação, como é bem sabido por todos os que tiveram alguma experiência na alimentação de cervídeos. Se fosse diferente, a alimentação ou a criação de cervos logo se tornaria objeto comum de cultivo, tal como aconteceu, entre os antigos romanos, com os pequenos pássaros chamado de *turdi*. Varrão e Columela* nos asseguram que se tratava de artigo dos mais lucrativos. O mesmo ocorre em algumas partes da França, segundo se diz, com a engorda das hortulanas, aves migratórias que chegam magras ao país. Se a carne de cervo

---

* Varrão, *De re rustica*, III, 2; Columela, *De re rustica*, VIII, 10. (N. R. T.)

continuar em voga, e a riqueza e luxo aumentarem ainda mais na Grã-Bretanha, o preço dessa espécie de carne poderá muito provavelmente se elevar a níveis muito mais altos do que os atuais.

Entre esse período do progresso do desenvolvimento que eleva ao máximo o preço de um artigo tão necessário como o gado e o que leva a esse nível o preço de um gênero tão supérfluo como a carne de veado, há um intervalo imenso, durante o qual muitos outros gêneros de produtos naturais gradualmente alcançam o preço máximo, alguns mais cedo, outros mais tarde, de acordo com as diferentes circunstâncias.

Assim, em todos os estabelecimentos agrícolas, os restos das granjas e dos estábulos poderão manter um certo número de aves. Alimentadas com o que de outro modo se perderia, são aproveitadas como sobras que quase nada custam ao criador, podendo ser vendidas a um preço muito baixo. Quase tudo o que o criador obtém é ganho líquido, e dificilmente o preço dessas aves será tão baixo que o desencoraje a alimentar o mesmo número. Mas em países mal cultivados, e portanto escassamente habitados, as aves assim criadas, sem nenhuma despesa, freqüentemente são suficientes para suprir toda a demanda. Nesse estado de coisas, por conseguinte, as aves são com freqüência tão baratas como a carne bovina, ou qualquer outro tipo de alimento de origem animal. Mas a quantidade total de aves que o agricultor produz assim, sem nenhuma despesa, deve ser sempre muito inferior à quantidade total de carne bovina produzida juntamente com as aves; e, em tempos de riqueza e luxo, as coisas raras, de valor quase igual, são sempre preferidas ao que é comum. Então, à medida que, em conseqüência do desenvolvimento e da extensão do cultivo, a riqueza e o luxo aumentam, o preço das aves gradualmente se eleva acima do preço da carne bovina, pelo menos até que seu preço seja tão elevado que torne lucrativo cultivar a terra para alimentá-las. Quando chega a tal ponto, o preço não pode elevar-se ainda mais, ou do contrário em breve mais terra seria convertida para tal propósito. Em muitas províncias da França, a alimentação das aves é considerada um artigo muito importante na economia rural, e suficientemente lucrativo para incentivar o criador a cultivar uma quantidade considerável de milho e trigo sarraceno para tal propósito. Um criador mediano às vezes terá quatrocentas aves em seu terreiro. Na Inglaterra, a criação de aves não parece ser ainda considerada assunto de tamanha importância. Entretanto, certamente é mais cara na Inglaterra do que na França, pois a Inglaterra recebe suprimentos consideráveis desse país. No progresso do desenvolvimento, o período durante o qual um gênero específico de alimentação de origem animal é mais caro deve naturalmente ser o que precede imediatamente à prática geral de cultivar a terra para criá-lo. Pois, algum tempo antes dessa prática se tornar geral, a escassez deve necessariamente aumentar o preço. Depois que se tenha tornado geral, novos métodos de alimentação são comumente implementados, de modo que o agricultor tem condições de criar, sobre a mesma quantidade de solo, uma quantidade muito maior desse gênero de alimento animal. Não somente a abundância desse artigo obriga o agricultor a vendê-lo mais barato, como, em conseqüência das benfeitorias introduzidas, tem de fato a possibilidade de vendê-lo a um preço mais baixo; pois, se assim não fosse, a abundância não duraria muito tempo. Foi provavelmente dessa maneira que a introdução de trevos, nabos, cenouras, repolho etc. contribuiu para rebaixar o preço comum da carne bovina no mercado de Londres a um nível um pouco inferior ao que vigorava por volta do início do último século.

O porco, que encontra seu alimento em meio à sujeira e devora com avidez muitas das coisas rejeitadas por outros animais úteis, é originalmente mantido, como as aves, com sobras. Enquanto o número de animais que podem ser criados com pouca ou nenhuma despesa é plenamente suficiente para suprir a demanda, esse gênero de carne chega ao mercado a um preço muito mais baixo do que qualquer outro. Mas quando a demanda excede o que essa quantidade pode suprir, quando se torna necessário cultivar alimentos para alimentar e engordar porcos, como para alimentar e engordar outro gado, então o preço da carne necessariamente se eleva e se torna proporcionalmente mais alto ou mais baixo do que o de outras carnes, conforme a natureza do país e o estágio de sua agricultura tornem a alimentação de porcos mais ou menos dispendiosa do que a de outro gado. Na França, de acordo com o Sr. Buffon, o preço da carne de porco é aproximadamente equivalente ao da carne bovina*. Na maioria das regiões da Grã-Bretanha, o preço daquela é atualmente um pouco mais elevado.

Freqüentemente se atribui o grande crescimento do preço tanto de porcos como de aves na Grã-Bretanha à diminuição do número de choupaneiros** e outros pequenos ocupantes da terra, diminuição que, em toda parte da Europa, tem sido o precursor imediato do desenvolvimento e do melhor cultivo, mas que ao mesmo tempo pode ter contribuído para aumentar o preço desses artigos um pouco mais cedo e um pouco mais rapidamente do que de outra maneira ocorreria. Assim como as famílias mais pobres podem com freqüência manter um gato ou um cachorro sem despesa alguma, também os ocupantes mais pobres da terra comumente podem manter umas poucas aves, ou uma porca e alguns porcos, com um gasto bastante reduzido. Os restos de suas mesas, o soro do leite, o leite desnatado e o soro da manteiga constituem uma parte do alimento desses animais, que encontram a parte restante nos campos vizinhos, sem causar dano significativo a ninguém. Assim, a diminuição do número desses peque-

---

* Buffon, *História Natural*, vol. V, 1755. (N. R. T.)
** *Cottagers*, no original. (N. T.)

nos ocupantes certamente deve ter diminuído, em boa medida, a quantidade desse gênero de provisões, que se produz com pouca ou nenhuma despesa; e, por conseguinte, o preço deve se ter elevado mais cedo e mais rapidamente do que de outra maneira teria ocorrido. Entretanto, com o avanço do desenvolvimento, é necessário que esse preço sempre se tenha elevado, mais cedo ou mais tarde, ao nível máximo que é capaz de alcançar, ou seja, ao preço que paga o trabalho e a despesa de cultivar a terra que lhes fornece alimentos, a um nível equivalente ao que são pagos na maior parte das demais terras cultivadas.

A atividade de laticínios, assim como a criação de porcos e aves, é originalmente realizada como uma forma de aproveitar sobras. O gado que precisa ser mantido na propriedade produz mais leite do que o necessário para alimentar os próprios filhotes ou para o consumo da família do agricultor, e o excedente é ainda maior numa estação particular. Mas, de todas as produções da terra, o leite talvez seja a mais perecível. Na estação quente, quando é mais abundante, dificilmente poderá ser guardado por vinte e quatro horas. O agricultor transforma uma pequena parte desse leite em manteiga fresca, que pode ser estocada por uma semana; transformando-o em manteiga salgada, estoca-o por um ano e, transformando-o em queijo, consegue fazer durar a maior parte do produto por vários anos. Reserva parte de todos esses produtos para o uso da própria família. O restante vai para o mercado, a fim de ser vendido ao melhor preço possível, preço este que dificilmente poderá ser tão baixo a ponto de desencorajá-lo a vender a parte que excede a necessária para o uso de sua própria família. Na verdade, se o preço for extremamente baixo, é provável que o agricultor trate seu laticínio de forma muito desleixada e inconveniente; não pensará talvez que valha a pena ter um cômodo ou construção específica para tal propósito, mas antes realizará o negócio em meio à fumaça, ao mau odor e à sujeira de sua própria cozinha, tal como ocorria em quase todos os estabelecimentos para produzir laticínios na Escócia há trinta ou quarenta anos, e como ainda ocorre em muitos outros. As mesmas causas que aumentam gradualmente o preço da carne bovina, ou seja, o crescimento da demanda e, em conseqüência do desenvolvimento do país, a redução da quantidade que se pode alimentar com pouca ou nenhuma despesa, concorrem da mesma maneira para aumentar o preço do produto do laticínio, produto cujo preço mantém uma conexão natural com o da carne bovina, ou com a despesa de alimentação do gado. A elevação do preço paga um aumento de trabalho, cuidado e higiene. O laticínio começa a merecer mais a atenção do criador, e sua qualidade melhora gradualmente. O preço enfim se torna tão alto que passa a valer a pena empregar algumas das terras mais férteis e mais bem cultivadas que se destinam à criação de gado exclusivamente para a produção de laticínios e, quando atinge esse ponto, dificilmente poderá subir mais. Se isso acontecer, logo mais terra será convertida para esse propósito. Parece que esse preço alcançou seu nível máximo na maior parte da Inglaterra, onde comumente se empregam para esse propósito muitas terras boas. Se excetuarmos a vizinhança de um pequeno número de cidades importantes, parece que esse preço ainda não atingiu seu ponto máximo em parte alguma da Escócia, onde é raro ver os agricultores comuns empregarem terras boas no cultivo de alimentos para o gado, visando exclusivamente ao laticínio. O preço do produto provavelmente ainda é muito baixo para permitir esse tipo de negócio, embora depois de alguns anos tenha aumentado de forma bastante considerável. É verdade que, em comparação com o laticínio da Inglaterra, a inferioridade de qualidade responde plenamente à inferioridade do preço; mas talvez essa inferioridade de qualidade seja antes o efeito dessa baixa de preço do que a sua causa. Mesmo quando a qualidade fosse muito superior, imagino que na atual situação do país a maior parte do que é levado ao mercado não poderia ser vendida a um preço muito melhor; e é provável, por outro lado, que o preço atual não possa pagar a despesa da terra e do trabalho necessário para produzir laticínio de qualidade superior. Embora o laticínio tenha um preço mais elevado na maior parte da Inglaterra, não se considera que essa maneira de empregar a terra apresente vantagens superiores às do cultivo de trigo ou da engorda do gado, que são os dois principais objetivos da agricultura. Por isso, na maior parte da Escócia essa atividade não poderá sequer ser tão lucrativa.

É evidente que as terras de um país qualquer jamais podem alcançar um estado de cultivo e benfeitoria completa, antes que o preço de cada produto, que a atividade humana se propõe desenvolver, alcance um patamar elevado o suficiente para pagar a despesa correspondente ao máximo de benfeitoria e cultivo. Para que isso aconteça, é necessário que o preço de cada produto específico seja suficiente para pagar, primeiramente, a renda de uma boa terra para o cultivo de trigo, já que é este artigo que regula a renda da maior parte das demais terras cultivadas; e, em segundo lugar, para pagar o trabalho e a despesa do rendeiro tão bem quanto normalmente são pagos nas boas terras de trigo ou, em outras palavras, para repor, com os lucros normais, o capital que emprega nela. Essa alta no preço de cada produto particular evidentemente deve preceder a benfeitoria e o cultivo da terra destinada à produção. O ganho é a finalidade de toda benfeitoria, e nada do que traz como conseqüência necessária uma perda mereceria o nome de melhoramento. Ora, preparar e cultivar a terra com vistas a fazer crescer um produto cujo preço jamais poderia compensar as despesas é algo que acarreta necessariamente uma perda. Assim, se a melhoria e o cultivo completos de um país forem a maior de todas as vantagens públicas, como certamente são, esse aumento no preço de todos os diferentes gêneros de produtos naturais, em vez de ser considerado uma calamidade pública, deveria ser visto como o precursor e o resultado necessário da maior de todas as vantagens públicas.

Além disso, esse aumento no preço nominal ou em dinheiro de todos esses diferentes gêneros de produtos naturais foi o efeito não de uma desvalorização da prata, mas de um aumento em seu preço real. Passaram a valer não apenas uma quantidade maior de prata, mas uma quantidade de trabalho e subsistência maior do que antes. Assim como custa uma quantidade maior de trabalho e subsistência para levá-los ao mercado, pela mesma razão representam ou têm o mesmo valor de uma quantidade maior, quando lá chegam.

Terceira classe

A terceira e última classe de produtos naturais, cujo preço naturalmente se eleva com o progresso do desenvolvimento, é aquela em relação à qual a eficácia da atividade humana, no que diz respeito ao aumento da quantidade, é limitada ou incerta. Assim, embora o preço real dessa classe de produtos tenda naturalmente a se elevar com o progresso da riqueza, conforme diferentes circunstâncias acidentais concorram para tornar os esforços da atividade humana mais ou menos bem-sucedidos na tentativa de aumentar a quantidade desse produto, às vezes é possível que esse preço caia, às vezes pode permanecer o mesmo em períodos muito diferentes de desenvolvimento, e às vezes há a possibilidade de se elevar mais ou menos no mesmo período.

Há alguns gêneros de produtos que a natureza criou como uma espécie de apêndice de outros gêneros, de tal modo que a quantidade de um desses gêneros que qualquer país pode fornecer é necessariamente limitada pela quantidade do outro. Por exemplo, a quantidade de lã ou de peles que qualquer país pode fornecer é necessariamente limitada pelo número de gado, grande ou pequeno, que lá é mantido. Por sua vez, esse número também é determinado necessariamente pelo estado de desenvolvimento desse país e pela natureza de sua agricultura.

Poderia pensar-se que as mesmas causas que, com o progresso do desenvolvimento, aumentam gradualmente o preço da carne deveriam produzir o mesmo efeito sobre os preços da lã e das peles, elevando-os também aproximadamente na mesma proporção. E provavelmente seria assim se, nos rudes primórdios do desenvolvimento, o mercado para o último desses produtos ficasse confinado a limites tão estreitos como o mercado para o primeiro. Mas normalmente a extensão de seus respectivos mercados é extremamente diferente.

Em quase toda a parte o mercado para a carne bovina fica confinado ao país que a produz. Com efeito, a Irlanda e algumas regiões da América britânica realizam um considerável comércio de carnes salgadas, mas são, segundo creio, os únicos países do mundo que exportam para outros uma parcela considerável de carne bovina.

Ao contrário, o mercado para a lã e as peles, nos rudes primórdios do desenvolvimento, muito raramente se confina ao país que as produz. A lã, sem que seja necessária alguma preparação, e as peles, com muito pouca, facilmente se transportam para países distantes; e, como são as matérias-primas de muitas manufaturas, é possível que a atividade de outros países crie demanda para esses gêneros, ainda que a atividade do país que os produz possa não gerar nenhuma.

Em países mal cultivados, e que por conseqüência são escassamente povoados, o preço da lã e das peles é sempre muito maior, relativamente ao do animal inteiro, do que em países que, estando mais avançados em desenvolvimento e população, têm uma maior demanda para a carne bovina. O Sr. Hume observa que, nos tempos dos saxões, a lã obtida da tosquia de uma ovelha correspondia a $2/5$ do valor total da ovelha, e que essa proporção está muito acima da estimativa atual*. Asseguraram-me que em algumas províncias da Espanha freqüentemente se abate um carneiro apenas por causa da lã crua e do sebo; com freqüência se deixa a carcaça apodrecer sobre o solo, ou ser devorada por outros animais e aves de rapina. Se isso às vezes ocorre até na Espanha, no Chile ocorre quase constantemente, assim como em Buenos Aires e em muitas outras partes da América espanhola, onde quase constantemente se abate o gado com chifres apenas pela pele e sebo. Isso também costumava ocorrer quase constantemente no Haiti, enquanto esteve infestado por piratas e antes que o estabelecimento das colônias francesas, que se estendem agora ao longo de quase toda a metade ocidental dessa ilha, conferissem, por seu progresso e sua densidade populacional, certo valor ao gado dos espanhóis, os quais ainda detêm a possessão não apenas da porção oriental da costa, mas também de todo o interior e das montanhas do país.

Embora com o avanço do desenvolvimento e da população o preço do animal inteiro necessariamente se eleve, é provável que o preço da carcaça seja muito mais afetado por esse aumento do que o da lã e da pele. O mercado para a carcaça, que, no estado rudimentar da sociedade, sempre se confina ao país que a produz, deve necessariamente se expandir na mesma proporção do desenvolvimento e da população desse país. Mas, como o mercado para a lã e as peles, mesmo num país ainda bárbaro, com freqüência se estende a todo o mundo comercial, quase nunca pode se expandir na mesma proporção. Raras vezes o estado do mundo comercial é influenciado decisivamente pelo desenvolvimento de um país específico, e o mercado para esses gêneros pode permanecer, após o desenvolvimento, o mesmo ou quase o mesmo de antes. No entanto, no curso natural das coisas, esse desenvolvimento deve proporcio-

---

* David Hume, *History of England*, edição de 1773, vol. I. (N. R. T.)

nar-lhe alguma vantagem, sobretudo se as manufaturas de que esses gêneros são matérias-primas vierem a florescer no país; o mercado, sem ser fortemente expandido em razão disso, ao menos se aproximaria, muito mais do que antes, do lugar onde se encontram essas matérias-primas, e o preço delas poderia ser, pelo menos, acrescido do valor que antes equivalia ao custo de seu transporte para países distantes. Assim, embora esse preço pudesse não crescer na mesma proporção que o da carne bovina, deveria naturalmente se elevar um pouco, e certamente não cairia.

Porém, a despeito do estado florescente das manufaturas na Inglaterra, o preço da lã inglesa caiu de forma bastante considerável desde o reinado de Eduardo III. Há uma série de registros autênticos demonstrando que, durante o reinado desse príncipe (próximo da metade do século XIV, ou por volta de 1339), o que se considerava o preço moderado ou razoável do *tod**, ou de 28 libras de lã inglesa, não era menor do que 10 shillings da moeda de então[14], contendo, à taxa de 20 pence a onça, 6 onças de prata, peso *Tower*, equivalentes a cerca de 30 shillings de nossa atual moeda. Nos tempos atuais, considera-se 21 shillings um bom preço pelo *tod* da melhor lã inglesa. Desse modo, o preço em dinheiro da lã no tempo de Eduardo III está para seu preço em dinheiro nos tempos atuais como 10 está para 7. A superioridade do preço real era ainda maior. O preço de 12 *bushels* de trigo era, naquele tempo, de 10 shillings, à taxa de 6 shillings e 8 pence a quarta. Hoje em dia, à taxa de 28 shillings a quarta, 21 shillings é o preço de apenas 6 *bushels*. A proporção entre os dois preços reais, portanto, é de 12 para 6, ou 2 para 1. Um *tod* de lã teria comprado, naqueles

---

* Uma das várias unidades de peso da lã, contedo 13 quilogramas – ou 28 libras, como se lê na frase seguinte. (N. R. T.)

14. Ver *Dissertação sobre a lã*, de Smith, vol. I, Capítulo V, VI e VII; também vol. II, Capítulo CLXXVI.* [Trata-se da obra de John Smith, *Chronicon Rusticum commerciale, or Memoirs of Wool*, de 1747. (N. R. T.)]

tempos antigos, o dobro da quantidade de subsistência que permite comprar no presente e, por conseqüência, o dobro da quantidade de trabalho, se num e noutro período a recompensa real do trabalho fosse a mesma.

Essa degradação, tanto no valor real como no valor nominal da lã, jamais poderia ter ocorrido em conseqüência do curso natural das coisas. Foi, de fato, efeito da violência e do artifício. Procede, primeiramente, da absoluta proibição de exportar lã da Inglaterra; segundo, da permissão de importá-la da Espanha com isenção de impostos; terceiro, da proibição de exportá-la da Irlanda para qualquer outro país que não fosse a Inglaterra. Como resultado dessas regulamentações, o mercado para a lã inglesa, em vez de se ampliar em virtude do desenvolvimento da Inglaterra, ficou confinado ao mercado interno, onde a lã de vários outros países podia competir legalmente com ela, e onde a lã da Irlanda era forçada a entrar. Como além disso as manufaturas de lã da Irlanda se vêem tão desestimuladas quanto podem permitir a justiça e a boa-fé do comércio, os irlandeses não podem utilizar no seu país senão uma pequena parte da lã que produzem, sendo, por conseguinte, obrigados a enviar a maior quantidade para a Grã-Bretanha, único mercado que lhes é autorizado.

Não consegui encontrar nenhum desses registros autênticos relativos ao preço dos couros crus nos tempos antigos. A lã era comumente paga ao rei como subsídio, e seu valor nesse subsídio atesta, ao menos em algum grau, o que era seu preço normal. Mas, ao que parece, o mesmo não aconteceu com os couros crus. Entretanto, Fleetwood, com base numa contabilidade de 1425, feita pelo prior de Burcester-Oxford e um de seus cônegos, nos fornece os preços do couro cru, pelo menos os declarados naquela ocasião particular, a saber, cinco couros de boi a 12 shillings; cinco couros de vaca a 7 shillings e 3 pence; trinta e seis peles de carneiro de dois anos de idade a 9 shillings; dezesseis peles de vitela a 2 shillings. Em 1425, 12 shillings continham cerca da mesma quantidade de prata que 24 shillings de nossa atual moeda. Assim, segundo essa contabilidade, um couro de boi valia a mesma quantidade de prata que 4s ⁴/₅ de nossa moeda corrente; seu preço nominal era em boa medida inferior ao que possui hoje em dia. Mas, naqueles tempos, em que o trigo era cotado à taxa de 6 shillings e 8 pence a quarta, 12 shillings comprariam 14 *bushels* e ⁴/₅ de trigo, o que, a 3 shillings e 6 pence o *bushel*, nos tempos presentes custariam 51s 4 d. Portanto, um couro de boi naqueles tempos teria comprado tanto trigo quanto 10 shillings e 3 pence comprariam no presente. Seu valor real era equivalente a 10 shillings e 3 pence de nossa atual moeda. Não é de presumir que naquele tempo alcançasse bom tamanho o gado, que quase minguava de fome durante a maior parte do inverno. Um couro de boi que pesa 4 *stones** de 16 libras *avoirdupois*** não é no presente considerado mau, e provavelmente passaria por muito bom naquele tempo. Ora, um couro dessa espécie, à proporção de meia coroa por *stone*, que entendo ser neste momento (fevereiro de 1773) o preço normal, não custaria hoje mais de 10 shillings. Assim, embora seu preço nominal seja no presente um pouco superior ao que era naqueles tempos, seu preço real, a quantidade real de subsistência que compraria ou permitiria adquirir, é pelo contrário um pouco mais baixo. O preço dos couros de vaca, de acordo com a contabilidade acima mencionada, guarda quase a proporção usual relativamente aos couros de boi. O preço das peles de carneiro encontra-se em boa medida acima dessa proporção. É provável que fossem vendidos junto com a lã. O das peles de vitela, ao contrário, está muito abaixo. Em países onde

---

* Medida inglesa equivalente a 14 libras ou 6,35 quilogramas. (N. R. T.)
** Do francês *avoir de pois*, "bens de peso". Trata-se de um sistema para medir pesos em geral em que 1 libra é dividida em 16 onças – e não em 12, como no sistema *troy*, empregado especificamente para metais e pedras preciosas – e 1 onça é dividida em 16 dracmas. (N. R. T.)

o preço do gado é muito baixo, as vitelas que não são criadas com a finalidade de manter a manada são em geral abatidas muito novas, tal como era o caso na Escócia há vinte ou trinta anos. Desse modo se poupa o leite que seu preço não seria suficiente para pagar. Suas peles, portanto, são normalmente de pouco uso.

O preço dos couros crus encontra-se muito mais baixo hoje do que há alguns anos, provavelmente em virtude da abolição do imposto sobre peles de foca, e da permissão concedida em 1769, por tempo limitado, para importação de couros crus da Irlanda e das colônias, com isenção de impostos. Se tomarmos a média de todo o presente século, seu preço real provavelmente tem sido um pouco maior do que o era no passado. A natureza desse produto torna-o menos apropriado do que a lã para o transporte a mercados distantes. É mais difícil armazená-lo. Um couro salgado é considerado inferior ao couro fresco, vendendo-se a preço mais baixo. Tal circunstância deve necessariamente tender a baixar o preço dos couros crus produzidos num país que não os manufatura, mas seja obrigado a exportá-los, e a elevar comparativamente o preço dos produzidos num país que os manufatura. Tenderá necessariamente, de igual maneira, a rebaixar seu preço num país bárbaro, e a aumentá-lo num país desenvolvido e manufatureiro. Deve ter exercido, por conseguinte, alguma tendência a rebaixá-lo no passado, e a aumentá-lo no presente. Além disso, nossos curtidores não tiveram o mesmo êxito de nossos fabricantes de tecidos em persuadir a sabedoria da nação de que a segurança da república depende da prosperidade de suas manufaturas. Por isso, foram bem menos favorecidos. Na verdade, a exportação de couros crus foi proibida e declarada nociva aos interesses públicos. Mas sua importação de países estrangeiros ficou sujeita à tributação; e, embora tal tributo sobre as importações da Irlanda e das colônias fosse abolido por cinco anos somente, a Irlanda não viu restrito à Grã-Bretanha o mercado para a venda de seus excedentes de couros, ou dos que não são manufaturados no país. Foi apenas há alguns poucos anos que os couros do gado comum foram classificados entre as mercadorias que as colônias não podem enviar a nenhum lugar senão à metrópole; tampouco até o momento o comércio da Irlanda foi, nesse caso, oprimido com vistas a sustentar os manufatores da Grã-Bretanha.

Quaisquer regulamentações tendentes a rebaixar o preço da lã e dos couros crus a níveis inferiores aos que seriam naturalmente devem, num país desenvolvido e cultivado, ter alguma tendência a elevar o preço da carne. É necessário que o preço do gado de grande e de pequeno porte, alimentado em terras tratadas e cultivadas, seja suficiente para pagar a renda e o lucro que o proprietário e o arrendatário, respectivamente, com razão esperam obter de uma terra tratada e cultivada. Se não for assim, eles logo deixarão de alimentá-lo. Portanto, qualquer parcela desse preço que não seja paga pela lã e pelo couro deve ser paga pela carcaça. Quanto menos se paga pelos primeiros, tanto mais se deve pagar pela segunda. É indiferente aos proprietários e arrendatários a forma como esse preço se divide entre as diferentes partes do animal, contanto que o recebam integralmente. Assim, em todos os países desenvolvidos e cultivados, não seriam seus interesses de proprietários e arrendatários que ficariam enormemente prejudicados por tais regulamentações, mas seus interesses de consumidores, por causa da alta do preço dos víveres. Porém, tudo seria bem diferente num país de baixo cultivo e desenvolvimento, onde a maior parte das terras cultivadas só poderia ser empregada na alimentação do gado, e onde a lã e o couro constituem a parte principal do valor do animal. Nesse caso, seus interesses como proprietários e arrendatários ficariam seriamente afetados por semelhantes regulamentações, ao passo que seu interesse como consumidores seria muito pouco afetado. A queda do preço da lã e do couro não elevaria, nesse caso, o preço da carcaça, já que, não tendo a maior parte das terras do país outra serventia senão a alimentação do gado, o mesmo número de cabeças continuaria a ser criado. Sempre chegaria ao mercado a mesma quantidade de carne. A demanda não seria maior do que antes e, por conseguinte, o preço permaneceria o mesmo. O preço total do gado cairia e, com ele, tanto a renda como o lucro de todas as terras cujo principal produto fosse o gado, ou seja, a maior parte das terras do país. Em tais circunstâncias, a proibição perpétua de exportar a lã, que normalmente se atribui, muito erroneamente, a Eduardo III, teria sido a lei mais destrutiva que jamais se pudesse imaginar. Não somente teria reduzido o valor efetivo da maior parte das terras do reino, mas, reduzindo o preço das mais importantes espécies de gado de pequeno porte, também teria retardado em muito o ulterior melhoramento do reino.

O preço da lã da Escócia caiu consideravelmente como resultado da União com a Inglaterra e, em conseqüência, de se excluir essa mercadoria do grande mercado europeu, confinando-a ao estreito mercado da Grã-Bretanha. Esse acontecimento teria afetado seriamente o valor da maior parte das terras dos condados meridionais da Escócia, onde a criação de ovinos é a atividade fundamental, não fosse o aumento do preço da carne plenamente compensado pela queda do preço da lã.

De um lado, se a eficácia da atividade humana no aumento da quantidade de lã e de couros crus é limitada nos seus efeitos, na medida em que depende da produção do país onde se exerce essa atividade, de outro lado essa eficácia é incerta em seus efeitos na medida em que depende da produção de outros países. Nessa medida, depende não tanto da quantidade que estes países produzem, como da quantidade que não manufaturam, bem como das restrições que podem ou não julgar apropriadas impor sobre a exportação desse gênero de produto natural. Tais circunstâncias, por serem inteiramente independentes da atividade interna, necessariamente tornam a eficácia desses esforços mais ou menos incerta. Assim, a eficácia da atividade humana na multiplicação desse gênero de produto natural não apenas é limitada, como também incerta.

Seus esforços são igualmente limitados e incertos na multiplicação de outro gênero bastante importante de produto natural: a quantidade de peixes que chega ao mercado. São limitados pela situação local do país, pela proximidade ou distância que suas diversas províncias estão do mar, pelo número de seus lagos e rios, e pelo que se pode chamar de fertilidade ou esterilidade dos mares, lagos e rios, quanto a esse gênero de produto bruto. À medida que a população aumenta, à medida que o produto anual da terra e do trabalho do país se torna cada vez maior, deve aumentar o número dos compradores de peixes, e estes compradores, além disso, possuem maior quantidade e diversidade de outras mercadorias, ou, o que vem a ser o mesmo, o preço de maior quantidade e diversidade de outras mercadorias para comprar esse peixe. Mas, em geral, será impossível abastecer esse mercado grande e expandido sem empregar para isso uma quantidade de trabalho mais do que proporcional à necessária para abastecer esse mercado quando estava circunscrito a limites mais estreitos. Um mercado que inicialmente consumia apenas mil toneladas de peixe e em seguida passa a absorver dez mil toneladas anuais de peixe dificilmente poderá ser abastecido sem empregar mais do que dez vezes a quantidade de trabalho de que antes precisava. Em geral, é necessário então buscar o peixe numa localidade mais distante; é necessário empregar maiores embarcações, bem como utilizar maquinarias de todos os gêneros, mais dispendiosas. Por conseguinte, o preço real dessa mercadoria deve naturalmente se elevar com o avanço do desenvolvimento. E de fato tal foi o que se deu, creio eu, mais ou menos em todos os países.

Embora seja muito incerto o sucesso de um dia de pescaria, talvez nos pareça bastante mais certa, dada a situação local do país, a eficácia geral da atividade necessária para transportar uma certa quantidade de peixes ao mercado, se levarmos em conta o curso de um ou de vários anos; e de fato não há dúvida de que seja assim. Todavia, como essa eficácia depende mais da situação local do país do que do estado de sua riqueza e atividade; como, por isso, essa eficácia pode ser igual para diferentes países em períodos muito distintos de desenvolvimento, ou ser muito distinta no mesmo período, sua ligação com o estado de desenvolvimento é incerta, e é a essa espécie de incerteza que me refiro aqui.

Quanto ao aumento da quantidade de diversos minerais e metais extraídos das entranhas da terra, em especial a dos mais preciosos, a eficácia da atividade humana não parece ser limitada, mas parece inteiramente incerta.

A quantidade de metais preciosos que pode existir num país não é limitada por nada que se refira à situação local desse país, como por exemplo a fecundidade e a esterilidade das próprias minas. Com freqüência esses metais são abundantes nos países que não possuem minas. Sua quantidade, em cada país em particular, parece depender de duas diferentes circunstâncias. A primeira é seu poder de compra, o estado de sua atividade, o produto anual de suas terras e de seu trabalho, que têm como conseqüência permitir ao país empregar maior ou menor quantidade de trabalho e subsistência para extrair e comprar supérfluos como o ouro e a prata, tanto de suas próprias minas como das minas de países estrangeiros. A segunda é o estado de fecundidade ou esterilidade das minas que, num dado momento, poderão abastecer o mundo comercial com tais metais. Essa fecundidade ou esterilidade das minas deve afetar mais ou menos a quantidade desses metais nos países mais distantes das minas, por causa da facilidade e do baixo custo do transporte desses metais, resultantes de seu pequeno volume e grande valor. A fecundidade das minas da América deve ter mais ou menos afetado a quantidade desses metais na China e no Indostão.

Na medida em que a quantidade desses metais num certo país depende da primeira dessas circunstâncias (o poder de compra), seu preço real, como o de todas as demais coisas de luxo e supérfluas, provavelmente aumentará com a riqueza e o desenvolvimento do país, e se reduzirá com a pobreza e a depressão. Países que possuem uma quantidade de trabalho e subsistência superior às suas necessidades têm condições de adquirir qualquer volume desses metais em troca de uma quantidade de trabalho e subsistência superior à de que dispõem os países que não possuem excedentes.

Na medida em que a quantidade desses metais num país qualquer depende da segunda dessas circunstâncias (a fecundidade ou a esterilidade das minas que podem abastecer o mundo comercial), seu preço real, a quantidade real de trabalho e subsistência que comprarão ou pelo qual se trocarão, sem dúvida alguma baixará mais ou menos, em proporção à fecundidade, e se elevará em proporção à esterilidade dessas minas.

A fecundidade ou esterilidade das minas que podem vir, num determinado momento, a abastecer o mundo comercial é todavia uma circunstância que, evidentemente, pode não ter nenhuma espécie de vínculo com o nível de atividade num país em particular. Parece mesmo não ter nenhuma conexão necessária com o nível de atividade do mundo em geral. É verdade que, à medida que as artes e o comércio vêm a se difundir sobre porções da terra cada vez maiores, a procura por novas minas, estendendo-se a uma superfície mais vasta, poderá ter melhores chances de lograr êxito do que se confinada a limites mais estreitos. No entanto, nada é mais incerto no mundo que saber se novas minas virão a ser descobertas à medida que as antigas sucessivamente se exaurem, e não há nenhuma capacidade ou engenho humano capaz de assegurar isso. Reconhece-se que todos os indícios são duvidosos, e que a única coisa que pode assegurar o valor real de uma mina, ou mesmo sua existência, é sua efetiva descoberta e o sucesso de sua exploração. Numa procura dessa natureza não é possível fixar até que ponto a atividade humana pode ser bem-sucedida ou malograda em seus esforços. Pode ocorrer que, no transcurso de um ou dois séculos, descubram-se novas minas mais fecundas do que quaisquer outras conhecidas; e é igualmente possível que a mais fecunda das minas então conhecidas seja mais estéril do que qualquer outra que fosse explorada antes da descoberta das minas da América. Aliás, em qualquer uma dessas hipóteses, esses acontecimentos têm muito pouca importância para a riqueza real e a prosperidade do mundo, para o real valor do produto anual da terra e do trabalho dos homens. Sem dúvida, o valor nominal desse produto, isto é, a quantidade de ouro e prata que exprimiria ou representaria, seria muito diferente nos dois casos; mas o valor real do produto, a quantidade de trabalho que ele permitiria comprar ou de que permitiria dispor, seria sempre precisamente o mesmo. Poderia ser, no primeiro caso, que 1 shilling não representasse mais trabalho do que 1 penny representa atualmente, e que, no outro caso, 1 penny representasse tanto quanto representa hoje 1 shilling. Mas, no primeiro caso, quem possuísse 1 shilling em seu bolso não seria mais rico do que aquele que possui 1 penny atualmente; e, no outro, o que possuísse 1 penny seria tão rico como quem possui 1 shilling agora. A única vantagem que o mundo tiraria da primeira dessas hipóteses seria o baixo preço e a abundância das baixelas de ouro e prata, e a única inconveniência que teria da segunda hipótese seria o alto preço e escassez desses frívolos bens supérfluos.

CONCLUSÃO DA DIGRESSÃO SOBRE AS VARIAÇÕES DO VALOR DA PRATA

A maior parte dos escritores que coletaram os preços em dinheiro das coisas nos tempos antigos parece ter considerado o baixo preço em dinheiro do trigo e das mercadorias em geral, ou, em outras palavras, o alto valor do ouro e da prata, como prova não apenas da escassez desses metais, mas do estado de pobreza e barbárie em que se encontrava o país naquela época. Essa noção se relaciona ao sistema de economia política que faz a riqueza nacional consistir na abundância de ouro e prata, e a pobreza nacional na escassez desses metais, sistema este que procurarei explicar e examinar extensamente no Livro IV desta *Investigação*. Por ora, devo apenas observar que o alto valor dos metais preciosos não pode constituir prova do estado de pobreza ou de barbárie em que se encontra qualquer país ao tempo em que se verificou esse valor elevado. Prova unicamente a esterilidade das minas que à época abasteciam o mundo comercial. Como um país pobre não tem condições de comprar uma quantidade maior de ouro e prata do que um país rico, não tem, pela mesma razão, condições de pagar mais caro por eles; assim, não será provável que o valor desses metais seja mais elevado no primeiro desses países do que no último. Na China, que é um país muito mais rico do que qualquer região da Europa, o valor dos metais preciosos é muito mais elevado do que em toda parte da Europa. Com efeito, a riqueza da Europa aumentou em larga medida desde a descoberta das minas da América, e o valor do ouro e da prata também diminuiu gradualmente na mesma época. Porém, essa redução de valor não se deveu ao aumento da riqueza real da Europa, do produto real de sua terra e trabalho, mas à descoberta acidental de minas mais abundantes do que quaisquer outras antes conhecidas. O aumento da quantidade de ouro e prata na Europa e a expansão de suas manufaturas e agricultura são dois eventos que, embora tenham ocorrido quase ao mesmo tempo, surgiram de causas muito diferentes, e quase nenhum vínculo têm um com o outro. O primeiro ocorreu por causa de um mero acidente, no qual nem a prudência nem a política tiveram ou poderiam ter alguma participação; o outro é conseqüência da falência do sistema feudal e do estabelecimento de um governo que proporcionou à atividade o único incentivo de que ela necessita, ou seja, uma razoável certeza de que se poderia desfrutar os frutos do próprio trabalho. A Polônia, que não se livrou do sistema feudal, é ainda hoje um país tão miserável quanto era antes da descoberta da América. O preço em dinheiro do trigo, no entanto, elevou-se na Polônia; o valor real dos metais preciosos caiu, como em outras partes da Europa. A quantidade desses metais deve, portanto, ter aumentado como em outros lugares, e quase na mesma proporção, relativamente ao produto anual de sua terra e trabalho. Mas o aumento da quantidade desses metais não aumentou, ao que parece, o produto anual, nem fez expandirem as manufaturas e a agricultura do país, nem melhorou as condições em que vivem os seus habitantes. Espanha e Portugal, países que possuem minas, talvez sejam, depois da Polônia, os dois países mais miseráveis da Europa. É necessário, entretanto, que o valor dos metais preciosos também seja mais baixo na Espanha e em Portugal do que em qualquer outra parte da Europa, pois desses dois países é que chegam a todos os outros, sobrecarregados não apenas com o frete e o seguro, mas também com as despesas de contrabando, sendo sua exportação ou proibida, ou submetida à tributação. Sua quantidade, comparada ao produto anual da terra e trabalho, deve portanto ser maior nesses países do que em qualquer outra parte da Europa; contudo esses países são mais pobres do que a maior parte da Europa. É que, se o sistema feudal foi abolido na Espanha e em Portugal, foi substituído por um sistema que não é muito melhor.

Por conseguinte, assim como o baixo valor do ouro e da prata não constitui prova da riqueza nem do estágio florescente do país onde se verifica, assim também não constitui seu alto valor, ou o baixo preço em dinheiro das mercadorias em geral, ou do trigo em particular, prova de sua pobreza e barbárie.

Mas, se o baixo preço em dinheiro, seja das mercadorias em geral, seja do trigo em particular, não prova de modo algum a pobreza ou barbárie de uma época, por outro lado o baixo preço em dinheiro de alguns gêneros específicos de mercadorias, tais como o gado, as aves e as caças de todos os tipos, em relação ao trigo, constitui prova das mais decisivas. Isso demonstra claramente, em primeiro lugar, a grande abundância desses tipos de gêneros em proporção à quantidade de trigo e, por conseqüência, a grande extensão de terras que ocupam relativamente à que era ocupada por trigo; demonstra, em segundo lugar, o baixo valor dessas terras em comparação com o valor do trigo e, por conseguinte, o estado inculto e sem benfeitorias da maior parte das terras do país. Demonstra claramente, além disso, que a população do país e seu capital não guardam a mesma proporção com a extensão de seu território – o que comumente ocorre em países civilizados –, e que num tal país e num tal tempo a sociedade se encontrava apenas na infância. Do alto ou baixo preço em dinheiro das mercadorias em geral, ou do trigo em particular, não podemos inferir outra coisa senão a fecundidade ou esterilidade das minas que, àquele tempo, abasteciam de ouro e prata o mundo comercial, nunca a riqueza ou pobreza do país em questão. Mas, do alto ou do baixo preço em dinheiro de certos tipos de gêneros relativamente ao preço de alguns outros, podemos inferir, com um grau de probabilidade que quase se aproxima da certeza, que o país era rico ou pobre, que a maior parte de suas terras se encontrava cultivada ou abandonada, e que estava então num maior ou menor estágio de barbárie, ou num estágio mais ou menos civilizado.

Toda elevação no preço em dinheiro das mercadorias que procedesse apenas da degradação do valor da prata afetaria indistintamente todos os gêneros de mercadorias, aumentando universalmente seu preço em $1/3$, $1/4$ ou $1/5$, conforme a prata perdesse uma terceira, quarta ou quinta parte de seu valor precedente. Mas a elevação do preço das provisões, que foi objeto de tanta especulação e controvérsia, não afeta todos os gêneros de provisões igualmente. Tomando a média do curso do presente século, é bastante sabido, mesmo pelos que atribuem esse aumento à desvalorização da prata, que o preço do trigo aumentou muito menos do que o de alguns outros gêneros de provisões. Não se pode então atribuir inteiramente à desvalorização da prata o aumento do preço desses outros gêneros de provisões. É necessário levar em conta algumas outras causas, e talvez as que assinalei acima possam muito bem, sem recorrer à suposta degradação do valor da prata, explicar suficientemente a elevação desses gêneros específicos de provisões, cujo preço realmente se elevou em proporção ao do trigo.

Quanto ao preço do trigo em particular, durante os sessenta e quatro primeiros anos do presente século, e antes da extraordinária seqüência de más safras, foi um pouco mais baixo do que durante os sessenta e quatro últimos anos do século precedente. Esse fato está atestado, não apenas pelos registros do mercado de Windsor, mas também pelos *fiars* públicos de todos os diversos condados da Escócia, e pelos registros de vários mercados na França, que foram coletados com grande cuidado e exatidão pelo Sr. Messance e pelo Sr. Dupré de Saint-Maur. A evidência é mais completa do que se poderia esperar numa matéria naturalmente tão difícil de conhecer com algum grau de certeza.

Quanto ao elevado preço do trigo durante os últimos dez ou doze anos, é possível explicá-lo suficientemente pelas más safras, sem a necessidade de supor nenhuma degradação no valor da prata. Logo, nenhuma observação fidedigna, seja sobre o preço do trigo, seja sobre o preço de outros gêneros, parece poder fundar a opinião segundo a qual a prata continua a se desvalorizar.

Mas, segundo sua conta – talvez possam me dizer –, a mesma quantidade de prata comprará nos tempos atuais uma quantidade muito menor de vários gêneros de provisões do que poderia comprar durante uma parte do último século, e tentar demonstrar que essa mudança se deve ao aumento no valor dessas mercadorias, ou a uma queda no valor da prata, é estabelecer distinções vãs e inúteis, que podem não ter nenhuma serventia para o homem que possui apenas uma certa quantidade de prata para levar ao mercado, ou uma certa renda fixa em dinheiro. Certamente não pretendo que o conhecimento dessa distinção permita a essa pessoa comprar as coisas mais baratas. Pode ser, todavia, que por essa razão não seja completamente inútil.

Ela pode ter alguma utilidade para o público, ao proporcionar uma prova fácil da condição de prosperidade do país. Se o aumento no preço de alguns gêneros de provisões for unicamente devido à queda no valor da prata, será devido então a circunstâncias das quais nada se pode inferir, senão a fecundidade das minas da América. Apesar dessa circunstância, a riqueza real do país, o produto anual de suas terras e de seu trabalho, pode se encontrar em gradual declínio, como em Portugal e na Polônia, ou em gradual avanço, como na maioria das demais partes da Europa. Mas se essa elevação do preço de alguns gêneros de provisões for devida a um aumento no valor real da terra que os produz, ao crescimento da produtividade, ou, em conseqüência da extensão das benfeitorias e das boas técnicas de cultivo, ao fato de esta se ter tornado apropriada à produção de trigo, então tal aumento se deverá a uma circunstância que indica da maneira mais clara o estado de prosperidade e avanço do país. A terra constitui, de longe, a maior, a mais importante e a mais durável parcela da riqueza de qualquer país extenso. Com certeza pode ser de alguma utilidade para a nação, ou ao menos pode dar alguma satisfação ao público, possuir uma prova tão decisiva de que a maior, a mais importante e a mais durável parcela de sua riqueza vai aumentando de valor.

Essa distinção pode também ser de alguma utilidade para o Estado, quando se trata de regular a remuneração de alguns de seus servidores inferiores. Se o aumento no preço de alguns gêneros de provisão for devido à queda no valor da prata, será então preciso aumentar essa remuneração, proporcionalmente à baixa, contanto que não fosse excessiva anteriormente. Se isso não acontecer, sua recompensa real evidentemente será reduzida em igual proporção. Mas, se esse aumento do preço for devido a uma alta no valor ocasionada pela maior fertilidade da terra que produz tais provisões, torna-se muito mais delicado julgar a proporção na qual é necessário aumentar essa remuneração, ou julgar se é mesmo o caso de aumentá-la. Se a extensão do desenvolvimento e cultivo eleva necessariamente o preço de cada espécie de alimento de origem animal relativamente ao preço do trigo, por outro lado também necessariamente reduz, creio eu, o de toda outra espécie de alimentos vegetais. Aumenta o preço dos alimentos de origem animal, pois uma grande parte da terra que produz esses alimentos, ao ser preparada para a produção de trigo, deve proporcionar ao proprietário das terras e ao arrendatário a renda e o lucro da terra destinada ao trigo. E reduz o preço dos alimentos de origem vegetal, pois, ao aumentar a fertilidade da terra, torna-a mais abundante dessa espécie de alimento. Os aprimoramentos da agricultura introduzem também muitos gêneros de alimento de origem vegetal, que, exigindo menos terra que o trigo e não mais trabalho, chegam muito mais baratos ao mercado. Assim ocorre com as batatas e o milho, ou o que se chama de cereal dos índios, as duas mais importantes aquisições que a agricultura da Europa, ou a própria Europa, talvez tenha feito com a grande extensão de seu comércio e de sua navegação. Além disso, há muitos gêneros de alimentos de origem vegetal que, no rude estado do comércio e da agricultura, são confinados às hortas e cultivados com a ajuda da enxada, mas que, quando a agricultura se aperfeiçoa, podem ser semeados nos campos e cultivados com a ajuda do arado, tais como os nabos, as cenouras, as couves etc. Se no avanço do desenvolvimento, portanto, o preço real da primeira espécie de alimento necessariamente se eleva, o da outra com igual necessidade se reduz, e então se torna matéria bem mais complexa saber até que ponto o aumento da primeira poderá ser compensado pela queda da segunda. Quando o preço real da carne tenha atingido seu preço máximo (o que já parece ter acontecido há mais de um século na maior parte da Inglaterra, com todos os gêneros de carne, excetuando talvez a de porco), então qualquer elevação que posteriormente possa ocorrer no preço de todo outro gênero de alimento de origem animal não pode afetar muito a situação das camadas inferiores do povo. Certamente, a situação da gente pobre, numa grande parte da Inglaterra, não poderia se agravar mais em conseqüência de algum aumento no preço das aves, do peixe, das aves selvagens ou animais de caça, do que poderia melhorar com a queda no preço das batatas.

Na atual situação de escassez, o alto preço do trigo sem dúvida agrava a situação dos pobres. Mas, em tempos de moderada fartura, quando o preço do trigo é o preço médio ou normal, a alta natural no preço de qualquer outro gênero de produto natural não pode afetá-los muito. Talvez sofram mais por essa alta artificial ocasionada pelos impostos sobre o preço de alguns bens manufaturados, tais como o sal, o sabão, o couro, as velas, o malte, a cerveja etc.

EFEITOS DO PROGRESSO DA RIQUEZA NACIONAL SOBRE O PREÇO REAL DAS MANUFATURAS

O efeito natural do progresso faz todavia diminuir gradualmente o preço real de quase todos os produtos manufaturados. O preço da mão-de-obra se reduz, talvez, em todas as manufaturas, sem exceção. Torna-se necessária uma quantidade muito menor de força de trabalho para fabricar uma peça qualquer, graças à utilização de melhor maquinaria, ao aumento da destreza e a uma mais adequada divisão e distribuição do trabalho, todos estes efeitos naturais do desenvolvimento; e, embora, por conseqüência do estado florescente da sociedade, o preço real do trabalho se eleve de forma bastante considerável, ainda assim a grande redução da quantidade que cada coisa exige geralmente mais do que compensará qualquer elevação que seja no preço desse trabalho.

Com efeito, há umas poucas manufaturas nas quais a necessária alta do preço real das matérias-primas compensará largamente todas as vantagens que os progressos da atividade podem introduzir na execução do trabalho. No trabalho dos carpinteiros e marceneiros, e no gênero mais grosseiro de fabricação de móveis, a alta necessária do preço real da madeira, como resultado da melhoria da terra, mais do que compensará todas as vantagens que se podem derivar da melhor maquinaria, da maior destreza e da mais adequada divisão e distribuição do trabalho.

Mas, em todos os casos nos quais não suba, ou não suba excessivamente, o preço real das matérias-primas, o preço real das mercadorias manufaturadas cai de maneira bastante considerável.

Essa redução de preço foi mais notável, no curso do presente século e do anterior, nas manufaturas que empregam os metais mais grosseiros. Talvez hoje seja possível comprar, por 20 shillings, um relógio melhor do que se poderia adquirir por 20 libras por volta da metade do último século. Embora menor que no trabalho de relojoaria, também houve uma grande redução de preço, durante o mesmo período, no trabalho dos cuteleiros e ferreiros, em todos os pequenos utensílios feitos de metais grosseiros, e em todas as mercadorias vulgarmente conhecidas como quinquilharias de Birmingham e Sheffield. Foi porém grande o suficiente para espantar os trabalhadores de todas as demais regiões da Europa, que em muitos casos reconhecem não poderem produzir um trabalho de igual qualidade sequer pelo dobro, ou mesmo o triplo do preço. Talvez

LIVRO I

não haja manufaturas nas quais se possa levar tão longe a divisão do trabalho, ou nas quais a maquinaria empregada admita uma tal variedade de aprimoramentos, como aquelas cujas matérias-primas são os metais mais grosseiros.

Durante o mesmo período, não houve, na manufatura de roupas, uma redução de preços tão sensível. Asseguraram-me, pelo contrário, que nos últimos vinte e cinco ou trinta anos o preço dos tecidos mais delicados subiu um pouco, em proporção à sua qualidade, o que decorre, segundo se diz, de um considerável aumento no preço da matéria-prima, que consiste inteiramente em lã espanhola. Na verdade, dizem que os tecidos do condado de York, que são completamente feitos de lã inglesa, caiu bastante de preço no decorrer do atual século, em proporção à sua qualidade. Mas a qualidade é uma questão tão discutível, que considero bastante incertas informações a esse respeito. Na manufatura de vestuário, a divisão do trabalho é hoje aproximadamente a mesma que era há um século, e a maquinaria que se emprega não é muito distinta. Todavia, é possível que esses dois artigos tenham sofrido melhoramentos ligeiros que ocasionaram alguma redução de preço.

Mas a redução parecerá bem mais sensível e indubitável se compararmos o preço desse gênero de manufatura, nos tempos atuais, com o que era num período muito mais remoto, por volta do fim do século XV, quando provavelmente o trabalho era muito menos subdividido e a maquinaria empregada muito mais imperfeita que no presente.

Em 1487, no 4º ano de reinado de Henrique VII, declarou-se que "quem no varejo vender por mais de 16 shillings uma jarda larga do mais fino tecido escarlate granulado, ou de outro tecido granulado do mais fino feitio, sofrerá multa de 40 shillings por peça assim vendida". Portanto, nessa época, 16 shillings, que continham cerca da mesma quantidade de prata que 24 shillings de nossa moeda atual, eram considerados como um preço bastante razoável para uma jarda do mais fino tecido; e, como se trata de uma lei suntuária*, é provável que um tecido como esse fosse usualmente vendido por um preço um pouco mais caro. Nos dias de hoje, um guinéu pode ser considerado como o mais alto preço de um tecido semelhante. Portanto, mesmo que se supusesse que a qualidade dos tecidos fosse igual (e possivelmente a de nossos tecidos atuais talvez seja muito superior), ainda assim, de acordo com essa mesma suposição, parece ter havido uma redução considerável no preço em dinheiro do tecido mais fino desde o fim do século XV. Mas o seu preço real reduziu-se de fato muito mais. O preço médio de uma quarta de trigo era então, e por muito tempo depois, de 6 shillings e 8 pence; 16 shillings era, portanto, o preço de duas quartas e mais de três *bushels* de trigo. Estimando o preço de uma quarta de trigo nos tempos atuais em 28 shillings, o preço real de uma jarda de tecido fino deve ter sido, naqueles tempos, equivalente a no mínimo 3 libras, 6 shillings e 6 pence de nossa atual moeda. Seria necessário que a pessoa que a comprasse se desfizesse do poder de comandar uma quantidade de trabalho e subsistência igual à que essa quantia compraria nos tempos atuais.

A redução que teve lugar no preço real da manufatura mais grosseira, embora considerável, não foi tão grande como a que aconteceu na manufatura mais sofisticada.

Em 1463, no 3º ano de reinado de Eduardo IV, promulgou-se que "nenhum servo da lavoura, nenhum trabalhador comum, nenhum servo de artífice, que habite fora de uma cidade ou burgo, poderá usar no seu vestuário um tecido que custe acima de 2 shillings a jarda larga". No 3º ano do reinado de Eduardo IV, 2 shillings continham quase a mesma quantidade de prata que 4 shillings de nossa atual moeda. Ora, o tecido do condado de York que atualmente

---

* *Sumptuary law*, no original. Trata-se de uma lei, geralmente baseada em razões religiosas ou morais, cuja finalidade é restringir os gastos pessoais excessivos e com isso evitar a extravagância e a luxúria, seja na alimentação, na bebida, na vestimenta e na mobília doméstica. (N. R. T.)

se vende a 4 shillings a jarda provavelmente é muito superior a tudo o que então se pudesse fabricar para uso das camadas mais pobres de servos comuns. Assim, em relação à qualidade, mesmo o preço em dinheiro de suas vestimentas pode ser considerado como um tanto mais barato nos tempos atuais do que era naquela época. Quanto ao preço real, é certamente muito mais barato. O que se chama de preço moderado e razoável de um *bushel* de trigo era então de 10 pence. Por conseguinte, 2 shillings era o preço de dois *bushels* e aproximadamente dois celamins de trigo, o que nos dias de hoje, a 3 shillings e 6 pence o *bushel*, corresponderia a 8 shillings e 9 pence. Por isso, para comprar uma jarda desse tecido, seria necessário que o servo pobre renunciasse ao poder de comprar o mesmo volume de bens de subsistência que hoje compraria por 8 shillings e 9 pence. Também aqui se trata de uma lei suntuária, que tem por finalidade restringir o luxo e a extravagância dos pobres. Portanto, é necessário que de praxe sua vestimenta tenha sido muito mais dispendiosa.

Por intermédio dessa lei, a mesma ordem de gente ficava proibida de vestir calções cujo preço excedesse 14 pence o par, equivalentes a cerca de 28 pence de nossa atual moeda. Ora, esses 14 pence equivaliam, naquela época, ao preço de um *bushel* e cerca de dois celamins de trigo, que, nos tempos atuais, ao preço de 3 shillings e 6 pence o *bushel*, custariam 5 shillings e 3 pence. Nos tempos atuais, consideraríamos esse preço como excessivamente elevado para um par de meias de uso de um servo da mais pobre e baixa ordem. Todavia, naqueles tempos ele de fato precisava pagar por elas a quantia equivalente a esse preço.

O ofício de tricotar meias provavelmente não era conhecido em parte alguma da Europa à época de Eduardo IV. Os calções então usados eram feitos de tecido comum, o que pode ter sido uma das causas de seu elevado preço. Conta-se que a rainha Isabel foi a primeira pessoa a calçar meias na Inglaterra; ela as recebeu como presente do embaixador da Espanha.

A maquinaria que se empregava na manufatura de lã, tanto de qualidade inferior como na de tipo fino, era muito mais imperfeita naqueles tempos do que no presente. Desde então, essa maquinaria adquiriu três graus principais de aperfeiçoamento, sem contar os prováveis pequenos aprimoramentos, cujo número ou importância seria difícil precisar. Os três principais aprimoramentos são: primeiro, a substituição da roca e do fuso pela roda de fiar, a qual, com a mesma quantidade de força de trabalho, permite produzir mais do que o dobro de peças; segundo, o uso de várias máquinas bastante engenhosas, que facilitam e abreviam numa proporção ainda maior a tarefa de torcer o fio de lã, ou de arranjar devidamente a urdidura e a trama antes de serem postas no tear, operação esta que deve ter sido bastante morosa e difícil antes da invenção dessas máquinas; terceiro, o emprego de moinho a pisoeiro, para dar corpo ao tecido, em vez o pisoar na água. Antes do início do século XVI, não se conhecia na Inglaterra e tampouco, pelo que sei, em nenhum outro lugar da Europa, ao norte dos Alpes, nenhuma espécie de moinho de vento ou à água; foram introduzidos na Itália algum tempo antes.

Essas circunstâncias talvez possam nos explicar em alguma medida por que o preço real tanto das manufaturas grosseiras como das mais finas era naqueles tempos tão mais elevado do que é atualmente. Custava uma quantidade de trabalho muito maior para levar essa mercadoria ao mercado. Quando lá chegava, por conseguinte, era necessário que se comprasse ou trocasse pelo preço de uma maior quantidade de trabalho.

É provável que naquela época a manufatura grosseira fosse realizada na Inglaterra, pela mesma razão que sempre o foi nos países onde as artes e as manufaturas encontram-se em sua infância. Tratava-se, provavelmente, de uma manufatura caseira, em que cada tarefa era ocasionalmente e indistintamente executada por todos os diversos membros de quase todas as famílias, mas de tal modo que apenas se ocupavam quando nada mais tinham para fazer, não sendo, para nenhuma delas, sua principal atividade, aquela de que tiravam a maior parte de sua subsistência. Já se observou que o trabalho que é assim executado sempre chega ao mercado muito mais barato do que aquele que consiste no único ou principal fundo de subsistência do trabalhador. Por outro lado, a manufatura fina não era então produzida na Inglaterra, mas no rico e comercial país de Flandres, sendo pois provavelmente conduzida, tal como hoje, por pessoas que dela retiravam toda a ou a principal parte de sua subsistência. Além disso, era uma manufatura estrangeira, sujeitando-se, portanto, ao pagamento de algum tributo ao rei, pelo menos do antigo tributo alfandegário incidente sobre a tonelagem e sobre a libra peso*. Esse tributo, é verdade, provavelmente não seria muito grande. A política européia consistia então não em restringir, mediante elevados impostos, a importação de manufaturas estrangeiras, mas antes em incentivá-la, a fim de que os comerciantes pudessem fornecer aos poderosos, à taxa mais suave possível, objetos de luxo e de conforto de que careciam, e que a atividade do próprio país não poderia oferecer-lhes.

Em alguma medida, a consideração dessas circunstâncias talvez possa nos explicar por que, nos tempos antigos, o preço real das manufaturas grosseiras era, em proporção ao das mais finas, tão mais baixo do que o é no presente.

CONCLUSÃO DO CAPÍTULO

Concluirei este longo capítulo observando que toda melhoria nas condições da sociedade tende direta ou indi-

---

* No inglês, *tonnage* e *poundage*. São tributos que incidem, respectivamente, sobre os tonéis ou cascos de vinho importado, à taxa de tanto por tonelagem, e sobre todas as importações e exportações, exceto sobre lingotes e tonelagem, à taxa de 12 pence por libra. Era assegurado pelo Parlamento à coroa sempre no início de cada reinado. (N. R. T.)

retamente a elevar o preço real da terra, aumentar a riqueza real do proprietário, ou seja, seu poder de compra do trabalho, ou do produto do trabalho de outras pessoas.

A extensão do aprimoramento e do cultivo tende a elevar diretamente esse preço. A participação do proprietário de terras no produto necessariamente aumenta com o crescimento do produto.

O aumento no preço real dessas partes do produto bruto da terra, que constitui em primeiro lugar o efeito do extenso aprimoramento e cultivo e, em segundo, a causa de sua ainda maior extensão, como por exemplo a elevação no preço do gado, tende igualmente a elevar diretamente, e numa proporção ainda maior, a renda da terra. Não somente o valor real da participação dos proprietários de terras, o seu real domínio sobre o trabalho de outras pessoas, aumenta com o valor real do produto, mas aumenta também a proporção de sua participação da totalidade do produto. Esse produto, após a elevação de seu preço real, não exige mais trabalho do que antes para ser obtido. Assim, será suficiente uma proporção menor do que antes desse produto para repor, com o lucro normal, o capital que emprega o trabalho. A porção restante do produto, que é a parte do proprietário, será então, relativamente ao todo, maior do que antes.

Todos os aprimoramentos nas forças produtivas do trabalho que tendem diretamente a reduzir o preço real das manufaturas tendem indiretamente a elevar a renda real da terra. O proprietário de terras troca a parcela do produto bruto que excede o próprio consumo, ou, o que vem a ser o mesmo, o preço dessa parcela, por produtos manufaturados. Tudo o que reduzir o preço real desse segundo gênero de produtos eleva o preço real do primeiro. Idêntica quantidade desse produto bruto corresponde então a uma quantidade superior de produto manufaturado, e o proprietário torna-se capaz de comprar uma quantidade maior de bens necessários ao seu conforto, adorno ou luxo.

Todo crescimento na riqueza real da sociedade, todo crescimento na quantidade de trabalho útil nela empregado, tende indiretamente a aumentar a renda real da terra. Uma certa proporção desse trabalho excedente naturalmente se destina à terra. Há um maior número de homens e gado empregados no seu cultivo; o produto cresce à medida que aumenta o capital assim empregado, e a renda cresce com o produto.

As circunstâncias contrárias, ou seja, o abandono do cultivo e a ausência de benfeitorias, a queda no preço real de qualquer parcela do produto bruto, a elevação do preço real das manufaturas, causada pelo declínio da arte e indústria da manufatura, enfim, o decréscimo da riqueza real da sociedade, tudo isso tende, por outro lado, a baixar a renda real da terra, a reduzir a riqueza real do proprietário, ou seja, a diminuir seu poder de compra do trabalho, ou do produto do trabalho de outras pessoas.

Todo o produto anual da terra e do trabalho de qualquer país, ou, o que vem a ser o mesmo, o preço total desse produto anual, naturalmente se divide, segundo já se observou, em três partes: a renda da terra, os salários do trabalho e os lucros do capital; e constitui um rendimento para três diferentes ordens de pessoas: para os que vivem de renda, os que vivem de salários e os que vivem de lucro. Estas três grandes classes são as classes originais e constituintes de toda sociedade civilizada, e é de seus rendimentos que, em última análise, todas as demais classes derivam os seus.

O que se acaba de dizer permite ver que o interesse da primeira dessas três grandes classes é estreita e inseparavelmente ligado ao interesse geral da sociedade. Tudo o que promova ou obstrua o primeiro necessariamente promove ou obstrui o último. Quando a nação delibera sobre qualquer regulação do comércio ou de polícia, os proprietários de terra nunca podem induzi-la em erro, mesmo tendo em vista a promoção dos interesses de sua própria classe, ao menos se conhecerem minimamente o que constitui esses interesses. Na realidade, com demasiada freqüência lhes falta mesmo esse mero conhecimento. Das três classes, é a única cujo rendimento não custa nem trabalho nem cuidado, chegando a ela, por assim dizer, por si mesmo, e sem depender de nenhum desígnio nem projeto. Essa indolência, que é o efeito natural de uma situação tranqüila e segura, torna-os com extraordinária freqüência não apenas ignorantes das conseqüências que se podem seguir de uma regulação geral, como ainda incapazes dessa aplicação de espírito necessária para compreender e prever essas conseqüências.

O interesse da segunda classe, dos que vivem de salários, está tão estreitamente ligado ao interesse da sociedade como o da primeira classe. Já se mostrou que os salários do trabalhador nunca são tão altos como quando a demanda por trabalho cresce continuamente, ou quando a quantidade de trabalho empregada cresce consideravelmente a cada ano. Quando essa riqueza real da sociedade se torna estacionária, os salários do trabalhador logo são reduzidos ao puramente suficiente para permitir-lhe criar uma família, perpetuar sua espécie. Quando a sociedade vem a declinar, eles caem até mesmo abaixo desse nível. A classe dos proprietários talvez possa ganhar mais com a prosperidade da sociedade do que a dos trabalhadores; mas nenhuma sofre tão duramente seu declínio como a classe dos trabalhadores. Porém, embora o interesse do trabalhador esteja estreitamente ligado ao da sociedade, ele é incapaz tanto de compreender o interesse geral como de perceber a ligação deste com o próprio interesse. Sua condição não lhe deixa tempo para receber as informações necessárias, e, mesmo que pudesse se informar completamente, sua educação e seus hábitos são comumente tais que o impedem de bem julgar. Assim, nas deliberações públicas, a sua voz é pouco ouvida e menos ainda considerada, exceto em algumas ocasiões particulares, quando seus clamores são instigados, dirigidos e sustentados por seus empregadores, mais para servir aos propósitos deles do que aos seus.

Os que os empregam constituem a terceira classe, a dos que vivem de lucro. É o capital empregado com vistas ao lucro que faz mover a maior parte do trabalho útil de qualquer sociedade. As operações mais importantes do trabalho são reguladas e dirigidas pelos planos e projetos dos que empregam o capital; e o fim que propõem em todos esses planos e projetos é o lucro. Ora, a taxa de lucro não se eleva ou reduz, como a renda e os salários, com a prosperidade ou o declínio da sociedade. Ao contrário, essa taxa é naturalmente baixa em países ricos e alta em países pobres; e jamais é tão elevada como nos países que se precipitam mais rapidamente à ruína. O interesse dessa terceira classe não possui, então, a mesma ligação que têm as duas outras classes com o interesse geral da sociedade. Comerciantes e donos de manufaturas são, nessa classe, as duas espécies de pessoas que comumente empregam os maiores capitais, e que, por sua riqueza, atraem a maior parte da consideração pública. Como estão envolvidos em planos e projetos durante a maior parte da vida, com freqüência têm mais agudeza de entendimento do que a maior parte da aristocracia rural. Todavia, como seus pensamentos normalmente se exerçam mais sobre o que diz respeito ao interesse de seus próprios ramos de negócio em particular, do que sobre o que toca a sociedade, seu julgamento, mesmo quando emitido com a maior boa-fé do mundo (o que nem sempre ocorre), estará muito mais sujeito à influência do primeiro desses dois interesses do que ao último. Sua superioridade sobre o proprietário rural não consiste tanto num conhecimento mais perfeito do interesse público, como no conhecimento mais exato de seus próprios interesses. É com esse conhecimento superior de seus próprios interesses que eles freqüentemente tiram vantagem da generosidade da aristocracia rural, persuadindo-a a pôr de lado a defesa de seus próprios interesses e a defesa do interesse público, baseados numa convicção muito simplória, mas sincera, de que seus interesses, e não os dos proprietários rurais, correspondem ao interesse do público. No entanto, o interesse particular dos que exercem um ramo particular de comércio ou de manufatura é sempre, em alguns aspectos, diferente e mesmo contrário ao do público. O interesse dos comerciantes é sempre expandir o mercado e restringir a concorrência dos vendedores. Com freqüência a expansão do mercado pode ser bastante conveniente ao bem geral, mas a restrição da concorrência dos vendedores é sempre contrária a esse público e não pode servir para nada, senão para permitir aos comerciantes elevar seus lucros acima de seu nível natural e arrecadar, em benefício próprio, um tributo absurdo do resto de seus concidadãos. Toda proposta de uma nova lei ou regulação do comércio que venha dessa classe deve sempre ser ouvida com grande desconfiança e jamais ser adotada antes de ser examinada longa e seriamente, não apenas com a mais escrupulosa atenção, mas também com a máxima suspeita. Pois essa proposta vem de uma classe de homens cujo interesse nunca coincide exatamente com o do público, homens a quem em geral interessa enganar e até oprimir o público, assim como já o enganou e oprimiu tantas vezes.

LIVRO I 325

TABELAS DOS PREÇOS DO TRIGO REFERIDAS NA DIGRESSÃO SOBRE AS VARIAÇÕES NO VALOR DA PRATA, CAPÍTULO XI, PRIMEIRO PERÍODO

1.ª divisão de 12 anos	Preço da quarta de trigo a cada ano	Preço médio dos diferentes preços no mesmo ano	Preço médio de cada ano em moeda atual
	£ s d	£ s d	£ s d
1202	— 12 —	— — —	1 16 —
1205	— 12 — — 13 4 — 15 —	— 13 5	2 — 3
1223	— 12 —		1 16 —
1237	— 3 4		— 10 —
1243	— 2 —		— 6 —
1244	— 2 —		— 6 —
1246	— 16 —		2 8 —
1247	— 13 4		2 — —
1257	1 4 —	3	12 —
1258	1 — — — 15 — — 16 —	17 — 2	11 —
1270	4 16 — 6 8 —	5 12 —	16 16 —
1286	— 2 8 — 16 —	— 9 4	1 8 —
		TOTAL:	35 9 3
		PREÇO MÉDIO:	2 19 1¼

2ª divisão de 12 anos	Preço da quarta de trigo a cada ano			Preço médio dos diferentes preços no mesmo ano			Preço médio de cada ano em moeda atual		
	£	s	d	£	s	d	£	s	d
1287	—	3	4	—	—	—	—	10	—
1288	—	—	8	—	3	¼	—	9	¾
	—	1	—						
	—	1	4						
	—	1	6						
	—	1	8						
	—	2	—						
	—	3	4						
	—	9	4						
1289	—	12	—	—	10	1¾	1	10	4½
	—	6	—						
	—	2	—						
	—	10	8						
	1	—	—						
1290	—	16	—				2	8	—
1294	—	16	—				2	8	—
1302	—	4	—				—	12	—
1309	—	7	2				1	1	6
1315	1	—	—				3	—	—
1316	1	—	—	1	10	6	4	11	6
	1	10	—						
	1	12	—						
	2	—	—						
1317	2	4	—	1	19	6	5	18	6
	—	14	—						
	2	13	—						
	4	—	—						
1336	—	2	—				—	6	—
1338	—	3	4				—	10	—
						TOTAL:	23	4	11¼
						PREÇO MÉDIO:	1	18	8

LIVRO I

3.ª divisão de 12 anos	Preço da quarta de trigo a cada ano			Preço médio dos diferentes preços no mesmo ano			Preço médio de cada ano em moeda atual		
	£	s	d	£	s	d	£	s	d
1339	—	9	—				1	7	—
1349	—	2	—				—	5	2
1359	1	6	8				3	2	2
1361	—	2	—				—	4	8
1363	—	15	—				1	15	—
1369	1	—	—	1	2	—	2	9	4
	1	4	—						
1379	—	4	—				—	9	4
1387	—	2	—				—	4	8
1390	—	13	4	—	14	5	1	13	7
	—	14	—						
	—	16	—						
1401	—	16	—				1	17	4
1407	—	4	4 ¾	—	3	10	—	8	11
	3	4							
1416	—	16	—	1	12	—			
						TOTAL:	15	9	4
						PREÇO MÉDIO:	1	5	9 ⅓

4ª divisão de 12 anos	Preço da quarta de trigo a cada ano			Preço médio dos diferentes preços no mesmo ano			Preço médio de cada ano em moeda atual		
	£	s	d	£	s	d	£	s	d
1423	—	8	—				—	16	—
1425	—	4	—				—	8	—
1434	1	6	8				2	13	4
1435	—	5	4				—	10	8
1439	1	—	—	1	3	4	2	6	8
	1	6	8						
1440	1	4	—				2	8	—
1444	—	4	4	—	4	2	—	8	4
	—	4	—						
1445	—	4	6				—	9	—
1447	—	8	—				—	16	—
1448	—	6	8				—	13	4
1449	—	5	—		10	—			
1451	—	8	—		—16	—			
						TOTAL:	12	15	4
						PREÇO MÉDIO:	1	1	3½

LIVRO I

5ª divisão de 12 anos	Preço da quarta de trigo a cada ano			Preço médio dos diferentes preços no mesmo ano			Preço médio de cada ano em moeda atual		
	£	s	d	£	s	d	£	s	d
1453	—	5	4				—	10	8
1455	—	1	2				—	2	4
1457	—	7	8				—	15	4
1459	—	5	—				—	10	—
1460	—	8	—				—	16	—
1463	—	2	—	—	1	10	—	3	8
	—	1	8						
1464	—	6	8	—			—	10	—
1486	1	4	—				1	17	—
1491	—	14	8				1	2	—
1494	—	4	—				—	6	—
1495	—	3	4				—	5	—
1497	1	—	—1	11	—				
				TOTAL:			8	9	—
				PREÇO MÉDIO:			—	14	1

A RIQUEZA DAS NAÇÕES

6.ª divisão de 12 anos	Preço da quarta de trigo a cada ano			Preço médio dos diferentes preços no mesmo ano			Preço médio de cada ano em moeda atual		
	£	s	d	£	s	d	£	s	d
1499	—	4	—				—	6	—
1504	—	5	8				—	8	6
1521	1	—	—				1	10	—
1551	—	8	—				—	2	—
1553	—	8	—				—	8	—
1554	—	8	—				—	8	—
1555	—	8	—				—	8	—
1556	—	8	—				—	8	—
1557	—	4	—	—	17	8½	—	17	8½
	—	5	—						
	—	8	—						
	2	13	4						
1558	—	8	—				—	8	—
1559	—	8	—				—	8	—
1560	—	8	—				—	8	—
						TOTAL:	6	0	2½
						PREÇO MÉDIO:	—	10	5/12

LIVRO I

7ª divisão de 12 anos	Preço da quarta de trigo a cada ano			Preço médio dos diferentes preços no mesmo ano			Preço médio de cada ano em moeda atual		
	£	s	d	£	s	d	£	s	d
1561	—	8	—				—	8	—
1562	—	8	—				—	8	—
1574	2	16	—	2	—	—	2	—	—
	1	4	—						
1587	3	4	—				3	4	—
1594	2	16	—				2	16	—
1595	2	13	—				2	13	—
1596	4	—	—				4	—	—
1597	5	4	—	4	12	—	4	12	—
	4	—	—						
1598	2	16	8				2	16	8
1599	1	19	2				1	19	2
1600	1	17	8				1	17	8
1601	1	14	10				1	14	10
						TOTAL:	28	9	4
						PREÇO MÉDIO:	2	7	5⅓

Preços da quarta de 9 bushels do trigo de melhor qualidade ou de máximo preço, vendido no mercado de Windsor, nos dias de Nossa Senhora e de S. Miguel, de 1595 (inclusive) a 1764 (inclusive), sendo o preço de cada ano equivalente à média entre os preços máximos nesses dois dias de mercado

Anos	Trigo por quarta			Anos	Trigo por quarta		
	£	s	d		£	s	d
1595 —	2	0	0	1621 —	1	10	4
1596 —	2	8	0	1622 —	2	18	8
1597 —	3	9	6	1623 —	2	12	0
1598 —	2	16	8	1624 —	2	8	0
1599 —	1	19	2	1625 —	2	12	0
1600 —	1	17	8	1626 —	2	9	4
1601 —	1	14	10	1627 —	1	16	0
1602 —	1	9	4	1628 —	1	8	0
1603 —	1	15	4	1629 —	2	2	0
1604 —	1	10	8	1630 —	2	15	8
1605 —	1	15	10	1631 —	3	8	0
1606 —	1	13	0	1632 —	2	13	4
1607 —	1	16	8	1633 —	2	18	0
1608 —	2	16	8	1634 —	2	16	0
1609 —	2	10	0	1635 —	2	16	0
1610 —	1	15	10	1636 —	2	16	8
1611 —	1	18	8	16)	40	0	0
1612 —	2	2	4		2	10	0
1613 —	2	8	8				
1614 —	2	1	8½				
1615 —	1	18	8				
1616 —	2	0	4				
1617 —	2	8	4				
1618 —	2	6	8				
1619 —	1	15	4				
1620 —	1	10	4				
26)	54	0	6½				
	2	1	6 9/13				

LIVRO I

Anos	Trigo por quarta			Anos	Trigo por quarta		
	£	s	d		£	s	d
1637 —	2	13	0	Transporte	79	14	10
1638 —	2	17	4	1671 —	2	2	0
1639 —	2	4	10	1672 —	2	1	0
1640 —	2	4	8	1673 —	2	6	8
1641 —	2	8	0	1674 —	3	8	8
1642[15] —	0	0	0	1675 —	3	4	8
1643 —	0	0	0	1676 —	1	18	0
1644 —	0	0	0	1677 —	2	2	0
1645 —	0	0	0	1678 —	2	19	0
1646 —	2	8	0	1679 —	3	0	0
1647 —	3	13	8	1680 —	2	5	0
1648 —	4	5	0	1681 —	2	6	8
1649 —	4	0	0	1682 —	2	4	0
1650 —	3	16	8	1683 —	2	0	0
1651 —	3	13	4	1684 —	2	4	0
1652 —	2	9	6	1685 —	2	6	8
1653 —	1	15	6	1686 —	1	14	0
1654 —	1	6	0	1687 —	1	5	2
1655 —	1	13	4	1688 —	2	6	0
1656 —	2	3	0	1689 —	1	10	0
1657 —	2	6	8	1690 —	1	14	8
1658 —	3	5	0	1691 —	1	14	0
1659 —	3	6	1	1692 —	2	6	8
1660 —	2	16	6	1693 —	3	7	8
1661 —	3	10	0	1694 —	3	4	0
1662 —	3	14	0	1695 —	2	13	0
1663 —	2	17	0	1696 —	3	11	0
1664 —	2	0	6	1697 —	3	0	0
1665 —	2	9	4	1698 —	3	8	4
1666 —	1	16	0	1699 —	3	4	0
1667 —	1	16	0	1700 —	2	2	0
1668 —	2	0	0	60)	153	1	8
1669 —	2	4	4		2	11	0 ⅓
1670 —	2	1	8				
a transportar	79	14	10				

---

15. Não há registros de preços relativos aos anos de 1642 a 1645. Os dados do ano de 1646 foram fornecidos pelo bispo Fleetwood.

Anos	Trigo por quarta			Anos	Trigo por quarta		
	£	s	d		£	s	d
1701 —	1	17	8	Transporte	69	8	8
1702 —	1	9	6	1734 —	1	18	10
1703 —	1	16	0	1735 —	2	3	0
1704 —	2	6	6	1736 —	2	0	4
1705 —	1	10	0	1737 —	1	18	0
1706 —	1	6	0	1738 —	1	15	6
1707 —	1	8	6	1739 —	1	18	6
1708 —	2	1	6	1740 —	2	10	8
1709 —	3	18	6	1741 —	2	6	8
1710 —	3	18	0	1742 —	1	14	0
1711 —	2	14	0	1743 —	1	4	10
1712 —	2	6	4	1744 —	1	4	10
1713 —	2	11	0	1745 —	1	7	6
1714 —	2	10	4	1746 —	1	19	0
1715 —	2	3	0	1747 —	1	14	10
1716 —	2	8	0	1748 —	1	17	0
1717 —	2	5	8	1749 —	1	17	0
1718 —	1	18	10	1750 —	1	12	6
1719 —	1	15	0	1751 —	1	18	6
1720 —	1	17	0	1752 —	2	1	10
1721 —	1	17	6	1753 —	2	4	8
1722 —	1	16	0	1754 —	1	14	8
1723 —	1	14	8	1755 —	1	13	10
1724 —	1	17	0	1756 —	2	5	3
1725 —	2	8	6	1757 —	3	0	0
1726 —	2	6	0	1758 —	2	10	0
1727 —	2	2	0	1759 —	1	19	10
1728 —	2	14	6	1760 —	1	16	6
1729 —	2	6	10	1761 —	1	10	3
1730 —	1	16	6	1762 —	1	19	0
1731 —	1	12	10	1763 —	2	0	9
1732 —	1	6	8	1764 —	2	6	9
1733 —	1	8	4	64)	129	13	6
A transportar	69	8	8		2	0	6 9/32

LIVRO I

Anos		Trigo por quarta		
		£	s	d
1731	—	1	12	10
1732	—	1	6	8
1733	—	1	8	4
1734	—	1	18	10
1735	—	2	3	0
1736	—	2	0	4
1737	—	1	18	0
1738	—	1	15	6
1739	—	1	18	6
1740	—	2	10	8
	10)	18	12	8
		1	17	3$^{1}/_{5}$

Anos		Trigo por quarta		
		£	s	d
1741	—	2	6	8
1742	—	1	14	0
1743	—	1	4	10
1744	—	1	4	10
1745	—	1	7	6
1746	—	1	19	0
1747	—	1	14	10
1748	—	1	17	0
1749	—	1	17	0
1750	—	1	12	6
	10)	16	18	2
		1	13	9$^{4}/_{5}$

LIVRO II

Natureza, acumulação e emprego do capital

INTRODUÇÃO

Naquele estágio primitivo de sociedade, em que não há divisão do trabalho, em que raramente se fazem trocas, e todo homem fornece a si mesmo tudo aquilo de que precisa, não é necessário de antemão acumular ou armazenar bens para levar adiante os negócios da sociedade. Todo homem trata de satisfazer, pelo próprio esforço, suas necessidades ocasionais, à medida que ocorram. Quando sente fome, vai para a floresta caçar; quando as roupas estão gastas, cobre-se com a pele do primeiro grande animal que matar; e, quando sua cabana começa a arruinar-se, conserta-a na medida do possível com as árvores e a turfa mais próximas.

Mas, uma vez completamente introduzida a divisão do trabalho, o produto do esforço de um único homem pode suprir apenas uma pequena parte de suas necessidades ocasionais. A grande maioria dessas necessidades é satisfeita pelo produto do trabalho de outros homens, que ele compra com o produto, ou, o que vem a ser o mesmo, com o preço do produto de seu próprio trabalho. Ora, não é possível essa aquisição antes que o produto de seu próprio trabalho esteja não apenas terminado, mas também vendido. Assim, será preciso armazenar em algum lugar um estoque de bens diversos, suficientes para mantê-lo e fornecer-lhe as matérias-primas e os instrumentos necessários a seu trabalho, pelo menos até o momento em que os dois resultados se realizem. Um tecelão não pode se dedicar inteiramente à sua atividade específica, se de antemão não houver armazenado em algum lugar, quer em sua posse, quer em posse de qualquer outra pessoa, um volume de bens suficientes para o manter e lhe fornecer as matérias-primas e os instrumentos necessários até que termine o seu tecido e o venda. Obviamente, essa acumulação deve ser anterior à aplicação de seu trabalho, por tanto tempo, nessa atividade específica.

Assim como a acumulação de capital deve, por sua natureza, anteceder a divisão do trabalho, também o trabalho só poderá ser cada vez mais subdividido à proporção que se tenha previamente acumulado mais e mais capital. A quantidade de matérias-primas que o mesmo número de pessoas é capaz de processar aumenta numa grande proporção, à medida que o trabalho venha a se tornar cada vez mais subdividido; e, como as tarefas executadas por trabalhador gradualmente se reduzem a um maior grau de simplicidade, torna-se possível inventar várias máquinas novas para facilitar e encurtar essas tarefas. Portanto, a fim de oferecer continuamente emprego a um mesmo número de trabalhadores conforme avança a divisão do trabalho, é necessário de antemão acumular igual volume de provisões, mas um estoque de matérias-primas e instrumentos superior ao que era utilizado num estado de coisas mais primitivo. Ora, o número de trabalhadores em cada ramo de atividade geralmente cresce com a divisão do trabalho nesse ramo, ou, melhor dizendo, é o aumento do número de trabalhadores que os torna capazes de se classificarem e dividirem dessa maneira.

Assim como a acumulação de capital é previamente necessária para realizar esse grande desenvolvimento das forças produtivas do trabalho, também essa acumulação conduz naturalmente a esse desenvolvimento. A pessoa que emprega seu capital para manter a força de trabalho deseja necessariamente empregá-lo de modo que produza a maior quantidade possível de trabalho. Portanto, empenha-se seja em distribuir, da maneira mais conveniente, o emprego entre os seus operários, seja em colocar à disposição deles as melhores máquinas que consiga inventar ou comprar. Em geral, suas habilidades são, sob esses dois aspectos, proporcionais à extensão de seu capital, ou ao número de pessoas que este capital pode empregar. Com isso, não apenas o volume de atividades realizadas num determinado país aumenta com o crescimento do capital que as emprega, como também, em conseqüência desse crescimento, a mesma quantidade de esforço produz uma quantidade muito maior de trabalho.

Tais são, em geral, os efeitos do aumento do capital sobre a indústria e suas forças produtivas.

No Livro que se segue procurei explicar a natureza do capital, os efeitos de sua acumulação em capitais de diferentes tipos, e os efeitos dos diferentes empregos desses capitais. Este Livro se divide em cinco capítulos. No primeiro capítulo, tratei de mostrar quais são as diferentes partes ou tipos em que o capital, tanto de um indivíduo como de uma grande sociedade, naturalmente se divide. No segundo, tentei explicar a natureza e a operação da moeda, considerada como um setor específico do capital geral da sociedade. O volume de bens acumulados como capital pode ser empregado pela pessoa a quem pertence, ou pode ser emprestado a alguma outra pessoa. Nos terceiro e quarto capítulos, procurei examinar a maneira pela qual o capital opera em cada uma dessas situações. O quinto e último capítulo trata dos diferentes efeitos que os diversos empregos do capital imediatamente produzem sobre o volume de atividade nacional, bem como sobre a produção anual da terra e do trabalho.

CAPÍTULO 1

Da divisão do capital

Quando o volume de bens que um homem possui não excede o suficiente para mantê-lo por uns poucos dias ou poucas semanas, raramente ele pensa em extrair daí algum rendimento. Consome-o do modo mais parcimonioso possível e se esforça, por seu trabalho, em adquirir algo que possa substituí-lo antes que seja inteiramente consumido. Nesse caso, extrai seu rendimento apenas do trabalho. Tal é a situação da maior parte dos trabalhadores pobres em todos os países.

Por outro lado, quando possui bens em quantidade suficiente para se manter durante meses ou anos, procura naturalmente obter um rendimento da maior parte desses bens, reservando, para seu consumo imediato, apenas os que possam mantê-lo até começar a receber esse rendimento. A totalidade de seus bens divide-se, portanto, em duas partes. Denomina-se capital a parte que espera possa proporcionar-lhe esse rendimento. A outra, a que supre seu consumo imediato, consiste, em primeiro lugar, na parcela da totalidade de seus bens reservada originalmente para esse propósito; ou, em segundo lugar, em seu rendimento, seja qual for a fonte de que o derive, à medida que gradualmente o recebe; ou, em terceiro lugar, nas coisas compradas, em anos passados, por qualquer um dos dois, e que ainda não foram inteiramente consumidas, tal o volume de roupas, utensílios domésticos e similares. O conjunto de bens que os homens comumente reservam para seu consumo imediato consiste em um ou outro, ou nesses três artigos.

Há duas diferentes maneiras de empregar o capital e assim produzir rendimento ou lucro a quem o emprega.

Primeiro, é possível empregar o capital na criação, manufatura, ou compra de bens, e na sua subseqüente venda, com lucro. Enquanto o capital assim empregado permanecer em posse de quem o emprega, ou sob a mesma forma, não gera nenhum rendimento ou lucro. Os bens do comerciante não geram nenhum rendimento ou lucro, enquanto não os vender a dinheiro; o dinheiro nada gera, enquanto não se trocar novamente por bens. Seu capital continuamente lhe deixa sob uma forma, para retornar a ele sob outra, e é apenas por meio de tal circulação, ou dessas sucessivas trocas, que pode gerar algum lucro. Por isso, esses capitais podem ser propriamente chamados de capitais circulantes.

Segundo, é possível empregar o capital para produzir benfeitorias na terra, comprar máquinas úteis e instrumentos de comércio, ou coisas semelhantes que gerem rendimento ou lucro sem mudarem de donos, ou sem mais circularem. Por essa razão, esses capitais podem com muita propriedade ser chamados de capitais fixos.

Ocupações diferentes exigem proporções muito distintas entre os capitais fixos e os capitais circulantes nelas empregados.

Por exemplo, o capital de um comerciante é inteiramente circulante. Não necessita de máquinas ou instrumentos de comércio, a não ser que consideremos como tal a loja ou o armazém.

Quanto ao capital de um mestre artífice ou manufatureiro, parte dele deve se fixar nos instrumentos de seu comércio. Porém, essa parte é muito pequena em algumas atividades, e muito grande em outras. O único instrumento de trabalho de que necessita um mestre-alfaiate é um pacote de agulhas de costura. Os instrumentos dos mestres-sapateiros são um pouco, embora bem pouco, mais caros. Os de um tecelão são bem mais caros do que os do sapateiro. Todavia, a parte predominante do capital de todos os mestres artífices é constituída de capital que circula, quer sob a forma de salários dos operários, quer sob o preço das matérias-primas, e é reposto com um lucro pelo preço do trabalho realizado.

Outras atividades exigem um volume muito maior de capital fixo. Por exemplo, numa siderurgia de grandes proporções, a fornalha para fundir o mineral, a forja, a laminadora, todos são instrumentos de trabalho que não podem ser instalados sem enormes despesas. Nas minas de carvão e em quaisquer outras, a maquinaria necessária para bombear a água e para outros propósitos é, muitas vezes, ainda mais dispendiosa.

A parte do capital que o arrendatário emprega nos instrumentos agrícolas constitui um capital fixo; por sua vez, a que emprega para pagar salários e manter trabalhadores constitui um capital circulante. Ele obtém lucro dos primeiros conservando-os em sua posse e, do últimos, desfazendo-se deles. O preço ou valor do gado de trabalho, assim como o dos instrumentos agrícolas, constitui um capital fixo; a manutenção destes, e a manutenção dos trabalhadores, constitui um capital circulante. O arrendatário obtém lucro conservando o gado de trabalho e despendendo o necessário para mantê-lo. Tanto o preço como o custo de manutenção do gado que é comprado e engordado, não para o trabalho, mas para a venda, constituem um capital circulante. O arrendatário obtém lucro desfazendo-se dele. Um rebanho de ovelhas ou uma manada de gado bovino que, numa região onde se explora a pecuária, sejam comprados, não para o trabalho, nem para a venda, mas para se obter lucro de sua lã, de seu leite ou de sua reprodução, constituem um capital fixo. O arrendatário obtém lucro da conservação dos animais, cuja manutenção constitui um capital circulante. O arrendatário obtém lucro ao se desfazer do gado, que retorna, com o seu próprio lucro e com o lucro sobre o preço total do gado, no preço da lã, do leite e da engorda. Também o valor total constitui propriamente um capital fixo. Embora vá e volte do solo para o celeiro, nunca muda de mãos e portanto não circula propriamente. O arrendatário também obtém lucro com ele, não por meio de sua venda, mas por meio de sua reprodução.

O estoque geral de riquezas de qualquer país ou sociedade corresponde à riqueza de todos os habitantes ou membros e por isso se divide naturalmente entre as mesmas três parcelas, cada uma das quais tem uma função ou papel distinto.

A primeira parcela é a reservada para o consumo imediato e tem como característica não gerar nem rendimento nem lucro. Consiste no volume de alimentos, roupas, móveis domésticos etc., comprados pelos consumidores, mas ainda não inteiramente consumidos. Também o volume total de simples habitações existentes no país faz parte dessa primeira parte. O patrimônio que se emprega numa casa, destinada à moradia do proprietário, cessa a partir de então de ter a função de capital, ou seja, de proporcionar qualquer rendimento ao proprietário. Uma moradia, enquanto tal, não contribui em nada para aumentar os rendimentos de seu habitante; e, sem dúvida, embora lhe seja extremamente útil, é útil da mesma maneira que suas roupas e móveis, os quais, não obstante, fazem parte de suas despesas, e não de seus rendimentos. Se for alugada a um inquilino em troca de um aluguel – já que em si mesma a casa nada pode produzir –, o inquilino deverá sempre pagar o aluguel tirando-o de algum outro rendimento, obtido com o trabalho, o patrimônio ou a terra. Assim, embora uma casa possa conferir um rendimento ao proprietário e, dessa forma, desempenhar a função de capital, ela nada pode proporcionar à sociedade em geral, nem servir-lhe na forma de capital, de modo que nunca poderá aumentar, minimamente, o rendimento do conjunto da população. Também as roupas e os móveis domésticos algumas vezes geram rendimento, servindo, dessa forma, como capital para alguns indivíduos. Nos países onde os bailes de máscara são comuns, constitui uma espécie de comércio alugar fantasias por uma noite. Freqüentemente os estofadores alugam móveis, por mês ou por ano. Os agentes funerários alugam por um dia ou por uma semana os acessórios para funerais. Muitas pessoas alugam casas mobiliadas e recebem um aluguel não apenas pelo uso da casa, mas também pelo dos móveis. Todavia, o rendimento obtido de tais coisas sempre deverá ser, em última instância, extraído de alguma outra fonte. De todas as partes do estoque de riquezas, quer de um indivíduo, quer da sociedade, reservadas para o consumo imediato, a que mais lentamente se consome é a que se gasta em casas. As roupas podem durar vários anos, os móveis, meio século ou um inteiro, mas um patrimônio composto por casas, bem construídas e devidamente cuidadas, pode durar muitos séculos. Porém, embora o período de seu consumo total seja mais prolongado, continuam de fato a constituir um patrimônio reservado para o consumo imediato, assim como as roupas ou os móveis domésticos.

A segunda das três parcelas nas quais o estoque geral de riquezas da sociedade se divide é a do capital fixo, que tem como característica gerar renda ou lucro sem circular, ou seja, sem mudar de donos. Compõe-se principalmente dos quatro seguintes artigos:

Primeiro, de todas as máquinas e instrumentos úteis que facilitam e abreviam o trabalho;

Segundo, de todos os edifícios lucrativos, que constituem meio de obtenção de renda, não apenas para o proprietário que as aluga, mas também para a pessoa que as ocupa e paga um aluguel pelo seu uso: por exemplo, as lojas, armazéns, oficinas, todos os edifícios necessários para a exploração agrícola, como estábulos, celeiros etc. São muito diferentes de uma simples casa para moradia. Constituem uma espécie de instrumento de trabalho, podendo ser consideradas sob a mesma perspectiva;

Terceiro, das benfeitorias da terra, de tudo o que foi despendido de forma lucrativa em desbravar, drenar, cercar, adubar e torná-la mais apropriada para o cultivo e exploração agrícola. Um propriedade agrícola que recebeu essas benfeitorias pode com muita justiça ser considerada sob a mesma perspectiva que as máquinas úteis que facilitam e abreviam o trabalho e graças às quais um igual volume de capital circulante pode gerar um rendimento muito superior a quem o emprega. Uma propriedade agrícola que recebeu benfeitorias é tão vantajosa como qualquer dessas máquinas, mas mais durável do que elas, já que freqüentemente não exige outros reparos senão a mais rentável aplicação de capital do arrendatário empregado no cultivo dessa terra;

Quarto, das habilidades adquiridas e úteis de todos os habitantes ou membros da sociedade. Em razão da necessidade de manter, durante o período de educação, estudo ou aprendizado, aquele que adquire os talentos, essa aquisição sempre se faz ao custo de uma despesa real, que é um capital fixo e, por assim dizer, convertido em sua pessoa. Do mesmo modo como fazem parte da fortuna da pessoa, esses talentos também fazem parte do estoque de riquezas da sociedade à qual ela pertence. O aprimoramento da perícia de um operário pode ser considerado sob a mesma perspectiva que uma máquina ou instrumento capaz de facilitar e abreviar o trabalho e que, embora acarrete um certo custo, repõe-no com lucro.

A terceira e última das parcelas nas quais o estoque geral de riquezas da sociedade naturalmente se divide é constituída pelo capital circulante, que tem por característica gerar renda apenas quando circula ou muda de donos. Também se compõe de quatro partes:

Primeiro, da moeda, por meio da qual ocorre a circulação e distribuição entre os respectivos consumidores das outras três partes;

Segundo, do conjunto de provisões que estão em posse do açougueiro, do criador de gado, do arrendatário, do comerciante de trigo, do cervejeiro etc., e de cuja venda esperam obter lucro;

Terceiro, do conjunto das matérias-primas, em estado bruto ou em algum grau manufaturadas, das roupas, móveis e construções que ainda não foram transformados em algum desses três tipos de bens e permanecem nas mãos dos produtores, manufatores, comerciantes de panos e tecidos, madeireiros, carpinteiros e marceneiros, fabricantes de tijolos etc.

Quarto e último, do produto pronto e acabado, mas que ainda permanece nas mãos do comerciante ou manufatureiro e ainda não foi vendido ou distribuído para os respectivos consumidores, como os produtos acabados que freqüentemente encontramos nas lojas do ferreiro, do marceneiro, do ourives, do joalheiro, do comerciante de louças etc. Assim, o capital circulante consiste em provisões, matérias-primas e em todas as espécies de produtos acabados que se encontram nas mãos de seus respectivos negociantes, e na moeda que é necessária para fazê-los circular e distribuir entre os que finalmente os utilizarão ou consumirão.

Dessas quatro parcelas, três – provisões, matérias-primas e produtos acabados – são, anualmente, ou em períodos mais ou menos longos, regularmente retiradas do capital circulante e incorporadas ao capital fixo ou ao estoque de riquezas reservado ao consumo imediato.

Todo capital fixo deriva originalmente de um capital circulante e necessita ser regularmente mantido por ele. Todas as máquinas e instrumentos úteis de trabalho derivam originalmente de um capital circulante, que fornece as matérias-primas do qual são feitos, bem como a manutenção do operário que os fabrica. Também exigem o mesmo tipo de capital para mantê-los constantemente em bom estado.

Nenhum capital fixo pode gerar renda senão por meio de um capital circulante. Mesmo as máquinas e os instrumentos de trabalho mais úteis nada geram sem o capital circulante que fornece as matérias-primas que irão empregar e o sustento dos operários que as empregarão. Por exemplo, a terra, por maiores que sejam as benfeitorias que receba, não proporcionará renda alguma sem um capital circulante que mantenha os trabalhadores que a cultivam e colhem o seu produto.

O único fim e propósito do capital, tanto fixo como circulante, é manter e aumentar o conjunto de bens que é possível reservar para consumo imediato. É esse conjunto de bens que serve para alimentar, vestir e abrigar as pessoas. A riqueza ou pobreza destas dependerá do suprimento abundante ou escasso que essas duas espécies de capital têm condições de proporcionar ao conjunto de bens reservado ao consumo imediato.

Se, por um lado, uma parcela tão grande do capital circulante é constantemente dele retirada para ser incorporada num dos outros dois setores do estoque geral de riquezas da sociedade, por outro é preciso suprir continuamente esse capital, ou do contrário logo deixaria de existir. Tais suprimentos provêm principalmente de três fontes: a produção da terra, a das minas e a das pescas. Essas fontes constantemente fornecem provisões e matérias-primas; parte delas é em seguida transformada em produto acabado, e todas permitem que sejam repostas as provisões, matérias-primas e os produtos acabados constantemente retirados do capital circulante. Além disso, das minas se retira o necessário para manter e aumentar a parcela constituída por moeda. Pois, embora no curso normal das atividades esta última parcela não seja, como as outras três, necessariamente retirada do capital circulante para ser incorporada aos outros dois setores do estoque geral de riquezas, também ela, como todas as demais coisas, sujeita-se ao desgaste que finalmente a inutiliza; algumas vezes, sujeita-se também a perder-se ou a ser enviada ao exterior, razão por que necessita de suprimentos contínuos, mas sem dúvida muito menores.

Tanto a exploração da terra como a das minas e da pesca exigem o emprego de capitais fixo e circulante, e o produto deles repõe com lucro não somente esses capitais, mas todos os outros capitais da sociedade. Assim, o arrendatário restitui anualmente ao manufator as provisões que este consumiu e as matérias-primas que transformou no ano anterior, e o manufator, por sua vez, restitui ao arrendatário os produtos por ele consumidos e desgastados no mesmo período. Essa é a permuta que anualmente se faz entre essas duas classes de indivíduos, embora raras vezes o produto bruto de um e o produto manufaturado de outro possam ser diretamente trocados um pelo outro, pois é raro que o arrendatário venda trigo e gado, fibra de linho e lã, exatamente à mesma pessoa de quem ele escolhe comprar as roupas, os móveis e instrumentos de trabalho de que necessita. Por isso, o arrendatário troca seu produto bruto por moeda, e essa moeda lhe permite comprar, seja onde for, o produto manufaturado de que precisa. A terra até mesmo repõe, ao menos em parte, os capitais necessários para explorar a pesca e as minas. É a produção da terra que retira o peixe das águas, e é a produção da superfície da terra que extrai os minerais de suas entranhas.

A produção da terra, das minas e da pesca, quando sua fertilidade natural for igual, será proporcional à extensão e à adequada aplicação dos capitais empregados nesses recursos. Quando os capitais são iguais, e igualmente aplicados, a produção delas é proporcional à sua fertilidade natural.

Em todos os países onde houver um razoável grau de segurança, todo homem de bom senso procurará empregar todo o conjunto de bens sob seu domínio para alcançar quer a satisfação imediata, quer o lucro futuro. Se o empregar para alcançar a satisfação presente, os bens são reservados para consumo imediato. Se o empregar para conseguir lucro futuro, esses bens redundarão em lucro, permanecendo em suas mãos, ou procurando outras mãos. Trata-se de um capital fixo no primeiro caso e, no segundo, de um capital circulante. Num país onde não houvesse um grau razoável de segurança, seria completamente louco o homem que não empregasse todos os bens sob seu domínio – quer sejam de sua propriedade, quer os tenha tomado de empréstimo de outros – de um ou outro desses três modos referidos.

De fato, nesses infelizes países em que os homens temem constantemente a violência de seus superiores, é freqüente enterrarem ou ocultarem uma grande parte da riqueza, a fim de tê-la sempre à mão para transportá-la a um lugar seguro, no caso de serem ameaçados por algum desses desastres aos quais a todo momento se consideram expostos. Dizem que essa é uma prática comum na Turquia, no Indostão e, creio eu, na maioria dos demais Estados da Ásia. Ao que parece, essa prática era comum entre os nossos ancestrais, durante a violência dos governos feudais. Considerava-se então que a caça aos tesouros sem dono fosse uma parte não desprezível das receitas dos maiores soberanos da Europa. As receitas correspondiam aos tesouros que eram encontrados ocultos sob a terra, e que nenhum indivíduo poderia alegar serem seus de direito. Naqueles tempos, esses tesouros eram vistos como objetos tão importantes, que sempre se considerava pertencerem ao soberano, e não ao homem que os encontrou, nem ao proprietário da terra, a menos que na escritura da propriedade constasse uma cláusula expressa garantindo a este último o direito a eles. Eram colocados em pé de igualdade com as minas de ouro e prata, as quais, salvo uma cláusula específica na escritura, nunca se supunha que estivessem incluídas na concessão geral das terras, que no entanto incluía as minas de chumbo, cobre, estanho e carvão, por serem objetos de menor importância.

CAPÍTULO 2

Da moeda considerada como um setor específico do capital geral da sociedade, ou do custo de manutenção do capital nacional

Já se mostrou no Livro I que o preço da maioria das mercadorias se decompõe em três partes, das quais a primeira paga os salários do trabalho, a segunda paga os lucros do capital, e uma terceira paga a renda da terra empregada em produzi-las e levá-las ao mercado. Mostrou-se também que, na verdade, o preço de algumas mercadorias é constituído por somente dois desses componentes: os salários do trabalho e os lucros do capital; e há outras mercadorias, em número bem menor, cujo preço é inteiramente constituído por um desses componentes, a saber, os salários do trabalho. Mas também se mostrou que o preço de toda mercadoria necessariamente se decompõe numa ou noutra, ou todas essas três partes: toda parte que não se destine nem à renda nem aos salários representará necessariamente o lucro de alguém.

Já se observou também que, sendo isso o que acontece em relação a toda mercadoria específica tomada separadamente, o mesmo deve ocorrer com respeito a todas as mercadorias que compõem a totalidade da produção anual da terra e do trabalho de qualquer país, tomadas em conjunto. O preço total ou valor de troca dessa produção anual deve se decompor nas mesmas três partes, distribuindo-se entre os diversos habitantes do país, seja na forma de salários de seu trabalho, lucros de seu capital ou renda de sua terra.

Mas, embora o valor total da produção anual da terra e do trabalho de cada país esteja assim dividido entre os diversos habitantes e constitua uma renda para eles, é possível, tal como fazemos com a renda de uma propriedade privada, em que distinguimos entre renda bruta e renda líquida, fazer uma distinção quanto ao rendimento de todos os habitantes de um grande país.

A renda bruta de uma propriedade privada compreende tudo o que seja pago pelo arrendatário; a renda líquida, o que sobra ao proprietário, após deduzir todas as despesas administrativas, os reparos e todos os demais encargos necessários, ou seja, aquilo que, sem prejuízo de sua propriedade, ele pode incorporar aos bens reservados para o consumo imediato, ou despender na mesa, criadagem, ornamentos e mobília doméstica, enfim, em seus prazeres e diversões particulares. Sua riqueza real é proporcional, por conseguinte, não à renda bruta, mas à sua renda líquida.

O rendimento bruto de todos os habitantes de um grande país compreende a totalidade da produção anual da terra e do trabalho; o rendimento líquido compreende o que lhes sobra depois de deduzirem as despesas de manutenção, primeiro, de seu capital fixo, e, segundo, de seu capital circulante, ou seja, aquilo que, sem prejuízo de seu capital, podem incorporar aos bens reservados para o consumo imediato, ou despender em sua subsistência, em conforto e diversões. Também aqui sua riqueza real é proporcional, não ao rendimento bruto, mas ao rendimento líquido.

É evidente que o total de despesas necessárias para manter o capital fixo deve ser excluído do rendimento líquido da sociedade. Tampouco podem fazer parte deste rendimento as matérias-primas necessárias à manutenção das máquinas e instrumentos de trabalho úteis, as construções lucrativas etc., nem o produto do trabalho necessário para dar a essas matérias-primas uma forma adequada. É possível que o preço dessa mão-de-obra faça efetivamente parte desse rendimento, pois os operários empregados nessas funções podem incorporar o valor total de seus salários ao conjunto de bens reservados para o consumo imediato. Mas, nos outros tipos de trabalho, tanto seu preço como seu produto vão constituir parte desses bens: o preço, para os bens dos operários, o produto, para os bens das demais pessoas, cuja subsistência, conforto e divertimentos são aumentados pelo trabalho desses operários.

A finalidade do capital fixo é aumentar as forças produtivas do trabalho, ou seja, permitir que o mesmo número de trabalhadores execute uma quantidade muito maior de trabalho. Numa propriedade agrícola em que as construções necessárias, cercados, valas de drenagem, vias de comunicação etc., estão na mais perfeita ordem, o mesmo número de trabalhadores e gado dará origem a uma produção muito maior do que num solo de igual extensão e com a mesma qualidade, mas desprovido de tais benfeitorias. Nas manufaturas, o mesmo número de operários, auxiliados pela melhor maquinaria, produzirá uma quantidade de mercadorias muito superior à que produziria com instrumentos de trabalho mais imperfeitos. A despesa adequadamente investida em qualquer espécie de capital fixo é sempre restituída com grande lucro e acrescenta à produção anual um valor muito superior ao custo necessário de manutenção dessas melhorias. Porém, essa manutenção ainda exige certa porção dessa produção. Uma determinada quantidade de matérias-primas e o trabalho de certo número de operários, que poderiam ter sido diretamente empregados para aumentar a quantidade de alimentos, roupas e habitação, a subsistência e o conforto da sociedade, são assim desviados para um outro emprego, altamente vantajoso, de fato, porém ainda assim diferente do primeiro. É por essa razão que todos esses aperfeiçoamentos mecânicos, os quais tornam possível ao mesmo número de operários executar uma igual quantidade de trabalho com maquinaria mais barata e mais simples do que a utilizada antes, são sempre considerados vantajosos para qualquer sociedade. Uma certa quantidade de matérias-primas e o trabalho de um certo número de operários, que antes eram empregados na manutenção de uma maquinaria mais complexa e dispendiosa, podem posteriormente ser aplicados para aumentar a quantidade de trabalho que essa ou qualquer outra máquina é capaz de executar. O empresário de alguma grande manufatura que empregue uma quantia de mil libras por ano para manter sua maquinaria, se puder reduzir essa despesa a 500 libras, naturalmente empregará as outras 500 na compra de uma quantidade adicional de matérias-primas para serem processadas por um número adicional de operários. Portanto, a quantidade de trabalho que a sua maquinaria é capaz de executar naturalmente aumentará, e com isso também aumentarão todas as vantagens e confortos que a sociedade pode extrair desse trabalho.

É possível comparar, com muita propriedade, a despesa necessária para manter o capital fixo num grande país à despesa de conservação de uma propriedade privada. Freqüentemente a despesa desta conservação pode ser necessária para manter a produção da propriedade e, conseqüentemente, tanto a renda bruta como a renda líquida do proprietário. Todavia, quando uma melhor administração conseguir reduzi-la sem provocar nenhuma diminuição da produção, a renda bruta permanecerá pelo menos igual à que era antes, ao passo que a renda líquida necessariamente aumentará.

Mas, embora toda a despesa de manutenção do capital fixo deva ser, por essa razão, necessariamente excluída do rendimento líquido da sociedade, o mesmo não ocorre com a despesa de manutenção do capital circulante. Já se observou que, das quatro partes das quais este último capital se compõe – moeda, provisões, matérias-primas e produtos acabados –, as três últimas são regularmente retiradas dele e incorporadas, quer ao capital fixo da sociedade, quer ao conjunto de bens reservados para seu consumo imediato. Toda parcela desses bens de consumo que não for empregada na manutenção do capital circulante passa integralmente ao último, tornando-se parte do rendimento líquido da sociedade. Portanto, a manutenção dessas três parcelas do capital circulante não retira do rendimento líquido da sociedade nenhuma porção da produção anual da sociedade, além da que é necessária para a manutenção do capital fixo.

Nesse aspecto, o capital circulante de uma sociedade é diferente do capital circulante de um indivíduo. O capital circulante de um indivíduo exclui-se completamente de seu rendimento líquido, que deve consistir unicamente de seus lucros. Mas, embora o capital circulante de cada indivíduo faça parte do capital circulante da sociedade à qual pertence, nem por isso está totalmente excluído do rendimento líquido desta. Ainda que a totalidade das mercadorias existentes na loja do comerciante não possa de maneira alguma ser incorporada ao conjunto de bens reservados para seu consumo imediato, é possível incorporá-la ao conjunto de bens das outras pessoas, as quais, graças a um rendimento gerado em outros fundos, conseguem regularmente repor ao comerciante o valor dos bens, juntamente com os lucros, sem provocar nenhuma diminuição do seu capital ou do delas.

Logo, a moeda é a única parcela do capital circulante da sociedade cuja manutenção pode provocar alguma diminuição de seus rendimentos líquidos.

O capital fixo e a parcela do capital circulante que consiste em moeda, na medida em que afetam o rendimento da sociedade, guardam uma grande semelhança entre si.

Primeiro, assim como essas máquinas, instrumentos de trabalho etc. exigem um certo custo, inicialmente para os construir e depois para os manter – custos estes que, embora façam parte do rendimento bruto da sociedade, são deduzidos do rendimento líquido –, também o volume de moedas que circula em cada país exige alguma despesa para ser, primeiramente, recolhido e, em seguida, mantido – despesas estas que, embora façam parte do produto bruto, deduzem-se igualmente do rendimento líquido da sociedade. Certa quantidade de matérias-primas muito valiosas, a saber, ouro e prata, e de uma mão-de-obra bastante rara, em vez de aumentar o conjunto de bens reservado para consumo imediato, a subsistência, o conforto e os divertimentos dos indivíduos, é empregada na manutenção desse grande, porém dispendioso, instrumento de comércio, por meio do qual se distribuem regularmente a todo indivíduo da sociedade, na proporção adequada, os bens necessários à subsistência, ao conforto e à diversão.

Em segundo lugar, assim como as máquinas e instrumentos de trabalho etc., que compõem o capital fixo de um indivíduo e de uma sociedade, não fazem parte nem do rendimento bruto nem do rendimento líquido de ambos, também não participa a moeda, por meio da qual todo o rendimento da sociedade é regularmente distribuído entre todos os seus diversos membros. A grande roda da circulação é completamente distinta dos bens que faz circular. É unicamente nesses bens, e não na roda que os faz circular, que consiste o rendimento da sociedade. Assim, ao calcular o rendimento bruto ou o rendimento líquido de uma sociedade, é sempre necessário deduzir da circulação anual de moeda e de bens o valor total da moeda, de modo que nem um único centavo dessa moeda jamais participará dos rendimentos bruto e líquido.

É apenas a ambigüidade da linguagem que pode fazer essa proposição parecer duvidosa ou paradoxal. Quando devidamente explicada e compreendida, quase se tornará evidente por si mesma.

Quando falamos de uma soma específica de dinheiro, algumas vezes não desejamos indicar nada além das peças metálicas de que se compõe; outras vezes, incluímos no significado alguma obscura referência aos bens que por ela podem ser trocados, ou ao poder de compra que sua posse confere. Assim, quando dizemos que se calculou em 18 milhões o volume de moeda circulante na Inglaterra, desejamos somente expressar o montante de peças metálicas, que alguns autores calcularam ou, antes, supuseram, circular naquele país. Mas, quando dizemos que um homem vale 50 ou 100 libras por ano, normalmente queremos expressar não apenas o montante de peças metálicas que lhe são anualmente pagas, mas o valor das mercadorias que ele pode comprar ou consumir anualmente. Desejamos usualmente determinar qual é ou devia ser o seu modo de vida, ou a quantidade e a qualidade dos bens necessários à vida e ao conforto de que ele pode honestamente usufruir.

Quando temos a intenção não apenas de expressar o montante de peças metálicas que compõem uma quantia específica de dinheiro, mas também incluir nesse significado alguma obscura referência às mercadorias pelas quais essa soma pode ser trocada, a riqueza ou o rendimento que nesse caso a soma de dinheiro denota é igual a somente um desses dois valores, designados, de maneira um tanto ambígua, pelo mesmo termo, embora o segundo sentido seja mais adequado do que o primeiro, isto é, o termo corresponde mais propriamente ao valor do dinheiro do que ao dinheiro em si mesmo.

Assim, se um indivíduo receber um guinéu de pensão semanal, ao longo da semana essa pensão lhe permitirá comprar uma certa quantidade de bens necessários à subsistência, ao conforto e ao divertimento. Sua riqueza real, ou seja, seu rendimento real semanal será proporcional à maior ou menor quantidade desses bens. Tal rendimento certamente não é igual, ao mesmo tempo, ao guinéu e ao que o guinéu pode comprar, mas é igual somente a um ou outro desses dois valores equivalentes, mais propriamente ao último do que ao primeiro, isto é, mais ao valor do guinéu do que ao guinéu em si mesmo.

Se a pensão dessa pessoa fosse paga não em ouro, mas sob a forma de títulos semanais de um guinéu, seu rendimento certamente não consistiria propriamente num pedaço de papel, mas antes naquilo que a pessoa conseguir com ele. Uma moeda de um guinéu pode ser considerada como um título que confere ao portador o direito a receber, dos comerciantes da vizinhança, uma certa quantia de bens necessários à vida e ao conforto. O rendimento da pessoa a quem se paga o guinéu não consiste propriamente na peça de ouro, mas naquilo que a moeda lhe permite obter, ou naquilo por que é possível trocá-la. Se não fosse possível trocá-la por coisa alguma, como aconteceria com uma nota promissória emitida por alguém em falência, a moeda não teria maior valor do que o mais inútil pedaço de papel.

Do mesmo modo, embora seja possível pagar em dinheiro o rendimento semanal ou anual de todos os diferentes habitantes de um país, como costuma de fato ocorrer, sua riqueza real, o rendimento real semanal ou anual de todos esses habitantes considerados em conjunto será sempre maior ou menor, relativamente à quantidade de bens de consumo que todos eles possam comprar graças ao dinheiro. É evidente que o rendimento total de todos eles tomados em conjunto não é igual ao dinheiro e aos bens de consumo simultaneamente, mas apenas a um ou outro desses dois valores, e mais propriamente ao último do que ao primeiro.

Portanto, embora freqüentemente expressemos o rendimento de uma pessoa pelas peças metálicas que lhe são anualmente pagas, isso acontece porque o montante dessas peças regula a extensão do seu poder de compra, ou o valor dos bens que ela pode se permitir consumir anualmente. Continuamos a considerar que o rendimento dessa pessoa consiste nesse poder de compra ou de consumo, e não nas peças que conferem esse poder de compra.

Mas, se isso é suficientemente óbvio mesmo com respeito ao indivíduo, mais óbvio ainda é no que respeita à sociedade. O montante de peças metálicas anualmente pagas a um indivíduo muitas vezes equivale exatamente a seu rendimento, e por essa razão é a expressão mais concisa e mais adequada do valor dessa moeda. No entanto, o montante de peças metálicas que circula numa sociedade jamais pode equivaler ao rendimento de todos os seus membros. Já que o mesmo guinéu que paga a pensão semanal de um homem hoje pode pagar a de outro homem amanhã, e a de um terceiro no dia seguinte, o montante de peças metálicas que anualmente circulam em qualquer país deverá ter sempre muito menor valor do que a soma das pensões em dinheiro pagas anualmente com essas peças. Mas o poder de compra, ou seja, os bens que podem ser sucessivamente comprados com a totalidade dessas pensões em dinheiro, quando são sucessivamente pagas, sempre terá exatamente o mesmo valor que essas pensões, como também será igual ao rendimento das diferentes pessoas a quem são pagas. Esse rendimento, portanto, não pode consistir nessas peças metálicas, cujo montante é tão inferior ao valor das pensões; deverá consistir no poder de compra, ou seja, nos bens que se pode sucessivamente comprar com elas, ao circularem de mão em mão.

Portanto, o dinheiro, a grande roda da circulação, o grande instrumento de comércio, como todos os outros instrumentos de trabalho, embora constitua uma parte, e, uma parte bastante relevante do capital, não faz parte do rendimento da sociedade à qual pertence; e, embora as peças metálicas que compõem o dinheiro distribuam, no curso de sua circulação anual, a cada homem o rendimento que propriamente lhe cabe, elas próprias não fazem parte desse rendimento.

Em terceiro e último lugar, as máquinas e instrumentos de trabalho etc., que compõem o capital fixo, guardam ainda a seguinte semelhança com a parte do capital circulante que consiste em moeda: assim como toda economia de despesas feitas na construção e manutenção dessas máquinas, desde que não haja diminuição das forças produtivas do trabalho, constitui um incremento do rendimento líquido da sociedade, também toda economia de despesas para obter e manter a parcela do capital circulante que consiste em moeda representa um incremento exatamente do mesmo tipo.

É suficientemente óbvio – como também já se explicou em parte – de que modo toda economia de despesas feitas na manutenção do capital fixo é um incremento ao rendimento líquido da sociedade. A totalidade do capital de qualquer empreiteiro se divide necessariamente em capital fixo e capital circulante. Enquanto a totalidade de seu capital permanecer a mesma, quanto menor for uma dessas partes, maior será necessariamente a outra. É o capital circulante que fornece as matérias-primas e os salários do trabalho, pondo assim a atividade em movimento. Por isso, toda economia de despesas feitas na manutenção do capital fixo, desde que não haja diminuição das forças produtivas do trabalho, deve aumentar os fundos que movimentam a atividade e por extensão o produto anual da terra e do trabalho, ou seja, o rendimento real de qualquer sociedade.

A substituição da moeda de ouro e prata por papel-moeda repõe um instrumento de comércio altamente dispendioso por um outro, de muito menor custo e, às vezes, igualmente conveniente. A circulação do dinheiro passa a se realizar por uma nova roda, cuja construção e manutenção custam menos do que a antiga. Porém, não é tão óbvia a maneira como essa operação se realiza, nem de que modo tende a aumentar tanto os rendimentos brutos como os rendimentos líquidos da sociedade; donde, portanto, a necessidade de uma explicação mais detalhada.

Há vários tipos de papel-moeda, mas as mais conhecidas e, ao que parece, as mais adequadas à circulação são as notas bancárias e de banqueiros.

Quando o povo de um país específico tem uma tal confiança na fortuna, na probidade e na prudência de um determinado banqueiro, que chega a acreditar que ele sempre estará disposto a pagar à vista as notas promissórias que provavelmente lhe serão a qualquer momento apresentadas, essas notas passam a ter a mesma aceitação das moedas de ouro e prata, por causa da confiança de que a qualquer momento essas notas poderão ser trocadas por dinheiro.

Suponhamos que um certo banqueiro empreste aos clientes suas próprias notas promissórias no valor, digamos, de 100 mil libras. Uma vez que essas notas servem a todos os propósitos da moeda, seus devedores lhe pagam juros idênticos aos que receberia se lhes houvesse emprestado uma soma de dinheiro equivalente. Esses juros são a fonte de seus ganhos. Embora algumas dessas notas continuamente retornem ao banqueiro sob a forma de pagamento, parte delas continua a circular por meses e anos sucessivos. Assim, por exemplo, embora ele geralmente mantenha em circulação notas no valor total de 100 mil libras, muitas vezes 20 mil libras em ouro e prata poderão ser uma provisão suficiente para atender às demandas ocasionais. Por essa operação, portanto, 20 mil libras em ouro e prata cumprem todas as funções que, de outro modo, seriam cumpridas por 100 mil libras. Com as notas promissórias do banqueiro, no valor limite de 100 mil libras, é possível realizar as mesmas trocas, fazendo circular e distribuir entre os respectivos consumidores a mesma quantidade de bens de consumo que se faria circular e distribuir com um igual valor em moedas de prata e ouro. Desse modo, é possível poupar a circulação de 80 mil libras de ouro e prata no país; e se ao mesmo tempo muitos outros bancos e banqueiros realizassem operações semelhantes, toda a circulação de bens no país poderia ser efetuada com somente uma quinta parte do montante de ouro e prata que de outro modo seriam necessários.

Suponhamos, por exemplo, que o total de moeda circulante num determinado país, num momento específico, seja de 1 milhão de libras esterlinas, soma esta suficiente para pôr em circulação a totalidade da produção anual da terra e da mão-de-obra. Suponhamos também que, algum tempo depois, diversos bancos e banqueiros emitissem notas promissórias, pagáveis ao portador, até o limite de 1 milhão de libras, reservando 200 mil libras em seus diversos cofres para atender a demandas ocasionais. Permaneceriam em circulação, portanto, 800 mil libras em ouro e prata, e 1 milhão de notas bancárias, ou seja, um total de 1 milhão e 800 mil libras. Mas a produção anual da terra e da mão-de-obra do país antes havia exigido apenas 1 milhão de libras para fazê-la circular e distribuir entre os respectivos consumidores, e essa produção não podia aumentar imediatamente em razão dessas operações bancárias. Após a realização dessas operações bancárias, 1 milhão de libras serão suficientes para fazer circular essa produção entre eles. Sendo os bens a serem comprados e vendidos exatamente os mesmos que antes, a mesma quantidade de dinheiro será suficiente para os comprar e vender. O canal da circulação, se me permitem a expressão, continuará a ser exatamente o mesmo que antes. Supusemos que 1 milhão de libras bastava para encher esse canal. Portanto, tudo o que se despeje no canal, além dessa soma, não poderá correr dentro de seu curso, o que o levará a transbordar. Despejam-se nele 1 milhão e 800 mil libras. Logo, devem transbordar 800 mil libras, já que essa soma excede o que pode ser empregado na circulação do país. Porém, ainda que não seja possível empregar essa soma no país, é valiosa demais para que se possa deixá-la ociosa. Por conseguinte, será enviada ao exterior, para aí procurar o emprego rentável que não conseguiu encontrar no próprio país. Todavia, não se pode enviar papel ao exterior, pois não será aceito na forma de pagamento normal, por causa da distância entre os bancos emissores e o país onde o seu pagamento pode ser exigido por lei. Assim, serão enviados ao exterior ouro e prata, até o limite de 800 mil libras, e o canal da circulação interna do país permanecerá cheio de 1 milhão de libras em papel, em vez do 1 milhão dos metais que antes o preenchiam.

No entanto, embora uma quantidade tão grande de ouro e prata seja enviada ao exterior, não devemos imaginar que esse envio seja feito de graça, ou que os proprietários ofereçam essa quantia de presente às nações estrangeiras. Eles a trocarão por mercadorias estrangeiras, desta ou daquela espécie, a fim de suprir o consumo de algum outro país estrangeiro ou do seu próprio.

Se empregarem essa quantia na compra de mercadorias num país estrangeiro a fim de suprir o consumo de um outro, ou seja, no que se intitula comércio de transporte, todo lucro que obtiverem representará um acréscimo à receita líquida de seu próprio país. É como um novo fundo, criado para desenvolver uma nova atividade; agora no comércio interno as transações se fazem com papel-moeda, e o ouro e a prata se convertem num fundo para essa nova espécie de comércio.

Se empregarem essa quantia enviada ao exterior na compra de mercadorias estrangeiras para consumo interno, os proprietários do dinheiro podem, primeiro, comprar mercadorias consumidas, provavelmente, por pessoas ociosas que nada produzem, tais como vinhos, sedas etc.; ou, em segundo lugar, podem comprar um estoque adicional de matérias-primas, ferramentas e provisões, a fim de manter e empregar um número adicional de pessoas industriosas, que reproduzem, com um lucro, o valor de seu consumo anual.

Na medida em que o dinheiro remetido ao exterior for utilizado da primeira maneira, promoverá a prodigalidade, aumentará a despesa e o consumo sem aumentar a produção ou estabelecer um fundo permanente capaz de sustentar essa despesa, o que é, sob todos os aspectos, prejudicial à sociedade.

Na medida em que se emprega essa quantia da segunda maneira, será possível promover o trabalho e – embora isso contribua para aumentar o consumo da sociedade – gerar um fundo permanente capaz de sustentar esse consumo, já que as pessoas que consomem acabam por reproduzir, com um lucro, todo o valor de seu consumo anual. O rendimento bruto da sociedade, ou seja, a produção anual de sua terra e mão-de-obra, aumenta em razão do valor total que o trabalho desses operários adiciona às matérias-primas com que lidam; e o rendimento líquido aumenta em razão do que resta desse valor, após se deduzir o que é necessário para manter as ferramentas e instrumentos de trabalho.

Parece não apenas provável, como quase inevitável, que a maior parte do ouro e prata enviada ao exterior por força daquelas operações bancárias, e que se empregue na compra de mercadorias estrangeiras para consumo interno, seja, e deva ser, investida na compra das mercadorias da segunda espécie. Embora certos indivíduos às vezes possam aumentar suas despesas de forma bastante considerável, apesar de não aumentarem em nada seu rendimento, podemos estar certos de que nenhuma classe ou ordem de homens jamais faz isso. Porque, malgrado os princípios comuns de prudência nem sempre governarem a conduta de todos os indivíduos, sempre influenciam a conduta da maioria dos membros de qualquer classe ou ordem. Mas o rendimento dos ociosos, se os considerarmos como uma classe ou ordem, não pode aumentar, o mínimo que seja, por meio dessas operações bancárias já descritas. Em geral, portanto, sua despesa não poderá aumentar muito em razão dessas operações, embora isso possa acontecer – e na realidade acontece – com a despesa de uns poucos indivíduos dessa classe. Assim, se a demanda de mercadorias estrangeiras pelos ociosos permanecer a mesma, ou quase a mesma que antes, provavelmente apenas uma parcela muito pequena do dinheiro que, por força dessas operações bancárias, é enviada ao exterior e se emprega, além disso, na compra de mercadorias estrangeiras para o consumo interno será aplicada na compra das mercadorias para uso dessa classe. Sua maior parte será naturalmente utilizada para a manutenção do trabalho, e não para o sustento do ócio.

Ao calcularmos o volume de trabalho que o capital circulante de uma sociedade qualquer pode empregar, sempre precisamos considerar unicamente as duas partes desse capital que consistem em provisões, matérias-primas e produtos acabados; a outra parte, que consiste apenas em dinheiro e serve apenas para pôr em circulação as outras três, sempre deve ser deduzida. Três coisas são necessárias para movimentar uma atividade econômica: matérias-primas para trabalhar, ferramentas com que trabalhar, e os salários ou as remunerações em vista dos quais o trabalho é realizado. A moeda não é nem matéria-prima para se trabalhar, nem ferramenta com que trabalhar, e, embora os salários do operário sejam, em geral, pagos em moeda, seu rendimento real, bem como o de todos os demais indivíduos, consiste não na moeda, mas no valor da moeda; não nas peças metálicas, mas naquilo que com elas se pode adquirir.

Evidentemente, a quantidade de trabalho que um capital pode empregar deve ser igual ao número de operários aos quais pode fornecer matérias-primas, ferramentas e uma remuneração condizente com a natureza do trabalho. A moeda pode ser fundamental para a compra de matérias-primas e de ferramentas de trabalho, bem como para a manutenção do trabalhador. Mas a quantidade de trabalho que a totalidade do capital pode empregar certamente não é igual ao dinheiro que compra, às matérias-primas, às ferramentas e à remuneração compradas com o dinheiro; é igual somente a um ou outro desses dois valores, e mais propriamente ao último do que ao primeiro.

Quando as moedas de ouro e prata são substituídas por papel, é possível que a quantidade de matérias-primas, ferramentas e manutenção da mão-de-obra que a totalidade do capital circulante pode suprir aumente pelo valor total do ouro e da prata que costumavam ser empregados na sua compra. O valor total da grande roda de circulação e distribuição é acrescido aos bens que ela permite fazer circular e distribuir. A operação se assemelha, em alguma medida, à do administrador de uma grande empresa que, graças a algum desenvolvimento nas artes mecânicas, tem condições de deixar de lado sua velha maquinaria e adicionar a diferença entre o preço destas e o das máquinas novas ao seu capital circulante, ao fundo por meio do qual adquire as matérias-primas e paga os salários dos operários.

Talvez seja impossível determinar qual a proporção entre a moeda circulante de qualquer país e o valor total da produção anual que essa moeda põe em circulação. Autores diversos calcularam-na em $1/5$, $1/10$, $1/20$ e $1/30$ desse valor. Mas, por menor que seja a proporção entre a moeda circulante e o valor total da produção anual, como apenas uma parcela e muitas vezes uma parcela pequena dessa produção se destina à manutenção da atividade, a moeda deve sempre representar uma proporção muito considerável de tal parcela. Quando, portanto, em virtude de sua substituição por papel-moeda, o ouro e a prata necessários para assegurar a circulação são talvez reduzidos a $1/5$ da quantidade antes empregada para esse fim, se for acrescentado o valor unicamente da maior parcela dos outros $4/5$ aos fundos destinados à manutenção da indústria, então já se terá um acréscimo bastante considerável dessa atividade e, por conseqüência, do valor da produção anual da terra e do trabalho.

Nos últimos vinte e cinco ou trinta anos, uma operação desse tipo foi executada na Escócia, com fundação de novas companhias bancárias em quase toda cidade de importância considerável, e mesmo em alguns vilarejos do interior. Os efeitos dessa operação são exatamente idênticos aos acima descritos. Os negócios do país são quase inteiramente efetuados por meio do papel dessas diversas sociedades bancárias, com o qual comumente se fazem compras e pagamentos de todos os gêneros. Raramente a prata aparece, exceto no troco de uma nota de banco de 20 shillings, e o ouro é ainda mais raro. Mas, embora a conduta de todas as diferentes sociedades bancárias não tenha sido irrepreensível, o que exigiu uma Lei do Parlamento que a regulamentasse, o país evidentemente extraiu grande benefício de sua atividade. Ouvi dizer que o comércio da cidade de Glasgow duplicou no período de cerca de quinze anos após a fundação dos bancos nessa localidade; e que o comércio da Escócia mais do que quadruplicou desde a fundação dos dois bancos públicos de Edimburgo, um dos quais, chamado de Banco da Escócia, foi criado por Lei do Parlamento em 1695, e o outro, chamado de Royal Bank, por carta régia em 1727. Não tenho a pretensão de saber se o comércio da Escócia em geral, ou de Glasgow em particular, de fato cresceu em tamanha proporção durante tão curto período. Se algum deles efetivamente cresceu tanto, o efeito parece grande demais para ser explicado unicamente por essa causa. Todavia, é indubitável que o comércio e a atividade da Escócia cresceram de forma bastante considerável durante esse período, e que os bancos contribuíram em boa medida para tal crescimento.

O valor da moeda de prata que circulava na Escócia antes da União, em 1707, e que, imediatamente depois, foi trazido ao Banco da Escócia a fim de ser cunhado, superava £411.117 10s 9d esterlinos. Não há registros relativos à moeda de ouro, mas, segundo consta dos antigos livros da casa da moeda da Escócia, o valor do ouro cunhado anualmente excedia um pouco o da prata[1]. Além disso, nessa ocasião muitas pessoas, desconfiadas da restituição, não levaram sua prata ao Banco da Escócia, existindo, ainda, algumas moedas inglesas que não foram retiradas. Assim, não se pode estimar em menos de 1 milhão de libras esterlinas o valor total do ouro e da prata que circulava na Escócia antes da União. Esse volume parece ter constituído quase a totalidade da circulação do país, pois, embora a circulação do Banco da Escócia, que não tinha então rivais, fosse considerável, ela parece ter correspondido a somente uma

---

1. Vide o Prefácio de Ruddiman ao *Diplomata, etc., Scotiae*, de Anderson.

pequena parte do total. Atualmente, não se pode avaliar a circulação total da Escócia em menos de 2 milhões de libras esterlinas, dos quais a parte constituída por ouro e prata não atinge, muito provavelmente, meio milhão. Mas, ainda que o ouro e a prata em circulação na Escócia tenham sofrido durante esse período uma redução tão grande, sua riqueza e prosperidade reais não parecem ter sofrido nenhuma alteração. Pelo contrário, sua agricultura, sua manufatura e seu comércio, isto é, a produção anual da terra e do trabalho, claramente aumentaram.

É principalmente pelo desconto de letras de câmbio, isto é, pelo adiantamento da quantia que a elas corresponde com relação à data de seu pagamento, que a maioria dos bancos e banqueiros emite as respectivas notas promissórias. Deduzem sempre, de qualquer soma que adiantem, os juros de lei correspondentes ao período que falta até a data do desconto. O pagamento da nota na data devida restitui ao banco o valor por ele adiantado, juntamente com um lucro líquido oriundo dos juros. O banqueiro que adianta ao comerciante, cujas notas desconta, não ouro ou prata, mas as próprias notas promissórias, desfruta da vantagem de poder descontar uma quantia maior, equivalente ao valor total das notas promissórias de seu banco que, sabe por experiência, encontram-se correntemente em circulação. Desse modo, tem a possibilidade de obter, em juros, ganho líquido sobre uma soma muito superior.

O comércio da Escócia que não é muito grande, mesmo atualmente, era ainda menor quando foram fundadas as duas primeiras sociedades bancárias; e estas sociedades ficariam limitadas a uma atividade bastante modesta, se restringissem seus negócios ao desconto de letras de câmbio. Por isso, criaram um outro método de emissão de notas promissórias: a oferta de empréstimo a descoberto, isto é, a concessão de crédito até um certo limite (2 ou 3 mil libras, por exemplo) a qualquer indivíduo que pudesse conseguir dois avalistas de crédito inquestionável e de bons bens de raiz, como garantia de que toda a soma adiantada, até o montante definido como limite do crédito a ser concedido, seria paga à vista, juntamente com os juros legais. Acredito que bancos e banqueiros de todas as partes do mundo costumam oferecer essa espécie de empréstimo. Mas as facilidades de reembolso que as sociedades bancárias da Escócia oferecem são, tanto quanto sei, específicas delas e talvez constituam a causa principal, quer do intenso comércio desses bancos, quer dos benefícios que o país extraiu daí.

Todos os que obtiverem um crédito desse tipo junto a um desses bancos, tomando de empréstimo, por exemplo, mil libras, poderão parcelar o pagamento em prestações de 20 ou 30 libras, descontando o banco uma parcela proporcional dos juros da soma total, desde o dia do pagamento de cada uma dessas pequenas parcelas até que o pagamento do total seja reembolsado. Portanto, todos os comerciantes e quase todos os homens de negócios consideram conveniente conservar contas a descoberto, o que os leva a ter interesse em promover a atividade dos bancos, aceitando, prontamente, as notas por eles emitidas, em todos os pagamentos, e incentivando com isso todos aqueles sobre os quais têm influência a fazer o mesmo. Por sua vez, os bancos, quando os clientes lhes solicitam crédito, em geral o concedem por meio de suas próprias notas promissórias. Com estas, os comerciantes pagam os manufatores pelas mercadorias, os manufatores pagam os arrendatários pelas matérias-primas e provisões, os arrendatários pagam aos proprietários as respectivas rendas, e estes as repassam aos comerciantes em troca de bens necessários a seu conforto e artigos de luxo, e os comerciantes novamente as restituem aos bancos para saldar seus créditos a descoberto ou repor o que possam ter tomado em empréstimo; e assim quase a totalidade dos negócios em dinheiro do país se realiza por meio de notas promissórias. Daí o grande volume de negócios das sociedades bancárias.

Graças a essas contas a descoberto, todo comerciante pode, sem cometer imprudência, realizar um volume de negócios superior ao que de outro modo conseguiria. Se houver dois comerciantes, um em Londres e o outro em Edimburgo, que empreguem o mesmo capital num mesmo ramo de negócios, o comerciante de Edimburgo pode, sem imprudência da sua parte, realizar um maior comércio e empregar um maior número de pessoas do que o comerciante de Londres. Este último deve sempre manter consigo uma considerável quantia monetária, tanto em seus próprios cofres como nos de seu banqueiro, que não lhe paga por isso juro algum, para atender às exigências de pagamento que lhe vêm continuamente dos fornecedores de quem comprou mercadorias a crédito. Suponhamos que o montante normal dessa soma seja de 500 libras. O valor das mercadorias em armazém deverá ser sempre inferior em 500 libras ao que poderia conservar não fosse ele obrigado a reter tal soma inativa. Suponhamos que ele em geral se desfaz de todo o capital à sua disposição – ou seja, de mercadorias de valor equivalente a esse capital – uma vez ao ano. Por ser obrigado a manter inativa uma soma tão elevada, venderá num ano 500 libras a menos em mercadorias do que de outro modo poderia negociar. Seus lucros anuais deverão ser menores, proporcionalmente ao que poderia obter com a venda das 500 libras adicionais de mercadoria; e o número de pessoas empregadas na preparação desses bens para o mercado deverá ser menor, proporcionalmente a todas aquelas que um capital de 500 libras adicionais poderia ter empregado. Por outro lado, o comerciante de Edimburgo não mantém nenhuma soma inativa para enfrentar essas exigências ocasionais. Quando elas realmente o surpreendem, ele as satisfaz com fundos a descoberto que possui no banco, repondo-os gradualmente à medida que recebe dinheiro ou papel obtido com as vendas ocasionais de mercadorias. Portanto, com o mesmo capital ele pode, sem cometer nenhuma imprudência, manter o tempo inteiro no armazém uma quantidade de mercadorias superior àquela de que dispõe o comerciante de Londres e pode, assim, tanto obter um lucro superior como dar emprego constante a um número maior de trabalhadores que preparam esses bens para o mercado. Daí o grande benefício que o país extraiu dessa atividade.

Na verdade, é possível pensar que a facilidade em descontar letras de câmbio proporciona aos comerciantes ingleses um benefício equivalente às contas a descoberto dos escoceses. É preciso lembrar, no entanto, que estes podem também descontar as suas letras de câmbio com tanta facilidade como os comerciantes ingleses e possuem, além disso, o benefício adicional das contas a descoberto.

O total de papel-moeda que circula sem dificuldade num país qualquer jamais poderá exceder o valor do ouro e da prata, com o qual abastece a praça ou (supondo-se que o comércio seja o mesmo) que circularia no país, se não existisse papel-moeda. Por exemplo, se as notas de 20 shillings forem as cédulas de mais baixo valor em circulação na Escócia, o total de notas com esse valor que pode facilmente circular nesse país não pode exceder a soma de ouro e prata necessários para efetuar as trocas anuais no valor de 20 shillings ou mais, usualmente realizadas dentro do país. Se em algum momento o papel em circulação excedesse tal soma, como o excesso não poderia ser enviado ao exterior, nem empregado na circulação do país, retornaria imediatamente aos bancos para ser trocado por ouro e prata. Em breve muitas pessoas se dariam conta de possuir uma quantidade desse papel superior à que necessitavam para conduzir os seus negócios no mercado interno e, como não poderiam enviá-lo ao exterior, imediatamente exigiriam dos bancos o respectivo pagamento. Uma vez convertido em ouro e prata esse papel supérfluo, seria fácil utilizá-lo, remetendo-os para o estrangeiro, ao passo que nenhuma utilidade teria enquanto permanecesse em forma de papel. Portanto, haveria uma imediata corrida aos bancos, em busca da totalidade desse papel supérfluo, e, se os bancos demonstrassem qualquer dificuldade ou atraso no pagamento, o caso se agravaria, pois o alarme provocado por isso necessariamente intensificaria a corrida.

Para além das despesas comuns a qualquer ramo de negócios, tais como as de aluguel, salários dos funcionários, oficiais de escritório, contadores etc., as despesas específicas de um banco são principalmente constituídas de dois itens: primeiro, a despesa de manter permanentemente em seus cofres, a fim de enfrentar os pedidos ocasionais de pagamento por parte dos detentores de suas notas, uma elevada quantia em dinheiro, sobre a qual perde o juro; segundo, a despesa de reabastecer esses cofres, à proporção que os sucessivos pedidos os esvaziem.

Uma sociedade bancária que emita mais papel do que a circulação do país permite empregar, e cujo excesso continuamente retorna ao banco para pagamento, deve aumentar a quantidade de ouro e prata que permanentemente guarda em seus cofres, não apenas em proporção a esse aumento excessivo na circulação de notas, mas numa proporção ainda maior, já que suas notas retornam a ele muito mais rapidamente do que em proporção ao excesso de sua quantidade. Tal banco, por conseguinte, deve elevar o primeiro item das despesas acima mencionadas, não apenas proporcionalmente a esse aumento forçado no volume de negócios, mas numa proporção ainda mais elevada.

Além disso, os cofres dessa sociedade bancária, embora precisem estar muito mais cheios, esvaziam-se muito mais depressa do que se o seu volume de negócios se mantivesse dentro de limites mais razoáveis, pois para mantê-los cheios é necessário um afã de despesas não somente mais intenso, como também mais constante e ininterrupto. Mais ainda: não se pode utilizar na circulação do país a moeda que é continuamente retirada de seus cofres em tão grandes quantidades. Ela substitui um papel cuja quantidade ultrapassa à empregada na circulação, sendo portanto superior, também ela, à circulação. Mas, como não se permitirá que essa moeda permaneça ociosa, ela será de uma forma ou outra enviada ao exterior, a fim de encontrar o emprego rentável que não encontra no país; e a exportação contínua de ouro e prata, aumentando a dificuldade, fará necessariamente aumentar ainda mais as despesas do banco na tentativa de encontrar novas quantidades de ouro e prata para forrar os seus cofres, que tão rapidamente se esvaziam. Assim, num tal banco o segundo tipo de despesas crescerá proporcionalmente ao aumento forçado do volume de negócios, mais ainda que o primeiro.

Suponhamos que a totalidade do papel de um certo banco, que a circulação do país pode facilmente absorver e empregar, atinja exatamente 40 mil libras; e que, para atender aos pedidos ocasionais de pagamento, esse banco seja obrigado a manter constantemente nos cofres 10 mil libras em ouro e prata. Se esse banco tentar pôr em circulação 44 mil libras, as 4 mil libras que excedam a soma que a circulação do país podia facilmente absorver e empregar voltarão ao banco quase com a mesma velocidade com que foram emitidas. Assim, para atender aos pedidos ocasionais de pagamento esse banco deve conservar permanentemente em seus cofres não 11 mil, mas 14 mil libras. Nada ganhará, portanto, como juro das 4 mil libras correspondentes ao excedente da circulação, e perderá tudo o que equivalha à despesa de continuamente recolher 4 mil libras em ouro e prata, os quais constantemente sairão de seus cofres com a mesma rapidez com que neles entram.

Se toda sociedade bancária sempre houvesse compreendido seus interesses particulares e a eles atendido, jamais ocorreria um excesso de circulação de papel-moeda. Mas nem sempre todas as sociedades bancárias compreenderam seus interesses privados e lhes atenderam, de modo que o excesso de papel-moeda em circulação ocorre com bastante freqüência.

Por ter emitido uma grande quantidade de papel-moeda, cujo excesso continuamente retornava ao banco para ser trocado por ouro e prata, durante muitos anos o Banco da Inglaterra se viu obrigado a cunhar ouro num montante variando entre 800 mil e 1 milhão de libras por ano ou, em média, cerca de 850 mil libras. Por causa dessa grande cunhagem de moeda, o banco (em razão do estado de desgaste e degradação no qual a moeda de ouro havia caído poucos anos antes) era freqüentemente obrigado a comprar ouro em barra ao elevado preço de 4 libras por onça, que logo em seguida emitia na forma de moedas a £3 17s 10½d por onça, perdendo, assim, entre 2,5% e 3% na cunhagem de tão larga soma. Embora o banco não pagasse a taxa de senhoriagem, embora o governo estivesse propriamente a expensas da cunhagem, essa liberalidade do governo não evitou completamente a despesa do banco.

Os bancos escoceses, em conseqüência de um excesso do mesmo gênero, eram todos constantemente obrigados a empregar agentes em Londres para recolher o dinheiro de que necessitavam, a um custo raramente inferior a 1,5% ou 2%. Esse dinheiro lhes era enviado por carruagem, sendo assegurado pelos transportadores mediante um custo adicional de ³⁄₄% ou, seja, 15 shillings em cada 100 libras. Os agentes nem sempre conseguiam reabastecer os cofres de patrões com a mesma rapidez com que eram esvaziados. Nesse caso, restava aos bancos o recurso de sacar, de seus correspondentes em Londres, letras de câmbio no valor da soma que lhes faltava. Quando posteriormente esses correspondentes exigiam deles o pagamento dessa quantia, juntamente com o juro e uma comissão, alguns desses bancos, por causa do apuro em que o excesso de circulação os havia colocado, por vezes não dispunham de outro meio para satisfazer tal exigência senão sacar um outro lote de letras de câmbio junto aos mesmos correspondentes em Londres, ou junto a alguns outros; e, assim, a mesma quantia ou, antes, as letras nesse valor faziam às vezes mais de duas ou três viagens, pagando o banco devedor sempre o juro e a comissão sobre o total acumulado. Até mesmo os bancos escoceses que nunca se destacaram por sua extrema imprudência viram-se, às vezes, obrigados a lançar mão desse ruinoso recurso.

A moeda de ouro e prata paga pelo Banco da Inglaterra ou pelos bancos escoceses em troca da parte de seu papel-moeda excedente ao que se podia empregar na circulação do país, como também excedia o que essa circulação permitia empregar, era às vezes enviada ao exterior sob a forma de moeda, outras vezes fundida e remetida ao exterior sob forma de lingotes e, ainda, fundida e vendida ao Banco da Inglaterra pelo elevado preço de 4 libras a onça. Dentre todas as moedas existentes, somente as peças mais novas, melhores e mais pesadas eram selecionadas para serem enviadas ao exterior ou fundidas. Dentro do país, e enquanto permaneciam na forma de moeda, essas pesadas peças não tinham mais valor do que as leves, mas no exterior, ou quando fundidas, passavam a ter mais valor do que estas. O Banco da Inglaterra, a despeito do grande volume anual de cunhagem, descobriu que, para sua surpresa, todo ano se verificava a mesma escassez de moedas constatada no ano precedente, e que, não obstante a grande quantidade de moedas novas e de boa qualidade anualmente emitidas pelo banco, a situação da moeda, ao invés de melhorar, tornava-se cada vez pior. Todos os anos se via forçado a cunhar praticamente a mesma quantidade de ouro que se cunhara no ano anterior e, em virtude da contínua elevação no preço do ouro em barra, resultante, por sua vez, do contínuo desgaste da moeda, o custo dessa elevada cunhagem anual crescia de ano a ano. Deve-se observar que o Banco da Inglaterra, ao suprir de moedas os próprios cofres, é indiretamente obrigado a suprir todo o reino, para onde a moeda flui continuamente, saindo desses cofres das mais variadas maneiras. Por isso, fosse qual fosse a quantidade de moedas necessária para manter o excesso de circulação de papel-moeda, tanto o escocês como o inglês, fosse qual fosse a escassez gerada por essa circulação excessiva na moeda necessária ao reino, o Banco da

Inglaterra era obrigado a supri-las. Sem dúvida, todos os bancos escoceses pagaram muito caro por sua própria imprudência e desatenção. Mas o Banco da Inglaterra também pagou muito caro, não somente por sua própria imprudência, mas também pela imprudência muito maior de quase todos os bancos escoceses.

Em cada um desses países do Reino Unido, a causa original da excessiva circulação de papel-moeda se deveu à realização, por parte de alguns homens de negócios bastante ousados, de um imenso volume de comércio.

O que um banco pode adequadamente adiantar a um comerciante ou empreendedor de qualquer gênero não é nem a totalidade do capital necessário à sua atividade, nem sequer qualquer parcela considerável desse capital, mas somente aquela parcela que, em outra situação, ele seria obrigado a conservar sem aplicação, ou seja, com pronta liquidez, para atender às demandas ocasionais. Se o papel-moeda adiantado pelo banco nunca exceder esse valor, não poderá jamais superar o valor do ouro e da prata que necessariamente circularia no país se não existisse papel-moeda, ou seja, jamais poderá exceder a quantidade que a circulação do país permite facilmente absorver e empregar.

Quando o banco desconta a um comerciante uma letra de câmbio real, sacada por um credor real sobre um devedor real, e que é efetivamente paga tão logo expira o prazo, esse banco apenas está adiantando uma parte do valor que, em circunstâncias diversas, o comerciante seria obrigado a conservar inativo, na forma de dinheiro líquido, para atender aos pedidos ocasionais de pagamento. O pagamento da letra na data devida restitui ao banco o valor por ele adiantado, juntamente com o juro. Enquanto as transações dos bancos se restringirem a clientes desse tipo, seus cofres serão semelhantes a um lago de que sai continuamente uma torrente, embora nele deságüe, com a mesma regularidade, uma outra torrente perfeitamente igual à que sai. E assim como esse lago, que se mantém sempre ou quase

LIVRO II

sempre cheio sem a necessidade de um cuidado ou de uma atenção maior, os cofres do banco também exigem pouco ou nenhum custo para se manterem abastecidos.

Mesmo que não pratique desmedidamente o comércio, um comerciante pode freqüentemente necessitar de uma quantia de dinheiro prontamente disponível, ainda que não possua nenhuma letra a descontar. Quando um banco, além de descontar letras que o comerciante lhe apresenta, também lhe adianta, nessas ocasiões, crédito em conta a descoberto, aceitando que o pagamento se faça – nos termos brandos em que operam as sociedades bancárias da Escócia – em parcelas, conforme o comerciante receba dinheiro da venda ocasional de suas mercadorias, esse banco o dispensa inteiramente da necessidade de manter ociosa, com liquidez imediata para atender aos pedidos ocasionais de pagamento, qualquer parcela de seu estoque de riquezas. Quando esses pedidos realmente se apresentam, o comerciante pode fazer-lhes face utilizando o crédito em conta. No entanto, ao tratar com tais clientes, o banco deveria observar sempre com grande atenção se no decurso de um curto período (de quatro, cinco, seis ou oito meses, por exemplo) o total das restituições que costuma receber de seus clientes é ou não igual ao total dos adiantamentos que normalmente lhes faz. Se, no decorrer desses curtos períodos, o total das restituições que recebe de certos clientes for, na maior parte dos casos, igual ao total dos adiantamentos, o banco poderá dar continuidade, com toda a segurança, às transações que realiza com tais clientes. Embora nesse caso a torrente que continuamente deixa seus cofres possa ser muito forte, a que neles entra é, no mínimo, igualmente forte, de modo que, sem serem necessários cuidado ou atenção suplementares, provavelmente esses cofres sempre se conservarão cheios ou quase cheios, e raramente será preciso fazer uma despesa extraordinária para os reabastecer. Se, pelo contrário, o total das restituições que recebe de certos clientes normalmente for muito inferior aos adiantamentos que o banco lhes faz, então se torna impossível levar adiante, com segurança, as transações com esses clientes, pelo menos enquanto continuarem a negociar dessa forma. Nesse caso, a torrente que continuamente sai dos cofres do banco é necessariamente muito superior à que neles entra, de modo que logo esses cofres estarão inteiramente esgotados, salvo se o banco conseguir reabastecê-los graças a intenso e contínuo esforço de despesa.

Assim, durante muito tempo as sociedades bancárias da Escócia tiveram bastante cuidado em exigir de seus clientes restituições freqüentes e regulares, não lhes interessando negociar com pessoas, por maior que fosse sua fortuna ou seu crédito, que não efetuassem o que os bancos chamavam de operações freqüentes e regulares. Graças a essa precaução, os bancos, além de conseguirem poupar quase integralmente as despesas extraordinárias para reabastecer seus cofres, alcançaram duas outras vantagens bastante consideráveis.

Em primeiro lugar, essa precaução permitiu às sociedades bancárias estabelecer julgamentos bastante razoáveis a respeito da situação próspera ou decadente de seus devedores, sem serem forçadas a buscar outros testemunhos além dos que seus próprios registros contábeis lhes forneciam, já que em sua maioria os homens são tanto mais regulares ou irregulares em suas restituições quanto mais próspera ou decadente for sua situação. Um indivíduo que empresta dinheiro a talvez meia dúzia ou uma dúzia de pessoas pode, quer por si mesmo, quer por intermédio de seus agentes, observar e investigar constante e cuidadosamente a conduta e a situação de cada uma delas. Mas um banco, que talvez forneça empréstimo a quinhentas pessoas diferentes, e cuja atenção se vê constantemente ocupada pelas mais diversas coisas, não pode obter outras informações regulares sobre a conduta e a situação da maior parte de seus devedores, senão consultando seu próprio registro contábil. Ao exigirem freqüentes e regulares restituições de todos os seus clientes, os bancos escoceses provavelmente tinham em vista essa vantagem.

Em segundo lugar, graças a essa precaução os bancos se garantiram contra a possibilidade de emitir um volume de papel-moeda superior ao que a circulação do país podia facilmente absorver e empregar. Ao notarem que, no decorrer de um período razoavelmente curto, as restituições de um determinado cliente eram, na maioria das vezes, perfeitamente iguais aos adiantamentos que lhe haviam concedido, asseguravam-se de que o montante de papel-moeda que lhe adiantavam jamais tinha excedido a quantidade de ouro e prata que, em outras circunstâncias, o cliente seria obrigado a manter inativo para atender às demandas ocasionais de liquidez. Conseqüentemente, o papel-moeda que assim puseram em circulação nunca havia excedido a quantidade de ouro e prata que teria circulado no país, se não existisse papel-moeda. A freqüência, regularidade e montante dessas restituições bastariam para demonstrar que a soma dos adiantamentos concedidos pelo banco jamais havia excedido a parte do capital do cliente que em outras circunstâncias seria obrigado a manter inativo e em dinheiro líquido, a fim de enfrentar as demandas ocasionais, isto é, a fim de lhe permitir conservar constantemente empregada a parte restante de seu capital. É tãosomente essa parte do capital que, no decorrer de períodos relativamente curtos, retorna continuamente às mãos dos comerciantes sob a forma de dinheiro, quer de papel-moeda, quer de moeda metálica, e sob a mesma forma continuamente parte de suas mãos. Se os adiantamentos concedidos pelo banco normalmente excedessem essa parte do capital do cliente, o montante normal das restituições não poderia compensar o montante normal dos adiantamentos, no decorrer de curtos períodos de tempo. A torrente que esses tipos de transações possibilitavam continuamente afluir aos cofres do banco nunca poderia ser igual à torrente que essas mesmas transações continuamente faziam deles refluir. Os adiantamentos concedidos em papel-moeda, ao exceder a quantidade de ouro e prata que, na falta desses adiantamentos, o cliente seria obrigado a manter inativa para atender às demandas ocasionais, em breve viriam a exceder o total de ouro e prata que (supondo-se que o comércio se mantivesse inalterável) teria circulado no país, caso não existisse papel-moeda. Por conseqüência, esses adiantamentos logo viriam a exceder a quantidade que a circulação do país podia sem dificuldade absorver e empregar, o que faria esse excesso de papel-moeda retornar imediatamente ao banco para ser trocado por ouro e prata. Essa segunda vantagem, embora tão real como a primeira, talvez não seja tão bem compreendida por todas as sociedades bancárias da Escócia.

Em qualquer país, quando, em parte pela facilidade de descontar letras e em parte pela conveniência dos descobertos em conta, os comerciantes dignos de crédito podem ser dispensados da necessidade de manter inativa, para enfrentar as demandas ocasionais, uma parte de seu capital, não podem razoavelmente esperar mais ajuda dos bancos e banqueiros, os quais, tendo chegado tão longe, não podem ir mais além, sem prejudicar o seu interesse particular e sua segurança. Se levar em conta seu próprio interesse, o banco não pode adiantar a um comerciante a totalidade, ou mesmo a maior parte, do capital circulante necessário à sua atividade, porque, embora esse capital constantemente retorne a seus cofres sob a forma de dinheiro, e continuamente saia deles na mesma forma, o período que transcorre entre o total das saídas e o total dos retornos é demasiadamente longo para que a soma das restituições ao banco possa compensar, no prazo que a este convém, a soma dos adiantamentos de que o comerciante necessita. Muito menos ainda o banco poderia permitir-se adiantar ao comerciante uma parte considerável do capital fixo; por exemplo, do capital que o empresário

LIVRO II

de uma forja de ferro emprega na construção da forja e da fornalha, das oficinas e dos armazéns, das habitações dos trabalhadores etc., ou do capital que o explorador de uma mina emprega na escavação de poços, na construção de engenhos para bombear a água, na construção de caminhos e na colocação de carris etc., ou ainda do capital que o indivíduo que deseja cultivar a terra emprega na limpeza, drenagem, no cercamento, na adubagem e na aragem de campos ermos e incultos, na construção de edifícios necessários a uma exploração agrícola, com todos os anexos necessários, tais como estábulos, celeiros etc. Em quase todos os casos, os rendimentos do capital fixo são muito mais demorados do que os do capital circulante, e as respectivas despesas, mesmo quando realizadas com a maior prudência e bom senso, muito raramente dão retorno ao empresário antes de transcorrer um período de muitos anos, prazo excessivamente longo para convir a um banco. Sem dúvida, os comerciantes e outros empresários podem realizar, razoavelmente bem, uma parte considerável de seus projetos com dinheiro emprestado. Mas, para fazer justiça aos seus credores, o capital próprio deveria, nesse caso, ser suficiente para assegurar, se posso me expressar assim, o capital desses credores, ou seja, para tornar extremamente improvável que os credores pudessem vir a sofrer qualquer perda, ainda que o êxito do projeto ficasse muito aquém das expectativas dos empreendedores. Mesmo quando se toma essa precaução, o dinheiro obtido com empréstimos, e que supostamente só poderá ser restituído após um período de vários anos, deveria ser não emprestado de um banco, mas obtido, sob garantia de títulos ou hipotecas, de indivíduos particulares que se propõem viver dos juros de seu dinheiro, sem se darem ao trabalho de aplicarem pessoalmente os capitais, estando por isso dispostos a emprestá-lo a pessoas de bom crédito, que sejam capazes de o manter por muitos anos. De fato, um banco que empresta seu dinheiro sem obrigar às despesas do papel selado, ou dos honorários dos advogados pela emissão de títulos e hipotecas, e que aceita condições de pagamento tão favoráveis como as oferecidas pelas sociedades bancárias da Escócia, seria seguramente um credor muito conveniente a tais comerciantes e empresários. Mas estes é que seriam, sem dúvida, devedores extremamente inconvenientes a tal banco.

Já faz mais de vinte e cinco anos que o papel-moeda emitido pelas diversas sociedades bancárias da Escócia correspondia plenamente ou era até um pouco superior àquilo que a circulação do país poderia facilmente absorver e empregar. Portanto, há muito tempo esses bancos deram aos comerciantes e outros empresários escoceses o máximo de assistência que os bancos e banqueiros, de acordo com os próprios interesses, poderiam lhes oferecer. Foram até mesmo um pouco além do que era possível a eles: realizaram um pouco mais de negócios do que podiam, incorrendo com isso em perda ou, pelo menos, numa redução do lucro que, nessa atividade específica, nunca deixa de acompanhar esse excesso, ainda que praticado num grau mínimo. Porém, mesmo depois de conseguir tanta ajuda dos bancos e banqueiros, os comerciantes e demais empresários desejaram obter ainda mais. Ao que parece, pensaram que os bancos poderiam ampliar seus créditos à quantia desejada, sem que com isso incorressem em qualquer outra despesa, afora algumas poucas resmas de papel. Queixavam-se da visão estreita e da covardia dos diretores dos bancos que, segundo eles, não ampliavam seus créditos proporcionalmente à extensão do comércio do país. Está claro que, por extensão do comércio, entendiam a extensão de seus próprios projetos para além do que lhes era possível realizar, quer com capitais próprios, quer com o crédito que obtinham de particulares, sob a forma habitual de títulos ou hipoteca. Parecem ter considerado que os bancos tinham a honrosa obrigação de suprir essas deficiências e fornecer-lhes todo o capital que desejassem para negociar. Os bancos tinham, todavia, opinião diversa e, diante da recusa em ampliar mais seus créditos, alguns daqueles comerciantes lançaram mão de um expediente que, sendo tão eficaz como a extensão dos créditos bancários, mas incomparavelmente mais custoso, durante algum tempo serviu aos seus propósitos. Esse expediente não era outro senão a bem conhecida prática de sacar e ressacar*, expediente este a que às vezes recorrem os desgraçados comerciantes quando estão à beira da falência. Havia muito tempo a prática de levantar fundos dessa maneira era conhecida na Inglaterra e, segundo consta, foi nesse país amplamente utilizada durante a última guerra**, quando os altos lucros do comércio propiciaram a grande tentação de realizar um excessivo volume de negócios. Da Inglaterra foi trazida para a Escócia, onde, em comparação com o comércio extremamente limitado do país e com seu reduzidíssimo capital, em pouco tempo passou a ser usada com intensidade muito maior do que jamais tinha sido na Inglaterra.

A prática de saque e ressaque das letras é tão bem conhecida de todos os homens de negócios, que talvez se possa considerar desnecessário explicá-la. Porém, como este livro poderá chegar às mãos de muitas pessoas que não são homens de negócios, e como os efeitos dessa prática sobre o comércio bancário talvez não sejam suficientemente entendidos mesmo pelos próprios homens de negócios, tentarei explicá-la da maneira mais clara possível.

Os costumes dos comerciantes, que se arraigaram quando as leis bárbaras da Europa não obrigavam ao cumprimento dos contratos, e que durante os dois últimos séculos foram transformados em leis de todas as nações européias,

---

* No original, *shift of drawing and redrawing*. (N. T.)

** Smith provavelmente se refere à Guerra dos Sete Anos, iniciada em 1756, em que a Inglaterra se aliou à Prússia de Frederico, o Grande, contra a França, Áustria e Rússia. (N. R. T.)

atribuíram privilégios extraordinários às letras de câmbio, a ponto de convertê-las nos títulos que mais rapidamente adiantam dinheiro, sobretudo quando pagáveis a curto prazo, digamos de dois ou três meses após a data de emissão. Quando a letra vence, se o aceitante não a paga logo que ela lhe é apresentada, entra em falência a partir desse momento. A letra é protestada e retorna ao emissor, que, se não a paga imediatamente, também entra em falência. Se, antes de chegar às mãos da pessoa que a apresenta ao aceitante para o pagamento, a letra tiver passado pelas mãos de muitas outras pessoas que sucessivamente tenham adiantado umas às outras o respectivo valor, quer em dinheiro, quer em mercadorias, e se essas pessoas, por sua vez, para atestarem que receberam os respectivos valores, tenham todas, na devida ordem, a endossado – isto é, assinado seus nomes no verso da letra –, cada um dos endossantes torna-se, por seu turno, responsável pelo pagamento da letra ao seu detentor, entrando também em falência se não a liquidar. Ainda que tanto o emissor, o aceitante, como os endossantes da letra fossem todos pessoas de crédito duvidoso, o curto prazo do título dá algumas garantias ao seu detentor. Embora fosse provável que todos eles viessem a falir, seria pouco possível que isso ocorresse com todos num prazo tão curto. A casa está prestes a ruir – diz para si o fatigado viajante –, não demora a cair, mas é pouco provável que caia esta noite; por isso me arriscarei a dormir nela.

Suponhamos que o comerciante A, de Edimburgo, saque uma letra sobre o comerciante B, de Londres, pagável dois meses após a data de emissão. Na realidade, B em Londres nada deve a A em Edimburgo, mas concorda em aceitar a letra de A, sob a condição de que, antes de findar o prazo de pagamento, ele possa sacar uma nova letra de mesmo valor sobre A, de Edimburgo, igualmente pagável no prazo de dois meses, e acrescida dos juros e de uma comissão. Assim, antes de expirar o prazo de dois meses do vencimento da primeira letra, B saca a letra sobre A, comerciante de Edimburgo; este, por sua vez, antes de expirados os dois meses de prazo de vencimento da segunda letra, saca uma segunda letra sobre B, em Londres, igualmente pagável em dois meses, e, antes de expirado o terceiro prazo de dois meses, B, em Londres, saca uma nova letra sobre A, em Edimburgo, pagável também no prazo de dois meses. Essa prática às vezes se estendeu não somente durante muitos meses, mas por vários anos a fio, voltando sempre a letra a recair sobre A, em Edimburgo, com os juros acumulados e as comissões de todas as letras anteriores. Os juros eram de 5% ao ano e a comissão, nunca inferior a 0,5% em cada novo saque. Repetindo-se essa comissão mais de seis vezes ao ano, qualquer soma que o comerciante A conseguisse levantar por esse meio lhe teria custado sempre mais do que 8% ao ano, e às vezes muito mais: por exemplo, quando o preço da comissão subisse, ou quando fosse obrigado a pagar juros compostos sobre os juros e a comissão devida pelas letras anteriores. A essa prática se deu o nome de arrecadação de dinheiro mediante circulação.

Num país em que os lucros normais do capital supostamente oscilam, na maioria dos projetos mercantis, entre 6% e 10%, somente uma especulação muito bem-sucedida poderia proporcionar rendimentos que não apenas permitissem pagar os enormes custos de obtenção do empréstimo para executar os projetos, como ainda gerassem um razoável lucro excedente ao empresário. No entanto, empreenderam-se e, durante muitos anos, executaram-se vários projetos de grande porte, sem outro fundo senão o dinheiro recolhido a custo tão elevado. Não há dúvida de que em seus sonhos dourados os empresários tinham uma visão bastante nítida desses enormes lucros. Ao acordarem do sonho, porém, fosse ao fim dos projetos, ou mesmo antes, quando não mais eram capazes de levá-los adiante, creio que raramente tiveram a boa sorte de ver que esses juros eram reais[2].

Quanto às letras que A, de Edimburgo, sacava sobre B, de Londres, A regularmente as descontava dois meses antes do vencimento, em algum banco ou banqueiro de Edimburgo; e, quanto às letras que B, em Londres, novamente emitia contra A, em Edimburgo, B também as descontava, com a mesma regularidade de A, no Banco da Inglaterra, ou com alguns outros banqueiros em Londres. Toda a quan-

---

2. O método descrito no texto não era, de modo nenhum, o mais corriqueiro, ou o mais dispendioso que por vezes esses empreendedores utilizavam para conseguir dinheiro mediante circulação. Com freqüência ocorria que A, de Edimburgo, permitisse a B, de Londres, pagar a primeira letra de câmbio, sacando, alguns dias antes da data de vencimento, uma segunda letra, com vencimento de três meses depois, sobre o mesmo B de Londres. Como esta letra era pagável à sua própria ordem, A a vendia em Edimburgo ao par, e com seu valor sacava letras sobre Londres pagáveis à vista, às ordens de B, a quem as enviava pelo correio. Por volta do fim da última guerra, o câmbio de Edimburgo estava defasado em 3% com relação a Londres, sendo esse o ágio (*premium*) que aquelas letras à vista devem ter custado a A. Como essa transação se repetia pelo menos quatro vezes ao ano, e incluía uma taxa de comissão de no mínimo 0,5%, deve ter custado a A, nesse período, pelo menos 14% ao ano. Outras vezes, A permitia a B que pagasse a primeira letra de câmbio sacando, poucos dias antes da data de pagamento, uma segunda letra com prazo de dois meses, não sobre B, mas sobre um terceiro, C, por exemplo, de Londres. Essa outra letra era pagável à ordem de B que, caso C a aceitasse, a descontava junto a algum banqueiro da cidade de Londres; por sua vez, A permitia que C liquidasse a letra sacando, poucos dias antes de sua data de pagamento, uma terceira letra, também com prazo de dois meses, às vezes sobre seu primeiro correspondente, B, outras vezes sobre uma quarta ou quinta pessoa, D ou E, por exemplo. Essa terceira letra era pagável à ordem de C que, tão logo ela fosse aceita, a descontava junto a algum outro banqueiro de Londres. Se essas operações se repetissem pelo menos seis vezes por ano, e viessem taxadas com uma comissão de no mínimo 0,5% a cada repetição, juntamente com os juros legais de 5%, esse método de levantar dinheiro, da mesma maneira que o acima descrito, deve ter custado a A algo mais do que 8%. Por poupar o câmbio entre Edimburgo e Londres, esse método era um pouco menos dispendioso do que o mencionado na primeira parte desta nota, mas exigia, em contrapartida, um bom crédito em várias casas bancárias de Londres, condição que muitos desses empreendedores nem sempre conseguiam cumprir.

tia adiantada pelos bancos sobre a circulação das letras era, em Edimburgo, adiantada em papel-moeda dos bancos escoceses e, em Londres, quando eram descontadas no Banco da Inglaterra, no papel-moeda deste banco. Ainda que as letras sobre as quais esse papel-moeda era adiantado fossem todas restituídas, por sua vez, na data de vencimento, nunca o valor que havia realmente sido adiantado sobre a primeira letra voltava aos bancos que o tinham adiantado, porque, antes do vencimento de cada letra, sempre era sacada uma nova letra, por um montante um pouco superior ao da letra que em breve deveria ser paga, e o desconto desta nova letra era essencial ao pagamento da que em breve venceria. Portanto, este pagamento era totalmente fictício. A torrente que, pela circulação dessas letras de câmbio, havia uma vez saído dos cofres dos bancos, nunca era substituída por alguma outra torrente que realmente neles entrasse.

Em muitas ocasiões, o papel emitido para cobrir essas letras de câmbio circulantes abarcava o total do fundo destinado à execução de projetos amplos e dispendiosos na área agrícola, no comércio ou nas manufaturas, não se restringindo a cobrir apenas a parte desses fundos que, se não existisse papel-moeda, o empreendedor do projeto seria obrigado a deixar sem aplicação, em dinheiro vivo, para atender às demandas ocasionais de pagamento. Por conseguinte, a maior parte desse papel-moeda excedia o valor total do ouro e da prata que circulariam no país, se não existisse papel-moeda. Excedia, então, o volume que a circulação do país poderia facilmente absorver e empregar, razão pela qual retornava imediatamente aos bancos para ser trocada por ouro e prata, que os bancos tinham de encontrar como fosse possível. Tratava-se de um capital que os empreendedores haviam engenhosamente conseguido subtrair aos bancos, não apenas sem seu conhecimento ou consentimento expresso, mas até talvez, durante algum tempo, sem que eles cultivassem a mais leve suspeita de que tinham realmente adiantado esse capital.

Quando duas pessoas que sistematicamente sacam uma sobre a outra sempre descontam suas letras com o mesmo banqueiro, este de pronto descobrirá o que há por trás disso e verá claramente que essas pessoas estão de fato comerciando não com o capital próprio, mas com o capital que o banco lhes adianta. Não é porém tão fácil descobrir o truque quando as letras são descontadas umas vezes num banco, outras vezes em outro, ou quando não são sempre os mesmos indivíduos que sacam e ressacam uma sobre a outra, preferindo antes percorrer um numeroso círculo de empreendedores que têm interesse em auxiliar uns aos outros nesse método de arrecadação de dinheiro, tornando, assim, extremamente difícil distinguir entre uma letra de câmbio real e uma fictícia – ou seja, entre uma letra sacada por um credor real sobre um devedor real, e uma letra da qual o único credor real é o banco que a desconta e o único devedor real é o empreendedor que faz uso do dinheiro. Em certos casos, mesmo que o banqueiro viesse a descobrir o expediente, poderia ser tarde demais: talvez verificasse que já havia descontado as letras desses empreendedores tantas vezes que, caso se recusasse a continuar descontando novas letras, levaria todos à falência, e arruinando-os assim talvez arruinasse a si mesmo. Numa situação tão delicada, portanto, poderia considerar necessário, em nome de sua segurança e de seu interesse privado, continuar a descontar as letras fictícias por algum tempo, empenhando-se, porém, gradualmente em dificultar o desconto delas, a fim de forçar os empreendedores a pouco a pouco recorrerem a outros bancos, ou a outros meios de levantar fundos, de modo que conseguisse se safar do círculo o mais rapidamente possível. As dificuldades que o Banco da Inglaterra, os principais banqueiros de Londres e até mesmo os mais prudentes bancos da Escócia começaram a opor para efetuar os descontos, depois de certo tempo – quando todos já haviam ido longe demais – não apenas alarmaram, como também enfureceram ao extremo os empreendedores. À situação aflitiva em que se colocaram – conseqüência imediata, sem dúvida, dessa prudente e necessária reserva dos bancos –, chamaram de situação aflitiva do país, e diziam que esse estado era inteiramente devido à ignorância, pusilanimidade e ao péssimo comportamento dos bancos, que não ofereceram uma ajuda suficientemente generosa aos intrépidos empreendimentos dos que tanto se empenharam em embelezar, aprimorar e enriquecer o país. Ao que parece, julgavam ser dever dos bancos emprestar-lhes todo o dinheiro que desejassem pedir e por todo o tempo que lhes conviesse. Todavia, ao se recusarem a conceder mais crédito a quem já o haviam oferecido em grande medida, os bancos adotaram o único meio que ainda lhes permitia resguardar não somente o próprio crédito, mas também o crédito público do país.

Em meio a esse clamor e a essa dificuldade, fundou-se na Escócia um novo banco, com a finalidade expressa de aliviar a lamentável situação do país. O propósito era generoso, mas a execução foi imprudente; talvez não estivessem ainda bem compreendidas a natureza e as causas da dificuldade que se pretendia remediar. Esse banco se mostrou mais liberal do que qualquer outro até então, tanto na concessão de empréstimos a descoberto como no desconto de letras de câmbio. Quanto a estas últimas, parece quase não ter feito distinção entre letras reais e circulantes, descontando-as todas igualmente. Esse banco tinha como princípio declarado adiantar, mediante qualquer garantia razoável, a totalidade do capital necessário às benfeitorias cujos retornos são os mais lentos e demorados, tais como as benfeitorias da terras. Dizia-se mesmo que a principal função pública para qual o banco fora criado era promover tais benfeitorias. Não resta dúvida de que, graças a essa liberalidade na concessão de empréstimos a descoberto e no desconto de letras de câmbio, foram emitidas grandes quantidades de notas bancárias. Mas, como a maior parte dessas notas excedesse o volume que a circulação do país poderia facilmente absorver e empregar, elas eram devolvidas ao banco para serem trocadas por ouro e prata com a mesma rapidez com que eram emitidas. Os cofres do banco nunca estavam cheios. O capital do banco, subscrito em dois aportes distintos, chegava a 160 mil libras, dos quais apenas 80% foram saldados. Determinou-se que essa soma seria saldada em várias prestações. Ao pagarem a primeira prestação, grande parte dos acionistas abriu uma conta de caixa no banco, e os diretores, sentindo-se obrigados a tratar os próprios acionistas com a mesma liberalidade que dispensavam a todas as outras pessoas, permitiram que muitos deles usassem o empréstimo em conta de caixa para pagar todas as demais prestações. Assim, tais pagamentos apenas faziam entrar num cofre o que no momento anterior havia sido retirado de outro. Mas, ainda que os cofres do banco tivessem, um dia, estado perfeitamente cheios, sua circulação excessiva deve tê-los esvaziado com uma rapidez muito maior do que era possível reabastecê-los por qualquer outra maneira que não fosse o ruinoso expediente de efetuar saques sobre Londres e, no vencimento da letra, pagá-la, juntamente com os devidos juros e comissão, por meio de outra operação de saque sobre a mesma praça. Mas, como os cofres estavam magramente abastecidos, afirma-se que o banco se viu forçado a lançar mão desse recurso poucos meses após o início das operações. As propriedades fundiárias dos acionistas desse banco estavam avaliadas em vários milhões e, em razão da assinatura desses acionistas constante no título ou contrato original do banco, serviam efetivamente de caução para atender a todos os compromissos firmados por estes. Graças ao enorme crédito que essa vultosa garantia necessariamente lhe proporcionava, o banco conseguiu, malgrado sua conduta excessivamente liberal, operar por mais de dois anos. Quando foi obrigado a interromper suas atividades, havia colocado em circulação cerca de 200 mil libras em notas bancárias. Para manter a circulação de tais notas, que continuamente retornavam ao banco com a mesma rapidez com que eram emitidas, o banco conservou a prática de sacar letras de câmbio sobre Londres, cujo número e valor aumentavam constantemente, de modo que, quando encerrou suas operações, atingiam mais de 600 mil libras. Assim, em pouco mais de dois anos de operação esse banco havia adiantado a diversas pessoas mais de 800 mil libras, à taxa de 5%. Com relação às 200 mil libras que circulavam sob a forma de notas bancárias, talvez seja possível considerar que essa taxa de 5% já constitua ganho líquido, sem qualquer outra dedução, a não ser a das despesas administrativas. Porém, sobre as mais de 600 mil libras que a instituição sistematicamente sacava por meio de letras de câmbio sobre Londres, o banco pagava, na forma de juros e comissões, mais de 8%, perdendo, conseqüentemente, mais de 3% sobre uma parcela superior a três quartos do total de suas transações.

As operações desse banco parecem ter produzido efeitos inteiramente opostos aos desejados pelos que o planejaram e dirigiram. Ao que parece, era intenção deles apoiar as iniciativas audaciosas – assim as consideravam de fato – que então estavam sendo conduzidas em diversas regiões do país e, ao mesmo tempo, atrair todas as operações bancárias para si, suplantando os demais bancos escoceses, particularmente os estabelecidos em Edimburgo, cuja relutância em descontar letras de câmbio era motivo de insulto. Não há dúvida de que esse banco prestou um auxílio temporário àqueles empreendedores, permitindo-lhes executar os projetos por cerca de dois anos a mais do que de outro modo poderiam ter suportado. No entanto, com isso somente conseguiu que afundassem em dívidas tamanhas que, quando a ruína sobreveio, atingiu a eles e a seus credores com muito mais intensidade. Portanto, em vez de diminuírem, as operações desse banco a longo prazo agravaram as desgraças que os empresários atraíram para si e para seu país. Teria sido muito melhor, tanto para eles como para seus credores e seu país, se em sua maioria fossem obrigados a interromper suas atividades dois anos antes. Porém, o auxílio temporário que o banco lhes proporcionou revelou-se, na verdade, um alívio real e permanente aos demais bancos escoceses. Com efeito, todos os que negociavam com letras de câmbio circulantes, que esses outros bancos tanto relutavam em descontar, passaram a recorrer ao novo banco, que os recebera de braços abertos. Os bancos mais antigos conseguiram, assim, sair facilmente do círculo fatal, do qual de outro modo não teriam podido se safar, sem incorrer em perdas consideráveis e talvez mesmo em algum grau de descrédito.

No longo prazo, portanto, as operações desse banco aprofundaram a crise real do país que pretendiam remediar, e na verdade aliviaram de uma grande crise precisamente os rivais que desejavam suplantar.

Quando esse banco foi criado, alguns eram de opinião que seria fácil reabastecer os cofres, por mais que se esvaziassem rapidamente, levantando fundos contra as garantias daqueles a quem a instituição havia adiantado seu papel. Creio que a experiência logo os convenceu de que esse método de levantamento de fundos era moroso demais para cumprir os propósitos designados, e que cofres a princípio tão magramente cheios e depois tão rapidamente esvaziados não poderiam ser reabastecidos senão pelo ruinoso expediente dos saques de letras sobre Londres, saques estes pagos, na data de vencimentos, por outros saques sobre a mesma praça, com juros e comissões acumulados. Mas, embora esse método lhes permitisse obter dinheiro da maneira mais rápida possível, provavelmente os fez sofrer uma grande perda, em vez de gerar-lhes lucro a cada operação que realizassem; de modo que, no longo prazo, necessariamente se arruinariam como sociedade mercantil, embora talvez não tão cedo como aconteceria se lançassem mão da dispendiosa prática da reforma de saques. Ainda assim, nada poderiam fazer com os juros do papel que, por exceder aquilo que a circulação do país podia absorver e empregar, voltava ao banco para ser trocado por ouro e prata, com a mesma rapidez com que era emitido, e, para este pagamento, seriam sempre obrigados a tomar dinheiro emprestado. Pelo contrário, a despesa total com esses empréstimos, destinada ao emprego de agentes na busca de pessoas com dinheiro para emprestar, à negociação com essas pessoas, e ao saque do próprio título ou contrato, provavelmente recairia sobre o banco, representando uma perda ainda mais evidente no balanço de suas contas. É possível comparar o projeto de reabastecer os cofres dessa maneira ao projeto de um indivíduo que possuísse um reservatório do qual saísse continuamente uma corrente de água mas no qual nenhuma outra corrente entrasse, e que se propusesse mantê-lo sempre cheio empregando um certo número de pessoas para constantemente levarem baldes a um poço a algumas milhas de distância, a fim de trazerem água para voltar a encher o reservatório.

Mas, ainda que essa operação se mostrasse não apenas viável, como também rentável para o banco considerado como sociedade mercantil, o país não poderia retirar dela nenhum benefício. Pelo contrário, provavelmente sofreria um prejuízo considerável. Essa operação não poderia de fato ter aumentado em nada o volume de dinheiro disponível para a concessão de empréstimos. Somente conseguiria transformar o banco numa espécie de agência de empréstimos para todo o país. Os que desejassem levantar empréstimos necessariamente os solicitariam ao banco, em vez de os solicitarem aos particulares que haviam emprestado dinheiro ao banco. Mas um banco que talvez empreste dinheiro a quinhentas pessoas diferentes, a maior parte das quais os diretores mal conhecem, dificilmente será mais criterioso na escolha de seus devedores do que um indivíduo que empresta seu dinheiro a umas poucas pessoas conhecidas, e em cujos hábitos frugais e sóbrios julga ter boas razões para confiar. Os devedores de um banco como aquele cuja conduta venho descrevendo provavelmente seriam, em sua maior parte, empreendedores quiméricos, adeptos da prática de sacar sucessivamente as letras de câmbio para usar o dinheiro em projetos extravagantes. Mesmo com toda a assistência que recebessem, é possível que esses homens jamais conseguissem realizar seus planos e, ainda que conseguissem, nunca restituiriam o dinheiro que realmente custaram, e nunca gerariam um fundo capaz de manter uma quantidade de trabalho equivalente à que neles se empregou. Por outro lado, é mais provável que os sóbrios e frugais devedores das pessoas privadas empregassem o dinheiro emprestado em empreendimentos sensatos, proporcionais ao seu capital, e que, embora talvez menos grandiosos e maravilhosos, seriam certamente mais sólidos e rentáveis, capazes de restituir, com grande margem de lucro, o que neles fosse investido e de assegurar um fundo suficiente para manter uma quantidade de trabalho muito superior à que efetivamente foi empregada nos projetos. Portanto, o êxito dessa operação, sem aumentar minimamente o capital do país, teria como único resultado transferir dos empreendimentos prudentes e rentáveis para os empreendimentos imprudentes e não lucrativos uma grande parte desse capital.

O célebre Sr. Law considerava que a atividade da Escócia definhava por falta de dinheiro para a empregar. Propunha-se remediar essa falta de dinheiro com a criação de um banco de gênero particular que, de acordo com ele, poderia emitir papéis no valor total das terras do país. Na primeira vez em que ele apresentou seu projeto, o Parlamento escocês não julgou conveniente adotá-lo. No entanto, foi posteriormente adotado, com algumas alterações, pelo duque de Orléans, então regente da França. A idéia de que era possível multiplicar o papel-moeda quase indefinidamente constituiu o fundamento real do chamado projeto do Mississipi, talvez o mais extravagante projeto bancário e de especulação que o mundo jamais viu. O Sr. Du Verney, em seu *Examination of the Political Reflections upon Commerce and Finances of Mr. Du Tot* [Exame dos

Reflexos Políticos sobre o Comércio e as Finanças do Sr. Du Tot], explicou as diferentes operações desse projeto com tantos detalhes, clareza, ordem e precisão, que não me deterei em as descrever aqui. Os princípios sobre os quais se fundava o projeto são explicados pelo próprio Sr. Law, num discurso sobre a moeda e o comércio, que publicou na Escócia, quando apresentou seu projeto pela primeira vez. As idéias esplêndidas, porém visionárias, expostas nesta e em algumas outras obras baseadas sobre princípios idênticos continuam a causar impressão a muitas pessoas, e talvez tenham em parte contribuído para o excesso de transações bancárias de que ultimamente se passou a lamentar, tanto na Escócia como em outros países.

O Banco da Inglaterra é o maior banco de circulação da Europa. Foi fundado, de conformidade a Lei do Parlamento, por uma carta patente do Grande Selo real, datada de 27 de julho de 1694. Naquela época, o banco adiantou ao governo a quantia de 1 milhão e 200 mil libras, por uma anuidade de 100 mil libras, correspondente a £96.000 de juros anuais, à taxa de 8%, e £4.000 por ano para despesas administrativas. Somos levados a crer que o crédito do novo governo, estabelecido pela Revolução*, fosse muito baixo, uma vez que foi obrigado a tomar emprestado a um juro tão elevado.

Em 1697, o banco foi autorizado a aumentar seu capital por emissão de ações no valor de £1.001.171 10s. Seu capital total passou então a alcançar £2.201.171 10s. Afirma-se que a finalidade dessa emissão era apoiar o crédito público. Em 1696, os juros entre particulares chegaram a 40%, 50% ou 60%, e as notas bancárias pagavam 20%[3].

---

* A Revolução aludida por Smith é a de 1689, a chamada Revolução Gloriosa. O "novo governo", cujos soberanos são Guilherme III e Maria I, marca o fim da era Stuart na Inglarerra e tem seu poder limitado por uma Declaração de Direitos (*Bill of Rights*). (N. R. T.)

3. Ver a *History of the Public Revenue* (História da Receita Pública]), de James Postlethwaite, p. 301.

Durante a grande reforma da moeda de prata, realizada naquela época, o banco julgara apropriado interromper o pagamento das respectivas notas, o que necessariamente provocou o descrédito delas.

Em conformidade com a legislação do 7º ano de reinado de Ana, Capítulo 7, o banco adiantou e pagou ao Tesouro a quantia de £400.000, passando a totalizar £1.600.000 a soma que havia sido adiantada ao governo contra a anuidade original de £96.000 correspondente a juros e £4.000 pelas despesas administrativas. Assim, em 1708 o crédito do governo era tão bom como o dos particulares, uma vez que ele podia tomar empréstimos a 6% de juros, taxa legal e de mercado naquela época. Em conformidade com a mesma Lei, o banco cancelou letras do Tesouro no valor de £1.775.027 17s 10½ d, a juros de 6%, e ao mesmo tempo obteve autorização para aceitar subscrições com a finalidade de dobrar o seu capital. Assim, em 1708 o capital do banco chegava a mais de £4.402.343, e havia adiantado ao governo a quantia de £3.375.027 17s 10½ d.

Por um novo aumento de 15% em 1709, mais £656.204 1s. 9d. foram pagas e integradas ao capital do banco e por um outro aumento de 10% em 1710, mais £501.448 12s 11d. Em conseqüência desses dois aportes, o capital do banco alcançou, portanto, o montante de £5.559.995 14s 8d.

Por força de Lei do Parlamento baixada no 3º ano de reinado de Jorge I, Capítulo 8, o banco entregou 2 milhões de libras em letras do Tesouro para serem canceladas. Assim, havia adiantado ao governo, então, £5.375.027 17s 10d. Por força de Lei do Parlamento baixada no 8º ano de reinado de Jorge I, Capítulo 21, o banco adquiriu ações da Companhia dos Mares do Sul no montante de 4 milhões de libras e, em 1722, em conseqüência das subscrições a que foi levado para possibilitar essa compra, seu capital aumentou em 3,4 milhões de libras. Nessa época, portanto, o banco havia adiantado ao público £9.375.027 17s 10½d, e seu capital representava apenas £8.959.995 14s 8d. Foi nessa ocasião que pela primeira vez a quantia que o banco havia adiantado ao Estado e pela qual recebia juros começou a exceder seu capital, ou seja, a soma pela qual eram pagos dividendos aos proprietários do capital do banco; em outras palavras, foi então que o banco começou a ter uma parte do capital não dividida, superior à sua parcela em ações. Desde então, passou a ter sempre um capital não dividido do mesmo tipo. Em 1746, o banco havia, em diferentes ocasiões, adiantado ao Estado o montante de £11.686.800, e o seu capital em ações por diversos aportes e subscrições ascendia a £10.780.000. Desde então, a situação dessas duas contas permaneceu a mesma. Por força de Lei do Parlamento do 4º ano de reinado de Jorge III, Capítulo 25, o banco concordou em pagar ao governo o montante de 110 mil libras pela renovação de sua carta patente, sem juros ou reembolso. Por conseguinte, essa soma não aumentou nenhuma dessas duas outras quantias.

Os dividendos pagos pelo banco têm variado segundo as variações da taxa de juro que, em diferentes momentos, vem recebendo pelo dinheiro adiantado ao Estado, assim como por causa de outras circunstâncias. Essa taxa de juro se vem reduzindo gradualmente de 8% para 3%. Por alguns anos os dividendos do banco têm sido de 5,5%.

A estabilidade do Banco da Inglaterra é idêntica à do governo britânico. É necessário que se perca tudo o que o banco adiantou ao público antes que os seus credores possam sofrer algum prejuízo. Nenhuma outra sociedade bancária na Inglaterra pode ser fundada por Lei do Parlamento, ou pode ter mais de seis acionistas. O banco atua não apenas como um banco comum, mas como uma grande máquina estatal. Recebe e paga a maior parte das anuidades devidas aos credores do Estado, põe em circulação letras do Tesouro e adianta ao governo o montante anual do imposto territorial e do imposto sobre o malte, que freqüentemente só são liquidados depois de alguns anos. Ao realizar essas diferentes operações, às vezes suas obrigações para com o público podem tê-lo obrigado, sem que isso ocorra por culpa dos diretores, a exagerar a circulação de papel-moeda. Também desconta letras comerciais, e em muitas ocasiões teve de dar suporte ao crédito das principais casas, não só da Inglaterra como também da Holanda e de Hamburgo. Comenta-se que numa dessas ocasiões, no ano de 1763, a instituição adiantou, numa única semana, cerca de £1.6 milhão para esse fim, grande parte em barras de ouro. Não me atrevo a assegurar, todavia, nem que o adiantamento tenha alcançado tal soma, nem que o prazo tenha sido tão curto. Noutras ocasiões, essa grande instituição tem sido compelida a pagar em moedas de 6 pence.

Não é aumentando o capital do país, mas tornando ativa e produtiva uma parcela maior dele, que as mais criteriosas operações bancárias permitem desenvolver a atividade do país. A parte de seu capital que o comerciante é obrigado a manter consigo, inativa, e com pronta liquidez para atender às demandas ocasionais, constitui um estéril e, enquanto permanecer assim, nada produz, nem para ele, nem para o país. São as operações bancárias efetuadas com o devido critério que permitem ao banco converter esse capital estéril em capital ativo e produtivo: em matérias-primas, instrumentos, provisões e bens de subsistência para manutenção da mão-de-obra, ou seja, em capital que produz alguma coisa, tanto para ele como para o país. Também a moeda de ouro e prata que circula num país, e por meio da qual se faz circular e distribuir anualmente a produção da terra e do trabalho entre os devidos consumidores, constitui, tal como o dinheiro líquido que o agente financeiro conserva, um capital. Trata-se de uma parcela bastante valiosa do capital do país, e que, no entanto, nada produz a ele. Ao substituírem uma grande parte desse ouro e prata por papel, as operações bancárias realizadas criteriosamente permitem que o país converta uma considerável parte desse capital estéril em capital ativo e produtivo, ou seja, num capital que produz algo para o país. É possível comparar, com muita propriedade, a moeda de ouro e prata que circula num país a uma estrada que, embora permita a circulação e o transporte para o mercado de toda a forragem e todo o trigo do país, em nada contribui para essa produção. As operações bancárias criteriosas, ao proporcionarem uma espécie de trilha aérea – se me permitem uma metáfora tão forçada –, tornam ao país possível converter, por assim dizer, uma grande parte das estradas que o percorrem em pastagens e campos de trigo, e com isso aumentam, de forma bastante considerável, a produção anual das terras e do trabalho. No entanto, é forçoso admitir que, embora o comércio e a atividade do país possam ser um pouco ampliados, nunca poderão estar em tão perfeita segurança quando se acham suspensos, por assim dizer, nas asas de Dédalo do papel-moeda, como no tempo em que trilhavam o solo firme da moeda de ouro e prata. Além dos acidentes a que se expõem pela inabilidade dos que administram esse papel-moeda, sujeitam-se ainda a muitos outros, dos quais nenhuma prudência ou habilidade desses administradores pode protegê-los.

Por exemplo, uma guerra malsucedida, em que o inimigo tomasse posse da capital e, conseqüentemente, do tesouro que sustenta o crédito do papel-moeda, provocaria uma perturbação muito maior num país onde toda a circulação fosse realizada por meio desse papel, do que num outro país onde a maior parte da circulação se efetuasse por intermédio do ouro e da prata. No momento em que o instrumento usual do comércio perdesse seu valor, não seria mais possível efetuar nenhuma troca, senão por escambo ou a crédito. Uma vez que todos os impostos teriam naturalmente sido pagos em papel-moeda, o príncipe não disporia de recursos quer para pagar o soldo de suas tropas, quer para abastecer os armazéns de munição; e a situação do país se tornaria quase irrecuperável, muito mais grave do que se a maior parte da circulação fosse constituída por ouro e prata. Por isso, um príncipe que se preocupe em sempre conservar seus domínios numa situação que seja mais fácil defendê-los deve se precaver não apenas contra a excessiva multiplicação de papel-moeda que arruína os próprios bancos que o emitem, mas também contra a multiplicação de papel-moeda que permite aos bancos realizar com ele a maior parte da circulação do país.

É possível considerar que a circulação de um país se divide em dois ramos distintos: a circulação entre comerciantes, e a circulação entre os comerciantes e os consumidores. Embora as mesmas unidades de dinheiro em papel ou em metal possam às vezes ser empregadas ora numa circulação, ora na outra, como as duas se realizam constante e simultaneamente, cada uma delas exige um certo estoque de moedas, de qualquer espécie, para se efetuar. O valor dos bens que circulam entre os diferentes comerciantes nunca pode exceder o valor dos que circulam entre os comerciantes e os consumidores, pois tudo o que é comprado pelos comerciantes se destina, em última análise, à venda aos consumidores. A circulação entre comerciantes, como se faz no atacado, em geral exige somas bastante elevadas para cada transação. Ao contrário, a circulação entre comerciantes e consumidores, como geralmente é realizada a varejo, com freqüência exige somente quantias bem pequenas, sendo muitas vezes suficiente 1 shilling, ou mesmo ½ penny. Mas as pequenas quantias circulam muito mais depressa do que as somas elevadas. Um shilling muda mais freqüentemente de dono que 1 guinéu, e ½ penny mais freqüentemente do que 1 shilling. Assim, embora o valor total das compras anualmente feita por todos os consumidores seja, pelo menos, equivalente ao valor das compras realizadas pelos comerciantes, geralmente aquelas exigem um volume de dinheiro muito menor, já que, por causa da maior rapidez de circulação, as mesmas peças servem de instrumento a um número de compras muito maior num caso do que no outro.

É possível regular a emissão de papel-moeda, limitando-o, basicamente, à circulação entre os diferentes comerciantes ou estendendo seu uso, por outro lado, à maior parte da circulação que se dá entre comerciantes e consumidores. Nos lugares em que não circulam cédulas de valor inferior a 10 libras, como em Londres, o papel-moeda se limita basicamente à circulação entre comerciantes. Quando uma nota bancária de 10 libras cai nas mãos de um consumidor, geralmente necessita trocá-la na primeira loja onde tenha de comprar mercadorias no valor de 5 shillings. Desse modo, freqüentemente a nota de 10 libras retorna às mãos do comerciante antes que o consumidor gaste a quadragésima parte do dinheiro. Nos lugares em que se emitem cédulas de valores tão baixos como 20 shillings, como na Escócia, o papel-moeda abrange uma parte considerável da circulação que se dá entre comerciantes e consumidores. Antes da Lei do Parlamento que pôs fim à circulação de cédulas de 5 e 10 shillings, o papel-moeda respondia pela maior parte da circulação entre comerciantes e consumidores. No caso das moedas em circulação na América do Norte, o papel era comumente emitido em valores tão reduzidos como 1 shilling, e abrangia quase a totalidade dessa circulação. No condado de York, chegaram a ser emitidas cédulas de valores tão insignificantes como 6 pence.

Nos lugares onde seja autorizada e praticada a emissão de notas bancárias de valores tão reduzidos, faculta-se e até mesmo se encoraja a muitas pessoas de condição mesquinha tornarem-se banqueiros. Um indivíduo cuja nota promissória de 5 libras ou até de 20 shillings seria rejeitada por todos conseguirá que a recebam sem dificuldade mesmo quando a emitir em valores tão reduzidos como 6 pence. Mas as freqüentes falências a que esses miseráveis banqueiros estão sujeitos podem provocar um imenso inconveniente e, algumas vezes, até uma grande calamidade para as pessoas pobres que tenham recebido em pagamento suas notas.

Talvez fosse melhor que, em nenhuma parte do reino, fossem emitidas cédulas de valor inferior a 5 libras. Nesse caso, é provável que o papel-moeda se restringisse, em todos os lugares do reino, à circulação entre os vários comerciantes, tal como ocorre atualmente em Londres, onde não se emite nenhuma nota bancária de valor inferior a 10 libras. De fato, embora na maior parte do reino 5 libras representem um valor que talvez não permita comprar muito mais do que a metade dos bens que podem ser adquiridos com 10 libras em Londres, trata-se de um valor tão considerado e tão raramente despendido, como 10 libras em meio à profusão de gastos de Londres.

Deve-se observar que, nos lugares onde o papel-moeda está quase completamente restrito à circulação entre comerciantes, como em Londres, sempre existe abundância de ouro e prata. Nos lugares onde o papel-moeda abrange uma parcela significativa da circulação que se faz entre negociantes e consumidores, como na Escócia e, em maior grau, na América do Norte, acaba por banir, quase inteiramente, o ouro e a prata do país, já que quase todas as transações ordinárias de seu comércio interno são realizadas por esse papel. A supressão das cédulas de 5 e 10 shillings diminuiu um pouco a escassez de ouro e prata na Escócia, e provavelmente a supressão das cédulas de 20 shillings a diminuiria muito mais. Afirma-se que esses metais se tornaram mais abundantes na América após a supressão de algumas das cédulas que aí circulavam. Afirma-se ainda que esses metais eram mais abundantes antes da instituição desse meio circulante.

Embora o papel-moeda ficasse muito mais restrito à circulação entre os próprios comerciantes, os bancos e banqueiros continuariam a ter condições de prestar quase o mesmo apoio à atividade econômica e ao comércio do país que prestavam quando o papel-moeda preenchia quase a totalidade de sua circulação. O dinheiro líquido que cada comerciante tem de manter consigo para atender a pedidos ocasionais de pagamento se destina inteiramente à circulação entre ele e outros comerciantes de quem compra mercadorias. Não é necessário que mantenha consigo uma quantia destinada à circulação entre ele e os consumidores, que são seus clientes e que lhe entregam dinheiro líquido, em vez de tomar dele qualquer soma. Assim, embora se autorizasse a emissão de papel-moeda unicamente em valores tais que praticamente o confinassem à circulação entre comerciantes, os bancos e banqueiros, quer pelo desconto de letras de câmbio reais, quer pela concessão de crédito mediante contas a descoberto, teriam ainda condições de livrar a maior parte desses comerciantes da necessidade de conservar uma parte considerável de seu capital sob a forma de dinheiro ocioso e líquido, para atender aos pedidos ocasionais de pagamento. Ainda poderiam ter condições de prestar a máxima ajuda que os bancos e banqueiros podem, com justeza, prestar a comerciantes de todas as espécies.

Pode-se dizer que impedir os particulares de receber em pagamento as notas promissórias de um banqueiro, seja de que valor forem, grande ou pequeno, quando eles próprios estão dispostos a recebê-las, ou impedir um banqueiro de emitir tais notas, quando todos os seus vizinhos estão dispostos a aceitá-las, constitui manifesta violação da liberdade natural que a própria lei tem por obrigação não infringir, mas sustentar*. Sem dúvida, sob alguns aspectos é possível considerar essas regulamentações como violação da liberdade natural. Mas as leis de todos os governos, dos mais livres aos mais despóticos, impedem, ou deveriam impedir, o exercício da liberdade natural de alguns poucos in-

---

* Nessa frase e nas duas seguintes, Smith enuncia um dos princípios centrais do liberalismo, a saber, de que a liberdade entre os homens é natural, e a lei civil – expressão da vontade racional da comunidade política – tem o dever de protegê-la. Liberdade natural se identifica, portanto, a direito inalienável do indivíduo, ao passo que a lei civil é concebida como dever do Estado. Por outro lado, é preciso evitar que apenas um indivíduo ou um único grupo exerçam seus direitos naturais, ou do contrário esses direitos perdem seu caráter positivo e passam ao domínio do arbítrio, seja do tirano, seja de outros homens que não são racionais. (N. R. T.)

divíduos capazes de pôr em perigo a segurança de toda a sociedade. Assim, a obrigação de erguer paredes-meias para impedir o alastramento de um incêndio constitui uma violação da liberdade natural idêntica às regulamentações da atividade bancária aqui propostas.

O papel-moeda constituído por notas bancárias emitidas por pessoas de crédito inquestionável, pagáveis à vista, sem qualquer outra condição, e efetivamente sempre pagas quando apresentadas, possui, em todos os aspectos, o mesmo valor da moeda de ouro e prata, na medida em que é possível convertê-lo em moedas de ouro e prata a qualquer momento. Tudo o que se compre ou venda com tal papel é necessariamente comprado ou vendido exatamente pelo preço que teria se a troca se realizasse em ouro e prata.

É comum afirmar que o aumento do uso do papel-moeda, por aumentar o total de moeda e conseqüentemente reduzir seu valor, necessariamente eleva o preço em dinheiro das mercadorias. Mas, como a quantidade de ouro e prata que se retira da circulação monetária é sempre equivalente à quantidade de papel que se acrescenta a essa circulação, o papel-moeda não aumenta, necessariamente, a quantidade total de moeda em circulação. Na Escócia, desde o início do século passado até agora, as provisões nunca foram tão baratas como em 1759, embora, por causa da circulação de cédulas de 10 e 5 shillings, existisse então nesse país mais papel-moeda do que existe atualmente. A proporção entre o preço das provisões na Escócia e na Inglaterra mantém-se hoje igual à que se verificava antes da grande multiplicação das instituições bancárias na Escócia. Em geral, o trigo é tão barato na Inglaterra como na França, ainda que exista uma grande quantidade de papel-moeda na Inglaterra, e praticamente nenhuma na França. Em 1751 e 1752, quando o Sr. Hume publicou seus *Discursos políticos*, e logo após a grande proliferação de papel-moeda na Escócia, houve um aumento bastante significativo no preço das provisões, possivelmente em virtude das más safras, e não da proliferação de papel-moeda.

É certo que tudo seria muito diferente se o papel-moeda fosse constituído quer por notas promissórias cujo pagamento imediato dependesse, sob qualquer aspecto, ou da boa vontade dos que as emitiram, ou de uma condição que nem sempre o portador das notas pudesse cumprir; quer por notas promissórias cujo pagamento só fosse exigível após alguns anos, sem que nesse ínterim rendessem algum juro. Não resta dúvida de que esse papel teria um valor inferior ao do ouro e da prata, segundo fosse maior ou menor a suposta dificuldade ou incerteza de obter pagamento imediato, ou segundo fosse maior ou menor o prazo em que o pagamento fosse exigível.

Há alguns anos, as diversas sociedades bancárias da Escócia adotaram a prática de incluir em suas notas o que chamavam de Cláusula Opcional, mediante a qual prometiam pagamento ao portador tão logo a nota fosse apresentada, ou, por opção dos diretores, somente seis meses após essa apresentação, acrescentando a ela, nesse caso, juros legais correspondentes a seis meses. Os diretores de alguns bancos às vezes tiravam vantagem dessa cláusula opcional e às vezes ameaçavam utilizá-las contra os que exigissem a conversão de ouro e prata de um considerável número de suas notas, a menos que se contentassem apenas com uma parte do que inicialmente tinham em mente. Na época, as notas promissórias desses bancos constituíam, de longe, a maior parte da moeda em circulação na Escócia, e essa incerteza quanto ao pagamento necessariamente as degradou, pondo-as abaixo do valor das moedas de ouro e prata. Durante o período em que esse abuso continuou (principalmente em 1762, 1763 e 1764), enquanto havia paridade de câmbio entre Londres e Carlisle, entre Londres e Dumfries o câmbio apresentava uma defasagem de 4% em relação a Dumfries, embora essa cidade esteja situada a menos de trinta milhas de Carlisle. É que em Carlisle as letras eram pagas em ouro e prata, ao passo que em Dumfries eram pagas em notas de bancos escoceses, e a incerteza de conseguir converter essas notas em moedas de ouro e prata acabou por depreciá-las em 4% com relação ao valor da moeda. A mesma Lei do Parlamento que suprimiu as cédulas de 10 e 5 shillings suprimiu também essa cláusula opcional, revertendo, assim, o câmbio entre a Inglaterra e a Escócia à sua taxa natural, ou seja, ao que o curso dos negócios e transferências entre os dois países permitia.

No caso dos papéis-moeda do condado de York, o pagamento de uma quantia tão reduzida como 6 pence às vezes dependia da condição de o portador da nota levar, à pessoa que havia emitido, a nota troco para 1 guinéu, condição esta que os portadores das notas raramente conseguiam cumprir, o que deve ter desvalorizado esse meio de circulação abaixo do valor da moeda de ouro e prata. Uma Lei do Parlamento determinou que todas essas cláusulas eram ilegais e suprimiu, tal como na Escócia, todas as notas promissórias pagáveis ao portador de valor inferior a 20 shillings.

O papel-moeda da América do Norte era composto não por notas bancárias pagáveis à vista e ao portador, mas por papel do governo cujo pagamento somente se tornava exigível alguns anos após a sua emissão. E, embora os governos da Colônia não pagassem juros aos portadores desses papéis, determinavam que fosse, e de fato era, um meio legal de pagamento, no valor integral que possuía quando de sua emissão. Mas, admitindo-se que o lastro da Colônia fosse perfeitamente seguro, 100 libras pagáveis em quinze anos, por exemplo, num país onde a taxa de juros é de 6%, equivalem a pouco mais de 40 libras de dinheiro à vista. Por isso, obrigar um credor a aceitá-las como pagamento integral de uma dívida de 100 libras, efetivamente pagas em dinheiro à vista, constituía um ato tão escandaloso de injustiça que talvez dificilmente tenha sido tentado pelo governo de algum outro país que se pretenda livre. Essa medida mostra evidentes indícios de ter sido originalmente o que o honesto e franco Dr. Douglas nos assegura que esse sistema realmente foi: um esquema forjado por devedores fraudulentos para enganar seus credores. De fato, o governo da Pensilvânia pretendeu, ao fazer sua primeira emissão de papel-moeda, em 1722, dar a esses papéis o mesmo valor das moedas de ouro e prata, determinando punições a todos os que estabelecessem alguma diferença entre o preço de suas mercadorias quando vendidas por papéis da Colônia e o preço delas quando vendidas por moedas de ouro e prata – regulamentação esta igualmente tirânica, mas muito menos efetiva do que aquela a que pretendia dar sustentação. Uma lei positiva pode tornar 1 shilling o equivalente legal de 1 guinéu, pois pode orientar as cortes de justiça a absolver o devedor que assim saldou suas dívidas. Mas nenhuma lei positiva pode obrigar uma pessoa que tem mercadorias para vender, e que é livre para as vender ou não, conforme queira, a aceitar 1 shilling como equivalente a 1 guinéu. Apesar de todas as leis desse gênero, verificou-se nas operações de câmbio com a Grã-Bretanha que ocasionalmente, em algumas colônias, 100 libras esterlinas eram consideradas equivalentes a 130 libras, enquanto em outras chegavam a atingir o valor de 1.100 libras em dinheiro circulante. Essa diferença do valor era causada pelas diferentes quantidades de papéis emitidas nas diversas colônias, bem como pelo prazo de pagamento e pela probabilidade do termo de sua quitação e resgates finais.

Portanto, nenhuma lei poderia ser mais justa do que a Lei do Parlamento – tão injustamente criticada nas Colônias – mediante a qual ficava declarado que nenhum papel-moeda que viesse no futuro a ser emitido nas Colônias poderia constituir meio legal de pagamento.

A Pensilvânia sempre se revelou mais moderada em suas emissões de papel-moeda do que qualquer outra de nossas colônias. Por isso se afirma que o valor de seu papel-moeda nunca foi inferior ao valor do ouro e da prata corrente na Colônia antes da primeira emissão de papel-moeda. Antes dessa emissão, a Colônia havia elevado a denominação de sua moeda, determinando, por decisão da assembléia, que 5 shillings esterlinos passassem a valer na Colônia 6 libras e 3 pence e, mais tarde, 6 libras e 8 pence. Desse modo, o valor de 1 libra na moeda da Colônia era, mesmo quando essa moeda fosse de ouro e prata, mais de 30% inferior ao valor da libra esterlina. E, quando essa moeda foi convertida em papel, raramente seu valor foi mais de 30% inferior a tal valor. O pretexto para elevar a denominação da moeda foi o de impedir a exportação de ouro e prata, fazendo que iguais quantidades desses metais valessem mais na Colônia do que na metrópole. Descobriu-se, entretanto, que o preço de todas as mercadorias provenientes da metrópole elevou-se exatamente na proporção em que a Colônia elevou a denominação de sua moeda, de modo que seu ouro e prata eram exportados com a mesma rapidez de sempre.

O fato de ser aceito no pagamento das taxas provinciais, pelo valor integral da emissão, necessariamente contribuiu para que o papel-moeda adquirisse um valor adicional, superior ao que teria atingido em razão do prazo real ou suposto de seu resgate e quitação finais. Esse valor adicional era maior ou menor, conforme a quantidade de papel emitido fosse mais ou menos superior à que se podia empregar no pagamento dos tributos de cada colônia que o emitisse. Em todas as colônias, a quantidade emitida era muito superior à que podia ser assim empregada.

Desse modo, um príncipe que determinasse que uma certa parte de seus tributos fosse paga em papel-moeda de um tipo específico podia conferir um determinado valor a esse papel-moeda, mesmo que o prazo de seu resgate e quitação finais dependesse inteiramente da vontade do príncipe. Se o banco que emitia tal papel tivesse o cuidado de conservar a quantidade dele sempre um pouco abaixo do que podia ser facilmente empregado dessa maneira, a demanda desse papel-moeda poderia ser tal que gerasse ágio, ou seja, que fosse vendido no mercado por um valor um pouco superior ao valor da quantidade de moedas de ouro e prata por que foi emitido. Algumas pessoas explicam desse modo o chamado ágio do banco de Amsterdam, isto é, a superioridade da moeda bancária sobre a moeda corrente, embora essa moeda bancária não possa, como afirmam, ser retirada do banco à vontade do proprietário. É preciso pagar a maioria das letras de câmbio estrangeiras em moeda bancária, ou seja, por meio de uma transferência nos livros do banco, e se afirma que os diretores do banco têm o cuidado de manter a quantidade total de moeda bancária sempre um pouco abaixo da demanda criada por esse uso. É por essa razão, dizem eles, que a moeda desse banco é vendida acima da paridade, com um ágio de 4% ou 5% acima da mesma quantia nominal de dinheiro circulante em ouro e prata do país. Como se verá a seguir, no entanto, essa versão do banco de Amsterdam é em grande medida quimérica.

O papel-moeda cujo valor venha a estar abaixo do valor da moeda de ouro e prata não leva, por isso, à redução do valor dos metais, ou seja, a que iguais quantidades desses metais sejam trocadas por uma quantidade menor de mercadorias de qualquer outro gênero. Em todos os casos, a proporção entre o valor do ouro e da prata e o valor das mercadorias de qualquer outro gênero depende não da natureza ou quantidade de determinado papel-moeda, corrente num certo país, mas da fecundidade ou esterilidade das minas que no momento abastecem o grande mercado do mundo comercial desses metais. Depende da proporção entre a quantidade de trabalho necessária para levar uma certa quantidade de ouro e prata ao mercado e a que é necessária para levar até lá uma certa quantidade de qualquer outra sorte de mercadorias.

Se os banqueiros forem impedidos de emitir qualquer nota bancária circulante, ou notas pagáveis ao portador, por valores inferiores a uma certa quantia, e se forem submetidos à obrigação de pagamento imediato e incondicional de tais notas bancárias tão logo sejam apresentadas, sua atividade se conserva, em todos os outros aspectos, perfeitamente livre, sem prejuízo à segurança do público. A recente multiplicação de instituições bancárias, tanto na Inglaterra como na Escócia – evento que tem assustado muita gente –, aumenta, ao invés de diminuir, a segurança do público. Obriga todos os bancos a manter uma conduta mais reservada, e, impedindo a emissão de moedas além da proporção devida com os fundos correspondentes, a precaver-se contra as maliciosas corridas que a rivalidade de tantos concorrentes sempre pode provocar. Essa multiplicação limita a circulação de cada banco a um círculo mais estreito, reduzindo o número de notas em circulação. Ao se dividir a circulação total entre um maior número de partes, a falência de um certo banco, acidente que no curso das coisas às vezes terá necessariamente de acontecer, passa a ter conseqüências menos graves para o público. Além disso, a livre concorrência obriga todos os banqueiros a serem mais liberais em suas transações com os clientes, sob pena de os perderem para os rivais. Em geral, para todo ramo de atividade ou toda divisão do trabalho que seja vantajosa ao público, tanto mais livre e geral é a concorrência, tanto maior será a vantagem.

CAPÍTULO 3

Da acumulação de capital, ou do trabalho produtivo e improdutivo

Existe um tipo de trabalho que acrescenta algo ao valor dos objetos sobre os quais se aplica, e existe um outro tipo que não tem tal efeito. Por produzir um valor, é possível chamar o primeiro de trabalho produtivo; ao último, de improdutivo[4]. Assim, o trabalho de um empregado de manufatura geralmente acrescenta, ao valor das matérias-primas às quais se aplica, o valor de sua própria manutenção, e o do lucro de seu patrão. O trabalho de um criado, ao contrário, nada acrescenta ao valor de qualquer coisa. Embora o empregado de manufaturas tenha os salários adiantados pelo patrão, ele, na verdade, não implica nenhum custo ao patrão, na medida em que o valor dos salários é geralmente reposto, juntamente com um lucro, na forma de um valor acrescido ao objeto sobre o qual o seu trabalho se aplica. Mas a manutenção de um criado nunca é reposta. Um homem enriquece empregando inúmeros manufatores; empobrece mantendo uma multidão de criados.

No entanto, não deixa de ter valor o trabalho dos criados, que fazem por merecer sua remuneração, tal como os empregados de manufaturas. Mas o trabalho destes fixa-se e

---

4. Alguns autores franceses de grande erudição e engenho usaram essas palavras num sentido distinto. No último capítulo do Livro IV, procurarei mostrar que esse sentido é impróprio.

se realiza num objeto particular ou mercadoria vendável, que perdura, pelo menos, durante algum tempo após o término do trabalho. Trata-se, por assim dizer, de uma certa quantidade de trabalho estocada ou armazenada para, se necessário, ser empregada em alguma outra ocasião. Esse objeto, ou, o que vem a ser o mesmo, o preço desse objeto, pode posteriormente, se necessário, colocar em movimento uma quantidade de trabalho igual à que originalmente o produziu. O trabalho de um criado, ao contrário, não se fixa ou realiza em qualquer objeto particular ou mercadoria vendável. Em geral seus serviços perecem no exato instante em que são executados e raramente deixam atrás de si qualquer rastro ou valor com o qual se torne possível posteriormente obter uma igual quantidade de serviço.

Assim como o trabalho dos criados, o trabalho de algumas das mais respeitáveis classes sociais também é incapaz de produzir algum valor, não se fixando ou realizando em qualquer objeto permanente ou mercadoria vendável, que perdure após o término desse trabalho e permita adquirir, mais tarde, uma igual quantidade de trabalho. Por exemplo, o soberano, juntamente com todos os oficiais de justiça e da guerra que lhe servem, todo o exército e toda a marinha, são trabalhadores improdutivos. São servidores do público, e é uma parte da produção anual do trabalho de outras pessoas que os mantém. Por mais honrosos, úteis e necessários que sejam, seus serviços não produzem nada que permita posteriormente obter uma igual quantidade do mesmo serviço. A proteção, segurança e defesa da república, efeitos do trabalho desse ano, não permitirão comprar sua proteção, segurança e defesa no ano seguinte. É preciso incluir na mesma classe algumas das mais sérias e importantes profissões, assim como algumas das mais frívolas: sacerdotes, advogados, médicos e todos os gêneros de letrados; atores, bufões, músicos, cantores de ópera, dançarinos etc. O trabalho dos mais insignificantes membros dessas profissões tem um certo valor, regulado exatamente pelos mesmos princípios que regulam o valor de qualquer outra espécie de trabalho. O mesmo é válido com relação ao trabalho das profissões mais nobres e úteis, trabalho incapaz de produzir algo que permita posteriormente comprar ou obter uma igual quantidade de trabalho. Como a declamação do ator, o arenga do orador, ou a melodia do músico, o trabalho de todas essas profissões perece no instante mesmo de sua produção.

Tanto os trabalhadores produtivos como os improdutivos, e ainda todos os que absolutamente não trabalham, são igualmente mantidos pela produção anual da terra e trabalho do país. Por maior que seja essa produção, nunca será infinita, tem certos limites. Assim, conforme seja maior ou menor a parte dessa produção que, num dado ano, é empregada na manutenção de trabalhadores improdutivos, tanto menor, no primeiro caso, ou tanto menor, no segundo, será a parte que cabe aos trabalhadores produtivos e tanto menor ou maior será também a produção do ano seguinte, uma vez que, se excetuarmos os produtos espontâneos da terra, a totalidade da produção anual é resultado do trabalho produtivo.

Embora, em última análise, a produção total anual da terra e do trabalho de um país se destine, indubitavelmente, a suprir o consumo de seus habitantes e a proporcionar-lhes um rendimento, quando é retirada primeiramente do solo ou das mãos de trabalhadores produtivos naturalmente se divide em duas partes. Uma delas, com freqüência a maior, destina-se, em primeiro lugar, a repor o capital, ou seja, a renovar as provisões, as matérias-primas e o produto acabado que haviam sido subtraídos ao capital; a outra destina-se a constituir um rendimento, quer para o detentor desse capital, correspondendo ao respectivo lucro, quer para alguma outra pessoa, correspondendo à de renda da terra. Desse modo, uma parte da produção da terra repõe o capital investido pelo arrendatário, a outra paga seu lucro e a renda do proprietário das terras, constituindo, assim, um rendimento tanto para o detentor desse capital, sob a forma de lucros, como para alguma outra pessoa, sob a forma de renda da terra. Analogamente, uma parte do produto de uma grande manufatura, neste caso sempre a maior, repõe o capital do empresário, enquanto a outra parte paga o lucro que lhe cabe, constituindo assim um rendimento para o detentor desse capital.

A parte da produção anual da terra e do trabalho de um país cuja finalidade é repor o capital nunca é imediatamente empregada, a não ser para a manutenção da mão-de-obra produtiva. Paga unicamente os salários do trabalho produtivo. A parte que se destina imediatamente a constituir uma renda, seja sob a forma de lucros, seja sob a forma de renda, pode manter indiferentemente trabalhadores produtivos ou improdutivos.

Seja qual for a parte de seu estoque de riquezas que um homem empregue como capital, sempre espera que lhe seja reposta com lucro. Emprega-a, portanto, na manutenção apenas de trabalhadores produtivos e, após servir-lhe como capital, essa parte constitui um rendimento para os trabalhadores. Sempre que emprega qualquer parte desse estoque de riquezas para manter trabalhadores improdutivos de qualquer espécie, essa parte é, a partir desse momento, retirada de seu capital e alocada no estoque de riquezas reservado para consumo imediato.

Tanto os trabalhadores improdutivos como os indivíduos que absolutamente não trabalham são mantidos por uma renda, que consiste, primeiramente, quer na parte da produção anual originalmente destinada a constituir um rendimento para determinadas pessoas, seja como renda da terra, seja como lucros do capital; quer, em segundo lugar, na parte que, embora originalmente destinada a repor o capital e manter apenas trabalhadores produtivos, quando chega às suas mãos, toda parte dela que exceda o necessário à sua subsistência passa a ser empregada indiferentemente na manutenção de trabalhadores produtivos ou improdutivos. Então, não apenas o grande proprietário de terras ou o rico comerciante, mas até mesmo o trabalhador comum tem condições de manter um criado, desde que seus salários sejam consideráveis; ou pode, de vez em quando, assistir a uma peça de teatro ou a um espetáculo de fantoches, contribuindo assim com sua parcela para manter um grupo de trabalhadores improdutivos; ou então pode pagar alguns impostos e desse modo contribuir para manter um outro grupo de trabalhadores, mais honrados e úteis, mas de fato igualmente improdutivos. Todavia, nenhuma parte da produção anual que originalmente se havia destinado a repor um capital jamais é direcionada para a manutenção de trabalhadores improdutivos antes que tenha posto em movimento todo o conjunto de trabalho produtivo que lhe cabe, ou seja, tudo o que, pela forma como foi empregada, podia pôr em movimento. Antes de poder empregar qualquer parcela de seus salários dessa maneira, é preciso que o trabalhador tenha ganho seus salários por produto acabado. Deve-se acrescentar que, geralmente, essa parcela é bastante pequena. Diz respeito apenas ao rendimento excedente que, no caso dos trabalhadores produtivos, representa muito pouco. Entretanto, em geral dispõem de algum rendimento e, no pagamento de tributos, o grande número de contribuintes pode compensar, em alguma medida, a pequenez de sua contribuição. Em todos os lugares, a renda da terra e os lucros do capital são, portanto, as principais fontes de que deriva a subsistência dos trabalhadores improdutivos. Essas são as duas espécies de renda que geralmente os proprietários costumam ter à disposição para gastar. Com essas rendas, têm condições de manter indiferentemente trabalhadores produtivos ou improdutivos. Parecem, no entanto, ter alguma predileção pelo segundo grupo. De modo geral, a despesa de um eminente nobre permite alimentar mais pessoas ociosas do que as que trabalham. Embora o capital do comerciante rico mantenha exclusivamente trabalhadores produtivos, sua despesa, isto é, o emprego de sua renda, normalmente permite alimentar a mesma espécie de gente mantida pelo eminente nobre.

Portanto, em todos os países a proporção entre os trabalhadores produtivos e os improdutivos depende muito da proporção existente entre a parte da produção anual que, tão logo seja retirada do solo ou saia das mãos dos trabalhadores produtivos, destina-se a repor o capital, e a parte destinada a constituir um rendimento, quer sob a forma de renda, quer sob a forma de lucro. Essa proporção é muito diferente em países ricos e pobres.

Assim, atualmente, nos países ricos da Europa uma proporção bastante grande, muitas vezes a maior, da produção da terra é destinada a repor o capital do agricultor rico e independente; a parte restante paga os lucros e a renda do proprietário. Mas antigamente, durante a vigência do regime feudal, bastava uma parte muito reduzida da produção para repor o capital empregado no cultivo. Este normalmente consistia em poucas e magras cabeças de gado, mantidas inteiramente pelo produto espontâneo da terra inculta, e que podiam ser consideradas, por conseguinte, como parte dessa produção. Além disso, esse gado geralmente pertencia ao proprietário, sendo por ele adiantado aos ocupantes. Todo o restante da produção pertencia propriamente a ele, tanto na forma de renda da terra como na forma de lucro do seu parco capital. Os ocupantes da terra geralmente eram servos, cujas pessoas e pertences também eram propriedades do dono da terra. Os que não eram servos eram rendeiros a título precário e, embora o aluguel que pagavam muitas vezes não passasse de uma renda simbólica, em valor nominal, a verdade é que representava a totalidade da produção da terra. A qualquer momento, o senhor podia exigir seu trabalho em tempos de paz, ou seus serviços na guerra. Embora vivessem distantes da casa do senhor senhorial, dependiam tanto dele como os criados que viviam na casa. Ora, é certo que a produção total da terra pertence àquele que dispõe do trabalho e dos serviços de todos a quem mantém. Na atual situação da Europa, a parcela da produção que cabe ao proprietário raramente excede ⅓, às vezes nem sequer ¼, da produção total da terra. No entanto, em todas as regiões desenvolvidas, a renda toda da terra triplicou ou quadruplicou desde aqueles tempos, e esse ⅓ ou ¼ da produção anual é, ao que parece, três ou quatro vezes superior ao que representava antigamente a produção total. Com o progresso do desenvolvimento, a renda da terra, embora aumente em extensão, diminui em proporção à produção da terra.

Nos países ricos da Europa, atualmente grandes capitais são empregados no comércio e nas manufaturas. Antigamente, o pouco comércio que se efetuava e as poucas e grosseiras manufaturas caseiras existentes exigiam somente pequenos capitais. Estes, entretanto, devem ter proporcionado lucros consideráveis. Em nenhum caso a taxa de juros era inferior a 10%, e os seus lucros precisavam ser suficientes para pagar esses juros elevados. Hoje, a taxa de juros, nas regiões desenvolvidas da Europa, jamais é superior a 6%, e em algumas das regiões mais avançadas chega a atingir 4%, 3% ou 2%. Ainda que a parte da renda dos habitantes derivada dos lucros do capital sempre seja muito maior nos países ricos do que nos países pobres, isso ocorre porque o capital é lá muito maior; em proporção ao capital, os lucros geralmente são muito inferiores nesses países ricos.

Assim, a parcela da produção anual que, tão logo seja retirada da terra ou saia das mãos dos trabalhadores produtivos, destina-se a repor um capital não somente é muito maior nos países ricos do que nos pobres, como também mantém uma proporção muito mais elevada em relação à parte imediatamente destinada a constituir um rendimento, seja sob a forma de renda, seja sob a forma de lucro. Os fundos destinados à manutenção do trabalho produtivo não apenas são maiores nos países ricos do que nos pobres, como também guardam uma proporção muito maior em relação àqueles fundos que, embora possam ser empregados na manutenção de trabalhadores produtivos ou improdutivos, em geral tendem a ser aplicados na manutenção dos improdutivos.

A proporção entre esses diferentes fundos necessariamente determina, em todos os países, o caráter geral de seus habitantes no que diz respeito ao labor ou ao ócio. Em comparação com o que ocorria há dois ou três séculos, somos muito mais industriosos do que nossos antepassados, pois é provável que os fundos atualmente destinados à manutenção do trabalho sejam muito maiores em proporção aos destinados à manutenção do ócio. Nossos ancestrais eram ociosos por falta de suficiente incentivo à atividade econômica. Pois, como diz o provérbio, se for para não ganhar nada, é melhor brincar do que trabalhar. Nas cidades voltadas a atividades comerciais, onde as classes inferiores são mantidas principalmente pelo emprego do capital, as pessoas costumam ser mais trabalhadoras, sóbrias e prósperas, como ocorre em muitas cidades inglesas e na maioria das cidades holandesas. Ao contrário, nas cidades que se sustentam fundamentalmente pela residência permanente ou ocasional de uma corte, e onde portanto as classes inferiores são mantidas principalmente pelo dispêndio de rendimentos, em geral o povo é ocioso, dissoluto e pobre, como ocorre em Roma, Versailles, Compiègne e Fontainebleu. À exceção de Ruão e Bordéus, há pouco comércio ou atividade em qualquer uma das cidades francesas que servem de sede para as assembléias parlamentares, e as classes inferiores dessas cidades, sendo mantidas principalmente pelas despesas dos membros dos tribunais de justiça, e dos que vêm apelar perante esses tribunais, são em geral ociosas e pobres. O intenso comércio de Ruão e Bordéus parece se dever inteiramente à localização dessas cidades. Ruão é necessariamente o *entrepôt* de quase todos os bens que chegam de países estrangeiros, ou das províncias marítimas da França, para o consumo da grande cidade de Paris. Da mesma maneira, Bordéus é o *entrepôt* dos vinhos produzidos às margens do rio Garona e dos rios que nele desembocam, uma das regiões do mundo mais ricas em vinhos, e que parece produzir os melhores vinhos para exportação, ou os que mais se adaptam ao gosto dos países estrangeiros. Localizações assim vantajosas necessariamente atraem um grande capital, pela grande variedade de empregos que a região lhe proporciona, sendo o emprego desse capital a causa da atividade dessas duas cidades. Ao que parece, nas demais cidades francesas que servem de sede para o Parlamento, aplica-se muito pouco capital além do necessário para suprir o próprio consumo, isto é, pouco mais do que o capital mínimo que nelas é possível empregar. Pode-se dizer o mesmo de Paris, Madri e Viena. Dessas três cidades, Paris é de longe a que possui atividade econômica mais intensa; mas Paris é também o principal mercado de todas as manufaturas lá estabelecidas, e seu próprio consumo é o principal objetivo de todo o comércio realizado nessa cidade. Talvez Londres, Lisboa e Copenhague sejam as três únicas cidades da Europa que são ao mesmo tempo residência permanente da corte e centros comerciais, ou seja, cidades que comerciam não apenas com vistas a consumo interno, mas também com vistas ao consumo de outros países e cidades. A localização das três é extremamente vantajosa, naturalmente propícia a que sirvam de *entrepôts* para uma grande parte dos bens destinados ao consumo de regiões distantes. Provavelmente, numa cidade em que se gasta um rendimento elevado é mais difícil dar emprego lucrativo a um capital cuja finalidade seja apenas suprir o consumo interno do que numa cidade onde as classes inferiores não têm outro meio de se manter senão com o que derivam do emprego desse capital. É provável que o ócio da maior parte da população mantida pelos gastos de rendas corrompa o empenho dos que deveriam se manter pelo emprego do capital, tornando menos vantajoso aplicar um capital lá do que em outros lugares. Havia pouco comércio ou atividade em Edimburgo antes da União. Quando o Parlamento escocês deixou de se reunir lá, quando deixou de ser a residência necessária da principal nobreza e da pequena nobreza da Escócia, essa cidade passou a ter algum comércio e atividade. Contudo, continua a ser a sede dos principais tribunais de justiça da Escócia, dos postos alfandegários e de coleta de impostos etc. Portanto, continua-se a gastar na cidade um rendimento considerável. Em relação ao comércio e à atividade econômica, essa cidade é muito inferior a Glasgow, cujos habitantes se mantêm basicamente pelo emprego do capital. Já se observou algumas vezes que os habitantes de uma vila, depois de terem alcançado um considerável progresso nas manufaturas, tornam-se indolentes e pobres em conseqüência de um grande senhor ter passado a residir em suas vizinhanças.

Por conseguinte, em todos os lugares a proporção entre o capital e o rendimento parece regular a proporção entre trabalho e ócio. Onde predomina o capital, prevalece o trabalho; onde predomina o rendimento, prevalece o ócio. Por isso, qualquer aumento ou diminuição do capital tende naturalmente a aumentar ou diminuir o volume real de trabalho, o número de trabalhadores produtivos e, conseqüentemente, o valor de troca da produção anual da terra e do trabalho do país, a riqueza e o rendimento reais de todos os seus habitantes.

Os capitais aumentam pela parcimônia e se reduzem pela prodigalidade e pela má administração.

Toda a parte de seu rendimento que uma pessoa poupe, ela a acrescenta a seu capital, quer aplicando por si mesma para manter um contingente adicional de mão-de-obra produtiva, quer permitindo a alguma outra pessoa fazê-lo, emprestando-lhe essa parte do capital a juros, isto é, em troca de uma participação nos lucros. Assim como o capital de um indivíduo somente pode ser aumentado por aquilo que poupa de seu rendimento ou de seus ganhos anuais, também o capital de uma sociedade, que é equivalente à soma dos capitais de todos os indivíduos que a compõem, somente pode ser aumentado dessa mesma maneira.

A parcimônia, e não o trabalho, é a causa imediata do aumento do capital. Com efeito, o trabalho fornece o objeto que a parcimônia acumula. Porém, por mais que o trabalho conseguisse adquirir, se a parcimônia não poupasse e acumulasse, o capital nunca cresceria.

Ao aumentar o fundo destinado à manutenção de mão-de-obra produtiva, a parcimônia tende a aumentar o número de indivíduos cujo trabalho adiciona valor aos objetos aos quais se aplica. Tende, portanto, a aumentar o valor de troca da produção anual da terra e do trabalho do país. Põe em movimento uma quantidade adicional de trabalho, o que confere um valor suplementar à produção anual.

O que se poupa anualmente é consumido com tanta regularidade quanto o que é anualmente despendido, e também quase no mesmo período; porém, o consumo se faz por um grupo diferente de pessoas. A parte de seu rendimento que um homem rico despende anualmente é, na maioria dos casos, consumida por hóspedes ociosos e serviçais domésticos que nada deixam atrás de si em troca do que consomem. A parte do rendimento que anualmente poupa, uma vez que, tendo em vista o lucro, é imediatamente empregada como capital, é consumida da mesma maneira, e aproximadamente ao mesmo tempo, mas por um grupo distinto de pessoas: trabalhadores, manufatores e artífices, que reproduzem com lucro o valor do que anualmente consomem. Suponhamos que o rendimento desse homem rico lhe fosse pago em dinheiro. Caso tivesse gasto a totalidade do rendimento, o alimento, as roupas e a habitação que essa totalidade poderia comprar teriam sido distribuídos entre o primeiro grupo de pessoas. A parte poupada, uma vez que é imediatamente empregada, quer por ele mesmo, quer por outra pessoa, como capital para obtenção de lucro, permitirá comprar o alimento, a vestimenta e a habitação necessariamente reservados ao último grupo. O consumo é o mesmo, mas os consumidores diferem.

Com o que poupa anualmente, um homem frugal não somente assegura a manutenção de um número adicional de trabalhadores produtivos, nesse mesmo ano ou no próximo, mas também, tal como fundador de um asilo de pobres, cria, por assim dizer, um fundo perpétuo para a manutenção de um igual número de trabalhadores durante todo o tempo futuro. De fato, a alocação e a destinação permanente desse fundo nem sempre são asseguradas por leis positivas, por depositários legais ou bens de mão-morta. Todavia, estão sempre asseguradas por um princípio muito poderoso: o simples e claro interesse de todo indivíduo a quem algum dia venha a caber alguma parte desse fundo. Nenhuma parcela dele jamais poderá ser futuramente empregada, a não ser para manter mão-de-obra produtiva, sem que haja evidente prejuízo para a pessoa que assim o desvia de sua destinação própria.

Ora, é assim que o pródigo desvia seu capital. Por não limitar sua despesa aos ganhos, usurpa seu capital. Tal como aquele que desvia para finalidades profanas as rendas de uma instituição de caridade, o pródigo paga os salários da ociosidade com os fundos que a frugalidade de seus ancestrais havia, por assim dizer, consagrado à manutenção de indivíduos produtivos. Ao diminuir os fundos destinados ao emprego de trabalhadores produtivos, necessariamente reduz, na medida em que dele dependa, a quantidade do trabalho que acrescenta valor ao objeto ao qual este trabalho se aplica, reduzindo, por conseqüência, a produção anual da terra e do trabalho do país inteiro, e a riqueza e o rendimento reais de seus habitantes. Se a prodigalidade de alguns não for compensada pela frugalidade de outros, o comportamento de todo homem pródigo, ao alimentar os ociosos com o pão dos industriosos, tende não apenas a reduzi-lo, a ele, à miséria, mas também a empobrecer o país inteiro.

Ainda que o pródigo gaste unicamente em bens produzidos do país e não reserve nenhuma parte dessa despesa em mercadorias estrangeiras, seriam iguais os efeitos sobre os fundos produtivos da sociedade. Todo ano continuaria a haver uma certa quantidade de alimentos e vestimentas que deveria ter servido para a manutenção de trabalhadores produtivos e que no entanto seria empregada para manter os improdutivos. A cada ano, portanto, haveria alguma diminuição no valor da produção anual da terra e trabalho do país.

Na verdade, é possível dizer que, como essa despesa não é efetuada para comprar bens estrangeiros, não gerando portanto nenhuma exportação de ouro e prata, permaneceria no país exatamente a mesma quantidade de dinheiro que antes. Mas, se a quantidade de alimentos e vestimentas que desse modo seria consumida por trabalhadores improdutivos fosse distribuída entre trabalhadores produtivos, estes teriam reproduzido, com lucro, o valor integral consumido. Nesse caso, a mesma quantidade de dinheiro teria igualmente permanecido no país, mas existiria também a reprodução de um valor equivalente em bens de consumo. Haveria dois valores, em vez de um.

Além disso, a mesma quantidade de dinheiro não pode permanecer por muito tempo num país em que diminui o valor da produção anual. A única utilidade do dinheiro consiste em pôr em circulação bens de consumo. Por meio dele, as provisões, matérias-primas e os produtos acabados são comprados e vendidos, bem como distribuídos aos devidos consumidores. Portanto, a quantidade de moeda que anualmente é possível empregar num país deve ser determinada pelo valor dos bens de consumo que anualmente a moeda põe em circulação nesse país. Esses bens de consumo devem consistir necessariamente na produção imediata da terra e trabalho do próprio país, ou em algo que fosse comprado com uma parte dessa produção. Seu valor, por conseguinte, deve diminuir à medida que diminui o valor dessa produção e, com ele, também a quantidade de moeda que pode ser empregada para fazê-la circular. No entanto, não permanecerá ociosa a moeda que, por força dessa redução anual da produção, é retirada da circulação interna do país. O interesse de quem possui essa moeda exige que ela seja empregada. Como não encontra emprego algum no país, será, a despeito de todas as leis e proibições, enviada ao exterior e empregada na compra de bens de consumo que possam ter alguma utilidade no país. Assim, a exportação anual da moeda continuará por algum tempo a acrescentar alguma coisa ao consumo anual do país, para além do valor de sua produção própria. A parte da produção que, nos dias de prosperidade, se conseguira poupar e empregar na compra de ouro e prata contribuirá durante um curtíssimo período de tempo para manter seu consumo, em épocas de adversidade. A exportação de ouro e prata, nessas circunstâncias, constituirá não a causa, mas o efeito da decadência do país, e pode até mesmo aliviar, por um breve período, a penúria inerente a essa decadência.

Ao contrário, é preciso que a quantidade de moeda em circulação num determinado país aumente à medida que aumenta o valor da produção anual. Como é maior o valor dos bens de consumo que anualmente circulam no interior da sociedade, faz-se necessária uma quantidade superior de moeda para os pôr em circulação. Portanto, parte da produção expandida será naturalmente empregada para comprar, onde for possível, a quantidade adicional de ouro e prata necessária para fazer circular o restante da produção anual. O aumento na quantidade desses metais será, nesse caso, antes o efeito que a causa da prosperidade pública. Em todos os lugares, o ouro e a prata são comprados da mesma maneira. Seja no Peru, seja na Inglaterra, o preço pago por esses metais equivale ao valor do alimento, das vestimentas, da renda e da manutenção de todos aqueles cujo trabalho ou capital é empregado em transportá-los das minas ao mercado. O país que puder pagar esse preço nunca ficará muito tempo sem a quantidade de que necessitar desses metais; mas, por outro lado, nenhum jamais reterá por muito tempo uma quantidade de ouro e prata de que não necessite.

Assim, não importa o que nossa imaginação figure como a riqueza e a renda reais de um país, se o valor da produção anual de sua terra e de seu trabalho, como parece ditar a reta razão, ou se a quantidade de metais preciosos que circulam nesse país, como supõem os preconceitos do vulgo – os dois pontos de vista permitem ver que todo homem pródigo é inimigo do público, e todo homem frugal é um benfeitor do público.

Muitas vezes, os efeitos da má administração são idênticos aos da prodigalidade. Todos os projetos imprudentes e malsucedidos na agricultura, na mineração, na pesca, no comércio ou nas manufaturas tendem a reduzir da mesma maneira os fundos destinados à manutenção do trabalho produtivo. Em todos esses projetos, embora o capital seja consumido unicamente por mão-de-obra produtiva, em virtude da maneira negligente como o capital é empregado, esses trabalhadores não reproduzem o valor integral do que consomem, donde se segue que sempre deve haver alguma redução no valor que, de outro modo, teria constituído os fundos produtivos da sociedade.

Na verdade, a situação de uma grande nação raramente será muito afetada pela prodigalidade ou má administração dos indivíduos, já que o esbanjamento e imprudência de alguns são sempre mais do que compensados pela frugalidade e boa administração de outros.

Quanto à prodigalidade, o princípio que inclina ao gasto é a paixão do gozo presente, paixão que, embora algumas vezes violenta e difícil de dominar, em geral é apenas momentânea e ocasional. Por outro lado, o princípio que inclina a poupar é o desejo de melhorar a nossa condição, um desejo que, embora comumente calmo e desapaixonado, nos acompanha desde o nascimento e nunca nos abandonará até o túmulo. No intervalo que separa esses dois momentos, talvez não haja um só instante em que o homem se sinta tão perfeita e completamente satisfeito com sua situação que não tenha qualquer desejo de alterá-la ou melhorá-la de algum modo. O aumento na fortuna é o meio pelo qual os homens, em sua maioria, propõem e desejam melhorar a sua condição. É o meio mais comum e o mais óbvio; e a maneira mais provável de aumentar a fortuna consiste em poupar e acumular uma parte do que adquirem, quer regularmente, todos os anos, quer em algumas ocasiões extraordinárias. Assim, embora em certos momentos o princípio da prodigalidade prevaleça em quase todos os homens, e em alguns homens em quase todos os momentos, no que diz respeito à maioria dos homens, e tomando em média sua vida inteira, é o princípio da frugalidade que parece não só predominar, mas predominar amplamente.

Quanto à má administração, em todos os lugares o número de empreendimentos conduzidos com prudência e com êxito é muito superior ao de empreendimentos imprudentes e malogrados. Apesar de todas as nossas queixas a respeito da freqüência dos casos de falência, o número dos infelizes que sucumbem a essa desgraça não é senão uma parte extremamente reduzida do número total dos envolvidos no comércio e em todos os demais gêneros de negócios; talvez não supere muito a média de um em mil. A falência talvez seja a maior e mais humilhante calamidade que pode atingir um homem inocente. Por esse motivo, os homens em sua maioria são suficientemente cuidadosos para evitá-la. É certo que alguns não conseguem evitá-la, assim como outros não evitam o cadafalso.

Grandes nações jamais são arruinadas pela prodigalidade e má administração dos indivíduos, embora às vezes possam empobrecer pela prodigalidade e má administração do Estado. Na maioria dos países, toda ou quase toda a receita pública é empregada para manter gente improdutiva. Esse é o caso de todos os que compõem uma numerosa e esplêndida corte, uma grandiosa instituição eclesiástica, grandes esquadras e exércitos que nada produzem em tempos de paz, e que em tempos de guerra nada adquirem que possa compensar a despesa com a sua manutenção, mesmo enquanto dura a guerra. Como nada produzem, todas essas pessoas devem ser mantidas pela produção do trabalho de outros homens. Desse modo, quando se multiplicam além do necessário, podem, num ano, consumir uma parcela tão grande da produção que a parte restante não baste para manter os trabalhadores produtivos, necessários para reproduzi-la no ano seguinte. Com isso, a produção do ano seguinte será inferior à do ano precedente e, se persistir a mesma desordem, a produção do terceiro ano será inferior à do segundo. É possível que os improdutivos, os quais deviam ser mantidos apenas por uma parte da renda poupada pelo povo, consumam uma parcela tão grande da renda total, obrigando assim número tão grande de pessoas a dilapidar seus capitais, ou seja, os fundos destinados à manutenção do trabalho produtivo, que toda a frugalidade e a boa administração dos capitais por parte dos indivíduos podem não bastar para compensar o desperdício e a degradação da produção, gerada por essa usurpação violenta e forçada.

No entanto, a experiência mostra que na maior parte dos casos a frugalidade e a boa administração são suficientes para compensar não somente a prodigalidade e má administração dos indivíduos, como também a extravagância pública do governo. O esforço uniforme, constante e ininterrupto de cada homem para melhorar sua condição, princípio de que originalmente deriva a opulência pública e nacional, bem como a privada, muitas vezes é suficientemente poderoso para manter o progresso natural das coisas em direção ao desenvolvimento, a despeito das extravagâncias do governo e dos maiores erros de administração. A exemplo do desconhecido princípio da vida animal, consegue freqüentemente restituir a saúde e o vigor à constituição, malgrado não apenas a doença, mas também as absurdas prescrições do médico.

A produção anual da terra e trabalho de uma nação somente pode aumentar de valor pelo aumento do número dos trabalhadores produtivos ou das forças produtivas dos trabalhadores já antes empregados. É evidente que o número de trabalhadores produtivos nunca aumenta significativamente, a não ser em conseqüência de um aumento do capital, ou dos fundos destinados à sua manutenção. E as forças produtivas do mesmo número de trabalhadores jamais podem aumentar, senão em conseqüência ou de algum acréscimo e aprimoramento das máquinas e instrumentos que facilitam e abreviam o trabalho, ou de uma divisão e distribuição mais apropriada do emprego. Nos dois casos, quase sempre é necessário um capital adicional. É somente por meio de um capital adicional que o empresário de uma oficina pode fornecer a seus operários maquinaria mais aperfeiçoada, ou pode distribuir o trabalho entre eles de modo mais adequado. Quando o trabalho a se realizar se compõe de certo número de operações diversas, manter cada homem constantemente empregado numa dessas operações exige um capital muito superior ao que seria necessário para manter cada homem ocasionalmente empregado, nas distintas operações do trabalho. Assim, quando comparamos a situação de uma nação em dois períodos distintos e constatamos que a produção anual de sua terra e de seu trabalho é evidentemente maior no segundo do que no primeiro período, que suas terras estão mais bem cultivadas, suas manufaturas são mais numerosas e mais florescentes, e seu comércio mais desenvolvido, podemos estar certos de que o capital desse país necessariamente aumentou durante o intervalo entre esses dois períodos, e que a boa administração de alguns acrescentou a essa produção mais do que lhe foi subtraído pela má conduta de outros ou pela extravagância pública do governo. No entanto, constataremos que foi isso o que aconteceu em quase todas as nações, em períodos razoavelmente tranqüilos e pacíficos, mesmo nas que não gozaram de governos prudentes e parcimoniosos. É certo que, para formar um juízo correto a esse respeito, precisamos comparar a situação do país em períodos bastante distantes um do outro. Com freqüência, o progresso se faz de modo tão gradual que, em períodos próximos um do outro, não apenas o desenvolvimento é imperceptível, como também, por causa do declínio de certos ramos de atividade ou de certos distritos do país – coisas que às vezes ocorrem, embora o país em geral goze de grande prosperidade –, com freqüência surge a suspeita de que as riquezas e a atividade como um todo decaem.

Por exemplo, a produção anual da terra e do trabalho da Inglaterra certamente é hoje muito superior ao que era há pouco mais de um século, na época da Restauração de Carlos II*. Embora, segundo creio, hoje em dia poucas pessoas duvidem disso, raramente decorreram cinco anos, durante esse período, sem que se publicasse um livro ou panfleto, escrito com habilidade suficiente para conquistar alguma autoridade junto ao público, com a pretensão de demonstrar que a riqueza da nação se encontrava em rápido declínio, que o país estava despovoado, a agricultura abandonada, as manufaturas em decadência e o comércio aniquilado. E nem todas essas publicações eram panfletos partidários, miseráveis criaturas da falsidade e venalidade. Muitas delas foram escritas por pessoas bastante honestas e inteligentes, que escreviam tão-só aquilo em que acreditavam, e por nenhuma outra razão senão por acreditarem naquilo.

---

* Ou seja, em 1660, quando se considera terminada a Revolução Puritana que se iniciou em 1640. (N. R. T.)

Igualmente, a produção anual da terra e do trabalho da Inglaterra era decerto muito maior na época da Restauração do que possamos supor ter sido cerca de cem anos antes, quando Isabel ascendeu ao trono inglês. Temos todas as razões para crer que, também nesse período, o país se encontrava mais desenvolvido em melhoramentos do que cem anos antes, quando chegaram ao fim as dissensões entre os York e os Lancaster. E mesmo então é possível que o país estivesse em melhor situação do que à época da Conquista Normanda e, nesse tempo, melhor do que durante o tumulto da Heptarquia Saxônica*. Mesmo nesse período tão remoto, o país era certamente mais desenvolvido do que à época da invasão de Júlio César, quando seus habitantes estavam em situação semelhante à dos selvagens da América do Norte.

Entretanto, em cada um desses períodos havia não somente muita dissipação por parte dos indivíduos e da gestão pública, muitas guerras desnecessárias e dispendiosas, grandes desvios da produção anual que devia manter trabalhadores produtivos para a manutenção de trabalhadores improdutivos; também havia, às vezes, em meio ao tumulto da guerra civil, tão imenso desperdício e destruição de capital, que seria de esperar não apenas que retardasse, como de fato aconteceu, a acumulação natural de riquezas, mas que deixasse o país, ao fim desse período, mais pobre do que no início. Então, no período mais feliz e próspero de todos os acima citados – o transcorrido desde a Restau-

---

* A partir da Conquista Normanda de 1066, todos os reis ingleses remontariam sua legitimidade ao conquistador Guilherme I, que subjugou os anglo-saxões, antigos habitantes da Grã-Bretanha. A Heptarquia Saxônica, ou União dos Sete reinos (os reinos de Kent, Nothuberland, East-Anglia, Mercia, Essex, Sussex e Wessex), teve início no século VII e durou até o século IX, quando Egbert, por direito de conquista, centralizou o governo da Bretanha. É possível que, ao citar esses eventos históricos, A. Smith tenha em mente o livro de seu amigo, David Hume, *The History of England*, publicado postumamente em 1778. (N. R. T.)

ração –, quantas desordens e desgraças ocorreram que, caso fosse possível prevê-las, delas se pudesse esperar não apenas o empobrecimento, mas também a total ruína do país? O incêndio e a peste de Londres*, as duas guerras com a Holanda, as desordens da Revolução**, a guerra na Irlanda, as quatro dispendiosas guerras com a França, em 1688, 1702, 1742 e 1756, junto com as duas rebeliões de 1715 e 1745. No transcorrer das quatro guerras com a França, a nação contraiu mais de 145 milhões de libras em dívida, além de todas as outras despesas anuais extraordinárias que essas guerras geraram, de modo que não se pode estimar o valor total desses gastos em menos de 200 milhões. Desde a Revolução e em diferentes ocasiões, tem-se utilizado uma igualmente elevada parcela da produção anual da terra e do trabalho do país para manter um número extraordinário de mão-de-obra improdutiva. Mas, se essas guerras não tivessem conferido esse rumo específico a um capital tão vultoso, a maior parte dele seria naturalmente empregada para manter mão-de-obra produtiva, cujo trabalho teria reposto, com lucro, o valor total de seu consumo. Esse capital aumentaria consideravelmente, a cada ano, o valor da produção anual da terra e do trabalho do país, e o aumento de cada ano elevaria ainda mais o do ano seguinte. Mais casas teriam sido construídas, mais terras receberiam benfeitorias, e estariam mais bem cultivadas as que as tivessem recebido anteriormente; mais manufaturas se teriam estabelecido, e se teriam expandido ainda mais as que já antes estivessem estabelecidas; e talvez não seja sequer fácil de imaginar quanto, nesse período, poderiam ter crescido a riqueza e a receita reais do país.

Apesar disso, a dissipação do governo, ainda que sem dúvida tenha retardado o progresso natural da Inglaterra

---

* Tanto a Grande Peste, que causou 69.000 mortes em Londres, como o incêndio dessa mesma cidade ocorreram em 1666. (N. R. T.)

** Bem entendido: a Revolução Gloriosa (1668), não a Puritana (1640-60). (N. R. T.)

em direção à riqueza e ao desenvolvimento, não foi capaz de interrompê-lo. É incontestável que a produção anual da terra e do trabalho do país seja, hoje, muito maior do que na época da Restauração ou da Revolução. Logo, muito maior deve ter sido, também, o capital anualmente empregado para cultivar a terra e manter o trabalho. Em meio a todas as extorsões do governo, esse capital foi sendo silenciosa e gradualmente acumulado pela frugalidade privada e boa administração de indivíduos privados, por seu esforço universal, contínuo e ininterrupto para melhorar sua própria condição. Foi esse esforço, protegido por lei e autorizado pela liberdade de agir da maneira mais vantajosa possível, que quase sempre, no passado, manteve o progresso da Inglaterra em direção à opulência e ao desenvolvimento, e que se espera continue a promovê-lo em todos os tempos futuros. No entanto, se por um lado a Inglaterra nunca recebeu a bênção de um governo escrupulosamente parcimonioso, por outro, a parcimônia jamais foi, em momento algum, a virtude característica de seus habitantes. Portanto, são muitíssimo impertinentes e presunçosos os reis e ministros por intentarem vigiar a economia dos indivíduos e restringir suas despesas, seja por leis suntuárias, seja pela proibição da importação de bens de luxo. São, todos eles, sem exceção, os maiores perdulários que existem na sociedade. Que cuidem bem de suas próprias despesas e tenham a certeza de que podem confiar que os indivíduos particulares cuidarão das deles. Se as extravagâncias que lhes são próprias não levam o Estado à ruína, não serão as dos súditos que levarão.

Assim como a frugalidade aumenta e a prodigalidade diminui o capital público, também a conduta daqueles cuja despesa é exatamente igual à renda, sem acumular ou desbaratar o capital, nunca o aumenta nem diminui. Certas modalidades de despesa, entretanto, parecem contribuir mais para o crescimento da riqueza pública do que outras.

É possível que um indivíduo gaste sua renda ou em coisas que são imediatamente consumidas, e nas quais o gasto de um dia nunca pode aliviar ou sustentar o de outro, ou em coisas mais duráveis, que portanto podem ser acumuladas, e nas quais a despesa de cada dia pode, à sua escolha, aliviar ou sustentar e elevar o efeito da despesa do dia seguinte. Um homem rico, por exemplo, tanto pode gastar sua renda numa mesa farta e suntuosa, na manutenção de um grande número de criados e de uma multidão de cães e cavalos; ou, contentando-se com uma mesa frugal e um pequeno número de serviçais, pode aplicar a maior parte dessa renda na decoração de sua residência ou de sua casa de campo, em construções úteis ou ornamentais, em mobiliário também útil ou ornamental, numa coleção de livros, estátuas ou pinturas, ou mesmo em objetos mais frívolos, tais como jóias, adornos, quinquilharias, bugigangas de diversos tipos; ou – na mais fútil de todas as coisas – em abarrotar um grande armário de roupas finas, como fez o ministro e favorito de um grande príncipe, falecido há poucos anos*. Se dois homens de igual fortuna despendessem sua renda, um deles principalmente da primeira forma, o outro, da segunda, cresceria ininterruptamente a magnificência da pessoa cujos gastos fossem feitos, na grande maioria, em bens duráveis, já que a despesa realizada a cada dia contribuiria bastante para sustentar e aumentar o efeito da despesa do dia seguinte; pelo contrário, a magnificência do segundo homem não seria maior ao fim do período do que no início. Além disso, ao fim do período o primeiro homem seria, dos dois, o mais rico. Possuiria um estoque de bens de uma ou outra espécie, os quais, embora talvez não valessem tudo o que custaram, sempre vale-

---

* Segundo o tradutor Germain Garnier (*Recherches sur la nature et les causes de la richesse des nations,* 1802, vol. II, p. 346; *apud* Teodora de Castro e Luís Cristóvão de Aguiar, Fundação Calouste Gulbenkian, 1993, vol. I, p. 606), o favorito em questão era o conde de Bruhl, camareiro-mor do rei da Polônia. Ao morrer, em 1764, teria deixado mais de 360 trajes em veludo, seda etc. (N. R. T.)

riam alguma coisa. Ao contrário, o outro não deixaria nenhum traço ou vestígio das despesas realizadas, e os efeitos de dez ou vinte anos de dissipação seriam tão nulos como se jamais houvessem existido.

Assim como certa modalidade de despesa se mostra, no caso de indivíduos, mais favorável à riqueza, também no caso das nações o mesmo permanece válido. As casas, os móveis e as roupas de uma pessoa rica tornam-se, em pouco tempo, úteis para as classes baixa e média da população. Têm condições de comprá-los quando seus superiores se cansam deles, de modo que, uma vez tornada geral entre os detentores de riqueza essa modalidade de despesa, a satisfação de toda a população aumenta gradualmente. Em países que gozam de riqueza há muito, é freqüente encontrar gente de classe inferior em posse de casas e móveis em perfeito estado de conservação, mas que essa gente não poderia mandar construir, no primeiro caso, nem mandar fazer, no segundo. O que antigamente serviu como solar para a família Seymour hoje não passa de uma estalagem na estrada de Bath. O leito nupcial de Jaime I, da Grã-Bretanha, que sua rainha trouxe consigo da Dinamarca como um presente digno de um soberano a outro, era, há alguns anos, decoração numa cervejaria em Dunfermline. Em algumas cidades antigas, que permaneceram estagnadas durante muito tempo ou sofreram alguma decadência, raramente se encontra uma única casa que fosse construída para os atuais moradores. Se entrarmos nessas casas, muitas vezes encontraremos também magníficas, ainda que antiquadas, peças de mobília em bom estado, e que também dificilmente poderiam ter sido fabricadas para os atuais moradores. Freqüentemente nobres palácios, magníficas vilas, imensas coleções de livros, estátuas, quadros e outras raridades constituem um ornamento e uma honra, não apenas para a vizinhança, como também para todo o país a que pertencem. Versalhes é um ornamento e uma honra para a França, tal como Stowe e Wilton são para a Inglaterra. A Itália ainda hoje é, em alguma medida, venerada pelo número de monumentos que possui desse gênero, embora a riqueza que os produziu tenha decaído, e embora o gênio que os planejou pareça extinto, talvez por não mais encontrar essa espécie de emprego.

Além disso, as despesas com bens duráveis favorecem não apenas a acumulação, mas também a frugalidade. Uma pessoa que, em algum momento, se excedesse nesse tipo de gasto poderia facilmente modificar seus hábitos, sem se expor à censura pública. Reduzir drasticamente o número de criados, transformar a mesa de extremamente farta a bastante frugal, dispensar a equipagem e os lacaios de libré, depois de tê-los arrumado, são mudanças que não podem escapar à observação dos vizinhos, e que supostamente implicam alguma confissão de má conduta pretérita. Por isso, são poucos os que, tendo já um dia a infelicidade de se precipitar a tal ponto nessa espécie de despesas, mostram-se depois suficientemente corajosos para modificarem seus hábitos, antes que a ruína e a falência os obriguem a tanto. Mas se, num determinado momento, uma pessoa levou longe demais suas despesas com edifícios, mobiliário, livros ou quadros, não é possível inferir nenhuma imprudência de sua mudança de conduta. Esses são objetos nos quais a despesa inicial freqüentemente torna desnecessárias despesas posteriores; e quem interrompe subitamente essas despesas parece agir assim não por ter excedido sua fortuna, mas por já ter satisfeito seus caprichos.

Além disso, as despesas feitas em bens duráveis permitem comumente a manutenção de um número maior de pessoas do que as despesas realizadas na mais profusa hospitalidade. De cada duzentos ou trezentos libras-peso de mantimentos que às vezes podem ser servidos num banquete, talvez a metade seja atirada ao monturo, e sempre uma grande parte é desperdiçada ou mal utilizada. Mas, se a despesa realizada nessa diversão tivesse sido empregada em dar trabalho a pedreiros, carpinteiros, estofadores, artífices etc., um certo volume de mantimentos de igual valor seria distribuído entre um número ainda maior de pessoas, que os teriam comprado em pequenas quantidades, de modo que nem uma onça sequer seria desperdiçada ou atirada ao lixo. Além disso, esta despesa mantém mão-de-obra produtiva, e a outra, improdutiva. Portanto, deste modo, ao contrário do que ocorre com o outro, aumentaria o valor de troca da produção anual da terra e do trabalho do país.

Porém, não desejaria que se depreendesse, de tudo quanto disse, que uma espécie de despesa sempre indica um espírito mais generoso e liberal do que a outra. Quando um homem rico gasta sua renda na hospitalidade a amigos e companheiros, partilha com eles essa parte da renda; mas, quando a emprega na compra de bens duráveis, gasta-a quase inteiramente com sua própria pessoa, nada dando a ninguém sem receber o equivalente. Portanto, esta última espécie de despesa, especialmente quando dirigida a objetos frívolos, tais como os pequenos ornamentos de vestuário e mobília, jóias, berloques e quinquilharias, com freqüência indica um caráter não somente fútil, mas também baixo e egoísta. Quero salientar tão-só que um tipo de despesas, por sempre gerar alguma acumulação de bens de valor, por sempre favorecer mais a frugalidade privada e, por conseqüência, o aumento do capital público, e por manter mais indivíduos produtivos que improdutivos, é mais conducente ao crescimento da riqueza pública.

CAPÍTULO 4

Do dinheiro emprestado a juros

O dinheiro emprestado a juros é sempre considerado, por quem o empresta, como um capital. Ele espera que, no momento devido, o dinheiro lhe seja restituído, e que nesse ínterim o tomador do empréstimo lhe pague uma certa renda anual em troca de seu uso. O tomador do empréstimo, por sua vez, pode utilizá-lo como capital ou como dinheiro reservado para seu consumo imediato. Se o emprega como capital, utiliza-o para manter trabalhadores produtivos, que reproduzem o valor com lucro. Nesse caso, o tomador consegue tanto repor o capital como pagar os juros sem alienar ou devassar qualquer outra fonte de renda. Se o utiliza como fundo reservado para consumo imediato, age como perdulário, dissipando na manutenção dos ociosos o que se destinava a sustentar os industriosos. Nesse caso, nem pode repor o capital, nem pagar os juros sem alienar ou devassar alguma outra fonte de renda, tal como a propriedade ou a renda da terra.

Sem dúvida, o dinheiro emprestado a juros pode ser, ocasionalmente, empregado das duas maneiras, mas com muito maior freqüência da primeira mais do que da segunda. Quem toma dinheiro emprestado apenas para gastá-lo em breve se verá arruinado, e em geral quem lhe empresta logo vem a se arrepender de sua tolice. Portanto, nos casos em que não haja lugar para usura grosseira, pedir emprestado ou emprestar dinheiro para esse propósito contraria o interesse das duas partes e, embora seja inquestionável que às vezes as pessoas cometem esse desatino, se levarmos em conta a consideração que todos os homens têm por seus interesses particulares, podemos estar certos de que esse comportamento não é tão comum como algumas vezes somos levados a acreditar. Se perguntarmos a um homem rico, medianamente sensato, a qual das duas espécies de pessoas ele emprestaria a maior parte de seu estoque de riquezas, se às pessoas que, segundo ele julga, o empregarão de forma lucrativa ou às que o gastarão à toa, ele certamente rirá da pergunta. Assim, mesmo entre os que pedem empréstimos, pessoas que não são particularmente conhecidas pela frugalidade, o número dos frugais e industriosos ultrapassa consideravelmente o dos pródigos e ociosos.

As únicas pessoas a quem se costuma emprestar dinheiro, sem esperar que façam dele um uso lucrativo, são os aristocratas rurais que tomam empréstimos sob hipoteca. E mesmo estes raramente pedem dinheiro emprestado apenas para gastar. É possível afirmar que, em geral, já gastaram antecipadamente o que tomam emprestado. Geralmente consomem uma quantidade tão grande de bens que lhes adiantam a crédito lojistas e comerciantes, que consideram necessário tomar empréstimos a juro para pagar a dívida. O capital emprestado repõe os capitais dos lojistas e comerciantes, que os proprietários rurais não poderiam ter reposto unicamente com as rendas de suas propriedades. Assim, não se trata propriamente de tomar empréstimo a fim de gastá-lo, mas a fim de repor um capital já anteriormente despendido.

Quase todos os empréstimos a juro são feitos em dinheiro, tanto em papel-moeda como em ouro e prata. Mas o que o tomador realmente deseja, e o credor realmente lhe fornece, não é o dinheiro, mas o que ele vale, ou seja, as mercadorias que permite adquirir. Se o que deseja o tomador é um conjunto de bens para consumo imediato, é somente nessas mercadorias que pode aplicar o dinheiro. Se o que deseja é um capital para empregar trabalho, são apenas esses bens que podem assegurar aos trabalhadores ferramentas, as matérias-primas e subsistência necessária para a execução do trabalho. Pelo empréstimo, o credor por assim dizer transfere ao tomador seu direito a uma certa parte da produção anual da terra e do trabalho do país, que o devedor empregará como quiser.

Portanto, em qualquer país, o estoque de riqueza ou, como se diz comumente, de dinheiro que se pode emprestar a juro não é regulado pelo valor do dinheiro, seja em papel ou moeda, que serve de instrumento aos diversos empréstimos efetuados nesse país, mas pelo valor da parcela do produto anual que, tão logo saia do solo ou das mãos dos trabalhadores produtivos, destina-se não somente a repor um capital, mas um capital que o proprietário não se dá o trabalho de empregar pessoalmente. Como esses capitais normalmente são emprestados e pagos em dinheiro, constituem o que se denomina de juro monetário. Distingue-se não somente do juro fundiário, mas também dos juros comerciais e industriais, pois nestes últimos são proprietários que empregam seus capitais próprios. No entanto, mesmo no caso do juro monetário o dinheiro passa de um título de endosso, por assim dizer, que transfere de uma mão a outra os capitais que os respectivos proprietários não cuidam de empregar pessoalmente. Esses capitais podem ser imensamente superiores ao montante de dinheiro que serve como instrumento de transferência, já que as mesmas peças monetárias servem para distintos empréstimos sucessivos, bem como para muitas compras diferentes. Por exemplo, o indivíduo A empresta a W mil libras, com as quais W imediatamente compra de B bens no valor de mil libras. B, não precisando do dinheiro para si, empresta as mesmas peças monetárias a X, o qual o utiliza para comprar de C outros bens no valor de mil libras. C, da mesma maneira e pela mesma razão, empresta-as a Y, que novamente com elas compra bens de D. Assim, as mesmas peças, quer em moedas, quer em papel, podem, no decorrer de poucos dias, servir de instrumento a três empréstimos distintos, assim como a três distintas compras de bens, cada um dos quais de valor equivalente ao montante total do dinheiro emprestado. O que os três homens endinheirados, A, B e C, transferiram aos três devedores, W, X e Y, foi o poder de fazer aquelas compras. É nesse poder que consistem tanto o valor como a utilidade dos empréstimos. A riqueza emprestada pelos três homens endinheirados equivale ao valor dos bens que com ela é possível comprar, e é três vezes superior ao valor do dinheiro com o qual as compras são feitas. Porém, é possível que todos esses empréstimos sejam perfeitamente seguros, se os bens adquiridos pelos diferentes devedores forem empregados de modo que, no tempo devido, restituam com lucro um valor igual em dinheiro, em moeda ou em papel. E como as mesmas peças monetárias podem, desse modo, servir de instrumento a empréstimos num valor total três vezes ou, pela mesma razão, trinta vezes superior ao seu próprio valor, também podem servir, sucessivamente, como instrumento de seu pagamento.

Com isso, é possível considerar o capital emprestado a juro como uma transferência do credor para o devedor de uma certa parcela considerável da produção anual, sob duas condições: primeiro, de que em troca o devedor transfira anualmente ao credor, durante a vigência do empréstimo, uma parcela menor dessa produção, denominada juro; e, segundo, de que ao fim do empréstimo o tomador transfira ao credor uma parcela igual à que inicialmente recebera em empréstimo, denominada reembolso. Embora o dinheiro, quer seja em moedas, quer em papel, geralmente sirva como título de transferência tanto para as parcelas maiores como para as menores, em si mesmo é inteiramente distinto daquilo que por seu intermédio se transfere.

Em qualquer país, o que se designa por juro monetário cresce à medida que naturalmente cresce a parte da produção anual que, tão logo sai do solo ou das mãos dos trabalhadores produtivos, destina-se a repor um capital. O aumento desses capitais particulares, dos quais os detentores desejariam extrair uma renda sem se darem o trabalho de empregá-los eles mesmos, acompanha naturalmente o aumento geral dos capitais; em outras palavras, conforme aumenta o estoque de riquezas, a quantidade de dinheiro a ser emprestada a juros cresce gradualmente, em proporções cada vez maiores.

À medida que aumenta o volume de capital a ser emprestado a juros, o juro, ou seja, o preço que é necessário pagar pelo uso desse capital, necessariamente diminui, não apenas em virtude das causas gerais que comumente fazem o preço em dinheiro das coisas diminuir conforme sua quantidade aumenta, mas em virtude de outras causas, peculiares a esse caso particular. À medida que crescem os capitais de qualquer país, necessariamente diminuem os lucros que é possível obter com seu emprego. Torna-se cada vez mais difícil encontrar, dentro do país, um meio lucrativo de empregar qualquer novo capital. Daí a concorrência entre diferentes capitais, já que o detentor de um procura se apossar do emprego já ocupado por outro. Ora, na maioria das vezes, só pode ter esperança de afastar o outro desse emprego se negociar em termos mais razoáveis. Não apenas precisa vender mais barato o que negocia, mas também, para poder fazer isso, precisa comprá-lo mais caro. Em razão do aumento nos fundos destinados à manutenção do trabalho produtivo, a procura por esse trabalho torna-se, dia a dia, maior. Os trabalhadores facilmente encontram emprego, mas os detentores do capital têm dificuldade em encontrar trabalhadores para empregar. A concorrência entre eles faz elevar os salários do trabalho e reduzir os lucros do capital. Mas, quando os lucros obtidos pelo uso do capital são desse modo reduzidos nas duas extremidades, por assim dizer, necessariamente se reduz com eles o preço que se pode pagar por esse uso, isto é, a taxa de juros.

O Sr. Locke, o Sr. Law e o Sr. Montesquieu*, bem como muitos outros autores, parecem ter imaginado que a causa real da baixa da taxa de juro na maior parte da Europa foi o aumento da quantidade de ouro e prata, em conseqüência da descoberta das Índias Ocidentais Espanholas. Afirmam que, por se ter reduzido o valor desses metais, necessariamente passou a ter menos valor o uso de cada parcela desses metais e, conseqüentemente, o preço que seria pago por tal uso. O Sr. Hume** expôs com tanta pertinência o equívoco dessa opinião – de resto, à primeira vista tão plausível –, que talvez seja desnecessário acrescentar algo mais ao assunto. Mesmo assim, a argumentação que se segue, extremamente sucinta e clara, talvez sirva para evidenciar ainda mais a falácia que parece ter induzido a erro aqueles senhores.

Ao que parece, antes da descoberta das Índias Ocidentais Espanholas a taxa de juro corrente na maior parte da Europa era de 10%. Desde então, essa taxa caiu, em diversos países, para 6, 5, 4 e 3%. Suponhamos que, em cada um desses países, o valor da prata tenha baixado exatamente na mesma proporção que a taxa de juro, e que, por exemplo, nos países onde o juro havia caído de 10% para 5%, seja possível comprar agora, com a mesma quantidade de prata, apenas metade dos bens que antes se comprava. Embora eu não acredite que em lugar algum essa hipótese corresponda de fato à verdade, é porém a mais favorável à opinião que examinaremos agora; e, mesmo nos baseando nessa hipótese, é absolutamente impossível que a redução do valor da prata pudesse minimamente provocar a queda taxa de juros. Se 100 libras não valem hoje, nesses países, mais do que 50 naquela época, então 10 libras atualmente não podem valer mais do que valiam naquele tempo 5 libras. Sejam quais

---

* Locke, *Some Considerations*; Law, *Money and Trade*; Montesquieu, *Esprit des Lois* (Livro XXII, Cap. VI). (N. R. T.)

** Hume, "Dos Juros", em *Political Discourses*, 1752. (N. R. T.)

forem as causas responsáveis pela desvalorização do capital, as mesmas causas devem necessariamente ter provocado a redução dos juros, e exatamente na mesma proporção. É necessário que a proporção entre o valor do capital e o dos juros tenha permanecido a mesma, embora a taxa nunca se alterasse. Pelo contrário, a alteração da taxa resultaria, necessariamente, sem que se alterasse a proporção entre esses dois valores. Se agora 100 libras não valem mais do que 50 libras valiam antes, então 5 libras não podem valer agora mais do que 2 libras e 10 shillings valiam à época. Portanto, reduzindo a taxa de juros de 10 para 5%, pagamos pelo emprego de um capital, cujo valor supomos ser igual à metade de seu valor anterior, juros equivalentes a apenas ¼ dos juros anteriores.

Qualquer aumento na quantidade de prata, enquanto permanecer constante a quantidade de mercadorias que antes fazia circular, só poderia ter como efeito a redução do valor do metal. Com isso, aumentaria o valor nominal de todos os tipos de bens, mas seu valor real seria exatamente o mesmo de antes. Os bens seriam trocados por uma quantidade maior de moedas de prata, mas a quantidade de trabalho de que permitiriam dispor, o número de pessoas que poderiam manter e empregar seriam exatamente os mesmos. O capital do país permaneceria igual, embora se tornasse necessário um número maior de peças de prata para passar uma quantidade equivalente de capital de uma mão a outra. Os títulos de transferência, tais como a escritura de transferência de um notário prolixo, seriam mais volumosos, mas o que por meio deles se transferiria seria exatamente o mesmo que antes, capaz de produzir tão-somente os mesmos efeitos. Sendo os mesmos os fundos disponíveis para a manutenção de trabalho produtivo, seria também a mesma a demanda por este trabalho. Assim, seu preço, ou seja, os salários na realidade seriam os mesmos, embora nominalmente maiores. Seriam pagos com um número maior de moedas de prata, mas comprariam a mesma quantidade de bens que antes. Os lucros do capital se manteriam os mesmos, quer em termos nominais, quer em termos reais. É comum estimar o valor dos salários do trabalho pela quantidade de prata que é paga ao trabalhador. Assim, quando esta aumenta, esses salários parecem aumentar, embora às vezes possam não ser maiores do que antes. No entanto, os lucros do capital não são avaliados pela quantidade de prata com que são pagos, e sim pela proporção que o metal mantém com a totalidade do capital empregado. Por isso se diz que, em qualquer país, os salários normais do trabalho são de 5 shillings por semana, e que os lucros normais do capital são de 10%. Mas, permanecendo constante o capital total de um país, a concorrência entre os diferentes capitais dos indivíduos entre os quais o capital total se divide permaneceria a mesma. Todos negociariam com as mesmas vantagens e desvantagens. Portanto, seria a mesma a proporção corrente entre capital e lucros e, conseqüentemente, também permaneceria constante o juro corrente do dinheiro, pois o que se pode pagar pelo uso do dinheiro é necessariamente determinado pelo que normalmente é possível conseguir com esse uso.

Ao contrário, qualquer aumento na quantidade de mercadorias anualmente em circulação dentro do país, enquanto permanecesse constante a quantidade de dinheiro que a faria circular, produziria muitos outros efeitos importantes, além de aumentar o valor do dinheiro. O capital do país, embora permanecesse nominalmente o mesmo, na realidade aumentaria. Poderia continuar a ser expresso pela mesma quantia em dinheiro, mas permitiria dispor de uma quantidade maior de trabalho. Aumentaria a quantidade de trabalho produtivo que esse capital poderia manter e empregar e, por conseqüência, seria maior a demanda de trabalho. Os salários naturalmente subiriam com o aumento da demanda, e contudo poderiam dar a impressão de que diminuiriam. Seria possível pagá-los com uma quantidade menor de dinheiro, mas essa quantidade menor permitiria comprar uma quantidade de bens superior à que anteriormente uma soma mais elevada comprava. Os lucros do capital diminuiriam, tanto na realidade como aparentemente. Com o aumento do capital total do país, naturalmente a concorrência entre os diferentes capitais que o compõem também aumentaria. Os detentores desses capitais seriam obrigados a se contentar com uma proporção menor do produto do trabalho empregado pelos respectivos capitais. Dessa maneira, os juros do dinheiro, que sempre acompanham os lucros do capital, poderiam diminuir consideravelmente, embora aumentasse bastante o valor do dinheiro, ou seja, a quantidade de bens que se poderia comprar com uma certa quantia.

Alguns países proibiram, por lei, os juros do dinheiro. Mas, como em toda a parte é possível ganhar alguma coisa com a utilização do dinheiro, também sempre se deveria pagar por essa utilização. A experiência mostra que essa espécie de legislação aumenta, em vez de impedir, o mal da usura, pois o devedor é obrigado não somente a pagar a utilização do dinheiro, mas também o risco que o credor corre ao aceitar uma compensação por esse uso. O devedor é obrigado, se me permitem a expressão, a pagar ao credor um seguro contra as penalidades impostas à usura.

Em países em que os juros são autorizados, a lei em geral fixa, a fim de impedir a extorsão pela usura, a taxa máxima que se pode cobrar sem incorrer em penalidades. Essa taxa deve ser sempre um pouco superior ao preço mínimo de mercado, ou seja, ao preço que normalmente pagam, pela utilização do dinheiro, os que oferecem segurança absoluta. Se a taxa legal fosse fixada abaixo da taxa mínima de mercado, os efeitos dessa fixação teriam de ser aproximadamente os mesmos que os resultantes de uma proibição total do juro. O credor não emprestará seu dinheiro por um valor inferior à sua utilização, e o devedor precisará lhe recompensar pelo risco que corre ao aceitar o valor integral desse uso. E, caso coincida exatamente com o preço mínimo de mercado, a taxa legal de juros assim fixada levará à ruína as pessoas honestas, que respeitam as leis de seu país, destruindo também o crédito de todos os que não têm condições de oferecer as melhores garantias e que, por isso, são obrigados a recorrer a usurários desmedidos. Num país como a Grã-Bretanha, onde o dinheiro é emprestado ao governo a 3% e às pessoas privadas, com boas garantias a oferecer, a 4 ou 4,5%, a atual taxa legal de 5% talvez seja a mais apropriada.

É preciso observar, no entanto, que a taxa legal, embora deva exceder um pouco a taxa mínima de mercado, não deve ser muito superior à taxa mínima. Se na Grã-Bretanha, por exemplo, essa taxa de lei fosse fixada em 8% ou 10%, a maior parte do dinheiro disponível para empréstimos se destinaria a homens pródigos e imaginosos, uma vez que somente eles se disporiam a pagar juros tão elevados. Pessoas sensatas, que só aceitam pagar pelo uso do dinheiro uma parte do que provavelmente ganharão com esse uso, não se aventurariam a entrar na concorrência. Assim, grande parte do capital do país se manteria fora do alcance dos que teriam mais possibilidade de a utilizar de modo lucrativo e vantajoso, sendo então lançada nas mãos dos que mais provavelmente a desperdiçariam e destruiriam. Ao contrário, onde a taxa legal de juros é fixada um pouco acima do preço mínimo de mercado, sempre se preferem, como devedores, pessoas sensatas, em detrimento das pródigas e imaginosas. O credor recebe das primeiras quase os mesmos juros que ousa cobrar das últimas, embora esse dinheiro esteja muito mais seguro nas mãos do primeiro grupo de pessoas do que nas do outro. Grande parte do capital do país é, assim, depositada nas mãos dos que têm maior probabilidade de empregá-la com vantagem.

Nenhuma lei pode reduzir a taxa de juros corrente abaixo da taxa mínima de mercado que vigorava no momento em que a lei foi baixada. A despeito do edito de 1766, mediante o qual o rei da França tentou reduzir a taxa de juros de 5% para 4%, o dinheiro continuou a ser emprestado no país a 5%, infringindo-se com isso a lei das mais variadas maneiras.

É preciso notar que, em todos os lugares, o preço normal de mercado da terra depende da taxa de juros corrente no mercado. Aquele que possui um capital do qual deseja extrair uma renda, sem, entretanto, dar-se o trabalho de aplicá-lo pessoalmente, decide se lhe convém empregá-lo em comprar terras ou em emprestá-lo a juro. Por causa da maior segurança oferecida pela terra, além de outras vantagens que em quase toda parte acompanham essa espécie de propriedade, geralmente essa pessoa tende a se contentar em obter da terra uma renda inferior à que conseguiria se emprestasse seu dinheiro a juros. Tais vantagens são suficientes para compensar uma certa diferença de rendas, mas apenas uma certa diferença; pois, se a renda da terra cair muito em relação aos juros do dinheiro, ninguém se disporá a comprar terras, o que logo reduzirá seu preço normal. Ao contrário, se as vantagens compensarem amplamente a diferença, todos comprarão terras, o que logo elevará seu preço corrente. Quando os juros eram de 10%, era comum vender a terra pelo valor de dez ou doze anos de renda. À medida que os juros baixaram para 6, 5 e 4%, o preço da terra subiu para vinte, vinte e cinco e trinta anos de renda. A taxa de juros de mercado é mais alta na França do que na Inglaterra, e o preço médio da terra é mais baixo. Enquanto na Inglaterra a terra normalmente é vendida pelo valor de trinta anos de renda, na França geralmente se vende pelo valor de vinte anos.

CAPÍTULO 5

Dos diferentes empregos do capital

Embora todos os capitais se destinem unicamente à manutenção do trabalho produtivo, a quantidade desse trabalho que montantes iguais de capitais são capazes de pôr em movimento varia extremamente com a diversidade do emprego desses capitais, assim como ocorre com o valor que esse emprego adiciona à produção anual da terra e trabalho do país.

É possível empregar um capital de quatro distintas maneiras: primeiro, para obter o produto bruto necessário, anualmente, para uso e consumo da sociedade; segundo, para manufaturar e preparar esse produto bruto da terra para uso ou consumo imediato; terceiro, para transportar o produto bruto ou manufaturado dos lugares onde existe em abundância para aqueles onde é necessário; finalmente, para dividir porções específicas desses produtos brutos ou manufaturados em pequenas parcelas, de acordo com as demandas ocasionais dos que deles necessitam. No primeiro caso, empregam-se os capitais de todos os que se ocupam do aprimoramento e cultivo das terras, da exploração das minas ou da piscicultura; no segundo, os capitais de todos os donos de manufaturas; no terceiro, os capitais de todos os comerciantes atacadistas; no quarto, o capital de todos os varejistas. É difícil conceber algum tipo de emprego de capital que não seja possível classificar num ou noutro desses quatro itens.

Cada um desses quatro métodos de emprego do capital é essencialmente necessário, tanto para a existência ou expansão dos outros três, como para a conveniência geral da sociedade.

Se não se empregasse capital com a finalidade de permitir a obtenção de produtos brutos em certo grau de abundância, não poderiam existir nem manufaturas nem comércio de espécie alguma.

Se não se empregasse capital na manufatura daquela parte dos produtos brutos que exigem muito preparo antes de estarem prontos para o uso e o consumo, ou esse jamais seria produzido, pois não poderia existir demanda para ele, ou, se fosse produzido espontaneamente, não teria nenhum valor de troca e nada poderia acrescentar à riqueza da sociedade.

Se não se empregasse capital para transportar produtos brutos ou produtos manufaturados dos locais onde existem em abundância para aqueles onde escasseiam, nada mais poderia ser produzido além do necessário para o consumo da vizinhança. O capital do comerciante troca o produto excedente de um lugar pelo de outro, incentivando assim a atividade e aumentando o grau de satisfação de ambos.

Se não houvesse capital empregado para dividir certas parcelas dos produtos brutos e manufaturados, distribuindo-as em pequenas parcelas de acordo com as demandas ocasionais dos que os necessitam, todo homem seria obrigado a comprar uma quantidade de mercadorias superior à que, no momento, necessitava. Se, por exemplo, não existisse um comércio como o do açougueiro, todo homem seria obrigado a comprar, de uma só vez, um boi inteiro ou um carneiro inteiro. De maneira geral, isso seria inconveniente para os ricos, e muito mais ainda para os pobres. Se um operário pobre fosse obrigado a adquirir, de uma só vez, os mantimentos de que necessita para um mês, ou mesmo para seis meses, seria obrigado a integrar ao conjunto de bens reservados a seu consumo imediato, os quais não lhe proporcionam renda nenhuma, grande parte dos bens que, do contrário, empregaria como capital, sob a forma de instrumentos de trabalho ou de equipamentos de sua oficina, os quais lhe proporcionam alguma renda. Nada pode ser mais conveniente para uma pessoa nessa situação do que a possibilidade de comprar sua subsistência dia a dia, ou mesmo de hora em hora, conforme necessite. Dessa maneira, pode empregar como capital quase a totalidade de seus bens. Consegue, assim, produzir trabalho de maior valor e obter um lucro que compensa amplamente o acréscimo de preço que o varejista impõe às mercadorias que vende. São inteiramente desprovidos de fundamento os preconceitos de alguns autores da política contra lojistas e comerciantes. Não há nenhuma necessidade seja de tributá-los, seja de restringir seu número, se pensarmos que eles nunca podem se multiplicar a ponto de prejudicar o público, embora possam prejudicar-se uns aos outros. Por exemplo, a quantidade de bens de mercearia que se pode vender numa determinada cidade é limitada pela demanda dessa cidade e de seus arredores. Por conseqüência, o capital que se pode empregar no comércio de mercearia jamais excede o suficiente para comprar essa quantidade. Se esse capital se dividir entre dois merceeiros, a concorrência entre eles os levará a vender mais barato do que se houvesse apenas um merceeiro; e se houvesse vinte merceeiros a concorrência seria proporcionalmente maior, e a possibilidade de se associarem para aumentar o preço seria, em igual proporção, menor. A concorrência talvez arruinasse alguns deles, mas isso é problema das partes envolvidas, podendo confiar-se, com total segurança, em sua discrição. Sua concorrência, porém, jamais pode prejudicar o consumidor ou o produtor; pelo contrário, tenderá a obrigar os varejistas a vender mais barato e a comprar mais caro do que se todo o comércio fosse monopolizado por uma ou duas pessoas. É possível que às vezes alguns desses varejistas consigam induzir um consumidor pusilânime a comprar algo de que não necessita. Esse mal, entretanto, não é tão grave para merecer a atenção pública, e não seria necessariamente erradicado por se restringir o número de comerciantes. Não é o grande número de cervejarias, para dar o exemplo mais suspeito, que gera uma disposição à bebedeira entre a gente do povo, mas é essa disposição, resultante de outras causas, que necessariamente dá serviço a um grande número de cervejarias.

As pessoas que empregam seus capitais de qualquer uma daquelas quatro maneiras citadas são, elas mesmas, trabalhadores produtivos. Seu trabalho, quando dirigido com propriedade, fixa-se e realiza-se sobre o objeto ou mercadoria vendável sobre a qual se aplica, geralmente, a seu preço pelo menos o valor da própria manutenção e consumo. Os lucros do agricultor, do manufator, do comerciante e do varejista saem todos do preço dos bens que os dois primeiros produzem e os dois últimos compram e vendem. Todavia, capitais de igual montante, empregados de cada uma daquelas quatro diferentes maneiras, colocarão imediatamente em movimento quantidades muito distintas de trabalho produtivo e farão também aumentar em proporções muito distintas o valor da produção anual da terra e do trabalho da sociedade à qual pertencem.

O capital do varejista repõe, com lucro, o capitais do atacadista de quem compra as mercadorias, permitindo a este levar adiante seu negócio. O próprio varejista é o único trabalhador produtivo ao qual esse capital dá imediatamente emprego. Em seus lucros consiste todo o valor que seu emprego adiciona ao produto anual da terra e trabalho da sociedade.

O capital do comerciante atacadista repõe, juntamente com os seus lucros, os capitais dos arrendatários e manufatores de quem ele compra os produtos brutos ou manufaturados com que negocia, permitindo-lhes assim dar prosseguimento às respectivas atividades. É principalmente graças a esse serviço que ele contribui indiretamente para a manutenção do trabalho produtivo da sociedade e para o crescimento do valor de sua produção anual. Esse capital emprega também os marinheiros e estivadores que transportam suas mercadorias de um lugar a outro, e acrescenta ao preço desses bens não só o valor dos lucros do comerciante, mas também dos salários desses trabalhadores. Essa é a única mão-de-obra produtiva que o trabalho do comerciante põe imediatamente em movimento, e todo o valor que imediatamente acrescenta à produção anual. Em ambos os aspectos, o efeito desse emprego é em boa medida superior ao do capital varejista.

Parte do capital do dono de manufatura é empregada como capital fixo nas ferramentas de sua atividade e repõe, juntamente com os respectivos lucros, os de alguns outros artífices de quem os adquire. Por sua vez, uma parte de seu capital circulante é empregada na aquisição de matérias-primas e repõe, com os lucros devidos, os capitais dos agricultores e mineiros de quem as adquire. Mas uma grande parte dele é sempre distribuída, seja anualmente ou num período muito mais curto, entre os diferentes operários que ele emprega. Acrescenta ao valor das matérias-primas o valor dos salários dos operários e dos lucros que o proprietário obtém do capital empregado em salários, matérias-primas e ferramentas de trabalho utilizadas na atividade. Por isso, põe imediatamente em movimento uma quantidade muito maior de mão-de-obra produtiva e adiciona à produção anual da terra e do trabalho da sociedade um valor muito superior a um capital de mesmo montante, empregado por um comerciante atacadista.

Não há nenhum capital equivalente que movimente uma quantidade maior de mão-de-obra produtiva do que o capital do agricultor. Não só seus empregados, mas também o gado utilizado no serviço, são trabalhadores produtivos. Além disso, na agricultura a própria natureza trabalha ao lado do homem e, embora seu trabalho nada custe, seus produtos têm valor, assim como o do mais bem remunerado operário. As mais importantes atividades agrícolas parecem visar não tanto a aumentar – embora isso também ocorra – como a dirigir a fertilidade da natureza para a produção das plantas mais vantajosas para o homem. Muitas vezes, um campo repleto de sarças e silvas pode produzir uma quantidade tão elevada de vegetais quanto os vinhedos e os trigais mais bem cultivados. Freqüentemente, o plantio e o cultivo mais regulam do que estimulam a fertilidade natural e, depois de executadas todas atividades agrícolas, sempre resta uma grande parte do trabalho a ser realizado pela natureza. Assim, os trabalhadores e o gado empregados na agricultura, como os operários nas manufaturas, não somente reproduzem um valor equivalente ao seu próprio consumo ou ao capital que os emprega, juntamente com os lucros do detentor do capital, como ainda reproduzem um valor muito maior. Além do capital do arrendatário e de todos os seus lucros, reproduzem regularmente a renda do proprietário da terra. Essa renda pode ser considerada como o produto das forças da natureza, cujo uso o proprietário cede ao arrendatário. É maior ou menor de acordo com a suposta extensão dessas forças ou, em outras palavras, de acordo com a suposta fertilidade, natural ou adquirida, da terra. É o trabalho da natureza que resta, depois de deduzir ou compensar tudo que se pode considerar como trabalho humano. Raramente é inferior a $\frac{1}{4}$, e com freqüência é superior a $\frac{1}{3}$ da produção total. Nenhuma quantidade idêntica de trabalho produtivo empregado nas manufaturas é capaz de gerar uma reprodução de tal magnitude. Nas manufaturas a natureza nada produz, todo o trabalho é do homem, e a reprodução deve ser sempre proporcional à força dos agentes que as geram. Portanto, o capital empregado na agricultura não somente movimenta um contingente de mão-de-obra maior do que qualquer capital equivalente empregado nas manufaturas, como também, em proporção à quantidade de trabalho produtivo que emprega, acrescenta um valor muito maior à produção anual da terra e do trabalho do país, à riqueza e à renda real de seus habitantes. De todas as maneiras de empregar o capital, esta é de longe a mais vantajosa para a sociedade.

É necessário que os capitais empregados na agricultura e no comércio a varejo de qualquer sociedade sempre residam nessa mesma sociedade. Seu emprego restringe-se praticamente a um local definido, à propriedade rural e à loja do varejista. Além disso, em geral esses capitais devem pertencer a membros residentes da sociedade, embora haja algumas exceções.

Ao contrário, o capital de um comerciante atacadista parece não ter uma residência fixa ou necessária em parte alguma, podendo vagar de lugar em lugar, enquanto conseguir comprar barato ou vender caro.

Sem dúvida, é preciso que o capital do manufator resida no lugar em que se desenvolve a manufatura; mas nem sempre é possível determinar onde, precisamente, fica esse lugar. Muitas vezes pode se situar a uma grande distância tanto do local de onde provêm as matérias-primas como do local onde os produtos manufaturados são consumidos. Lyon fica muito distante tanto dos locais que fornecem as matérias-primas de suas manufaturas como dos locais que consomem seus produtos. As pessoas de sociedade na Sicília vestem-se com sedas fabricadas em outros países, com as matérias-primas produzidas na própria Sicília. Parte da lã espanhola é manufaturada na Grã-Bretanha, e uma parte do tecido é novamente enviada para a Espanha.

Não faz muita diferença se é um nacional ou um estrangeiro o comerciante cujo capital exporta a produção excedente de uma sociedade. Se for um estrangeiro, o número de trabalhadores produtivos será inferior ao que seria se fosse nacional, na proporção de apenas um homem; e também o valor da produção anual será menor, na razão dos lucros desse único homem. Os marinheiros e transportadores aos quais esse capital dá emprego podem pertencer indiferentemente ao país de origem do comerciante, ao país onde exerce sua atividade ou a qualquer outro, tal como aconteceria se ele fosse nacional. O capital de um estrangeiro, assim como o de um nacional, confere um valor ao produto excedente, trocando-o por um objeto para o qual exista demanda interna. Com a mesma eficiência, repõe o capital de quem produz o excedente e lhe permite levar adiante seu negócio, sendo esta a principal contribuição que o capital de um comerciante atacadista pode dar para a manutenção do trabalho produtivo e para o acréscimo de valor da produção anual da sociedade a que pertence.

É mais importante que o capital do manufator resida no país. Nesse caso, põe necessariamente em movimento uma quantidade maior de trabalho produtivo e acrescenta maior valor à produção anual da terra e do trabalho da sociedade. Todavia, esse tipo de capital pode ser bastante útil para o país, mesmo que não resida nele. Os capitais dos manufatores britânicos que trabalham a fibra de linho e o cânhamo anualmente importados das costas do Báltico são certamente de grande utilidade para os países que os produzem. Tais matérias-primas constituem parte do excedente de produção desses países, excedente este que, a não ser que todos os anos seja trocado por algum bem de lá pelo qual não haja demanda, não teria valor algum e logo deixaria de ser produzido. Os comerciantes que exportam esse excedente repõem os capitais das pessoas que o produzem, estimulando-as assim a continuar a produção; por sua vez, os manufatores britânicos repõem os capitais desses comerciantes.

Assim como ocorre com um certo indivíduo, um certo país muitas vezes pode não dispor de um capital suficiente para beneficiar e cultivar todas as suas terras, para manufaturar e preparar todo o produto bruto, tornando-o adequado para o uso e consumo imediato e para transportar a parcela excedente, tanto do produto bruto como do manufaturado, para os mercados distantes onde poderão ser trocados por produtos pelos quais exista demanda interna. Os habitantes de diversas regiões da Grã-Bretanha não possuem capital suficiente para beneficiar e cultivar todas as suas terras. Grande parte da lã dos condados ao sul da Escócia, após transportada por longas distâncias em péssimas estradas, é manufaturada em Yorkshire, por falta de capital para manufaturá-la em seu local de origem. Existem na Grã-Bretanha muitas pequenas cidades industriais, cujos habitantes não dispõem de capital suficiente para transportar a produção de seu próprio trabalho para os mercados distantes onde há para ela demanda e consumo. Os comerciantes que existem entre esses habitantes, se é que existem, não passam na verdade de agentes de comerciantes mais ricos, que residem em alguma das cidades comerciais de maior relevância.

Quando o capital de um país não é suficiente para todos esses três propósitos, quanto maior for a parcela desse capital empregada na agricultura, maior será a quantidade de trabalho produtivo que ela colocará em movimento no país, e maior será o valor que o emprego desse capital acrescentará à produção anual da terra e do trabalho da sociedade. Depois da agricultura, o capital investido em manufaturas movimenta a maior quantidade de mão-de-obra produtiva e acrescenta o maior valor possível à produção anual. O capital empregado no comércio exterior é, dos três, o que tem o menor efeito.

Na verdade, o país que não dispõe de capital suficiente para todos os três propósitos ainda não chegou ao grau de riqueza ao qual parece naturalmente destinado. Contudo, para uma sociedade, bem como para um indivíduo, tentar prematuramente e com um capital insuficiente para realizar todos os três propósitos certamente não é o caminho mais curto para adquirir o capital suficiente. Assim como acontece com um único indivíduo, o capital de todos os indivíduos que compõem uma nação tem seus limites e é capaz de realizar apenas certos objetivos. O capital de todos os indivíduos de uma nação aumenta da mesma forma que o de um único indivíduo: pela contínua acumulação, e por se acrescentar a ele tudo o que for possível poupar da renda. Por conseguinte, é provável que cresça tanto mais rapidamente quanto maior for a renda que seu emprego proporciona a todos os habitantes do país, pois assim terão condições de fazer uma imensa poupança. Mas a renda de todos os habitantes do país é necessariamente proporcional ao valor da produção anual de sua terra e de seu trabalho.

A principal causa do rápido progresso de nossas colônias americanas rumo à riqueza e grandeza está no fato de terem investido quase a totalidade de seus capitais na agricultura. As únicas manufaturas que possuem são as rudes e domésticas, que necessariamente acompanham o progresso da agricultura e constituem a tarefa das mulheres e crianças de cada núcleo familiar. A maior parte do comércio exterior e de cabotagem da América realiza-se com os capitais de comerciantes residentes na Grã-Bretanha. Em algumas províncias, sobretudo na Virgínia e em Maryland, mesmo os depósitos e armazéns de varejo pertencem, em sua maioria, a comerciantes que residem na metrópole, oferecendo um dos poucos exemplos em que o comércio varejista de uma sociedade é movimentado pelos capitais de pessoas que não são seus membros residentes. Se os americanos, por coligação ou por qualquer outro meio violento, interrompessem as importações de manufaturas européias e com isso autorizassem a seus compatriotas o monopólio de fabricação dessas mercadorias, desviando parte considerável de seu capital para tal emprego do capital, retardariam ao invés de acelerarem o posterior crescimento do valor de sua produção anual e, ao invés de promover, obstruiriam o progresso de seu país rumo à verdadeira riqueza e grandeza. O efeito seria ainda maior caso tentassem, ainda, monopolizar para si todo o comércio de exportação.

Ao que parece, de fato a evolução da prosperidade humana raramente se manteve por tempo suficiente para permitir a qualquer grande país adquirir o capital necessário para alcançar aqueles três propósitos, salvo, talvez, se dermos crédito aos maravilhosos relatos a respeito da riqueza e do progresso do cultivo na China, no antigo Egito e no antigo Estado do Indostão. Mesmo esses três países, segundo todos os relatos mais ricos que jamais existiram no mundo, são particularmente famosos por sua superioridade na agricultura e nas manufaturas. Não parecem se ter notabilizado por seu comércio exterior. Os antigos egípcios tinham uma aversão supersticiosa ao mar; superstição semelhante prevalece entre os hindus; e os chineses nunca se distinguiram no comércio exterior. A maior parte do excedente de produção desses três países parece ter sido sempre exportada por estrangeiros, que em troca ofereciam-lhes alguma coisa por bens de que careciam, com freqüência ouro e prata.

Assim é que, num país, o mesmo capital movimentará uma quantidade de trabalho produtivo maior ou menor e acrescentará maior ou menor valor à produção anual da terra e do trabalho, segundo as diferentes proporções em que esse capital for aplicado na agricultura, nas manufaturas e no comércio por atacado. Além disso, a diferença também é muito grande conforme os diferentes ramos de comércio por atacado em que se aplica alguma parte desse capital.

Todo o comércio atacadista, isto é, toda a compra realizada para a revenda em atacado, pode ser reduzida a três gêneros distintos: o comércio interno, o comércio exterior para consumo e o comércio de transporte. O comércio interno consiste em comprar numa região do próprio país o produto do trabalho e revendê-lo em outras. Compreende o comércio interior e o de cabotagem. No comércio exterior para consumo, compram-se bens estrangeiros para consumo interno do país. O comércio de transporte é utilizado no intercâmbio comercial entre países estrangeiros, ou no transporte da produção excedente de um país para outro.

Em geral, o capital empregado para comprar o produto do trabalho do próprio país numa região a fim de re-

LIVRO II 461

vendê-lo em outra repõe, em cada uma dessas operações, dois distintos capitais, que anteriormente haviam sido investidos na agricultura ou nas manufaturas desse país, permitindo-lhes, assim, prosseguir em suas atividades. Quando esse capital envia para fora da loja do comerciante um certo valor em mercadorias, geralmente traz em troca pelo menos um valor equivalente em outras mercadorias. Quando ambas as mercadorias são produto da atividade do país, aquele capital repõe, em cada uma dessas operações, dois distintos capitais, que anteriormente haviam sido investidos na manutenção do trabalho produtivo, possibilitando-lhes, dessa maneira, continuar a realizar essa manutenção. O capital que envia manufaturas da Escócia para Londres, trazendo de volta a Edimburgo trigo e manufaturas inglesas, necessariamente repõe, em cada uma dessas operações, dois capitais britânicos que anteriormente haviam sido investidos na agricultura e nas manufaturas da Grã-Bretanha.

Também o capital empregado na compra de mercadorias estrangeiras para consumo interno, quando essa compra se faz com a produção da atividade interna do país, repõe, em cada uma dessas operações, dois distintos capitais, mas apenas um deles é empregado para sustentar a atividade interna. O capital que envia bens britânicos a Portugal, e em troca traz mercadorias portuguesas para a Grã-Bretanha, apenas repõe, em cada uma dessas operações, uma parte de capital britânico. A outra parte é constituída por capital português. Em conseqüência, embora o retorno do comércio exterior para consumo seja tão imediato como o do comércio interior, o capital investido nele proporcionará tão-somente metade do incentivo à atividade ou ao trabalho produtivo do país.

Mas os retornos do comércio exterior para consumo raramente são tão imediatos como os do comércio interno. Os retornos do comércio interno são recebidos, em geral, antes do fim do ano e, às vezes, três ou quatro vezes ao ano. Os retornos do comércio externo para consumo raramente são recebidos antes do fim do ano e, às vezes, só dois ou três anos depois. Logo, um capital empregado no comércio interno às vezes perfaz doze operações, ou seja, é enviado e restituído doze vezes, antes que o capital empregado no comércio exterior para consumo perfaça uma operação. Por isso, considerando iguais volumes de capitais, o primeiro dará vinte e quatro vezes mais incentivo e suporte à atividade do país do que o segundo.

É possível que algumas vezes os produtos estrangeiros para consumo interno sejam adquiridos não com o produto da atividade do país, mas com outros produtos estrangeiros. Mas é necessário que estes últimos tenham sido adquiridos diretamente com o produto da atividade nacional, ou com alguma outra coisa que tenha sido adquirida com ele. Com efeito, salvo em caso de guerra ou conquista, bens estrangeiros nunca podem ser adquiridos senão em troca de algo que se tenha produzido no país, quer seja imediatamente, quer seja depois de duas ou mais trocas sucessivas. Portanto, os efeitos do emprego de um capital nesse tipo de comércio exterior indireto de bens de consumo são, em todos os aspectos, iguais aos de seu emprego no comércio direto de mesmo tipo, com a única ressalva de que os retornos finais serão provavelmente recebidos num prazo ainda mais longo, pois dependem dos retornos de duas ou três operações de exterior distintas. Se o linho e o cânhamo de Riga forem obtidos em troca do tabaco da Virgínia, o qual, por sua vez, havia sido adquirido em troca de manufaturas britânicas, o comerciante que fez o negócio deverá esperar retornos das duas operações comerciais, antes que possa voltar a investir o mesmo capital para adquirir uma igual quantidade de manufaturas britânicas. Caso o tabaco da Virgínia houvesse sido adquirido não em troca das manufaturas britânicas, mas em troca de açúcar e rum da Jamaica, que, por sua vez, teriam sido adquiridos em troca daqueles bens, o comerciante teria de esperar retornos de três operações. Se essas duas ou três operações de comércio exterior fossem realizadas por dois ou três comerciantes distintos, o segundo dos quais compraria os bens importados pelo primeiro, comprando o terceiro os importados pelo segundo, com a finalidade de novamente exportá-los, nesse caso cada comerciante receberia os retornos de seu próprio capital mais rapidamente; mas os retornos finais do capital total empregado nesse comércio demorariam tanto quanto os outros. Não faz diferença, para o país, se a totalidade do capital empregado nesse comércio indireto pertence a um ou a três comerciantes, embora, para cada um dos comerciantes, faça muita diferença. Nos dois casos, será necessário empregar um capital três vezes maior para trocar um certo valor em manufaturas britânicas por uma certa quantidade de linho e cânhamo do que teria sido necessário caso as manufaturas e os fios fossem diretamente trocados uns pelos outros. Portanto, em geral a totalidade do capital empregado nesse tipo de comércio exterior indireto para consumo proporcionará menor incentivo à manutenção do trabalho produtivo do país do que um igual montante de capital empregado num idêntico tipo de comércio mas realizado de modo mais direto.

Seja qual for a mercadoria estrangeira em troca da qual se adquirem os bens estrangeiros para consumo interno, os efeitos que se produzem na natureza do comércio ou no incentivo à manutenção do trabalho produtivo do país que efetua esse comércio são basicamente os mesmos. Se, por exemplo, forem obtidos em troca do ouro do Brasil ou da prata do Peru, é necessário que esses metais, assim como o tabaco da Virgínia, tenham sido adquiridos em troca de bens que ou foram produzidos internamente, ou foram obtidos em troca de outros bens internamente produzidos. Assim, no que diz respeito aos efeitos sobre o trabalho produtivo do país, o comércio exterior para consumo realizado por intermédio de ouro e prata apresenta todas as vantagens e desvantagens de qualquer outro tipo de comércio externo indireto para consumo, repondo com igual rapidez ou lentidão o capital imediatamente empregado na manutenção do trabalho produtivo. Ao que parece, possui até mesmo uma vantagem sobre qualquer outro comércio exterior indireto. Em razão do grande valor e pequeno volume, o transporte daqueles metais de um lugar a outro custa menos do que o de quaisquer outros bens estrangeiros de igual valor. Por isso, o frete custa muito menos, e o valor do seguro não é mais elevado. Além disso, não há bens menos sujeitos a sofrer danos no transporte. Portanto, muitas vezes é possível adquirir uma igual quantidade de bens estrangeiros em troca de uma quantidade menor de bens produzidos internamente se a transação for realizada por intermédio de ouro e prata do que se utilizarem outros bens estrangeiros. A demanda interna por bens estrangeiros poderá, assim, ser satisfeita de maneira mais completa, e a um menor custo, do que de qualquer outro modo. Terei a oportunidade de examinar detidamente mais adiante se existe alguma outra maneira pela qual um comércio desse tipo, pela exportação contínua desses metais, pode empobrecer o país do qual estes provêm.

A parte do capital de um país que se emprega no comércio de transporte é inteiramente retirada da manutenção do trabalho produtivo desse país, para sustentar a mão-de-obra de alguns países estrangeiros. Embora seja possível que essa parte reponha, em cada uma de suas operações, dois distintos capitais, nenhum deles pertence ao país de origem. O capital do comerciante holandês que transporta trigo da Polônia para Portugal, trazendo as frutas e vinhos de Portugal de volta para a Polônia, repõe, em cada uma dessas operações, dois capitais, nenhum dos quais havia sido empregado na manutenção do trabalho produtivo da Holanda, pois um deles havia sido empregado para sustentar a mão-de-obra produtiva da Polônia, e o outro, a de Portugal. Apenas os lucros retornam regularmente à Holanda, constituindo o único acréscimo que esse tipo de comércio necessariamente traz para a produção anual da terra e do trabalho do país. Na verdade, quando o comércio de transporte de um país é realizado com navios e marinheiros do próprio país, a parte do capital nele empregado que paga o frete põe em movimento um certo número de trabalhadores produtivos do país, distribuindo-se, além disso, entre eles. De fato, foi assim que quase todas as nações realizaram uma parcela considerável do comércio de transporte. Provavelmente o comércio deriva seu nome desse fato, já que são os habitantes desses países que atuam como transportadores para outros países. No entanto, não parece essencial à natureza do comércio que isso ocorra. Um comerciante holandês pode, por exemplo, empregar seu capital no comércio entre Polônia e Portugal transportando o produto excedente de um para outro país não em navios holandeses, mas britânicos. Pode-se presumir que realmente faça isso em algumas ocasiões específicas. É todavia por essa razão que, segundo se supõe, o comércio de transporte se mostra particularmente vantajoso para um país como a Grã-Bretanha, cuja defesa e segurança dependem do número de seus marinheiros e de sua frota naval. Mas o mesmo volume de capital pode empregar igual número de marinheiros e navios, no comércio exterior de bens de consumo ou no comércio interno, quando realizado seja por navegação de cabotagem, seja no comércio de transporte de mercadorias. O número de marinheiros e navios que um certo capital pode empregar não depende da natureza do comércio, mas, em parte, da proporção entre o volume e o valor dos bens e, em parte, da distância entre os portos para os quais as mercadorias são transportadas. Depende sobretudo do primeiro desses fatores. Por exemplo, o comércio de carvão de Newcastle a Londres emprega mais navios do que todo o comércio de transporte da Inglaterra, embora esse dois portos não estejam a grande distância um do outro. É por isso que quando se força, mediante incentivos extraordinários, uma participação maior do capital de um país no comércio de transporte de mercadorias, não deixando que esse processo ocorra naturalmente, nem sempre se consegue, necessariamente, aumentar a frota naval desse país.

Portanto, o capital empregado no comércio interno de um país em geral proporciona incentivo e sustento para uma quantidade maior de trabalhadores produtivos no país, e aumenta o valor de sua produção anual, mais do que um capital equivalente empregado no comércio exterior de bens de consumo; e o capital empregado neste último tipo de comércio apresenta, sob esses dois aspectos, uma vantagem ainda maior em relação a um capital de igual monta empregado no comércio de transporte de mercadorias. As riquezas e, na medida em que o poder depende das riquezas, o poder de um país devem ser sempre proporcionais ao valor de sua produção anual, o fundo com base no qual todos os impostos são, em última instância, pagos. Mas o grande objetivo da economia política em cada país é aumentar as riquezas e o poder desse país. Por conseguinte, não devia dar preferência nem incentivos extraordinários ao comércio exterior de consumo em detrimento do comércio interno, nem ao comércio de transporte de mercadorias em detrimento dos dois outros tipos de comércio. Não devia nem forçar nem procurar atrair para qualquer um desses dois ramos de atividade uma parte do capital do país superior à que espontaneamente fluiria para cada um deles.

Quando a produção de determinado ramo de atividade excede a demanda do próprio país, é necessário enviar o excedente para o exterior e trocá-lo por alguma coisa para que haja demanda interna. Sem essa exportação, necessariamente cessará uma parte do trabalho produtivo do país, diminuindo o valor de sua produção anual. A terra e o trabalho da Grã-Bretanha costumam produzir uma quantidade de trigo, lã e ferragens superior ao que exige a demanda interna. Portanto, é preciso que a parte excedente desses bens seja enviada ao exterior e trocada por algo de que exista demanda interna. É unicamente graças a essa exportação que o excedente pode alcançar um valor suficiente para compensar o trabalho e as despesas necessárias para produzi-lo. A proximidade dos litorais e as margens de todos os rios navegáveis são uma localização vantajosa para a indústria somente porque facilitam a exportação e a troca desses produtos excedentes por alguma outra mercadoria mais procurada no país.

Quando os bens estrangeiros assim adquiridos em troca do excedente da produção interna superam a demanda do mercado interno, a parte excedente desses bens importados deve ser novamente enviada ao exterior e trocada por alguma coisa para a qual haja mais demanda no país. Anualmente são comprados na Virgínia e Maryland cerca de 96 mil barris de tabaco, em troca dos excedentes de produção da atividade britânica. No entanto, talvez a demanda da Grã-Bretanha exija mais do que 14 mil barris de tabaco. Assim, se os 82 mil barris remanescentes não pudessem ser enviados para o exterior e trocados por algo de que existisse maior demanda interna, essa importação cessaria imediatamente e com ela também o trabalho produtivo de todos os habitantes da Grã-Bretanha que atualmente estão empregados na preparação de mercadorias com as quais anualmente são comprados esses 82 mil barris. Essas mercadorias, que participam da produção anual da terra e do trabalho da Grã-Bretanha, como não encontrariam mercado dentro do país e teriam perdido os mercados do exterior, deveriam deixar de ser produzidas. Por isso, mesmo o mais indireto dos comércios exteriores para consumo pode, em algumas ocasiões, tornar-se tão necessário à manutenção do trabalho produtivo do país e do valor de sua produção anual, como o mais direto dos comércios.

Quando o capital de um país cresceu a um ponto em que não mais é possível empregá-lo inteiramente para suprir o consumo e a manutenção do trabalho produtivo do país, o excedente desse capital naturalmente desemboca no comércio de transporte, sendo então empregado para cumprir as mesmas funções para outros países. O comércio de transporte representa o efeito e o sintoma natural de uma grande riqueza nacional; não parece constituir causa natural dela, porém. Os estadistas que se têm predisposto a favorecê-lo, concedendo-lhe incentivos especiais, parecem ter confundido o efeito e o sintoma com a causa. De fato, a Holanda, que, em proporção à extensão territorial e ao número de habitantes, é de longe o país mais rico da Europa, detém a maior parcela do comércio de transporte desse continente. A Inglaterra, talvez o segundo país mais rico da Europa, supostamente também detém uma parcela considerável dessa atividade, embora o que se costuma chamar de transporte da Inglaterra o mais das vezes não seja senão um comércio exterior indireto para consumo interno. É o que em grande medida acontece com as atividades de transporte de bens das Índias Ocidentais e Orientais, e da América para diversos mercados europeus. Geralmente essas mercadorias são adquiridas em troca de produtos da atividade britânica ou em troca de mercadorias anteriormente adquiridas em troca de tais produtos internos, sendo que os retornos em geral são utilizados ou consumidos na Grã-Bretanha. O comércio que se realiza por navios britânicos entre os diferentes portos do Mediterrâneo e parte das atividades do mesmo tipo conduzidas por comerciantes britânicos entre os diversos portos da Índia talvez representem os principais ramos do que se pode propriamente chamar o comércio de transporte de mercadorias da Grã-Bretanha.

A extensão que o comércio interno e o capital nele empregado podem atingir é necessariamente limitada pelo valor dos excedentes que as várias regiões do país têm a oportunidade de trocar entre si. A do comércio exterior para consumo é igualmente limitada pelo valor do excedente de produção do país e do que, por seu intermédio, é possível adquirir. A do comércio de transporte é, por sua vez, limitada pelo valor do excedente de produção de todos os países do mundo. A sua máxima extensão possível é, portanto, quase infinita, se comparada à dos outros dois tipos, sendo capaz, assim, de absorver os mais vultosos capitais.

A consideração de seu próprio lucro é o único motivo que leva o detentor do capital a decidir se o emprega na agricultura, nas manufaturas ou em alguma atividade particular no comércio de atacado ou varejo. Jamais ocupa seu pensamento com as diferentes quantidades de trabalho produtivo que esse capital poderá movimentar, nem com os diferentes valores que, graças a esse capital, será possível acrescentar à produção anual da terra e do trabalho da sociedade, conforme esse capital seja empregado num ou noutro desses ramos de atividade. Assim, em países em que a agricultura representa o mais lucrativo de todos os empregos do capital, e nos quais o cultivo e a melhoria da terra constituem os caminhos mais diretos para obter uma imensa fortuna, os capitais dos indivíduos serão naturalmente empregados da maneira mais vantajosa para toda a sociedade. Não parece, entretanto, que em lugar nenhum da Europa os lucros da agricultura sejam em alguma medida superiores aos de outros empregos do capital. É bem verdade que nos últimos anos alguns projetistas, de todos os cantos da Europa, vêm divertindo o público com os mais magníficos relatos dos lucros que poderiam ser obtidos por meio do cultivo e melhoria da terra. Mas, sem entrar numa discussão mais detalhada de seus cálculos, basta uma simples observação para nos convencer de que os resultados são falsos. Todos os dias vemos as mais esplêndidas fortunas adquiridas ao longo de uma vida por meio do comércio e das manufaturas, muitas vezes a partir de um capital muito pequeno, e às vezes até mesmo de nenhum capital. Ora, em toda a Europa, talvez não haja um único exemplo, durante este século, de uma tal fortuna adquirida na agricultura no mesmo espaço de tempo e a partir de idêntico capital. Porém, muitas terras férteis permanecem incultas em todos os grandes países da Europa, e a maior parte das terras cultivadas está longe de ter recebido todas as melhorias possíveis. Assim, a agricultura em quase toda parte é capaz de absorver um capital muito maior do que o investido nela até aqui. Nos dois livros seguintes procurarei explicar minuciosamente quais fatores da política européia atribuíram às atividades realizadas nas cidades uma tão grande vantagem sobre as atividades efetuadas no campo, fazendo os indivíduos particulares considerarem mais rentável empregar seus capitais no mais remoto comércio de transporte da Ásia ou da América, do que aplicá-los em benfeitorias e cultivo dos mais férteis campos existentes em suas regiões.

LIVRO III

Diferentes progressos da riqueza em diferentes nações

CAPÍTULO 1

Do progresso natural da riqueza

O grande comércio de toda sociedade civilizada é o que se realiza entre os habitantes da cidade e os do campo. Consiste na troca de produtos brutos por manufaturados, quer diretamente, quer por intermédio do dinheiro ou de qualquer papel-moeda que o represente. O campo fornece à cidade os meios de subsistência e as matérias-primas da manufatura. A cidade restitui esse fornecimento, devolvendo aos habitantes do campo uma parte da produção manufaturada. É perfeitamente possível afirmar que a cidade, onde não há nem pode haver nenhuma reprodução de gêneros, recebe do campo toda a sua riqueza e subsistência. Todavia, nem por isso devemos imaginar que os ganhos da cidade sejam as perdas do campo. Os ganhos de uma e de outro são mútuos e recíprocos, e nesse como em todos os outros casos a divisão do trabalho é vantajosa para todas as diferentes pessoas empregadas nas várias ocupações em que o trabalho se subdivide. Os habitantes do campo compram da cidade uma quantidade maior de bens manufaturados com o produto de uma quantidade de seu próprio trabalho muito menor do que aquela que deveriam empregar se eles mesmos tentassem preparar esses produtos brutos. A cidade proporciona mercado para o excedente de produção do campo, ou seja, para o que ultrapassa o necessário à manutenção dos agricultores, e é na cidade que os habitantes do campo trocam esse excedente por alguma outra coisa de que precisem. Quanto maior for o número e a renda dos habitantes da cidade, mais amplo será o mercado que proporcionam aos habitantes do campo; e, quanto maior for esse mercado, sempre mais vantajoso será para a maioria das pessoas. O trigo que cresce a uma milha de distância da cidade é vendido pelo mesmo preço que o trigo procedente da distância de vinte milhas. Ora, em geral o preço do último deve pagar não só as despesas de cultivo e de transporte até o mercado, como ainda garantir os lucros normais da agricultura que cabem ao arrendatário. Portanto, além dos lucros normais da agricultura, os proprietários e agricultores de campos localizados nas proximidades da cidade ganham, no preço do que vendem, o valor total do transporte do mesmo produto trazido de regiões mais distantes, poupando ainda, no preço do que compram, o valor integral desse transporte. Quando se compara o cultivo das terras localizadas nas proximidades de uma grande cidade ao cultivo das terras localizadas a uma certa distância dela, é fácil verificar em que medida o campo é beneficiado pelo comércio da cidade. Entre todas as especulações absurdas que se propagaram a respeito da balança comercial, jamais alguém afirmou que o campo perde no comércio com a cidade, ou que a cidade perde no comércio com o campo que a mantém.

Na natureza das coisas, assim como a subsistência tem prioridade sobre o conforto e o luxo, o esforço que fornece a primeira deve necessariamente ter prioridade sobre o que contribui para o último. Por isso, o cultivo e a melhoria da terra que proporciona o necessário à subsistência deve ter prioridade sobre o desenvolvimento da cidade, que fornece somente os meios de conforto e luxo. É apenas o excedente de produção do campo, isto é, o que supera o necessário para a manutenção dos agricultores, que constitui a subsistência da cidade, que portanto só se pode desenvolver à proporção em que aumenta esse excedente de produção. Na verdade, como nem sempre a cidade consegue extrair a totalidade de sua subsistência nas terras localizadas em sua vizinhança, ou mesmo nas regiões a que pertence, deve procurá-la em países muito distantes; e isso, embora não constitua exceção à regra geral, tem provocado variações consideráveis no progresso da opulência em diversas épocas e nações.

Essa ordem de coisas que a necessidade em geral impõe, embora não a imponha a cada país em particular, é, em todos esses países, incentivada pelas inclinações naturais do homem. Se as instituições humanas nunca tivessem contrariado essas inclinações naturais, as cidades jamais poderiam ter crescido, em algum lugar, além do necessário para sustentar o desenvolvimento e o cultivo do território onde se situam, pelo menos até o momento em que a totalidade do território estivesse completamente cultivada e desenvolvida. Diante de lucros iguais, ou quase iguais, a maioria dos homens escolherá aplicar seus capitais no melhoramento e no cultivo da terra, e não nas manufaturas ou no comércio exterior. O homem que aplica seu capital na terra o tem mais sob suas vistas e seu domínio, de modo que sua fortuna está muito menos sujeita a acidentes do que a do comerciante. Este se vê freqüentemente forçado a confiá-la não apenas aos ventos e às marés, como também aos mais incertos elementos da loucura e da injustiça humanas, pois concede grandes créditos em países distantes a homens cujo caráter e condição raras vezes ele consegue conhecer integralmente. Em contrapartida, o capital do proprietário de terras, que é aplicado na melhoria de suas terras, parece estar tão seguro quanto permite a natureza dos negócios humanos. Além disso, a beleza do campo, os prazeres de uma vida rural, a tranqüilidade de espírito que essa vida promete, e a independência que essa vida realmente proporciona, enquanto as injustiças das leis humanas não a perturbarem –, tudo isso possui encantos que atraem mais ou menos a todos; e, como o cultivo do solo era a destinação original do homem, em cada estágio de sua existência ele parece conservar a predileção por essa atividade primitiva.

É certo que sem o auxílio de alguns artífices o cultivo da terra só pode ser levado a cabo com grande dificuldade e contínuas interrupções. Ferreiros, carpinteiros, construtores de carros e fabricantes de arados, pedreiros, assentadores de tijolos, tanoeiros, sapateiros e alfaiates são, todos eles, pessoas cujo serviço o arrendatário com freqüência necessita. Tais artífices, por sua vez, ocasionalmente precisam do auxílio uns dos outros, e, como sua residência não é, como a do arrendatário, necessariamente limitada a um lugar preciso, naturalmente se estabelecem nas vizinhanças uns dos outros, formando assim uma pequena cidade ou aldeia. O açougueiro, o cervejeiro e o padeiro logo se unem a eles, juntamente com muitos outros artífices e varejistas, necessários ou úteis para atender a suas necessidades ocasionais, contribuindo ainda mais para o crescimento da cidade. Os habitantes da cidade e os do campo comportam-se mutuamente como servidores uns dos outros. A cidade é uma constante feira ou mercado, ao qual recorrem os habitantes do campo para trocar seus produtos brutos por produtos manufaturados. É esse comércio que fornece aos habitantes da cidade tanto as matérias-primas para seu trabalho como os meios para sua subsistência. A quantidade de produto acabado que vendem aos habitantes do campo necessariamente regula a quantidade de matérias-primas e provisões que deles compram. Nem seu emprego, nem sua subsistência, portanto, podem aumentar, senão em proporção ao aumento da demanda do campo por produto acabado; por sua vez, essa demanda somente pode crescer proporcionalmente à extensão dos melhoramentos e do cultivo. Assim, se as instituições humanas jamais houvessem alterado o curso natural das coisas, o progressivo crescimento e a riqueza das cidades seriam, em toda sociedade política, efeitos proporcionais ao cultivo e aprimoramento do território ou campo.

Nas nossas colônias norte-americanas, onde ainda é possível adquirir terras incultas em condições vantajosas*, até agora não se estabeleceram, em nenhuma das cidades, manufaturas de produtos destinados à venda para mercados distantes. Quando um artífice na América do Norte compra um estoque um pouco superior ao necessário para levar adiante seu próprio negócio de fornecimento às regiões vizinhas, não tenta estabelecer uma manufatura voltada para a venda em mercados distantes, mas o emprega na compra e melhoria de terras incultas. Passa então de artífice a colono, e nem os altos salários, nem a fácil subsistência que esse país proporciona aos artífices deixam-no tentado a trabalhar para outras pessoas, se pode trabalhar para si mesmo. Ele percebe que o artífice é um servo de seus clientes, de quem extrai sua subsistência; mas que um colono, o qual cultiva a própria terra e extrai sua subsistência do trabalho da própria família, é verdadeiramente um senhor, independente de todos.

Por outro lado, nos países onde ou não existam mais terras incultas, ou não exista terra que seja possível adquirir em condições vantajosas, todo artífice que compre mais estoque do que consegue empregar nas atividades ocasionais da vizinhança empenha-se em preparar trabalho para a venda em mercados distantes. O ferreiro constrói alguma espécie de fundição, e o tecelão, alguma espécie de tecelagem de linho ou lã. Com o passar do tempo, essas diferentes manufaturas vão sendo gradualmente subdivididas, e por conseqüência se aprimoram e sofisticam de maneiras bastante variadas, o que se pode facilmente imaginar, sendo portanto desnecessário explicar mais a fundo.

---

* *Easy terms*, no original. Modo de aquisição da terra mediante o qual os pagamentos resultantes de arrendamento são considerados parcelas do preço total do bem, transferido ao arrendatário após certo prazo e com juros reduzidos. (N. T.)

Ao se buscar um modo de aplicar o capital, naturalmente as manufaturas são, para lucros iguais ou quase iguais, escolhidas em detrimento do comércio exterior, pela mesma razão por que naturalmente se prefere a agricultura às manufaturas. Assim como o capital do proprietário de terras ou arrendatário está mais seguro do que o do manufator, também o capital do manufator, estando a todo momento sob suas vistas e sob seu comando, está mais seguro do que o do comerciante internacional. Na verdade, em todas as épocas, em cada sociedade, a parte excedente tanto do produto bruto como do manufaturado, isto é, aquela parte para a qual não há mais demanda interna, deve ser enviada ao exterior para ser trocada por algo para o qual haja demanda interna. Mas pouco importa se o capital que conduz o excedente de produção para o exterior é estrangeiro ou nacional. Se a sociedade ainda não adquiriu capital suficiente, quer para cultivar todas as suas terras, quer para manufaturar integralmente a totalidade de seu produto bruto, ainda há uma vantagem considerável em exportar esse produto bruto por um capital estrangeiro, a fim de que a totalidade do capital da sociedade possa ser investida em propósitos mais úteis. A riqueza do antigo Egito, a da China e do Indostão mostram suficientemente que uma nação pode alcançar um grau bastante elevado de opulência, embora a maior parte do seu comércio de exportação seja conduzida por estrangeiros. O progresso de nossas colônias da América do Norte e das Índias Ocidentais teria sido muito menos rápido caso não se tivesse empregado, na exportação do excedente de produção, mais nenhum capital, senão o pertencente a eles mesmos.

Portanto, de acordo com o curso natural das coisas, a maior parte do capital de toda sociedade em crescimento destina-se, primeiramente, à agricultura, depois às manufaturas e, por último, ao comércio exterior. Essa ordem de coisas é de tal maneira natural que, segundo acredito, foi até certo ponto sempre respeitada, por toda sociedade que dispusesse de algum território. Algumas de suas terras precisaram ser cultivadas antes de se estabelecerem quaisquer cidades de grande porte, e foi necessário que algum tipo rudimentar de atividade manufatureira se realizasse nessas cidades, antes de poderem sequer pensar em dedicar-se ao comércio exterior.

Mas, embora seja necessário que essa ordem natural das coisas tenha, em algum grau, ocorrido em todas essas sociedades, essa ordem foi, sob muitos aspectos, inteiramente invertida em todos os Estados modernos da Europa. O comércio exterior de algumas de suas cidades introduziu todas as suas melhores manufaturas, ou as que fossem apropriadas para a venda em mercados distantes; e as manufaturas e o comércio exterior, em conjunto, fizeram nascer os principais aprimoramentos da agricultura. Os hábitos e costumes introduzidos pela natureza de seu governo original, e que se conservaram mesmo depois de tal governo ter sofrido alterações profundas, necessariamente compeliu esses países a essa ordem antinatural e retrógrada.

CAPÍTULO 2

Do desestímulo à agricultura no antigo estado da Europa após a queda do Império Romano

Quando as nações germânicas e citas invadiram as províncias ocidentais do Império Romano, os distúrbios que se seguiram a essa gigantesca revolução duraram vários séculos. A rapina e a violência praticadas pelos bárbaros contra os antigos habitantes interromperam o comércio entre as cidades e o campo. As cidades foram abandonadas, os campos deixados incultos, e as províncias ocidentais da Europa, que haviam desfrutado de considerável grau de opulência sob o Império Romano, afundaram na mais baixa condição de pobreza e barbarismo. Enquanto continuaram esses distúrbios, os chefes e os principais líderes dessas nações adquiriram ou usurparam a maioria das terras desses países. Uma grande parte delas permaneceu inculta; mas nenhuma, cultivada ou não, ficou sem proprietário. Todas foram ocupadas, e em sua maior parte por alguns grandes proprietários.

Essa ocupação original das terras incultas poderia ter sido um mal transitório, ainda que grande. Em pouco tempo essas terras poderiam ter-se novamente dividido e repartido em pequenas áreas por sucessão ou alienação. A lei da primogenitura impediu a divisão mediante sucessão; a introdução de cláusulas de inalienabilidade evitou a repartição em pequenas áreas mediante alienação.

Quando a terra, tal como os bens móveis, é considerada apenas meio de subsistência e prazer, a lei natural da

LIVRO III

sucessão divide-a, como aos bens móveis, entre todos os filhos da família, cuja subsistência e prazer se supõe serem igualmente caros ao pai. É por isso que a lei natural de sucessão vigorava entre os romanos, que faziam, na herança das terras, tanta distinção entre os mais velhos e os mais jovens, ou entre as mulheres e os homens, como hoje fazemos nós na distribuição dos bens móveis. No entanto, quando a terra passou a ser considerada meio não meramente de subsistência, mas também de poder e proteção, julgou-se que fosse melhor uma única pessoa herdá-la integralmente. Naqueles tempos de desordem, todo grande senhor de terras era uma espécie de príncipe em escala pequena. Os rendeiros de suas terras eram os súditos. Ele era seu juiz e, em alguns aspectos, seu legislador em tempos de paz e seu líder nas guerras. Fazia guerra a seu grado, freqüentemente contra seus vizinhos, e às vezes contra seu soberano. A segurança de um bem de raiz fundiário, isto é, a proteção que o seu proprietário podia proporcionar aos que o habitavam, dependia portanto de sua grandeza. Dividir essa terra equivalia a arruiná-la, a expor toda porção dela à opressão e voracidade das incursões de seus vizinhos. Por conseguinte, no processo de sucessão dos bens fundiários, a lei de primogenitura não passou a vigorar imediatamente, mas com o passar do tempo, pela mesma razão que geralmente a levou a vigorar no processo de sucessão das monarquias, embora nem sempre no momento de sua instituição. Pois, para que o poder de uma monarquia e, conseqüentemente, sua segurança não se enfraqueçam pela divisão, é necessário que seja integralmente herdado por um dos filhos. Para determinar a qual deles será dada tão importante preferência é necessária uma regra geral que se funde não nas duvidosas distinções de mérito pessoal, mas numa diferença clara e evidente, que não admita disputa. Entre os filhos de uma mesma família, não é possível haver diferenças inquestionáveis, a não ser as de sexo e de idade. O sexo masculino é universalmente preferido ao feminino; e, quando todas as demais condições são iguais, em todos os lugares o mais velho tem precedência sobre o mais jovem. Daí a origem do direito de primogenitura e da chamada sucessão linear.

Freqüentemente as leis continuam a vigorar muito tempo depois de deixarem de existir as circunstâncias que as fizeram necessárias, circunstâncias estas que constituíam a única justificativa razoável dessas leis. Na atual situação da Europa, o proprietário de um único acre de terra tem tanta segurança de sua posse como o proprietário de 100 mil acres. O direito de primogenitura, entretanto, continua a ser respeitado, e por ser, dentre todas as instituições, a mais adequada para incentivar o orgulho das distinções familiares, é provável que ainda se conserve por muitos séculos. Em todos os demais aspectos, nada é mais contrário ao verdadeiro interesse de uma família numerosa do que um direito que, para enriquecer um filho, leva à miséria todos os outros.

As cláusulas de inalienabilidade são a conseqüência natural da lei de primogenitura. Foram introduzidas para preservar uma certa sucessão linear, sendo inicialmente sugeridas pela lei de primogenitura para impedir que qualquer parte do bem original se desviasse da linha pretendida, quer por doação, disposição testamentária ou alienação, quer por loucura ou infortúnio de algum de seus sucessivos proprietários. Essas cláusulas eram completamente desconhecidas dos romanos. Nem as substituições* nem os fideicomissos dos romanos guardam alguma semelhança com as cláusulas de inalienabilidade, embora alguns juristas franceses julgassem apropriado enfeitar a instituição moderna com a linguagem e os trajes das antigas.

Quando as grandes propriedades fundiárias eram uma espécie de principado, as cláusulas de inalienabilidade não

---

* Em inglês, *substitutions*. Trata-se da indicação de um sucessor ou representante. (N. T.)

eram de todo insensatas. Assim como as chamadas "leis fundamentais" de algumas monarquias, tais cláusulas freqüentemente conseguiam evitar que a segurança de muitos fosse ameaçada pelo capricho ou extravagância de um único. Mas na atual situação da Europa, em que tanto as pequenas como as grandes propriedades estão asseguradas pelas leis dos respectivos países, nada pode ser mais absurdo. Fundam-se na mais absurda das suposições, qual seja, de que nem todas as sucessivas gerações têm igual direito à terra e a tudo o que esta possui; pelo contrário: a propriedade da atual geração devia se restringir e regular pelo capricho dos que morreram talvez quinhentos anos atrás. Entretanto, as cláusulas de inalienabilidade são ainda respeitadas na maior parte da Europa, particularmente nos países em que a origem nobre é uma qualificação necessária para o desfrute de honras civis e militares. Essas cláusulas são consideradas necessárias para manter esse privilégio exclusivo da nobreza aos grandes postos e honras de seu país; e como essa ordem de pessoas usurpou uma vantagem injusta ao resto dos concidadãos, sob pena de sua pobreza a tornar ridícula, considerou-se razoável garantir-lhe outro privilégio. Na verdade, afirma-se que o direito consuetudinário inglês abomina cláusulas pétreas*, e de fato estas são mais restritas nesse país do que em qualquer outra monarquia européia, embora nem mesmo a Inglaterra esteja inteiramente imune a elas. Na Escócia, imagina-se que mais de $\frac{1}{5}$, talvez até mais de $\frac{1}{3}$ das terras do país esteja atualmente submetido a estritas cláusulas de inalienabilidade.

Assim, grandes extensões de terras incultas não só foram ocupadas por determinadas famílias, como também se

---

* *Perpetuities*, no original. O direito inglês abominava as cláusulas pétreas porque não constituía um corpo sistemático de leis, não era codificado ou tinha suas regras inteiramente classificadas. Em vez disso, a *common law* se valia da posição e do prestígio do jurista ou juiz, além de dar particular importância a pareceres e decisões, mesmo de juízes individuais de tribunais superiores. (N. T.)

excluiu para sempre, tanto quanto possível, a eventualidade de serem novamente divididas. Contudo, raramente um grande proprietário faz grandes benfeitorias na terra. Nos tempos conturbados que originaram essas bárbaras instituições, o grande proprietário estava bastante ocupado em defender seus próprios territórios, ou em expandir sua jurisdição e autoridade sobre os territórios de seus vizinhos. Não dispunha de tempo para cuidar do cultivo e da benfeitoria da terra. E, quando o estabelecimento da lei e da ordem deu a ele esse tempo vago, faltavam-lhe freqüentemente a inclinação e, quase sempre, as habilidades necessárias para isso. Se as despesas de sua casa e de sua pessoa igualavam ou excediam sua renda, como o mais das vezes acontecia, ele não dispunha de capital para empregar na agricultura. Se fosse um homem econômico, geralmente achava mais lucrativo investir suas economias anuais na compra de novas terras do que na benfeitoria da antiga propriedade. A melhoria da terra com lucros, como todos os outros projetos comerciais, exige uma atenção minuciosa a pequenas economias e pequenos ganhos, algo de que raramente é capaz um homem nascido em meio a uma grande fortuna, mesmo que seja de natureza frugal. A condição de tal homem naturalmente o dispõe a dedicar a atenção mais aos ornamentos que agradam a fantasia do que ao lucro de que tem tão pouca necessidade. Desde a infância acostumou-se a se preocupar com a elegância de suas roupas, sua equipagem, sua casa e mobília. O modo de pensar que esse hábito naturalmente forma o segue também quando avalia a benfeitoria da terra. Talvez embeleze 400 ou 500 acres de terra nas proximidades de sua casa, com uma despesa dez vezes maior do que o valor da terra depois de realizadas todas as benfeitorias, pensando que, se fosse implantar benfeitorias semelhantes na propriedade inteira – e ele não tem muito gosto por outras –, iria à falência antes de ter terminado a décima parte delas. Nas duas regiões do Reino Unido, ainda restam

LIVRO III

grandes bens fundiários que permaneceram sem interrupção nas mãos de uma mesma família desde os tempos da anarquia feudal. Se compararmos a atual situação dessas propriedades com a dos pequenos proprietários vizinhos, veremos que não é necessário nenhum outro argumento para nos convencer de que essas propriedades extensas são refratárias à introdução de benfeitorias.

Se já era de esperar poucas benfeitorias por parte desses grandes proprietários, muito menos ainda se podia esperar dos que ocupavam a terra sob o domínio deles. Na condição antiga da Europa, todos os ocupantes arrendavam a terra a título precário. Eram todos ou quase todos escravos; mas sua escravidão era de um tipo mais suave do que a conhecida entre os antigos gregos e romanos, ou mesmo em nossas colônias das Índias Ocidentais*. Pertenciam mais diretamente à terra do que a seu senhor. Podiam, portanto, ser vendidos com a terra, porém não separadamente. Podiam casar-se, desde que com o consentimento do senhor, o qual não podia posteriormente dissolver o casamento, vendendo o homem e a mulher para diferentes pessoas. Se mutilasse ou matasse qualquer um deles, ficava sujeito a alguma pena, embora em geral bastante pequena. Os escravos não tinham, entretanto, possibilidade de adquirir posses. Tudo o que adquirissem era adquirido para o senhor, que podia tomar deles quando bem entendesse. Tudo o que esses escravos cultivassem e introduzissem como benfeitoria era propriamente realizado pelo seu senhor. Era feito à custa dele. As sementes, o gado e os instrumentos da lavoura eram todos do senhor. Eram para proveito dele. Esses escravos estavam impedidos de ad-

---

* Como se verá na seqüência deste capítulo, Smith emprega o termo *slave* (escravo) para se referir tanto aos escravos propriamente ditos como aos servos, que a exemplo dos escravos tampouco são assalariados. O leitor notará ainda que o autor não estabelece nenhuma diferença fundamental entre a escravidão da Antiguidade e a escravidão da época do mercantilismo. (N. T.)

quirir qualquer coisa além de sua subsistência diária. Portanto, era na verdade o proprietário mesmo que, nesse caso, ocupava as próprias terras e as cultivava por meio de seus cativos. Essa espécie de escravidão ainda subsiste na Rússia, Polônia, Hungria, Boêmia, Morávia e outras regiões da Alemanha. Apenas nas províncias a oeste e a sudoeste da Europa é que esse regime foi, gradualmente, abolido por completo.

Ora, se raramente se pode esperar que grandes proprietários façam grandes benfeitorias, é de esperar menos ainda quando empregam escravos como trabalhadores. A experiência de todas as épocas e nações mostra, segundo creio, que o trabalho realizado por escravos, embora pareça custar apenas a subsistência deles, ao fim e ao cabo é o mais caro de todos. Uma pessoa que não possa adquirir propriedade não tem outro interesse senão comer o máximo e trabalhar o menos possível. Somente é possível sugar dela qualquer trabalho além do suficiente para comprar a própria manutenção pela violência, nunca por interesse privado. Tanto Plínio como Columella já observaram como degenerou o cultivo de trigo e como se tornou pouco lucrativo para o senhor quando passou a ser administrado por escravos. Na Grécia antiga, à época de Aristóteles, a situação não era melhor. Ao falar da república ideal descrita nas *Leis* de Platão, afirma que, para manter cinco mil homens ociosos (o contingente de guerreiros supostamente necessário para a defesa da república), juntamente com suas mulheres e criados, seria necessário um território de extensão e fertilidade ilimitadas, como as planícies da Babilônia.

O orgulho de um homem o faz amar a dominação, e nada o mortifica tanto como ser obrigado a condescender para persuadir os inferiores. Por isso, quando a lei permitir e a natureza do trabalho comportar, preferirá em geral o trabalho de escravos ao de homens livres. As colônias de cana-de-açúcar e de tabaco conseguem pagar as despesas da mão-de-obra escrava. Mas o cultivo de trigo, ao que parece, atualmente não consegue pagá-las. Nas colônias inglesas que produzem basicamente trigo, a maior parte do trabalho é executada por mão-de-obra livre. A recente resolução dos quacres* na Pensilvânia de libertar todos os negros nos mostra suficientemente que o número de escravos não pode ser muito elevado. Se esses escravos representassem uma parcela considerável de sua propriedade, os quacres nunca teriam concordado com essa resolução. Ao contrário, nas nossas colônias açucareiras todo o trabalho é executado por escravos, e nas colônias produtoras de fumo uma grande parte também é. Em qualquer uma de nossas colônias das Índias Ocidentais, os lucros de uma plantação de açúcar geralmente são muito mais elevados que os de qualquer outro cultivo conhecido na Europa ou na América; e os lucros de uma plantação de tabaco, embora inferiores aos do açúcar, são superiores aos do trigo, como já se observou. Um e outro conseguem pagar as despesas com mão-de-obra escrava, embora a cana-de-açúcar tenha muito mais condições de pagá-la que o fumo. Por isso o número de negros, proporcionalmente ao de brancos, é muito maior em nossas colônias açucareiras do que nas colônias produtoras de tabaco.

Os cultivadores escravos dos tempos antigos foram gradualmente sucedidos por uma outra espécie de lavradores, conhecidos atualmente na França pelo nome de meeiros**. Em latim, são denominados de *coloni partiarii*. Há tanto tempo deixaram de existir na Inglaterra que no momento não conheço nenhum termo inglês para os de-

---

* Os quacres ingleses têm seu momento de maior atividade política na década de 1650, principalmente por causa de seu líder, George Fox. Na Inglaterra revolucionária, os quacres acreditam, entre outras coisas, que a Bíblia não seja a palavra de Deus, que todos os homens guardam em seu interior o espírito de Jesus Cristo, que não exista inferno, pecado ou ressurreição, as mulheres podem ser aceitas como sacerdotes. Tornam-se uma seita pacifista em 1660, época em que, perseguidos, muitos quacres mudam para os Estados Unidos. (N. T.)
** *Métayers*, no original. (N. T.)

signar. O proprietário fornecia-lhes as sementes, o gado e os instrumentos da lavoura, em suma, todo o capital necessário para cultivar a terra. A produção era dividida igualmente entre o proprietário e o meeiro, depois de se deduzir o que se julgava necessário para manter o capital, que era restituído ao proprietário tão logo o meeiro abandonasse, ou fosse demitido da propriedade.

A terra ocupada por esses rendeiros é propriamente cultivada a expensas do proprietário, tal como a terra ocupada por escravos. Há, entretanto, uma diferença essencial entre os dois. Como os rendeiros são homens livres, têm a possibilidade de adquirir propriedades e, por reterem uma parte da produção da terra, têm o óbvio interesse de que a produção total seja a maior possível, para sua parte também ser grande. Ao contrário, um escravo, que pode adquirir tão-só o necessário para sua subsistência, cuida de sua própria comodidade ao fazer que a terra produza o mínimo possível além dessa subsistência. É provável que tenha sido, em parte por essa vantagem, e em parte por abusos, que o soberano – sempre invejoso dos grandes senhores – gradualmente incentivou os camponeses* a investirem contra a autoridade dos senhores, investida que chegou ao ponto de tornar esse tipo de servidão de tal modo inconveniente, que esse regime de tenência das terras foi, na maior parte da Europa, gradualmente caindo em desuso, até desaparecer. Entretanto, a época e o modo como veio a ocorrer essa enorme revolução são um dos pontos mais obscuros da história moderna. A Igreja romana reclama um grande mérito nesse processo; e é certo que já no século XII o papa Alexandre III publicou uma bula defendendo a emancipação geral dos escravos. Ao que parece, no entanto, essa bula foi mais uma exortação piedosa do que uma lei exigindo obediência estrita dos fiéis. A escravidão continuou a existir em quase todos os lugares e durante vários

---

* Em inglês, *villains*. (N. T.)

séculos, até ser gradualmente abolida pela operação conjunta dos dois interesses acima mencionados, a saber, o do proprietário de terras, por um lado, e o do soberano, por outro. Um camponês emancipado, a quem, ao mesmo tempo, permitiu-se continuar na posse da terra por não dispor de capital próprio, só poderia cultivá-la com os meios que o senhor lhe adiantava. É provável, portanto, que esse camponês emancipado fosse o que os franceses denominam de *métayer*.

Porém, mesmo essa espécie de lavrador jamais teria o menor interesse em gastar, na posterior benfeitoria da terra, qualquer parte do pequeno capital que conseguisse poupar de sua quota-parte da produção, pois o senhor, que nada gastava, continuaria a ter metade de tudo o que se produzisse. O dízimo, que representa somente um décimo da produção, é considerado um grande entrave para o aprimoramento das terras. Por isso, um tributo que representasse a metade da produção do produto certamente seria uma barreira real para isso. O *métayer* poderia ter interesse em extrair da terra o máximo possível com o capital fornecido pelo proprietário; mas nunca teria interesse em associar seu capital ao do proprietário. Na França, onde, segundo se afirma, cinco das seis regiões do reino ainda são ocupadas por esse tipo de lavrador, os proprietários se queixam de que seus *métayers* aproveitam qualquer oportunidade para usar o gado do senhor mais para o transporte do que para a agricultura. No primeiro caso, ficam com todo o lucro; no outro, repartem-no com os senhores. Essa espécie de arrendatário ainda subsiste em algumas regiões da Escócia. São chamados de arrendatários *steel-bow**. Provavel-

---

* Equivale à categoria de arrendamento que na França recebe o nome de *cheptel de fer*. É um contrato de arrendamento mediante o qual o arrendatário, ao entrar no arrendamento, recebe do proprietário uma certa quantidade de gado vivo, comprometendo-se a restituir-lhe essa mesma quantidade ou o mesmo valor do gado ao término do arrendamento. (N. T.)

mente da mesma espécie eram os antigos rendeiros ingleses que, segundo o barão-chefe Gilbert e o doutor Blackstone, eram mais bailios do senhor de terras do que rendeiros propriamente ditos.

A esse modo de ocupação da terra seguiu-se, embora a passos muito lentos, o dos arrendatários propriamente ditos, que cultivavam a terra com seu próprio capital, pagando uma certa renda ao senhor. Quando esses arrendatários têm um contrato de arrendamento de alguns anos, é possível que às vezes seja de seu interesse investir uma parte de seu capital no aprimoramento da terra, pois podem ter a expectativa de recuperá-lo, com um grande lucro, antes de expirar o contrato. Todavia, mesmo a posse da terra desses arrendatários foi, durante muito tempo, extremamente precária, e continua a ser em muitas regiões da Europa. Era possível que mesmo antes do término do contrato esses arrendatários fossem legalmente expulsos de seus arrendamentos por um novo comprador das terras; na Inglaterra, isso era possível até mesmo pela ação fictícia de uma reintegração comum. Se seus proprietários os desapossassem ilicitamente mediante o uso da força, a ação que garantia reparação a esses arrendatários era extremamente insatisfatória. Nem sempre lhes assegurava a reintegração da posse, concedendo-lhes apenas indenização que nunca equivalia ao prejuízo real. Mesmo na Inglaterra, talvez o país da Europa onde os pequenos proprietários rurais sempre foram mais respeitados, somente no 14º ano do reinado de Henrique VII se criou a ação de despejo, mediante a qual o arrendatário obtém em juízo não apenas indenização, como também é reintegrado na posse da terra, além de sua reivindicação não se decidir, necessariamente, pelo julgamento incerto de um único tribunal. Essa ação foi considerada um recurso tão eficaz que, na prática moderna, quando o proprietário precisa requerer a posse da terra, raramente se vale das ações a que tem direito como senhor da terra – o mandado de reintegração de posse ou o mandado de reocupação. Em vez disso, demanda em nome do arrendatário, mediante ordem de despejo. Portanto, na Inglaterra a segurança do arrendatário é igual à do proprietário. Além disso, um arrendamento vitalício no valor de 40 shillings anuais constitui uma propriedade livre e alodial*, garantindo ao arrendatário o direito de eleger um Membro do Parlamento; e, como grande parte dos pequenos proprietários possui propriedades livres e alodiais, toda essa classe de gente se torna respeitável aos olhos dos proprietários, graças à consideração política que isso lhe confere. Acredito que não haja em algum lugar da Europa, à exceção da Inglaterra, exemplo de arrendatário que construa edifícios sobre terras das quais não possui nenhum contrato de arrendamento, por confiar em que, por sua honra, o proprietário não tiraria vantagem de tão importante benfeitoria. Essas leis e esses costumes tão favoráveis ao pequeno proprietário rural talvez tenham contribuído mais para a atual grandeza da Inglaterra do que todas as tão elogiadas regulamentações sobre o comércio tomadas em conjunto.

A lei que assegura os contratos de arrendamentos a prazos mais longos contra sucessores de qualquer espécie é, tanto quanto sei, peculiar à Grã-Bretanha. Foi introduzida na Escócia já em 1449, mediante uma lei de Jaime II. Sua influência benéfica, entretanto, foi bastante obstruída pelas cláusulas de inalienabilidade, já que os herdeiros de terras sujeitas a essas cláusulas estavam em geral impedidos de alugá-las para arrendamento por um período de longo prazo, freqüentemente por mais de um ano. Sob esse aspecto, uma lei recente do Parlamento abrandou um pouco as restrições dessa outra lei, embora ainda sejam excessivamente severas. Na Escócia, além disso, como nenhum arrendatário tem o direito de votar num membro do Parlamento, os pequenos agricultores são menos respeitados pelos proprietários do que na Inglaterra.

---

* No original, *freehold*. (N. T.)

Em outras regiões da Europa, mesmo depois que se passou a considerar conveniente dar garantias aos arrendatários contra os herdeiros e compradores, o prazo dessa garantia continuava a se limitar a um período bastante reduzido; na França, por exemplo, esse prazo era limitado a nove anos, a partir do início do arrendamento. Na verdade, recentemente esse prazo foi estendido a vinte e sete anos, que mesmo assim é um período ainda muito curto para estimular o arrendatário a realizar as mais importantes benfeitorias. No passado, os proprietários de terras eram os legisladores em todas as partes da Europa. Toda a legislação fundiária, portanto, era planejada para favorecer os supostos interesses do proprietário. Imaginavam, assim, que era de interesse do proprietário determinar que nenhum contrato de arrendamento concedido por qualquer de seus antecessores os podia impedir de desfrutar, por um longo período, o valor integral de sua terra. Mas a avareza e a injustiça sempre têm vistas curtas, e por isso não conseguiram prever até que ponto essas leis necessariamente dificultam as benfeitorias e com isso contrariam, no longo prazo, o verdadeiro interesse do proprietário.

Também se supunha antigamente que, além de pagarem a renda da terra, os arrendatários estavam obrigados a prestar grande número de serviços ao proprietário, serviços estes que raramente estavam especificados no contrato de arrendamento, nem eram regulamentados por nenhuma outra lei definida, senão os usos e costumes da casa ou do baronato. Com isso, o arrendatário se submetia a inúmeras afrontas, já que tais serviços eram quase inteiramente arbitrários. Na Escócia, a abolição de todos os serviços que não estivessem claramente estipulados no contrato de arrendamento em pouco tempo veio a alterar consideravelmente, e para melhor, a condição dos pequenos proprietários no país.

Os serviços públicos a que estavam obrigados os pequenos proprietários rurais não eram menos arbitrários do que os serviços privados. Abrir e conservar as principais estradas – servidão que, segundo creio, subsiste ainda por toda parte, embora com diferentes graus de opressão nos vários países – não era o único desses serviços. Quando as tropas do rei, sua família ou qualquer um de seus ministros passavam por algum lugar do país, os pequenos proprietários rurais eram obrigados a fornecer-lhes cavalos, carruagens e provisões, a um preço determinado pelo fornecedor da casa real. Acredito que a Grã-Bretanha seja a única monarquia da Europa em que a opressão dessa obrigação de aprovisionar foi inteiramente abolida. Continua a existir na França e na Alemanha.

Os tributos públicos a que estavam sujeitos eram tão irregulares e opressivos como os serviços. Embora extremamente relutantes quanto a eles mesmos concederem algum auxílio financeiro a seu soberano, os antigos senhores permitiam-lhe tranqüilamente cobrar de seus arrendatários a talha, como a chamavam, e não tiveram conhecimento suficiente para prever quanto isso necessariamente afetava, afinal, sua própria renda. A *taille**, tal como ainda subsiste na França, pode servir como exemplo dessas antigas talhas. Trata-se de um tributo incidente sobre os supostos lucros do arrendatário, calculado com base no capital que esse arrendatário possui no estabelecimento agrícola. É de seu interesse, portanto, aparentar que possui o mínimo possível e, por conseqüência, aplicar o menos possível no cultivo, e nada em benfeitorias. Se algum capital viesse a se acumular nas mãos de um agricultor francês, a *taille* quase equivaleria a uma proibição de jamais aplicá-lo na terra. Além disso, supõe-se que esse imposto seja uma desonra para quem está sujeito a ele, degradando-o abaixo da posição não só de cavalheiro, mas à de habitante de burgos, pois somente incide sobre os que arrendam terras de terceiros. Nenhum cavalheiro, nem sequer um habitante de burgo que possua capital, há de se submeter a tal degradação. Esse tributo, portanto, não apenas impede que o

---

* Em francês no original. (N. T.)

capital acumulado sobre a terra seja investido em benfeitorias a essa terra, como também afasta dela todos os outros capitais. Na medida em que incidiam sobre a terra, os antigos dízimos ou décimos-quintos, tão comuns na Inglaterra antiga, parecem ter sido tributos de natureza semelhante à da *taille*.

Com todos esses desestímulos, só era possível esperar dos arrendatários escassas benfeitorias. Mesmo com toda a liberdade e segurança que a lei pode garantir, as benfeitorias que essa classe de gente consegue introduzir estão sempre, necessariamente, sujeitas a desvantagens imensas. Para usar de comparação, pode-se dizer que o arrendatário está para o proprietário assim como o comerciante que negocia com dinheiro emprestado está para o que negocia com dinheiro próprio. É possível que o capital de ambos aumente, mas o do primeiro, sendo igualmente bem administrado, sempre deve aumentar mais lentamente que o do segundo, em razão da grande parcela de lucros consumida pelos juros do empréstimo. Do mesmo modo, as terras cultivadas pelo arrendatário, mesmo que sejam administradas tão bem como as do proprietário, devem necessariamente se valorizar mais lentamente do que as deste, em razão da grande parcela da produção consumida no pagamento da renda da terra – parcela esta que poderia em seguida ser empregada na melhoria* do solo, caso o arrendatário fosse o proprietário. Além disso, a condição social do arrendatário é, pela própria natureza das coisas, inferior à do proprietário. Na maior parte da Europa, os pequenos proprietários rurais são vistos como uma classe inferior, mesmo em relação aos melhores negociantes e artífices, e em todas as regiões da Europa são considerados inferiores aos grandes

---

* O verbo inglês *to improve* admite várias significações, entre as quais "aumentar", "crescer", "introduzir benfeitorias", "melhorar", "desenvolver-se", "valorizar". No trecho que inicia com "É possível..." e vem até aqui, Smith o emprega nesses sentidos variados. (N. T.)

comerciantes e donos de manufaturas. Por isso, raramente um homem que possui um capital considerável abandona uma categoria superior para se colocar na inferior. Mesmo na atual situação da Europa, é pouco provável, portanto, que se retire capital de uma atividade para aplicá-lo na valorização da terra por meio do cultivo. Talvez isso ocorra mais na Grã-Bretanha do que em outro país qualquer, embora mesmo aí os grandes capitais que em alguns lugares são aplicados na agricultura tenham sido normalmente adquiridos mediante a atividade agrícola – talvez a atividade em que a aquisição de capital seja a mais lenta de todas. Depois dos pequenos proprietários, entretanto, os ricos e os grandes arrendatários talvez sejam, em todos os países, os maiores responsáveis pelo aprimoramento da terra. Na Inglaterra possivelmente são mais numerosos do que em qualquer outra monarquia européia. Afirma-se que nos governos republicanos da Holanda e de Berna, na Suíça, os arrendatários não são inferiores aos da Inglaterra.

A antiga política européia era, acima de tudo, desfavorável à melhoria e ao cultivo da terra, quer feitos pelo proprietário, quer pelos arrendatários; em primeiro lugar, em razão da proibição geral de exportar trigo sem licença especial, o que parece ter sido uma regra universalmente adotada; e, em segundo lugar, em virtude das restrições impostas ao comércio interno, não só de trigo mas também de quase todos os demais produtos agrícolas, por meio de leis absurdas contra açambarcadores, varejistas e atravessadores, e pelos privilégios concedidos a feiras e mercados específicos. Já se observou como a proibição de exportar trigo, somada aos incentivos dados à sua importação, impediu o cultivo do solo na antiga Itália, o país naturalmente mais fértil da Europa, e naquela época a sede do maior império do mundo. Talvez não seja tão fácil imaginar em que medida essas restrições ao comércio interno de trigo, somadas à proibição geral de exportar, devem ter desestimulado o cultivo de países menos férteis e em piores circunstâncias do que a Itália.

CAPÍTULO 3

Da ascensão e progresso dos burgos e das cidades após a queda do Império Romano

Após a queda do Império Romano, os habitantes de burgos e cidades não foram mais beneficiados que os habitantes do campo. De fato, constituíam uma classe de pessoas bastante distinta dos primeiros habitantes das antigas repúblicas da Grécia e de Roma. Estes últimos compunham-se predominantemente de proprietários de terras, entre os quais se dividiu originalmente o território público, e que consideraram conveniente construir suas residências próximas uma das outras, cercando-as com uma muralha, para defesa comum. Ao contrário, após a queda do Império Romano os proprietários de terras em geral parecem ter vivido em castelos fortificados dentro de suas terras, junto com rendeiros e dependentes. As cidades eram principalmente habitadas por comerciantes e artesãos, que naqueles dias parecem ter vivido em condição servil, ou muito próximos disso. Os privilégios outorgados pelas antigas cartas régias aos habitantes de alguns dos principais burgos da Europa mostram-nos suficientemente o que eram antes de receberem esses privilégios. Pessoas a quem se outorga o privilégio de concederem a mão das filhas em casamento, sem necessidade do consentimento de seu senhor; de, ao morrerem, transmitir os bens aos filhos, não ao senhor, e de poderem dispor dos próprios bens por testamento, possivelmente estavam, antes das concessões desses privilégios, na mesma ou quase na mesma condição de servidão* dos rendeiros do campo.

Ao que parece, na verdade constituíam um grupo de pessoas muito pobres e miseráveis, que costumavam perambular com seus pertences de um lugar para outro, de feira em feira, à maneira dos mascates e bufarinheiros de nossos dias. Assim como ainda hoje ocorre em muitos governos tártaros da Ásia, era então costume, em todos os países da Europa, cobrar impostos sobre as pessoas e os bens dos viajantes, quando passavam por certas herdades, quando atravessavam certas pontes, quando transportavam suas mercadorias de um lugar para outro numa feira, ou quando nessa feira armavam uma banca ou tenda para vendê-las. Na Inglaterra, esses diferentes tipos de impostos eram conhecidos pelos nomes de *passage, pontage, lastage* e *stallage***. Às vezes o rei, às vezes um grande senhor, que tinha em certas ocasiões, segundo parece, autoridade para isso, concedia a determinados negociantes, em especial aos que viviam em seus domínios, uma isenção geral desses impostos. Por essa razão, esses negociantes eram chamados de comerciantes livres, embora sob outros aspectos fossem de condição servil, ou quase servil. Em troca, costumavam pagar a seus protetores uma espécie de capitação anual. Naquela época, a proteção era raramente concedida sem uma valiosa compensação, e talvez esse imposto *per capita* fosse considerado uma espécie de compensação por aquilo que protetores poderiam perder ao isentá-los de outros tributos. A princípio, tanto os impostos *per capita* como as isenções parecem ter sido absolutamen-

---

* *Villanage,* no original. (N. T.)
** *Passage* era o imposto pago pelo direito de passagem ou trânsito; *pontage,* o pedágio para atravessar uma ponte; *lastage* era o tributo cobrado para se obter licença de venda numa feira ou mercado; finalmente, *stallage* era o imposto pago pelo direito de montar uma banca ou uma tenda em feiras e mercados. (N. T.)

te pessoais, afetando apenas indivíduos, quer durante sua vida, quer enquanto os protetores julgassem conveniente. Nos registros, aliás muito imperfeitos, publicados do Cadastro das Terras Inglesas* de diversos burgos da Inglaterra, com freqüência são mencionados os impostos que determinados habitantes dos burgos pagavam ao rei, ou a algum outro grande senhor, por esse tipo de proteção; outras vezes, apenas ao montante total correspondente a todos esses impostos[1].

Mas, por mais servil que possa ter sido originalmente a condição dos habitantes dos burgos, vê-se claramente que alcançaram liberdade e independência muito antes dos ocupantes da terra nos campos. Em cada burgo, a parte da receita do rei proveniente do recolhimento desses impostos *per capita* costumava ser deixada num foro durante um certo número de anos, por uma renda fixa, às vezes sob a administração do xerife do condado e às vezes de outras pessoas. Freqüentemente os próprios habitantes do burgo conquistavam crédito suficiente e eram então admitidos como administradores do foral e das rendas desse tipo, procedentes de seu próprio burgo, tornando-se conjunta e rigorosamente responsáveis pela receita total[2]. Creio que conceder um foral dessa maneira era bastante interessante para a economia corrente dos soberanos de todos os diferentes países da Europa, os quais muitas vezes costumavam conceder herdades inteiras aos respectivos rendeiros, tornando-se eles conjunta e rigorosamente responsáveis pela receita integral; em troca, tinham a permissão de recolher essa re-

---

* No original, *Doomsday Book*. Esse livro de registros, criado em 1086 por Guilherme I, trazia uma espécie de censo sobre as posses dos habitantes do país. Sua principal finalidade era informar ao rei a extensão e valor de suas terras e de seus arrendatários. (N. T.)

1. Ver Brady, *Historical Treatise of Cities and Burroughs*, 2ª ed., 1711, p. 3 etc.

2. Ver Madox, *Firma Burgi*, p. 18; também *History of the Exchequer*, 1ª ed., capítulo 10, seção V, p. 223.

ceita como bem quisessem e de pagá-la ao tesoureiro do rei por intermédio de seus próprios bailios, livrando-se assim da insolência dos oficiais do rei – algo que então se considerava de máxima importância.

A princípio, o foral da cidade foi concedido aos habitantes do burgo, da mesma maneira como havia sido concedido a outros foreiros, apenas por um certo número de anos. Entretanto, com o passar do tempo parece se ter tornado prática geral concedê-lo como um feudo, isto é, em caráter vitalício, assegurando uma certa renda fixa, que mais tarde jamais poderia ser aumentada. Como o pagamento então se tornou perpétuo, as isenções, em troca das quais se fazia o pagamento, tornaram-se também naturalmente perpétuas. Por isso, essas isenções deixaram de ser pessoais, e já não poderiam ser consideradas como pertencentes a indivíduos enquanto tais, mas a burgueses de um determinado burgo, que, por causa disso, era denominado burgo livre, pela mesma razão por que aqueles foram chamados burgueses livres ou comerciantes livres.

Com essa concessão, foram também conferidos aos burgueses do burgo em geral os importantes privilégios acima mencionados, o de poderem conceder a mão de suas próprias filhas em casamento, o de deixarem a herança aos filhos e de poderem dispor de seus bens por testamento. Não saberia dizer se antes já se haviam concedido esses privilégios, juntamente com a liberdade de comércio, a certos burgueses em particular, tomados como indivíduos. Não me parece improvável, embora não possa apresentar provas diretas disso. Mas, seja como for, uma vez retirados deles os principais atributos da servidão e da escravidão, pelo menos agora os burgueses tornaram-se realmente livres no sentido que atualmente atribuímos à palavra Liberdade.

E isso não foi tudo. Em geral, os burgos foram ao mesmo tempo instituídos como comunas ou corporações, com o privilégio de ter magistrados e conselho próprios, de criar regulamentos internos para seu próprio governo, de construir muros para a sua própria defesa e de sujeitar todos os habitantes a uma espécie de disciplina militar, obrigando-os a vigiar e guardar, isto é, segundo se entendia antigamente, guardar e defender tais muros de todos ataques e assaltos, tanto de dia como à noite. Na Inglaterra, geralmente eram dispensados de responder a processos em tribunais da centúria e do condado, e todas as questões judiciais que surgissem entre eles, exceto as da Coroa, estavam entregues à decisão de seus próprios magistrados. Em outros países, freqüentemente lhes eram concedidas jurisdições muito maiores e mais amplas[3].

Provavelmente era necessário assegurar a esses burgos admitidos como forais de suas próprias receitas uma espécie de jurisdição compulsória, a fim de obrigar os próprios cidadãos a efetuar o pagamento. Naqueles tempos tumultuados, talvez fosse extremamente inconveniente deixar que os cidadãos procurassem esse tipo de justiça em qualquer outro tribunal. Mas parece estranho que os soberanos dos diferentes países da Europa trocassem esse tipo de receita – a qual talvez fosse, dentre todas as outras, a que tinha mais probabilidade de aumentar com o curso natural das coisas, sem exigir deles cuidados e despesas – por uma renda fixa, que jamais poderia ser aumentada. Com isso, acabaram por criar, voluntariamente, uma espécie de república independente no coração de seus próprios domínios.

Para compreender isso, é preciso lembrar que, naqueles tempos, talvez nenhum soberano da Europa tivesse condições de proteger, em toda a extensão de seus domínios, a porção mais fraca de seus súditos da opressão dos grandes senhores. Aqueles que a lei não podia proteger, e que não eram suficientemente fortes para se defender sozinhos,

---

3. Ver Madox, *Firma Burgi*; ver também Pfeffel (*Nouvel abrégé chronologique de l'histoire et du droit public d'Allemagne*, 1776) quanto aos notáveis eventos ocorridos nos reinados de Frederico II e de seus sucessores da dinastia da Suábia.

tinham forçosamente de recorrer à proteção de um nobre poderoso – e para consegui-la tinham de se tornar seus escravos ou vassalos –, ou de criar uma liga para a defesa mútua e proteção comum. Os habitantes das cidades e burgos, tomados individualmente, não tinham nenhum poder para se defender, a não ser que criassem uma liga para defesa mútua com seus vizinhos, quando então conseguiam oferecer uma resistência considerável. Os nobres desprezavam os burgueses, a quem viam não apenas como homens de uma ordem distinta, mas como um punhado de escravos emancipados, quase de uma espécie distinta da deles. A riqueza dos burgueses nunca deixou de provocar-lhes inveja e indignação, e em todas as oportunidades os saqueavam sem piedade ou remorso. Naturalmente os burgueses odiavam e temiam os nobres. Também o rei os odiava e temia; quanto aos habitantes do burgo, embora talvez os desprezassem, não tinham razão para odiá-los ou temê-los. O interesse mútuo, portanto, os dispôs a apoiar o rei, e o rei, por seu turno, a apoiá-los contra os nobres. Os habitantes dos burgos eram inimigos dos inimigos do rei, e era de interesse deste proporcionar-lhes a maior segurança e independência possível. Ao lhes conceder o direito de instituírem os próprios magistrados, o privilégio de criar regulamentos para seu próprio governo, o de construir muros para sua própria defesa e o de submeter todos a uma espécie de disciplina militar, o rei lhes facultou todos os meios a seu alcance para que conseguissem segurança e independência em relação aos barões. Sem o estabelecimento de um governo regular desse gênero, sem alguma autoridade para obrigar os habitantes a agir de acordo com um certo plano ou sistema, nenhuma liga voluntária de defesa mútua seria capaz de lhes proporcionar segurança permanente, ou de lhes dar condições de oferecer ao rei apoio consistente. Ao conceder-lhes o foral permanente de seus burgos como feudos, afastou dos que pretendia ter como amigos e, por assim dizer, como aliados toda e qualquer razão para o invejarem e suspeitarem de que mais tarde pudesse vir a oprimi-los novamente, quer aumentando a renda proveniente do foral de seu próprio burgo, quer a concedendo a algum outro foreiro.

Por isso, os príncipes que mantinham as piores relações com os barões parecem ter sido os mais liberais na concessão desse tipo de privilégios aos burgos. Assim, por exemplo, o rei João da Inglaterra foi, ao que parece, um dos mais generosos benfeitores dos burgos[4]. Filipe I, da França, perdeu toda a autoridade sobre seus barões. Quase no fim de seu reinado, seu filho, Luís, mais tarde conhecido pelo nome de Luís, o Gordo, consultou, segundo o padre Daniel, os bispos dos domínios reais quanto aos meios mais apropriados para refrear a violência dos nobres eminentes. Os bispos lhe fizeram duas diferentes propostas. A primeira consistia em instituir uma nova ordem de jurisdição, estabelecendo magistrados e um conselho municipal em todas as cidades importantes de seu reino. A outra era a formação de uma nova milícia, que fizesse os habitantes dessas cidades, sob o comando dos próprios magistrados, marcharem em defesa do rei, quando necessário. De acordo com os antiquários* franceses, é desse período a instituição dos magistrados e conselhos de cidades na França. Foi durante os infelizes reinados dos príncipes da dinastia da Suábia que a maior parte dos burgos livres da Alemanha recebeu as primeiras concessões de privilégios, e que a famosa Liga Hanseática começou a ter grande importância[5].

---

4. Ver Madox, *Firma Burgi,* p. 35, 150.

* O antiquário se debruçava sobre o estudo de antiguidades, geralmente coletando documentos ou materiais antigos. Não se tratava exatamente de um historiador, que na época era um saber quase literário, voltado para o empreendimento retórico de extrair do passado uma lição moral, portanto de caráter pedagógico. Ao contrário do antiquário, pouco atentava para a verdade dos fatos. (N. T.)

5. Ver Pfeffel.

As milícias das cidades, ao que parece, não eram, naqueles tempos, inferiores às dos campos, e, como pudessem se reunir com mais facilidade em súbitas situações de emergência, com freqüência levavam vantagem em suas disputas com os nobres vizinhos. Em países como a Suíça e a Itália, em que o soberano veio a perder toda a sua autoridade, seja pela distância da sede de governo, seja pela força natural do país, ou por alguma outra razão, quase todas as cidades se tornaram repúblicas independentes e conquistaram todos os nobres de sua vizinhança, obrigando-os a destruir seus castelos no campo e a viver na cidade, como os outros habitantes pacatos. Essa é a breve história da república de Berna, assim como a de muitas outras cidades na Suíça. Se excetuarmos Veneza, pois a história dessa cidade é um pouco diferente, essa é a história de todas as grandes repúblicas italianas, tantas das quais surgiram e pereceram entre o fim do século XII e início do XVI.

Em países como a França ou Inglaterra, onde jamais a autoridade do soberano foi totalmente destruída, embora em várias ocasiões estivesse bastante fraca, as cidades não tiveram oportunidade de se tornar inteiramente independentes. Porém, adquiriram tal importância, que o soberano não tinha condições de lhes impor tributo algum sem seu consentimento, salvo o já mencionado foral da cidade. Foram, portanto, convocadas a enviar representantes para a assembléia geral dos estados do reino, ocasião em que podiam se unir ao clero e aos barões para conceder algum auxílio extraordinário ao rei, em situações de urgência. Além disso, como em geral as cidades eram mais favoráveis ao poder do rei, seus representantes parecem ter sido algumas vezes utilizados, nessas assembléias, para contrabalançar a autoridade dos grandes barões. Esta é a origem da representação dos burgos nos Estados Gerais de todas as grandes monarquias da Europa.

Assim, numa época em que os ocupantes das terras estavam expostos a todo tipo de violência, estabeleceram-se nas cidades ordem e bom governo e, com estes, liberdade e segurança dos indivíduos. Mas é natural que homens assim indefesos se contentassem em ter somente subsistência necessária, pois se conseguissem mais do que isso poderiam atrair para si a injustiça dos opressores. Ao contrário, quando estão seguros de gozar os frutos de seu trabalho, naturalmente se empenham em melhorar sua condição e em adquirir não apenas os bens de primeira necessidade, mas também os que proporcionam conforto e luxo. Portanto, esse trabalho que almeja mais do que o meramente necessário para subsistir já existia nas cidades muito tempo antes de se tornar praxe entre os ocupantes da terra. Caso uma pequena riqueza viesse a se acumular nas mãos de um agricultor pobre, oprimido pela servidão feudal, naturalmente o ocultaria com grande cuidado de seu senhor – a quem a riqueza passaria a pertencer, se a descobrisse – e aproveitaria a primeira oportunidade para fugir para uma cidade. Naquela época, a lei era tão tolerante com os habitantes das cidades e tão desejosa de diminuir o poder dos nobres sobre os habitantes dos campos que, se aquele agricultor lograsse se esconder da perseguição de seu senhor por um ano, ficaria livre para sempre. Assim, toda a riqueza que se acumulasse nas mãos da porção laboriosa dos habitantes do campo procurava naturalmente refúgio nas cidades, os únicos santuários em que era possível guardar com segurança a riqueza adquirida.

É verdade que os habitantes de uma cidade sempre derivam do campo, em última instância, sua subsistência, assim como todas as matérias-primas e meios de trabalho. Mas os moradores de uma cidade situada nas proximidades da costa marítima ou das margens de um rio navegável não dependem necessariamente da produção da região agrícola para subsistir. Têm um raio de ação muito mais amplo, podendo importar os bens de subsistência dos cantos mais remotos do mundo, quer em troca do produto manufaturado de sua própria atividade, quer desempenhando a função de transportadores entre países distantes e trocando o produto de um pelo de outro. Dessa maneira, foi possível a uma cidade ascender e atingir uma grande riqueza e esplendor, enquanto não apenas os países vizinhos, mas todos aqueles com os quais essa rica comerciava, permaneceram na mais extrema pobreza e miséria. Talvez cada um desses países, tomados individualmente, só pudesse fornecer-lhe uma pequena parte do necessário para sua subsistência e atividade; tomados em conjunto, entretanto, esses países tinham condições de fornecer-lhe farta subsistência e forte atividade. Porém, no estreito círculo comercial daquela época existiram alguns países ricos e produtivos. Isso ocorreu com o Império Grego, enquanto subsistiu, ou o Império dos Sarracenos durante os reinados dos Abássidas. Também era esse o caso do Egito, até ser conquistado pelos turcos, de algumas regiões da costa da Berbéria e de todas as províncias de Espanha submetidas aos Mouros.

As cidades da Itália parecem ter sido as primeiras da Europa a alcançar, por meio do comércio, um grau considerável de opulência. A Itália se localiza no centro do que era então a parte mais avançada e civilizada do mundo. Além disso, embora tenham provocado a perda de riquezas e a destruição dos habitantes, e com isso retardado o progresso da maior parte da Europa, as Cruzadas foram extremamente vantajosas a algumas cidades italianas. Os grandes exércitos que, de toda parte, marcharam para a conquista da Terra Santa promoveram extraordinário estímulo à navegação de Veneza, Gênova e Pisa, algumas vezes transportando os cruzados até lá, e sempre lhes fornecendo provisões. Essas cidades foram o reembolsável, por assim dizer, daqueles exércitos, e o mais destrutivo frenesi que jamais assolou as nações européias foi uma fonte de riqueza para essas repúblicas.

Os habitantes das cidades comerciais, ao importarem produtos manufaturados mais refinados e os caros artigos de luxo de países mais ricos, alimentaram a vaidade dos grandes proprietários, que avidamente os compravam com grandes quantidades de produto bruto de suas próprias terras. Por isso, naquela época o comércio de uma grande parte da Europa consistia basicamente no intercâmbio de sua própria produção bruta pela produção manufaturada de nações mais civilizadas. Assim, a lã da Inglaterra costumava ser trocada pelos vinhos da França e pelos tecidos finos de Flandres, da mesma maneira que o trigo da Polônia é trocado hoje em dia pelos vinhos e conhaques da França e pelas sedas e veludos da França e da Itália.

Assim, foi pelo comércio exterior que se introduziu o gosto pelas manufaturas mais finas e elaboradas nos países onde esse tipo de produto não existia. Mas, quando esse gosto se tornou tão generalizado a ponto de provocar uma demanda considerável, os comerciantes, para economizar as despesas de transporte, naturalmente trataram de estabelecer algumas manufaturas semelhantes em suas próprias cidades. Donde a origem das primeiras manufaturas voltadas para a venda em mercados distantes, que parecem ter surgido nas províncias ocidentais da Europa após a queda do Império Romano.

É preciso notar que nenhum grande país jamais subsistiu ou poderia subsistir sem que se produzissem nele alguns tipos de manufatura; e, quando se diz que determinado país não possui manufaturas, deve-se entender com isso que não possui as manufaturas mais refinadas e elaboradas, ou as que se destinam à venda em lugares distantes. Em todos os grandes países, tanto as roupas como o mobiliário da maioria absoluta da população são o produto de seu próprio trabalho. Isso acontece ainda mais nos países pobres – onde, segundo se costuma dizer, não há manufaturas – do que nos países ricos, onde existem, conforme se afirma, em grande abundância. Nestes últimos, geralmente se encontra, nas roupas e no mobiliário da camada mais baixa da população, uma proporção muito maior de produtos estrangeiros do que nos países mais pobres.

Ao que parece, foram dois os modos pelos quais se introduziram em diversos países as manufaturas destinadas à venda em lugares distantes.

Algumas vezes, foram introduzidas da maneira acima mencionada, pela ação violenta, por assim dizer, dos capitais de certos comerciantes e negociantes, que as implantaram imitando algumas manufaturas estrangeiras do mesmo tipo. Portanto, essas manufaturas são o fruto do comércio exterior, e talvez tenha sido isso o que ocorreu com as antigas manufaturas de sedas, veludos e brocados que floresceram em Lucca, durante o século XIII. Foram banidas de lá pela tirania de um dos heróis de Maquiavel, Castruccio Castracani*. Em 1310, novecentas famílias foram expulsas de Lucca, trinta e uma das quais se retiraram para Veneza, oferecendo-se para lá introduzir a manufatura de sedas[6]. A oferta foi aceita; muitos privilégios lhes foram concedidos, e começaram a manufatura com trezentos trabalhadores. O mesmo parece ter ocorrido também com as manufaturas de tecidos finos que antigamente floresciam em Flandres, e que foram introduzidas na Inglaterra no início do reinado de Isabel; origem semelhante tiveram as atuais manufaturas de seda de Lyon e Spital-fields. As manufaturas assim introduzidas geralmente empregam matérias-primas estrangeiras, já que são imitações de manufaturas estrangeiras. Quando se estabeleceu pela primeira vez a manufatura em Veneza, todas as matérias-primas eram provenientes da Sicília e do Levante. As mais antigas manufaturas de Lucca

---

* A obra que Maquiavel escreveu durante uma visita a Lucca, em 1520, e aqui aludida por Smith, é *A vida de Castruccio Castracani de Lucca, escrita por Nicolau Maquiavel e enviada a Zanobi Buondelmonti e Luigi Alamanni, seus queridos amigos*. Talvez valha a pena notar que Maquiavel é um dos pensadores mais criticados por Smith. Já em *Teoria dos sentimentos morais* (Parte VI, Seção I, p. 271, trad. bras. Martins Fontes, São Paulo, 1999) o descrevia como "um homem cuja moralidade não era, nem mesmo para seu tempo, das mais encantadoras". (N. T.)

6. Ver Sandi, *Istoria Civile de Vinezia*, parte ii, vol. i, pp. 247 e 256.

também utilizavam matérias-primas estrangeiras. O cultivo de amoreiras e a criação de bichos-da-seda parecem não ter sido comuns nas regiões setentrionais da Itália antes do século XVI. Essas artes* não haviam sido introduzidas na França até o reinado de Carlos IX. As manufaturas de Flandres trabalhavam principalmente com a lã espanhola e inglesa. A lã espanhola serviu de matéria-prima não da primeira manufatura de lã da Inglaterra, mas somente da primeira capaz de produzir para o mercado externo. Mais da metade das matérias-primas empregadas hoje nas manufaturas de Lyon consiste em seda estrangeira; e, quando essas manufaturas se implantaram, a totalidade ou a quase-totalidade da matéria-prima era importada. Quanto a Spital-fields, provavelmente nenhuma matéria-prima empregada por sua manufatura jamais tenha sido produzida na Inglaterra. Como em geral as manufaturas são introduzidas pela ação e pelo projeto de poucos indivíduos, a sede de tais manufaturas é algumas vezes instalada numa cidade marítima e, outras vezes, numa cidade do interior, conforme o interesse, discernimento ou capricho dos produtores.

Outras vezes, as manufaturas destinadas à venda em mercados distantes se desenvolveram natural e espontaneamente pelo aperfeiçoamento gradual das manufaturas domésticas e rústicas, que sempre devem existir, mesmo nos países mais pobres e primitivos. Essas manufaturas geralmente empregam matérias-primas produzidas pelo país, e com freqüência parecem se ter aperfeiçoado e desenvolvido inicialmente em regiões do interior que não estavam a uma imensa distância, mas a uma distância considerável, da costa marítima, e até mesmo de qualquer via de transporte fluvial ou marítima. Uma região do interior, naturalmente fértil e facilmente cultivada, produz um grande excedente de gêneros, isto é, produz além do necessário para a manu-

---

* Isto é, essas técnicas. (N. T.)

tenção dos agricultores, e muitas vezes é possível que, em razão dos custos dos transportes por terra e da inconveniência da navegação fluvial, se torne difícil enviar esse excedente para o exterior. Assim, a abundância torna as provisões baratas e incentiva um grande número de trabalhadores a se estabelecerem nas proximidades, considerando que lá seu trabalho possa lhes proporcionar maior quantidade de bens para sua subsistência e conforto do que em outros lugares. Elaboram as matérias-primas produzidas pela terra, trocando seu produto acabado, ou seja, seu preço, por mais matérias-primas e provisões. Acrescentam um novo valor à parte excedente da produção bruta, poupando a despesa do transporte até a costa ou a algum outro mercado distante; ao mesmo tempo, fornecem aos agricultores algo de útil e agradável em troca de sua produção, em condições mais vantajosas do que antes poderiam conseguir. Os agricultores obtêm um preço melhor pela sua produção excedente, podendo então comprar por um preço mais barato outros artigos de que necessitam para seu conforto. Desse modo, são incentivados a aumentar o excedente de sua produção por meio de novos melhoramentos e melhor cultivo da terra, ao mesmo tempo em que passam a ter condições de fazer isso. E, assim como a fertilidade da terra deu origem à manufatura, também o progresso dessa manufatura influencia a terra, aumentando ainda mais sua fertilidade. De início, essas manufaturas abastecem a vizinhança e mais tarde, à medida que progridem e se aprimoram, passam a abastecer também mercados mais distantes. Pois, enquanto nem a produção bruta nem as manufaturas mais rudimentares conseguiam suportar, sem dificuldades imensas, o custo do transporte por terra a considerável distância, as manufaturas mais refinadas e desenvolvidas podem com facilidade sustentar esse custo. Um pequeno volume muitas vezes contém o preço de uma grande quantidade de produto bruto. Por exemplo, uma peça de tecido fino que pese apenas 80 libras contém não apenas o preço de 80 libras-peso de lã, mas às vezes também o preço de vários milhares de libras-peso de trigo, que é o sustento de muitos trabalhadores e de seus empregadores imediatos. O trigo, que dificilmente poderia ser transportado para fora do país em sua forma original, é dessa maneira virtualmente exportado na forma de manufaturas prontas e pode ser facilmente enviado para os mais remotos cantos do mundo. Foi assim que se desenvolveram, natural e espontaneamente, as manufaturas de Leeds, Halifax, Sheffield, Birmingham e Wolverhamptom. Essas manufaturas são fruto da agricultura. Na história moderna da Europa, sua extensão e melhoria tem sido em geral posterior à das manufaturas nascidas do comércio exterior. A Inglaterra tornou-se conhecida pela manufatura de tecidos finos, confeccionados com lã espanhola, mais de um século antes que alguma dessas manufaturas acima mencionadas tivesse condições de produzir para o mercado externo. A ampliação e o desenvolvimento destas últimas somente poderiam ocorrer em conseqüência da ampliação e do desenvolvimento da agricultura, o último e maior efeito do comércio exterior e das manufaturas que esse comércio imediatamente introduziu. É o que passo a explicar em seguida.

CAPÍTULO 4

Como o comércio das cidades contribuiu para o desenvolvimento do campo

Três foram as maneiras pelas quais o desenvolvimento e a riqueza das cidades comerciais e manufaturas contribuíram para progresso e cultivo das regiões a que pertenciam. Em primeiro lugar, ao proporcionarem um mercado grande e preparado para a produção bruta do país, estimularam seu cultivo e posterior progresso. Esse benefício não se limitou às regiões agrícolas que cercavam as cidades, mas se estendeu mais ou menos a todas as regiões com as quais as cidades mantinham negócios. A todas essas regiões as cidades ofereciam um mercado para certa parte de seu produto bruto ou manufaturado e, conseqüentemente, em alguma medida incentivaram a atividade e progresso de todas essas regiões. As regiões vizinhas, por sua proximidade, necessariamente obtiveram os maiores benefícios desse mercado. Como sua produção bruta pagava menos pelo transporte, os comerciantes tinham condições de pagar melhores preços aos agricultores e também fornecer essa produção aos consumidores ao mesmo preço dos produtos originários de países mais distantes.

Em segundo lugar, a riqueza adquirida pelos habitantes das cidades era muitas vezes empregada para comprar terras à venda, grande parte das quais geralmente não estava cultivada. É comum os comerciantes ambicionarem se tornar aristocratas rurais e, quando isso acontece, são em geral os que mais introduzem benfeitorias na terra. Enquanto um comerciante está acostumado a aplicar seu dinheiro principalmente em projetos rentáveis, um aristocrata rural costuma empregá-lo para pagar despesas pessoais. O primeiro muitas vezes vê o dinheiro sair de suas mãos e retornar com lucro; o segundo, uma vez que se separe do dinheiro, muito raramente espera vê-lo de volta. Esses hábitos distintos naturalmente afetam seu temperamento e sua disposição, em qualquer tipo de negócios. O comerciante é um empreendedor ousado, o aristocrata rural, um empreendedor tímido. O primeiro não teme aplicar de uma só vez um grande capital na melhoria da terra, quando acha provável aumentar o valor da terra em proporção à despesa. O outro, se possui algum capital, o que nem sempre acontece, raramente se aventura a aplicá-lo dessa maneira. Se de algum modo introduz benfeitorias, normalmente não as introduz com um capital, mas com o que consegue economizar de sua renda anual. Todos os que já tiveram a sorte de viver numa cidade mercantil, situada numa região não-desenvolvida, devem ter muitas vezes observado como, sob esse aspecto, as iniciativas dos comerciantes eram mais enérgicas do que a dos aristocratas rurais. Além disso, os hábitos de ordem, economia e atenção que as atividades mercantis naturalmente formam no comerciante o tornam muito mais capaz de executar, com lucro e sucesso, qualquer projeto de desenvolvimento.

Em terceiro e último lugar, o comércio e as manufaturas gradualmente introduziram a ordem e o bom governo e, com eles, a liberdade e a segurança dos indivíduos que habitam o campo, os quais até então haviam vivido quase em contínuo estado de guerra com os vizinhos, e de dependência servil para com seus superiores. Este, embora o último dos efeitos observados, é de longe o mais importante. Pelo que sei, o Sr. Hume* foi o único autor até hoje a levá-lo em conta.

---

* Smith se refere às obras de Hume *Political Discourses*, sobretudo "Of Commerce" e "Of Luxury", e *The History of England*. (N. T.)

Num país que não possua nem comércio exterior nem manufaturas refinadas, um grande proprietário consome inteiramente na hospitalidade rural a maior parte da produção de suas terras que excede ao necessário para a manutenção dos lavradores. Se o excedente de produção basta para manter cem ou mil homens, o único uso que o proprietário pode fazer do excedente é manter cem ou mil homens. Por isso, a todo momento está cercado por uma multidão de agregados e dependentes, que não possuindo nenhum equivalente para lhe dar em troca da manutenção, e sendo alimentados unicamente graças à sua generosidade, devem obedecê-lo pela mesma razão que os soldados devem obedecer ao príncipe que lhes paga. Antes da expansão do comércio e das manufaturas na Europa, a hospitalidade dos ricos e dos eminentes, desde o soberano até o menor dos barões, excedia tudo o que hoje conseguimos conceber. O salão de Westminster era a sala de jantar de Guilherme Rufo*, e talvez muitas vezes não fosse grande o suficiente para seu séquito. Considera-se um exemplo da magnificência de Thomas Becket o fato de ele mandar forrar o chão de seu salão com feno e junco para que os cavaleiros e escudeiros que não conseguissem lugares à mesa não danificassem suas finas roupas ao se sentarem no chão para jantar. Conta-se que todos os dias o grande conde de Warwick recebia em seus vários palácios 33 mil pessoas. Ainda que este número possa parecer exagerado, deve ter sido bastante elevado para admitir tamanho exagero. Não faz muitos anos existia semelhante hospitalidade em várias regiões das Terras Altas da Escócia. Ao que parece, isso é hábito em todas as

---

* Guilherme II (1057-1100) ou Rufo era filho de Guilherme I, o Conquistador. O apelido "Rufo" se deve tanto ao cabelo ruivo como à propensão à ira. Recebeu como herança de seu pai o reino da Inglaterra e o governou com avareza e crueldade, principalmente contra o clero. Tanto assim que até hoje não se sabe se sua morte foi acidental ou premeditada. Há quem diga que teria sido sacrificado em ritual de druidas. (N. T.)

nações nas quais o comércio e as manufaturas são pouco conhecidos. "Vi" – diz o Dr. Pocock – "um chefe árabe jantar nas ruas de uma cidade onde fora vender seu gado e convidar todos os passantes, mesmo os mais comuns dos mendigos, a sentar-se e compartilhar seu banquete."

Sob todos os aspectos, os ocupantes da terra eram tão dependentes dos grandes proprietários como os agregados. Mesmo os que não tinham vínculos servis eram feudatários que pagavam uma renda em nada equivalente à subsistência que a terra lhes proporcionava. Nas Terras Altas da Escócia, era comum alguns anos atrás pagar meia coroa, uma ovelha ou um carneiro por terras que poderiam manter uma família. Em alguns lugares até hoje é assim, e tampouco o dinheiro compra, atualmente, uma quantidade maior de bens aí do que em outros lugares. Num país em que o excedente de produção de uma grande propriedade necessariamente é consumido na propriedade mesma, não raro será mais conveniente para o proprietário que uma parte dessa produção seja consumida longe de sua residência, desde que aqueles que a consomem sejam tão dependentes dele como seus agregados e criados. Assim o proprietário se poupa o transtorno de uma comitiva demasiado grande ou de uma família demasiado numerosa. Um feudatário que, por pouco mais de um foro, tem a posse de uma terra suficiente para manter sua família é tão dependente do proprietário como qualquer criado ou agregado, e como estes deve obedecê-lo incondicionalmente. Do mesmo modo que esse proprietário alimenta criados e agregados em sua residência, também alimenta seus rendeiros em suas casas. É de sua generosidade que resulta a subsistência de cada; é de sua boa vontade que depende a continuação dessa subsistência.

Nesse estado de coisas, o poder dos antigos barões se fundava na autoridade que o grande proprietário necessariamente exercia sobre seus rendeiros e agregados. Inevitavelmente se tornavam juízes em tempos de paz e, em tempos de guerra, líderes de todos os que habitavam suas terras. Podiam manter a ordem e executar a lei dentro de seus respectivos domínios, porque lá cada um deles podia voltar a força de todos os habitantes contra a injustiça de um dentre estes. Nenhuma outra pessoa possuía autoridade suficiente para fazer isso. O rei, em particular, não a possuía. Nesses tempos pretéritos, o rei, com efeito, era pouco mais do que o maior dos proprietários em seus domínios, a quem, em nome da defesa comum contra seus inimigos comuns, os outros grandes proprietários devotavam certo respeito. Exigir o pagamento de uma pequena dívida dentro das terras de um grande proprietário, onde todos os habitantes estavam armados e acostumados a defender-se uns aos outros, teria custado ao rei, caso tentasse fazê-lo por sua própria autoridade, quase o mesmo esforço que lhe custa acabar com uma guerra civil. Por conseqüência, na maior parte do país o rei foi obrigado a abandonar a administração da justiça aos homens que eram capazes de administrá-la; e, pela mesma razão, a abandonar o comando da milícia do país aos homens a quem essa milícia obedeceria.

É um equívoco imaginar que essas jurisdições territoriais se tenham originado da lei feudal. Não apenas as mais altas jurisdições civis e criminais, mas também o poder de recrutar tropas, cunhar moedas, e até o de criar regulamentos para o governo do próprio povo, todos estes eram direitos que os grandes proprietários de terras possuíam à guisa de alódio, muitos séculos antes que o nome da lei feudal sequer fosse conhecido na Europa. Ao que parece, na Inglaterra a autoridade e a jurisdição dos nobres saxões eram, antes da Conquista, tão grandes como as de qualquer nobre normando depois dela. Ora, supõe-se que a lei feudal se tenha convertido em lei comum da Inglaterra somente depois da Conquista*. Aliás, quanto à França, é fato in-

---

* Com a afirmação de que a lei comum (*common law*) era a lei dos normandos, Smith parece tomar o partido de seu colega Hume e dos historiadores *tories*, para os quais a Conquista Normanda, de 1066, fora completa, isto é, a vitória sobre os antigos habitantes da Ilha assegurara ao con-

discutível que muito antes de se introduzir nesse país a lei feudal os grandes senhores tinham a posse alodial da mais extensa autoridade e jurisdição. Toda essa autoridade e jurisdição derivou, necessariamente, dos títulos de propriedade e dos usos e costumes que venho de descrever. Sem remontarmos à longínqua antiguidade das monarquias francesa e inglesa, poderemos encontrar provas suficientes, em tempos muito posteriores, de que tais efeitos sempre derivam de tais causas. Não faz trinta anos que o Sr. Cameron de Lochiel, um cavalheiro de Lochabar, na Escócia, sem nenhuma garantia legal, sem ser o que então se chamava um senhor por regalia**, nem mesmo o rendeiro-em-chefe***, mas meramente um vassalo do duque de Argyle que sequer era juiz de paz, costumava, todavia, exercer a mais suprema jurisdição criminal sobre sua própria gente. Conta-se que ele a exerceu com grande eqüidade, embora sem nenhuma das formalidades da justiça, e não é improvável que o estado daquela região do país, naquele tempo, o tenha forçado a assumir essa autoridade para manter a paz pública. Esse cavalheiro, cuja renda nunca excedeu 500 por ano, em 1745 arrastou consigo à rebelião oitocentos de seus homens.

A introdução da lei feudal, longe de estender a autoridade dos grandes senhores alodiais, pode ser considerada como uma tentativa de diminuí-la. Tal lei estabelecia uma subordinação regular, acompanhada de uma longa série de ser-

---

quistador Guilherme o direito a todas as propriedades do reino e a fazer de sua vontade lei. Os *whigs*, por sua vez, afirmavam que a lei comum já existia antes da Conquista e continuou a vigorar depois dela, sem ser minimamente alterada. Portanto, segundo eles, se a Conquista não fora completa, a vontade de Guilherme I e seus sucessores não equivalia à lei do reino e os reis estavam obrigados a consultar os verdadeiros proprietários de terra todas as vezes em que necessitassem lançar impostos. (N. T.)

** *Lord of regality*, no original. No passado, tratava-se de uma distinção territorial conferida, na Escócia, pelo soberano a um nobre. (N. T.)

*** *Tenant in chief*: um rendeiro que conserva terras concedidas diretamente pelo soberano. (N. T.)

viços e deveres, desde o rei até o menor dos proprietários. Durante a menoridade do proprietário, a renda, juntamente com a administração de suas terras, caía nas mãos de seu superior imediato e, por conseqüência, as dos grandes proprietários caíam nas mãos do rei; o rei, em contrapartida, ficava encarregado de manter e educar o tutelado, e supunha-se que em virtude de sua autoridade como tutor tivesse o direito arranjar-lhe casamento, desde que isso se fizesse de maneira condizente com a posição do tutelado. Mas, embora essa instituição necessariamente tendesse a fortalecer a autoridade do rei e a enfraquecer a dos grandes proprietários, não era suficiente para estabelecer ordem e bom governo entre os habitantes do campo, pois não poderia alterar suficientemente o título da propriedade e os usos e costumes, que haviam originado as desordens. A autoridade do governo continuava a ser, como antes, muito fraca na cabeça, e forte demais nos membros inferiores, e a excessiva força dos membros inferiores era a causa da fraqueza da cabeça. Após a instituição da lei feudal, o rei permaneceu, como antes, incapaz de conter a violência dos grandes senhores. Estes continuaram a fazer a guerra a seu talante, quase incessantemente uns contra os outros, e muitas vezes contra o rei; o campo continuava a ser um cenário de violência, rapina e desordem.

No entanto, o que toda a violência das instituições feudais jamais poderia conseguir, a silenciosa e imperceptível operação do comércio exterior e das manufaturas realizou. Pouco a pouco, o comércio exterior e as manufaturas iam fornecendo aos grandes proprietários algo por que pudessem trocar todo o excedente de produção de suas terras, e que eles mesmos podiam consumir sem partilhá-lo com rendeiros ou criados. Tudo para nós, e nada para os outros – essa parece ter sido, em todas as épocas do mundo, a máxima vil dos senhores da humanidade. Assim, logo que puderam achar um meio de consumir o valor total de suas rendas, não tiveram mais disposição a dividi-las com quaisquer outras pessoas. Por um par de fivelas de diamantes, talvez, ou por algo igualmente frívolo e inútil, trocavam a manutenção ou, o que vem a dar no mesmo, o preço da manutenção de mil homens durante um ano e, no mesmo golpe, todo o peso e a autoridade que isso lhes conferia. As fivelas, porém, deviam pertencer só a eles, e nenhuma outra criatura humana teria parte delas, ao passo que, no antigo método de despesa, os senhores feudais deveriam dividi-las com pelo menos mil pessoas. Essa diferença era absolutamente decisiva para os juízes que deviam determinar a preferência; e então, para satisfazer a mais pueril, mais mesquinha e mais sórdida das vaidades, eles gradualmente traficaram todo o poder e a autoridade que possuíam.

Num país onde não existe comércio exterior, nem as manufaturas mais refinadas, um homem com uma renda de 10 mil libras por ano não pode empregá-la, a não ser, talvez, para manter mil famílias, todas elas necessariamente sob suas ordens. No atual estágio da Europa, um homem com uma renda de 10 mil libras por ano pode gastar toda essa renda, o que geralmente faz, sem sequer manter diretamente vinte pessoas ou ser capaz de dar ordens a mais de dez soldados de infantaria indignos do comandante. Indiretamente, talvez ele mantenha um número tão grande ou maior de pessoas do que manteria pelo antigo método de despesas. Com efeito, embora a quantidade dos produtos preciosos pelos quais ele troca toda a sua renda seja muito pequena, o número de trabalhadores empregados em coletá-la e prepará-la é muito grande. O elevado preço desses produtos geralmente provém dos salários da mão-de-obra e dos lucros obtidos pelos empregadores diretos dessa mão-de-obra. Ao pagar esse preço, o grande proprietário indiretamente paga todos esses salários e lucros e assim contribui indiretamente para a manutenção de todos os trabalhadores e seus empregadores. Mas em geral ele contribui com uma parcela muito reduzida da manutenção de cada trabalhador e empregador individual: em relação a muito poucos, talvez contribua com $1/10$; para a manutenção de muitos, talvez contribua com menos de $1/100$, e para a de alguns deles, com menos de um milésimo, talvez nem mesmo com uma décima milésima parte da totalidade de sua manutenção anual. Portanto, embora o proprietário contribua para a manutenção de todos eles, todos são mais ou menos independentes deles, na medida em que o mais das vezes todos se podem manter sem ele.

Quando os grandes proprietários de terras gastam suas rendas para manter rendeiros e agregados, cada um deles, por sua vez, mantém integralmente seus próprios rendeiros e agregados. Mas, quando essas rendas são gastas para manter negociantes e artífices, talvez possam, todos esses proprietários tomados em conjunto, manter um número tão grande ou, em virtude do desperdício inerente à hospitalidade rústica, talvez maior de pessoas do que antes. Porém, cada um deles isoladamente não raro contribui com uma parcela muito pequena da manutenção de cada indivíduo desse maior número. Cada negociante ou artífice deriva a sua subsistência do serviço que presta, não a um, mas a cem ou mil clientes distintos. Portanto, embora estes dependam em algum grau de todos os clientes, não dependem absolutamente de nenhum deles.

Na medida em que a despesa pessoal dos grandes proprietários aos poucos aumentava, era inevitável que o número de seus dependentes diminuísse em igual proporção, até que finalmente fossem todos dispensados. A mesma causa levou esses proprietários a dispensar gradualmente de suas terras os rendeiros que já não eram necessários. As propriedades rurais foram ampliadas e, apesar das queixas de que havia despovoamento, os ocupantes da terra ficaram reduzidos ao número necessário para cultivá-la, conforme o estágio imperfeito de cultivo e melhoramento daquela época. Removendo as bocas desnecessárias e cobrando do agricultor o valor integral da terra cultivada, o proprietário conseguiu um maior excedente, ou, o que vem a ser o mesmo, o preço de um maior excedente; em breve os comerciantes e manufatores lhe forneceram um modo de despender esse excedente com gastos pessoais, do mesmo modo como ele havia despendido as outras coisas. Como a mesma causa continuava a operar, o proprietário passou a desejar que suas rendas aumentassem mais do que suas terras, em seu real estágio de cultivo, podiam proporcionar. Seus rendeiros só poderiam concordar com isso sob uma condição: que pudessem ter a posse em segurança durante um número de anos suficiente para permitir-lhes recuperar com lucro tudo o que investissem no ulterior aprimoramento da terra. A dispendiosa vaidade do proprietário das terras o inclinou a aceitar essa condição, o que então originou os arrendamentos a longo prazo.

Mesmo um rendeiro a título precário, que paga o valor integral da terra, não depende totalmente do proprietário. As vantagens pecuniárias que recebem um do outro são mútuas e equivalentes, e tal rendeiro não arriscará sua vida ou sua fortuna a serviço do proprietário. Ora, se firmou um contrato de arrendamento de longo prazo, será inteiramente independente, de modo que o proprietário não deverá esperar dele nenhum serviço, nem mesmo o mais trivial, além do que o contrato de arrendamento expressamente estipula, ou a lei comum e conhecida no país lhe impõe.

Na medida em que os rendeiros se tornaram assim independentes, e os agregados foram dispensados, os grandes proprietários não mais eram capazes de interromper a execução regular da justiça ou perturbar a paz no país. Depois de venderem seu direito de primogenitura – não como Esaú vendera o seu por um guisado de lentilhas, em tempos de fome e de necessidade*, mas no desregramento da fartura, por berloques e bugigangas, mais adequados para brinquedos das crianças do que para os sérios objetivos dos homens –, tornaram-se tão insignificantes quanto qual-

---

* Veja-se Gênesis 25,27-34. (N. T.)

quer burguês ou comerciante sólido numa cidade. Estabeleceu-se no campo um governo regular tal como existia na cidade, e ninguém tinha suficiente poder para perturbar o funcionamento de um mais que da outra.

Talvez não tenha relação com o assunto de que ora me ocupo, porém não posso deixar de observar que é muito raro encontrar em países comerciais as famílias muito antigas que possuíram bem de raiz considerável, transmitido de pai para filho por muitas gerações sucessivas. Ao contrário, em países em que há pouco comércio, como o País de Gales ou as Terras Altas da Escócia, tais famílias são muito comuns. As histórias árabes parecem estar, todas elas, repletas de genealogias; aliás, a história escrita por um certo cã tártaro, traduzida para diversas línguas européias, contém pouco mais que isso – prova de que as famílias antigas são muito comuns entre essas nações. Nos países onde a única maneira que um homem rico encontra de gastar sua renda é manter o maior número de pessoas possível, disso não consegue escapar. Mas, ao que parece, sua benevolência raras vezes é tão veemente a ponto de levá-lo a manter mais pessoas do que pode. Por outro lado, nos países onde o rico pode gastar a maior renda possível com sua própria pessoa, ele com freqüência não encontrará limites para os seus gastos, pois não possui limites para a sua vaidade ou para a afeição pela própria pessoa. Por isso é muito raro que nos países comerciais a riqueza permaneça na mesma família por muito tempo, não obstante as mais severas medidas legais proibirem a dissipação. Ao contrário, nas nações mais simples muitas vezes a mesma família conserva a riqueza por longo tempo, sem que se façam necessárias medidas legais, simplesmente porque entre as nações de pastores, tais como os tártaros e árabes, a natureza consumível de suas propriedades necessariamente torna inviável qualquer medida desse teor.

Foi assim que duas diferentes ordens de pessoas, que não tinham a menor intenção de servir à comunidade, levaram a cabo uma revolução de extrema importância para a felicidade de todos. O que movia os grandes proprietários era tão-só a satisfação da mais pueril das vaidades. Quanto aos comerciantes e artífices, que eram muito menos ridículos, agiam apenas em vista de seu próprio interesse, fiéis ao princípio do mascate, de que com um penny se faz outro. Nenhum deles sabia ou previa a grande revolução que a tolice de um e o empenho dos outros gradualmente levavam a efeito.

É assim que na maior parte da Europa o comércio e as manufaturas das cidades, em vez de serem o efeito, têm sido a causa e o móbil do desenvolvimento e do cultivo do campo.

No entanto, uma vez que essa ordem contraria o curso natural das coisas, a revolução é necessariamente lenta e incerta. Basta compararmos o lento progresso dos países europeus, cuja riqueza depende muito do comércio e das manufaturas, com os rápidos avanços de nossas colônias norte-americanas, cuja riqueza é inteiramente fundada na agricultura. Na maior parte da Europa, supõe-se que o número de habitantes não dobrará em menos de quinhentos anos. Em várias de nossas colônias norte-americanas, verifica-se que o número de habitantes dobra a cada vinte ou vinte e cinco anos. Na Europa, a lei de primogenitura e as posses perpétuas de diferentes espécies impedem a divisão das grandes propriedades e com isso dificultam a multiplicação dos pequenos proprietários. Ora, um pequeno proprietário, que conhece cada parte de seu pequeno território, que o vê com toda a afeição que a propriedade, especialmente a pequena propriedade, naturalmente inspira, e que por conta disso tem prazer não apenas em cultivá-la, mas até em adorná-la, geralmente é o mais industrioso, o mais inteligente e o mais bem-sucedido de todos os que introduzem benfeitorias nas terras. Além disso, as mesmas leis mantêm uma tal quantidade de terras fora do mercado que sempre há mais capitais para comprar terras do que terras para vender, de maneira que estas são sempre vendidas a preço de monopólio. A renda nunca chega a pagar os juros do preço de compra, e além disso é sempre sobrecarregada de reparos e outros encargos ocasionais, aos quais os juros do dinheiro não estão sujeitos. Em qualquer parte da Europa, comprar terras é o menos lucrativo dos empregos que se podem dar a um pequeno capital. É verdade que, quando se afasta do comércio, um homem de posses modestas por vezes escolhe, em nome da maior segurança, aplicar seu pequeno capital em terras. Também um homem de profissão, cujos rendimentos derivam de uma outra fonte, por vezes gosta de assegurar suas poupanças comprando terras. Mas um jovem que, em vez de se dedicar ao comércio ou a alguma profissão, decidisse empregar um capital de 2 ou 3 mil libras na compra e no cultivo de uma pequena faixa de terra, poderia de fato esperar viver feliz e com bastante independência, mas deveria dizer adeus para sempre a toda a esperança de obter grande fortuna ou grande notoriedade, o que, com a aplicação diversa de seu capital, ele poderia ter a mesma chance de adquirir que outras pessoas. Mais ainda, embora esse jovem não possa aspirar a proprietário, não raro desdenhará a possibilidade de ser arrendatário. Portanto, a pequena quantidade de terras que é oferecida no mercado e o elevado preço de venda da que é impedem que um grande número de capitais seja empregado no seu cultivo e melhoramento, capitais estes que em outras circunstâncias teriam tomado essa direção. Na América do Norte, ao contrário, muitas vezes se considera que um capital de 50 ou 60 libras seja suficiente para iniciar o trabalho de colonização. Nesse país a compra e melhoria de terras não-cultivadas constituem o emprego mais lucrativo que se pode dar tanto para o menor como para o maior dos capitais, e por isso são o caminho mais reto para toda a fortuna e notoriedade que lá se pode adquirir. É verdade que na América do Norte é possível comprar terras por uma quantia irrisória, ou por um preço muito inferior ao valor da produção natural – algo impossível na Europa, ou de fato em qualquer país onde todas as terras há muito são propriedade privada. Contudo, se as grandes propriedades fundiárias fossem eqüitativamente divididas entre os filhos por ocasião da morte do proprietário que deixasse uma família numerosa, a propriedade geralmente seria posta à venda. Haveria tanta terra à venda no mercado, que não seria possível mais vendê-la a preço de monopólio. A renda líquida da terra se aproximaria mais do valor suficiente para pagar os juros do preço de venda, podendo-se então empregar na compra de terras um pequeno capital que seria tão lucrativo como qualquer outro.

Por causa da fertilidade natural do solo, da grande extensão da costa marítima em comparação com a extensão total do país, e também dos vários rios navegáveis que atravessam o país e proporcionam a vantagem do transporte fluvial a algumas de suas regiões mais afastadas, a Inglaterra talvez seja por natureza tão adequada como qualquer outro país da Europa para ser a sede do comércio exterior, das manufaturas para venda a distância, e de todos os aperfeiçoamentos que isso pode gerar. Além disso, desde o início do reinado de Isabel o legislativo inglês tem dedicado especial atenção aos interesses do comércio e das manufaturas – na realidade, não existe nenhum país da Europa, a própria Holanda não é exceção, cujas leis, em seu conjunto, sejam mais favoráveis a esse gênero de atividade. Com efeito, desde então o comércio e as manufaturas avançam continuamente. Também não resta dúvida de que o cultivo e o desenvolvimento do campo experimentam avanços graduais; ao que parece, todavia, esse desenvolvimento seguiu com mais vagar e a distância o progresso mais rápido do comércio e das manufaturas. É provável que antes do reinado de Isabel a maior parte dos campos já estivesse cultivada, embora uma grande parte ainda permaneça inculta e o cultivo da grande maioria das terras ainda seja muito inferior ao que poderia ser. Entretanto, a legislação inglesa favorece a agricultura não apenas indiretamente, por meio da proteção ao comércio, mas também por diversos incentivos diretos. Exceto em períodos de escassez, a exportação de trigo não apenas está isenta de imposto, como também é incentivada por um subsídio. Em períodos de moderada abundância, a importação de trigo recebe uma carga tributária que equivale à proibição. A importação de gado vivo é proibida em qualquer época, a não ser que se importe da Irlanda, e mesmo a importação desse país só foi permitida recentemente. Portanto, os que cultivam a terra detêm um monopólio, em detrimento de seus concidadãos, dos dois maiores e mais importantes artigos derivados da produção da terra, quais sejam, pão e carne bovina. Esses incentivos, embora ao fim e ao cabo sejam, talvez, completamente ilusórios, como procurarei mostrar adiante, pelo menos demonstram suficientemente a boa intenção dos legisladores em favorecer a agricultura. Mas o mais importante de tudo é que na Inglaterra os pequenos agricultores desfrutam agora da maior segurança, independência e respeitabilidade que as leis lhes podem conceder. Portanto, nenhum país onde vigorar o direito de primogenitura, pagarem-se dízimos, e onde as posses perpétuas ainda forem toleradas em alguns casos, embora sejam contrárias ao espírito da lei, poderá dar mais incentivo à agricultura do que a Inglaterra. Sem prejuízo disso, tal é a situação do cultivo no país. Qual seria se a lei não desse nenhum incentivo à agricultura além do que provém indiretamente do progresso do comércio, e se os pequenos agricultores fossem deixados na mesma condição em que estão na maioria dos demais países da Europa? Mais de 200 anos nos separam do início do reinado de Isabel, período tão longo quanto costuma durar o curso da prosperidade humana.

A França parece ter tido uma participação significativa no comércio exterior cerca de um século antes que a Inglaterra se distinguisse como um país comercial. A marinha da França era considerável, de acordo com os padrões da época, antes da expedição de Carlos VIII a Nápoles. No entanto, o cultivo e o desenvolvimento da França, tomado em sua totalidade, são inferiores ao da Inglaterra. É que a legislação do país jamais deu o mesmo incentivo direto à agricultura.

Muito considerável é também o comércio exterior da Espanha e Portugal para outros países da Europa, embora seja predominantemente realizado através de navios estrangeiros. O comércio desses países com suas colônias é basicamente realizado em navios próprios, sendo aliás muito maior do que o comércio exterior com a Europa, em virtude das grandes riquezas e da extensão dessas colônias. Mas esse comércio nunca introduziu, em nenhum desses países, manufaturas consideráveis para a venda em lugares distantes, e a maior parte dos dois países ainda hoje permanece inculta. E no entanto o comércio exterior de Portugal é mais antigo do que o de qualquer grande país da Europa, exceto a Itália.

A Itália é o único grande país da Europa que parece ter cultivado e desenvolvido todas as suas regiões por meio do comércio exterior e das manufaturas para a venda em lugares distantes. De acordo com Guicciardini, tanto as regiões montanhosas e estéreis como as regiões planas e férteis da Itália já estavam cultivadas antes da invasão de Carlos VIII. A localização vantajosa do país e o grande número de Estados independentes que nele subsistiam à época provavelmente contribuíram em muito para esse cultivo generalizado. Além disso, não obstante essa afirmação geral de um dos mais judiciosos e reticentes historiadores modernos, é possível que naquela época a Itália estivesse mais bem cultivada do que a Inglaterra está no presente.

Ora, o capital que qualquer país adquire por meio do comércio e das manufaturas constitui uma posse bastante precária e incerta, enquanto parte dele não tiver sido assegurada e aplicada no cultivo e melhoria de suas terras. Afirma-se com bastante propriedade que um comerciante não é necessariamente cidadão de um país específico. De certo modo, para ele é bastante indiferente o lugar onde seu comércio se realiza; bastará um desgosto trivial para o fazer transferir seu capital de um país para outro, juntamente com toda a atividade que esse capital sustenta. Não se pode dizer que uma parte desse capital pertença ao país até que se tenha espalhado por assim dizer por toda a superfície do país, fixando-se em construções ou na introdução de melhorias duradouras nas terras. Hoje já não resta nenhum vestígio da grande riqueza que, segundo se conta, possuía a maior parte das cidades da Liga Hanseática, exceto nas obscuras histórias dos séculos XIII e XIV. Nem mesmo se conhece com certeza a localização dessas cidades, ou a que cidades européias pertencem os nomes latinos dados a algumas delas. Porém, embora os infortúnios da Itália no século XV e no início do século XVI tenham reduzido muito o comércio e as manufaturas das cidades da Lombardia e da Toscana, essas regiões ainda hoje estão entre as mais populosas e mais bem cultivadas da Europa. As guerras civis de Flandres, e o governo espanhol que as sucedeu, suprimiram o grande comércio de Antuérpia, Gand e Bruges. No entanto, Flandres continua a ser hoje uma das mais ricas, mais bem cultivadas e mais populosas províncias da Europa. As revoluções habituais da guerra e as transformações do governo facilmente esgotam as fontes da riqueza advinda exclusivamente do comércio. A riqueza que se deve aos aprimoramentos mais sólidos da agricultura é muito mais durável e só pode ser destruída pelas convulsões mais violentas ocasionadas pelas contínuas depredações feitas pelas nações bárbaras e hostis por um ou dois séculos sucessivos, tais como as que ocorreram nas províncias ocidentais da Europa durante algum tempo antes e depois da queda do Império Romano.

LIVRO IV

Sistemas de economia política

INTRODUÇÃO

A economia política, considerada como um ramo da ciência dos estadistas ou legisladores, propõe-se duas finalidades: primeiro, fornecer ao povo um rendimento ou subsistência abundante, ou, melhor dizendo, permitir-lhe que obtenha por si mesmo tal rendimento ou subsistência abundante; segundo, fornecer ao Estado ou à república uma receita suficiente para o serviço público. Assim, a economia política propõe-se, a um só tempo, enriquecer o povo e o soberano.

Os diferentes progressos da riqueza em diferentes épocas e nações criaram dois diferentes sistemas de economia política relativos aos meios de enriquecer o povo. O primeiro pode ser intitulado de Sistema de Comércio, e o segundo, de Sistema de Agricultura. Procurarei expor um e outro do modo mais detalhado e claro que possa, a começar pelo Sistema de Comércio. Trata-se do sistema moderno, e é possível compreendê-lo melhor no país e na época em que escrevo.

CAPÍTULO 1

Do princípio sobre o qual se funda o sistema comercial ou mercantil

A dupla função que cumpre o dinheiro, como instrumento do comércio e como medida de valor, naturalmente deu lugar a essa opinião popular de que a moeda faz a riqueza, ou de que a riqueza consiste na abundância de ouro e prata. Uma vez que serve de instrumento do comércio, quando temos dinheiro podemos obter tudo aquilo de que precisemos mais rapidamente do que obteríamos por meio de qualquer outra mercadoria. A todo momento pensamos que o grande negócio é ter dinheiro. Quando o obtemos, não há nenhuma dificuldade em realizar outras compras. Por outro lado, uma vez que o dinheiro serve como medida de valor, avaliamos todas as outras mercadorias pela quantidade de dinheiro pela qual essas mercadorias poderiam ser trocadas. Dizemos que um homem é rico porque tem muito dinheiro, e que um homem é pobre porque tem pouquíssimo dinheiro. Dizemos que um homem frugal ou ávido por enriquecer tem amor pelo dinheiro; e, falando de um homem descuidado, generoso ou pródigo, dizemos que o dinheiro lhe é indiferente. Tornar-se rico é o mesmo que adquirir dinheiro; em suma, na linguagem corrente, riqueza e dinheiro são considerados como termos absolutamente sinônimos.

Assim como um homem rico, presume-se que um país rico seja um país que tenha dinheiro em abundância, e presume-se também que o meio mais simples de enriquecê-lo seja acumular ouro e prata. Durante algum tempo após a descoberta da América, a primeira preocupação dos espanhóis ao chegarem a um litoral desconhecido era, o mais das vezes, investigar se encontrariam ouro ou prata nas vizinhanças. Conforme a resposta que recebessem, julgavam se valia a pena fazer um estabelecimento no país, ou se valia a pena conquistá-lo. O monge Plano Carpino, enviado como embaixador do rei de França para um dos filhos do famoso Gengis Khan, afirma que os tártaros costumavam perguntar se havia grande abundância de ovelhas e gado bovino no reino da França. Sua pergunta tinha a mesma finalidade que a dos espanhóis. Os tártaros desejavam saber se o país era suficientemente rico para justificar que empreendessem sua conquista. Entre os tártaros, bem como entre outras nações de pastores que em geral ignoram o uso do dinheiro, o gado é instrumento de comércio e medida de valor. Assim, para eles a riqueza consistia em gado, do mesmo modo como consistia, para os espanhóis, em ouro e prata. Das duas noções, a dos tártaros talvez seja a que mais se aproxima da verdade.

O Sr. Locke observa que há uma distinção entre o dinheiro e outros bens móveis. Todos os demais bens móveis são, diz ele, de uma natureza tão perecível, que não se pode depender muito da riqueza que consiste nesse gênero de bens, de modo que uma nação que possua, num ano, uma grande abundância desses bens pode, sem fazer nenhuma exportação, mas meramente por sua própria dissipação e extravagância, sofrer grande falta deles no ano seguinte. Ao contrário, o dinheiro é um amigo constante que, embora possa passar de mão em mão, não corre o risco de ser dissipado ou consumido, desde que se possa impedi-lo de sair do país. De acordo com ele, portanto, o ouro e a prata são a parte mais sólida e substancial da riqueza mobiliária de uma nação, e por isso ele julga que a grande finalidade da economia política de um país seja multiplicar esses metais.

Outros admitem que, se uma nação pudesse apartar-se do resto do mundo, não teria nenhuma relevância se nela estivesse em circulação pouco ou nenhum dinheiro. Os bens de consumo que circulassem por intermédio desse dinheiro seriam trocados somente por um maior ou menor número de peças. A riqueza ou a pobreza real do país (como eles concordam) dependeria inteiramente da abundância ou escassez dos bens de consumo. Mas são de opinião que o mesmo não se passa em relação aos países que têm relações com nações estrangeiras e são obrigados a tomar parte em guerras e a manter frotas e exércitos em países distantes. O único modo de fazer isso, dizem eles, é enviar dinheiro ao exterior para pagar essas frotas e exércitos, e não é possível a uma nação enviar muito dinheiro para o exterior, a não ser que tenha uma boa reserva no país. Assim, toda nação que estiver nessa situação deverá se empenhar em acumular ouro e prata em tempos de paz, para que, quando a ocasião exigir, tenha como custear as guerras com países estrangeiros.

Em conseqüência dessas noções populares, todas as diferentes nações da Europa estudaram, embora com pouco êxito, todos os meios possíveis de acumular ouro e prata em seus respectivos países. Espanha e Portugal, proprietários das principais minas que abastecem a Europa desses metais, proibiram a exportação deles sob as penas mais graves, ou os sujeitaram a consideráveis impostos de importação. Ao que parece, proibição semelhante fez, no passado, parte da política da maioria das outras nações européias. Encontramo-la até mesmo onde menos se espera: em algumas leis antigas do parlamento da Escócia, que proibiam, sob severas penas, o transporte de ouro e prata para *fora do reino*. A mesma política vigorou na França e Inglaterra em tempos passados.

Quando esses países tornaram-se comerciais, essa proibição pareceu, em muitas ocasiões, extremamente inconveniente aos comerciantes. Era freqüente conseguirem comprar em condições mais vantajosas com ouro e prata do que com qualquer outra mercadoria os gêneros estrangeiros que precisavam ou importar para o seu país ou, ainda, transportar para algum outro país estrangeiro. Protestaram, pois, contra tal proibição, considerando-a danosa para o comércio.

De início, alegaram que a exportação de ouro e prata, com vistas a comprar mercadorias estrangeiras, nem sempre diminui a quantidade de metais no reino. Que, ao contrário, com freqüência poderia aumentá-la, porque, se com isso o consumo de gêneros estrangeiros no país não aumentasse, então esses gêneros estrangeiros poderiam ser reexportados a outros países estrangeiros, nos quais, sendo vendidos com grande lucro, poderiam trazer muito mais divisas para o país do que as inicialmente enviadas para comprá-los. O Sr. Mun comparava essa operação de comércio exterior às épocas da semeadura e da colheita na agricultura. "Se apenas observarmos", diz ele, "as ações do lavrador na época da semeadura, quando ele espalha pelo solo uma grande quantidade de trigo de boa qualidade, ele nos parecerá agir mais como louco do que como lavrador. Mas quando observamos seu trabalho na colheita, que é a finalidade mesma de seus esforços, vemos então o valor de suas ações e a grande abundância que produz."

Em segundo lugar, os comerciantes alegaram que essa proibição não poderia impedir a exportação de ouro e prata, já que seria muito fácil contrabandeá-los para o exterior em virtude do pequeno volume desses metais comparativamente a seu valor. Que o único meio de impedir essa exportação era prestar a devida atenção ao que eles chamavam de balança comercial. Que, quando o país exportava um valor mais elevado do que importava, a balança do país tornava-se credora das nações estrangeiras, as quais necessariamente lhe pagavam em ouro e prata, aumentando com isso a quantidade desses metais no reino; mas, quando o país importava um valor maior do que exportava, devia-se

LIVRO IV 537

às nações estrangeiras uma balança desfavorável, que era necessário pagar da mesma maneira, o que fazia diminuir a quantidade de metais no país. Que, neste caso, proibir a exportação desses metais não poderia impedi-la, mas apenas torná-la mais custosa porque mais arriscada. Que esse era um meio de tornar a troca ainda mais desfavorável do que seria, em outras circunstâncias, ao país cujo saldo da balança fosse devedor, pois o comerciante que comprou uma letra de câmbio sobre um país estrangeiro seria então obrigado a pagar ao banqueiro que a vendeu, não somente o risco, o transtorno e as despesas naturais de transporte do dinheiro, mas também o risco extraordinário resultante da proibição. Mas que, quanto mais o câmbio for desfavorável ao país, mais também a balança comercial necessariamente se torna desfavorável a ele, pois a moeda desse país necessariamente se desvaloriza em relação à do país para com o qual a balança tem saldo devedor. Que, se o câmbio entre a Inglaterra e a Holanda fosse, por exemplo, desfavorável à Inglaterra em 5 %, seriam necessárias 105 onças de prata na Inglaterra para comprar um título de 100 onças de prata pagáveis na Holanda; que, por conseguinte, 105 onças de prata na Inglaterra valeriam apenas 100 onças de prata na Holanda e somente poderiam comprar uma quantidade proporcional de bens holandeses; ao passo que, pelo contrário, 100 onças de prata na Holanda valeriam 105 onças na Inglaterra e poderiam comprar uma quantidade proporcional de mercadorias inglesas; que as mercadorias inglesas vendidas para a Holanda seriam tão mais baratas, e as mercadorias holandesas vendidas para a Inglaterra tão mais caras, em razão da diferença do câmbio entre as duas nações, que, por causa disso, de uma parte viria para a Inglaterra muito menos dinheiro holandês e, de outra, iria para a Holanda muito mais dinheiro inglês, conforme a diferença do câmbio, e que, por conseguinte, a balança comercial seria necessariamente ainda muito mais desfavorável à Inglaterra, o que exigiria a exportação de um volume ainda maior de ouro e prata para a Holanda.

Esses argumentos eram em parte consistentes e em parte sofísticos. Eram consistentes na medida em que afirmavam que a exportação de ouro e prata pelo comércio muitas vezes poderia ser vantajosa para o país. Também eram consistentes ao sustentar que nenhuma proibição poderia impedir a exportação desses metais enquanto os particulares vissem alguma vantagem em exportá-los. Mas eram sofísticos quando supunham que o cuidado de conservar ou aumentar a quantidade desses metais exigiria mais atenção do governo do que o cuidado de conservar ou aumentar a quantidade de todas as outras mercadorias úteis que a liberdade de comércio jamais deixa de fornecer em quantidade conveniente, sem que haja necessidade de nenhuma atenção da parte do governo. Também eram sofísticos, talvez, por afirmarem que o elevado preço do câmbio aumentava necessariamente o que chamavam de balança comercial desfavorável, ou ocasionava a exportação de uma quantidade superior de ouro e prata. Esse alto preço do câmbio era, é verdade, extremamente desvantajoso aos comerciantes que tinham qualquer quantia a pagar em países estrangeiros. Eles pagavam proporcionalmente muito mais caro pelas letras de câmbio que os banqueiros lhes haviam emitido nesses países. Mas, embora o risco originado pela proibição pudesse acarretar alguma despesa adicional para os banqueiros, não necessariamente implicaria a saída de mais dinheiro do país. Essa despesa seria, em geral, feita no país para custear o contrabando de moeda e raramente poderia ocasionar a exportação de um único penny além do estritamente necessário para saldar o débito. Além disso, o elevado preço do câmbio devia naturalmente dispor os comerciantes a empreender todos os esforços para contrabalançar ao máximo as exportações com as importações, a fim de não terem de pagar esse elevado preço do câmbio senão sobre a menor quantia possível. Enfim, o alto preço do câmbio devia necessariamente operar sobre o preço das mercadorias estrangeiras como um imposto, aumentando o preço delas e, com isso, diminuindo seu consumo. Portanto, teria a tendência não de aumentar, mas, ao contrário, de diminuir o que chamavam de balança comercial desfavorável e, conseqüentemente, a exportação de ouro e prata.

Mas, sem prejuízo disso, esses argumentos lograram convencer aqueles a quem se dirigiam. Foram apresentados pelos comerciantes aos parlamentos e aos conselhos dos príncipes, aos nobres e senhores rurais; numa palavra, pelos homens que presumivelmente entendiam de comércio aos que tinham consciência de nada entender da matéria. Que o comércio exterior trazia riquezas para o país, a experiência havia-o demonstrado à aristocracia rural e aos proprietários, bem como aos comerciantes; mas nenhum deles sabia direito como ou de que maneira isso acontecia. Os comerciantes sabiam perfeitamente de que maneira esse comércio os enriquecia. No entanto, não lhes dizia absolutamente respeito saber de que maneira o comércio exterior enriquecia o país. Jamais tomaram essa questão em consideração, exceto quando precisavam recorrer a seu país para obter alguma alteração nas leis relativas ao comércio exterior. Foi então que se tornou necessário dizer alguma coisa sobre os efeitos positivos do comércio exterior, e de que maneira efeitos tão benéficos eram contrariados pelas leis em vigor na época. Aos juízes que deveriam decidir a questão, a explicação se mostrou bastante satisfatória quando foram informados de que o comércio exterior trazia dinheiro para o país, mas que as leis em discussão impediam de entrar no país tanto dinheiro quanto de outro modo seria possível. Assim, esses argumentos produziram o efeito desejado. A proibição da exportar ouro e prata ficou restrita, na França e na Inglaterra, somente às moedas dos respectivos países. A exportação de moedas estrangeiras e lingotes de ouro e prata tornou-se livre. Na Holanda e em alguns outros países, essa liberdade estendeu-se até mesmo à moeda nacional. Os governos, sem a preocupação de vigiar a exportação de ouro e prata, voltaram toda a sua atenção para a balança comercial, considerada como única causa capaz de aumentar ou diminuir esses metais. Livram-se de um cuidado inútil para se encarregar de um outro, muito mais complicado, muito mais embaraçoso e igualmente inútil. O título do livro de Mun, *A riqueza da Inglaterra no comércio exterior*, tornou-se máxima fundamental da economia política, não só na Inglaterra mas em todos os demais países comerciais. O comércio interior ou nacional, o mais importante de todos, no qual o mesmo capital proporciona a maior das receitas e cria a maior quantidade de empregos para a população do país, foi considerado apenas como subsidiário do comércio exterior. Dizia-se que esse comércio nunca trouxera nem tirara nenhum dinheiro do país; jamais poderia então tornar o país mais rico nem mais pobre, exceto pelo fato de que sua prosperidade ou decadência poderia influenciar indiretamente o estado do comércio exterior.

Sem dúvida, um país que não possua minas deve extrair seu ouro e prata de países estrangeiros, da mesma maneira como o país que não possua vinhas deve obter seus vinhos de nações estrangeiras. Não parece necessário, no entanto, que o governo volte sua atenção mais para um objeto do que para outro. Um país que possui meios para comprar vinho sempre terá todo o vinho de que necessita, e um país que possui meios para comprar ouro e prata nunca terá falta desses metais. É preciso comprá-los por um certo preço, como todas as demais mercadorias; e, se os metais servem de preço a todas as demais mercadorias, todas as demais mercadorias servem também de preço ao ouro e à prata. Confiamos cegamente na liberdade de comércio, sem que o governo interfira de algum modo, para sempre obtermos todos os vinhos de que temos necessidade; podemos então confiar, com a mesma segurança, que a liberdade sempre nos fornecerá todo o ouro e a prata que consigamos comprar ou empregar, seja na circulação de nossas mercadorias, ou em outros usos.

A quantidade de cada mercadoria que o trabalho humano pode comprar ou produzir num país se regula naturalmente pela demanda efetiva, ou pela demanda de todos os que estão dispostos a pagar a totalidade da renda, do trabalho e dos lucros que é preciso pagar para produzi-la e levá-la ao mercado. Mas nenhuma mercadoria se regula de maneira mais simples ou mais exata pela demanda efetiva do que o ouro e a prata, pois, em razão do pequeno volume e do grande valor desses metais, nenhuma outra mercadoria pode ser transportada com mais facilidade de um lugar a outro, dos lugares onde é mais barata para os lugares onde é mais cara, dos países onde excede a demanda efetiva para os países onde ficam abaixo dessa demanda. Se, por exemplo, houvesse na Inglaterra demanda efetiva por uma quantidade adicional de ouro, um navio de carga poderia trazer de Lisboa, ou de algum outro lugar onde existissem, 50 toneladas de ouro, com as quais seriam cunhados mais de 5 milhões de guinéus. Mas, caso houvesse demanda efetiva pelo mesmo valor em grãos, a importação desse volume, a cinco guinéus por tonelada, exigiria 1 milhão de toneladas em embarcações, ou mil navios de mil toneladas cada. A marinha mercante da Inglaterra não seria suficiente.

Quando a quantidade de ouro e prata importada por qualquer país excede a demanda efetiva, toda a vigilância do governo não conseguirá impedir sua exportação. Nem mesmo todas as leis sanguinárias de Espanha e Portugal são capazes de evitar a evasão de ouro e prata desses países. As contínuas importações do Peru e do Brasil excedem a demanda efetiva da Espanha e de Portugal e reduzem o preço desses metais abaixo do preço corrente nos países vizinhos. Ao contrário, se em algum país sua quantidade for inferior à demanda efetiva, de maneira que aumente seu preço acima do valor vigente nos países vizinhos, o governo não tem necessidade de se dar ao trabalho de os importar. Mesmo se se desse ao trabalho de impedir sua importação, não teria êxito. Quando os espartanos conseguiram meios de comprar esses metais, o ouro e a prata quebraram todas as barreiras que as leis de Licurgo opunham à sua entrada na Lacedemônia. Nem toda a sanguinária legislação aduaneira é capaz de impedir a importação de chás das Companhias das Índias Orientais, da Holanda e de Gotemburgo, pois o preço oferecido por estas era consideravelmente mais barato do que o oferecido pela companhia britânica. Contudo, 1 libra de chá tem um volume cerca de 100 vezes maior do que o volume do mais alto preço que normalmente se paga por ela em prata, cerca de 16 shillings, e 2 mil vezes maior do que o volume do mesmo preço em ouro; por conseguinte, é exatamente tantas vezes mais difícil de contrabandear.

É em parte pela facilidade de transporte do ouro e da prata dos lugares onde existem em abundância para aqueles em que faltam que o preço desses metais não está sujeito às flutuações contínuas que sofre a maior parte das demais mercadorias, que, sendo bastante volumosas, não podem facilmente se deslocar quando o mercado está porventura com excesso ou falta delas. Na verdade, o preço desses metais não está absolutamente imune a variações, mas as mudanças a que estão sujeitos geralmente são lentas, graduais e uniformes. Por exemplo, supõe-se, talvez sem muito fundamento, que na Europa, durante o curso deste século e do precedente, o valor desses metais tem caído constantemente, mas gradualmente, em virtude das contínuas importações das Índias Ocidentais Espanholas. Mas provocar no preço do ouro e da prata uma mudança tão brusca que faria aumentar ou reduzir simultaneamente o preço de todas as demais mercadorias, de um modo significativo e notável, exigiria uma revolução comercial semelhante à causada pela descoberta da América.

Se, a despeito de tudo isso, em algum momento viesse a faltar ouro e prata num país que possui com que comprá-los, esse país encontraria mais meios para suprir essa falta do que a de quase todas as demais mercadorias. Se faltarem matérias-primas para a manufatura, a atividade deverá parar. Se faltarem provisões, o povo passará fome. Mas se faltar dinheiro será possível substituí-lo pelas trocas diretas, ainda que com algum grau de inconveniência Também será possível substituí-lo, de maneira menos inconveniente, pela compra e venda a crédito, ou então os diferentes negociantes poderão compensar seus créditos entre si uma vez por mês ou uma vez por ano. Enfim, um sistema de papel-moeda bem organizado suprirá o dinheiro, não só sem nenhum inconveniente, mas até mesmo com grandes vantagens. Sob todos os aspectos, portanto, jamais o governo volta sua atenção para algo tão desnecessário como quando trata de vigiar a conservação ou o aumento da quantidade de dinheiro no país.

Porém, não há nada que suscite mais reclamações do que a escassez de dinheiro. O dinheiro, assim como o vinho, sempre será escasso entre os que não têm como comprá-lo nem crédito para tomá-lo emprestado. Aos que possuem um e outro jamais faltará o dinheiro ou o vinho de que necessitam. No entanto, essas reclamações sobre a escassez de dinheiro não se limitam somente aos imprevidentes perdulários. Às vezes são queixas gerais em toda uma cidade mercantil e na região vizinha. A causa disso geralmente é a atividade comercial excessiva*. Assim como os pródigos que tenham feito gastos desproporcionais a seus rendimentos, os homens sóbrios que tenham feito projetos desproporcionais ao seu capital podem se ver na situação de não possuir com que comprar o dinheiro, nem crédito para tomá-lo em empréstimo. Antes de seus projetos se realizarem, todo o seu patrimônio terá desaparecido, e com ele o seu crédito. Correm então por toda parte para conseguir dinheiro emprestado, e todos lhes dizem que não possuem

---

* *Overtrading*, no original. (N. T.)

nada para emprestar. Por isso, mesmo essas reclamações gerais sobre a escassez de dinheiro nem sempre provam que não circula a quantidade habitual de ouro e prata no país; provam, isso sim, que a muitas pessoas faltam tais peças, por nada terem para oferecer em troca delas. Quando os lucros do comércio são maiores que o normal, o excesso de atividade comercial é um erro que cometem tanto os grandes como os pequenos negociantes. É que nem sempre enviam para o exterior uma quantidade de dinheiro maior que a usual, mas compram a crédito, tanto dentro como fora do país, uma quantidade de mercadorias maior que a habitual, e enviam essas mercadorias para mercados distantes, na esperança de que o dinheiro retorne antes do prazo de vencimento dos pagamentos. Ocorre que o prazo vence antes que o dinheiro retorne, e eles nada têm em mãos que lhes possa servir, seja para comprar dinheiro, seja para oferecer como garantia sólida para empréstimos. Assim, não é a escassez de ouro e prata, mas, antes, a dificuldade que tais pessoas encontram em obter empréstimos, bem como a que seus credores encontram em receber pagamentos, o que ocasiona a reclamação generalizada de escassez de dinheiro.

Seria demasiado ridículo ocupar-me seriamente em provar que a riqueza não consiste em dinheiro, nem em ouro e prata, mas nas coisas que o dinheiro compra, dinheiro este que tem valor unicamente por sua capacidade de compra. O dinheiro, sem dúvida, sempre constitui parte do capital da nação; mas já se mostrou que em geral constitui apenas uma pequena parcela desse capital, e sempre a parcela menos rentável.

Se o comerciante em geral considera mais fácil comprar as mercadorias com dinheiro do que comprar o dinheiro com mercadorias, não é porque a riqueza consista mais essencialmente em dinheiro do que em mercadorias, mas porque o dinheiro é o instrumento de comércio conhecido e estabelecido como tal, pelo qual prontamente se pode trocar qualquer outra coisa, embora não seja possível conseguir, com igual prontidão, dinheiro em troca de outras mercadorias. Além disso, como a maior parte das mercadorias é mais perecível do que o dinheiro, muitas vezes o comerciante perde mais guardando mercadorias do que guardando dinheiro. Mais ainda, quando as mercadorias estão estocadas, o comerciante se expõe mais a ter pouco dinheiro para fazer pagamentos do que quando tem em caixa o dinheiro das mercadorias já vendidas. Some-se a tudo isso o fato de que seu lucro resulta mais diretamente da venda do que da compra, e por todas essas razões o comerciante sempre está muito mais preocupado em trocar suas mercadorias por dinheiro do que seu dinheiro por mercadorias. Mas, embora seja possível que determinado comerciante vá à ruína por não conseguir vender em tempo hábil o abundante estoque de mercadorias de que dispõe, uma nação ou país não se expõem ao mesmo perigo. Freqüentemente todo o capital de um comerciante consiste apenas em mercadorias perecíveis destinadas à compra de dinheiro. Contudo, não é senão uma pequena parcela da produção anual da terra e trabalho de um país que pode ser destinada à compra de ouro e prata dos países vizinhos. A parcela muito maior é destinada à circulação e ao consumo no próprio país e, além disso, em geral a maior parte do excedente que se envia ao exterior se destina à compra de outras mercadorias estrangeiras. Portanto, mesmo que não conseguisse comprar ouro e prata com as mercadorias destinadas a essa finalidade, a nação não se veria arruinada. É verdade que poderia vir a sofrer algum prejuízo ou inconveniência, e até mesmo se ver forçada a recorrer a algum desses expedientes que são indispensáveis para suprir a falta de dinheiro. No entanto, a produção anual de sua terra e de seu trabalho continuaria igual ou quase igual à produção normal, pois se empregaria ainda o mesmo ou quase o mesmo capital consumível para manter essa produção. E, embora as mercadorias nem sempre atraiam dinheiro com a mesma rapidez com que o dinheiro atrai mercadorias, no longo prazo estas necessariamente atraem mais dinheiro do que o dinheiro atrai mercadorias. As mercadorias podem servir a muitos outros propósitos além de comprar dinheiro, mas o dinheiro não pode servir a nenhum outro propósito senão comprar mercadorias. O dinheiro, portanto, necessariamente corre atrás das mercadorias, mas as mercadorias nem sempre ou necessariamente correm atrás do dinheiro. Quem compra nem sempre tem a intenção de vender novamente; sua intenção é, muitas vezes, apenas usar ou consumir o objeto, ao passo que quem vende sempre tem a intenção de comprar novamente. O primeiro muitas vezes poderá ter realizado todo o seu negócio, mas o outro nunca terá realizado, com essa operação, mais da metade do negócio que pretendia realizar. Os homens desejam dinheiro não meramente pelo dinheiro em sim mesmo, mas por tudo que com ele se pode comprar.

Afirma-se que as mercadorias consumíveis logo perecem, enquanto o ouro e a prata são de natureza mais durável e, não fosse a contínua exportação, poderiam ser acumulados por séculos a fio, aumentando incrivelmente a riqueza real do país. Por conseguinte, afirma-se que nada pode ser mais prejudicial a um país do que o comércio que consista na troca desses bens tão duráveis por mercadorias tão perecíveis. Contudo, não consideramos desvantajoso o comércio que consiste em trocar ferragens da Inglaterra por vinhos da França, embora as ferragens sejam um bem bastante durável, que, não fosse por sua exportação contínua, também poderiam ser acumuladas durante séculos, aumentando incrivelmente a quantidade de panelas e caçarolas no país. Mas se nos salta aos olhos que a quantidade desses utensílios é, em todos os países, necessariamente limitada pela utilidade que possam ter e que seria absurdo ter mais panelas e caçarolas do que as necessárias para cozinhar todos os alimentos que habitualmente são consumidos no país; e que, se a quantidade de alimentos a consumir viesse a aumentar, o número de panelas e caçarolas aumentaria ato contínuo, porque uma parte desse excedente de alimentos seria empregada para comprar esses utensílios ou para manter um contingente adicional de trabalhadores empregados para fabricá-los, então deveria igualmente saltar-nos aos olhos que a quantidade de ouro e prata é, em todos os países, limitada pelo uso que se dá a tais metais; que seu uso consiste em pôr mercadorias em circulação na forma de moedas, e em fornecer uma espécie de utensílios domésticos na forma de baixelas; que, em todos os países, a quantidade de moeda é determinada pelo valor das mercadorias que ela põe em circulação; que, se aumentarmos esse valor, imediatamente uma parcela desse excedente será enviada ao exterior para comprar, seja onde for, a quantidade adicional de moedas que a circulação de mercadorias exige; que a quantidade de baixelas no país é determinada pelo número e pela riqueza das famílias particulares que preferem abandonar-se a essa espécie de fausto; que, se aumentarmos o número e a riqueza de tais famílias, então muito provavelmente uma parcela dessa riqueza adicional será empregada para comprar, onde for possível, uma quantidade adicional de baixelas; que tentar aumentar a riqueza de um país introduzindo ou retendo nele uma quantidade desnecessária de ouro e prata seria tão absurdo como tentar aumentar o bom passadio de determinadas famílias, obrigando-as a conservar um número desnecessário de utensílios de cozinha. Assim como os gastos para comprar esses utensílios desnecessários diminuiriam, ao invés de aumentar, a quantidade e a qualidade dos víveres da família, também o gasto feito para comprar uma quantidade desnecessária de ouro e prata deve necessariamente diminuir, em qualquer país, o volume de riqueza que alimenta, veste e aloja, que sustenta e emprega o povo. É preciso lembrar que ouro e prata, quer em forma de moeda, quer em forma de baixelas, não são senão utensílios, tal como os utensílios de cozinha.

Se aumentarmos o uso que se faz deles, se aumentarmos as mercadorias que esses metais permitem pôr em circulação, administrar e preparar, infalivelmente veremos que também sua quantidade aumenta; mas, se tentarmos aumentar sua quantidade por meios extraordinários, então também infalivelmente diminuiremos o uso a que se prestam e até mesmo sua quantidade, quantidade esta que, no caso desses metais, jamais pode ser superior à exigida pelo uso que deles se faz. Se algum dia esses metais fossem acumulados em quantidade superior à necessária, seu transporte é tão simples e tão grande o prejuízo de mantê-los ociosos e sem emprego, que não existiria nenhuma lei capaz de impedir seu envio imediato para fora do país.

Nem sempre é necessário acumular ouro e prata para que o país tenha condições de fazer guerras contra estrangeiros e manter frotas e exércitos em países distantes. Mantêm-se exércitos e frotas com bens de consumo, não com ouro e prata. A nação que retire da produção anual de sua atividade interna, da receita anual gerada por suas terras, de seu trabalho e de seu capital consumível os meios para comprar esses bens de consumo em países distantes tem perfeitas condições de sustentar guerras estrangeiras.

Há três diferentes maneiras pelas quais uma nação compra o soldo e os mantimentos de um exército num país distante: primeiro, enviando ao exterior uma parte do ouro e da prata que tenha acumulado; ou, segundo, exportando uma parte do produto anual de suas manufaturas; ou, finalmente, exportando uma parte do produto bruto anual.

É possível distinguir em três partes o que forma propriamente o aprovisionamento ou o estoque de ouro e prata em cada país: primeiro, a moeda circulante; segundo, as baixelas das famílias privadas; e, por fim, o dinheiro que tenha sido acumulado por muitos anos de parcimônia e guardado no tesouro do príncipe.

Raras vezes é possível fazer poupança com o dinheiro em circulação no país, pois é raro que exista superabundância desse artigo. O valor das mercadorias que são anualmente compradas e vendidas em cada país exige uma certa quantidade de dinheiro para colocá-las em circulação e distribuí-las aos seus respectivos consumidores, e não é possível empregar mais do que isso. O canal de circulação necessariamente absorve uma quantia suficiente para preenchê-lo e nunca comporta mais do que isso. Em geral, porém, retira-se uma parte do dinheiro desse canal em caso de guerra estrangeira. O grande número de pessoas que precisam ser mantidas fora do país faz que se mantenha um número menor delas no país; uma quantidade menor de gêneros passa a circular no país, e é necessária uma quantidade menor de dinheiro para colocá-los em circulação. Nesses casos, além disso, comumente se emite uma quantidade extraordinária de papel-moeda, de uma espécie ou de outra, tais como, na Inglaterra, os títulos do Tesouro, títulos da marinha mercante e letras bancárias, e estes papéis, ao tomarem o lugar do ouro e da prata circulantes, tornam possível enviar uma quantidade maior de metais para o exterior. Entretanto, nada disso poderia proporcionar mais que parcos recursos para sustentar uma guerra fora do país, que implica grandes gastos e pode durar muitos anos.

Trata-se de um recurso ainda mais insignificante, como sempre se verifica, fundir as baixelas das famílias privadas. Os franceses lançaram mão desse expediente no início da última guerra, e as vantagens que obtiveram não compensaram nem mesmo a perda das peças originais.

Em tempos passados, os tesouros acumulados do príncipe forneciam recursos muito mais relevantes e duradouros. Na época atual, com a exceção do rei da Prússia, a acumulação de tesouros não parece fazer parte da política dos príncipes europeus.

Assim, vemos que nenhum desses três meios – a exportação da moeda circulante, das baixelas das famílias privadas, ou do tesouro do príncipe – contribuiu fortemente para manter as guerras estrangeiras travadas neste século, talvez as mais dispendiosas de que se tem registro na história. A última guerra com a França custou à Grã-Bretanha mais de 90 milhões, incluindo não apenas os 75 milhões das novas dívidas contraídas, mas também os 2 shillings adicionais por libra paga em imposto territorial e o que foi emprestado anualmente dos fundos de amortização. Mais de ²⁄₃ dessa despesa foram gastos em países distantes: na Alemanha e na América, em Portugal e nos portos do Mediterrâneo, nas Índias Orientais e Ocidentais. Os reis da Inglaterra não haviam acumulado tesouros. Tampouco jamais tivemos notícia de que uma quantidade extraordinária de baixelas fosse fundida. Quanto ao ouro e à prata em circulação no país, supõe-se que não superassem 18 milhões. No entanto, desde a última reforma da moeda de ouro acredita-se que essa soma tenha sido bastante subestimada. Mas suponhamos, segundo o cálculo mais exagerado de que me lembro já ter visto ou ouvido falar, que o ouro e a prata juntos somassem 30 milhões. Mesmo de acordo com esse cálculo, se pudéssemos sustentar a guerra com nosso dinheiro, seria necessário que o volume total de dinheiro fosse exportado e retornasse ao país pelo menos duas vezes num período de seis ou sete anos. Se pudéssemos admitir tal fato, este seria o argumento mais decisivo para demonstrar como é inútil a preocupação do governo em reter o dinheiro, uma vez que, nessa hipótese, a totalidade do dinheiro do reino teria partido do país e regressado a ele duas vezes distintas num curto período de tempo, sem que ninguém tivesse nenhum conhecimento disso. Porém, em nenhum momento desse período o canal de circulação pareceu mais vazio do que de costume. Faltou dinheiro apenas a poucas pessoas que tinham meios para comprá-lo. Na verdade, os lucros do comércio exterior foram mais elevados do que de hábito durante toda a guerra, mas sobretudo perto de seu fim. Essa circunstância ocasionou o que sempre ocasiona, isto é, uma atividade comercial excessiva e generalizada em todas as regiões da Grã-Bretanha; isso, por seu turno, gerou a habitual reclamação contra a escassez de dinheiro que sempre se segue da atividade comercial imoderada. Muitas pessoas tinham falta de dinheiro, porém não dispunham de meios para comprá-lo, nem contavam com crédito para tomar empréstimos; e, como os devedores encontrassem dificuldade em tomar empréstimos, os credores encontravam dificuldade em ser pagos. E, no entanto, em geral havia ouro e prata que poderiam ser comprados pelo respectivo valor, por todos os que tivessem em mãos esse valor para oferecer.

Assim, as enormes despesas da última guerra foram basicamente custeadas, não pela exportação de ouro e prata, mas pela exportação de diversos gêneros de mercadorias britânicas. Quando o governo ou os que agem em seu nome tratavam com um comerciante uma remessa para algum país estrangeiro, esse negociante naturalmente procurava pagar o correspondente no exterior a quem tivesse emitido um título enviando mercadorias, mais do que de ouro e prata. Se as mercadorias britânicas não estivessem em demanda no país estrangeiro, ele procuraria então enviá-las a algum outro país no qual pudesse comprar um título sobre o primeiro. O transporte de mercadorias, quando atende perfeitamente às necessidades do mercado para onde são levadas, é sempre recompensado com um lucro considerável, ao passo que o transporte de ouro e prata raramente rende algum lucro. Quando os metais são enviados ao exterior com a finalidade de comprar mercadorias estrangeiras, o lucro do comerciante não provém da compra, mas da venda das mercadorias trazidas de volta. Mas quando os metais são enviados ao exterior meramente para pagar uma dívida o comerciante não recebe nenhuma mercadoria de volta e, por conseqüência, não obtém lucro. Naturalmente então ele usa todo o seu poder inventivo para descobrir um meio de pagar suas dívidas no exterior, mais pela exportação de mercadorias do que pela exportação de ouro e prata. Essa a razão pela qual o autor de *O atual es-*

tado da nação destacou a grande quantidade de mercadorias britânicas exportadas durante o curso do último século, que nenhum retorno trouxeram.

Em todos os grandes países comerciais existe, além das três formas de ouro e prata acima mencionadas, uma boa quantidade de ouro e prata em lingotes que é alternativamente importada e exportada para os fins do comércio exterior. Uma vez que circulam entre diversos países comerciais, exatamente do mesmo modo como a moeda nacional circula dentro do país, esses lingotes podem ser considerados como a moeda da grande república mercantil. A moeda nacional recebe seu movimento e sua direção das mercadorias que circulam dentro dos limites de cada país; a moeda da república mercantil, das mercadorias que circulam entre diferentes países. Uma e outra são empregadas para facilitar as trocas, uma entre os diferentes indivíduos da mesma nação, a outra, entre indivíduos de diferentes nações. Uma parte da moeda da grande república mercantil pode ter sido e provavelmente foi empregada para custear a última guerra. É natural supor que o momento de uma guerra geral lhe imprima um movimento e uma direção distintos dos que ela costuma seguir em tempos de profunda paz; que ela circule mais em torno do centro da guerra, e que seja empregada em maior quantidade para comprar, também nos países vizinhos, o pagamento e os víveres dos diferentes exércitos. Mas toda parcela dessa moeda da grande república mercantil que a Grã-Bretanha tenha assim empregado a cada ano naturalmente terá sido a cada ano comprada com mercadorias britânicas, ou com alguma outra coisa comprada com estas mercadorias, o que nos remete novamente para mercadorias, para a produção anual da terra e do trabalho do país – fontes últimas dos recursos que nos possibilitam sustentar a guerra. Com efeito, é natural supor que, para custear uma despesa anual tão elevada, foi necessária uma enorme produção anual. As despesas de 1761, por exemplo, atingiram mais de 19 milhões.

Nenhuma acumulação poderia suportar uma profusão anual tão grande; nenhuma produção anual, mesmo em ouro ou em prata, seria capaz de cobri-la. O total do ouro e da prata anualmente importado pela Espanha e por Portugal não excede, segundo as melhores informações, 6 milhões de libras esterlinas, quantia esta que, em certos anos, mal seria suficiente para cobrir quatro meses dos custos com a última guerra.

Dentre todas as mercadorias, as mais apropriadas para o transporte a lugares distantes, seja para lá comprarem o soldo e as provisões de um exército, seja para comprar uma parcela da moeda da república mercantil necessária para comprar esse soldo e os víveres, são, ao que parece, os artigos manufaturados mais trabalhados e mais acabados, ou seja, os que contêm um elevado valor num pequeno volume e por isso podem ser exportados a uma grande distância a custo baixo. Um país cuja atividade produza anualmente uma grande quantidade excedente dessas manufaturas que são habitualmente exportadas para países estrangeiros tem condições de sustentar por vários anos uma guerra estrangeira bastante dispendiosa, sem exportar nenhuma quantidade considerável de ouro e prata, ou até mesmo sem possuir tal quantidade para exportar. Na verdade, nesse caso uma parte bastante considerável do excedente anualmente produzido por suas manufaturas será exportada, sem trazer de volta outras mercadorias para o país, embora traga retorno para o comerciante, pois o governo compra do comerciante os títulos sobre países estrangeiros, a fim de lá comprar o soldo e os víveres de um exército. No entanto, pode acontecer que uma parcela desse excedente anual continue a trazer retornos ao país. Durante a guerra, as manufaturas têm a seu cargo uma dupla demanda e são convocadas, primeiro, a produzir as mercadorias a serem enviadas para o exterior, a fim de pagar os títulos descontados em países estrangeiros para saldar o pagamento e as provisões do exército; e, em segundo lugar, a produzir o necessário para comprar as mercadorias normais de retornos que se consomem no país. Assim, é possível que a maior parte das manufaturas venha freqüentemente a alcançar o estado mais florescente em meio à mais destrutiva guerra externa, e, ao contrário, declinem com o retorno à paz. Podem florescer em meio à ruína de seu país e começar a declinar com a volta da prosperidade. As diferentes condições de diversos ramos das manufaturas britânicas durante a última guerra e seu estado por algum tempo depois da paz podem servir de ilustração para o que se acaba de afirmar.

Nenhuma longa ou dispendiosa guerra estrangeira conseguiria facilmente se sustentar pela exportação do produto bruto do solo. Seria necessária uma despesa muito grande para enviar ao estrangeiro uma quantidade desse produto que fosse suficiente para comprar o soldo e as provisões do exército. Além disso, poucos países geram uma quantidade de produto bruto muito superior à necessária para a subsistência de seus próprios habitantes. Logo, exportar uma grande quantidade desse produto seria o mesmo que exportar uma parte da subsistência do povo. Bem diverso é o caso da exportação dos produtos manufaturados. A manutenção das pessoas empregadas nas manufaturas permanece no país, e não se exporta senão a parte excedente de seu trabalho. O Sr. Hume freqüentemente comenta a inabilidade dos antigos reis ingleses para sustentar, sem interrupção, uma guerra estrangeira de longa duração. Naqueles tempos, os ingleses não dispunham de outros meios para comprar o soldo e as provisões de seus exércitos em países estrangeiros, a não ser o produto bruto do solo – do qual pouco se podia exportar, sob pena de comprometer o consumo interno da população – ou então alguns produtos manufaturados de fabricação mais rude, cujo transporte era, a exemplo do transporte do produto bruto, extremamente elevado. Essa inabilidade não se devia à falta de dinheiro, mas à falta de produtos manufaturados mais refinados e mais acabados. As transações comerciais de compra e venda na Inglaterra já se faziam, como de resto se fazem hoje, por meio do dinheiro. A quantidade de dinheiro circulante deve ter sido proporcional ao número e ao valor das compras e vendas que normalmente se realizavam naquele tempo, assim como é proporcional às compras e vendas que hoje se fazem; aliás, a proporção deve ter sido maior, pois não havia então o papel que hoje cumpre, em grande parte, a função do ouro e da prata. Entre as nações que pouco conhecem o comércio e as manufaturas, o soberano raramente consegue, em ocasiões extraordinárias, obter dos súditos algum auxílio considerável, por razões que passo agora a explicar. É em países assim que o soberano geralmente procura amealhar um tesouro, único recurso de que dispõe para tais emergências. Independentemente dessa necessidade, ele se encontra numa situação que naturalmente o dispõe à parcimônia necessária para a acumulação. Nesse estado de simplicidade, nem mesmo a despesa do soberano se deixa orientar pela vaidade que se encanta com os adereços extravagantes de uma corte; antes, essa despesa consiste em ser generoso com os arrendatários e hospitaleiro com seus servidores. Ora, a generosidade e a hospitalidade raramente levam à extravagância, enquanto a vaidade sempre leva a esses excessos. É por isso que todo chefe tártaro possui um tesouro. Dizem que eram imensos os tesouros de Mazepa, líder dos Cossacos na Ucrânia e famoso aliado de Carlos II. Todos os reis franceses da dinastia Merovíngia possuíam tesouros. Quando dividiam seu reino entre os diferentes filhos, também dividiam seus tesouros. Ao que parece, os príncipes saxões e os primeiros reis após a Conquista igualmente acumularam tesouros. O primeiro ato de todo novo reinado era comumente confiscar o tesouro do rei precedente, como a medida mais essencial para assegurar a sucessão. Os soberanos de países desenvolvidos e comerciais não têm a mesma necessidade de acumular tesouros, porque em geral conseguem de seus súditos auxílios extraordinários em ocasiões extraordinárias. Também têm menos inclinação para os acumular. Naturalmente, e talvez por necessidade, seguem o costume dos tempos, e suas despesas vêm a ser reguladas pela mesma extravagante vaidade que orienta as despesas de todos os grandes proprietários de seus domínios. A cada dia, a insignificante pompa de sua corte vai-se tornando mais brilhante, de modo que os custos dessa pompa não apenas impedem a acumulação, mas freqüentemente usurpam os fundos destinados a despesas mais necessárias. Poderíamos aplicar à corte dos vários príncipes europeus o que Dercílidas diz a respeito da corte do rei da Pérsia: que nela viu muito esplendor, mas pouca força; muitos criados, mas poucos soldados.

A importação de ouro e prata não é o principal e muito menos o único benefício que uma nação retira de seu comércio exterior. Duas vantagens distintas resultam para cada um dos países entre os quais o comércio se realize. A importação permite transportar a parcela excedente de produção da terra e do trabalho para a qual não exista demanda entre eles e trazer, em troca, alguma outra coisa para a qual não exista demanda. Confere valor aos artigos supérfluos ao trocá-los por alguma outra coisa que possa satisfazer uma parte de suas necessidades e aumentar suas fruições. Por meio dessa importação os limites estreitos do mercado interno não impedem que a divisão do trabalho num ramo específico das artes ou das manufaturas seja levada à extrema perfeição. Ao abrir um mercado mais amplo para toda parcela do produto de seu trabalho que exceda o consumo interno, estimula esses países a aperfeiçoar as forças produtivas do trabalho e a aumentar ao máximo sua produção anual, aumentando, com isso, a verdadeira receita e riqueza da sociedade. Estes são os grandes e importantes serviços que o comércio exterior está incessantemente empenhado em prestar a todos os diferentes países entre os quais é realizado. Todos eles retiram grandes vantagens desse comércio, ainda que o país de residência do comerciante derive as maiores vantagens, na medida em que o comerciante está naturalmente mais empenhado em suprir as necessidades e exportar os artigos supérfluos de seu próprio país do que os de qualquer outro país. A importação de ouro e prata de que podem precisar os países que não possuem minas é, sem dúvida, parte das funções do comércio exterior. Trata-se, porém, da parte mais insignificante dele. Um país que realizasse o comércio exterior meramente por essa razão sequer precisaria fretar um único navio num século inteiro.

Não foi por causa da importação de ouro e prata que a descoberta da América enriqueceu a Europa. A abundância das minas americanas tornou esses metais mais baratos. Atualmente é possível comprar um serviço de baixelas por cerca de $1/3$ do trigo ou $1/3$ do trabalho que teria custado no século XV. Com a mesma despesa anual em trabalho e em mercadorias, a Europa pode anualmente comprar cerca do triplo da quantidade de prata que teria comprado naquele tempo. Ora, quando uma mercadoria chega a ser vendida por $1/3$ de seu preço habitual, não apenas os que a compraram antes podem comprar o triplo de sua antiga quantidade, como ainda o preço dessa mercadoria se reduz, colocando-se ao alcance de um número muito maior de compradores, número talvez dez, talvez vinte vezes maior do que o antigo número. Com isso, é possível que atualmente haja na Europa não apenas três vezes, mas acima de vinte ou trinta vezes mais baixelas do que existia antes, mesmo no atual estágio de aperfeiçoamento, caso jamais tivesse ocorrido a descoberta das minas americanas. Até este momento, não resta dúvida de que a Europa tenha conquistado uma vantagem real, ainda que seguramente muito trivial. Por outro lado, o baixo preço do ouro e da prata fazem que esses metais sejam menos adequados do que antes às finalidades do dinheiro. Para fazer as mesmas compras, precisamos carregar uma quantidade maior de dinheiro e levar 1 shilling no bolso onde antes levávamos uma moeda de 4 pence*. É difícil dizer o que é mais trivial: esta desvantagem ou aquela vantagem. Nem uma nem outra poderiam provocar uma mudança substancial na situação da Europa. A descoberta da América, todavia, certamente provocou a mais essencial das mudanças. Ao abrir um novo e inesgotável mercado para todas as mercadorias da Europa, deu origem a novas divisões do trabalho, a novos aperfeiçoamentos das técnicas, o que jamais teria sido possível no estreito círculo do antigo comércio, por falta de um mercado que removesse a maior parte de sua produção. As forças produtivas do trabalho se aperfeiçoam, seu produto cresce em todos os diferentes países da Europa, e com este aumentam, ao mesmo tempo, a riqueza e o rendimento real dos habitantes. Quase todas as mercadorias da Europa eram novidade na América, e muitas das mercadorias da América eram novidade na Europa. Começou então a estabelecer-se uma nova classe de trocas que jamais havia sido cogitada antes, que naturalmente teria se mostrado tão vantajosa no Novo Continente como certamente fora no Velho. A selvagem injustiça dos europeus fez de um acontecimento que teria sido bastante proveitoso a todos ruinoso e destrutivo para vários daqueles infelizes países.

A descoberta de uma passagem para as Índias Orientais através do cabo da Boa Esperança, que sucedeu quase na mesma época, abriu talvez ao comércio exterior um campo ainda mais vasto do que o da América, apesar da grande distância entre esses países. Havia somente duas nações na América que de algum modo eram superiores aos selvagens, e estas foram destruídas quase tão logo haviam sido descobertas. As restantes não passavam de selvagens. Mas os impérios da China, do Indostão, do Japão, bem como vários outros nas Índias Orientais, sem possuí-

---

* *Uma moeda de quatro pence*: tradução um pouco livre para *a groat*, antiga moeda inglesa desse valor. (N. T.)

rem minas de ouro ou prata mais ricas, eram, sob todos os outros aspectos, mais cultivados, e todas as suas técnicas e manufaturas eram mais desenvolvidas, do que os impérios do México e Peru, mesmo se dermos crédito ao que manifestamente não merece crédito algum, ou seja, os relatos dos escritores espanhóis a respeito do antigo estado destes dois últimos impérios. Ora, as nações ricas e civilizadas sempre conseguem realizar umas com as outras trocas de valor muito maior do que as realizadas com selvagens e bárbaros. Ainda assim, até este momento a Europa retirou muito menos vantagens de seu comércio com as Índias Orientais do que com a América. Durante cerca de um século, os portugueses detiveram o monopólio do comércio com as Índias Orientais, de modo que as outras nações da Europa apenas indiretamente ou por intermédio dos portugueses podiam enviar mercadorias para aqueles países ou receber deles. No início do século passado, quando os holandeses começaram a invadir esse monopólio, investiram uma companhia exclusiva de todo o seu comércio com as Índias Orientais. Ingleses, franceses, suecos e dinamarqueses, todos seguiram seu exemplo, de maneira que nenhuma grande nação da Europa jamais gozou até aqui o benefício do livre comércio com as Índias Orientais. Não é preciso procurar nenhuma outra razão para explicar por que jamais esse comércio foi tão vantajoso como o comércio com a América, que, entre quase todas as nações da Europa e suas colônias, permanece livre a todos os seus súditos. Os privilégios exclusivos das companhias das Índias Orientais, suas grandes riquezas, o grande favor e a grande proteção que alcançaram de seus respectivos governos suscitaram contra elas muita inveja. Essa inveja muitas vezes representou o comércio das companhias como algo absolutamente pernicioso, em razão das grandes quantidades de prata que esse comércio a cada ano exporta dos países onde se realiza. As partes envolvidas responderam que seu comércio de fato tenderia, por causa da contínua exportação de prata, a empobrecer a Europa em geral, porém não empobreceria o país específico que conduzisse esse comércio, porque, pela exportação de parte dos retornos a outros países europeus, faria entrar anualmente nesse país uma quantidade desse metal muito superior à que faria sair. Tanto a objeção como a resposta se baseiam na opinião popular que acabo de examinar. É portanto desnecessário dizer algo mais sobre uma e outra. A exportação anual de prata para as Índias Orientais provavelmente torna a baixela de prata um pouco mais cara na Europa do que do contrário seria, e provavelmente a prata cunhada compre uma quantidade maior de trabalho e de mercadorias. O primeiro desses dois efeitos representa uma perda muito pequena; o último, uma vantagem muito pequena. Os dois são muito insignificantes para de algum modo merecer a atenção pública. Ao abrir um mercado para as mercadorias da Europa ou, o que vem a ser o mesmo, ao ouro e à prata que são comprados com essas mercadorias, o comércio com as Índias Orientais deve necessariamente tender a aumentar a produção anual de mercadorias européias e, por conseqüência, a riqueza real e o rendimento da Europa. Se até este momento os aumentou tão pouco, provavelmente isso se deve às restrições às quais esse comércio está submetido em todos os lugares.

Mesmo correndo o risco de me tornar tedioso, julguei necessário examinar minuciosamente a opinião popular de que a riqueza consiste em dinheiro ou em ouro e prata. Na linguagem corrente, como já observei, dinheiro muitas vezes quer dizer riqueza, e a ambigüidade da expressão tornou essa opinião popular tão familiar a nós que mesmo os que estão convencidos de sua falsidade são bastante capazes de esquecer seus próprios princípios e, no curso de seus raciocínios, admiti-la como uma verdade certa e incontestável. Alguns dos melhores escritores ingleses que tratam do comércio iniciam seus livros com a observação de que a riqueza de um país consiste não em seu ouro e sua prata apenas, mas em suas terras, casas e em várias espécies de bens consumíveis. No curso de seu raciocínio, porém, as terras, as casas e os bens consumíveis parecem escapar à sua memória, e a linha de sua argumentação freqüentemente supõe que toda a riqueza consiste em ouro e prata, e que multiplicar esses metais é o grande objetivo da atividade e do comércio nacionais.

No entanto, uma vez estabelecidos estes dois princípios, a saber, de que a riqueza consiste em ouro e prata, e de que esses metais somente poderiam ser trazidos para um país que não possuísse minas por meio da balança comercial, ou se o valor das exportações superasse o das importações, inevitavelmente o grande objetivo da economia política passou a ser diminuir, o mais possível, a importação de mercadorias estrangeiras para consumo interno e aumentar, o mais possível, a exportação do produto da atividade nacional. Em conseqüência, os dois grandes instrumentos que a economia política põe em funcionamento para enriquecer o país seriam as restrições à importação e os estímulos à exportação.

As restrições à importação têm sido de duas espécies.

Em primeiro lugar, as restrições à importação das mercadorias estrangeiras para consumo interno que pudessem ser produzidas no país, não importando o país do qual fossem importadas.

Em segundo lugar, as restrições à importação de quase todas as espécies de mercadorias provenientes dos países específicos, em relação aos quais se supunha que a balança comercial fosse desfavorável.

Essas diferentes restrições consistiam ora em elevados impostos de importação, ora em proibições absolutas.

A exportação foi incentivada ora por *drawbacks*, ora por subsídios, ora por vantajosos tratados de comércio com Estados estrangeiros, e ora pelo estabelecimento de colônias em países distantes.

Os *drawbacks* foram concedidos em duas ocasiões distintas. Quanto os produtos manufaturados nacionais estavam sujeitos a impostos de importação ou de consumo, parte ou todo o imposto era restituído quando da exportação; e, quando mercadorias estrangeiras sujeitas a imposto eram importadas com vistas a serem reexportadas, parte ou todo o imposto de importação era algumas vezes restituído no momento da reexportação.

Os subsídios foram concedidos para incentivar algumas manufaturas nascentes ou algumas espécies de atividades de outros tipos que se julgasse merecerem um favor particular.

Pelos tratados de comércio favoráveis, proporcionaram-se privilégios particulares em algum Estado estrangeiro para as mercadorias e os comerciantes do país, além dos que eram assegurados aos comerciantes de outros países.

Enfim, pelo estabelecimento de colônias em países distantes, proporcionaram-se não apenas privilégios especiais, mas muitas vezes monopólios às mercadorias e aos comerciantes do país que as estabeleciam.

As duas espécies de restrições às importações citadas, juntamente com os quatro incentivos à exportação, constituem os seis principais meios pelos quais o sistema mercantil propõe-se aumentar a quantidade de ouro e prata num país, fazendo a balança comercial pender a seu favor. Considerarei cada um desses meios num capítulo específico e, sem me ocupar em demasia de sua suposta tendência a fazer entrar dinheiro no país, procurarei examinar basicamente quais os prováveis efeitos de cada um deles sobre a produção anual da atividade do país. Conforme tendam a aumentar ou a diminuir o valor dessa produção anual, devem tender, evidentemente, tanto para aumentar ou diminuir a riqueza e a receita real do país.

CAPÍTULO 2

Das restrições à importação de mercadorias que podem ser produzidas no país

Ao restringir, seja por elevados impostos, seja por proibições absolutas, a importação de mercadorias que podem ser produzidas no país, em alguma medida se assegura à atividade nacional encarregada de produzi-las um monopólio no mercado interno. Assim, a proibição de importar gado vivo ou carnes salgadas do estrangeiro assegura aos criadores de gado da Grã-Bretanha o monopólio do comércio interno para a carne de açougue. Os elevados impostos sobre a importação de trigo, que em épocas de moderada abundância equivale a uma proibição, dão uma vantagem semelhante aos produtores desse gênero. A proibição de importar lãs estrangeiras é igualmente favorável aos manufatores de lãs. A manufatura de seda, ainda que empregue somente matérias-primas estrangeiras, recentemente obteve a mesma vantagem. A manufatura de linho ainda não a obteve, mas faz grandes avanços nessa direção. Muitos outros tipos de manufaturas obtiveram da mesma maneira, na Grã-Bretanha, um monopólio completo, ou quase completo, em detrimento de seus compatriotas. A variedade de mercadorias cuja importação é proibida na Grã-Bretanha, absolutamente ou sob algumas condições, excede enormemente tudo o que poderiam imaginar os que não têm muita familiaridade com a legislação alfandegária.

Não resta dúvida de que esse monopólio do mercado interno não raro oferece incentivos consideráveis à espécie particular de atividade que o goza, e freqüentemente faz voltar-se para esse tipo de emprego uma parte maior do trabalho e do capital da sociedade do que do contrário seria investido nele. Mas o que talvez não seja tão evidente é saber se isso tende a aumentar a atividade geral da sociedade ou a lhe conferir a mais vantajosa direção.

A atividade geral da sociedade jamais pode exceder o que o capital da sociedade tem condições de empregar. Assim como o número de trabalhadores que um indivíduo privado consegue manter empregados guarda necessariamente uma certa proporção com seu capital, também o número dos que podem ser continuamente empregados por todos os membros de uma grande sociedade deve guardar, necessariamente, uma certa proporção com o capital total dessa sociedade e jamais exceder essa proporção. Não existe regulamento de comércio que seja capaz de aumentar a quantidade de esforço de uma sociedade para além do que seu capital pode manter. Tudo o que um regulamento de comércio pode fazer é levar uma parcela desse esforço a tomar uma direção que, não fosse assim, não teria tomado, e não é de modo algum certo que essa direção artificial venha a ser mais vantajosa do que a que teria seguido espontaneamente.

Todo indivíduo empenha incessantemente seus esforços em descobrir o mais vantajoso emprego para o capital de que dispuser. De fato, é seu próprio benefício, e não o da sociedade, que tem em vista. Ora, a preocupação com seu próprio benefício naturalmente, ou melhor, necessariamente, leva-o a preferir o emprego que seja o mais vantajoso para a sociedade.

Em primeiro lugar, todo indivíduo se esforça em empregar seu capital o mais perto de si possível e, por conseqüência, o mais possível no suporte da atividade nacional, desde que com isso consiga obter os lucros normais do capital, ou um pouco menos do que isso.

Assim, em face de lucros iguais ou aproximadamente iguais, todo comerciante atacadista naturalmente prefere o comércio interno ao comércio exterior de consumo, e o comércio exterior de consumo ao comércio de transporte. No mercado interno, nunca perde de vista seu capital, como freqüentemente perderia se houvesse investido esse capital no comércio exterior de consumo. Ele tem condições de conhecer melhor o caráter e a situação das pessoas nas quais confiará; e, se lhe acontece de ser enganado, conhece melhor as leis do país às quais deverá recorrer. No comércio de transporte, o capital do comerciante é, por assim dizer, dividido entre dois países estrangeiros, e nem sempre uma das partes desse capital precisa ser trazida ao país ou estar diretamente sob seus olhos e sob seu domínio. O capital que um comerciante de Amsterdam emprega para transportar trigo de Köenigsberg a Lisboa, e frutas e vinho de Lisboa a Königsberg em geral precisa permanecer metade em Königsberg e a outra metade em Lisboa. Nenhuma parte dele tem necessidade de ir para Amsterdam. A residência natural desse comerciante deveria ser ou em Königsberg ou em Lisboa, sendo que apenas circunstâncias bastante particulares o levariam a preferir Amsterdam. No entanto, o desconforto que sente por estar sempre tão afastado de seu capital geralmente o faz decidir-se a trazer a Amsterdam parte das mercadorias de Königsberg que destina ao mercado de Lisboa, e parte das mercadorias de Lisboa que destina ao mercado de Königsberg; e embora isso necessariamente o sujeite ao duplo ônus de carregar e descarregar, bem como ao pagamento de alguns impostos e tributos alfandegários, ele se submeterá de bom grado a esse ônus extraordinário para ter alguma parte de seu capital sempre debaixo de seus olhos e sob seu domínio. É dessa maneira que todo país que tenha uma participação considerável no comércio de transporte sempre se torna o empório ou mercado geral das mercadorias de todos os diferentes países entre os quais aquele faz seu comércio. Para evitar os custos de um segundo carregamento e descarregamento, o comerciante sempre procura vender no mercado interno a maior quantidade possível das mercadorias de todos os outros países, a fim de converter seu comércio de transporte num comércio exterior de consumo. Do mesmo modo, ao recolher mercadorias para mercados externos um comerciante comprometido com o comércio exterior de consumo sempre ficará satisfeito – considerando lucros iguais ou quase iguais – em vender a maior quantidade possível dessas mercadorias no mercado interno. Assim, poupa-se do risco e do incômodo da exportação quando, na medida do possível, converte seu comércio exterior de consumo num comércio interno. Nesse sentido o mercado interno é – se me permitem a expressão – o centro ao redor do qual os capitais dos habitantes de todos os países continuamente circulam, e para o qual sempre tendem, ainda que causas particulares possam às vezes lançá-los para fora, expulsando-os para empregos mais longínquos. Ora, como já mostrei, o capital investido no mercado interno necessariamente põe em movimento uma quantidade de atividade nacional maior, e fornece rendimentos e emprego a um número maior de habitantes do país, do que idêntico capital investido no comércio exterior de consumo, e um capital investido no comércio exterior de consumo possui as mesmas vantagens sobre um capital investido no comércio de transporte. Assim, levando-se em conta lucros iguais ou aproximadamente iguais, todo indivíduo naturalmente se inclina a empregar seu capital da maneira pela qual, provavelmente, proporcionará o máximo sustento à atividade interna e gerará rendimento e emprego ao maior número possível de pessoas no próprio país.

Em segundo lugar, todo indivíduo que aplique seu capital na manutenção da atividade interna necessariamente se empenha em dirigir essa atividade de modo que a produção dela tenha o maior valor possível.

A produção do trabalho é aquilo que este acrescenta aos objetos ou às matérias-primas aos quais se aplique. Conforme o valor dessa produção seja pequeno ou grande, serão pequenos ou grandes os lucros de quem põe a atividade em movimento. Ora, é apenas pelo lucro que um homem investe capital para sustentar uma atividade e, portanto, ele sempre se esforçará para investi-lo na manutenção da atividade ou trabalho cuja produção acene com o maior valor possível, ou que possa ser trocada pela maior quantidade possível de dinheiro ou de outro bem.

Mas o rendimento anual de toda sociedade é sempre exatamente igual ao valor permutável de toda a produção anual de sua atividade, ou, antes, é exatamente a mesma coisa que esse valor permutável. Portanto, assim como todo indivíduo se esforça o mais possível para investir seu capital na manutenção da atividade interna e com isso dirigir essa atividade de modo que sua produção tenha o máximo valor, todo indivíduo necessariamente também se empenha para tornar o rendimento anual da sociedade o maior possível. É verdade que em geral não tem a intenção de promover o interesse público, nem sabe quanto o está promovendo. Ao preferir sustentar a atividade interna em detrimento da atividade estrangeira, ele tem em vista somente a própria segurança; ao dirigir essa atividade de modo que sua produção tenha o maior valor possível, não pensa senão no próprio ganho, e neste, como em muitos outros casos, é levado por uma mão invisível a promover um fim que não era, em absoluto, sua intenção promover. Além disso, nem sempre é pior para a sociedade que não tivesse intenção de promover esse fim. Ao buscar seu interesse particular, não raro promove o interesse da sociedade de modo mais eficaz do que faria se realmente se prestasse a promovê-lo. Jamais soube de algum bem que tenham praticado os homens que afetam comerciar pelo bem público. Mas se trata, de fato, de uma afetação pouco comum entre comerciantes; aliás é necessário empregar pouquíssimas palavras para dissuadi-los de fazer isso.

Quanto a saber qual a espécie de atividade nacional que seu capital pode pôr em atividade, e cuja produção acena com os maiores valores, é evidente que cada indivíduo, por sua condição específica, tem condições de julgar muito melhor do que qualquer estadista ou legislador teria em seu lugar. O estadista que tentasse orientar indivíduos privados quanto à maneira como deveriam aplicar seus capitais não apenas se incumbiria do mais desnecessário cuidado, como ainda assumiria uma autoridade que não seria sábio confiar não só a uma única pessoa, mas mesmo a qualquer conselho ou senado; autoridade esta que não poderia ser depositada em lugar mais perigoso do que nas mãos de um homem tolo e presunçoso o suficiente para se imaginar capaz de exercê-la.

Conceder aos produtos da atividade nacional, em qualquer arte ou manufatura, o monopólio do mercado interno é, em alguma medida, dirigir os indivíduos privados nos meios que deveriam seguir para aplicar seus capitais, o que, em quase todos os casos, equivale a uma regulação inútil ou nociva. Se a produção da atividade interna puder ser colocada no mercado a preços tão baixos como os da atividade estrangeira, a regulação é claramente inútil; em caso contrário, deve, em geral, ser nociva. Todo chefe de família prudente tem como máxima jamais tentar produzir em casa o que lhe custará mais fazer do que comprar. O alfaiate não tenta fabricar os próprios sapatos, mas os compra ao sapateiro; o sapateiro não tenta fabricar as próprias roupas, mas contrata um alfaiate. O rendeiro não tenta fabricar nem roupas nem sapatos, mas contrata esses dois diferentes artífices. Todos eles julgam de seu interesse empregar todo o seu empenho de um modo que lhes permita ter alguma vantagem sobre seus vizinhos, comprando com parte de sua produção, ou – o que é a mesma coisa – com o preço de parte dela, todas as outras coisas de que possam ter necessidade.

O que é prudência na conduta de toda família privada dificilmente poderá ser loucura na conduta de um grande reino. Se um país estrangeiro pode nos fornecer uma mercadoria mais barata do que a que nós mesmos podemos fabricar, então é melhor comprá-la dele com alguma parcela da produção de nossa atividade, empregada de um modo que nos permita ter alguma vantagem. A atividade geral do país, uma vez que é sempre proporcional ao capital que a emprega, não será com isso diminuída, não mais que a dos artífices que acabo de mencionar; somente ficará a seu cargo descobrir o modo em que poderá ser empregada com máxima vantagem. Certamente não é empregada com máxima vantagem quando é assim dirigida para um objeto que seria mais barato comprar do que fabricar. O valor de sua produção anual diminui em maior ou menor grau quando sua direção é assim alterada, ou seja, quando deixa de produzir mercadorias evidentemente mais valiosas do que a mercadoria que é direcionada a produzir. Segundo esta suposição, essa mercadoria poderia ser comprada de países estrangeiros a preços mais baixos do que os de fabricá-las no país. Por isso, poderia ter sido comprada com uma parte somente do preço das mercadorias, ou – o que vem a ser o mesmo – com uma parte somente do preço das mercadorias que a atividade nacional teria produzido com o emprego do mesmo capital, se fosse deixada a seguir seu curso natural. Por conseguinte, a atividade do país é assim desviada de um emprego mais vantajoso para um menos vantajoso, e o valor de troca de sua produção nacional, em vez de aumentar conforme a intenção do legislador, deve necessariamente ser reduzido por toda regulação desse gênero.

Na verdade, essas regulações permitem que se adquira um produto manufaturado antes do que se poderia adquiri-lo noutras circunstâncias, e é possível que depois de um certo tempo esse produto manufaturado acabe por se tornar tão ou mais barato no país do que no estrangeiro. Mas, ainda que o esforço da sociedade seja assim conduzido, com vantagem, para um determinado canal antes do que poderia, daí não se segue absolutamente que qualquer dessas regulações consiga aumentar o volume total de sua atividade ou de sua receita. O nível de atividade da sociedade somente pode aumentar conforme aumente seu capital, e esse capital somente pode aumentar conforme o que se economize, gradualmente, dessa receita. Ora, o efeito imediato dessa regulação é diminuir essa receita, e o que diminui essa receita certamente não aumentará o capital mais rápido do que este aumentaria por si mesmo, caso tanto o capital como o trabalho fossem deixados a descobrir seus empregos naturais.

Embora jamais viesse a adquirir, por falta dessas regulações, o produto manufaturado em questão, nem por isso a sociedade seria, necessariamente, mais pobre em algum período de sua existência. É possível que em todo o período de sua existência todo o seu capital e trabalho permanecessem empregados, ainda que em diferentes objetos, da maneira mais vantajosa naquele momento. Em todo período, sua receita poderia ser a maior que seu capital poderia proporcionar, e tanto o capital como a receita poderiam aumentar com a maior rapidez possível.

As vantagens naturais que certo país tem sobre outro na produção de mercadorias específicas são às vezes tão grandes, que o mundo inteiro reconhece que seria inútil lutar contra elas. Com a ajuda de redomas, estufas e viveiros, é possível cultivar ótimas videiras e produzir ótimo vinho na Escócia, a um custo trinta vezes maior ao que se teria importando vinhos igualmente bons de países estrangeiros. Seria sensato que uma lei proibisse a importação de todos os vinhos estrangeiros, simplesmente para estimular a produção do Bordeaux e do Borgonha na Escócia? Mas, se é um completo absurdo desviar para um emprego trinta vezes mais capital e trabalho do país do que seria necessário para comprar de países estrangeiros uma quantidade igual das mercadorias desejadas, então também é absurdo (embora não seja tão chocante, mas tenha exatamente a mesma natureza) voltar para qualquer um desses empregos um trigésimo ou mesmo um tricentésimo de um ou de outro

LIVRO IV

mais do que seja necessário. Sob esse aspecto, não importa que as vantagens de um país sobre outro sejam naturais ou adquiridas. Enquanto um desses países possuir essas vantagens e o outro carecer delas, será sempre mais vantajoso para este último comprar do primeiro que fabricar por si mesmo. A vantagem de um artífice sobre seu vizinho que exerce outra atividade não é senão uma vantagem adquirida; e no entanto os dois consideram mais vantajoso comprar um do outro do que fabricar aquilo que não pertence às suas atividades específicas.

As pessoas que mais obtêm vantagens desse monopólio do comércio interno são os comerciantes e manufatores. A proibição à importação de gado estrangeiro e de carnes salgadas, juntamente com os elevados impostos de importação sobre trigo estrangeiro – que equivalem, em tempos de abundância moderada, a uma proibição –, nem de perto são tão vantajosos aos produtores de gado e rendeiros da Grã-Bretanha como outras regulações de mesma espécie são para seus comerciantes e manufatores. É mais fácil transportar produtos manufaturados, especialmente os de tipo mais refinado, de um país a outro do que transportar trigo e gado. Por essa razão, o comércio exterior é utilizado basicamente para trazer e levar produtos manufaturados. Nas manufaturas, uma vantagem bastante reduzida permitirá aos estrangeiros vender mais barato que nossos trabalhadores, mesmo no mercado interno. Será necessária uma vantagem muito grande para permitir-lhes fazer o mesmo em relação aos produtos brutos do solo. Se fosse autorizada a livre importação de produtos estrangeiros manufaturados, várias das manufaturas nacionais provavelmente sofreriam; algumas delas, talvez, iriam à completa ruína, e uma parte considerável do capital e trabalho empregados hoje nelas seria forçada a encontrar um outro emprego. Mas a autorização para praticar a mais livre importação do produto bruto do solo não teria tal efeito sobre a agricultura do país.

Por exemplo, se algum dia a importação de gado estrangeiro se tornasse absolutamente livre, seria importada uma quantidade tão reduzida de gado, que o comércio relativo à produção de gado na Grã-Bretanha pouco seria afetado. O gado vivo talvez seja a única mercadoria cujo transporte seja mais caro por mar que por terra. O próprio gado se transporta, por terra, ao mercado. Por mar, o transporte não apenas do gado, como também de sua comida e água fazem elevar os custos e os inconvenientes. É verdade que o curto trajeto marítimo entre a Irlanda e a Grã-Bretanha torna mais simples a importação de gado irlandês. Mas, ainda que a livre importação de gado – que recentemente foi permitida somente por um período de tempo limitado – fosse tornada perpétua, os interesses dos produtores de gado da Grã-Bretanha seriam pouco afetados. As regiões da Grã-Bretanha que fazem fronteira com o mar da Irlanda são, todas elas, produtoras de gado. Nunca poderiam importar gado irlandês para uso próprio, de modo que seria necessário conduzi-lo através dessas imensas regiões, com grandes custos e inconvenientes, antes de atingir seu mercado adequado. O gado gordo não poderia ser conduzido por uma distância tão grande. Portanto, somente seria possível importar gado magro, e essa importação poderia interferir não nos interesses das regiões que apascentam ou engordam o gado, para as quais a importação seria vantajosa na medida em que reduziria o preço do gado magro, mas apenas nos interesses das regiões que apenas fazem a reprodução do gado. O pequeno volume de gado irlandês importado desde que se autorizou sua importação, juntamente com o bom preço ao qual o gado magro continua a ser vendido, parecem demonstrar que a livre importação de gado irlandês provavelmente jamais terá efeitos significativos, mesmo sobre o comércio de regiões da Grã-Bretanha que fazem a reprodução do gado. É verdade que algumas vezes o povo comum da Irlanda reagiu com violência, segundo afirmam, à exportação de seu gado. Ora, se os exportadores houvessem encontrado uma grande vantagem em continuar o comércio, poderiam, com a lei de seu lado, facilmente conquistar essa oposição turbulenta.

Além disso, as regiões que apascentam e fazem a engorda do gado devem ter já recebido um alto grau de melhorias, enquanto as que fazem a reprodução são em geral incultas. O elevado preço do gado magro, ao aumentar o valor da terra inculta, assemelha-se a uma espécie de subsídio contra o aperfeiçoamento. Um país que em toda parte fosse altamente desenvolvido obteria mais vantagens importando o gado magro do que reproduzindo seu próprio gado. Essa a razão pela qual a província da Holanda segue atualmente essa máxima, segundo se afirma. De fato, as montanhas da Escócia, Gales e de Northumberland não são regiões suscetíveis de muitas melhorias, e parecem destinadas pela natureza a reproduzir o gado para a Grã-Bretanha. A mais livre importação de gado não poderia ter outro efeito senão impedir os países reprodutores de tirar vantagem do aumento populacional do resto do reino e do progresso de seu desenvolvimento, de aumentar seu preço a níveis exorbitantes e de impor um verdadeiro imposto sobre as regiões mais desenvolvidas e cultivadas do país.

Do mesmo modo, a mais livre importação de carnes salgadas produziria efeitos tão reduzidos sobre os interesses dos produtores da Grã-Bretanha como sobre os produtores de gado vivo. As carnes salgadas não apenas são uma mercadoria extremamente volumosa, como também, se comparadas à carne fresca, têm qualidade inferior e são mais caras, pois custam mais trabalho e despesas. Por isso, jamais viriam a concorrer com a carne fresca, embora pudessem concorrer com as carnes salgadas. Poderiam servir para abastecer navios que empreendessem longas viagens e outros usos semelhantes, mas jamais poderiam ser parte considerável da alimentação do povo. A prova experimental de que nossos produtores de gado não têm nenhum motivo de apreensão é a pequena quantidade de carnes salgadas importadas da Irlanda desde que a importação tornou-se livre. Não parece que algum dia o preço da carne de açougue fosse significativamente afetado por essa importação.

Mesmo a livre importação de trigo afetou muito pouco os interesses dos rendeiros da Grã-Bretanha. O trigo é uma mercadoria muito mais volumosa que a carne de açougue. Uma libra de trigo que custe 1 penny é tão cara como uma libra de carne de açougue valendo 4 pence. A pequena quantidade de trigo importado, mesmo em tempos de grande escassez, talvez baste para convencer nossos rendeiros de que não há nenhuma razão para temer a mais livre importação desse artigo. A média da quantidade importada, comparados dois anos, equivale somente, segundo o bem informado autor dos *Tratados sobre o comércio de trigo*, a 23.728 quartas de todos os gêneros de grãos, e não excede $1/571$ do consumo anual. Mas, como o subsídio ao trigo gera uma exportação maior em anos de fartura, deve, por conseguinte, gerar maior importação em anos de escassez do que geraria no atual estágio de cultivo. Por causa do subsídio, a fartura de um ano não compensa a escassez do ano seguinte, pois, na medida em que necessariamente aumenta a quantidade média exportada, também deve, no atual estágio de cultivo, aumentar a quantidade média importada. Caso não existisse subsídio, como a exportação de trigo seria maior do que é hoje, é provável que menor também fosse a importação, comparado um ano a outro. Os comerciantes de trigo, os que levam e trazem trigo entre a Grã-Bretanha e os países estrangeiros, teriam menos emprego e viriam a sofrer consideravelmente; mas a aristocracia rural e os rendeiros sofreriam muito pouco. É por isso que tenho notado as maiores inquietações quanto à renovação e continuidade do subsídio entre os comerciantes de trigo, e não entre a aristocracia rural e os rendeiros.

Dentre todas as pessoas, a nobreza rural e os rendeiros são, para sua grande honra, os menos suscetíveis do miserável espírito de monopólio. Por vezes, o empreendedor de uma grande fábrica fica alarmado se outra fábrica de mesmo tipo vem a se estabelecer num raio de vinte milhas da sua. O empreendedor holandês da manufatura de lã em Abbeville estipulou que nenhuma fábrica do mesmo tipo se estabeleceria num raio de trinta léguas em torno daquela cidade. Ao contrário, em geral os rendeiros e os aristocratas rurais se dispõem mais a promover do que a obstruir o cultivo e melhoramento das terras e domínios de seus vizinhos. Não possuem segredos como os da maior parte dos manufatores, mas de modo geral gostam de transmitir a seus vizinhos e de expandir o máximo possível qualquer nova prática que tenham considerado vantajosa. *Pius Questus,* diz Catão, o Velho, *stabilissimusque, minimeque invidiosus; minimeque male cogitantes sunt, qui in eo studio occupanti sunt.* Dispersos em diferentes regiões do país, a aristocracia rural e os rendeiros não conseguem se associar com a mesma facilidade dos comerciantes e manufatores, que, estando reunidos nas cidades e acostumados ao espírito de corporação exclusiva que prevalece entre eles, naturalmente se esforçam para obter contra todos os seus compatriotas o mesmo privilégio exclusivo que em geral possuem contra os habitantes de suas respectivas cidades. Daí que tenham sido, ao que parece, os primeiros inventores das restrições à importação de mercadorias estrangeiras, as quais lhes asseguram o monopólio do comércio interno. Provavelmente, foi para imitá-los e se colocarem no mesmo patamar dos que, segundo perceberam, estavam dispostos a oprimi-los, que a aristocracia rural e os rendeiros da Grã-Bretanha se esqueceram da generosidade inerente à sua posição, a ponto de exigir o privilégio exclusivo de fornecer trigo e carne de açougue a seus concidadãos. Talvez não se tenham dado tempo para considerar quanto a liberdade de comércio atingiria menos seus interesses do que os das pessoas cujos exemplos seguiam.

Proibir, mediante lei perpétua, a importação de trigo e gado é, na realidade, decretar que a população e a atividade do país em momento nenhum deverão exceder o que a produção bruta do próprio solo é capaz de sustentar.

No entanto, parecem existir dois casos nos quais será vantajoso, de modo geral, instituir algum encargo sobre a atividade estrangeira para estimular a atividade nacional.

O primeiro desses casos se verifica quando uma espécie particular de atividade é necessária para a defesa do país. A defesa da Grã-Bretanha, por exemplo, depende muito do número de seus marinheiros e navios. Por isso, a Lei de Navegação procurou, com muita propriedade, conceder aos marinheiros e aos navios mercantes o monopólio do comércio de seu país, em alguns casos mediante proibições absolutas e em outros, mediante elevados impostos sobre os navios de países estrangeiros. As principais disposições dessa Lei são as seguintes:

Primeiro, é proibido a todos os navios cujos proprietários e três quartos da tripulação não sejam súditos britânicos fazer comércio com os estabelecimentos e as colônias britânicas, ou se empregar no comércio de cabotagem da Grã-Bretanha, sob pena de confisco do navio e da carga;

Segundo, uma grande variedade dos mais volumosos artigos de importação somente poderá entrar na Grã-Bretanha nos navios supradescritos ou nos navios dos países onde essas mercadorias forem compradas, e cujos proprietários, capitães e três quartos da tribulação sejam súditos daquele país específico; mesmo quando importadas em navios deste último gênero, estão sujeitas ao pagamento em dobro do Imposto sobre artigos estrangeiros. Se importadas em navios de qualquer outro país, a pena é de confisco do navio e dos bens. – Quando se criou essa lei, os holandeses eram o que continuam a ser, os maiores transportadores da Europa; por meio dessa regulação foram totalmente impedidos de transportar para a Grã-Bretanha ou de importar para nós as mercadorias de qualquer outro país europeu.

Terceiro, é proibido importar uma grande variedade dos mais pesados artigos de importação, mesmo em navios britânicos, de outros países senão aqueles em que foram produzidos, sob as penas de confisco do navio e da carga. – É provável que também essa cláusula visasse aos holandeses. A Holanda era então, como agora, o grande empório de todas as mercadorias européias, e por meio dessa cláusula os navios britânicos foram impedidos de embarcar na Holanda as mercadorias de qualquer outro país europeu.

Quarto, peixes salgados de todos os tipos, barbatanas de baleia, ossos, óleo e gordura de baleia que não tenham sido pescados e defumados a bordo de embarcações britânicas, quando importados pela Grã-Bretanha, estão sujeitos ao pagamento em dobro do Imposto sobre Artigos Estrangeiros. – Naquela época, os holandeses eram ainda os principais, e portanto os únicos, pescadores na Europa que buscavam fornecer peixe às nações estrangeiras. Mediante essa regulação, impôs-se uma carga tributária extremamente elevada sobre seu fornecimento à Grã-Bretanha.

Quando se aprovou a Lei de Navegação, embora a Inglaterra e a Holanda não estivessem efetivamente em guerra, subsistia entre as duas nações a mais violenta animosidade. Tal animosidade começara durante o governo do Longo Parlamento, o primeiro a formular essa lei, e logo em seguida irrompeu nas guerras holandesas, durante os governos do Protetor e de Carlos II*. Portanto, é possível que certas disposições dessa célebre lei fossem fruto de animosidade nacional. São todas porém tão sábias, que parecem ditadas pela mais circunspecta sabedoria. A animosidade nacional tinha então em vista precisamente o mesmo objetivo que a mais circunspecta sabedoria poderia ter recomendado, isto é, o enfraquecimento do poderio naval da Holanda, o único poderio naval que poderia representar risco à segurança da Grã-Bretanha.

---

* O governo do Longo Parlamento cobre, a rigor, os anos de 1640 a 1649, data da execução de Carlos I. O Protetorado de Oliver Cromwell vai de 1653 a 1658, enquanto o governo de Carlos II inicia em 1660 e termina em 1685. Smith voltará a esse tema ainda no Livro IV, Capítulo VII. (N. T.)

A Lei de Navegação não é favorável ao comércio exterior ou ao crescimento da opulência que o comércio exterior faz surgir. O interesse de uma nação em suas relações comerciais com nações estrangeiras é, a exemplo do interesse do comerciante com respeito às diferentes pessoas com as quais trata, comprar ao menor e vender ao maior preço possível. Ora, é muito mais provável que compre a preços baixos quando, por meio da mais perfeita liberdade de comércio, encoraja todas as nações a levar para esse país as mercadorias que precise comprar; e, pela mesma razão, é muito mais provável que venda a preços altos quando, em razão disso, seus mercados estiverem repletos do maior número de compradores. É verdade que a Lei de Navegação não lança nenhum encargo sobre os navios estrangeiros que vierem exportar a produção da atividade britânica. Mesmo o antigo Imposto sobre Artigos Estrangeiros, que costumava incidir sobre todas as mercadorias exportadas e importadas, foi, mediante leis subseqüentes, suprimido da maior parte dos artigos de exportação. Mas se os estrangeiros são impedidos, quer por meio de proibições, quer por elevados impostos, de vir vender, nem sempre dispõem de meios para vir comprar, pois, obrigados a virem sem carregamentos, perderiam o frete de seu país até os portos da Grã-Bretanha. Ao diminuir o número de vendedores, portanto, necessariamente reduzimos o de compradores, e com isso provavelmente não apenas compraremos as mercadorias estrangeiras a preço mais caro, como ainda venderemos as nossas a preço mais baixo do que se vigorasse a mais perfeita liberdade de comércio. Porém, como a defesa é muito mais relevante que a riqueza, a Lei de Navegação é, talvez, a mais sábia de todas as regulações comerciais da Inglaterra.

O segundo caso em que geralmente será mais vantajoso lançar algum encargo sobre a atividade estrangeira a fim de estimular a atividade nacional se verifica quando algum imposto é instituído, no país, sobre a produção interna. Neste caso, parece razoável que um imposto igual seja instituído sobre a mesma produção da atividade estrangeira. Isso não concederia o monopólio do mercado interno à atividade nacional, nem faria que se investisse num determinado emprego uma parcela do capital e do trabalho do país maior do que a parcela que naturalmente iria para esse emprego. Apenas impediria que uma parte do que naturalmente iria para tal emprego fosse desviada pelo imposto, tomando uma direção menos natural, e, após a instituição do imposto, deixaria a concorrência entre a atividade estrangeira e a atividade nacional quase exatamente no mesmo pé em que se encontrava antes. Na Grã-Bretanha, quando se institui um imposto como esse sobre a produção da atividade nacional, é comum, ao mesmo tempo, instituir um imposto ainda mais elevado sobre a importação de todas as mercadorias da mesma espécie – pois assim se põe termo às clamorosas reclamações de nossos comerciantes e manufatores de que serão obrigados a vender mais barato no país.

De acordo com algumas pessoas, essa segunda limitação da liberdade de comércio deveria, em certos casos, se estender muito além das mercadorias estrangeiras específicas que poderiam fazer concorrência às mercadorias tributadas no país. Alegam que, quando os artigos de primeira necessidade são tributados num determinado país, torna-se conveniente tributar não apenas os mesmos artigos de primeira necessidade importados de outros países, mas todas as espécies de mercadorias estrangeiras que podem vir a competir com todos os outros produtos da atividade nacional. Esses impostos, afirmam tais pessoas, necessariamente encarecem a subsistência, e o preço do trabalho sempre aumenta com o aumento do preço da subsistência do trabalhador. Portanto, todas as mercadorias produzidas pela atividade nacional, ainda que não sejam diretamente tributadas, tornam-se mais caras em conseqüência desses impostos, porque elevam o preço do trabalho que as produz. Por isso – acrescentam –, esses impostos são realmente equivalentes a um imposto sobre toda mercadoria específica produzida no país. E concluem dizendo que, para colocar a atividade nacional em pé de igualdade com a atividade estrangeira, é necessário então instituir sobre toda mercadoria estrangeira um imposto de importação igual à majoração de preço das mercadorias nacionais às quais poderia fazer concorrência.

Na seqüência, quando vier a tratar dos impostos, examinarei se os impostos sobre artigos de primeira necessidade, tais como, na Grã-Bretanha, os que incidem sobre o sabão, o sal, o couro, as velas etc., necessariamente provocam um aumento no preço do trabalho e, por conseguinte, no preço de todas as outras mercadorias. Enquanto isso, porém, supondo que tenham esse efeito (e indubitavelmente têm), essa majoração geral no preço de todas as mercadorias, em conseqüência da majoração do preço do trabalho, é algo que difere nos dois seguintes aspectos da majoração do preço de uma mercadoria específica causada por um imposto incidente diretamente sobre ela.

Em primeiro lugar, sempre seria possível saber com estrita precisão quanto o preço dessa mercadoria seria majorado por tal imposto; mas jamais se poderia saber, com algum grau de precisão, quanto a majoração geral do preço do trabalho afetaria cada diferente mercadoria produzida pelo trabalho. Seria portanto impossível estabelecer, com alguma exatidão, uma proporção entre o imposto incidente sobre cada mercadoria estrangeira e a majoração de preço de toda mercadoria nacional.

Em segundo lugar, os impostos sobre artigos de primeira necessidade produzem, sobre a situação do povo, quase o mesmo efeito de um solo estéril e de um clima desfavorável. Em razão disso, os gêneros se tornam mais caros, como se tornariam se fossem necessários trabalhos e despesas extraordinários para produzi-los. Assim como, numa situação de escassez natural gerada pelo solo e pelo clima, seria absurdo dirigir o povo, determinando o modo como deveria empregar seus capitais e trabalho, também seria absurdo dirigi-lo na escassez artificial gerada por tais impostos. Deixar que por si mesmas as pessoas ajustem, da melhor maneira possível, sua atividade à sua condição, e descubram os empregos nos quais, apesar de sua situação desfavorável, poderão obter alguma vantagem no mercado interno ou no externo, é algo que, nos dois casos, será o mais vantajoso para elas. Instituir um novo imposto porque elas já se encontram sobrecarregadas de impostos, e porque já pagam demasiado caro pelos artigos de primeira necessidades, fazê-las também pagar demasiado caro pela maior parte das mercadorias, é certamente o modo mais absurdo de compensar sua situação.

Quando atingem um certo ponto, esses impostos são um tormento equivalente à esterilidade do solo e à inclemência do clima, e no entanto é nos países mais ricos e com maior nível de atividade que em geral são instituídos. Nenhum outro país poderia suportar uma desordem tão grande. Do mesmo modo como os corpos mais vigorosos somente podem viver e gozar de saúde sob um regime insalubre, também as nações que em toda a espécie de atividade tenham as maiores vantagens naturais e adquiridas conseguem subsistir e prosperar sob esses impostos. A Holanda é o país da Europa onde estes impostos mais proliferam e que, em razão de circunstâncias particulares, continua a prosperar, não por causa deles – como já se supôs absurdamente –, mas a despeito deles.

Assim como existem dois casos em que será, em geral, vantajoso criar algum encargo sobre a atividade estrangeira a fim de estimular a atividade nacional, existem também dois outros casos em que isso às vezes pode vir a ser assunto de deliberação. No primeiro caso, cabe deliberar até que ponto convém deixar que permaneça livre a importação de certos bens; no segundo, até que ponto, ou de que modo, convém restabelecer a livre importação, após ter sido interrompida por algum tempo.

O caso em que algumas vezes é possível deliberar até que ponto convém deixar que permaneça livre a importação de certos bens se verifica quando uma nação estrangeira restringe, por meio de elevados impostos ou de proibições, a importação de algumas de nossas mercadorias para seu país. Neste caso, a vingança naturalmente prescreve a retaliação, e que instituamos impostos e proibições idênticos sobre a importação de alguns ou de todos os seus produtos manufaturados para nosso país. E, de fato, as nações raramente deixam de praticar esse tipo de retaliação. Os franceses têm sido particularmente céleres em favorecer as próprias manufaturas, restringindo a importação das mercadorias estrangeiras que pudessem vir a concorrer com as suas. Nisso consiste grande parte da política do Sr. Colbert, que, a despeito de seus grandes talentos, parece, nesse caso, ter-se deixado lograr pela sofística dos comerciantes e manufatores, sempre prontos para exigir monopólios em detrimento de seus concidadãos. Hoje em dia, os homens mais inteligentes da França são de opinião que essas operações do Sr. Colbert não foram benéficas a seu país. Pelo tributo de 1667, esse ministro instituiu elevados impostos sobre um grande número de produtos estrangeiros manufaturados. Diante de sua recusa de diminuí-los em favor dos holandeses, estes proibiram, em 1671, a importação de vinhos, conhaques e produtos manufaturados da França. Ao que parece, a guerra de 1672 foi em parte causada por essa disputa comercial. A paz de Nimègue pôs fim à guerra em 1678, reduzindo alguns desses impostos em favor dos holandeses, que, em conseqüência, retiraram sua proibição. Foi na mesma época que os franceses e ingleses começaram a oprimir reciprocamente a atividade uns dos outros por impostos e proibições semelhantes, cujo primeiro exemplo parece ter sido dado, no entanto, pelos franceses. O espírito de hostilidade que desde então subsiste entre as duas nações até agora impediu que cada uma das duas partes amenize essas restrições. Em 1697, os ingleses proibiram a importação de rendas de bilros, produto manufaturado de Flandres. O governo desse país, naquela época sob o domínio da Espanha, proibiu, em revide, a importação de lãs inglesas. Em 1700, retirou-se a proibição de importar rendas de bilros, sob a condição de que a importação de lãs inglesas por Flanders ficasse no mesmo pé que antes.

As retaliações desse gênero podem ser de boa política quando existe a probabilidade de proporcionarem a eliminação dos elevados impostos ou das proibições que motivam as queixas. Em geral, a recuperação de um grande mercado estrangeiro mais do que compensará o inconveniente transitório de pagar mais caro, durante um curto espaço de tempo, por algumas espécies de bens. Quanto a julgar se é de esperar que essas retaliações produzam tal efeito, eis o que talvez pertença menos à ciência do legislador, cujas deliberações deveriam ser governadas por princípios gerais que sempre permanecem inalteráveis, do que à habilidade desse animal insidioso e astuto, vulgarmente chamado de estadista ou político, cujos conselhos são ditados pelas flutuações momentâneas dos negócios. Quando não existe nenhuma probabilidade de eliminar as proibições e os elevados impostos de importação, parece mau o método de compensar o prejuízo causado a certas classes de nosso povo causando, nós mesmos, outro prejuízo, não apenas àquelas classes, mas a quase todas as classes de homens. Quando nossos vizinhos proíbem algum de nossos produtos manufaturados, em geral proibimos não apenas seus produtos do mesmo gênero – pois isso, por si só, raras vezes os afetaria –, como também outros artigos produzidos por suas manufaturas. Sem dúvida, essa medida serve de estímulo a alguma classe específica de trabalhadores do nosso país e, ao excluir alguns de seus rivais, permitiria a esses trabalhadores elevar seu preço no mercado interno. No entanto, os trabalhadores que sofressem por causa da proibição determinada por nossos vizinhos não tirariam vantagem da proibição que nós determinássemos.

Pelo contrário, eles e quase todas as outras classes de cidadãos seriam então obrigados a pagar mais caro do que antes por certas mercadorias. Assim, toda essa espécie de leis institui um verdadeiro imposto sobre o país inteiro, não em favor da classe particular de trabalhadores que foi prejudicada pelas proibições de nossos vizinhos, mas em favor de alguma outra classe.

O caso em que algumas vezes é possível deliberar até que ponto, ou de que modo, convém restabelecer a livre importação, após ter sido interrompida por algum tempo, verifica-se quando as manufaturas, por intermédio de elevados impostos ou proibições sobre todos os bens estrangeiros que podem vir a concorrer com elas, se estenderam a ponto de empregar um grande número de braços. Nesse caso, a humanidade* pode exigir que a liberdade de comércio somente seja restabelecida a passos muito lentos, e com uma boa dose de reserva e circunspecção. Se os altos impostos e as proibições fossem eliminados de uma só vez, as mercadorias estrangeiras mais baratas seriam despejadas com tal rapidez no mercado interno, que num só golpe milhares de nossos concidadãos seriam privados de suas ocupações habituais e desprovidos de todos os seus meios de subsistência. A desordem provocada por um tal evento seria, sem dúvida, bastante considerável. No entanto, com toda a probabilidade a desordem seria muito menor do que se costuma imaginar, pelas duas seguintes razões:

Em primeiro lugar, todos os produtos manufaturados, parte dos quais é comumente exportada para outros países europeus sem subsídios, seriam pouco afetados pela mais livre importação de mercadorias estrangeiras. Esses produtos são necessariamente vendidos a preço tão baixo no exterior como qualquer outra mercadoria estrangeira da mesma qualidade e espécie, e, por conseguinte, devem ser ven-

---

* Leia-se: o sentimento de humanidade. (N. T.)

didos a preço baixo também no país. Portanto, permaneceriam de posse do mercado interno, e mesmo quando, por capricho, um homem refinado preferisse os artigos estrangeiros, unicamente por serem estrangeiros, em detrimento das mercadorias mais baratas e de melhor qualidade produzidas no país, essa tolice, pela natureza mesma das coisas, se alastraria entre tão poucas pessoas, que não causaria nenhum efeito sensível sobre a ocupação geral do povo. Ora, uma grande parte de todos os diferentes ramos de nossos manufaturados de lã, de couro curtido e das nossas ferragens é anualmente exportada para outros países europeus sem nenhum subsídio, e essas são as manufaturas que empregam o maior número de trabalhadores. Talvez a seda seja o produto manufaturado que mais sofresse em razão dessa liberdade de comércio, seguida do linho, ainda que este sofresse muito menos do que aquela.

Em segundo lugar, caso fosse restaurada a liberdade de comércio, ainda que um grande número de pessoas perdesse, de uma só vez, sua ocupação habitual e seu modo comum de subsistência, disso não se seguiria, absolutamente, que tais pessoas ficariam sem ocupação e subsistência. Ao final da última guerra, a redução da marinha e do exército fez mais de 100 mil soldados e marinheiros – número igual ao de trabalhadores empregados nas maiores manufaturas – perderem imediatamente seu emprego habitual; mas, embora certamente sofressem alguma inconveniência, não se viram privados de todo emprego e de toda subsistência. É provável que a maior parte dos marinheiros gradualmente passasse a servir à marinha mercante, à medida que tivesse oportunidade, e nesse meio tempo tanto eles como os soldados foram absorvidos na grande massa do povo, empregando-se numa grande variedade de ocupações. Uma mudança tão grande na situação de mais de 100 mil homens, todos acostumados ao uso das armas, e muitos dentre eles à rapina e à pilhagem, não provocou nenhuma grande convulsão, como ainda nenhuma desordem significativa. Era raro notar que em algum lugar o número de vagabundos houvesse aumentado; tampouco os salários do trabalho sofreram redução em algumas profissões, exceto, tanto quanto soube, nas profissões de marinheiro a serviço da marinha mercante. Mas, se compararmos os hábitos de um soldado aos de um operário de manufatura, veremos que, ao contrário dos hábitos do soldado, os do operário não tendem em demasia a desqualificá-lo para uma nova ocupação. O operário de manufatura acostumou-se, desde sempre, a tirar sua subsistência apenas de seu trabalho; o soldado, por sua vez, acostumou-se a esperá-la de seu soldo. A aplicação e o empenho sempre foram familiares a um; a ociosidade e a dissipação, ao outro. Ora, é certamente muito mais fácil mudar a direção do empenho de uma espécie a outra de trabalho do que transformar a ociosidade e dissipação numa ocupação qualquer. Já se observou, além disso, que a maior parte das manufaturas possui outros ramos de manufaturas colaterais de natureza tão semelhante, que um operário consegue facilmente transferir seu trabalho de uma para outra. Mais ainda, a maior parte desses operários encontra ocasionalmente trabalho no campo. O capital que antes os empregava numa manufatura específica continuará no país para empregar um igual número de pessoas num outro tipo de manufatura. Como o capital do país permanece o mesmo, a demanda por mão-de-obra permanecerá também exatamente a mesma, ou quase a mesma, embora possa empregar-se em diferentes locais e em diferentes ocupações. De fato, quando dispensados do serviço ao rei, os soldados e marinheiros têm liberdade para exercer qualquer profissão, em qualquer cidade ou local da Grã-Bretanha e Irlanda. Que se restaure a todos os súditos de Sua Majestade a mesma liberdade natural que os soldados e marinheiros têm de exercer a espécie de ocupação mais conforme a seus desejos, ou seja, que se acabe com os privilégios exclusivos de corporações e se revogue a Lei de Aprendizagem – pois um e outro são usurpações reais à liberdade natural –; que se acrescente a estes a revogação da Lei do Domicílio, de modo que o operário pobre, ao perder seu emprego numa ocupação ou num lugar, possa procurar emprego em outra ocupação ou em outro lugar, sem temer um processo ou uma remoção; então, nem a sociedade nem os indivíduos sofrerão mais a dispersão ocasional de uma classe particular de operários de manufaturas do que a dispersão de soldados. Não há dúvidas de que nossos manufatores sejam de grande valia para seu país, porém não podem ser mais valiosos do que os homens que o defendem com seu sangue, nem merecem ser tratados com mais consideração.

Na verdade, esperar que algum dia se restaure inteiramente a liberdade de comércio na Grã-Bretanha é tão absurdo como esperar que algum dia nela se institua uma Oceana ou uma Utopia*. Não somente os preconceitos do público, mas – o que é ainda mais difícil de vencer – o interesse particular de muitos indivíduos, opõe à liberdade de comércio uma resistência insuperável. Se os oficiais do exército se opusessem a toda redução do contingente militar com o mesmo zelo e com a mesma unanimidade com que os donos de manufaturas se lançam contra toda lei que permita aumentar o número de seus rivais no mercado interno; se os oficiais instigassem seus soldados da mesma maneira que os donos de manufaturas incitam seus operários a atacar com violência e desmando os que propõem semelhantes regulações, então seria tão perigoso tentar reduzir o contingente militar como se tornou agora tentar diminuir, em alguma medida, o monopólio que nossos manufatores obtiveram contra nós. Esse monopólio aumentou de

---

* Menção a duas famosas obras, *The Commonwealth of Oceana* (1656), de James Harrington, e *Utopia*, de Thomas More (1516) [trad. bras. Martins Fontes, São Paulo, 2ª ed., 1999]. Cada uma delas apresenta uma sociedade ideal, talvez inatingível, mas que serve de contraponto às sociedades reais. Smith volta se referir à *Utopia* no final do Livro V. (N. T.)

tal modo o número de algumas tribos específicas de manufatores que, assim como um gigantesco exército permanente, elas tornaram-se temíveis ao governo e em muitas ocasiões chegaram a intimidar o legislativo. O Membro do Parlamento que apoiar as propostas de fortalecer esse monopólio certamente adquirirá não apenas a reputação de homem versado nos negócios do comércio, como também a grande popularidade e influência entre uma categoria de pessoas cujo número e riqueza lhes confere grande importância. Em contrapartida, se combater essas propostas, e sobretudo se possuir autoridade suficiente para frustrá-las, nem a mais reconhecida probidade, nem a mais elevada posição, ou os serviços públicos mais relevantes conseguirão protegê-lo das mais infames ofensas e detrações, dos insultos pessoais, por vezes dos perigos reais que surgirão por causa do desmando insolente de furiosos e frustrados monopolistas.

Sem dúvida, seria fortemente atingido o empreendedor de uma grande manufatura que se visse obrigado a abandonar sua atividade em razão da súbita abertura dos mercados internos à concorrência dos estrangeiros. A parte de seu capital que usualmente empregara para comprar matéria-prima e pagar seus operários talvez encontrasse, sem muita dificuldade, um outro emprego. Mas dificilmente poderia dispor, sem prejuízo considerável, da parte do capital que estivesse fixa em edifícios e nos instrumentos de trabalho. Portanto, a justa consideração para com seu interesse exige que mudanças desse tipo jamais sejam introduzidas subitamente, mas que se façam lenta e gradualmente, e depois de anunciadas com grande antecedência. Se sempre fosse possível orientar as deliberações do legislativo não pelos clamores inoportunos de interesses parciais, mas por uma ampla visão do bem geral, o legislativo deveria ter, talvez unicamente por essa razão, o cuidado extremo em não criar nenhum novo monopólio dessa espécie, e tampouco estender mais os que já foram criados. Toda regulação como essa introduz na constituição do Estado algum grau verdadeiro de distúrbio, que mais tarde será bastante difícil curar sem ocasionar um outro distúrbio.

Examinarei na seqüência, quando tratar dos impostos, até que ponto convém lançar taxas sobre a importação de mercadorias estrangeiras, não para impedir que essas mercadorias entrem no país, mas para gerar uma receita maior para o governo. Os impostos que são instituídos com a finalidade de impedir ou mesmo diminuir a importação são, evidentemente, tão destrutivos para a receita proveniente das aduanas como para a liberdade de comércio.

CAPÍTULO 3

Das restrições extraordinárias à importação de quase todos os tipos de mercadorias provenientes de países com os quais se supõe que a balança comercial seja desfavorável

Parte I

Da insensatez dessas restrições mesmo segundo os princípios do sistema comercial

O segundo expediente por meio do qual o sistema comercial se propõe aumentar a quantidade de ouro e prata consiste em impor restrições extraordinárias à importação de quase todas as espécies de mercadorias provenientes de países com os quais se supõe ser desfavorável a balança comercial. Assim, na Grã-Bretanha é permitida a importação de cambraia da Silésia para consumo interno em face do pagamento de algumas tarifas; mas é proibido importar cambraia e cambraia de linho da França, exceto pelo porto de Londres, onde são depositadas em armazéns para então serem reexportadas. Elevados impostos de importação incidem sobre os vinhos da França e de Portugal, ou de fato sobre o de todos os outros países. Pelo assim chamado Imposto de 1692, instituiu-se um tributo alfandegário de 25% do valor ou preço sobre todas as mercadorias francesas, enquanto as mercadorias de outras nações ficaram, em sua maioria, sujeitas a tributos muito mais baixos, que raramente excediam 5%. Na verdade, deixaram de pagar esses tributos o vinho, os conhaques, o sal e o vinagre da França, mercadorias que ficaram sujeitas a outros tributos elevados, quer em razão de outras leis, quer em razão de cláusulas particulares daquela mesma lei. Em 1696, considerando que o primeiro tributo de 25% já não fosse um desestímulo suficiente, instituiu-se um segundo tributo, também de 25%, sobre todas as mercadorias francesas, à exceção dos conhaques, juntamente com um novo imposto de 25 libras sobre a tonelada de vinho francês, e um outro, de 15 libras, sobre o tonel de vinagre francês. As mercadorias francesas jamais foram deixadas de lado em algum dos subsídios gerais, ou tributos de 5%, que foram instituídos sobre todas ou quase todas as mercadorias enumeradas no Livro de Tarifas. Se levarmos em conta que os subsídios do $1/3$ e do $1/3$ perfazem um subsídio inteiro, existem cinco subsídios gerais; desse modo, é possível considerar que, antes do início desta guerra, o tributo de 75% fosse o menor a que estava sujeita grande parte dos gêneros cultivados, produzidos ou manufaturados na França. Ora, para a maior parte das mercadorias, esses impostos equivalem a uma proibição. Creio que os franceses, por sua vez, trataram nossos gêneros e produtos manufaturados com igual severidade, embora eu não esteja tão familiarizado com os encargos que sobre eles instituíram. Essas restrições mútuas puseram termo a quase todo o comércio imparcial que existia entre as duas nações, pois os contrabandistas são agora os principais importadores das mercadorias britânicas para a França e das mercadorias francesas para a Grã-Bretanha. Os princípios que examinei no capítulo anterior têm origem no interesse particular e no espírito de monopólio; os que vou examinar agora se originam no preconceito e na animosidade nacional. Por essa razão, é de esperar que sejam ainda mais insensatos, mesmo levando em conta os princípios do sistema comercial.

Em primeiro lugar, mesmo havendo certeza de que, caso fosse livre o comércio entre França e Inglaterra, por exemplo, a balança comercial seria favorável à França, disso não se seguiria, absolutamente, que esse comércio seria desvantajoso à Inglaterra, ou que a balança geral da totalidade do comércio inglês se tornaria com isso ainda mais desvantajosa. Se os vinhos da França são melhores e mais baratos que os de Portugal, ou se seus tecidos são melhores e mais baratos que os da Alemanha, seria mais vantajoso à Grã-Bretanha comprar da França, mais do que de Portugal e da Alemanha, os vinhos e os tecidos que precise comprar no exterior. Embora com isso o valor das importações anuais da França viesse a aumentar muito, o valor da soma total de nossas importações diminuiria na proporção em que os gêneros franceses de igual qualidade fossem mais baratos do que os dos dois outros países. Seria isso o que aconteceria, mesmo supondo que a totalidade das mercadorias francesas fosse consumida na Grã-Bretanha.

Mas, em segundo lugar, a maior parte dessas mercadorias francesas poderia ser reexportada para outros países, e se lá fossem vendidas com lucro trariam de volta um retorno talvez equivalente ao custo de produção do total das mercadorias francesas importadas. O que freqüentemente se diz a respeito do comércio das Índias Orientais possivelmente se aplica ao comércio da França: embora a maior parte dos produtos das Índias Orientais fosse comprada com ouro e prata, a reexportação a outros países de parte desses produtos trazia ao país que tivesse realizado o comércio uma quantidade de ouro e prata superior à soma total do custo de produção. Atualmente, um dos principais ramos do comércio holandês consiste no transporte de mercadorias francesas a outros países da Europa. Até mesmo parte do vinho francês que se bebe na Grã-Bretanha é importada clandestinamente da Holanda e da Zelândia. Se existisse liberdade de comércio entre França e Inglaterra, ou se fosse possível importar mercadorias francesas pagando impostos iguais aos que incidem sobre as mercadorias de outras nações européias, e que são restituídos quando da reexportação, a Inglaterra poderia ter alguma participação no comércio que se considera tão vantajoso para a Holanda.

LIVRO IV 593

Em terceiro e último lugar, não existe um critério seguro que nos permita determinar o lado para o qual pende a chamada balança comercial entre dois países, ou qual dos dois exporta pelo maior valor. Os preconceitos e a animosidade nacional, sempre instigados pelo interesse privado de certos negociantes, são os princípios que geralmente orientam nosso julgamento sobre todas as questões relativas a esse assunto. No entanto, existem dois critérios a que freqüentemente se recorre nessas ocasiões: os registros contábeis das aduanas e os termos do intercâmbio. Quanto aos registros contábeis das aduanas, creio que hoje em dia se reconhece, de modo geral, que se trata de um critério extremamente incerto, dada a imprecisão da avaliação que se faz da maior parte das mercadorias. Talvez os termos do intercâmbio sejam um critério igualmente incerto.

Quando o intercâmbio entre dois lugares, tais como Londres e Paris, está ao par, é sinal, segundo se diz, de que os débitos de Londres para com Paris são compensados pelos débitos de Paris para com Londres. Ao contrário, quando se paga em Londres um prêmio por um título sobre Paris, é sinal, segundo se diz, de que os débitos de Londres para com Paris não são compensados pelos débitos de Paris para com Londres, e esta última cidade deve então enviar uma compensação em dinheiro, sendo o prêmio exigido e pago pelo risco, pelo trabalho e pelas despesas de envio desse dinheiro. Ora, afirma-se ainda que a situação normal de débito e crédito entre as duas cidades deve ser regulada pelo curso habitual das transações que realizam entre elas. Quando nenhuma delas importa da outra uma soma superior à que exporta, os débitos e créditos de cada uma das duas devem se compensar mutuamente. Mas, quando uma delas importa da outra um valor superior ao que dela importa, a primeira necessariamente passa a dever à segunda uma soma maior do que esta lhe deve; os débitos e créditos de cada uma não se compensam mutuamente, e então a cidade cujo débito excede o crédito fica obrigada a exportar dinheiro. Assim, se os termos do intercâmbio são uma indicação da situação normal de débito e crédito entre dois lugares, então devem ser também uma indicação do curso habitual de suas exportações e importações, já que estas necessariamente determinam a situação de débito e crédito.

Mas, mesmo admitindo que os termos do intercâmbio sejam uma indicação suficiente da situação normal de débito e crédito, disso não se seguiria que a balança comercial fosse favorável ao lugar que tivesse a seu favor a situação normal de débito e crédito. Nem sempre a situação normal de débito e crédito entre dois lugares é absolutamente determinada pelo curso habitual de suas mútuas transações comerciais; mas é freqüentemente influenciada pelas transações comerciais de cada um dos dois lugares com muitos outros. Por exemplo, se os comerciantes da Inglaterra tivessem o hábito de pagar as mercadorias que compram de Hamburgo, Danzig, Riga etc. com letras de câmbio sobre a Holanda, a situação normal de débito e crédito entre Inglaterra e Holanda não seria absolutamente determinada pelo curso habitual das transações comerciais entre esses dois países, mas influenciada pelo curso das transações da Inglaterra com aqueles outros lugares. É possível que a Inglaterra se veja obrigada a enviar dinheiro anualmente à Holanda, embora suas exportações anuais para esse país superem em muito o valor anual de suas importações, e embora o que se chama de balança comercial seja bastante favorável à Inglaterra.

Além disso, pela maneira como até aqui se tem calculado o equilíbrio das trocas, os termos normais do intercâmbio não podem fornecer indicação suficiente de que a situação habitual de débito e crédito seja favorável ao país que parece ter ou que se supõe ter a seu favor os termos normais do intercâmbio; em outras palavras, o intercâmbio real pode ser e freqüentemente de fato é tão diferente do intercâmbio tal como calculado, que em muitas ocasiões não é possível extrair nenhuma conclusão segura dos termos do primeiro em relação aos termos do último.

Quando por uma soma de dinheiro paga na Inglaterra, contendo, segundo o padrão da Casa da Moeda inglesa, um certo número de onças de prata pura, se recebe um título correspondente a uma soma de dinheiro pagável na França, contendo, segundo o padrão da Casa da Moeda francesa, um número igual de onças de prata pura, afirma-se que existe paridade de câmbio entre França e Inglaterra. Quando se paga mais, supõe-se que se deva pagar um prêmio, e então se afirma que o câmbio é contrário à Inglaterra e favorável à França. Quando se paga menos, supõe-se que se deva receber um prêmio, e então se afirma que o câmbio é contrário à França e favorável à Inglaterra.

Mas, primeiramente, nem sempre podemos julgar o valor da moeda corrente de diferentes países pelo padrão das respectivas moedagens. Em alguns países, a moeda está mais ou menos usada, desgastada ou de qualquer forma mais desvalorizada em relação a seu valor original do que em outros. Ora, o valor da moeda corrente de um país, comparado ao da moeda de um outro país, é proporcional não à quantidade de prata pura que devia conter, mas à quantidade de prata que efetivamente contém. Antes da reforma da moeda na época do rei Guilherme, o câmbio entre Inglaterra e Holanda, calculado segundo o método usual, de acordo com o padrão das respectivas Casas da Moeda, era de 25% desfavorável à Inglaterra. Mas o valor da moeda corrente da Inglaterra, como nos ensina o Sr. Lowndes, estava naquela época mais de 25% abaixo de seu valor-padrão. Portanto, o câmbio real, mesmo naquela época, podia ser favorável à Inglaterra, ainda que o câmbio, tal como se calculava, fosse tão desfavorável a ela; é possível que o número de onças de prata pura que se pagava à época na Inglaterra para comprar um título sobre a Holanda comprasse um número maior de onças de prata pura pagáveis neste último país, e que o homem que supostamente devia pagar o prêmio na verdade o estivesse recebendo. Antes da última reforma de nossa moeda de ouro, a moeda da França estava muito menos desgastada que a moeda inglesa, e talvez estivesse 2 ou 3% mais próxima de seu padrão legal. Por conseguinte, se o câmbio avaliado com a França não fosse mais do que 2 ou 3% desfavorável à Inglaterra, então o câmbio real poderia ser favorável à Inglaterra. Desde a reforma da moeda de ouro, o câmbio tem estado constantemente favorável à Inglaterra e contrário à França.

Em segundo lugar, em alguns países a despesa de cunhagem é paga pelo governo; em outros, pelos indivíduos privados que levam seus lingotes à Casa da Moeda, e o governo até mesmo extrai alguma receita da cunhagem. Na Inglaterra, essa despesa é paga pelo governo, e se alguém levar uma libra-peso de prata-padrão à Casa da Moeda receberá 62 shillings, contendo uma libra-peso da mesma prata-padrão. Na França, deduz-se um imposto de 8% para a cunhagem, o que não somente cobre a despesa da moedagem, como ainda gera uma pequena receita ao governo. Na Inglaterra, como a cunhagem não custa nada, a moeda corrente jamais pode valer muito mais do que a quantidade de metal que efetivamente contém. Na França, como se paga pelo trabalho de cunhagem, esse trabalho se acrescenta ao valor da moeda, da mesma maneira que se acrescenta ao valor da prataria trabalhada. Conseqüentemente, uma soma em dinheiro francês contendo um certo peso de prata pura vale mais do que uma soma em dinheiro inglês contendo o mesmo peso de prata pura, sendo preciso mais metal ou mais mercadorias para comprar a primeira soma. Assim, embora a moeda corrente dos dois países estivesse igualmente próxima dos padrões das respectivas Casas da Moeda, uma determinada soma de moeda inglesa dificilmente poderia comprar uma quantidade de moeda francesa contendo o mesmo número de onças de prata fina, nem, conseqüentemente, um título sobre a França no valor correspondente a essa soma. Se por esse título não se pagasse nenhuma soma adicional além da suficiente para compensar a despesa de cunhagem da moeda francesa, então é possível que existisse paridade de câmbio entre os dois países, seus débitos e créditos se compensariam mutuamente, enquanto o câmbio calculado pareceria muito favorável à França. Se a soma paga acima fosse menor que o equivalente dessa compensação, o câmbio real poderia ser favorável à Inglaterra, ainda que o câmbio calculado fosse favorável à França.

Em terceiro e último lugar, em alguns lugares, como Amsterdam, Hamburgo, Veneza etc., pagam-se letras de câmbio estrangeiras com o que se chama de nota de depósito bancário, enquanto em outros lugares, como Londres, Lisboa, Antuérpia, Livorno etc., elas são pagas em moeda corrente normal do país. O que se denomina de moeda bancária tem sempre um valor superior à mesma soma nominal em moeda corrente. Por exemplo, no Banco de Amsterdam 1 mil florins valem mais do que 1 mil florins em moeda corrente de Amsterdam. A diferença entre essas duas espécies de moeda é designada por ágio bancário, que, em Amsterdam, geralmente é de 5%. Supondo que a moeda corrente de dois países esteja igualmente próxima do padrão de suas respectivas Casas da Moeda, e que um pague as letras de câmbio estrangeiras com essa moeda corrente, ao passo que o outro as paga com notas de depósito bancário, é evidente que o câmbio calculado pode ser favorável ao país que paga em nota de depósito bancário, embora o câmbio real seja favorável ao país que paga em moeda corrente, pela mesma razão que o câmbio calculado pode ser favorável ao que paga em melhor moeda, ou em moeda que mais se aproxima de seu próprio padrão, embora o câmbio real seja favorável ao país que paga em moeda inferior. Antes da última reforma da moeda de ouro, os termos do intercâmbio com Amsterdam, Hamburgo, Veneza e, creio eu, com todos os outros lugares que pagavam com as chamadas notas de depósito bancário eram em geral desfavoráveis a Londres. Desde a reforma de nossa moeda de ouro, tornaram-se favoráveis a Londres, mesmo com aqueles lugares. Em geral, o câmbio calculado vem sendo favorável a Londres em relação a Lisboa, Antuérpia, Livorno e, à exceção da França, creio que também em relação à maioria dos outros lugares da Europa que pagam em moeda corrente, e é provável que também o câmbio real também fosse favorável a Londres.

DIGRESSÃO SOBRE OS BANCOS DE DEPÓSITO, EM PARTICULAR SOBRE O DE AMSTERDAM

A moeda corrente de um grande país, como a França ou a Inglaterra, em geral consiste quase inteiramente em moeda própria. Por isso, se em algum momento essa moeda corrente se deteriorar, desgastar ou de alguma outra forma se desvalorizar, o Estado, mediante reforma, certamente poderá restabelecer-lhe o valor. Mas é raro que a moeda corrente de um pequeno Estado, como Gênova ou Hamburgo, consista integralmente em moeda própria. Pelo contrário, necessariamente se compõe, em grande parte, de moedas de todos os Estados vizinhos com os quais seus habitantes mantenham relações comerciais contínuas. Por isso, a reforma da moeda nem sempre permitirá a esse Estado restabelecer o valor de sua moeda corrente. Se as letras de câmbio estrangeiras forem pagas nessa moeda corrente, o valor incerto de qualquer quantia, de algo que por sua própria natureza já é tão incerto, fará que o câmbio seja sempre muito desfavorável a esse país, uma vez que todos os Estados estrangeiros avaliarão essa moeda corrente necessariamente muito abaixo do que vale.

Quando começaram a atentar para os interesses do comércio, esses pequenos Estados com freqüência determinaram, a fim de remediar os inconvenientes aos quais esse câmbio desfavorável terá sujeitado seus comerciantes, que as letras de câmbio estrangeiras de determinado valor deveriam ser pagas não em moeda corrente, mas por meio de uma ordem ou transferência lançada nos registros contábeis de um certo banco, criado com o crédito e sob a proteção do Estado; este banco, por sua vez, estava sempre obrigado a pagar em bom dinheiro, exatamente em conformidade com o padrão da moeda original do país. Ao que parece, foi com essa finalidade que se criaram os bancos de Veneza, Gênova, Amsterdam, Hamburgo e Nüremberg, embora alguns deles tenham mais tarde se prestado a outros propósitos. Como a moeda desses bancos era melhor que a moeda corrente do país, necessariamente se gerava um ágio, que era maior ou menor conforme se supusesse o valor da moeda corrente mais ou menos abaixo do padrão original da cunhagem. Assim, por exemplo, o ágio do Banco de Hamburgo, que dizem ser usualmente cerca de 14%, é a diferença que se supõe existir entre a boa moeda do Estado, com o padrão original da cunhagem, e a moeda corrente usada, deteriorada e desvalorizada que todos os outros Estados vizinhos despejam no país.

Antes de 1609, a grande quantidade de moeda estrangeira usada e deteriorada, trazida de todas as regiões da Europa pelo amplo comércio de Amsterdam, reduziu o valor da moeda corrente desse país em cerca de 9% abaixo do valor da boa moeda recém-saída da Casa da Moeda. Esse dinheiro mal aparecia no comércio e já era fundido ou exportado, como sempre acontece em casos semelhantes. Os comerciantes tinham muita moeda corrente e nem sempre conseguiam encontrar um volume suficiente de boa moeda para pagar suas letras de câmbio. O valor dessas letras então se tornou algo incerto, apesar das várias medidas adotadas para impedi-lo.

Para remediar esses inconvenientes, em 1609 criou-se um banco sob a garantia da cidade. Esse banco recebia tanto a moeda estrangeira como a moeda do país, deteriorada e com peso abaixo do padrão, por seu valor intrínseco, pagável em boa moeda no padrão legal, deduzindo somente o necessário para cobrir a despesa de cunhagem e outras despesas de administração. Depois de efetuar essa pequena dedução, o banco lançava um crédito nos seus registros contábeis pelo valor remanescente. Esse crédito era chamado de nota bancária e, na medida em que representava o dinheiro exatamente de acordo com o padrão da Casa da Moeda, sempre tinha o mesmo valor real, e intrinsecamente valia mais do que a moeda corrente. Ao mesmo tempo, determinou-se que todas as letras sacadas sobre Amsterdam ou negociadas nessa cidade, em valor igual ou superior a 600 florins, fossem pagas em notas bancárias, o que eliminou de uma só vez toda a incerteza quanto ao valor dessas letras. Em conseqüência dessa norma, todo comerciante foi obrigado a manter uma conta com o banco a fim de pagar suas letras de câmbio estrangeiras, o que necessariamente gerou uma certa demanda por notas bancárias.

Além da superioridade intrínseca sobre a moeda corrente e o valor adicional que necessariamente essa demanda lhe confere, as notas bancárias têm ainda algumas outras vantagens. De fato, estão protegidas contra incêndio, roubo e outros acidentes; a cidade de Amsterdam está obrigada a pagá-las; com elas é possível fazer pagamentos mediante uma simples transferência, sem ter o trabalho de contá-las ou risco de transportá-las de um lugar a outro. Em razão dessas diferentes vantagens, desde o princípio essas notas bancárias parecem ter gerado um ágio, e em geral se acredita que todo o dinheiro originalmente depositado no banco poderia permanecer lá, sem que ninguém se preocupasse em exigir pagamento de uma dívida que fosse possível vender no mercado com prêmio. Ao exigir o pagamento do banco, o detentor de um crédito bancário perderia esse prêmio. Assim como um shilling recém-saído da Casa da Moeda não compra no mercado mais mercadorias do que um de nossos shillings comuns deteriorados, também o dinheiro bom e autêntico que passasse dos cofres do banco para os cofres de um indivíduo privado, na medida em que se misturasse e confundisse à moeda comum do país, não teria mais valor do que essa moeda corrente, da qual não mais seria possível distingui-lo prontamente. Enquanto permaneceu nos cofres do banco, sua superioridade era conhecida e certificada. Quando passou para os cofres de um indivíduo privado, não mais se podia certificar sua superioridade, a menos que se despendesse um trabalho superior ao que talvez valesse a diferença. Além disso, ao ser retirado dos cofres do banco, esse dinheiro perdia todas as outras vantagens características das notas bancárias: sua segurança, a possibilidade de ser transferido de maneira simples e segura, sua capacidade de servir como pagamento de letras de câmbio estrangeiras. Sobretudo, não poderia ser retirado desses cofres, como se verá logo a seguir, sem pagar previamente a despesa de sua guarda.

Esses depósitos em moeda, ou esses depósitos que o banco era obrigado a restituir em moeda, constituíam o capital original do banco ou o valor total do que era representado pelas chamadas notas bancárias. Atualmente, supõe-se que as notas constituam apenas uma parte muito reduzida desse capital. Para facilitar o comércio de metal em lingotes, o banco tem adotado, há vários anos, a prática de lançar crédito em seus registros contábeis, sobre depósitos de ouro e prata em lingotes. Em geral, esse crédito é inferior em 5% ao preço do metal em lingotes da Casa da Moeda. Ao mesmo tempo, o banco emite o que se chama de recibo ou certificado, dando à pessoa que faz o depósito ou ao portador o direito de retirar novamente os lingotes depositados, em qualquer data num prazo de seis meses, mediante a transferência ao banco de uma quantidade de notas bancárias igual àquela pela qual foi lançado o crédito em seus registros contábeis quando do depósito, e mediante o pagamento de 0,25% pela guarda, se o depósito tiver sido em prata, e de 0,5%, se tiver sido em ouro; o banco todavia também emite uma declaração segundo a qual, na falta de pagamento e ao término desse prazo, o depósito pertencerá ao banco, ao preço pelo qual foi recebido ou pelo qual o crédito foi lançado nos registros contábeis de transferência. É possível considerar o que é assim pago pela guarda do depósito como uma espécie de aluguel de armazém. Várias são as razões alegadas para justificar por que o aluguel de armazenagem do ouro é muito mais caro que o da prata. Afirma-se que é mais difícil certificar o grau de pureza do ouro do que o da prata; que é mais fácil praticar fraudes e provocar perdas no metal mais precioso; além disso, como a prata é o metal-padrão, o Estado, segundo se afirma, deseja incentivar mais os depósitos de prata que os de ouro.

É mais comum fazer depósitos de metais em lingotes quando o preço está um pouco abaixo do normal, e retirar esses lingotes quando o preço sobe. Na Holanda, em geral o preço de mercado dos lingotes está acima do preço da Casa da Moeda, pela mesma razão por que estava na Inglaterra antes da última reforma da moeda de ouro. Afirma-se que a diferença costuma variar entre cerca de 6 e 16 *stivers* por marco, ou 8 onças de prata de onze partes de prata pura e uma parte de liga. O preço do banco ou o crédito que o banco lança por depósitos dessa prata (quando os depósito são feitos em moeda estrangeira, cujo grau de pureza é bem conhecido e certificado, tais como dólares mexicanos) é de 22 florins por marco; o preço na Casa da Moeda é cerca de 23 florins, e o preço de mercado oscila de 23 florins e 6 *stivers* a 23 florins e 16 *stivers*, ou de 2 a 3% acima do preço da Casa da Moeda[1]. As proporções entre o preço do

---

1. Eis os preços aos quais o banco de Amsterdam recebe atualmente (setembro de 1775) os lingotes e as diferentes moedas:

PRATA
Dólares mexicanos – 22 florins por marco.
Coroas francesas – 22 florins por marco.
Moeda inglesa de prata – 22 florins por marco.
Dólares mexicanos, em nova cunhagem – 21 florins e 10 *stivers* por marco.
Ducatões* – 3 florins por marco.
Dólares *rix*** – 2 florins e 8 *stivers* por marco.

LIVRO IV

banco, o preço da Casa da Moeda e o preço no mercado do ouro em barras são aproximadamente as mesmas. Em geral, uma pessoa pode vender seu recibo pela diferença entre o preço da barra de ouro na Casa da Moeda e seu preço no mercado. Um recibo de lingote sempre vale alguma coisa, e por isso é raro que alguém deixe expirar seu recibo, ou permita que seus lingotes fiquem para o banco ao preço pelo qual foram recebidos, quer não os retirando antes do término de seis meses de prazo, quer se esquecendo de pagar o 0,25% ou o 0,5% para obter um novo recibo válido para outros seis meses. No entanto, embora isso raramente aconteça, acontece, segundo dizem, algumas vezes, e mais freqüentemente com relação ao ouro do que à prata, por causa do aluguel de armazenamento mais elevado que se paga para guardar metais mais preciosos.

Ao fazer o depósito de metais em lingotes, a pessoa recebe um crédito bancário e um recibo e paga suas letras de câmbio à medida que vencerem com o crédito bancá-

---

A barra de prata contendo $^{11}/_{12}$ de prata pura, 21 florins por marco e, nesta proporção, até ¼ de prata pura, pela qual são dados 5 florins.

Barras puras – 23 florins por marco.

OURO
Moeda portuguesa – 310 florins por marco.
Guinéus – 310 florins por marco.
Luíses de ouro novos – 310 florins por marco.
Luíses de ouro velhos – 300 florins por marco.
Ducados novos – 4 florins, 10 *stivers* e 8 pence por ducado.

Recebe-se ouro em lingote ou barra em proporção ao grau de fineza comparado ao das moedas estrangeiras acima mencionadas. Para as barras de ouro fino, o banco dá 340 florins por marco. Em geral, porém, paga-se um pouco mais por moeda de reconhecida pureza do que por barras de ouro e prata, cujo grau de pureza só pode ser constatado mediante processo de fusão e aquilatação.

* Ducatão: antiga moeda de prata originária de Veneza, que circulava no século XVI pela Holanda. (N. T.)

** Dólar *rix*: denominação de algumas moedas de prata no valor de aproximadamente 1 dólar, que circularam na Europa entre os séculos XVI e XIX. (N. T.)

rio, podendo vender ou conservar seu recibo conforme julgar que o preço do metal em lingotes vá subir ou cair. O recibo e o crédito bancário raramente são mantidos juntos por um longo período, não sendo isso necessário. Quem detém um recibo e deseja retirar metal em lingotes sempre encontra farto crédito bancário ou notas bancárias para comprar ao preço corrente, ao passo que o detentor de notas bancárias, desejando retirar metal em lingotes, encontra sempre recibos em igual abundância.

Os detentores de créditos bancários e os portadores de recibos constituem dois gêneros distintos de credores do banco. O portador de um recibo não pode retirar o metal em lingotes que o lastreia sem antes transferir ao banco uma soma em notas bancárias equivalente ao preço pelo qual o metal em lingotes fora recebido. Se não dispõe de notas bancárias, tem de comprá-las de quem as possui. O detentor de notas bancárias não pode retirar metal em lingotes sem entregar ao banco recibos correspondentes à quantidade desejada. Se ele não os possui, deve comprá-los a quem os tem. Quando compra notas bancárias, o portador de um recibo compra o poder de retirar uma quantidade de metal em lingotes, cujo preço na Casa da Moeda é 5% superior ao do banco. Assim, o ágio de 5% pago normalmente por isso não é pago por um valor imaginário, mas por um valor real. Quando compra um recibo, o detentor de notas bancárias compra o poder de retirar uma quantidade de metal em lingotes cujo preço de mercado normalmente supera em 2% a 3% o preço da Casa da Moeda. O preço pago pelo recibo, portanto, é igualmente pago pelo valor real. O preço do recibo e o preço das notas bancárias compõem ou perfazem o valor ou preço total do metal em lingotes.

Sobre depósitos em moeda corrente do país, o banco igualmente emite recibos, bem como créditos bancários, mas os recibos com freqüência não têm nenhum valor, nem encontram preço no mercado. Sobre ducatões, por exemplo, cotados na moeda corrente em 3 florins e 3 *stivers* cada, o banco dá um crédito de apenas 3 florins, inferior em 5% ao valor corrente. O banco emite igualmente um recibo autorizando seu portador a retirar, a qualquer tempo no período de seis meses, o número de ducatões depositados, pagando 0,25% pela custódia. Com freqüência, esse recibo não alcançará preço algum no mercado. Geralmente, 3 florins em notas bancárias se vendem no mercado por 3 florins e 3 *stivers*, valor total dos ducatões se retirados do banco; mas, antes que possam ser retirados, deve-se pagar 0,25% pela custódia, o que consistiria em pura perda para o portador do recibo. Se no entanto o ágio do banco caísse para 3%, tais recibos poderiam alcançar algum preço no mercado, podendo ser vendidos por 1,75%. Mas, como o atual ágio bancário é geralmente de cerca de 5%, permite-se com freqüência que tais recibos expirem, ou, como se costuma dizer, que fiquem para o banco. É ainda mais freqüente que isso ocorra com os recibos dados contra depósitos em ducados de ouro, pois um aluguel de armazenamento mais elevado, de 0,5%, tem de ser pago pela sua custódia antes que se possa novamente retirá-los. Os 5% que o banco aufere, quando revertem para si os depósitos de moeda ou metais em lingote, podem ser considerados como aluguel de armazenamento destinado à custódia perpétua de tais depósitos.

A quantia de notas bancárias correspondente a recibos vencidos deve ser bem considerável. Deve abranger todo o capital original do banco que, como geralmente se supõe, consentiu-se desde o primeiro depósito que ali ficasse, não havendo quem se interessasse por renovar seu recibo ou retirar o depósito, pois que, pelas razões já apontadas, tanto uma como outra implicariam perda. Mas, seja qual for a dimensão dessa quantia, a proporção que mantém com o volume total de notas bancárias é, segundo se estima, muito pequena. Já faz muitos anos que o banco de Amsterdam vem sendo o grande depósito da Europa para metal em lingotes, raramente se permitindo que os recibos expirem em seu benefício ou, como se diz, fiquem para o banco. Supõe-se que a grande maioria de notas bancárias, ou dos créditos contabilizados pelo banco, é originária dos depósitos que, ao longo de muitos anos, os negociantes de metais em lingotes estão continuamente a efetuar e retirar.

Nada se pode exigir do banco sem a apresentação de um certificado ou um recibo. O volume menor de notas bancárias cujos recibos expiraram mistura-se e se confunde com o volume, muito maior, de notas cujos recibos são ainda válidos, de modo que, embora possa haver uma quantia considerável de notas bancárias para a qual não haja recibos, não há quantia ou porção específica de notas cujo pagamento não possa ser exigido por alguém a qualquer tempo. Não é possível que o banco deva o mesmo objeto a duas pessoas; o detentor de notas bancárias desprovido de recibo tem de adquiri-lo antes de exigir o pagamento do banco. Em tempos normais e pacíficos, não lhe será difícil comprar um recibo pelo preço de mercado, correspondente, o mais das vezes, ao preço pelo qual poderá vender a moeda ou o metal em lingotes, cuja retirada do banco o recibo possibilita.

Isso pode se dar de outro modo durante uma calamidade pública, como por exemplo uma invasão, tal como a dos franceses em 1672. Como os detentores de notas bancárias desejam ansiosamente retirar a moeda ou metal em lingotes do banco, a fim de mantê-los sob sua própria guarda, a demanda por recibos poderá causar alta exorbitante de seu preço. Seus portadores poderão então cultivar expectativas extravagantes, exigindo, em vez de 2% ou 3%, metade das notas bancárias mediante as quais fora o crédito concedido com base nos depósitos a que correspondem os recibos. Informado da posição do banco, o inimigo pode mesmo comprar todos os recibos para evitar a perda do tesouro. Em tais emergências, supõe-se que o banco quebraria sua regra normal de pagar apenas aos portadores de recibos. Assim, os portadores de recibos desprovidos de notas bancárias devem ter recebido entre 2% e 3% do valor do depósito sobre o qual se emitiu o respectivo recibo. Portanto, o banco, segundo se afirma, não hesitaria em pagar, em moeda ou metais em lingote, o valor integral do crédito contabilizado em favor dos detentores de notas bancárias desacompanhadas de recibos, assim como pagaria, ao mesmo tempo, 2% ou 3% aos portadores de recibos que não tivessem notas bancárias, sendo esse o valor total que, nesse estado de coisas, poderia com justiça ser-lhes considerado devido.

Mesmo em tempos normais e pacíficos, interessa aos portadores de recibos reduzir o ágio, seja para adquirirem notas bancárias (e, conseqüentemente, metais em lingote, cuja retirada do banco seria então possibilitada com os recibos) a um preço muito mais baixo, seja para venderem seus recibos, por preço bem mais elevado, àqueles que detêm notas bancárias e desejam retirar metais em lingote – o preço do recibo geralmente corresponde à diferença entre o preço de mercado das notas bancárias e o da moeda ou metal em lingote a que corresponde o recibo. Interessa aos detentores de notas bancárias, ao contrário, elevar o ágio, seja para vendê-las a preço bem mais alto, seja para comprarem recibos a preço bem mais baixo. Para evitar as artimanhas de especuladores que esses interesses opostos podem às vezes causar, nos últimos anos o banco tomou a decisão de sempre vender notas bancárias por moeda corrente com um ágio de 5% e recomprá-las com um ágio de 4%. Como conseqüência dessa decisão, o ágio nunca pode superar 5% nem cair a menos de 4%, e a proporção entre os preços de mercado das notas bancárias e da moeda corrente mantém-se sempre muito próxima daquela entre seus valores intrínsecos. Antes de ser tomada essa decisão, o preço de mercado das notas bancárias às vezes elevava-se de tal modo que atingia 9% de ágio, caindo outras vezes até a paridade, conforme interesses opostos influenciassem o mercado.

O banco de Amsterdam declara nada emprestar do que nele é depositado, mantendo em seus cofres o equivalente a 1 florim em moeda ou metal em lingote para cada florim concedido em crédito segundo seus registros. Não há nenhuma dúvida de que o banco mantém em seus cofres todo o dinheiro ou metal em lingotes para os quais há recibos válidos e exigíveis a qualquer momento, dinheiro e metal que, na realidade, continuamente deixam seus cofres e neles ingressam. No entanto, é mais incerto que o mesmo ocorra em relação à parcela de seu capital correspondente a recibos de há muito vencidos, não mais exigível em tempos normais e pacíficos, e que na realidade permanecerá consigo para sempre, ou enquanto subsistirem os Estados das Províncias Unidas. Em Amsterdam, todavia, não há artigo de fé mais bem estabelecido: para cada florim em circulação como nota bancária, encontra-se um florim correspondente em ouro ou prata no tesouro do banco. A cidade é a garantia de que assim deve ser. O banco é dirigido pelos quatro burgomestres em exercício, substituídos todos os anos. Cada novo grupo de burgomestres visita o tesouro, compara-o com a escrituração contábil, recebe-o sob juramento e o entrega com a mesma impressionante solenidade ao grupo sucessor – nesse país sóbrio e religioso os juramentos ainda não são menosprezados. Um revezamento dessa natureza parece por si só constituir garantia suficiente contra quaisquer práticas inconfessáveis. Em meio a todas as revoluções que as facções já ocasionaram no governo de Amsterdam, jamais o partido vencedor acusou seus predecessores de improbidade na administração do banco. Nenhuma acusação poderia afetar mais profundamente a reputação e a fortuna do partido derrotado, de modo que, se tal acusação pudesse ser comprovada, podemos estar certos de que seria formulada. Em 1672, quando o rei da França estava em Utrecht, o banco de Amsterdam pagou tão prontamente que não deixou dúvidas da correção com que observara seus compromissos. Algumas das moedas então retiradas de seus cofres pareciam ter-se chamuscado quando do incêndio ocorrido nesse prédio do Governo logo após a fundação do banco. Essas moedas, portanto, deviam ter permanecido lá desde então.

De há muito especulam os curiosos acerca do montante do tesouro existente no banco. Apenas conjecturas podem ser oferecidas a esse respeito. Estima-se geralmente que cerca de 2 mil pessoas mantenham conta no banco, com £1.500, em média, depositadas em cada conta (estimativa bastante generosa). O valor total de notas bancárias – e, por conseqüência, do tesouro no banco – atingiria cerca de 3 milhões de libras esterlinas ou, a 11 florins por libra esterlina, 33 milhões de florins, quantia essa vultosa e suficiente para permitir uma circulação bastante ampla, mas muito inferior às idéias extravagantes que alguns fazem desse tesouro.

A cidade de Amsterdam extrai uma renda considerável do banco. Além do chamado aluguel por armazenamento já referido, cada pessoa, ao abrir a primeira conta no banco, paga uma tarifa de 10 florins; por conta nova, pagam-se 3 florins e 3 *stivers*; por transferência, 2 *stivers,* mas, se o valor a ser transferido for inferior a 300 florins, pagam-se 6 *stivers*, a fim de inibir a multiplicidade de pequenas transações. Quem deixa de levantar um balanço de sua conta duas vezes ao ano paga multa de 25 florins. Quem solicita uma transferência por valor superior ao que possui em conta está obrigado a pagar 3% do valor a descoberto, além de ter sua solicitação desconsiderada. Estima-se ainda que o banco lucre sobremaneira com a venda das moedas estrangeiras ou metais em lingotes cujos recibos perderam validade, e que sempre permanecem em seu poder até que possam ser vendidos vantajosamente. O banco lucra do mesmo modo ao vender notas bancárias com ágio de 5% e comprá-las com ágio de 4%. Essas diferentes receitas superam em larga medida o necessário para pagar os salários dos funcionários e cobrir as despesas de administração. Estima-se que apenas o pagamento pela custódia de metais em lingotes em contrapartida à emissão de recibos alcance uma renda anual líquida entre 150 e 200 mil florins. Contudo, o objetivo original dessa instituição não era a receita, mas sim o interesse público. Seu objetivo era poupar aos comerciantes a inconveniência de um câmbio desvantajoso. A receita assim obtida não fora prevista, podendo ser considerada acidental. Mas já é tempo de encerrar esta longa digressão, a que me deixei imperceptivelmente conduzir no empenho de explicar as razões pelas quais o câmbio entre os países que pagam com as chamadas notas bancárias e os que pagam em moeda corrente deve, geralmente, parecer favorável aos primeiros em detrimento dos últimos. Os primeiros pagam num tipo de moeda cujo valor intrínseco é sempre o mesmo, exatamente conforme o padrão de suas respectivas Casas de Moeda, ao passo que os últimos pagam num tipo de moeda cujo valor intrínseco varia continuamente, encontrando-se mais ou menos abaixo, quase sempre, desse padrão.

Parte II

A insensatez dessas restrições extraordinárias segundo outros princípios

Na parte anterior deste capítulo, procurei mostrar como é desnecessário, mesmo segundo os princípios do sistema comercial, impor restrições extraordinárias sobre as importações de mercadorias dos países com os quais a balança comercial, segundo se supõe, seja desvantajosa.

Contudo, nada pode ser mais absurdo que toda essa doutrina da balança comercial, na qual se basearam não apenas essas restrições, mas quase todas as demais regras do comércio. Quando dois lugares comerciam entre si, supõe essa doutrina que, se a balança se mantiver equilibrada, nenhum deles ganhará ou perderá; mas, se a balança se inclinar em qualquer grau para um dos lados, um deles perde e o outro ganha conforme o desvio do ponto exato de equilíbrio. Ambas as suposições são falsas. Como procurarei mostrar adiante, o comércio imposto por subsídios e monopólios pode e costuma ser desvantajoso para o país em cujo favor se estabeleceu. Mas o comércio que, sem imposições ou coerção, se faz naturalmente e com regularidade entre dois lugares quaisquer é sempre vantajoso para ambos, embora nem sempre na mesma medida.

Não entendo como vantagem ou ganho o aumento da quantidade de ouro e prata, mas sim o aumento do valor de troca da produção anual da terra e da mão-de-obra do país, ou o aumento do rendimento anual de seus habitantes.

Se a balança estiver equilibrada e o comércio entre dois lugares consistir inteiramente na troca de suas mercadorias nacionais, ambos não apenas ganharão o mais das vezes, mas ganharão em medida igual ou muito próxima. Nesse caso, cada lugar proporcionará um mercado para uma parte do excedente de produção do outro; cada um reporá um capital que havia sido empregado no cultivo e preparo para o mercado dessa parte do excedente de produção do outro, capital este que fora distribuído entre um certo número de seus habitantes, proporcionando-lhes rendimento e sustento. Uma parte dos habitantes de cada lugar, portanto, extrairá indiretamente rendimento e sustento do outro. Como se supõe que também as mercadorias trocadas possuam igual valor, do mesmo modo os capitais empregados nesse comércio serão, o mais das vezes, iguais ou muito próximos. Com o emprego desses capitais na produção de mercadorias nacionais dos dois países, o rendimento e o sustento que sua distribuição proporcionará aos habitantes de cada um serão iguais ou muito próximos. O rendimento e o sustento referidos, assim mutuamente proporcionados, serão maiores ou menores conforme a dimensão de suas transações. Se estas atingirem, por exemplo, um montante anual de 100 mil ou 1 milhão de libras para cada país, cada um proporcionará aos habitantes do outro um rendimento anual de 100 mil libras, no primeiro caso, ou de 1 milhão de libras, no segundo caso.

Se o comércio entre esses países for de tal natureza que um deles apenas exporta mercadorias nacionais, enquanto o outro exporta apenas mercadorias estrangeiras, supõe-se que nesse caso a balança ainda estaria equilibrada, mercadorias pagando-se com mercadorias. Também nesse caso ambos ganhariam, igualmente, pois os habitantes do país que exportasse apenas mercadorias nacionais extrairiam a maior renda desse comércio. Se a Inglaterra, por exemplo, importasse da França apenas mercadorias ali produzidas, mas, não produzindo as mercadorias em demanda na França, pagasse-as anualmente com grande volume de mercadorias estrangeiras (tabaco e mercadorias das Índias Orientais, suponhamos), tal comércio, embora proporcionasse algum rendimento aos habitantes de ambos os países, proporcionaria rendimento maior aos habitantes da França que aos habitantes da Inglaterra. A totalidade do capital francês empregado nesse comércio seria anualmente distribuída entre a população da França. Mas apenas a parcela do capital inglês empregada na produção das mercadorias inglesas, com as quais se compraram as mercadorias estrangeiras exportadas à França, seria anualmente distribuída entre a população da Inglaterra. A maior parte do capital inglês iria repor os capitais empregados na Virgínia, no Indostão e na China, proporcionando rendimento e sustento aos habitantes desses longínquos países. Se os capitais fossem iguais ou muito próximos, então esse emprego do capital francês aumentaria muito mais o rendimento da população da França do que o emprego do capital inglês aumentaria o rendimento da população da Inglaterra. Nesse caso, a França realizaria comércio exterior direto de bens de consumo com a Inglaterra, ao passo que a Inglaterra realizaria um comércio indireto do mesmo gênero com a França. Os diferentes efeitos de um capital empregado no comércio exterior direto de bens de consumo e do empregado no comércio indireto já foram inteiramente explicados.

LIVRO IV 613

Não há, provavelmente, comércio entre dois países que consista inteiramente na troca de mercadorias nacionais de ambos os lados, ou então de nacionais de um lado e estrangeiras do outro. Quase todos os países trocam uns com os outros em parte mercadorias nacionais e em parte estrangeiras. Contudo, o país que exportar a maior proporção de mercadorias nacionais e a menor de estrangeiras será sempre o principal ganhador.

Se a Inglaterra pagasse as mercadorias anualmente importadas da França com ouro e prata, em vez de tabaco e mercadorias das Índias Orientais, estima-se que a balança comercial nesse caso se desequilibraria, pois mercadorias não estariam sendo pagas com mercadorias, mas com ouro e prata. Todavia, esse comércio continuaria a proporcionar, como no caso anterior, alguma renda aos habitantes de ambos os países, porém mais para os da França que para os da Inglaterra. Ele proporcionaria alguma renda aos habitantes da Inglaterra, pois o capital empregado na produção das mercadorias inglesas que compraram o ouro e a prata, capital este distribuído entre certos habitantes do país proporcionando-lhes uma renda, seria assim reposto e poderia continuar a ser empregado dessa forma. O capital total da Inglaterra não sofreria maior diminuição por essa exportação de ouro e prata que pela exportação de igual valor de quaisquer outras mercadorias. Pelo contrário, na maioria das vezes esse capital aumentaria. Exportam-se apenas as mercadorias cuja demanda se supõe seja maior no exterior que no próprio país, e estima-se nesse caso que o produto dessa transação no país seja mais valioso que as mercadorias exportadas. Se o tabaco, que na Inglaterra vale apenas 100 mil libras, quando enviado à França compra vinhos que na Inglaterra valem 110 mil libras, tal troca aumentará igualmente o capital da Inglaterra em 10 mil libras. Se 100 mil libras de ouro inglês, da mesma maneira, compram vinhos franceses que na Inglaterra valem 110 mil libras, tal troca aumentará igualmente o capital da Inglaterra em 10 mil libras. Assim como um comerciante que possui vinhos no valor de 110 mil libras em sua adega é mais rico que o que possui apenas 100 mil libras em tabaco no seu armazém, do mesmo modo é ele mais rico que o que possui apenas 100 mil libras de ouro em seus cofres. O primeiro comerciante pode mobilizar mais atividade e proporcionar rendimento, sustento e emprego a um número maior de pessoas do que os outros dois. Ora, o capital do país corresponde à soma do capital de todos os seus habitantes, e o volume de atividade que nele pode ser anualmente mantida corresponde ao que todos esses diferentes capitais somados podem manter. Dessa forma, tanto o capital do país como o volume de atividade que nele pode ser anualmente mantida devem em geral aumentar por meio dessa troca. Seria de fato mais vantajoso para a Inglaterra poder comprar vinhos franceses com suas próprias ferragens e sua popelina do que com o tabaco da Virgínia ou o ouro e a prata do Brasil e do Peru. O comércio exterior direto de bens de consumo é sempre mais vantajoso que o indireto. Mas o comércio exterior indireto de bens de consumo realizado com ouro e prata não parece menos vantajoso que qualquer outro também indireto. Do mesmo modo, um país sem minas próprias não tem maior probabilidade de se ver exaurido do ouro e da prata anualmente exportados do que outro país, que não cultive tabaco, pela exportação anual deste gênero. Assim como um país com recursos para comprar tabaco nunca permanecerá muito tempo desprovido desse gênero, tampouco permanecerá muito tempo desprovido de ouro e prata o país com recursos para comprar esses metais.

É danoso, segundo se diz, o comércio que o operário realiza com a cervejaria, podendo-se considerar da mesma natureza o comércio que uma nação manufatureira naturalmente realiza com um país produtor de vinho. A isso respondo que o comércio com a cervejaria não traz necessariamente prejuízo. É tão vantajoso em si mesmo como qualquer outro, embora um pouco mais sujeito, talvez, ao abuso. A ocupação de um cervejeiro e mesmo a de um varejista de bebidas fermentadas são divisões de trabalho tão necessárias como qualquer outra. Será mais vantajoso para um operário, de forma geral, comprar do cervejeiro a quantidade desejada do que a produzir por si mesmo, e, se for um pobre operário, geralmente lhe será mais vantajoso comprá-la aos poucos de um varejista do que a adquirir em grande quantidade do cervejeiro. Sem dúvida pode comprar muito de ambos ou de qualquer outro comerciante das redondezas, como do açougueiro, se for glutão, ou do negociante de tecidos, caso queira posar como dândi entre seus companheiros. Entretanto, é vantajoso para o grande conjunto de operários que esses tipos de comércio e ocupações sejam livres, embora se possa em todos abusar dessa liberdade, sendo talvez mais provável que isso ocorra em alguns tipos que em outros. Além disso, embora alguns indivíduos possam às vezes arruinar sua sorte pelo consumo excessivo de bebidas fermentadas, não parece haver risco de que uma nação faça isso. Embora em todo país muitas pessoas gastem com bebidas alcoólicas mais do que podem, sempre há muitas mais que gastam menos. Vale também destacar que, se consultarmos a experiência, o baixo preço do vinho parece ser causa, não de embriaguez, mas de sobriedade. Os habitantes dos países produtores de vinho costumam ser as pessoas mais sóbrias da Europa, como o atestam os espanhóis, os italianos e os habitantes das províncias meridionais da França. Raramente as pessoas se excedem no que consomem diariamente. Ninguém afeta liberalidade e camaradagem sendo pródigo com uma bebida tão barata como uma pequena cerveja. Ao contrário, nos países em que, pelo excesso de calor ou frio, não há vinicultura e o vinho conseqüentemente é caro e raro, a embriaguez é vício comum, como nas nações setentrionais e em todas as situadas entre os trópicos – os negros da costa da Guiné, por exemplo. Muitas vezes ouvi dizer que, ao chegar um regimento francês de alguma das províncias setentrionais da França, onde o vinho é um tanto caro, para aquartelar-se numa província do sul, onde é ele muito barato, os soldados a princípio entregam-se à novidade do vinho barato e bom, mas após poucos meses de residência a maior parte torna-se tão sóbria como os demais habitantes. Se fossem eliminados de uma só vez os impostos sobre a importação de vinhos estrangeiros e sobre o consumo de malte, cerveja comum e cerveja inglesa, poderia do mesmo modo sobrevir na Grã-Bretanha, entre os estratos médios e baixos da população, uma embriaguez temporária bastante generalizada, à qual provavelmente logo se seguiria uma sobriedade permanente e quase universal. Atualmente a embriaguez de modo nenhum é o vício das pessoas da alta sociedade ou das que podem facilmente comprar as bebidas mais caras. Raramente se vê entre nós um homem distinto embriagar-se com cerveja inglesa. Além disso, as restrições ao comércio de vinhos na Grã-Bretanha não parecem propriamente calculadas para impedir que as pessoas freqüentem, se posso assim me expressar, a cervejaria, mas antes para impedi-las de ir aonde possam comprar as melhores e mais baratas bebidas. Elas favorecem o comércio de vinhos de Portugal e desestimulam o da França. Afirma-se, de fato, que os portugueses são melhores compradores de nossas manufaturas que os franceses, devendo portanto ser estimulados, em detrimento dos franceses. Como eles nos dão sua clientela, alega-se que deveríamos lhes dar a nossa. Os artifícios tortuosos de comerciantes reles são assim erigidos em máximas políticas para a conduta de um grande império – apenas os mais reles comerciantes adotam a regra de tomar o serviço sobretudo de seus próprios clientes. Um grande comerciante sempre compra suas mercadorias onde elas são melhores e mais baratas, sem consideração por qualquer interesse pequeno desse tipo.

Máximas como essas, entretanto, têm ensinando às nações que seu interesse consiste em empobrecer todos os seus vizinhos. Fez-se cada nação olhar com cobiça para a prosperidade de todas as nações com que comercia, e a considerar o ganho destas como perda para si mesma. O comércio, que deveria naturalmente ser, entre as nações como entre os indivíduos, um vínculo de união e amizade, tornou-se a fonte mais fecunda de discórdia e animosidade. A ambição caprichosa de reis e ministros não tem sido, durante este século e o precedente, mais fatal para a paz na Europa que a inveja impertinente de comerciantes e manufatores. A violência e a injustiça dos governantes da humanidade são um mal antigo, para o qual, receio eu, dificilmente a natureza dos negócios humanos admitirá algum remédio. No entanto, embora não se possa talvez corrigir a voracidade ordinária, o espírito monopolizador de comerciantes e manufatores – que não são, nem deveriam ser, os governantes da humanidade –, pode-se muito facilmente impedi-los de abalar a tranqüilidade de qualquer um, tirante a própria.

Não se pode duvidar de que o espírito de monopólio originalmente inventou e propagou essa doutrina. E os que primeiro a ensinaram não eram, de modo algum, tão ingênuos como os que nela acreditaram. Em todo país, o interesse do grande conjunto da população sempre é – e deve ser – comprar tudo o que precise de quem venda mais barato. Trata-se de proposição tão evidente que parece ridículo dar-se ao trabalho de demonstrá-la, e seu teor jamais poderia ser questionado, não tivesse a sofística interesseira de comerciantes e manufatores confundido o senso comum da humanidade. Nesse sentido, tal interesse se opõe diretamente ao do grande conjunto da população. Assim como interessa aos mestres de uma corporação impedir o resto dos habitantes de empregarem quaisquer trabalhadores afora eles mesmos, também interessa aos comerciantes e manufatores de todo país manter para si mesmos o monopólio do mercado interno. Daí os impostos exorbitantes incidentes, tanto na Grã-Bretanha como na maioria dos demais países europeus, sobre a importação de mercadorias efetuada por comerciantes estrangeiros. Daí o imposto de importação elevado e as proibições incidentes sobre todas as manufaturas estrangeiras capazes de competir com as nossas. Daí, também, as restrições exorbitantes sobre a importação de quase todos os gêneros de mercadoria dos países com que se supõe seja a balança comercial desfavorável – países contra os quais a animosidade nacional se inflama mais violentamente.

No entanto, a riqueza de uma nação vizinha, embora perigosa na guerra e na política, certamente é vantajosa no comércio. Num estado de hostilidade, essa riqueza pode permitir que nossos inimigos mantenham frotas e exércitos superiores aos nossos. Mas, num estado de paz e comércio, igualmente lhes deve permitir trocar conosco em valores mais elevados, proporcionando-nos um mercado melhor para nossa própria produção e para tudo o que compramos com essa produção. Assim como um homem rico provavelmente será melhor comprador para as pessoas industriosas de sua vizinhança que um homem pobre, o mesmo se dá com uma nação rica. A rigor, um homem rico que seja um manufator é um vizinho muito perigoso para todos os que têm essa mesma ocupação. Contudo, todos os demais vizinhos – a ampla maioria – lucram com o bom mercado que seus gastos lhes proporcionam. Lucram até mesmo por ele vender a preços inferiores aos dos manufatores mais pobres de seu mesmo ramo. Do mesmo modo, os manufatores de uma nação rica podem sem dúvida ser muito perigosos para seus rivais de nações vizinhas. Essa própria competição, contudo, é vantajosa para o grande conjunto da população, que se beneficia em grande medida, ainda, do bom mercado que os gastos expressivos da nação vizinha proporcionam em todos os demais aspectos. Os particulares que desejam fazer fortuna nunca pensam em se retirar para as províncias pobres e remotas do país, afluindo antes para a capital ou alguma das grandes cidades comerciais. Eles sabem que, onde pouca riqueza circula, pouco há para ganhar; em contrapartida, onde se movimenta grande riqueza, parte dela pode lhes caber. As mesmas máximas que dessa maneira dirigiriam o senso comum de um, dez ou vinte indivíduos deveriam regular o julgamento de um, dez ou vinte milhões, fazendo assim que uma nação inteira contemplasse a riqueza de seus vizinhos como uma provável causa e oportunidade para si própria adquirir riquezas. O enriquecimento de uma nação pelo comércio exterior é certamente mais provável quando seus vizinhos são, todos, nações ricas, industriosas e comerciantes. Uma grande nação cercada de todos os lados por selvagens nômades e bárbaros pobres poderia sem dúvida adquirir riquezas com o cultivo de suas próprias terras e seu comércio interno, porém não com o comércio exterior. Parece ter sido desse modo que os antigos egípcios e os modernos chineses adquiriram sua grande riqueza. Afirma-se que os antigos egípcios negligenciavam o comércio exterior, e sabe-se que os modernos chineses votavam-lhe máximo desprezo, mal se dignando a lhe conferir proteção legal adequada. As máximas modernas do comércio exterior, na medida em que forem capazes de produzir o efeito deliberado de empobrecer todos os nossos vizinhos, tendem a tornar insignificante e desprezível esse próprio comércio.

É em conseqüência dessas máximas que o comércio entre a França e a Inglaterra tem estado sujeito, em ambos os países, a tão numerosos desestímulos e restrições. Contudo, se esses dois países considerassem seus reais interesses, sem inveja mercantil nem animosidade nacional, o comércio com a França poderia ser mais vantajoso para a Grã-Bretanha que qualquer outro, o mesmo se aplicando, por razões idênticas, à França. A França é o vizinho mais próximo da Grã-Bretanha. No comércio entre a costa meridional da Inglaterra e as costas setentrional e noroeste da França, poderiam obter-se retornos, como no comércio interno, quatro, cinco ou seis vezes ao ano. Portanto, o capital empregado nesse comércio poderia, em cada um dos dois países, manter em movimento quatro, cinco ou seis vezes a quantidade de atividade – e proporcionar emprego e sustento para quatro, cinco ou seis vezes o número de pessoas – que um capital equivalente poderia movimentar na maioria dos demais ramos do comércio exterior. Entre as regiões da Grã-Bretanha e da França mais distantes entre si, poderiam esperar-se retornos, no mínimo, uma vez ao ano, e mesmo esse comércio seria no mínimo tão vantajoso quanto a maior parte dos demais ramos do nosso comércio com a Europa. Seria no mínimo três vezes mais vantajoso que o alardeado comércio com nossas colônias norte-americanas, no qual o retorno raramente se obtinha em menos de três anos, quando não em menos de quatro ou cinco. Além disso, estima-se que a França tenha 24 milhões de habitantes. Nunca se estimou a população de nossas colônias norte-americanas em mais de 3 milhões, e a França é um país muito mais rico que a América do Norte, ainda que, por causa da distribuição mais desigual de riqueza, haja muito mais pobreza e mendicância naquele país do que neste último. A França, portanto, proporcionaria um mercado no mínimo 8 vezes mais amplo e, em razão da maior freqüência de retornos, 24 vezes mais vantajoso do que aquele alguma vez proporcionado à Grã-Bretanha por nossas colônias norte-americanas. O comércio com a Grã-Bretanha seria igualmente vantajoso para a França, e, proporcionalmente à riqueza, população e proximidade dos respectivos países, teria a mesma superioridade sobre o comércio que a França realiza com suas próprias colônias. Eis a extraordinária diferença entre um comércio que a sabedoria de ambas as nações julga apropriado desestimular e outro por ela favorecido ao máximo.

Mas precisamente as circunstâncias que tornariam um comércio aberto e livre entre os dois países tão vantajoso para ambos têm sido motivo das principais barreiras a esse comércio. Como vizinhos, esses países são necessariamente inimigos, tornando-se a riqueza e o poder de cada um, por essa razão, mais temíveis para o outro. Assim, o que intensificaria a amizade entre essas nações acaba apenas por inflamar a violência da animosidade entre essas mesmas nações. São, ambas, nações ricas e industriosas, e os comerciantes e manufatores de cada uma temem a habilidade e energia de seus concorrentes da outra nação. Aguça-se com isso a inveja mercantil, que inflama a animosidade violenta entre essa nações e também é inflamada por ela. E os comerciantes de ambos os países anunciam, com toda a apaixonada confiança da falsidade interessada, a ruína certa de suas nações em razão da balança comercial desfavorável – efeito infalível, segundo alegam, de um comércio irrestrito com a outra parte.

Não há país comercial na Europa cuja iminente ruína não tenha sido com freqüência vaticinada, pelos pretensos doutores desse sistema, em virtude de uma balança comercial desfavorável. Contudo, depois de toda a preocupação que despertaram a esse respeito, depois de todas as nações comerciais tentarem inutilmente reverter em benefício próprio e contra seus vizinhos a referida balança, não parece que nação alguma na Europa tenha empobrecido, sob qualquer aspecto, por essa razão. Ao contrário, todas as cidades e todos os países enriqueceram à medida que abriram seus portos a todas as nações – em vez de se arruinarem por esse livre comércio, como nos fariam crer os princípios do sistema comercial. Embora algumas poucas cidades em toda a Europa mereçam realmente, sob certos aspectos, o nome de portos livres, nenhum país faz jus a essa denominação. Talvez de todos a Holanda seja o que mais se aproxime desse livre comércio, embora dele ainda esteja muito distante. E a Holanda, reconhecidamente, extrai de seu comércio exterior não apenas toda a sua riqueza, mas também a maior parte de sua subsistência.

Existe na realidade outra balança, já explicada acima, que difere muito da balança comercial, causando necessariamente, conforme seja favorável ou desfavorável, a prosperidade ou decadência de toda nação. Trata-se da balança de produção e consumo anuais. Como já se observou, se o valor de troca da produção anual suplantar o valor do consumo anual, o capital da sociedade deve crescer anualmente em proporção a esse excedente. Nesse caso, a sociedade vive nos limites de sua renda, e o que anualmente poupa dessa renda é acrescido naturalmente a seu capital, aumentando ainda mais, com esse emprego, a produção anual. Ao contrário, se o valor de troca da produção anual fica aquém do consumo anual, o capital da sociedade deve anualmente decrescer em proporção a essa insuficiência. Nesse caso, o dispêndio da sociedade excede sua renda, atingindo necessariamente seu capital. Esse capital, portanto, deve necessariamente decrescer e, com ele, o valor de troca da produção anual de sua atividade.

A balança de produção e consumo difere inteiramente da chamada balança comercial. Ela poderia se verificar numa nação que não realizasse comércio exterior, inteiramente separada do resto do mundo. Ela pode ter lugar em todo o globo terrestre, cuja riqueza, população e desenvolvimento podem estar gradualmente crescendo ou gradualmente decrescendo.

A balança de produção e consumo pode ser constantemente favorável a uma nação, ainda que a chamada balança comercial lhe seja geralmente contrária. O valor das importações de uma nação pode superar o de suas exportações, continuamente, durante talvez meio século. O ouro e a prata que ingressarem durante esse período serão imediatamente remetidos para o exterior. Sua moeda circulante pode gradualmente diminuir, diversos tipos de papel-moeda podem substituí-la, e mesmo as dívidas contraídas com as principais nações com que ela negocia podem crescer gradualmente. Apesar disso, a riqueza real dessa nação, isto é, o valor de troca da produção anual de suas terras e de seu trabalho, pode, no mesmo período, crescer em proporção muito maior. A situação de nossas colônias norte-americanas, bem como do comércio que efetuavam com a Grã-Bretanha antes do início dos atuais distúrbios[2], pode servir de prova de que esta suposição não é de modo algum impossível.

---

2. Este parágrafo foi escrito em 1775.

GRÁFICA PAYM
Tel. [11] 4392-3344
paym@graficapaym.com.br